Deutschlands Heldenkampf, 1914-1918...

Friedrich von Bernhardi

v. Bernhardi

Deutschlands Heldenkampf
1914—1918

von

Friedrich von Bernhardi
General der Kavallerie z. D.

Mit 99 Karten

Exoriare aliquis meis ex ossibus ultor!
Virgil.

J. F. Lehmanns Verlag, München
1922

Druck von Julius Klinkhardt in Leipzig.

Vorwort.

Über den Zweck der vorliegenden Blätter habe ich mich in der Einleitung ausgesprochen. Bei der Veröffentlichung dieses Buches ist es mir vollkommen bewußt, daß eine erschöpfende Geschichte des Krieges zur Zeit noch nicht geschrieben werden kann. Dazu sind die bisher veröffentlichten Quellen zu lückenhaft und — soweit das Ausland in Frage kommt — nicht alle in meinen Händen. Besonders für die späteren Teile des Krieges fließen die Quellen spärlich. Nirgends kann man eingehende, beide Seiten umfassende Darstellungen der Kämpfe und der Zusammenhänge geben. Auch ist wenig Hoffnung vorhanden, daß der Krieg jemals eine amtliche und gerechte Darstellung finden wird. Ein deutscher Generalstab, der diese Aufgabe übernehmen könnte, ist nicht mehr vorhanden. Unsere Feinde aber sind weder wahrheitsliebend, noch gerecht. Sie haben ein lebhaftes Interesse daran, die Wahrheit zu bemänteln. Unter solchen Umständen wird die Darstellung, soweit man sehen kann, immer mehr oder weniger auf persönlichen Aufzeichnungen beruhen. Es ist daher unvermeidlich, daß ich in meiner Schilderung der Ereignisse einzelne Fehler gemacht und manche Auslassungen mir habe zuschulden kommen lassen. Das war bei der Lage der Dinge unvermeidlich.

Um nichtsdestoweniger ein möglichst vollständiges und wahrheitsgemäßes Bild der Ereignisse geben zu können, bitte ich die Kameraden, mir ihre Kenntnisse von dem Geschehenen, besonders aus persönlicher Wissenschaft, oder sofern sie aus anderen einwandfreien Quellen entspringen, mitteilen zu wollen, damit ich sie in einer späteren Auflage verwenden kann, soweit sie in den allgemeinen Rahmen der Darstellung passen.

Allen, die dieser Bitte nachkommen, möchte ich schon hier meinen aufrichtigsten Dank sagen; ebenso aber denen, die mich schon bisher unterstützt haben. Unter ihnen bin ich dem Oberstleutnant Müller-Löbnitz, dem militärischen Direktor des Staatsarchivs, zu besonderem Danke verpflichtet.

Die Herstellung der Kartenskizzen, die für das vorliegende Buch nötig erschienen, erfolgte in Anlehnung an die Karten der in Deutschland erschienenen Veröffentlichungen über den Weltkrieg. Wo es nötig erschien, wurden die Karten ergänzt und verbessert.

Kunnersdorf im Riesengebirge, im Sommer 1921.

von Bernhardi,
General der Kavallerie z. D.

Inhalt.

Einleitung.

Das deutsche Volk liegt am Boden. Viele reiche Provinzen, die zum größten Teil von Deutschen bewohnt sind, hat es verloren; seine Flotte ruht auf dem Grunde des Meeres oder ist dem Feinde überliefert, seine Armee, die einst die stolzeste der Welt war, besteht überhaupt nicht mehr; seine Kolonien sind verloren; seine Waffen sind in alle Winde zerstreut; finanziell ist es derart belastet, daß es die aufzubringenden Summen überhaupt nicht auftreiben kann; sein blühender Handel, seine Industrie sind schwer geschädigt. Während es vor dem Weltkriege nach dem höchsten Lorbeer griff und sich zur Weltmacht zu entwickeln im Begriff stand, trotzdem es erst spät in die Reihe der weltbewegenden Staaten eingetreten war, fristet es jetzt nur mühsam sein Leben, und seine Arbeiter sind noch immer zu keiner gesicherten Lebensstellung gelangt. Teils erhalten sie zu viel, teils zu wenig Lohn, und ihre Bedürfnisse sind vielfach ins Unvernünftige gestiegen. Noch sieht es keinen Weg, der wieder in die Höhe führt, und das Volk, das führend war bei der Entwicklung der Menschheit auf geistigem wie sittlichem Gebiet, ist jetzt unter die Füße getreten und wird von seinen Feinden, die nur dank ihrer Übermacht und seiner Selbstzerfleischung gesiegt haben, mit der äußersten Verachtung genannt. Die große Masse ist noch außerstande, sich des gewaltigen Heldenkampfes, den es geführt hat, bewußt zu werden. Sie weiß nicht, was sie für die Menschheit bedeutete. Die offiziellen Darstellungen, die ihm seine Großtaten vorhalten können, werden erst spät an die Öffentlichkeit treten. Die Quellen zu seiner Geschichte sind noch immer verstopft. Auch die Nachrichten, die der Feind geben könnte, fließen nur spärlich und lügenhaft. Er würde fast nur von Niederlagen berichten können, wenn er die Wahrheit nicht entstellen will, was er allerdings während des Weltkrieges schon gründlich getan hat. Es lassen sich daher heute weder genaue Angaben über die Stärkeverhältnisse machen, noch über die Truppenteile, die an allen einzelnen Kämpfen teilnahmen. Auch die Verluste auf beiden Seiten lassen sich nur annähernd bestimmen. Die Tatsachen selbst lassen sich vielfach nicht einwandfrei darstellen. Nur das eine steht fest, daß wir stets gegen eine gewaltige Übermacht gekämpft haben, und daß wir schließlich der Übermacht nur unterlegen sind, weil unser Volk sich selbst untreu geworden und seinem Heere in den Rücken gefallen ist.

Wenn ich es trotzdem wage, heute schon eine kurze Geschichte des Weltkrieges für das deutsche Volk zu schreiben, so verfolge ich damit einen doppelten Zweck. Ich bin mir wohl bewußt, daß ich nicht die volle Wahrheit in allen Einzelheiten schreiben kann — dazu fehlen, wie gesagt, die Quellen. Aber ich kann soweit als möglich das Richtige schreiben, und ich will es tun, um zunächst einen Rahmen für eine spätere Geschichte zu liefern, und dann, um dem deutschen Volke zu zeigen, was es leisten kann; zu welchen gewaltigen Taten es trotz aller begangenen Fehler fähig ist, wenn es einig zusammensteht und seinen Führern vertraut; wie es andererseits aber innerlich zusammenbricht, wenn es sich gegen die Gewalten auflehnt, die es sich selbst gesetzt hat, und seinen niedrigen Instinkten folgt. Es ist zu den höchsten Leistungen fähig, wenn es einig ist und von starker Hand geführt wird, gleichzeitig aber zu den niedrigsten Handlungen, bis zur Preisgabe seiner Ehre, wenn es seinen Verführern überlassen wird, und niemand ihm in greifbarer Nähe den Lorbeer zeigt, der seine Schläfe schmücken soll. Das hat es auch in diesem Kriege bewiesen. Großes hat es geleistet, wie es kein anderes Volk zu leisten vermag, aber andererseits hat es eine schwere Schuld auf sich geladen, wenn es zuletzt versagte, als es schon dicht vor dem Ziele war. Beides soll das vorliegende Buch ihm zeigen.

Es sind viele Fehler bei seiner Führung gemacht worden. Es liegt mir ganz fern, sie verschweigen zu wollen. Ich werde im Gegenteil alles hervorheben, was nach meiner Kenntnis und Ansicht gefehlt worden ist. Aber andererseits muß man bedenken, daß das Kritisieren leicht ist, wenn das Ergebnis vor Augen liegt, furchtbar schwer aber das Handeln unter dem Druck der Verantwortung. Alles Menschliche sträubt sich zuweilen gegen das militärisch Richtige, und was ist natürlicher, als daß man den menschlichen Regungen folgt? Nicht jeder ist als Feldherr geboren und soll doch schwerwiegende militärische Entscheidungen treffen, ohne den Platz, auf den er gestellt ist, einem anderen überlassen zu können. In solchem Falle müssen wir gerecht sein und nicht Unmögliches verlangen. Das eben ist das Wesen einer großen Nation, daß sie trotz aller Fehler, die sie oft nicht einmal zu beurteilen vermag, dem geborenen Führer folgt und das Unabwendbare mit Heldenmut trägt, ohne am endlichen Ziel zu verzweifeln. Überall sind Menschen tätig. Menschliche Eigenschaften, gewaltiges Wollen und schwächliches Nachgeben bestimmen den Lauf der Geschicke: wahrhaft groß aber ist nur die Nation, die auf dem schwankenden Meer menschlicher Geschicke ihr Ziel trotz aller Rückschläge fest im Auge behält, um unbeirrt durch Glück oder Unglück es doch endlich zu erreichen oder wenigstens in Ehren unterzugehen. Friedrich der Große, der gewaltige Hohenzoller, der die halbe Welt überwand, mag uns da zum Vorbilde dienen. Lieber wollte er dem Leben entsagen als der Ehre, und wie oft war er dem Untergange nahe! Auch er hat die Schlacht von Kolin verloren, wie wir die Marneschlacht, über die übrigens noch zu reden sein wird: aber niemals ist er verzweifelt! Immer fand sein Geist noch einen Ausweg, und selbst nach der verlorenen Schlacht von Kunnersdorf stand er noch aufrecht da und schuf neue Mittel des Widerstandes. Die Erinnerung an diesen großen Hohenzoller soll uns ermahnen, niemals den Mut zu verlieren und der Zukunft festen Sinnes ins Auge zu sehen. Mag die Gegenwart auch noch so trübe aussehen, stets wollen wir daran denken, daß es auch nach der Niederlage von Kunnersdorf noch ein Auferstehen gab. Auch das Jahr 1806 mag uns zum Vorbilde dienen. Blücher, Gneisenau, Scharnhorst und wie sie alle heißen mögen, die Heldengestalten der Freiheitskriege, sie verzweifelten nicht an ihrem Vaterlande, trotz dessen völliger Niederlage; sie arbeiteten an seiner Wiedergeburt. Da schickte Gott das Jahr 1812, Napoleons Untergang in Rußland, und schuf damit die Möglichkeit für den Staat Friedrichs des Großen, seine frühere Höhe wieder zu erreichen und des unüberwindlich scheinenden Eroberers Herr zu werden. Ein Jahr 1812 wird sich allerdings nicht wiederholen, aber niemand kann wissen oder ahnen, was im Schoße der Zukunft verborgen liegt. Bereit aber sollen wir sein, die mögliche Gunst des Schicksals zu ergreifen. Bereit sein ist alles! Darum sollen wir ringen und arbeiten, daß uns eine solche Stunde nicht unvorbereitet trifft. Darum auch halte ich heute dem deutschen Volke sein Spiegelbild vor, damit es erkennt, worin es freventlich gesündigt, worin es schwere Schuld auf sich geladen hat, aber andererseits auch sieht, was alles es zu leisten imstande ist; wie es die Welt aus den Angeln heben kann, wenn es einmütig zusammensteht und großen Führern vertrauensvoll folgt, nicht aber Leuten, die nur ihre eigene Macht, ihr eignes körperliches Wohlbefinden im Auge haben und unwürdig sind, den Namen Deutsche zu tragen.

Es ist das einzige, was ich für mein Vaterland noch tun kann. Ich stehe heute am Rande des Grabes. Bis zur letzten Stunde habe ich als Soldat für mein Vaterland gekämpft. Krank bin ich aus dem Felde zurückgekehrt, als fast der letzte Kanonenschuß gefallen war. Jetzt bin ich gezwungen, das Schwert mit der Feder zu vertauschen: aber so lange noch ein Atemzug diesen Körper belebt, will ich für Deutschland arbeiten und — indem ich dieses Buch dem deutschen Volke widme — das Wort der Mahnung, das einst unser großer Dichter Friedrich Schiller sprach, ihm zurufen: „Wir wollen frei sein, wie die Väter waren. Eher den Tod, als in der Knechtschaft leben. Wir wollen trauen auf den höchsten Gott und uns nicht fürchten vor der Macht der Menschen!"

Heute sind wir nur ein Volk von Knechten, das sich dem Willen seiner grausamen Feinde fügen muß und noch keine Möglichkeit hat, sich ihm zu widersetzen, da es sich selbst wehrlos gemacht hat. Noch stehen wir unter der Herrschaft fremdvölkischer Elemente, die den deutschen Geist verfälschen: Einst aber wird kommen der Tag, an dem sich uns ein Weg zur Freiheit öffnet. Dann werden wir ihn betreten. Andere Völker werden erkennen, daß sie ohne Deutschlands Hilfe die Zwangsherrschaft der englischen Weltmacht nicht überwinden können, oder es werden andere Ereignisse eintreten, die wir heute noch nicht übersehen können, die es uns aber ermöglichen werden, unsere Fahne wieder zu erheben. Das deutsche Volk selbst wird den Wahn zerreißen, der ihm heute den Blick verschleiert. Es wird einsehen lernen, daß nur sittliche Kraft, Arbeit und Unterordnung unter einen führenden Willen den Weg zur Macht bereiten können, und daß ohne Macht jeder unter die Füße getreten wird, daß die Macht im Inneren, wenn sie nicht über allen steht, nur einzelnen Klassen und Helfern der Gewalthaber für kurze Zeit Genuß und Vorteil verschaffen kann, daß aber nur dann wirkliche äußere Macht entstehen kann, wenn die Regierung allen gerecht wird und nur für das allgemeine Beste bestrebt ist. Dann, aber auch nur dann, wird sich unser deutsches Volk wieder erheben aus tiefer Schmach, die Feinde niederwerfen, die heute triumphieren und ihre Macht scheinbar für alle Zeiten gründen. Es wird gelernt haben in der Erniedrigung, es wird wahrem Fortschritt huldigen und das Gute erkennen, das in der Vergangenheit bestand; es wird fähig werden, die Rolle zu übernehmen, die ihm die Vorsehung allem Anschein nach zugewiesen hat: Führer der Menschheit zu sein auf dem Wege des Fortschritts und der Gesittung. Ich glaube an den inneren, heute leider verborgenen Wert des deutschen Volkes. Ich glaube an einen gerechten Gott und halte es daher für unmöglich, daß die Mächte der Lüge, der Genußsucht und der rohen Gewalt auf die Dauer Herr werden können auf dieser Erde; und wenn ich auch selbst bald ins Grab sinken muß, so will ich doch noch einmal meinem Volke zurufen, daß es aufwachen möge aus seiner Verblendung, daß es sich aufraffen möge zu neuer Tat, und daß es des eingedenk sein solle, was es heißt, ein Deutscher zu sein. Dieser Weckruf aber wird nicht ungehört verhallen. Früher oder später — vielleicht erst, wenn der grüne Rasen noch viele gute Deutsche deckt — wird die Tat ihm folgen. Die Verhältnisse werden stärker sein als der Wille unserer Gegner, und dann wird sich das deutsche Volk erheben, wie ein Phönix aus der Asche der Erniedrigung, und wird wieder seiner selbst würdig durch die Geschichte schreiten.

Niemals will ich glauben, daß ein Volk, das so Großes, so Gewaltiges geleistet hat wie das deutsche, untergehen kann, solange es noch aufwärts strebt und noch nicht der Fäulnis preisgegeben ist. Heute sind nur einzelne Teile des deutschen Volkes dem Verderben verfallen. Die große Masse ist noch innerlich gesund und wird auch äußerlich gesunden; sie wird die schadhaften Teile von sich stoßen. Schon zeigen sich überall die Ansätze einer kräftigen Entwicklung. Sie werden sich weiter entfalten, das ganze Volk überschatten und es — wenn vielleicht auch spät — auf eine neue Sonnenhöhe führen.

Das ist meine feste Zuversicht. Sie drückt mir die Feder in die Hand und gibt mir den Mut, die nachfolgenden Zeilen zu schreiben.

Erstes Buch.

Der Beginn des Krieges und die deutsche Offensive im Westen.

Der Ausbruch des Krieges und der beiderseitige Aufmarsch.

Wie ein Blitz aus heiterem Himmel traf das deutsche Volk die Nachricht von dem gewaltsamen Tode des österreichischen Thronfolgerpaares in den Straßen von Sarajevo am 28. Juni 1914. Nur wenige in Deutschland wußten, wie gefährlich die Lage war. Deutschlands Kanzler, von Bethmann Hollweg, hatte alles auf eine Karte gesetzt, auf den Ausgleich mit England. Diesem Wunsche — denn als etwas anderes kann man es nicht bezeichnen — hatte er alle anderen Interessen des Reiches geopfert. Durch Nachgiebigkeit und Entgegenkommen glaubte er sich das Wohlwollen der europäischen Großstaaten erhalten zu können und erreichte auf diese Weise nur das Gegenteil. Niemand glaubte mehr an die Kraft und den Willen Deutschlands seine Macht zu verteidigen. Sein Ansehen in der Welt war auf das tiefste geschädigt. Hinter seinem Rücken hatten sich seine Feinde die Hand gereicht, um es zu vergewaltigen. In Deutschland selbst hatte niemand von den Verantwortlichen diese Gefahr bemerkt; Bethmann Hollweg hatte das Land mit falschen Friedenshoffnungen getäuscht. Nichts war infolgedessen geschehen, um der Gefahr zu begegnen. Politisch wie militärisch wurde man vollkommen überrascht.

Schon bevor Bethmann die Führung des Deutschen Reiches übernahm, hatte dieses das Vertrauen eingebüßt, das ihm die Welt als ein Erbteil aus Bismarcks Zeiten entgegenbrachte. Schon in dem Sansibarvertrage, in dem Deutschland außer dieser Insel noch die Insel Pemba, Witu, Somaliland und Uganda für Helgoland dahingab, hatte es jene Politik der Schwäche begonnen, die nirgends wirkliche Vorteile gegen sein Entgegenkommen eintauschte oder sie viel zu hoch in Rechnung stellte. Dieselbe Schwäche war später den Buren gegenüber bewiesen worden. Anfangs waren die Bauernrepubliken in ihrem Widerstande gegen englische Vergewaltigung bestärkt worden, und die Depesche an Krüger anläßlich des Jameson-Einfalls berechtigte sie tatsächlich zu der Hoffnung auf deutsche Unterstützung; nachher aber, als man durch das Vorgehen zu ihren Gunsten England in die Schranken zu fordern schien, hat man sie vollkommen verleugnet, und Rußland wurde abgewiesen, als es den Vorschlag machte, gemeinsam mit Frankreich, zugunsten der Buren einzuschreiten.

Später wurde dann dieses Verfahren System. Die Scheu vor jeder Tat und jeder positiven Stellungnahme wurde zur Absicht. Man wollte es mit niemandem verderben und machte sich damit alle Welt zum Feinde. Dabei war die Absicht immer eine gute. Dem deutschen Volke sollte nach des Kaisers Wunsch der Krieg erspart werden. Diesem Ziele aber wurden vom Reichskanzler alle anderen Rücksichten geopfert, auch dann, als mit dem Jahre 1902 die Einkreisungspolitik König Eduards begann und mit bestem Erfolge fortgesetzt wurde. Deutschlands Handelskonkurrenz fing an einen bedrohlichen Charakter anzunehmen, und England war entschlossen, diese Konkurrenz auszuschalten. Daß Deutschland dem englischen Handel gefährlich würde, sollte auf alle Fälle verhindert werden. Man wollte zunächst versuchen dem Deutschen Reiche alle gesunden Lebensbedingungen zu rauben und es auf diese Weise unschädlich machen, indem man es erstickte, oder, wenn das nicht gelang, wollte man es mit Gewalt niederschlagen. Zu beidem sollte die Einkreisung dienen; das war die Aufgabe, die sich König Eduard gestellt hatte. Sie zu durchschauen war die deutsche Staatskunst außerstande, obgleich am 8. April 1904 England und Frankreich sich über die beiderseitigen Mittelmeerinteressen geeinigt hatten und letzteres Land seine Ansprüche auf Ägypten gegen Marokko aufgegeben hatte; obgleich England 1905 seine Flotte in der Nordsee zusammenzog, die Konferenz zu Algeciras 1906, trotz der stolzen Erklärungen unseres Kaisers bei seiner 1905 erfolgten Landung in Tanger, in allen Punkten gegen Deutschland entschied, und 1907 durch den Vertrag vom 31. August Rußland seinen Beitritt zum englisch-französischen Bündnis vollzog. Allerdings war Deutschland im Jahre 1908, als Österreich endgültig von Bosnien und der Herzegowina Besitz ergriff, an dessen Seite getreten, weil es vertragsmäßig dazu verpflichtet war, die Gegnerstaaten militärisch und politisch noch nicht kriegbereit waren, und Deutschland für seinen eigenen Bestand an den Österreichs gebunden war. Dem Anschein nach trug der Dreibund damals einen politischen Sieg davon: in Wirklichkeit war das aber keineswegs der Fall; vielmehr gab die damalige Lage nur den Anstoß zur weiteren Befestigung des Dreiverbandes, indem Italien sich schon damals vom Dreibunde löste und seine eigene politische Aktion begann. Schon damals war die ganze tatsächliche Schwäche des Dreibundes zutage getreten. Als dann im Sommer 1909 der bisherige Staatssekretär des Innern von Bethmann Hollweg zum Reichskanzler ernannt wurde, blieb die Politik die gleiche und wurde vielleicht noch konsequenter durchgeführt, in völliger Ahnungslosigkeit dessen, was in Europa wirklich vorging. Kurz vorher hatte König Eduard in Reval lange Unterhaltungen mit dem Zaren von Rußland, die die Ausschaltung Deutschlands und Österreichs aus den Balkanangelegenheiten bezweckten; am 23. Oktober 1909 traf dann Nikolaus II. in Racconigi mit dem König von Italien zusammen. Die russisch-italienische Annäherung wurde vollzogen. „Paris und Petersburg waren niemals enger verbunden als damals. Die englisch-russische Annäherung war ein Umstand von größter Wirksamkeit für die äußerst herzliche Entente Frankreichs mit England, und das Einverständnis Rußlands mit Italien war ebenfalls durch die Begegnung der Staatsoberhäupter kundgetan worden"[1]).

So lagen die Dinge, als Bethmann Hollweg die Geschäfte übernahm und trotz aller offen zutage liegenden Verhältnisse unter fortgesetzter Preisgabe deutscher Interessen einen Ausgleich mit England anstrebte, ohne auch nur das geringste für den Fall vorzusehen, daß sein Bemühen scheiterte, wie es ja offenbar scheitern mußte, wenn man keinerlei Maßnahmen ergriff, um entweder die deutsch-englische Handelskonkurrenz auszuschalten, oder durch kriegerische Vorbereitungen und Verbündete den festen Willen zu zeigen, es auf eine Waffenentscheidung ankommen zu lassen. Anstatt dessen wurde das Bagdadbahnunternehmen im Frühjahr 1911 seines deutschen Charakters entkleidet, und Koweit, das zum türkischen Reich gehörte, 1913 als englisches Schutzgebiet anerkannt, nachdem es vorher von England als seiner Machtsphäre angehörend in Anspruch genommen worden war, ohne daß Deutschland Protest erhoben hätte, wie es seine Pflicht gewesen wäre. Schon früher, im Jahre 1911, verzichtete Deutschland auf eine offene Kriegsdrohung Englands hin endgültig auf Marokko, obgleich es vorher das Kanonenboot „Panther" ostentativ nach Agadir geschickt hatte, offenbar um seine Rechte zu wahren. Es hatte damit den letzten Rest von Ansehen verloren, der ihm noch in Europa und Asien von der Bismarckischen Zeit her geblieben war. Überall verzichtete Deutschland auf jeden greifbaren Vorteil und jede Machterweiterung und gab sich mit jeder beliebigen Abmachung zufrieden, wenn ihm nur vertragsmäßig die Freiheit des Handels gewährleistet wurde, die so leicht unterbunden werden kann, wenn sie nicht von der politischen Macht getragen wird. Kaiser Wilhelm sah eben seine Aufgabe darin, seinem Volke unter allen Umständen den Frieden zu erhalten und überall, wo der Deutsche hinkam, echte deutsche Kultur zu verbreiten. So sah die deutsche Reichsregierung die Schwächung der Türkei im Balkankriege ruhig mit an, obgleich damit ihr wahrscheinlicher zukünftiger Bundesgenosse getroffen wurde; so ließ es Bulgariens Niederlage geschehen, obgleich sie einen Staat betraf, der allein auf dem Balkan sich um die Unterstützung durch Deutschland bewarb; ja, es wies sogar den Zaren Ferdinand von Bulgarien persönlich ab, ebenso wie den österreichischen Thronfolger, die im Jahre 1912 nach Berlin kamen und die dortige Regierung zu kraftvoller Tat hinreißen wollten. Als diese endlich 1913, dem Zwange der Verhältnisse und

[1]) Äußerung des französischen Ministers des Äußeren am 27. Dezember 1909.

der öffentlichen Meinung nachgebend, eine Militärvorlage einbrachte, war diese so lückenhaft und geringfügig, daß sie nicht einmal die allgemeine Wehrpflicht wirklich durchführte, den lauten Widerspruch aller national gesinnten Kreise hervorrief und der Gefahr der Lage keineswegs entsprach. Eine wirtschaftliche Kriegsvorbereitung hat überhaupt nicht stattgefunden. Ernährung und Munition waren nicht sichergestellt. Eine gemeinsame Kriegsleitung mit den Verbündeten war weder zu Lande noch zur See festgestellt. Tatsächlich haben die Deutschen den Krieg mit einer Heeresstärke von nur zwei Millionen Mann begonnen, während die Österreicher gar nur anderthalb Millionen Mann aufstellten. Die deutsche Militärvorlage von 1913 hat sich durchweg als halbe Maßregel erwiesen. Österreichs Wehrkraft zu stärken wurde nicht einmal versucht.

Deutschlands Gegner waren dagegen eifrig bestrebt, ihre Rüstungen zu vollenden.

Von England ist bereits geredet worden. Während es die maßgebenden Staaten Europas unter seiner Führung gegen Deutschland vereinigte, reorganisierte es seine Armee, gab es ungeheure Summen für seine Seerüstung aus, übernahm den Schutz der nordfranzösischen Küste und machte es dadurch möglich, daß Frankreich seine Flotte im Mittelmeer vereinigte, wo zugleich ein englisches Geschwader blieb, während, wie wir sahen, das Gros der englischen Flotte in der Nordsee vereinigt wurde. Auch die Verhandlungen, die mit Deutschland durch den nach Berlin eingeladenen Minister Haldane geführt wurden, brachten es bezeichnenderweise zu keinem Ergebnis; England ließ sich die Hände nicht binden, trat überall als ausgesprochener Gegner Deutschlands auf und machte sich unter Aufrechterhaltung des äußeren Scheines der Friedfertigkeit, der nötigenfalls, wie in der Marokkoaffäre, auch aufgegeben wurde, zu dem großen Schlage bereit, der planmäßig im Jahre 1917 fallen und Deutschland ohne oder mit Gewalt niederwerfen sollte.

Ganz ähnlich verfuhr man in Frankreich. Da man in der Marokkosache auf die Unterstützung Rußlands und Englands rechnen konnte, ging man rücksichtslos vor und machte das Land unter Bruch der Algeciras-Akte zu einem französischen Schutzgebiet, in dem die Rechte Deutschlands überhaupt nur auf dem Papier, aber nicht in Wirklichkeit berücksichtigt wurden. Zugleich aber wurde Frankreichs Wehrkraft durch Einführung der dreijährigen Dienstzeit auf das Äußerste gesteigert; am 12. Juni 1913 wurde sie von der Kammer angenommen und belastete Frankreich finanziell derart, daß es in kürzester Zeit, wie auch geplant, zum Kriege würde schreiten müssen. Der Jahresdurchschnitt der Friedensstärke, der bisher etwa 545 000 Mann betragen hatte, wurde im Jahre 1914 auf etwa 690 000 Mann zum Dienst mit der Waffe und 45 000 Mann zum Dienst ohne Waffe gesteigert und würde sehr bald auf 730 000 bzw. 46000 Mann erhöht worden sein. Mit allen Kolonialtruppen zusammen betrug sie bei Ausbruch des Krieges sogar 883500 Mann. An Kriegsstärke aber brachte Frankreich 4900000 Mann auf, wozu im Laufe des Kampfes, wie hier vorgreifend bemerkt sei, noch 545000 Afrikaner und Asiaten kamen. Auch der Chauvinismus wurde so viel als möglich, besonders auch in der Schule, angespornt, und der Türkei, als des mutmaßlichen Verbündeten Deutschlands, suchte man sich durch zahlreiche Eisenbahn- und Schulkonzessionen zu vergewissern, die man noch bis zum Frühjahr 1914 erwarb.

Anders lagen die Verhältnisse in Rußland. Das Zarenreich strebte nach dem Besitz von Konstantinopel und dem Zutritt zum Mittelländischen Meer. Es wollte zugleich die Vormacht auf dem Balkan sein. Es wußte, daß es diese Bestrebungen nur durchsetzen könne, wenn es ihm gelang, die Türkei und Österreich zu zertrümmern, und daß dieses Ziel wieder nur zu erreichen sei, wenn man zugleich Deutschland entscheidend schlug, so daß es sich der von Rußland beliebten Ordnung der orientalischen Verhältnisse nicht mehr widersetzen könnte; denn Deutschlands Unabhängigkeit und Machtstellung hing vom Bestand Österreichs ab, solange das europäische Staatensystem, wie es damals war, in Geltung blieb. Rußland bereitete daher den Aufmarsch gegen Österreich—Deutschland vor und suchte zugleich die Türkei nach Möglichkeit zu schwächen. Zu diesem Zweck hatte es die Balkanstaaten unter russischer Führung gegen die Türkei losgelassen und hatte diese letztere fast ganz aus Europa verdrängt. Serbien war ihm ganz verfallen und wühlte in seinem Sinne gegen Österreich, Rumänien stand mit seinen Sympathien auf Rußlands Seite. Nur Bulgarien war unsicher, aber militärisch durch die Balkankriege sehr geschwächt. Nunmehr bereitete das Zarenreich ganz systematisch den militärischen Aufmarsch gegen die Mittelmächte vor. Es hatte seine Armee sehr wesentlich vermehrt und mit französischem Gelde sein Eisenbahnnetz in strategischem Sinne gegen seine Westgrenze und gegen Österreich ausgebaut. Zum Kriege war es entschlossen, sobald es mit seinen Vorbereitungen fertig sein würde, schon weil es die Revolution im Innern fürchtete, die es nach außen ablenken wollte. Zu diesem Zwecke hatte es sich mit England und Frankreich verbunden. Es war sicher, beide Staaten zum Kriege mit fortreißen zu können. Die Stärke seines Heeres betrug im Sommer 1914 1581000 Mann, im Winter 1981000 Mann. Sie sollte noch weiter gesteigert werden. Auch mit Italien hatte Rußland sich, wie wir sahen, in Racconigi geeinigt.

Dieses Land nahm eine besondere Stellung ein. Es gehörte dem Dreibunde an und hatte noch im März 1914 fest versprochen, ein Hilfskorps nach Süddeutschland zu senden, war aber entschlossen, seine Verbündeten im Notfall zu verraten. Es wollte zunächst abwarten, wohin sich im Kriegsfall die Schale des Sieges neigen würde, und hatte den Begriff des „sacro egoismo“ — des heiligen Egoismus — eigens erfunden, um seinen geplanten Verrat zu bemänteln. Belgien war von vornherein auf seiten Frankreichs anzunehmen.

Demgegenüber stand Österreich vollkommen unvorbereitet da. Seine inneren Verhältnisse hatten seine Zeit und seine Kräfte völlig in Anspruch genommen; ja es machte sich wohl kaum einen Begriff von der Größe des Schicksals, das jeden Augenblick hereinbrechen konnte. Es glaubte nicht an einen Weltkrieg. Armee und Flotte waren in keiner Weise auf die Rolle vorbereitet, zu denen der Gang der Ereignisse sie jederzeit berufen konnte, und das Zerwürfnis der Nationalitäten fand nur noch in der Person des alten Kaisers Franz Joseph einen Einigungspunkt. So war es in keiner Weise den Erschütterungen gewachsen, die Europa in seinen Grundfesten heimsuchen sollten. Armee und Politik waren nur auf den gewohnten und gewöhnlichen Verlauf der Dinge eingestellt. Die Gesamtkriegsstärke, der die Mittelstaaten sich gegenübersahen — England, Frankreich, Rußland, Serbien und Belgien — betrug bei Ausbruch des Krieges 6191570 Mann, denen sie selbst nur 3489470 Mann entgegenzustellen hatten, wenn man nur Deutschland und Österreich in Rechnung stellt.

So lagen die Verhältnisse, als die Kunde von der Mordtat von Sarajevo Europa durcheilte.

Österreich war in erster Linie betroffen. Es hatte bisher allen serbischen Übergriffen ruhig zugesehen, nur um den Frieden zu erhalten. Aus dem gleichen Grunde hatte es das Besatzungsrecht im Sandschak, dem der Türkei gehörigen Gebietsteil zwischen Serbien und Montenegro, und damit den geraden Weg nach Saloniki aufgegeben. Jetzt aber sah es sich in seinem Dasein bedroht. Wenn es den Mord seines Thronfolgers ruhig hinnahm, verlor es alles Ansehen auf dem Balkan und gab Serbien, das in diesen Mord verwickelt war, gewissermaßen einen Freibrief für weitere Schandtaten. Auch glaubte es nicht, daß die entgegenstehenden Weltmächte für einen Königsmord eintreten würden. Wenigstens muß man das annehmen, da sonst die Haltung der Donaumonarchie völlig unverständlich wird. Darin aber hatte es sich vollkommen geirrt.

In Rußland stritten zwei Parteien um die Leitung der Politik. Die eine wollte den Frieden wenigstens vorläufig erhalten, die andere drängte zum Kriege. Der Kaiser neigte der ersteren zu, aber die zweite drohte, wie man annehmen muß, mit der Revolution und zwang damit den Kaiser in ihren Bannkreis. Wie dem aber auch sei, welche Mittel die Kriegspartei angewendet haben mag: so viel steht fest, daß sie den Kaiser schließlich durch offenbaren Betrug zur Mobilmachung gegen Deutschland zwang. Sie brachte ihn dazu, in einer schwachen Stunde den Mobilmachungsbefehl zu erlassen, und redete ihm dann vor, daß er schon am Tage darauf nicht mehr rückgängig zu machen sei. Der Kriegsminister Suchomlinow und der Minister des Äußeren Sassonow waren unmittelbar an diesem Betrug beteiligt: hinter ihnen aber verbarg sich zweifellos die Großfürstenpartei, die den Krieg auf jeden Fall herbeiführen wollte.

Der deutsche Kaiser war ein unbedingter Anhänger des Friedens. Er hatte 1914 auf den Rat Bethmann Hollwegs hin die gewohnte Nordlandreise angetreten, um die öffentliche Meinung nicht unnötigerweise zu beunruhigen, da der Reichskanzler im Vertrauen auf die englische Politik unbedingt an die Beilegung jedes Streitfalls glaubte. Unter dem Drange der Verhältnisse aber kehrte er aus eigenem Antriebe nach Deutschland zurück und unternahm sofort die ernstlichsten Versuche, zwischen Österreich und Rußland zu vermitteln, um trotz allem den Frieden zu erhalten. Vom Reichskanzler war er nicht ausreichend über die Lage unterrichtet worden. Daß England Krieg und Frieden in seiner Hand hatte, wußte er nicht. Es brauchte bloß zu erklären, daß es sich an einem Kriege gegen Deutschland nicht beteiligen werde, um sofort den Frieden zu sichern. Da es das aber nicht tat, gewann in Rußland die Kriegspartei die Oberhand. Am 31. Juli befahl Nikolaus II. die Mobilmachung der gesamten Streitkräfte, ein Befehl, der dem Zaren zum Trotz nicht widerrufen wurde. Nun mußte sich Deutschland dagegen sichern überfallen zu werden. Am 1. August erfolgte daher der Befehl zur Mobilmachung. Zugleich wurde die Kriegserklärung gegen Rußland erlassen. Da Frankreich seinerseits auch mit Rüstungen begann, wurde auch diesem Staat am 3. August der Krieg erklärt, und zu gleicher Zeit trat der Kriegszustand gegen Belgien ein. Da es, wie wir sehen werden, im Plane der deutschen Heeresleitung lag, den Angriff auf Frankreich durch Belgien hindurchzuführen, war diesem Staate schon am 2. August anheimgestellt worden, den Durchmarsch der deutschen Armeen zu gestatten. Auch bestand nach den Verträgen von 1818 und 1831 für Preußen das Recht zu einem solchen, und das Deutsche Reich war der natürliche Rechtsnachfolger Preußens. Trotzdem verweigerte Belgien die Erlaubnis zu dem mit Recht geforderten Durchmarsch. Es mußte demnach der Kriegszustand eintreten. Diese sogenannte Verletzung der belgischen Neutralität, die beiläufig bemerkt von den Franzosen bereits früher in Wirklichkeit begangen worden war, nahm dann England zum Vorwand, um seinerseits Deutschland den Krieg zu erklären. Umsonst bot der deutsche Reichskanzler als Preis für die Neutralität Englands die Nichtanwendung der deutschen Flotte gegenüber Frankreich und die völlige territoriale Unversehrtheit Frankreichs mit seinen Kolonien sowie Belgiens an. England blieb bei seinem Willen.

Damit brach Bethmann Hollwegs ganzes politisches System, seinem eigenen Ausspruch nach, wie ein Kartenhaus zusammen.

Er hatte, wie wir sahen, unbekümmert um alle handgreiflichen Anzeichen des Gegenteils, auf Englands dauernde Neutralität vertraut und sah sich nun in allen seinen politischen Berechnungen getäuscht. Wir haben das Zeugnis des Großadmirals von Tirpitz, der damals Staatssekretär der Marine war, dafür, daß er unter diesen Umständen völlig den Kopf verlor und überhaupt nicht mehr wußte, was er zu tun habe; da er außerdem den Kaiser nur mangelhaft unterrichtet hatte und dieser während der entscheidenden Wochen auf ausdrücklichen Wunsch des Kanzlers abwesend war, mußte das Deutsche Reich diese schwersten Tage seiner staatlichen Existenz ohne eigentliche Leitung verbringen. Es wurde sogar versäumt, Italien, mit dem man doch verbündet war, über die Sachlage rechtzeitig zu unterrichten. So ist es auch völlig unverständlich, aus welchem Grunde man Rußland und Frankreich den Krieg erklärt hat. Gegen Rußland beabsichtigte man überhaupt zunächst nicht offensiv zu verfahren. Daß einige Patrouillen sofort über die Grenze gehen sollten, ist vom Generalstabschef direkt geleugnet worden. Zudem war es vollständig überflüssig. Die französische Grenze sollte zunächst auch nicht überschritten werden. Daß französischerseits einige Grenzverletzungen vorgekommen waren, konnte man einfach totschweigen. Man erreichte nirgends einen Vorteil, indem man gewohnheitsmäßig den Krieg erklärte; wohl aber gab man Italien den Vorwand, uns Deutsche als Angreifer hinzustellen und daraufhin seine Mitwirkung am Kriege zu versagen. Nötig war nur eine Kriegserklärung gegen Belgien, und die war in aller Form erfolgt.

Wie man übrigens einen Vormarsch durch Belgien vorbereiten konnte, ohne anzunehmen, daß man damit England auf den Plan rufen werde, bleibt an sich unverständlich. Jedem Einsichtigen mußte es klar sein, daß man Englands Feindschaft herausforderte, wenn man Belgien zum deutschen Vormarschgebiet wählte. Im Aufmarsch kam das jedenfalls nicht zum Ausdruck. Auf Italiens Neutralität war man übrigens gefaßt. Es hatte schon früher mitgeteilt, daß es dem Dreibund nur beitreten könne, wenn England den Schutz seiner Mittelmeerküsten übernehme. Es war dann trotzdem beigetreten, obgleich die englische Flotte in der Nordsee konzentriert wurde, und hatte noch im Frühjahr 1914 versprochen, im Fall eines Krieges Truppen nach Süddeutschland zu schicken; doch konnte man natürlich nicht wissen, wie weit es die Verräterei treiben würde. Hatte doch der König von Italien aus freien Stücken dem Kaiser von Österreich mitteilen lassen, daß er die Schwierigkeiten Österreich-Ungarns nicht zum eigenen Vorteil ausnutzen würde.

Im übrigen entwickelte sich die Lage nun äußerst schnell. Am 6. August trat Österreich-Ungarn in den Kriegszustand mit Rußland, nachdem es schon vorher am 28. Juli an Serbien den Krieg erklärt und seine Armeen mobil gemacht hatte; am 10. erklärte Frankreich, am 13. England dem völlig überraschten Österreich-Ungarn den Krieg. Europa starrte von Waffen. Diese sollten die schwebenden Fragen entscheiden. Der deutsche Kaiser aber hielt am 4. August eine Thronrede, in der er mit vollem Recht die Worte sprach: „Die Welt ist Zeuge gewesen, wie unermüdlich wir in dem Drang und den Wirren der letzten Jahre in erster Reihe standen, um den Völkern Europas einen Krieg zwischen Großmächten zu ersparen. Uns treibt nicht Eroberungslust, uns beseelt der unbeugsame Wille, den Platz zu bewahren, auf den Gott uns gestellt hat, für uns und alle kommenden Geschlechter. Ich kenne keine Parteien mehr, ich kenne nur noch Deutsche."

Daß er die falschen Mittel ergriffen hatte, um diesen Zweck zu erreichen, das wußte er damals nicht und er hat an seinem Irrtum zum Schaden Deutschlands während des ganzen Krieges festgehalten.

Im Augenblick freilich sahen sich die Dinge trotz der Gefahren der Lage durchaus hoffnungsvoll an. Ein Sturm der Begeisterung ging durch ganz Deutschland; jung und alt drängte sich zu den Fahnen. Jeder war froh und stolz, daß die Zeit des Zögerns und Zurückweichens endlich vorbei sei; daß der deutsche Stolz sich nicht mehr zu beugen brauche unter fremden Willen; daß im grünen Felde das Schwert entscheiden sollte über Recht und Unrecht. Die Parteien hörten auf, wenigstens wagten es die gewissenlosen Führer nicht mehr, ihre Stimme hören zu lassen; das ganze deutsche Volk stand geschlossen hinter seinem Kaiser. Es glaubte an den Sieg und hoffte auf die Zukunft. Der Geist, der es belebte, sprach sich auch in den gewaltigen Kriegsanleihen aus, die bis zuletzt von allen Teilen des Volks gezeichnet wurden und an denen sich auch die kleinen Leute beteiligten, die nur Sparpfennige zum Opfer für das Vaterland bringen konnten. Wer jene Tage mit erlebt hat, dem werden sie ewig unvergeßlich bleiben. Sie zeigen, welcher Gefühle und Gesinnungen das deutsche Volk fähig ist, wenn es seinen urwüchsigsten Empfindungen überlassen wird, wie es nur unter dem Einfluß fremder Einflüsterungen und furchtbarer Leiden das werden konnte, was es leider heute geworden ist: ein Volk der Sklaven und der Diener!

Auch der Kriegsplan schien Gutes zu versprechen. Man rechnete mit einem gewissen Recht auf eine langsame Mobilmachung und äußerst schwerfällige Operationen der Russen. Zwar wußte man im deutschen Generalstab, daß in der letzten Zeit umfassende grundstürzende Maßregeln getroffen worden waren, um die Mobilmachung zu beschleunigen, und daß auch das Eisenbahnnetz im Sinne eines beschleunigten Aufmarsches ausgebaut worden sei; auch nahm man mit Recht an, daß sich der Hauptstoß gegen Ostpreußen richten würde: dennoch glaubte man mit Rücksicht auf das im Verhältnis zu den zu bewegenden Massen immer noch mangelhafte Eisenbahnnetz und der Schwerfälligkeit der russischen Verwaltung, daß die Ereignisse einen verhältnismäßig langsamen Verlauf nehmen würden. Im Notfall wollte man hinter die Weichsel zurückgehen und Ostpreußen eine Zeitlang den Russen überlassen. Die hierdurch gewonnene Zeit aber wollte man im Westen benutzen. Nur geringe Streitkräfte sollten im Osten aufmarschieren und die Russen nach Kräften aufhalten; während dieser Zeit aber wollte man sich mit der gesamten übrigen Heeresmacht gegen Frankreich und England wenden, diese Staaten völlig niederwerfen und sich dann gegen Rußland zurückwenden, um auch hier den Sieg zu erringen. Die Absicht ging dahin, in Belgien vorzumarschieren und in Frankreich mit den Armeen des rechten Flügels in weitem Bogen nach Süden herumzuschwenken. Die 1. und 2. Armee sollten von Hause aus auf dem linken Maasufer vorgehen und wurden dazu dem einheitlichen Befehl des Kommandeurs der 2. Armee unterstellt; die 3., 4. und 5. Armee sollte sich so anschließen, daß das ganze Heer etwa um Diedenhofen als Drehpunkt herum allmählich nach Süden Front machte und mit dem rechten Flügel die ungefähre Richtung auf Paris bekam. Der linke Flügel in Lothringen sollte sich zunächst abwartend verhalten, wohl weil man einen Angriff in dieser Richtung erwartete; dann aber sollte zunächst die Befestigung von Nanzig angegriffen werden, und dann wollte man zwischen Toul und Épinal auf Charmes vorstoßen und endlich im Verein mit den von Norden her vorgehenden Truppen die französische Armee, wenn es die taktischen Verhältnisse gestatteten, wenn möglich von Paris abdrängen und einkesseln. So wenigstens entwickelten sich die Absichten im Laufe der Ereignisse.

Ob dabei mit einer Teilnahme Englands am Kriege und mit der Feindschaft der belgischen Truppen gerechnet war, bleibe dahingestellt; besondere Truppen waren gegen Antwerpen und die nördliche Küste jedenfalls nicht vorgesehen. Immerhin war mit Rücksicht auf England und Belgien der Grundgedanke des deutschen Aufmarsches, nämlich den Feind von Norden her zu umfassen, besonders deswegen richtig, weil er dazu führen konnte, entweder die Engländer von ihrem Mutterlande zu scheiden und mit den Franzosen zusammen auf Paris zurückzuwerfen, oder sie gegen die nördliche Küste zu drängen und von den Franzosen zu trennen.

Man hat die Frage aufgeworfen, ob es nicht zweckmäßiger gewesen wäre, zuerst im Westen defensiv zu bleiben, sich beim Beginn des Krieges gegen die Russen zu wenden, diese in der Versammlung zu fassen und die Verletzung der belgischen Neutralität den Feinden zu überlassen. Ich bin nicht dieser Ansicht. Ein solcher Aufmarsch war ein zweischneidiges Schwert. Erstens hätten die Russen den ihrigen nach rückwärts verlegen und damit die Deutschen weiter nach sich ziehen können, als ihnen lieb war; dann war das ganze Eisenbahnnetz auf einen Aufmarsch nach Westen eingerichtet; endlich mußte man voraussetzen, daß die Feinde Belgien besetzen und den ganzen deutschen Aufmarsch in der Flanke fassen würden, wenn man ihnen hierzu die Möglichkeit ließ. Es waren zu einer Verteidigung gegen Westen jedenfalls sehr viel mehr Truppen nötig, als zu einer solchen im Osten, weil hier die Österreicher mitwirkten und die vorspringenden Provinzen Ostpreußen und Galizien eine Zange bildeten, die erst überwunden werden mußte, bevor man in der Mitte vordringen konnte. Auch zwang

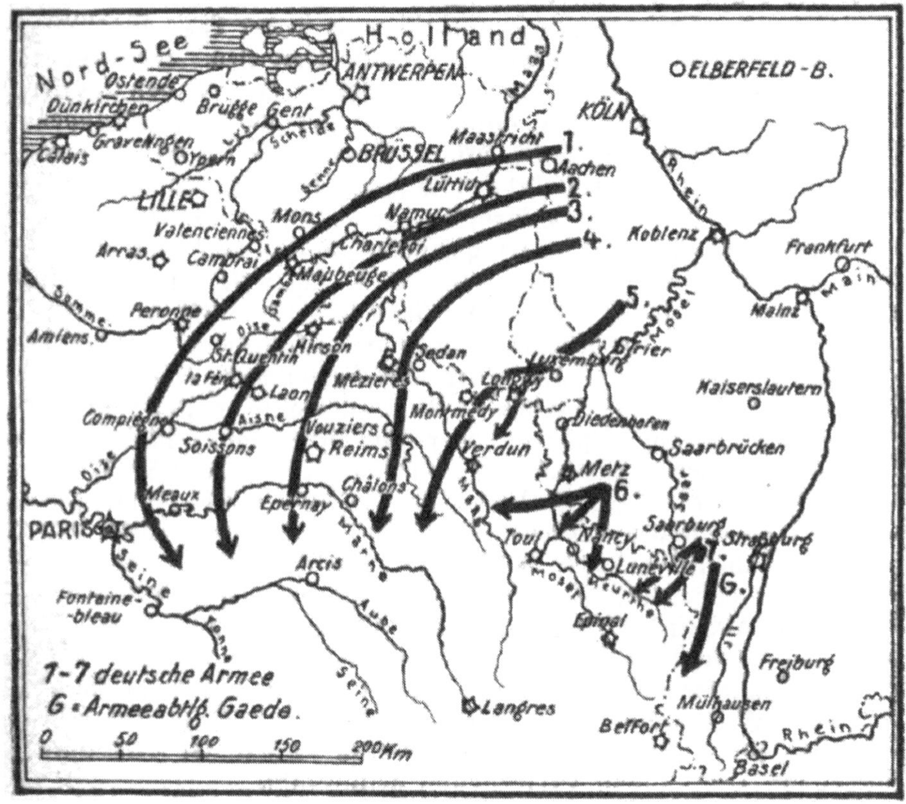

Karte 1. Der deutsche Vormarsch.

schon die Rücksicht auf England meines Erachtens dazu, den ersten Angriff nach dem Westen zu verlegen. Man ließ sonst England völlig freie Hand und Zeit, neue Kräfte aufzustellen. Es konnte dann seine Angriffsrichtung nach Belieben wählen.

Wie dem aber auch sei: nachdem der Aufmarsch einmal in der geschilderten Weise bearbeitet war, war es unmöglich, ihn noch zu ändern. Arbeit und Mühe hierbei waren viel zu groß, als daß sie rechtzeitig hätten geleistet werden können. Wie die Bewegung vorgesehen war, so mußte sie sich abspielen.

Demnach sollte die 1. Armee des Generals von Kluck, fünf Armeekorps, drei Landwehrbrigaden, vier Bataillone schwerer Artillerie und ein Pionierregiment, in die Gegend von St. Trond, Hasselt und dahinter rücken. Zu ihr trat von der 2. Armee bald noch ein Armeekorps über. Diese, unter dem Befehl des Generaloberſten von Bülow — sechs Armeekorps, zwei Landwehrbrigaden und zahlreiche Nebenformationen stark —, sollte mit dem rechten Flügel an den Westforts von Lüttich, mit dem linken etwa 20 km vom Fort d'Embourg entfernt bei Ferrières aufmarschieren [1]). Links davon war der 3. Armee ihr Aufmarschraum in der Linie St. Vith—Waxweiler—Neuerburg—Wittlich—Prüm zugewiesen. Sie bestand unter dem Kgl. Sächsischen Generalobersten Freiherrn von Hausen aus vier Armeekorps, einer Landwehrbrigade und Nebentruppen. Links davon schlossen sich bis in die Gegend südlich von Diedenhofen unter dem Generalobersten Herzog Albrecht von Württemberg und dem deutschen Kronprinzen die 4. und 5. Armee an. Sie bestanden: die 4., mit dem Hauptquartier Trier, aus fünf Armeekorps und einer Landwehrbrigade, die 5., mit dem Hauptquartier Saarbrücken, ebenfalls aus fünf Armeekorps und fünf Landwehrbrigaden. Beiden Armeen waren schwere Artillerie und technische Truppen beigegeben. Noch weiter südlich standen in Lothringen die 6. Armee unter dem Befehl des Kronprinzen Rupprecht von Bayern, im Elsaß die 7. unter dem Generalobersten von Heeringen. Ihre Aufgabe war es, gegen die Mosel unterhalb Frouard und die Meurthe vorzugehen, um die hier versammelten französischen Kräfte festzuhalten und ihren Abtransport nach dem linken französischen Heeresflügel zu verhindern. Erstere bestand aus fünf Armeekorps und sechs Landwehrbrigaden, letztere aus drei Armeekorps. Zu ihr gehörten verschiedene Landwehrbrigaden, die den äußersten linken Flügel des Heeres deckten. Außerdem wurden der 6. und 7. Armee noch je drei der zuerst fertig werdenden Ersatzdivisionen überwiesen. Sie kamen größtenteils noch zu den ersten Kämpfen zurecht. Auch die 55. Ersatzbrigade hat auf dem linken Flügel des Heeres noch Verwendung gefunden [2]).

---

[1]) Siehe Karte Nr. 1.

[2]) Die 1. Armee bestand aus dem II., III. und IV. Armeekorps, dem III. und IV. Reservekorps, der 10., 11. und 27. Landwehrbrigade, vier Bataillonen schwerer Artillerie und einem Pionierregiment; die 2. Armee aus dem IX. Korps, das nach der Einnahme von Lüttich zur 1. Armee übertrat, aus dem VII. und X. Armeekorps, dem Gardekorps, dem Garde-Reservekorps, dem VII. und X. Reservekorps, der 25. und 29. Landwehrbrigade, vier Mörserbataillonen, einer 10-cm-Kanonenbatterie, zwei schweren Küstenmörserbatterien und zwei Pionierregimentern; die 3. aus dem XI. preußischen, dem XII. und XIX. sächsischen Armeekorps, dem XII. sächsischen Reservekorps, der 47. Landwehrbrigade, zwei Bataillonen schwerer Artillerie und einem Pionierregiment. Die 4. Armee bestand aus dem VI., VIII. und XVIII. Armeekorps, dem VIII und XVIII. Reservekorps, der 49. Landwehrbrigade, zwei Mörserbataillonen und einem Pionierregiment; die 5. aus dem V., XVI. und XIII. Armeekorps, dem V. und VI. Reservekorps, der 13., 43., 45., 53.

Aus der Linie, die für den Aufmarsch vorgesehen war und die am 17. August erreicht werden sollte, hatte das Heer, wie gesagt, derart nach Südwesten zu schwenken, daß Diedenhofen den Drehpunkt bildete, die 1. und 2. Armee aber nördlich der Maas vorgingen. Das auf dem rechten Flügel befindliche 2. Kavalleriekorps sollte den Verbleib der belgischen Armee, die Landung der Engländer und das etwaige Auftreten französischer Truppen im nördlichen Belgien feststellen.

In Ostpreußen marschierte die 8. Armee unter Befehl des Generaloberſten von Prittwitz auf. Sie bestand aus vier Armeekorps, einer Reservedivision, drei mobilen Landwehrbrigaden, einer Kavalleriedivision und den Hauptreserven der Festungen bis hinab nach Thorn. Von dieser Festung bis zur Dreikaiserecke standen außer der Kriegsbesatzung von Posen nur einige Landwehr- und Landsturmformationen. An der Grenze Schlesiens wurde ein zwei Divisionen starkes Landwehrkorps unter General von Woyrsch gebildet[1]). Es sollte die österreichische Landsturmgruppe Kummer, der eine Kavalleriedivision zugeteilt war, zunächst in der linken Flanke decken. Diese sammelte sich bei Krakau und sollte auf Kielze und die Lysa Gora vorgehen, um die österreichische Hauptarmee gegen Westen zu sichern, die ihrerseits östlich der Weichsel aufmarschierte. Außerdem war noch die Kriegsbesatzung von Breslau vorhanden, und es unterstanden dem Oberkommando der 8. Armee die stellvertretenden

und der 9. bayerischen Landwehrbrigade, vier Mörserbataillonen und zwei Pionierregimentern. Die 6. war zusammengesetzt aus dem I., II. und III. bayerischen Korps, dem XXI. Korps, dem I. bayerischen Reservekorps, sechs Landwehrbrigaden, vier Bataillonen schwerer Artillerie und zwei Pionierregimentern; die 7. aus dem XIV. und XV. Armeekorps und dem XIV. Reservekorps; zu ihr gehörten noch viereinhalb Landwehrbrigaden, die zum Teil den Oberrhein deckten. Der 6. Armee wurden außerdem zugeteilt die 4., 8. und 10., der 7. die G.- und B.- sowie die 19. sächsische Ersatzdivision. Die G.- und B.-Division wurden zunächst in Reserve gestellt, die 19. auf kurze Zeit dem XIV. Reservekorps unterstellt und auf dem linken Flügel verwendet. Die Heereskavallerie war in vier Korps zusammengefaßt. Heereskavalleriekorps 1 bestand aus der Garde-, der 5. Kavalleriedivision und fünf Jägerbataillonen; H.-K.-K. 2 aus der 2., 4. und 9. Kavalleriedivision und ebenfalls fünf Jägerbataillonen; H.-K.-K. 3 aus der 8. sächsischen, der bayerischen und der 7. Kavalleriedivision mit zwei bayerischen Jägerbataillonen; sowie endlich dem H.-K.-K. 4, das aus der 3. und 6. Kavalleriedivision und zwei Jägerbataillonen bestand. Hiervon war das 2. H.-K.-K. zunächst der 2. Armee unterstellt, wurde aber mit zwei Divisionen auf dem äußersten rechten Flügel, mit einer Division vor der 2. Armee selbst, das 1. H.-K.-K., das zunächst der 4. Armee unterstellt war, vor der 3. Armee verwendet. Es stand zunächst in und bei Diekirch. Das 4. H.-K.-K., das in und bei Diedenhofen stand, sollte vor der Front der 4. und 5. Armee aufklären und war zunächst der 4. Armee unterstellt; das H.-K.-K. 3 endlich war bei der 6. Armee untergebracht und unterstand ihr auch.

[1]) Die 8. Armee bestand aus dem I., XVII. und XX. Armeekorps, dem 1. Reservekorps, der 1. Kavalleriedivision und der 3. Reservedivision und den im Text genannten Truppen; das Landwehrkorps Woyrsch aus der 3. Landwehrdivision, die aus Posen heranrückte, und der 4. Landwehrdivision des VI. Armeekorps. Es war zusammengesetzt aus neun Infanterieregimentern, zehn Brigadeersatzbataillonen und zwei Artillerieregimentern ohne schwere Artillerie.

Generalkommandos der Grenzprovinzen, also das I., XX., XVII., II., V. und VI., sowie die Festungen der Ostgrenze. Nur über die hier neu aufzustellenden Truppenteile verfügte die Oberste Heeresleitung.

Die österreichische Armee — abgesehen von dem schon erwähnten Korps Kummer — marschierte in drei Armeen — Dankl, Auffenberg und Brudermann — in einer Stärke von zwölf Armeekorps zu je drei Infanterietruppendivisionen, elf Kavalleriedivisionen und einigen Landsturmbrigaden am San und Dnjestr auf, um von hier aus durch frühzeitigen Angriff auf Lublin und Cholm die Russen vom Innern

Karte 2. Der Aufmarsch im Osten (nach v. François).

Deutschlands und Österreichs abzuziehen, während man mit dem rechten Flügel den Feind abwehren wollte. Ein Korps stand bei Stanislau, einundeinhalbes bei Stryj. Man glaubte die Russen noch sehr weit im Rückstande mit ihrer Mobilmachung und ihrem Aufmarsch und hoffte daher in vollständig unfertige Verhältnisse hineinzustoßen, wenn man frühzeitig genug die Offensive ergriff. Man berechnete, was die Russen in erster Linie aufstellen könnten, auf 80 Divisionen. Wenn man hiervon 20 Divisionen auf Preußen abrechnete, blieben 60 Divisionen übrig, mit denen man in ihrem wie vorausgesetzt unfertigen Zustande glaubte fertig werden zu können.

Gegen Serbien wurden die 2., 5. und 6. Armee aufgestellt, die zusammen sieben Armeekorps stark waren und dem Feldzeugmeister Potiorek unterstanden.

Demgegenüber vollzog sich der französische sowie der englische und belgische Aufmarsch wie folgt: Die Franzosen marschierten mit vierundvierzig Infanteriedivisionen, einer marokkanischen Division, drei Divisionen des Kolonialkorps, fünfundzwanzig Reservedivisionen einschließlich der Hauptreserven der Festungen, dreizehn Territorial- und zehn Kavalleriedivisionen auf. Am rechten Flügel des Heeres stand in zwei Gruppen die 1. Armee des Generals Dubail, des früheren Generalstabschefs, bei Belfort und Epinal. Sie bestand aus fünf Armeekorps[1]) und anscheinend vier Reservedivisionen, der 8. Kavalleriedivision, sowie den gesamten Alpenjägerformationen, die sehr bald von der italienischen Grenze fortgezogen werden konnten; hinter ihrem rechten Flügel stand zum Schutz der rechten Flanke bzw. zur Verstärkung die erste Gruppe der Reservedivisionen bei Vesoul. Die 2. Armee unter dem General de Castelnau bestand aus drei[2]) und dem halben IX. Armeekorps, aus einer, später aus drei Reservedivisionen[2]) und drei Kavalleriedivisionen (der 2., 6. und 10). Sie bildeten unter dem General Conneau ein Kavalleriekorps. Außerdem standen zwei Reservedivisionen in Nanzig und vier Jägerbataillone in St. Nicolas an der Meurthe. Die 3. Armee unter dem General Ruffey bestand aus drei Armeekorps[3]), drei Reservedivisionen und der 7. Kavalleriedivision. Die Hauptreserve von Verdun war drei Reservedivisionen stark. Zum Schutz der rechten Flanke der 3. Armee wurde später — am 18. August — unter dem Befehl des Generals Maunoury die Armee de Lorraine aus sechs Reservedivisionen[4]) gebildet, die später wieder aufgelöst wurde. Sie stand zunächst jedoch zwischen der 3. und 2. Armee. Die 4., unter dem General Langle de Cary, bestand aus dem II. Armeekorps, das in der Richtung auf Sedan und östlich davon sicherte, und weiteren vier Armeekorps[5]). Es gehörten ferner dazu das halbe IX. Korps, das mit einer marokkanischen Division zusammengeschweißt wurde, die 52. Reservedivision, die die Maasbrücken am linken Flügel der Armee sicherte, die 60. Reservedivision, die von Sedan aus dem II. und IX. Korps folgte, und zwei Kavalleriedivisionen (die 4. und 9.), die später nach Belgien in nördlicher Richtung vorgeschoben wurden. Die 5. Armee endlich stand unter dem Befehl des Generals

---

1) Diese Armeekorps waren das VII., XIV., XXI., XIII. und VIII. Armeekorps.

2) Diese drei Korps waren das XV., XVI. und XX., die drei Reservedivisionen die 70., 64. und 74.

3) Diese drei Korps waren das IV., V. und VI. Korps.

4) Die Armee de Lorraine bestand aus der 54., 55., 56., 65., 67. und 75. Reserved vision.

) Diese Armeekorps waren: das Kolonialkorps, das XI., XII. und XVII.

Lanrezac und wurde durch fünf Armeekorps[1]) gebildet, von denen zwei erst später zur Armee stießen[1]), und drei Kavalleriedivisionen (der 1., 3. und 5.), die unter dem General Sordet in ein Korps zusammengefaßt vom 6. August an in Belgisch-Luxemburg aufklärten. Hinter dem linken Flügel dieser Armee befand sich außerdem die vierte Gruppe der Reservedivisionen bei Vervins. Sie wurde später nach Hirson vorgezogen und der 5. Armee unterstellt. Die zweite und dritte Gruppe der Reservedivisionen scheinen anfangs hinter

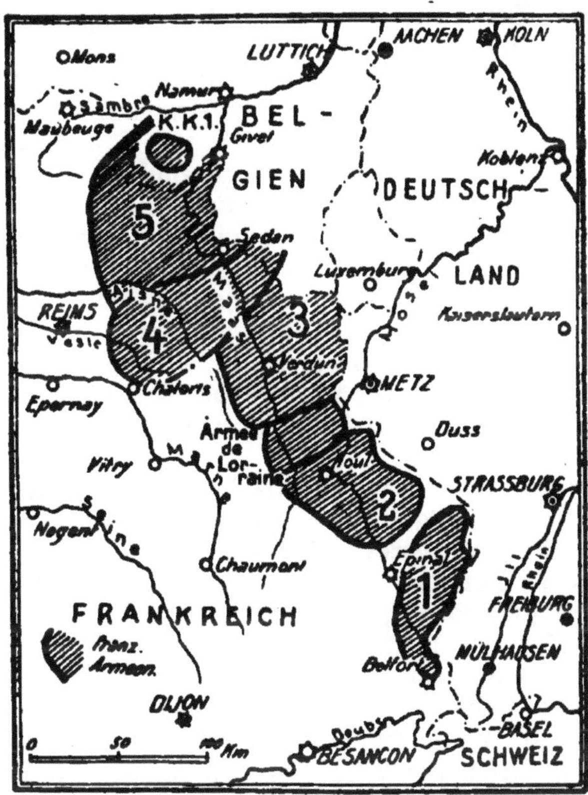

Karte 5. Der Aufmarsch der französischen Armeen (nach v. François).

der Mitte des Heeres gestanden zu haben und anderweitig verwendet worden zu sein. Ein Regiment Infanterie war frühzeitig nach Dinant vorgeschoben worden; es gehörte zu einer Brigade, die die Maasbrücken südlich Namur besetzte[2]). Über alle diese Truppen führte General Joffre den Oberbefehl.

[1]) Es waren dies das I., III., X., XVIII. und XIX. Armeekorps, von denen die beiden letzteren erst später eintrafen.

[2]) Frhr. von Freytag-Loringhoven schreibt in seinem Buche „Heerführung im Weltkriege": Nach französischen Angaben waren vom 13. August ab verfügbar: 21 Armeekorps und 10 Kavalleriedivisionen in erster, 17 Reservedivisionen in zweiter

Von den zweiundzwanzig Armeekorps des stehenden Friedensheeres befanden sich somit achteinhalbes bei der Lothringer, dreizehneinhalbes bei der belgischen Gruppe; die Reservedivisionen waren auf der ganzen Linie verteilt.

Die Engländer sollten den linken Flügel des Heeres bilden und zunächst bei Avesnes aufmarschieren. Zum Schutz der linken Flanke endlich sollte sich bei Lille eine Gruppe von vier Territorialdivisionen bilden. Doch ist sie über die ersten Anfänge einer Versammlung nicht hinausgekommen. Der rasche Vormarsch der Deutschen hat eine solche offenbar unmöglich gemacht.

Im übrigen hatten die Franzosen noch einen anderen Aufmarsch [1]) vorbereitet, von dem der vorstehend geschilderte nur eine Erweiterung war. Bei ihm standen nur die 1., 2., 3. und 5. Armee in erster Linie, und zwar nur der deutschen Grenze gegenüber. Die 4. Armee dagegen stand hinter der 3. und 5. als „armée de manœuvre“ Doch war dieser Aufmarsch lediglich auf Täuschung berechnet. Man wollte glauben machen, daß man die belgische Neutralität unter allen Umständen wahren wolle, und man hat zum zweiten erst dann gegriffen, als die Deutschen ihre Absicht, belgisches Gebiet zu betreten, kundgetan hatten. Da das bereits am 2. August geschah und die französischen Aufmarschtransporte erst am 5. August begannen, hat der Aufmarsch bereits nach dem erweiterten Plane ohne jede Änderung stattgefunden.

Im übrigen hat der Vormarsch nicht durchweg aus dem bisher geschilderten Aufmarsch stattgefunden. Es sind in ihm bereits manche Verhältnisse berücksichtigt worden, die erst allmählich stattfanden. Im allgemeinen ist nur das Endergebnis berücksichtigt worden. Wesentlich für die folgenden Ereignisse ist es jedoch, daß Joffre, je nach dem Eintreffen der Nachrichten über die Stärke des rechten deutschen Flügels, die 5. Armee immer mehr nach links verschob, ihr gestattete, das ganze I. Korps zur Sicherung der Maas nach Dinant vorzuschieben, und die vierte Gruppe der Reservedivisionen zu ihrer Unterstützung nach Hirson vorrücken ließ. Sie mußte schließlich über Philippeville an die Sambre marschieren, um dem deutschen Vormarsch einigermaßen begegnen zu können.

Die Engländer marschierten südlich Maubeuge auf, wo sie am 20. bereitstanden. Am 9. August hatte ihr Abtransport in Southampton begonnen und war der Hauptsache nach auf le Havre gerichtet. Auch nach Rouen und Boulogne waren einige Schiffe ge-

---

Linie. Außerdem war ein Armeekorps zurückgehalten, das XIX. befand sich noch im Antransport von Algier; desgleichen die Truppen aus Marokko. An der Alpengrenze standen 2 Reservedivisionen; 2 befanden sich in Paris, dessen eigentliche Besatzung aus 100000 Mann Territorialtruppen bestand. Die als Truppen erster und zweiter Linie bezeichneten Korps und Divisionen sollen 1050000 Mann gezählt haben. Die Gesamtstärke des französischen Heeres ohne Territorialtruppen wird auf 1300000 Mann, die Stärke der Ersatztruppenteile auf 1200000 angegeben.

[1]) Siehe Karte 4.

gangen. Gesichert war der Seetransport dadurch, daß beide Kanaleingänge gesperrt wurden, im Westen durch ein französisch-englisches Kreuzergeschwader. Auch die Flotte blieb während der ganzen Transportzeit in See, bereit, die deutschen Kräfte anzugreifen, die etwa vorgehen sollten, um die Überführung zu hindern. Von den Ausschiffungspunkten wurde die Armee mit der Eisenbahn nach le Ca-

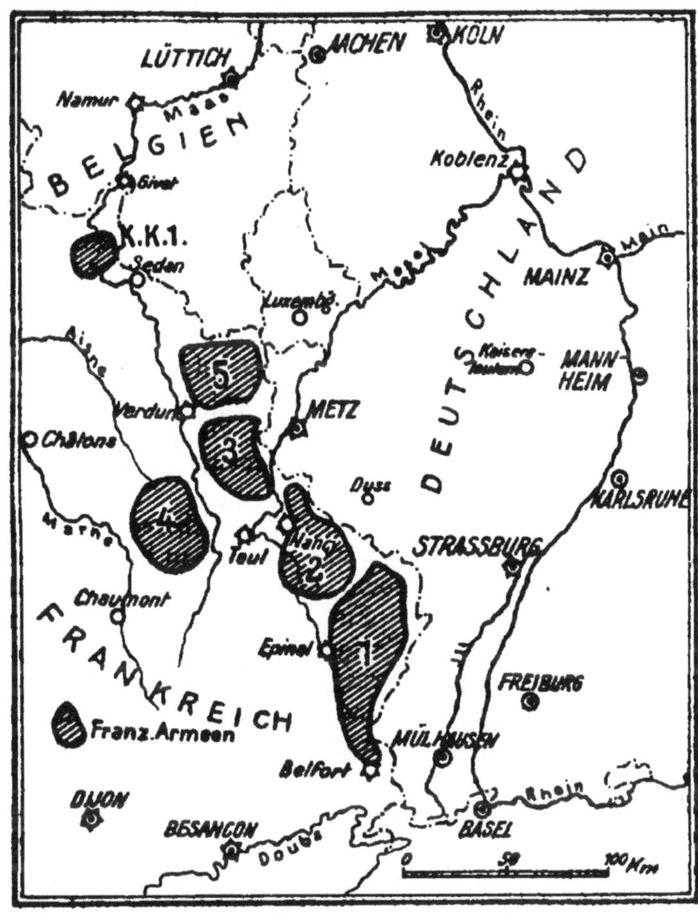

Karte 4. Der französische Scheinaufmarsch (nach v. François).

teau befördert, wo das Armeehauptquartier war. Sie marschierte am 21. in die Gegend von Maubeuge, am 22. nach Mons.

Die ersten beiden Korps bestanden aus der 1. und 2., 3. und 5. Infanteriedivision. Es stand außerdem zur Verfügung eine fünf Brigaden starke Kavalleriedivision. Diesen Truppen schloß sich unmittelbar der Transport der 4. Division an, die vorerst in England zurückgeblieben war. Sie wurde am 25. in le Cateau ausgeladen und bildete mit der 19. Infanteriebrigade, die bereits nach Frankreich befördert worden zu sein scheint, später das III. Armeekorps.

Die Engländer sollten im Verein mit der 5. französischen Armee an der Sambre und den Belgiern die nördlich der Maas und Sambre vorgehenden deutschen Kräfte zurückwerfen und gegen deren rechte Flanke wirken. Am 21. August sollte der allgemeine Vormarsch beginnen. Die Belgier, die 1913 die allgemeine Wehrpflicht eingeführt hatten und mit der Zeit über eine Armee von 340 000 Mann mußten verfügen können, sollten gewissermaßen die Vorhut ihrer Verbündeten bilden. Sie rückten noch auf Friedensfuß aus, waren bei Kriegsbeginn sechs Infanterie- und eine Kavalleriedivision stark und zählten 93 000 Gewehre, 6000 Säbel, 324 Geschütze und 102 Maschinengewehre. General Baumgarten-Crusius berechnet sie im ganzen auf 120 000 Mann, denen 80 000 Mann als Reserve folgten. Davon hatten sie je eine Division nach Lüttich und Namur geschickt und gingen am 18. hinter die Gette zurück, wohin sie die Division aus Lüttich heranzogen.

Die Engländer ihrerseits waren beim Beginn des Krieges — wie gesagt — nur zwei Armeekorps[1]) und eine Kavalleriedivision[2]) stark und hatten sich mit ihrem Aufmarsch einigermaßen verspätet. Marschall French befehligte sie. Außerdem waren aber schon damals etwa 100 000 Inder nach Frankreich unterwegs.

Die Franzosen hatten den Plan, zuerst mit Teiltruppen ins obere Elsaß einzufallen und später auch in Lothringen vorzugehen, dann aber nördlich Diedenhofen die allgemeine Offensive zu ergreifen und mit ihr bis an den Rhein durchzustoßen. Joffre wollte die Mitte der deutschen Aufstellung durchbrechen und hielt an dieser Absicht bis zuletzt fest. Ihr zuliebe gab er der 1. und 2. Armee den Befehl, frühzeitig anzugreifen, um möglichst viele Kräfte auf sich und vom Entscheidungsfelde abzuziehen; ihr zuliebe bildete er die Armee de Lorraine, um Metz-Diedenhofen zu beobachten und die 3. Armee für die geplante Offensive frei zu machen; ihr zuliebe verstärkte er auch die 5. Armee, um seinen linken Flügel völlig zu sichern; diesem Plane zuliebe machte er auch die 3. und 4. Armee, die den Durchbruch ausführen sollten, möglichst stark. Er rechnete darauf, daß Lüttich und Namur im Verein mit der belgischen Armee länger halten würden, als es in der Tat geschah, und daß die Deutschen infolgedessen, wenn überhaupt, nur mit schwachen Kräften auf dem nördlichen Maas-

---

[1]) Jedes Armeekorps bestand aus zwei Divisionen, einer Signalkompanie, zwei Kompanien berittener Infanterie, drei Abteilungen Feldartillerie zu je 18 Geschützen, drei Feldhaubitzbatterien zu je sechs Geschützen, einer schweren fahrenden Batterie 60-Pfünder, Genietruppen, Feldlazarett, Munitionskolonnen und Trains. — Die Infanteriedivision bestand aus drei Brigaden zu je vier Bataillonen und vier Maschinengewehrzügen.

[2]) Die Kavalleriedivision bestand aus fünf Brigaden, jede zu drei Regimentern und drei Maschinengewehrzügen, vier Batterien zu je sechs Geschützen, Genietruppen usw.

ufer vorgehen würden. Er sollte sich in allen Punkten verrechnet haben und scheiterte gerade daran, daß einerseits die Deutschen, wie wir sehen werden, auf dem nördlichen Maasufer sehr viel stärker waren, als er irgend angenommen hatte, und er sich von ihnen völlig überraschen ließ, andererseits die 3. und 4. Armee trotz ihrer von Joffre selbst zugegebenen Überlegenheit platterdings geschlagen wurden.

Für einen eventuellen Rückzug war übrigens so weit als tunlich gesorgt.

Der französische Vormarsch war so angelegt, daß der Armee im Falle des Mißerfolges der Rückzug auf Paris unter allen Umständen gesichert blieb. Allerdings mußte auch die englische Armee, wenn sie nicht die Gefahren eines Rückzuges in der Richtung auf England und der Trennung von den Franzosen auf sich nehmen wollte, in der gleichen Richtung zurückgehen wie diese. Dafür aber mußten die Deutschen, wenn sie zum Rückzuge gezwungen wurden, zwischen der holländischen und deutschen Grenze in arges Gedränge kommen. Auch hoffte man zuversichtlich auf den Sieg der Entente, der seit Jahren ausgezeichnet vorbereitet war, und schließlich auf die russische Dampfwalze, die einen deutschen Vormarsch, wenn er ja eintreten sollte, nur allzubald zum Stehen bringen und den ganzen Verlauf der Kriegshandlung ändern mußte.

Rußland hatte mit seiner Mobilmachung schon viel früher angefangen, als Deutschland etwas davon erfuhr. Auch hatte es die rasche Versammlung seiner Armee, wie unserem Generalstabe wohl bekannt war, in zweckmäßiger Weise vorbereitet und damit seinen Aufmarsch wesentlich beschleunigt. Man war daher deutscherseits auf eine anfängliche Preisgabe Ostpreußens, wie wir sahen, durchaus gefaßt. Dennoch war Rußland, als der Krieg ausbrach, mit seinem Aufmarsch viel weiter vorgeschritten, als man allem Anschein nach diesseits annahm. Auch Österreich war, wie wir sahen, dem gleichen Irrtum verfallen. Wie stark zudem die Russen eigentlich waren, läßt sich nach dem heutigen Stande der Quellen noch gar nicht übersehen. Jedenfalls sind sie nach Millionen zu zählen. Sie sollen im ganzen an die 12 Millionen Mann allmählich unter die Waffen gerufen haben.

Der russische Aufmarsch verfolgte, den politischen Absichten des Reichs entsprechend, einen doppelten Zweck. Die Hauptkräfte wurden gegen Österreich eingesetzt, gegen Ostpreußen aber wurden zwei Armeen aufgestellt, die man für stark genug hielt, die in dieser Provinz versammelten Kräfte zu schlagen. Sie wurden geführt von General von Rennenkampf, der etwa aus der Linie Wilna—Grodno gegen Königsberg vorgehen, und vom General Samsonow, der über Ortelsburg, Neidenburg und Soldau in Ostpreußen einfallen sollte. Die erste, die Njemen-Armee, war zusammengesetzt aus sechs Armeekorps, zwei Schützenbrigaden[1]), sechs Reservedivisionen und einem Gardekavalleriekorps; die zweite, die Narew-Armee, die sich bei Warschau versammelt hatte und von dort aus vorgerückt war, bestand aus fünf Armeekorps[2]). Beiden Armeen waren zahlreiche Kosaken beigegeben. Zwischen diesen Truppen sollten die deutschen Kräfte erdrosselt werden. Der Rest der russischen Armeen aber versammelte sich der Hauptsache nach derartig, daß sie Galizien von Norden und Osten umklammerten. Die 4. und 5. Armee standen bei Lublin und Cholm; die 3. bei Dubno und Tarnopol; die 8. von östlich Tarnopol südlich bis zum Dnjestr; ferner waren gegenüber Czernowitz starke Kräfte unter Brussilow versammelt. Zwei Reservearmeen sammelten sich hinter diesen Truppen. Wie stark alle diese Kräfte waren, läßt, wie gesagt, sich heute noch nicht angeben; jedenfalls waren sie sehr bedeutend stärker als ihre österreichischen Gegner. Auch wurden sie im Laufe des Krieges durch zahlreiche Neuformationen verstärkt.

Den Oberbefehl führte der Großfürst Nikolai Nikolajewitsch, der auch die gegen Preußen angesetzten Armeen kommandierte[3]). Er war sich allem Anschein nach vollkommen klar darüber, daß Rußland nur durch ungeheuren Menscheneinsatz, zu dem es bei seiner riesigen Bevölkerung vollauf befähigt war, seine sonstigen Mängel ausgleichen müsse, und handelte dementsprechend mit einer großartigen Menschenverachtung. In dem wichtigsten Punkt aber hat er meines Erachtens gefehlt. Das Hauptgewicht wurde von ihm auf die Bekämpfung Österreichs gelegt. Nun wußte man sehr gut, daß eine Zertrümmerung der Donaumonarchie nur möglich sei, wenn es zugleich gelang, auch Deutschland niederzuringen. War dieses Ziel erreicht, dann war Österreich ohne weiteres geliefert. Alles kam daher darauf an, Deutschland zuerst niederzuwerfen. Gegen Deutschland mußten demnach die Hauptkräfte versammelt werden. Es ist ohne weiteres klar, daß Österreich auf alle Fälle verloren war und zum Teil sogar im Rücken gefaßt wurde, wenn eine gewaltige Heereswoge sich außer nach Ostpreußen über Posen und Schlesien in das deutsche Land ergoß. Freilich glaubte man in Ostpreußen mit den angesetzten Kräften des Sieges sicher zu sein. Die Ereignisse aber haben bewiesen, daß das doch nicht der Fall war. Einen Umstand des dortigen Kampfes hatte man russischerseits in Rechnung zu stellen vergessen: den Heldenmut der deutschen Truppen und die Genialität ihrer Führung.

---

[1]) Diese Armeekorps waren das II., III., IV., XX. und XXII. Linienkorps und das III. sibirische; die Schützenbrigaden führten die Nummern 1 und 5.

[2]) Diese Armeekorps waren das I., XVII., XV., XVIII. und VI.

[3]) Siehe Karte 2.

Die Einnahme von Lüttich und die Eröffnung des Feldzuges.

Um den geplanten Vormarsch durch Belgien ausführen zu können, mußte man sich deutscherseits womöglich überraschend in den Besitz von Lüttich setzen, das den Übergang über die Maas sperrte. Man beschloß daher, diese starke Festung gleich bei Kriegsbeginn durch einen Handstreich wegzunehmen, noch bevor sie Zeit gehabt hätte, ihre Verteidigungswerke zu vervollständigen. Es war ein Unternehmen, wie es die Weltgeschichte noch nicht gesehen hatte, ein Wagnis, das alles Bisherige in den Schatten stellen und, wenn es gelang, wie ein Donnerschlag bei heiterem Himmel auf alle unsere Feinde wirken und ihre Maßnahmen verwirren mußte.

Der französisch-englische Aufmarsch und die darauf gestützten Kriegspläne waren, wie wir sahen, darauf berechnet, daß die belgischen Festungen, vor allem aber das starke Lüttich eine Zeitlang Widerstand leisten und so den verbündeten Armeen die Zeit verschaffen würden, heranzukommen und, wie geplant, die Entscheidungsschlachten gegen die links überflügelte Armee der Deutschen schlagen zu können. Wenn Lüttich vorzeitig fiel, was niemand für möglich hielt, mußte der ganze mühsam vorbereitete Kriegsplan scheitern, und mußten die verbündeten Armeen in der Versammlung oder im Aufmarsch gefaßt werden. Von der raschen Bewältigung der gewaltigen Festung hing also die erfolgreiche Eröffnung des Feldzuges ab, und es war für die Deutschen wohl der Mühe wert, selbst ein großes Wagnis an das Gelingen des schier abenteuerlichen Planes zu setzen.

Es wurden daher sechs Brigaden und fünf Kavalleriedivisionen mit einiger Feldartillerie auf Friedensfuß sofort nach Kriegsausbruch nach Aachen, Eupen und Malmedy gefahren. Die Kavallerie war verstärkt durch Jägerbataillone und Radfahrer. Am 4. August traten sie den konzentrischen Vormarsch auf Lüttich derart an, daß die ganze Ost- und Südostfront der Festung auf dem rechten Maasufer von ihnen umspannt war und eine Brigade, die dicht an der holländischen Grenze die Maas überschritten hatte, sogar auf dem rechten Flußufer gegen die Nordfront der Festung vorstieß. Ein von Kavallerie und Jägern ausgeführter Handstreich mißglückte; vier von den angesetzten Brigaden stießen auf so heftigen Widerstand, daß sie, als die Munition auszugehen anfing, in die Ausgangsstellungen zurückgehen mußten; eine blieb die Nacht zum 7. in unmittelbarer Nähe der Fortlinie liegen; einer aber, der 14., aus den Regimentern 27, 165 und dem 4. Jägerbataillon bestehend, gelang es bis Lüttich vorzudringen und die festungsähnlich ausgebaute Kartause (la Chartreuse), mit einer Kompanie der Jäger aber die Maasbrücken in der Stadt zu besetzen. Es war ein ungeheures Wagnis, diese mit der einen Brigade nehmen zu wollen. Der Feind konnte sie einfach vernichten, wenn er Herz hatte. Aber das Unglaubliche wurde gewagt, und es gelang. Der brave Kommandeur, Generalmajor von Wussow, war bei dem Vorgehen seiner Brigade gefallen. Generalmajor Luden-

Karte 5. Die Einnahme von Lüttich (nach Ludendorff).

dorff, der als Oberquartiermeister der 2. Armee den Vormarsch begleitete, übernahm sofort das Kommando, und seiner Energie war es gelungen, die führerlose Truppe von neuem fortzureißen. Vor diesem unerhört kühnen Vorgehen hatte alles beim Feinde den Kopf verloren. Die 3. belgische Division und was sonst noch außer der

Besatzung der Forts zur Garnison gehörte, hatte bei dem Vorrücken der Deutschen, die man für viel stärker nahm als sie in Wirklichkeit waren, die Stadt schleunigst verlassen, und so wurde sie ohne Not den Deutschen preisgegeben, die nun die ganz modernen Forts von innen her angreifen konnten.

Schon am 7. August früh zog General Emmich, der als Kommandierender des X. Korps mit der Überrumpelung der Stadt beauftragt worden war, an der Spitze seiner einzigen Brigade in diese ein und besetzte schleunigst die vollständig überraschte Zitadelle. Noch am gleichen Tage folgten die 11. Brigade, die in der Nähe der Forts geblieben war, und das Infanterieregiment Nr. 16; am 8. verstärkte die 27. Brigade die immer noch schwache Stadtbesatzung. Am gleichen Tage noch fiel als erstes Fort Barchon in die Hände des Siegers; die 2. und 4. Kavalleriedivision aber überschritten die Maas in der Nähe der holländischen Grenze und stellten die starke Besetzung der Gette-Linie fest, während die 9. Kavalleriedivision nach Süden hin sicherte. Noch am 8. August abends wurde ferner aus dem VII., X. und IX. Armeekorps unter dem General von Einem eine besondere Belagerungsarmee gebildet, der alle eintreffende schwere Artillerie und auch Pioniere beigegeben wurden. Sie sollte in erster Linie die Forts der Nordfront nehmen, um der 1. Armee die Möglichkeit zu verschaffen, in der geplanten Weise zwischen der holländischen Grenze und der Stadt aufzumarschieren; dann sollten die übrigen Forts folgen. Schon den 16. August früh war die Aufgabe gelöst. An diesem Tage hißte das letzte Fort der Festung Lüttich die weiße Fahne. Die Besatzungen waren sämtlich gefangengenommen, soweit sie bei der Einnahme überhaupt noch am Leben waren.

Der rasche Erfolg war, abgesehen von der vorbildlichen Haltung aller Truppen, vor allem den deutschen 42-cm-Haubitzen zu danken, die, in aller Stille von den Kruppschen Werken fertiggestellt, die militärische Welt durch die Gewalt ihrer nicht geahnten Treffgenauigkeit und Wirkung überraschten. Die stärksten Panzer und Betongewölbe konnten ihnen nicht widerstehen. Wie Kinderspielzeug warfen sie die gewaltigsten Verteidigungswerke durch einander: das starke Lüttich unterlag ihnen in wenigen Tagen. Ebensowenig aber hatte es genützt, daß man die gesamte Zivilbevölkerung gegen die Deutschen aufgeboten hatte. Fanatisch nahm sie an dem Kampfe teil. Selbst Weiber beteiligten sich: aber siegreich überwanden die deutschen Helden auch diesen Widerstand, der sich schon beim Vormarsch auf Lüttich und bei dem der Kavallerie im höchsten Grade geltend gemacht hatte. Er war nur eine Erschwerung des Vormarsches gewesen, hatte ihn aber nicht zu verhindern vermocht. Den Deutschen war es trotz aller Widerstände gelungen, das eigene Aufmarschgebiet frühzeitig zu erstreiten, dem Feinde aber das seinige zu verwehren.

Mittlerweile hatte das II. Kavalleriekorps am 12. August durch ein kühnes Gefecht bei Haelen, bei dem es unter schweren Verlusten vergebens versuchte, mit der Attacke gegen starke gedeckt liegende Infanterie vorzukommen, und vor Drahthindernissen hatte zurückweichen müssen, festgestellt, daß die Gette-Linie von der belgischen Infanterie gehalten würde. Ebenso hatte das I. Kavalleriekorps, das erst nach Süden, dann aber zugleich mit den Jägerbataillonen auf Dinant vorgegangen war, durch schneidigen Angriff am 15. August ermittelt, daß die Spitzen der französischen Armee im Vorgehen an die Maas südlich Namur begriffen seien, daß Truppen zweier Armeekorps schon dort seien, daß man aber an ein Vorgehen der gesamten Streitmacht des Feindes noch lange nicht denken könne; die Kavallerie verschleierte außerdem vollkommen alle Bewegungen des eigenen Heeres, das unter ihrem Schutz und dem des eroberten Lüttich in aller Ruhe in der geplanten Weise aufmarschieren konnte.

Auch auf der übrigen Front waren zahlreiche Berührungen mit dem Feinde vorgekommen. Zudem hatten sich die Franzosen, zum Teil wohl unter dem Eindruck des preußischen Vormarsches auf Lüttich, zu einem kühnen Vorstoß auf Mülhausen entschlossen. Am 6. August erschienen starke Kräfte der Belforter Gruppe — das VII. Korps und die 8. Kavalleriedivision — vor Altkirch, am 8. zogen sie in Sennheim und Mülhausen ein, während die schwache deutsche Vorhut sich zurückzog. Nun aber entwickelten sich gegen sie Teile des XV. Armeekorps über Kolmar, während andererseits Teile des XIV. Korps über den Rhein herankamen. So erfolgte der deutsche Gegenangriff in zwei Gruppen. Die nördliche, die auf Sennheim vorstieß, kam nur langsam vorwärts, weil sie auf eine sehr bedeutende Übermacht stieß; die linke aber ging mit unaufhaltsamem Schneid vor und warf den Feind Hals über Kopf zurück. Darauf ging auch dessen linke Flügelgruppe zurück, und die Unternehmung endete mit einem allgemeinen Rückzug auf Belfort, der den Franzosen schwere Verluste und einige Geschütze kostete. Am 10. August endete dieses mißglückte Unternehmen.

Ebenso unglücklich endete ein Gefecht, das eine gemischte Brigade, die zur Aufklärung gegen Saarburg vorgehen sollte, am 11. August mit bayerischen Deckungstruppen bei Lagarde zu bestehen hatte, und nur eine deutsche Abteilung aller Waffen erlitt unweit von Schirmeck, das die Franzosen besetzten, einen Feuerüberfall, der schwere Verluste kostete, während andere französische Abteilungen bei Markirch zurückgeworfen wurden. Immerhin kam der Kamm der Vogesen vom Donon bis zur Belforter Senke in den Besitz der Franzosen.

Doch hatten diese Verhältnisse keinerlei Einfluß auf die allgemeine Lage. Im Norden begannen die deutschen Armeen am 18. August ihren Vormarsch aus der von Anfang in Aussicht genommenen Linie. Die 1. Armee hatte sich nördlich Lüttich plangemäß entwickelt und schwenkte jetzt im Vorgehen links; die 2. und am 17. August die 3. Armee schlossen sich dem Kriegsplan entsprechend an; die 4. und 5. begannen das Vorgehen am 19. und 20. August.

Die belgische Armee, die von den Franzosen und Engländern im Stich gelassen worden war, besetzte zunächst noch mit zwei Divisionen die Gette von Tirlemont bis Jodoigne, mit drei Divisionen im zweiten Treffen dahinter Löwen und Umgegend, und hatte die Kavalleriedivision auf den linken Flügel genommen, ging dann aber, als die 1. deutsche Armee zunächst die Kavallerie warf und dann Tirlemont und Aerschot mit stürmender Hand nahm, auf Antwerpen zurück, wo sie den 20. August unter dem Schutz der Forts zunächst zur Ruhe kam, nachdem schon am 18. August französische Kavallerie des Korps Sordet bei Perwez geworfen worden war. Das 2. Kavalleriekorps war dann weiter sambreaufwärts vorgegangen und hatte den Befehl erhalten, sich vor den rechten Flügel der 1. Armee zu setzen; das 1. Kavalleriekorps aber, das vor der Maas zum Stehen gekommen war, hatte vom General von Bülow, dem Kommandeur der 2. Armee, dem die Heereskavallerie des rechten Flügels unterstellt war, am 20. August den Befehl erhalten, nördlich um Namur herumzugehen und sich vor den rechten Flügel der 2. Armee zu setzen.

Am selben 20. August besetzte das IV. Armeekorps als rechter Flügel der 1. Armee die belgische Hauptstadt Brüssel, während das III. und später das IX. Reservekorps Antwerpen beobachteten. Letzteres, das zunächst zur Sicherung gegen Dänemark in Schleswig zurückgeblieben war, hatte man vorgezogen, sobald es an der bedrohten Grenze entbehrt werden konnte. Es traf am 25. August nördlich von Lüttich ein. Zugleich aber vollzog sich unaufhaltsam der weitere Vormarsch der deutschen Armee, die nunmehr daran ging, nachdem die Feste Hug vom X. Armeekorps im Vormarsch genommen worden war, auch Namur durch die inneren Flügel der 2. und der 3. Armee belagern zu lassen.

Zum Kommandeur der Belagerungsarmee wurde General von Gallwitz, bisher Inspekteur der Feldartillerie, kommandiert und ihm dazu außer dem Gardereservekorps von der 2., und dem XI. Korps von der 3. Armee zwei Pionierregimenter, je ein Bataillon 10- und 13-cm-Kanonen, fünf Bataillone 21-cm-Mörser, eine Batterie der alles vernichtenden 42-cm-Geschütze und vier Batterien österreichischer 30-cm-Mörser beigegeben. Am 21. August eröffneten die Belagerungsgeschütze ihr Feuer.

Zur selben Zeit hatte auch die 5. französische Armee ihren Vormarsch zwischen Sambre und Maas angetreten, immer noch in dem Vertrauen auf einen nachhaltigen Widerstand der Festung Namur; ihr sollte rechts gestaffelt die 4. Armee folgen. Während sich also im Norden auf dem belgischen Kriegsschauplatz entscheidende Ereignisse vorbereiteten, waren die Franzosen auch auf dem anderen Flügel nicht müßig gewesen.

Hier bereitete sich General von Castelnau darauf vor, mit seiner 2. Armee und der Nordgruppe der Armee Dubail, die sich im Donon einen festen Stützpunkt ihres linken Flügels geschaffen hatte, gegen Saarburg vorzudringen und die Deutschen in Metz und Diedenhofen zu isolieren. Von Belfort aus hatte kurz vorher ein neuer Vorstoß gegen Mülhausen stattgefunden, um für die erste Niederlage Rache zu nehmen und die Zwecke, die damals verfolgt wurden, dennoch zu erkämpfen. General Pau erhielt den Oberbefehl über die Armee d'Alsace, die aus dem VII. Armeekorps, der 44. aus Afrika kommenden Division, der 58., 63., 66. und 57. Reservedivision sowie der 8. Kavalleriedivision und fünf Alpenjägerbataillonen bestand, und marschierte in Südelsaß ein. Er erreichte schon am 17. August die Linie Dammerkirch—Thann—Altkirch und wollte von hier aus vorsichtig vorfühlen; da wurde er von zwei badischen Landwehrbrigaden, soviel ich ermitteln konnte, Truppen der Generale Mathy und Dame, die durch einige Artillerie verstärkt waren, angegriffen. General Gaede, ursprünglich stellvertretender kommandierender General des XIV. Armeekorps, sollte mit nur schwachen Truppen das Land südlich der Breusch verteidigen. Seine Armeeabteilung bestand, soweit es sich feststellen läßt, aus den württembergischen Landwehrbrigaden 51 und 53, der badischen Landwehrbrigade 55, dem selbständigen Landwehrregiment Nr. 110, der 1. und 3. bayerischen Landwehrbrigade sowie einer ganzen Menge kleiner, aus den Oberrheinbefestigungen stammender Formationen. Auch scheint die 55. Ersatzbrigade bei dem Angriff im südlichen Elsaß beteiligt gewesen zu sein, die sonst bei der Armeeabteilung Gaede nicht genannt wird. Die Aufgabe war angesichts der ungeheuren französischen Übermacht äußerst schwierig, und General Gaede hatte, soviel man sehen kann, nur zwei verstärkte Brigaden für den fraglichen Angriff verfügbar gemacht. Diese aber griffen mit solch vorbildlicher Tapferkeit und ungestümen Todesverachtung an, daß sie den Gegner, der mit zahlreichen Divisionen gegen nur 15 schwache Bataillone focht, lange Zeit aufhielten. Erst am Abend des Gefechtstages besetzten die Franzosen Mülhausen und verschanzten sich hier in der sicheren Erwartung, demnächst von stärkeren Kräften angegriffen zu werden.

Auch in Ostpreußen war zu der gleichen Zeit die erste Entscheidung gefallen. Bald nach der Kriegserklärung hatte das Geplänkel an der Grenze begonnen. Acht Kavalleriedivisionen begleiteten die russischen Heere. Dennoch erlitt schon am 5. August eine sorglos vorgehende Kosakenbrigade bei Soldau schwere Verluste; am 8. August traf eine Kavalleriebrigade bei Bialla das gleiche Schicksal. Dann aber wälzten sich die Hauptheere heran und gaben der verschleiernden Kavallerie vermehrten Rückhalt.

Die Narew-Armee kam in geschlossener Masse heran, die Njemen-Armee hatte sich in zwei Gruppen gegliedert. Die Hauptgruppe sollte rittlings der Bahn Kowno—Eydtkuhnen in Ostpreußen eindringen, die Linie Tilsit—Insterburg—Angerburg gewinnen und Königsberg belagern; die Flankengruppe, die aus zwei Armeekorps und einigen Schützenbrigaden bestand, sollte sich von Südwesten heranschieben und zugleich die Verbindung mit der Armee Samsonow halten. Dieses Vorgehen führte bald zum Zusammenstoß mit dem Feinde. Schon am 17. August griff das I. Korps die vorgehenden Russen bei Stallupönen an und meldete zahlreiche Gefangene und eroberte Maschinengewehre, während die Regimenter 43 und 44 bei Malkehmen und Goldap der russischen Flügelgruppe in zähem Gefechte erhebliche Verluste beibrachten, um dann auf Gumbinnen zurückzugehen.

Generaloberst von Prittwitz, der die 8. Armee kommandierte, war keineswegs gewillt, die ihm anvertraute Provinz, in der die Russen sengend und brennend eingezogen waren, ohne Schwertstreich preiszugeben. Nur das XX. Korps und zwei Landwehrbrigaden ließ er der Narew-Armee gegenüber in der Linie Soldau—Ortelsburg stehen. Alles andere zog er heran, um dem Vorgehen der Armee Rennenkampfs Einhalt zu gebieten. Es waren nur wenige Truppen, über die er gebot. Rechts vom I. Korps, das durch die Hauptreserve von Königsberg, die Division Brodrück und die 2. Landwehrbrigade verstärkt war, marschierte, mit der Eisenbahn und im Nachtmarsch herangeholt, das XVII. Korps auf; noch weiter rechts das I. Reservekorps, die 3. Reservedivision und die 72. Reservebrigade. So gegliedert, griff Prittwitz, im wesentlichen durch das selbständige Vorgehen seines I. Korps gezwungen, am 20. August die gewaltige feindliche Armee bei Gumbinnen und südlich davon an und suchte sie auf beiden Flügeln zu umfassen. Dieser Versuch konnte natürlich angesichts der feindlichen Überlegenheit niemals gelingen. Auf dem linken Flügel wurden zwar einige Vorteile errungen, doch waren auf beiden Flügeln starke russische Kräfte im Vormarsch, um ihrerseits zu umfassen. Da außerdem bedrohliche Nachrichten über das Vorgehen der 2. russischen Armee von Praschnysch aus auf Soldau und Ortelsburg einliefen, entschloß sich Prittwitz, trotz aller auf dem linken Flügel gewonnenen Vorteile und 8000 Gefangenen, das Gefecht abzubrechen und das Schlachtfeld zu räumen. Die Loslösung vom Feinde gelang unter dem Schutze der Dunkelheit. Das Schicksal Ostpreußens aber schien entschieden.

Plan des Oberkommandos war es gewesen, den Gegner erst an der Angerapp-Linie anlaufen zu lassen, und dann erst aus der Verteidigung heraus über ihn herzufallen, wenn er seine Hauptkräfte würde verbraucht haben. Nur das offensive Verhalten des I. Armeekorps hat diesen Plan unmöglich gemacht und den General von Prittwitz gezwungen, angriffsweise vorzugehen, um sein I. Korps nicht einer einseitigen Niederlage auszusetzen. Im übrigen war es doch wohl ein strategischer Fehler, sich zuerst gegen die Armee Rennenkampf zu wenden, bevor man mit der Narew-Armee abgerechnet hatte. Man hätte dann freilich ein Stück von Ostpreußen freiwillig eine Zeitlang preisgeben müssen, aber andererseits wuchs die Möglichkeit, am Ende des Feldzuges überhaupt zu siegen, wenn man zunächst die Narew-Armee geschlagen hatte.

Auch die Österreicher wurden bei der Feldzugseröffnung vom Glück nicht begünstigt. Sie hatten schon am 12. August den Feldzug gegen Serbien begonnen. An diesem Tage hatte die 2. Armee unter dem General von Boehm-Ermolli, der auf dem nördlichen Ufer der Save und Donau operieren und möglichst starke Kräfte auf sich ziehen sollte, den Brückenkopf von Schabatz genommen. Dadurch begünstigt, hatte Potiorek mit der 5. und 6. Armee die Drina überschritten. Bald aber mußte er nach vielfach unglücklichen, wenn auch heldenmütigen Gefechten das feindliche Ufer der Drina und der Save wieder räumen. Am 23. August nachts verließen auch die letzten Teile seines IV. Korps, das zur 2. Armee gehörte, Schabatz. Diese aber war vom serbischen Kriegsschauplatz fort nach Galizien gerufen worden. Dort hatte man sehr bald erkannt, daß die Russen sehr viel stärker waren, als man vermutet hatte, und daß sie auch zum Vormarsch schon bereit waren, als man sie noch mitten im Aufmarsch glaubte. Man hatte dennoch an dem einmal geplanten Angriff festgehalten, aber man hatte noch im letzten Augenblick beschlossen, die Armee in Galizien durch den größeren Teil der Truppen Boehm-Ermollis zu verstärken.

Aus diesen wurde eine neue Heeresabteilung vorläufig unter General von Köveß geschaffen, die bei der Verteidigung Galiziens mitwirken sollte. Währenddem schlossen die Angriffsarmeen an der Grenze auf. Etwa am 20. August standen sie zum Angriff bereit[1]).

Die beiderseitigen Flotten hielten sich während dieser Zeit zurück. Die Engländer beschränkten sich darauf, den Übergang des Generals French und seiner Armee nach Frankreich sowie deren Nachschub zu sichern; die Deutschen suchten durch Minenstreuung den Verkehr der englischen Schiffe nach Möglichkeit zu unterbinden. Schon in den ersten Tagen nach der Kriegserklärung wurde das deutsche Minenschiff „Königin Luise", am 18. August das kleine Unterseeboot „U 15" von den übermächtigen Engländern zerstört; dafür aber brachte am 8. August eine deutsche Mine dem kleinen englischen Kreuzer „Amphion" den Untergang. Patrouillen beider Parteien durchfurchten die Nordsee.

---

[1]) Siehe Karte 2.

Die Einnahme von Namur und die Schlachtenfolge in Frankreich.

Während so die Operationen auf allen Kriegsschauplätzen begannen, ging der Vormarsch der Deutschen in Belgien unaufhaltsam vorwärts; die Heereskavallerie, von der auch das 1. Kavalleriekorps, wie wir wissen, schon am 20. August auf das Nordufer der Maas hinübergezogen worden war, ging in dichter Wolke den Truppen voraus und verschleierte deren Vormarsch. Zwischen der 2. und 3. Armee aber wurde Namur angegriffen.

Zwei große Bewegungen zeichneten sich ab: Nördlich von Diedenhofen gingen die Deutschen mit einer gewaltigen Linksschwenkung vor, um im Norden die Entscheidung zu suchen; auf der anderen Seite suchten die Franzosen unter Festhaltung des Oberelsaß linksschwenkend in die Lücke zwischen Straßburg und Metz einzubrechen und hier möglichst starke feindliche Kräfte zu fesseln. In der Mitte aber gingen sie zum Durchbruch vor. Es kam darauf an, wessen Stoß zuerst den Sieg erringen würde. Ein siegreiches Vorwärtsdringen der Franzosen gegen den Rhein würde den Vormarsch der Deutschen durch Belgien wahrscheinlich zu einem jähen Ende gebracht haben. Sie hätten dann zum mindesten mit verwandter[1]) Front schlagen müssen.

Auf dem französischen rechten Flügel kam es der Natur der Sache nach zuerst zur Entscheidung.

Die 2. französische Armee, die, vereint mit der Nordgruppe der 1., acht bis neun Korps, mehrere Reservedivisionen und einige Alpenjägerbataillone umfaßte, trat am 14. August aus dem Seilletal gegen die vorgelagerten Höhen an, voller Siegeszuversicht, da die deutschen Grenztruppen vor ihr zurückwichen. Sie führte einen Belagerungspark zur Belagerung von Straßburg mit sich. Mit klingendem Spiel rückte die Spitze der 1. Armee in Saarburg ein. Schon am 19. war allerdings französische Reiterei von der weittragenden deutschen Artillerie auseinandergesprengt worden. Doch war das als Rückzugskanonade aufgefaßt worden. Den gleichen Eindruck hatten die Franzosen noch, als sie am Morgen des 20. August die Artillerie der gesamten deutschen Armee in einer Front, die annähernd 80 km umfaßte, vor sich sahen und gleichzeitig die Schlacht sich entwickelte, auf die sie so bald nicht gefaßt waren. Die Deutschen, anstatt zurückzuhalten und den Feind weiter vorzulassen, wie es der Kriegsplan eigentlich wollte, waren auf das Drängen ihres Armeeführers hin, dem die Oberste Heeresleitung leider nach-

---

[1]) Unter „verwandter Front“ versteht man, daß eine Armee bei Angriff oder Verteidigung nicht senkrecht zu ihrer Front zurückgehen kann, sondern sich gezwungen sieht, mehr oder weniger seitlich auszuweichen.

gegeben hatte, selbst zum Angriff vorgegangen. Sie hatten die Gunst der Stunde nicht zu benutzen gewußt, den Umstand, daß die Franzosen sich zu einem gefährlichen Angriff entschlossen hatten, der ihnen, wenn die Deutschen richtig handelten, ein „Cannä" bringen konnte. Das war versäumt worden. Die Deutschen waren selbst vorgegangen, und nun standen auf ihrem rechten Flügel die Hauptreserve von Metz sowie das III. und II. bayerische Armeekorps. Letzterem war die 4. Ersatzdivision unterstellt, die am 18. bei Hargarten ausgeladen worden war. Die rechte Flanke des III. bayerischen Korps aber deckte auf dem Delmer Rücken zusammen mit der 8. Kavalleriedivision die 10. Ersatzdivision, die erst am 18. in Saarlouis eingetroffen war, gegen Nanzig. Die Mitte der Armee bildete das XXI. Korps. Links davon fochten erst das I. bayerische Reservekorps, dann das I. bayerische Armeekorps. Die 8. Ersatzdivision, die am 18. bei Ober-Homburg eintraf, war zunächst Armeereserve, wurde dann aber in einer zwischen dem II. bayerischen und dem XXI. Korps entstandenen Lücke eingesetzt. Den linken Flügel der gesamten Schlachtordnung bildete die 7. Armee. Links an das I. bayerische anschließend stand das XIV. Korps, links daneben das XIV. Reservekorps mit der 19. Ersatzdivision, die, zunächst bei Düttlenheim untergebracht, nach Barr gezogen wurde und links vom XIV. Reservekorps vorging, das seinerseits im Breuschtal gegen den Donon vorwärts drang. Hinter dem rechten Flügel der 7. Armee gestaffelt folgte das XV. Korps dem XIV. Auch in den Vogesen bei Markirch gingen württembergische Landwehren zum Angriff vor. 10 bis 11 Armeekorps, einschließlich der Reserve- und Ersatzformationen, hatten die Deutschen auf dem Schlachtfelde zur Stelle. Sie waren ihren Gegnern also zweifellos gewachsen und erhöhten ihre Überlegenheit, indem sie sich mit wildem Ungestüm auf ihren Feind warfen und ihn trotz tapferster Gegenwehr überall zurückwarfen.

Als das XV. französische Korps bei Vergaville von Panik ergriffen zurückflutete, war die Schlacht für Castelnau verloren. Vergeblich versuchte er auf der Linie Delme—Chateau Salins—Gondrexange eine neue Front zu bilden. Als am 22. abends nach blutigem Ringen gegen französische Alpenjäger der Donon verlorenging und gar schon am 21. die Kammhöhe der Vogesen westlich Markirch, da war der Sieg der Deutschen unbestreitbar. Nur mit Mühe konnte Dubail seinen Belagerungstrain und das übrige Heeresgerät retten; 200 Geschütze und etwa 12000 Gefangene fielen in die Hand des Siegers. Die Meurthe wurde siegreich überschritten; selbst St. Dié gaben die Franzosen preis; sämtliche Vogesenpässe bis zum Col du Bonhomme fielen in deutsche Hand; erst vor der Troué de Charmes und dem französischen Befestigungsgürtel machten die siegreichen Scharen halt, nicht ohne daß ein Gegenstoß, den Castelnau den 25. August von Nanzig aus gegen den rechten Flügel des Kronprinzen von Bayern versucht hatte, zurückgewiesen, und daß das stärkste Sperrfort der Franzosen, das Fort von Manonweiler, hinter den vorstürmenden Deutschen am 27. August infolge einer Beschießung mit 42-cm-Geschützen von Avricourt aus in deren Hand gefallen war.

Auch die Erfolge in Oberelsaß waren nur von kurzer Dauer. Schon am 22. August sah Joffre in der großen Schlacht gegen die deutsche 6. und 7. Armee seinen Angriff gescheitert und gab dem General Pau den Befehl, das Elsaß zu räumen. Die Operation dort war mit dem Verlust der Schlacht gegenstandslos geworden. Auch taten die Deutschen von selbst das, was der französische Angriff bezweckt hatte: sie häuften die Truppen auf ihrem linken Heeresflügel, schwächten dadurch den Entscheidungsflügel und gingen gegen die Troué von Charmes vor, wo sie vor den französischen Befestigungen und der Mosel zum Stehen kommen mußten. Das 7. französische Korps wurde denn auch sofort nach dem Norden abtransportiert, wo Entscheidungen von großer Tragweite gefallen waren. Die Armee d'Alsace wurde aufgelöst; an ihre Stelle trat die Vogesengruppe, die der 1. Armee unterstand, und die Gruppe von Belfort.

Mittlerweile hatte die 5. französische Armee ihren Vormarsch begonnen und stand am 22. August mit den Hauptkräften von Charleroi bis Auvelais, Front nach Norden, mit schwächeren Kräften an der Maas, Front nach Westen, etwa in der Höhe von Dinant und Givet[1]). Dieser gewinkelten Aufstellung bot die Festung Namur, die sich damals noch hielt, einigen Halt, weil sie, wenn auch nicht in unmittelbarer Verbindung mit den beiden Flügeln der Armee, doch vor deren Brechpunkt lag. Auch die 4. französische Armee trat ihren Vormarsch an und drang über den Semois vor, um am rechten Flügel der 5. Armee den Durchbruch auszuführen. Die 3. Armee sollte sich anschließen. Links rückwärts aber sollten die Engländer gleichfalls vormarschieren. Welche Rolle ihnen des weiteren zugedacht war, läßt sich nach den vorliegenden Quellen nicht übersehen. Jedenfalls kam diese Frage nicht weiter zum Austrag, denn bevor darüber noch Entscheidung getroffen werden konnte, setzte der deutsche Angriff ungestüm ein.

Die Deutschen hatten jetzt am Beginn der Operationen auf dem Entscheidungsflügel eine bedeutende Überzahl vereinigt. An der Sambre und Maas standen dreißig Infanterie- und fünf Kavalleriedivisionen der 1., 2. und 3. Armee den einundzwanzig Infanterie- und vier Kavalleriedivisionen des Feindes, einschließlich der 4. belgischen in Namur und der vier Reservedivisionen von Vervins, gegenüber. Die Überlegenheit war aber nicht nur eine numerische: auch strategisch war es ihnen gelungen, den Gegner völlig zu täuschen.

[1]) Siehe Karte 6.

Die 1. deutsche Armee, die von Brüssel über die Linie Ath, Soignies und Nivelles vorgerückt war, hatte viel weiter nach Westen ausgeholt, als die Feinde vermuteten. Diese hatten keine Ahnung von deren Vormarsch. Die Kavallerie hatte sie vollkommen verschleiert. Diese Ahnungslosigkeit ging sogar so weit, daß der britische Oberbefehlshaber, Marschall French, für seinen rechten Flügel, an dem er die unmittelbare Anlehnung an die Franzosen vermißte, mehr fürchtete, als für seinen linken, der zwar völlig in der Luft stand, den er aber durch die Liller Flankengruppe geschützt glaubte, die in Wirklichkeit so gut wie nicht vorhanden war.

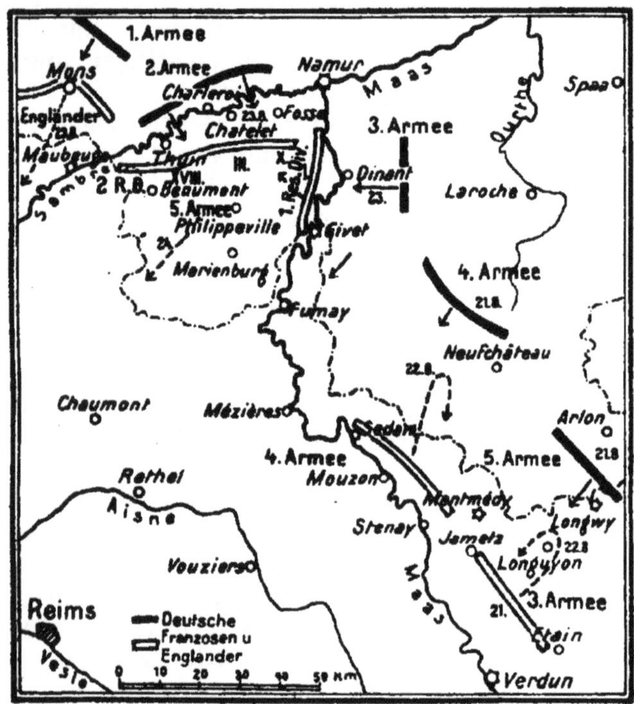

Karte 6. Die Lage am 22. und 23. August 1914 (nach v. Kuhl).

So wurde er am 23. überraschend von der 1. Armee angegriffen. Leider waren die Korps ihres rechten Flügels noch zu weit zurück, um umfassend mitwirken zu können, und die Armee stieß überhaupt frontal auf den Feind, weil sie vom General-Oberst v. Bülow, dem sie unterstellt war, nach links herangezogen worden war, um gegen die 5. französische Armee mitwirken zu können. Trotzdem wurde der Feind geworfen. Noch am 23. gewannen die Deutschen die schwierigen Übergänge über den Canal du Centre, und warfen am 24. feindliche Nachhuten in südwestlicher Richtung zurück[1]). In

[1]) Siehe Karte 7.

zwei Tagen war die blutige Schlacht von Mons gewonnen, und erst am 26. gelang es dem Feinde, sich bei Haucourt—Le Cateau wieder zu setzen, wo mittlerweile auch die 4. englische Division ausgeladen worden war.

Andererseits war das 2. deutsche Kavalleriekorps, das bisher unmittelbar der 2. Armee unterstellt gewesen war, der 1. Armee zugeteilt worden. Es war von der 2. Armee auf Kortryk angesetzt worden und hatte in dieser Richtung bereits die Schelde erreicht. Jetzt wurde es sofort nach Süden abgedreht und gegen die Rückzugsstraße der Engländer auf Denain angesetzt. Es erreichte am 24. Mar-

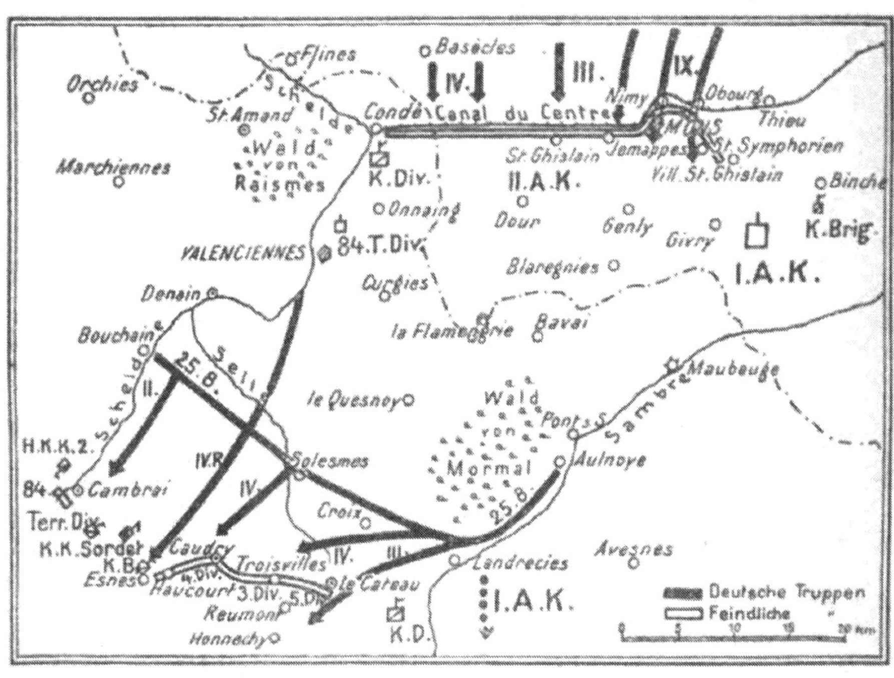

Karte 7. Die Schlachten bei Mons und Solesmes August 1914 (nach v. Kuhl).

chiennes, nachdem es Tournai im Kampf genommen, und die 82. und 88. Territorialdivision, die bei Lille ausgeladen worden waren, zersprengt hatte. Das 1. Kavalleriekorps ging mittlerweile am rechten Flügel der 2. Armee auf Binche und Merbes vor, wo es am 24. nächtigte, während auf der feindlichen Seite das Kavalleriekorps Sordet hinter der Front der Engländer weg auf deren linken Flügel gezogen worden war, wo es mit vollkommen ermüdeten, leistungsunfähigen Pferden angekommen war.

Fast gleichzeitig mit der 1. waren die 3. und 2. deutsche Armee zum Angriff geschritten. Am 21. abends hatte die 3. Armee mit mehreren Kolonnen gegen die Maas vorgefühlt, am 22. abends die 2. mit dem Gardekorps, das auf ihrem linken Flügel focht, den

Übergang über die Sambre westlich Namur erzwungen. Den 23. erfolgte dann der allgemeine Angriff, der nach blutigen Gefechten, an denen auch die Bevölkerung erbitterten Anteil nahm, mit dem beschleunigten Rückzug der Franzosen endete. Am 24. reichten sich die 2. und 3. deutsche Armee südlich der Festung die Hand, nachdem auch noch ein großer Teil der in Namur verbliebenen belgischen Division, die sich nach Süden durchzuschlagen suchte, gefangen worden war. Dem größeren Teil gelang es freilich, hinter dem Rücken der Deutschen über Marienburg und Ostende nach Antwerpen zu entkommen.

Zwei Tage lang hatte die Schlacht südlich von Namur gedauert, aber sie hatte mit einem glänzenden Siege der deutschen Waffen geendet. Auch drei französische Reservedivisionen, die bei Vervins versammelt worden waren, waren herangezogen und in die Niederlage mit verwickelt worden. Wo die 4. Reservedivision dieser Gruppe geblieben ist, konnte nicht festgestellt werden. Zahlreiche Geschütze und Gefangene wurden von den Deutschen erbeutet. Die drei Korps vom linken Flügel der 2. Armee machten allein 2000 Gefangene und erbeuteten 35 Geschütze, während die Verluste bei der 2. Armee selbst im ganzen auf 11000 Mann geschätzt wurden.

Wenn der Angriff von vornherein das Gewicht mehr auf den südlichen Flügel der 3. Armee gelegt hätte und die 2. defensiv geblieben wäre, dann wäre es, wie die Verhältnisse jetzt zu übersehen sind, wahrscheinlich zu einer völligen Einkreisung der vorgeschobenen französischen Kräfte gekommen. Doch läßt sich heute schwerlich sagen, wie weit die Verhältnisse damals bekannt waren und ob ein frontaler Angriff, wie er ausgeführt wurde, nicht notwendig erschien. Tatsächlich sind die Franzosen, obgleich sie schon am 23. August den Rückzug antraten, nur mit knapper Not entkommen und konnten bei ihrem fluchtartigen Rückzuge die Richtung auf St. Quentin südlich bei Maubeuge vorbei gerade noch einschlagen. Etwa 20000 Mann warfen sich in diese Festung.

Auch die 4. deutsche Armee hatte mittlerweile ihren Vormarsch angetreten und stieß am 22. August auf die über den Semois vorgegangene 4. französische Armee. In dem sehr zerrissenen unübersichtlichen Gelände zu beiden Seiten und vorwärts Neufchateau gelang es den Franzosen nicht, sich ordnungsmäßig zu entwickeln. Sie wurden außerdem auf ihrem linken Flügel bei Gedinne umfaßt und strömten daher nach heftigem Widerstande gegen und über den Semois zurück. Erst an der Maas vermochten sie sich wieder zu setzen.

Nicht besser erging es aber der 3. französischen Armee, als sie über die Linie Audun—Montmedy vorbrach. Sie traf auf die 5. deutsche Armee, die ebenfalls den Vormarsch angetreten hatte, und wurde in äußerst blutigen Gefechten am 22. August zurückgeworfen und geschlagen. Die 5. Armee mußte dem Kriegsplan nach eigentlich defensiv bleiben und die Verbindung mit Diedenhofen wahren; der deutsche Kronprinz aber entschloß sich dennoch zum Angriff, und die Oberste Heeresleitung billigte auch hier die Absicht des Armeeführers, obgleich sie gegen ihren ursprünglichen Plan verstieß. Die Deutschen, die am rechten Flügel bei Rossignol und St. Vincent vom VI. zur 4. Armee gehörigen Armeekorps unter-

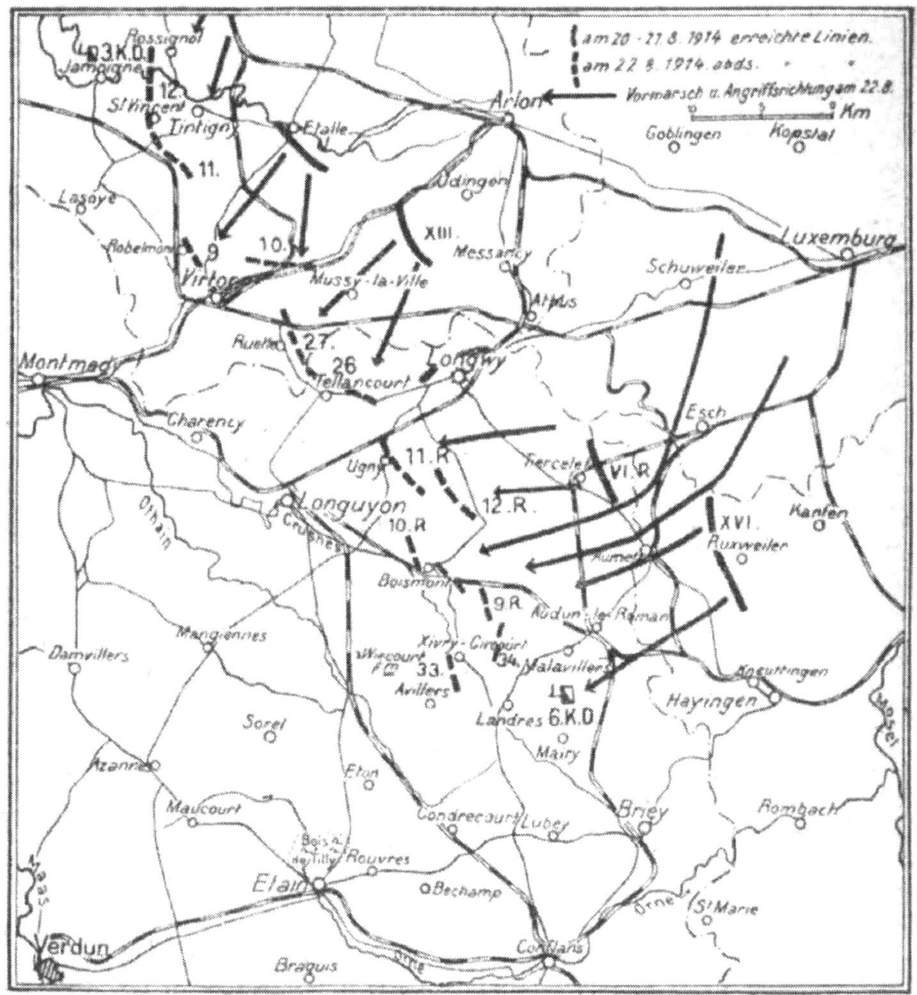

Karte 8. Die Schlacht bei Longwy 1914.

stützt wurden, gelangten am 22. in die ungefähre Linie Robelmont, Virton, das nicht besetzt wurde, Ruette, Tellancourt, Ugny, Boismont und Xivry, während die 6. Kavalleriedivision den linken Flügel bei Malavillers, die 3. den rechten deckte. Am 23. kam man nur wenig vorwärts. Die riesenhaften Anstrengungen des vorhergehenden Tages, dichter Nebel, der die Aufklärung und damit die Befehlsausgabe verzögerte, verbunden mit dem teilweise hartnäckigen Widerstand der feindlichen Nachhuten verzögerten den Vormarsch. Am 24. aber sollte der Feind endgültig geschlagen und von Verdun abgedrängt werden. Zu diesem Zwecke wurde zwei Landwehrbrigaden — die 43. und 45. — nach Landres vorgezogen, während drei andere — die 13., 53. und 9. bayerische — nach Briey rückten. Sie kamen in ermüdendem Marsche aus der Gegend von Metz. Die Hauptreserve dieser Festung aber rückte nach Conflans, um von hier aus weiter gegen die rechte Flanke des Gegners vorzustoßen. Sie hatte am rechten Flügel der 6. Armee schon an der Schlacht in Lothringen am 20. August siegreichen Anteil genommen und sollte jetzt noch schwereren Prüfungen ausgesetzt werden.

So ging denn die deutsche 5. Armee auf der ganzen Front in südwestlicher Richtung vor und gelangte siegreich bis an den Othain-Abschnitt, während der linke Flügel über die Linie Gondrecourt—Rouvres vordrang, um die feindliche Armee von Süden her aufzurollen. Eton wurde noch am Abend des 24. genommen. Die Hauptreserve von Metz drang bis in den Bois de Tilly vor.

Währenddem aber hatte der Feind in breiter Front einen Gegenstoß anscheinend aus der Richtung von Verdun gemacht, der zwar auf eisernen Widerstand stieß, den besonders die Hauptreserve von Metz leistete, aber dennoch, als er sich immer weiter an der Orne abwärts ausdehnte, die Deutschen dazu zwang, ihren linken Flügel zurückzunehmen. Ihn zu parieren, waren in der Nacht zum 25. August die 43. und 45. Landwehrbrigade von Landres nach Bechamp vorgezogen und an der Orne ins Gefecht getreten; das änderte aber auf die Dauer nichts an der Lage, und die gesamten Truppen des linken Flügels mußten in die Linie Wiecourt-Ferme, Avillers, Landres und Mairy zurückgenommen werden.

Allein der Gegner folgte nicht. Vielleicht hat er sich durch drei Landwehrbrigaden aufhalten lassen, die der Kommandant von Metz schon am 25. nach Conflans in die offene Flanke der Franzosen warf und die den Ort nach leichtem Gefecht besetzten. Vielleicht hat er durch seinen Vorstoß nur seinen linken Flügel und sein Zentrum entlasten wollen, denn die Franzosen waren im übrigen gründlich geschlagen, und die 5. Armee ging auch am 25. auf der ganzen Front siegreich vor. Diesen letzten Zweck der Entlastung hat der erfolgreiche Vorstoß jedenfalls erreicht, denn er hat weiterwirkend die deutschen Angriffe auf der ganzen Front gelähmt, den Franzosen dadurch die Loslösung vom Feinde erleichtert, und ihnen ermöglicht, auf die Vorberge von Verdun und hinter die Maas zurückzugehen. Ein Abdrängen von Verdun wurde jedenfalls verhindert. Der Rückzug wurde allerdings auch dadurch erleichtert, daß das V. preußische Korps mitten aus der Schlacht nach dem Osten und zunächst nach Metz abrücken mußte. Am 26. sollte es den Marsch dorthin antreten. So wurde es möglich, daß die zurückgehenden geschlagenen Scharen sich bei Verdun und auf dem linken Ufer der Maas zu neuer Verteidigung einrichten konnten.

Der Gegenstoß der Franzosen über Etain gegen die Orne zwischen diesem Orte und Conflans scheint durch Teile der Hauptreserve von Verdun und die Armee de Lorraine ausgeführt worden zu sein. Was später aus dieser geworden ist, geht aus den bis jetzt bekanntgewordenen Quellen, soviel mir bekannt ist, nicht hervor. Sie verschwindet als solche. Die ihr gehörigen Truppen scheinen auf andere Armeen verteilt worden zu sein. Jedenfalls fand ihr Führer, General Maunoury, eine andere Verwendung, und nur der Verbleib einiger Divisionen konnte festgestellt werden.

Deutscherseits wurden, während die Armeen im Vormarsch blieben, die Festungen Belgiens und Nordfrankreichs zunächst umschlossen oder bald eingenommen; Longwy wurde bereits am 26. August, Montmedy am 29. besetzt. Maubeuge wurde vom VII. Reservekorps, Givet von der 24. Reservedivision umschlossen. Die stärkste von allen Sperrfestungen, Namur, das ein wichtiger Eisenbahnknotenpunkt ist, war bereits am 25. und in der darauf folgenden Nacht gefallen.

General von Gallwitz sollte, wie wir sahen, mit dem XI., dem Garde-Reservekorps sowie zahlreicher Artillerie die Festung nehmen.[1]) Er wollte zunächst die ganze Ostfront angreifen, entschloß sich aber dann, das Hauptgewicht auf die Nordostfront zu verlegen und hauptsächlich die Forts von Cognelée und Marchovelette anzugreifen, gegen den südlichen Teil der Ostfront aber nur zu demonstrieren. Dementsprechend wurden die Batterien in Stellung gebracht. Einzelne von ihnen eröffneten schon am 21. August abends das Feuer, um der Infanterie Verluste zu ersparen; die gesamte Artillerie aber schoß den ganzen 22. über auf die angegriffenen Forts und die Zwischenlinien, die auf das stärkste ausgebaut waren, während die Infanterie auf Sturmnähe heranging. Am 24. erfolgte dann der allgemeine Angriff. Bei ihm zeigte sich, daß man den Heldenmut der Truppe nicht zu hoch eingeschätzt hatte. Die Forts der angegriffenen Front wurden bald zum Schweigen gebracht, die Infanterie aber drang noch am Abend des 24. in die Stadt ein, obgleich die Verteidigungstruppe 18000 Mann betragen sollte. Nur wenige Franzosen, die wahrscheinlich von der 5. Armee vorgeschoben worden waren, haben sich an der Verteidigung der Stadt beteiligt. Sie wurden gefangengenommen. Von den Forts fiel zuerst das vor der Mitte der Angriffsfront gelegene Fort Marchovelette, dann das Fort von Maizeret, das südlich daran anschloß. Dann folgten bald die anderen. Von ihnen wurde das Fort von Malonne durch Handstreich von dem Leutnant von der Linde mit 4 Mann genommen. Im ganzen betrug die Beute 6700 Gefangene, 12 Feldgeschütze, die gewaltige Bestückung der Forts und

[1]) Siehe Karte 9.

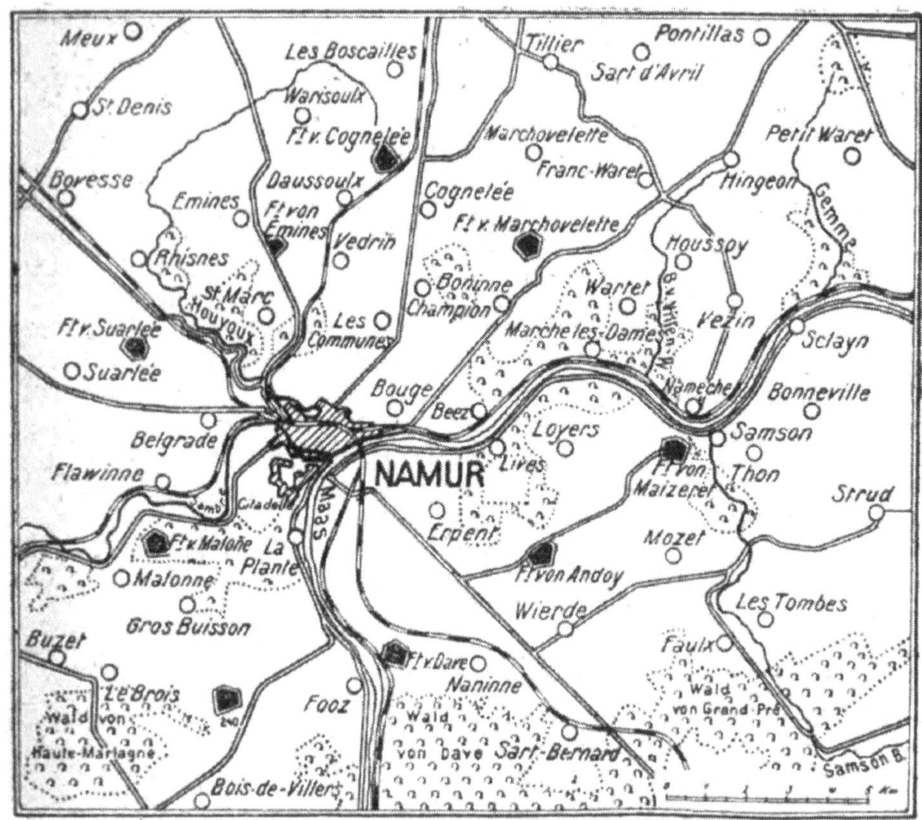

Karte 9. Die Einnahme von Namur (nach v. Bülow).

bedeutende Mengen von Kraftwagen, Fahrzeugen, Lebensmitteln und Festungsbeständen. Wichtig war ferner für die rückwärtigen Verbindungen die Eröffnung von Namur als Eisenbahnknotenpunkt, ebenso wie es die Eroberung von Lüttich gewesen war.

Auch ein Ausfall der Belgier, der wahrscheinlich auf Veranlassung der Obersten Heeresleitung der Verbündeten mit allen fünf Divisionen unternommen worden war, und von dem die Belgier geschlagen unter schweren Verlusten am 26. nach Antwerpen zurückkehrten, vermochte den Fall der Festung nicht aufzuhalten. In der Nacht vom 25. zum 26. war der Kampf trotz aller Verteidigungsversuche beendet.

Der ganze große Gewinn war mit einem Verlust von nur 1000 Mann erkauft. Gleich darauf aber — schon am 26. — erfolgte der Befehl, die Belagerungsarmee von Namur — das XI. Korps und das Garde-Reservekorps — nach dem Osten abzutransportieren. Auch für das V. Korps mit der 8. Kavalleriedivision war gleiche Bestimmung vorgesehen und das V. Korps mußte, wie wir sahen, seinen Angriff gegen die Maas im entscheidendsten Augenblick abbrechen.

Zuletzt wurde es doch noch bei Metz festgehalten und dann südlich der 5. Armee weiter verwendet. Nur die 8. Kavalleriedivision ging tatsächlich nach dem Osten, während zuerst sechs Armeekorps dorthin befördert werden sollten.

Mittlerweile war der Vormarsch der deutschen Armeen ununterbrochen fortgesetzt worden. Die Engländer hatten, wie wir sahen, gehofft, sich wenigstens einige Zeit bei Landrecies, Le Cateau und Cambrai halten zu können, während die frisch aus England angekommene 4. Division die linke Flanke der Armee decken sollte

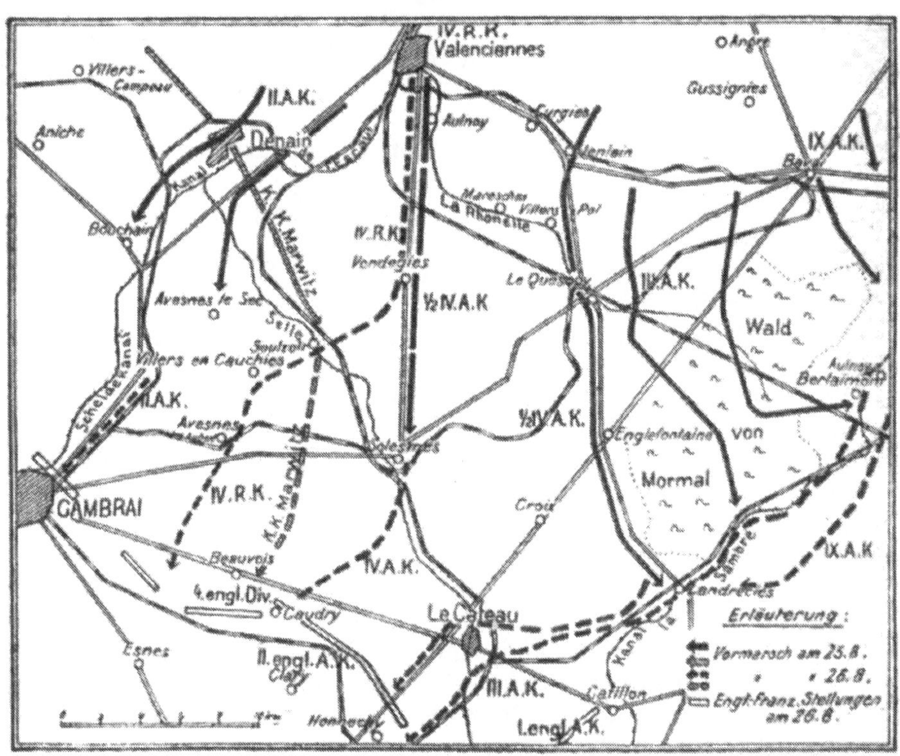

Karte 10. Die Schlacht bei Le Cateau (nach v. Kluck).

und etwa bei Esnes und Caudry Stellung nahm. Das I. Korps war am 25. auf Landrecies zurückgegangen, das II. in die Linie Le Cateau—Caudry. Teile desselben, die noch am 25. bei Solesmes von den Deutschen angegriffen worden waren, kamen erst spät in der Nacht in dieser Stellung an. Ihre äußerste linke Flanke wurde durch das Kavalleriekorps Sordet und die 84. Territorialdivision gedeckt, die von der Kavallerie des Generals von der Marwitz und vom II. Armeekorps, das den rechten Flügel der deutschen Armee bildete, auf Cambrai zurückgeworfen war. Die 19. Infanteriebrigade deckte zunächst mit der Kavalleriedivision Allenby, der sie zugeteilt war, den linken Flügel der englischen Armee. Wo sie später verwendet worden ist, habe ich nicht feststellen können.

Bei den Engländern wurden durchaus widerspruchsvolle Anordnungen getroffen. Das I. Armeekorps ging auf Guise und weiter zurück; das II. entschloß sich zum Widerstande trotz des entgegenstehenden Rückzugsbefehls und wurde zunächst vom 2. Kavalleriekorps angegriffen. Dieses hatte schon am 25. August feindliche Kolonnen, die von Solesmes zurückgingen, angegriffen und von ihrer Rückzugsstraße abgedrängt. Jetzt griff es schon in früher Morgenstunde die linke Flanke des Feindes überraschend in der Richtung auf Caudry, das genommen wurde, an und hielt den Gegner fest, bis Infanterie herankam und die Niederlage des Feindes vollendete. Das IV. Reservekorps, das erst spät am Abend mit der Spitze bei Esnes eintraf, konnte nicht mehr eingreifen. Das III. Korps, das am 25. infolge irrtümlicher Meldungen auf Aulnoye angesetzt worden war, kam nur bis Honnéchy. — Das II. Korps, das den rechten Flügel der Armee bildete, rückte auf Cambrai. So blieb die Hauptlast des Angriffs auf dem IV. Armeekorps hängen, das frontal vorging[1]). Es zwang die Engländer zum Rückzug, der in der Nacht zum 27. August ausgeführt wurde und am 28. über Ham hinaus gelangte. Nichtsdestoweniger verloren die Engländer nach ihrer eigenen Angabe 15000 Mann und 80 Geschütze. Sie wurden vor völliger Einkreisung nur durch das Kavalleriekorps Sordet, das demnächst auf Péronne zurückging, und durch die 61. und 62. Reservedivision gerettet, die am 25. in Arras ausgeladen worden waren. Diese letzteren sollen noch an einem Vorstoß auf Cambrai teilgenommen haben, gingen aber dann mit dem Kavalleriekorps auf Péronne zurück, während die Territorialdivisionen des Generals d'Amade, die schwer gelitten hatten, bei Abbéville über die Somme gezogen wurden. Die Niederlage der Engländer aber war derartig, daß sie zwar nicht völlig vernichtet waren, doch für die nächste Zeit als Verteidigungstruppe ausschieden.

Mittlerweile hatte Joffre schon am 25. August den Plan gefaßt, in der Linie Verdun—Rethel—St. Quentin—Péronne haltzumachen und von ihr aus die Offensive von neuem zu ergreifen. Zu diesem Zwecke wurde die Armee de Lorraine aufgelöst und am 29. August aus dem linken Flügel der 4. Armee eine neue 9. Armee unter Befehl des Generals Foch gebildet, die die Verbindung zwischen der 4. und 5. Armee herstellen sollte. Bei Amiens sollte ferner unter dem General Maunoury eine Stoßgruppe zusammengezogen werden, die gegen die rechte Flanke der Deutschen vorgehen sollte.

Zu gleicher Zeit war Generaloberst von Bülow mit der 2. Armee

---

1) Siehe Karte 7.

nach seinem Siege an der Sambre, mit dem 1. Kavalleriekorps vor seinem rechten Flügel, im ununterbrochenen Vormarsch geblieben, hatte sich aber währenddessen wesentlich geschwächt. Er hatte das VII. Reservekorps zur Einschließung von Maubeuge bestimmt. Da aber die 13. Reservedivision zunächst zu Etappenzwecken verwendet war, hatte er bis zu ihrer Rückkehr, die erst einige Tage später erfolgte, die 13. Division vor der Festung lassen müssen. Er hatte außerdem den Feind unausgesetzt verfolgt und dabei, wie auch in den Verfolgungsgefechten, nicht unerheblich verloren. Trotzdem war er entschlossen, den Feind anzugreifen, wo er ihn fände, und da dieser an der Oise westlich St. Quentin zum Widerstande entschlossen schien, hatte er die beiden Nebenarmeen zu Hilfe gerufen. Die 3. sollte etwa auf Vervins vorstoßen, die 1. gegen den linken feindlichen Flügel wirken. Die 3. glaubte dieser Aufforderung nicht folgen zu können, weil sie die 4. Armee unterstützen müsse; die 1. stellte ihr linkes Flügelkorps zur Verfügung. Im übrigen war sie, wie wir sehen werden, anderweitig gebunden. Das 1. Kavalleriekorps dagegen ging um den linken Flügel der 5. französischen Armee herum, um gegen den Rücken und die Verbindungen dieser Armee zu wirken. Sie erreichte schon am 28. August die Gegend von Urvillers und Itancourt südwestlich von St. Quentin und focht gegen die englische Besatzung dieser Stadt, während der Rest der Armee eben erst das Land nördlich der Oise erreichte. So mußten die beiderseitigen Entschlüsse zu einem Zusammenstoß der 5. französischen und der 2. deutschen Armee führen, und es entwickelte sich am 29. und 30. August die Schlacht von St. Quentin.

Vergebens hatte Joffre die Engländer aufgefordert, ihren Rückzug einzustellen und seine linke Flanke zu decken. Er mußte sich zur Schlacht allein mit der 5. französischen Armee entschließen, während seine 4. Armee zunächst noch die Gegend von Sedan festhielt.

Am 29. August gingen die Franzosen zunächst mit zwei Korps auf dem rechten Flügel gegen Guise, mit zwei anderen gegen St. Quentin zum Angriff vor, während ein Korps in Reserve blieb und drei Reservedivisionen den linken Flügel bildeten. Gegen sie gingen die Deutschen zum Gegenangriff über. Das X. und das Gardekorps griffen über Guise erfolgreich an, während der Rest der Armee den rechten Flügel bildete und das 1. Kavalleriekorps schon an diesem Tage die Übergänge über die Somme und den Crozatkanal bei Ham und St. Simon überschritt. Die 13. Division, die jetzt auf dem Gefechtsfelde eintraf, wurde zwischen dem X. und dem X. Reservekorps eingeschoben, die 14. dagegen gegen den linken Flügel des Feindes eingesetzt. Hier hat auch die 17. Division des IX. deutschen Korps Verwendung gefunden, hat jedoch nur mit der Artillerie gefochten, während die Infanterie in Reserve stand.

Lanrezac änderte nun seinen Schlachtplan. Er setzte jetzt drei

Korps gegen Guise ein und nur entsprechend schwächere Kräfte gegen St. Quentin. Nun gelang es ihm allerdings, die Deutschen gegen die Oise zurückzudrängen, deren Übergänge übrigens in deutscher Hand blieben; dagegen scheiterte vollständig die Offensive auf St. Quentin. Die Lage des französischen Feldherrn wurde unhaltbar, und schon am 29. abends gab Joffre den Befehl zum

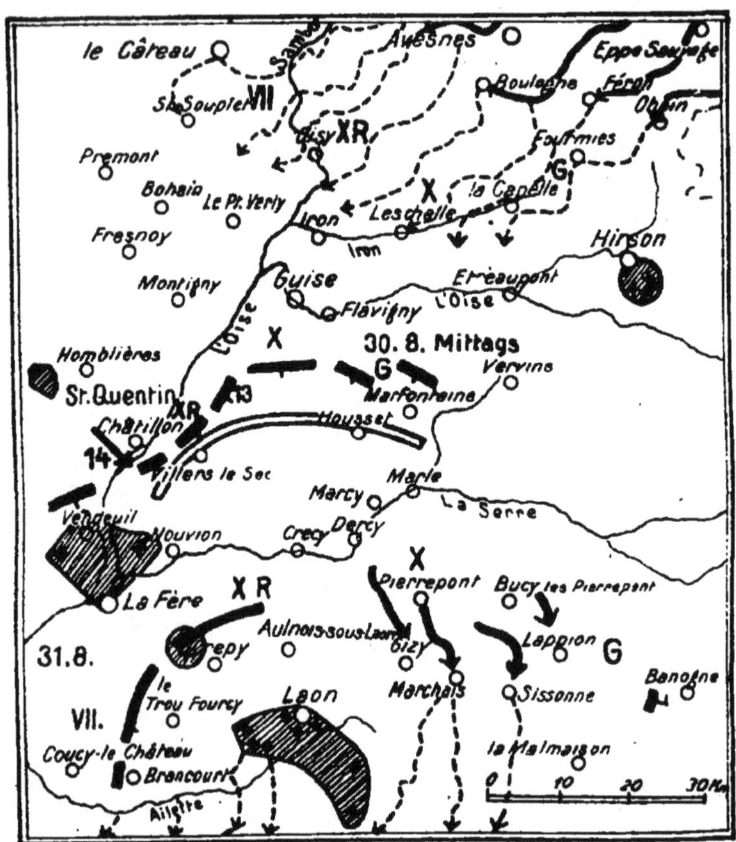

Schlacht bei St. Quentin Lage am 30. und 31 Aug. 1914. — Deutsche — Engländer u. Franzosen

Karte 11 (nach v. Bülow).

Rückzug. Den 30. scheinen die Deutschen nur noch gegen eine zurückgehende Armee gefochten zu haben. Diese aber war völlig geschlagen. 2000 Gefangene und reiche Beute ließ sie in der Hand der Sieger und entzog sich nur durch einen Nachtmarsch völliger Niederlage.

Um wieviel vernichtender hätte die Niederlage der Franzosen werden können, wenn einerseits die 2. deutsche Armee nicht zum

Gegenangriff vorgegangen wäre, sondern sich zurückgehalten hätte, wenn andererseits die 3. Armee, anstatt sich von den Hilferufen der 4. fesseln zu lassen, dem Ersuchen der 2. Armee gefolgt und die 5. französische Armee in ihrer offenen rechten Flanke angegriffen hätte. Ihr Stoß hätte, wenn er weit genug ausholte, vernichtend werden können.

Daß General von Kluck sich nicht mit stärkeren Kräften, als geschehen, am Kampfe beteiligte und dadurch die Einkreisung der Franzosen vollendete, lag zunächst daran, daß auch er durch Abgaben geschwächt war. Er hatte Teile seiner Armee zu Etappenzwecken verwenden müssen, in zahlreichen Gefechten viel verloren und eine ganze Brigade des IV. Reservekorps als Besatzung in Brüssel zurücklassen müssen. Er erhielt sie auch dann nicht zurück, als das IX. Reservekorps am 25. August in Tongres eintraf, um von hier aus gegen Antwerpen vorgezogen zu werden. Es lag aber vor allem daran, daß er gezwungen war, gerade in den Tagen der Schlacht von St. Quentin einen Flankenstoß von Amiens her abzuwehren.

General Joffre hatte, wie wir sahen, unmittelbar nachdem sein Angriff in Lothringen gescheitert und daher auch Mülhausen geräumt worden war, das VII. Armeekorps von Belfort nach dem Norden Frankreichs abtransportieren lassen und befohlen, vom 27. August bis 2. September bei Amiens eine neue Heeresgruppe unter dem Befehl des Generals Maunoury zu bilden, um mit dieser gegen den rechten Flügel der deutschen Armee zu wirken und sie zum Halten zu bringen. Mit dem raschen Vormarsch der Deutschen hatte er allerdings nicht gerechnet; so kam es, daß ihr linker Flügel bereits herannahte, als das VII. Korps allerdings schon in Amiens angekommen, die zugehörige Armeeabteilung aber noch nicht vollständig gebildet war. Sie sollte, außer aus dem VII. Armeekorps, aus der 55., 56. — von der Armee de Lorraine — der 61. und 62. Reservedivision, einer Brigade eingeborener Marokkaner und dem Kavalleriekorps Sordet bestehen, aus dessen noch leistungsfähigen Teilen eine Division zu 18 Eskadrons unter dem General de Cornulier-Lucinière gebildet wurde. Auch eine Reserve-Alpenjägerdivision wurde als zur Armeegruppe Amiens gehörig den Deutschen gemeldet. Weitere Ausladungen sollten bei Amiens und Umgegend stattfinden. Die 81. und 82. Territorialdivision des Generals d'Amade wurden ebenfalls nach Amiens herangezogen; sonst war mit den Territorialen d'Amades nicht viel anzufangen; sie ergriffen die Flucht, sobald sie der Deutschen ansichtig wurden.

Maunoury hatte trotz alledem einen Angriff für geboten gehalten und war gegen die 1. deutsche Armee vorgegangen.

Unmittelbar nach ihrem Siege in der Schlacht von Solesmes war die 1. Armee mit dem 2. Kavalleriekorps nach Südwesten aufgebrochen, teils um dem Feinde ein Ausweichen nach dieser Richtung zu verwehren, teils weil sich schon der Einfluß der bei Amiens sich sammelnden Massen geltend machte. Der rechte Flügel der Armee gelangte nach mehrfachen Gefechten in die Gegend nördlich Péronne. Mehrere Bataillone und das 2. Kavalleriekorps bezogen Quartier in Moislains, Manancourt und Nurlu, nördlich Péronne. Hier wurden sie am 28. früh von der 61. und 62. Reservedivision überfallen, vermochten aber sich des Angriffs zu erwehren. Auch Sailly-Saillisel und Morval griff der Feind an, wurde aber nach Nordwesten zurückgeworfen, und erst spät abends gelang es, den Sommeübergang westlich Péronne, der von acht Alpenjägerbataillonen und der 3. und 5. französischen Kavalleriedivision verteidigt wurde, zu gewinnen. Hier ging der rechte Flügel der Armee am 29. früh über den Fluß und wurde gegen Amiens abgedreht. Nur der linke Flügel der Armee blieb vorläufig geradeaus, um die Engländer weiter zu verfolgen, und hatte noch am 28. ein Gefecht gegen Truppen, die aus St. Quentin vorstießen.

Am 29. August kam es zum Kampf gegen die von Amiens aus vorgehenden Truppen. Das IV. Reservekorps deckte bei Combles die rechte Flanke der 1. Armee gegen Arras, das II. Korps war bei Proyard in sehr heftige Kämpfe verwickelt, und das IV. wie das 2. Kavalleriekorps fochten bei Rosières und Méharicourt gegen Alpenjäger und bedeutende Teile des VII. Armeekorps. Der Gegner wurde auf der ganzen Linie geworfen und zersprengt. Teile der 61. Reservedivision konnten erst bei St. Pol wieder gesammelt werden. Noch in der Nacht zum 30. wurde die Verfolgung bis Villers Bretonneux vorgetragen; die Gruppe d'Amade ging auf Rouen zurück, Maunoury auf Clermont. Am 30. wurde der Marsch fortgesetzt, aber sehr bald erkannt, daß der auf Paris zurückgehende Feind auch hinter der Avre nicht standhalten würde. Es wurde daher wieder die Richtung auf Paris eingeschlagen, während das IV. Reservekorps, das in Amiens gewaltige Verpflegungsmengen erbeutete, die rechte Flanke der Armee sowie ihre Kolonnen und Trains deckte.

Schon am 27. August hatte die Oberste Heeresleitung neue Anweisung für die Fortführung der Operationen erlassen. Nach ihnen sollte die 1. Armee gegen die untere Seine vorgehen, aber zugleich bereit sein, in die Kämpfe der 2. Armee einzugreifen und den Flankenschutz der Armee übernehmen. Die 2. sollte über La Fère—Laon auf Paris marschieren, die 3. über die Linie Laon—Guignicourt auf Chateau Thierry vorgehen. Die 4. sollte das VI. Korps an die 5. abgeben und über Reims nach Epernay vordringen; die 5. endlich unter Staffelung links über die Linie Châlons—Vitry le François. Sie sollte die linke Flanke der Armee sichern und Verdun einschließen. Die 6. Armee endlich sollte zwischen Toul und Epinal die Mosel überschreiten, die 7. gegen die Schweizer Grenze decken.

Dieser Befehl war für die 1. Armee völlig unausführbar.

Zum Vorgehen gegen die untere Seine fehlten die Kräfte, und eine Unterstützung der 2. Armee war undurchführbar, wenn man weiter nach Westen ausholte. Für die Abschließung von Paris waren keinerlei Kräfte vorgesehen. Die 1. Armee entschloß sich daher, von dem Marsch gegen die untere Seine abzusehen und gegen die Marne vorzugehen. In mehreren Gruppen rechts gestaffelt ging daher die Armee in südlicher Richtung vor, teils um gegen die Flanke der vor der 2. Armee zurückgehenden feindlichen Truppen zu wirken,

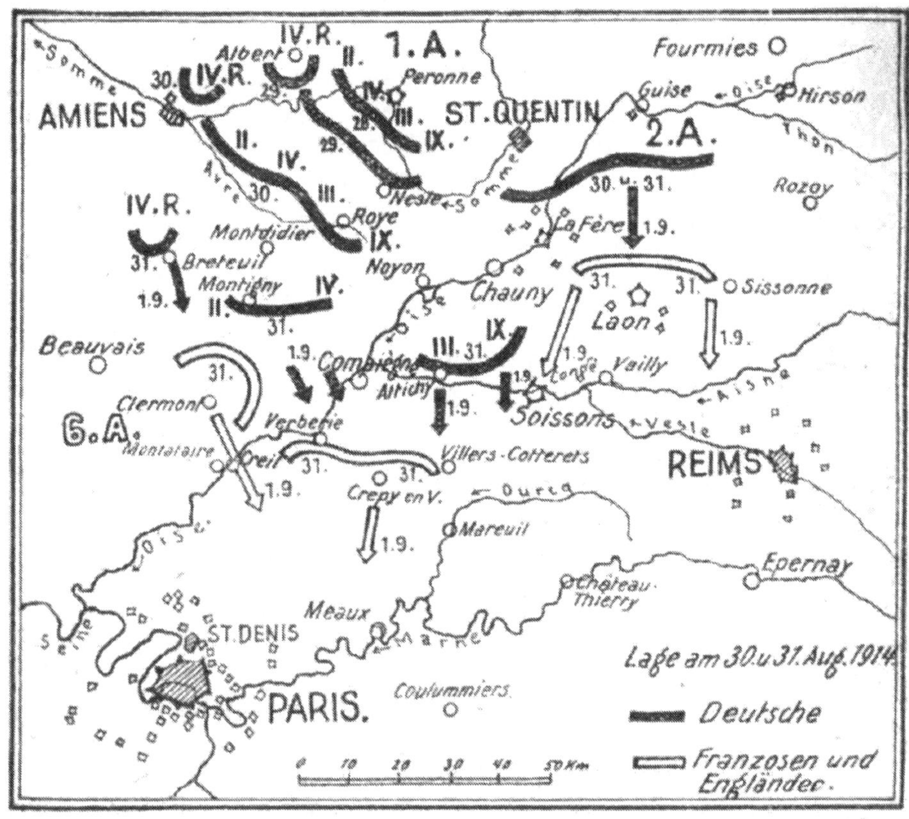

Karte 12. Die Lage am 30. und 31. August 1914 (nach v. Kuhl).

teils um die eiligst zurückweichenden Engländer womöglich noch zu erreichen. Auch der Feind wich, wie gesagt, auf Paris zurück. Am 4. September gab er sogar Reims auf.

Joffre scheint schon jetzt, als er die 1. Armee nach Süden abschwenken sah, den Gedanken gehabt zu haben, unter den Mauern von Paris die Entscheidung zu suchen. Er zog die Kräfte unter Maunoury, als er bei Amiens keinen Erfolg erzielen konnte, zum Teil wenigstens mit der Bahn, als 6. Armee nach Paris heran, um zunächst die Hauptstadt zu verteidigen, und suchte auch sonst sein Heer vom Feinde zu lösen. Auch vor der 3., 4. und 5. deutschen Armee kämpfte er nur um Zeitgewinn. Er wollte die in den Anfangsschlachten nicht entscheidend geschlagene Armee vom Feinde frei machen, um sie von neuem zu ordnen und zu verstärken. Die Oberste Heeresleitung der Deutschen aber scheint angenommen zu haben, daß der Feind fluchtartig auf Paris zurückgehe, auch Verdun aufgäbe und auch von der Mosel zwischen Toul und Epinal zurückgehen werde. Wenigstens scheint sie die neu herausgegebenen Direktiven unter solcher Annahme abgefaßt zu haben. Später freilich erklärte sie sich, im Gegensatz zu ihren eigenen Forderungen, mit dem Abdrehen der 1. Armee nach Süden in die Gegend östlich Paris wohl in Erkenntnis der tatsächlichen Verhältnisse durchaus einverstanden.

Mittlerweile wurde die Verfolgung durch die Kavallerie rastlos fortgesetzt. Das 1. Kavalleriekorps, das zunächst auf Noyon vorgegangen war, marschierte über Ribécourt nach Soissons, das am 1. September nach heftigen Gefechten genommen wurde; dem 2., das auf Compiègne vorging, gelang es am gleichen Tage, die Engländer bei Néry im Biwak zu überfallen. Die 4. Kavalleriedivision geriet sogar zwischen die englischen Heereskolonnen und mußte sich in den Wäldern verstecken. Dann wurde der Vormarsch unter immerwährenden Gefechten fortgesetzt. Die Armeen folgten der Kavallerie. Die Festungen La Fère und Laon wurden von den Franzosen preisgegeben, und endlich wurde — zunächst von der 1. Armee — die Marne erreicht und überschritten, während das IV. Reservekorps mit der 4. Kavalleriedivision auf dem rechten Flügel nördlich der Marne gegen Paris deckten.

Auch der rechte Flügel der französischen Nordarmee ging allmählich unter Festhaltung von Verdun auf und hinter die Marne zurück, während er die Deutschen durch fortgesetzte Gefechte aufzuhalten suchte. Dem Widerstande vor der 3. deutschen Armee kam auch die Beteiligung der Bevölkerung am Kampfe zugute. Sie kam verhältnismäßig langsam vorwärts. Sie kämpfte teilweise gegen die unter besonderem Befehl des Generals Foch stehenden Divisionen, die Joffre zwischen seiner 4. und 5. Armee aufgestellt hatte, teils bemühte sie sich nicht ohne Erfolg, der 4. deutschen Armee vorwärts zu helfen. Sie erreichte am 1. September fechtend Rethel und ging von dort weiter gegen die Marne. Neben ihr hatte die 4. deutsche Armee nach ihrem Siege am Semois an der Maas starken Widerstand zu überwinden, der sich sogar in erfolgreichen Offensivstößen Luft machte. Als sie aber am 28. August zu einheitlichem Angriff auf die Linie Stenay—Mezières ansetzte, ging die 4. französische Armee kämpfend auf Vouziers, überschritt am 30. August die Aisne und ging in der allgemeinen Richtung auf Vitry le François zurück. Nachhuten suchten auf der ganzen Linie heftigen Widerstand zu leisten, wobei sich vornehmlich die französische Artillerie auszeichnete und ihre unzweifelhafte Überlegenheit über die deutsche benutzte. Trotzdem mögen diese Rückzugsgefechte manchmal den Eindruck einer geschlagenen Truppe hervorgebracht haben.

Schwieriger noch war das Vorwärtskommen der deutschen 5., 6. und 7. Armee.

Die erstere hatte zunächst den Maasübergang bei Dun und und Stenay zu überwinden, der vom 28. August bis 1. September erzwungen wurde und zu den ernstesten Kämpfen führte. Dann mußte sie sich im Vormarsch dauernd gegen Verdun sichern, von wo sie fortgesetzt bedroht wurde. Endlich verursachte auch das Vorarbeiten durch die Argonnen erhebliche Schwierigkeiten und stellte an die Truppen immer neue Anforderungen. Das Kavalleriekorps Hollen — die 3. und 6. Kavalleriedivision —, das zunächst vor der Front aufgeklärt, in der Schlacht von Longwy die Flügel der 5. Armee gedeckt hatte und am 30. August die Maas überschritten hatte, ging zwischen der 4. und 5. Armee auf Revigny vor und hatte dabei ebenfalls — wie die beiden Armeen selbst — vielfache Gefechte. Die 5. Armee war zudem sehr wesentlich geschwächt worden, sowohl durch das Ausfallen des V. Armeekorps, das bekanntlich abmarschieren mußte, als es gerade im Begriff stand, die Maas zu überschreiten, als auch durch das Fehlen des V. Reservekorps, das zur Sicherung gegen Verdun auf dem rechten Ufer der Maas zurückblieb, während andererseits die Franzosen sich dadurch geschwächt hatten, daß das IV. Armeekorps der 3. Armee, bei der General Ruffey durch General Sarrail ersetzt worden war, aus der Front gezogen, vom 2. September an in Vienne la Ville verladen und zur neuen 6. Armee nach Paris abtransportiert worden war.

Auch die 6. und 7. Armee hatten einen schweren Stand. Nach ihrem Siege in der Lothringer Schlacht bemühten sie sich andauernd, aber erfolglos, in die Lücke von Charmes einzudringen und sich des dortigen Moselüberganges zu bemächtigen. Die Franzosen andererseits suchten sie von den Flanken her einzudrücken. Beide Parteien waren in ihren Bemühungen erfolglos, aber es entwickelte sich hier zum ersten Male der Stellungskrieg mit allen seinen Schrecken. Unentwegt hielten die Deutschen die Linie Nanzig—Luneville—St. Dié fest, vermochten aber nicht weiter vorzudringen. Für die drei vorhandenen Kavalleriedivisionen war erst recht kein Feld der Tätigkeit vorhanden. Die 8. Kavalleriedivision wurde daher am 29. August nach dem Osten abtransportiert, die 7. etwas später nach Belgien und dem Norden Frankreichs. Das Fort Manonweiler wurde allerdings von Avricourt mit 42-cm-Kanonen beschossen und genommen; zur Fortsetzung des Angriffs wurden 70 schwere Batterien zusammengezogen; trotzdem aber kamen die Deutschen bei aller Tapferkeit nicht weiter vorwärts. Dagegen ermöglichten sie es den Franzosen, starke Kräfte aus ihrer Südfront wegzuziehen, um damit ihre Linien im Norden zu verstärken, während sie selbst durch die französischen Befestigungen gebannt blieben, die sie nicht zu überwinden vermochten. Nur das XV. Armeekorps und das Kommando der 7. Armee wurden durch Befehl vom 5. September nach Norden gezogen.

So blieben hier zahlreiche Truppen nutzlos gefesselt, die später auf dem Entscheidungsfelde im Norden schmerzlich entbehrt wurden, gebunden, ohne eine gleiche Zahl von Franzosen festhalten zu können.

Auch die Truppen des französischen linken Flügels, soweit sie nicht zur Flankengruppe von Amiens gehörten, gingen allmählich hinter die Marne zurück und machten dabei einen wenig günstigen Eindruck.

Die Engländer ihrerseits blieben nach der Schlacht von Le Cateau—Solesmes in ununterbrochenem Rückzuge. Sie boten hierbei das Bild einer völlig geschlagenen Armee, die der Auflösung nahe ist, und hatten nur den einen Gedanken, sich der weiteren Berührung mit dem gefürchteten Feinde zu entziehen. French hatte alles Vertrauen in sich und seine Truppen verloren; er hatte von Anfang an den Rückzug bis hinter die Seine beschlossen, und es bedurfte des persönlichen Eingreifens des Lord Kitchener, der eigens dazu nach Paris gekommen war, um seine weitere Teilnahme an den Operationen sicherzustellen. Die 6. Division sowie zahlreiche Ergänzungsmannschaften wurden aus England nach Frankreich befördert. Die Verbindungen wurden von Le Havre nach St. Nazaire und Nantes verlegt und eine Zwischenstation bei Le Mans eingeschoben. Dünkirchen, Calais und Boulogne sollten aber außerdem noch besetzt bleiben und hartnäckig verteidigt werden. Alles war zur Beschleunigung des Rückzuges und zur Neubildung der Armee aufgeboten, und am 3. September ging sie über die Marne zurück, in der Nacht vom 4. zum 5. September aber in die Gegend von Rozoy—Tournan hinter den Wald von Crecy, wo sie sich endlich in Sicherheit glaubte.

Die Schlacht an der Marne und ihre unmittelbaren Folgen.

Wie wir sahen, war es der Plan des französischen Generalissimus, seine Truppen vom Feinde loszulösen. Sein Bestreben ging dahin, sie wieder aufzufüllen und zu ordnen, eine neue Grundstellung mit ihnen einzunehmen, sie durch neue Verbände zu verstärken und dann die Offensive wieder zu ergreifen. Das war ihm um so leichter, als er auf seine Verstärkungen zurückging, die Truppen auch seines ganzen rechten Heeresflügels vom Feinde nicht festgehalten wurden und er ein reiches, vielfach verzweigtes Eisenbahnnetz hinter sich hatte. So hat er seine Divisionen denn auch vielfach auf der Eisenbahn zurückgeschafft, und es ist ihm tatsächlich gelungen, die Loslösung vom Gegner zu bewirken. Auch die Heeresgruppe des Generals Maunoury zog er, wie wir sahen, nach Paris heran. Sie wurde vom 3. September an als „Armee von Paris" bezeichnet, sollte sich unter dem Schutz der Pariser Forts sammeln und stand in der Gegend von Dommartin. Zu ihr stießen zunächst die 45. Division, vom 7. September an das IV. Korps, das Kavalleriekorps Sordet und zahlreiche Reservedivisionen, unter denen die 55., 56., 61. und 62. genannt werden. Die Besatzung von Paris bildeten fünf Territorialdivisionen, eine Brigade Marinefüsiliere, zehn Kompanien Zuaven, die Kavalleriebrigade Gillet und drei Abteilungen Ausfallartillerie. Nach französischen Quellen sollen die 6. Armee und die Besatzung von Paris über 140 000 Mann stark gewesen sein. Wahrscheinlich waren sie stärker.

Joffre wollte zunächst mit der ganzen Armee hinter die Seine und Aube zurückgehen und gab die entsprechenden Befehle. Welche Rolle dabei Verdun vorbehalten war, bleibt unklar. Als aber die Deutschen in unbegreiflicher Verkennung der Lage in südöstlicher Richtung bei Paris vorbeimarschierten und sich nur ganz unzureichend gegen die gewaltige Stadt und Festung sicherten, entschloß er sich, sie in dieser ungünstigen Lage anzugreifen. Er wurde in dieser Absicht noch bestärkt, als er erfuhr, daß starke deutsche Kräfte nach dem Osten abtransportiert würden. General Gallieni, der Gouverneur von Paris, soll bei diesem Entschluß mitgewirkt haben. Jedenfalls war er in diesem Sinne tätig. Wie dem auch sei, jedenfalls gebot Joffre der rückwärtigen Bewegung Halt und gab den Befehl zum Angriff. Die 3. Armee sollte durch Reservedivisionen verstärkt, Teile der 1. und 2. Armee sollten zur gegebenen Zeit herangezogen werden, wie das schon am 2. September befohlen worden war. „Eh bien, Messieurs, on se battra sur la Marne[1)]" war das entscheidende Wort, das Joffre am 4. September aussprach. Die deutsche Oberste Heeresleitung aber erfuhr in der Nacht vom 6. zum 7. September durch einen aufgefundenen Befehl die Angriffsabsichten Joffres und fand darin eine Erklärung für das überraschende Verhalten der französischen Armee.

Die Armee von Paris sollte am 6. September, der für den allgemeinen Angriff in Aussicht genommen war, gegen die ungeschützte Flanke der Deutschen vorgehen. Bei ihr lag die Entscheidung. Die Engländer, die, wie wir sahen, in der Nacht zum 4. hinter den Wald von Crecy zurückgegangen waren, sollten sich am 5. September in der Linie Changis—Coulommiers bereitstellen und durch Angriff in der Richtung auf Montmirail die Lücke schließen, die zwischen ihnen und der 5. Armee klaffte und die vorläufig durch

---

1) „Nun wohl, meine Herren, man wird sich an der Marne schlagen."

das Kavalleriekorps Conneau verschleiert werden sollte. Sie waren drei Armeekorps und eine Kavalleriedivision stark und gegen den Feind nach Möglichkeit gesichert [1]). Im übrigen sollte das französische Heer am 5. September zur Schlacht aufmarschieren. Die 5. Armee, die jetzt an Lanrezacs Stelle, der nach der Schlacht von St. Quentin abgesetzt worden war, von Franchet d'Espérey geführt wurde, stand zwischen Sézanne und Courtacon und umfaßte vier Armeekorps, drei Reservedivisionen und drei Kavalleriedivisionen mit einer zugeteilten Kavalleriebrigade. Rechts daneben stand die neuaufgestellte, jetzt selbständige 9. Armee, die aus zwei Armeekorps, zwei einzelnen Divisionen, zwei Reservedivisionen und einer Kavalleriedivision bestand. Sie sammelte sich unter dem Befehl des Generals Foch im Raume Camp de Mailly—Sézanne. Links vom Ornain, von Revigny über Sermaize hinaus und etwa bis Sommepuis, stand die 4. Armee, de Langle de Cary, und sammelte drei Armee- und das Kolonialkorps unter ihren Fahnen. Die Lücke zwischen ihr und Foch verschleierte die 9. Kavalleriedivision, während die 3. Armee den rechten Flügel bildete und ursprünglich aus drei Armeekorps, drei Reservedivisionen und zwei Kavalleriedivisionen bestand. Bei einem ihrer Korps fehlte eine Division, die durch eine Brigade ersetzt war, bei einer Kavalleriedivision eine Brigade, die sich bei der 5. Armee befand. Mit ihrem rechten Flügel schloß sie an die Befestigungen von Verdun an und mußte sich zum Teil auch nach rückwärts sichern [2]). Sie stand am 5. September zu beiden Seiten von Daubécourt zum Angriff bereit. In die zwischen ihr und dem rechten Flügel der 4. Armee, die ihrerseits durch das XXI. Korps der 1. Armee verstärkt wurde, bestehende Lücke rückte das von der 2. Armee herankommende XV. Korps.

In dieser Grundstellung wurde die Armee versammelt. Sie wurde frisch aufgefüllt und mit allem notwendigen Kriegsmaterial versehen, so daß sie in voller numerischer Kraft mit vollzähligen Bataillonen und Batterien dem Feinde entgegentreten konnte. Von allen Seiten, auf Eisenbahnen und mit Kraftwagen, strömten Truppen und Heeresbedarf den Armeen zu. Die alten aber waren den-

---

[1]) Die englischen Korps waren zwei Divisionen, die Kavalleriedivision fünf Brigaden stark. Außerdem war das Fliegerkorps vorhanden. Wo die 19. Infanteriebrigade eingegliedert worden ist, habe ich nicht ermittelt.

[2]) Die 5. Armee bestand aus dem I., III., X. und XVIII. Korps, der 51., 53. und 69. Reservedivision, der 4., 8. und 10. Kavalleriedivision und einer zugeteilten Brigade der 2.; die 9. Armee aus dem IX. und XI. Korps, der 42. und der marokkanischen Division, der 52. und 60. Reservedivision und der 9. Kavalleriedivision; die 4. Armee aus dem II., XII. und XVII. Armee- und dem Kolonialkorps; die 3. endlich außer dem IV., das zur 6. Armee befördert worden war, aus dem V. und VI. Korps, der 65., 67. und 75. Reservedivision und der 2. und 7. Kavalleriedivision. Dem VI. Korps fehlte die 42. Infanteriedivision und war durch eine Brigade der 74. Division ersetzt; der 2. Kavalleriedivision eine Brigade, die sich bei der 5. Armee befand.

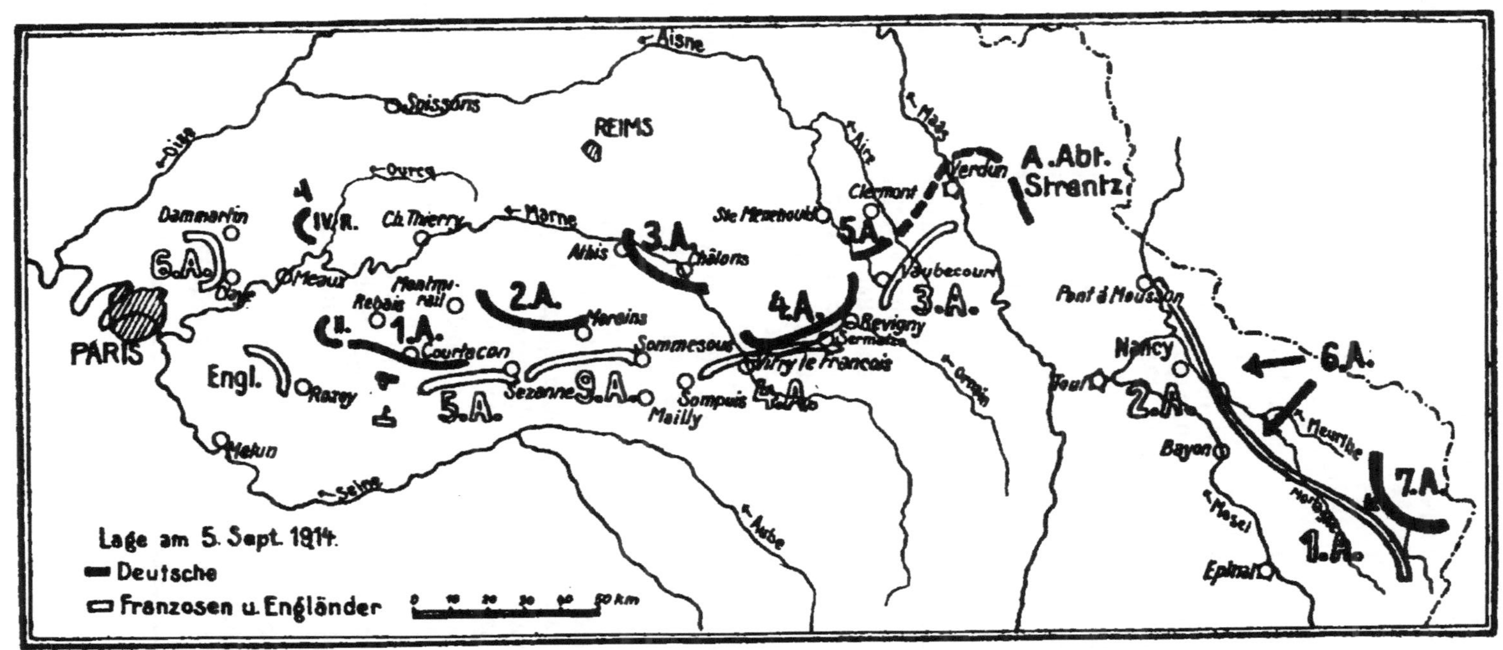

Karte 15. Die Lage bei Beginn der Schlacht an der Marne (nach v. Kuhl).

noch durch die erlittenen Niederlagen und den langen Rückzug tief erschüttert und konnten sich nur allmählich erholen. Nur so erklärt sich ihre geringe taktische Leistungsfähigkeit gegenüber den sehr viel schwächeren Deutschen.

Den vielen Vorbereitungen zum Angriff gegenüber blieben diese im ununterbrochenen Vorgehen. Sie fürchteten, daß, wenn sie im Nachdrängen nachließen, die geschlagenen Franzosen sich zu neuem Widerstand ordnen würden. Nur mühsam vermochten daher die notwendigsten Fahrzeuge zu folgen, die Lebensmittel und Munition heranschleppten. Nur der Reichtum des Landes in Verbindung mit der Jahreszeit ermöglichte es dem Heere, sich zu ernähren. An einen geregelten Mannschaftsersatz war nicht zu denken. Bei der 1. Armee war ein Ruhetag überhaupt nicht angesetzt worden. Aber auch bei den anderen Armeen war an Ruhe wenig zu denken gewesen. Allerdings waren die Sperrbefestigungen und Forts des Nordens größtenteils gefallen. Der Kommandant von Montmedy, das, wie wir wissen, schon am 29. August von den Deutschen besetzt worden war, hatte seine Festung verlassen und hatte sich mit der Besatzung durchschlagen wollen, war aber mit 700 Mann gefangen worden, während 1800 Mann zersprengt oder vernichtet wurden. Den 25. August war Ayelles gefallen; der Kommandant hatte sich das Leben genommen, nachdem das Fort selbst zusammengeschossen und die Besatzung entflohen war. Am 26. hatte sich, wie wir wissen, Longwy ergeben, nachdem die letzte Patrone gegen die umschließende Feldartillerie verfeuert war. Hirson wurde gesprengt, als sich die deutschen Truppen näherten. Givet fiel am 31. August und blieb durch ein Infanterieregiment besetzt, während der Rest der Einschließungstruppe, die 24. Reservedivision, ihrer Armee nacheilte. Nur Maubeuge mit seiner starken Besatzung leistete noch Widerstand. Durch diesen Fall der Sperrfesten waren die deutschen Verbindungen allerdings wesentlich erleichtert worden. Da aber auch die Etappentruppen nur spärlich nachströmten und die Entfernungen täglich wuchsen, reichte das alles nicht aus, um einenen geregelten Nachschubverkehr irgend zu gewährleisten. Maubeuge sperrte zudem die Hauptverbindungslinien. Da außerdem die Truppen in den andauernden und blutigen Gefechten, die sie hatten liefern müssen, schwerste Verluste erlitten und bei der Etappe hatten aushelfen müssen, waren die Gefechtsstärken sehr erheblich heruntergegangen. Bei kaum einem Bataillon wird der ausrückende Stand mehr wie 500 Gewehre betragen haben. Da infolge dieser Verhältnisse die Deutschen an der Marne mit nur rund 40 gegen 58½ Infanteriedivisionen ins Gefecht treten konnten und nur über acht Kavalleriedivisionen verfügten, gegen neuneinehalbe französische, war schon die Überlegenheit an Infanterie und Reitern eine sehr bedeutende. Man muß bedenken, daß während der Schlacht die 6. Armee durch das IV. Korps der Armee Sarrail und Abteilungen der Besatzung von Paris verstärkt worden ist, daß zur Unterstützung der 4. Armee das XXI. Korps von der 1. und zu der der 3. Armee das XV. Korps von der 2. Armee herangefördert wurden, daß endlich auch die 9. Armee durch die 18. Infanteriedivision verstärkt worden ist. Alle diese Truppen sind bei obiger Berechnung mitgerechnet worden. Außerdem aber war auf französischer Seite die Zahl der vorhandenen Batterien sehr bedeutend größer als bei den Deutschen. Bei der 3. Armee beispielsweise standen 844 Feldgeschütze gegen 468 deutsche im Feuer. Das französische Feldgeschütz aber war dem deutschen an Tragweite sehr bedeutend überlegen, was doch nur zum Teil dadurch ausgeglichen werden konnte, daß die deutsche schwere Artillerie des Feldheeres der französischen ihrerseits überlegen war. Diese Überlegenheit der Feldartillerie mußte sich besonders dann fühlbar machen, wenn die Deutschen wie gewöhnlich zum Angriff schritten. Sie konnten schon auf Entfernungen unter Feuer genommen werden, auf denen die deutsche Artillerie überhaupt noch nicht zu wirken imstande war, und wurden daher vielfach zu Nachtangriffen gezwungen, um die französische Artillerie auszuschalten. Alles in allem genommen wird man gewiß nicht zu hoch greifen, wenn man eine vielfache Überlegenheit der Franzosen annimmt [1]). Damit geschieht ihnen gewiß kein Unrecht. Man kann es ihnen nur zum höchsten Ruhme anrechnen, wenn sie auf dem Entscheidungsfelde möglichst stark erschienen, wenn sie alle Kräfte zusammennahmen, um trotz aller bisherigen Niederlagen das Schicksal dennoch zu ihren Gunsten zu wenden. Wenn die Deutschen trotz alledem den ihnen gebotenen Kampf in der Weise, wie es geschehen ist, annahmen, so zeigt das einesteils freilich, daß sie die Gesamtlage durchaus falsch beurteilten, andererseits aber läßt es erkennen, welches Gefühl der Überlegenheit sie beseelte, als sie endlich wieder auf den Feind stießen, der sich ihnen nach den Anfangsschlachten entzogen hatte. Der Verlauf der Schlacht aber läßt erkennen, daß dieses Gefühl ein berechtigtes war. Hat doch nicht viel gefehlt, daß die Tapferkeit der deutschen Truppen den strategisch höchst ungünstig eingeleiteten Kampf trotz der feindlichen Überlegenheit zu einem Siege gestaltete.

Trotz alledem wäre es meiner Ansicht nach angezeigt gewesen, eine Ruhepause einzulegen, bevor man zu der großen Entscheidung des Feldzuges schritt. Man hätte dann allerdings von den Feinden zunächst abgelassen und diesen eine erhöhte Möglichkeit gegeben, ihre Schlagfähigkeit nach dem unglücklichen Feldzugsbeginn wieder herzustellen; selbst aber hätte man bei der bestehenden großen Überlegenheit der deutschen Truppen in noch viel höherem Grade gewonnen.

---

[1]) General Baumgarten-Crusius berechnet eine sechsfache Überlegenheit der französischen Infanterie und eine solche von mehreren 100 Geschützen für die Feldartillerie. Ich bin geneigt, seine Berechnung für einigermaßen richtig zu halten.

Auch mußte man sich darüber klar sein, daß es von der höchsten Wichtigkeit war, den rechten Flügel sehr wesentlich zu verstärken. Hierzu auch hätte eine Ruhepause ausgenutzt werden können. Neue Truppen vom linken Flügel mit der Bahn und infolgedessen über Belgien heranzuziehen, da eine andere Bahnverbindung nicht bestand, war allerdings unter den obwaltenden Umständen unmöglich, weil viel zu spät. Wohl aber hätte man, wie mir scheinen will, durch Rechtsschiebung der ganzen Armee den gleichen Zweck in wenigen Tagen erreichen können. Die 6. Armee hätte dann die Umschließung von Verdun übernehmen können, und eine ganze Armee wäre frei geworden, um dem rechten Flügel als Staffel zu folgen. Allerdings hätte man sich dann entschließen müssen, das Elsaß unter Umständen prieszugeben und den linken Heeresflügel durch Behauptung des Donon, der Breuschlinie und der Befestigungen des Rheinstromes zu sichern. Zu so hohen Feldherrngedanken vermochte sich die Oberste Heeresleitung aber nicht aufzuschwingen. Sie suchte einen anderen Ausweg, der leider unmögliche Operationen ins Auge faßte.

Die 1. Armee war, wie wir sahen, nach ihren Siegen gegen die Armee Maunoury stark rechts gestaffelt nach Süden weitermarschiert. Sie hatte Amiens vorübergehend besetzt und festgestellt, daß der Gegner in der Richtung auf Paris abgezogen sei. Nur noch zweimal, am 1. September bei Attichy und am 2. September bei Senlis und Creil war sie auf den Feind gestoßen und hatte ihn jedesmal in Unordnung zurückgeworfen. Dabei war die 56. Reservedivision festgestellt worden. In dem berechtigten Wunsche, die vor ihr zurückgehenden Engländer doch noch zu fassen, war sie mindestens um einen Tagesmarsch der 2. Armee vorgekommen und marschierte jetzt rechts vorwärts derselben unaufhaltsam dem Feinde nach, unter schwacher Sicherung gegen Paris.

Den 3. September sollten das IX. und III Armeekorps den Vormarsch auf Chateau Thierry richten, um den vor der 2. Armee dorthin zurückgehenden Feind in der Flanke zu fassen; die übrigen Korps sollten gestaffelt folgen, das IV. Reservekorps bis in die Gegend von Senlis. Das IX. Korps warf auch wirklich feindliche Nachhuten bei Chateau Thierry zurück. Da traf am 3. September von der Obersten Heeresleitung auf funkentelegraphischem Wege Befehl ein: „Absicht ist, Franzosen in südöstlicher Richtung von Paris abzudrängen. 1. Armee folgt gestaffelt der 2. und übernimmt weiterhin den Flankenschutz des Heeres."

Dieser Befehl stellt ein volles Aufgeben der bisherigen Absichten dar. Während bisher Paris das vorläufige Ziel aller Operationen war, ist nunmehr die Absicht, die Franzosen von Paris nach Südosten abzudrängen, Paris selbst aber nur zu beobachten und dagegen zu sichern. Zugleich war aber mit diesem Befehl der 1. Armee eine unmögliche Aufgabe gestellt. Ein Abdrängen des Feindes in südöstlicher Richtung war bei der dermaligen Stellung des Feindes nur möglich, wenn die 1. Armee dessen linken Flügel umfaßte und also vorwärts gestaffelt war, eine Sicherung gegen Paris nur, wenn sie rückwärts gestaffelt der 2. Armee folgte. Da jedoch die Oberste Heeresleitung ein Vorbrechen starker feindlicher Kräfte aus Paris nicht zu fürchten schien, entschied sich die 1. Armee dafür, nur den ersten Teil der höheren Weisung als maßgebend zu betrachten, nur schwache Truppen zur Sicherung gegen Paris stehen zu lassen, mit den übrigen Kräften der Armee aber sich gegen den linken Flügel des erkannten Feindes zu wenden. Sie glaubte sich zu solcher Auffassung um so mehr berechtigt, als die Amiens-Gruppe des Feindes für vollständig zersprengt galt, die Nachrichten, die man von der 2. Armee erhielt, durchaus günstig lauteten und die Oberste Heeresleitung selbst ihrer Ansicht dahin Ausdruck gegeben hatte, daß in Paris nur Territorialtruppen vorhanden seien. Die Ereignisse haben ihr unrecht gegeben.

Tatsächlich ist durch diesen Entschluß das spätere Abbrechen der Schlacht nötig geworden. Der Obersten Heeresleitung aber ist der Vorwurf nicht zu ersparen, daß sie im entscheidenden Augenblick die Herrschaft über die Armeen vollständig verloren und, in völliger Unkenntnis über die Lage, Dinge befohlen hat, die überhaupt nicht durchzuführen waren. Sie war am 30. von Koblenz, wo sie bis dahin geblieben war, nach Luxemburg gegangen, also noch weit zurück hinter den Truppen. Da außerdem die Verbindung mit den Armeen äußerst mangelhaft war — mehrere Befehle haben die 1. Armee gar nicht erreicht —, hätte sie zweifellos in diesem alles entscheidenden Augenblick näher heran sein müssen. Es war ihre Pflicht, für eine zuverlässige und rasche Verbindung zu sorgen. Dann hätte sie auch zweckmäßiger befehlen können.

Die 1. Armee setzte also ihren dem Gesamtheere vorgestaffelten Vormarsch am 4. und trotz mittlerweile erhaltener anderweitiger Befehle auch am 5. September im Einverständnis mit einem Offizier der Obersten Heeresleitung fort und erreichte die Linie Esternay—Sancy—Choisy—Coulommiers—Gegend östlich von Meaux. Das IV. Reservekorps, das durch die aus Brüssel nunmehr herangezogene Besatzungsbrigade demnächst verstärkt werden sollte, und die sehr geschwächte 4. Kavalleriedivision hatten östlich und nordöstlich Meaux, das II. Korps südlich der Marne gegen Paris zu decken, aus dem die Regierung am 4. September nach Bordeaux abgereist war. Das 2. Kavalleriekorps war auf Provins in Marsch gesetzt. Die 2. Armee aber rückte in die Linie Montmirail—Vertus vor, um der 3. Armee, die am 4. bei Chalons rastete, Zeit zu lassen, heranzukommen. Da traf bei der 1. Armee am 5. früh um 7 Uhr 15 Minuten, bei der 2. um 8 Uhr 30 Minuten folgender Funkspruch der Obersten Heeresleitung ein: „1. und 2. Armee verbleiben vor der Ostfront von Paris, 1. Armee zwischen Oise und Marne, Marneübergänge westlich Chateau Thierry besetzend; 2. Armee zwischen Marne und Seine, Seineübergänge zwischen Nogent und Mery einschließlich besetzend. 3. Armee hat Marschrichtung Troyes und östlich."

Dieser Befehl bedeutete eine neue Sinnesänderung der Obersten Heeresleitung. Während man bisher eine Einkesselung der Franzosen südöstlich von Paris geplant hatte, gab man jetzt diesen Gedanken vollständig auf, ja man verkehrte ihn in sein Gegenteil. Während man bisher eine fortgesetzte Offensive vom rechten Flügel aus vorgesehen hatte und dementsprechend die Truppen verteilt zu haben glaubte, entschloß man sich nunmehr, auf dem rechten Flügel in die Verteidigung überzugehen und vom linken aus zwischen Toul und

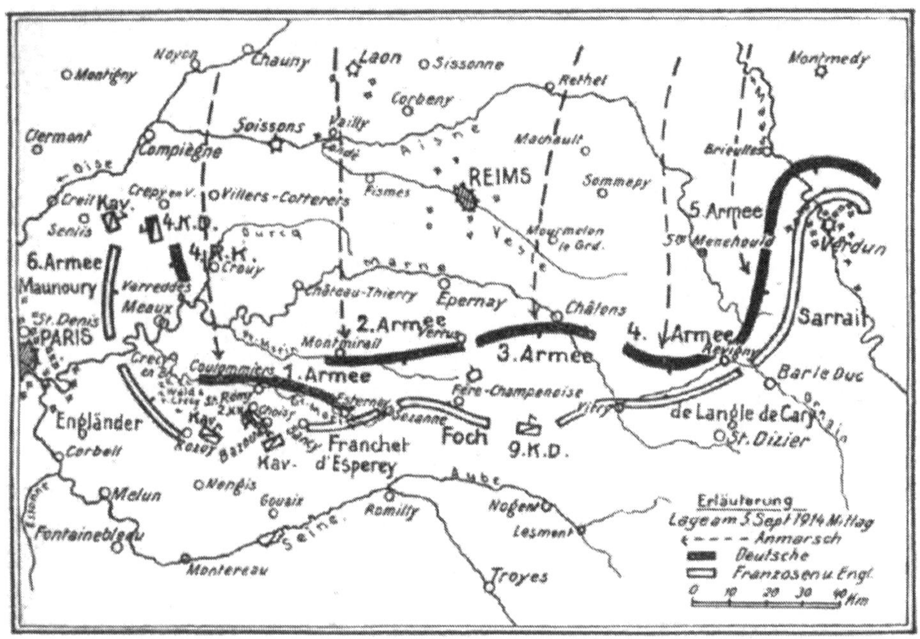

Karte 14. Die Lage vor der Marneschlacht.

Epinal anzugreifen, was niemals gelingen konnte. Auch war es gänzlich unmöglich, diesen Befehl auszuführen, weil sich die Verhältnisse ganz anders entwickelt hatten, als er voraussetzte. Der Versuch, ihn zu verwirklichen, würde alle Armeen in ganz unmögliche Lagen gebracht haben. Jedenfalls hätte er einen weiten Rückzug der 1. Armee bedingt. Man versteht so gar nicht, wie er überhaupt gegeben werden konnte. Gerade deswegen aber glaubte die 1. Armee ihre für den 5. September gegebenen Befehle noch ausführen zu können; nur das 2. Kavalleriekorps wurde in der Linie Rozoy—Bazoches angehalten. Erst am Abend dieses Tages wurde sie anderen Sinnes, als sie vom gerade anwesenden Oberstleutnant Hentsch, der der Obersten Heeresleitung angehörte, erfuhr, daß die 6. und 7. Armee nicht vorwärts kämen und der Gegner daher in der Lage sei, von seinem rechten Heeresflügel, der gesichert hinter seinen Sperrfesten stand, also von der 1. und 2. Armee, starke Kräfte zur Stütze seiner Hauptarmee heranzuziehen, und als gleichzeitig von Paris aus erhebliche Truppenmassen in die Erscheinung traten.

Französischerseits waren die Verhältnisse derart angeordnet, daß die Deutschen bei Paris und Verdun vorbeigehen mußten, wenn sie ihren Feind von neuem angreifen wollten, den Franzosen aber gerade dadurch die Möglichkeit einer doppelten Umfassung winkte, wenn die Deutschen wirklich in die ihnen gestellte Falle hineingingen. Vor allem auf dem linken französischen Flügel sollte sie sich geltend machen, wo nordöstlich der Hauptstadt unter dem Schutze der Forts die 6. Armee zum Angriff bereitgestellt und entsprechend verstärkt worden war. Die deutsche 1. Armee aber hatte bis zum 5. abends nur den einen Gedanken gehabt und seine Ausführbarkeit für möglich gehalten, dem Feinde an der Klinge zu bleiben und ihn zum Entscheidungskampf zu zwingen. Daß er sich von ihr loslöste und freiwillig zurückging, hätte sie freilich stutzig machen können; auch war es unzweifelhaft, daß die bei Amiens geschlagenen Truppen auf Paris zurückgegangen waren; sie hielt aber unentwegt an ihrem Vernichtungsgedanken fest und ließ vor Paris nur so viel stehen, als etwa genügt haben würde, um einen Ausfall der Besatzung zurückzuweisen.

Für die übrigen Armeen, abgesehen vom rechten Flügel der 2., brachten die neuen Weisungen des Armeeoberkommandos keinerlei Grund zum Haltenbleiben. Sie stürmten also weiter, um den so oft schon geschlagenen Feind endlich zur Entscheidung zu zwingen, und nur Teile der Kronprinzen-Armee schwenkten im weitern Vorgehen gegen Verdun ein, um den Vormarsch der Haupttruppe in der Flanke zu sichern. Ihr rechter Flügel ging in der Richtung auf Revigny vor, während der linke Flügel außer durch das V. Reservekorps demnächst auch durch die Armeeabteilung von Strantz, die aus dem V. Armeekorps und anderen an Ort und Stelle befindlichen Truppenteilen gebildet worden war, im Anschluß an die VI. Armee gesichert wurde. Der Abtransport dieses Korps nach dem Osten hatte sich mittlerweile als überflüssig herausgestellt.

Unter solchen Umständen stellte die 2. Armee, nachdem sie bis zum 4. die Verfolgung fortgesetzt hatte, den für den 5. vorgesehenen Vormarsch bis in die Linie Montmirail—Vertus ein, als sie die Weisung erhielt, daß die 2. Armee zwischen Marne und Seine zu verbleiben habe. Nur der linke Armeeflügel wurde bis Morains le Petit vorgenommen. Die 3. Armee gelangte unter fortwährenden heftigen Gefechten, wie wir sahen, bis Châlons sur Marne; die 4. Armee am 5. unter Vorhutgefechten bis in die Linie Vitry le François—St. Mard; die 5. Armee endlich kam am 4. September unter ständigen Kämpfen bis in den Raum von Triaucourt und stieß dort am 5. September auf heftigen Widerstand mehrerer Armeekorps.

Das etwa war die Lage der Deutschen, kurz vordem sie mit den ebenfalls zum Angriff vorgehenden Franzosen zusammenstießen. Besonders die 1. Armee, die nur ganz schwache Kräfte vor Paris hatte stehen lassen, schien Flanke und Rücken dem französischen Angriff preiszugeben und rücksichtslos ins Verderben zu rennen. Diesen Umstand, der nicht glücklicher hätte sein können, wollte Joffre benutzen und befahl daher, wie wir sahen, für den 6. den allgemeinen Gegenangriff. Am 5. sollte er vorbereitet werden, am 6. sollte alles den Vormarsch antreten. Aus der Linie Nanteuil—der Gegend östlich Meaux—Coulommiers—Sézanne—Vitry le François—Revigny—Verdun sollten die Armeen vorbrechen. Alles schien den Deutschen Verderben zu drohen, und dieses Schicksal schien um so sicherer, als die Oberste Heeresleitung die Herrschaft über die Armeen völlig aus der Hand verloren hatte, was die Franzosen allerdings nicht wußten. Dennoch sollte die Tapferkeit der Deutschen, verbunden mit ihrer Manövrierfähigkeit, das Schicksal wenden.

Die deutsche Oberste Heeresleitung scheint allerdings keine genaue Kenntnis von dem Vorhandensein der 6. Armee gehabt zu haben, und wenn sie dennoch weitgehende Sicherungsmaßnahmen gegen Paris im letzten Augenblick für nötig hielt, so hatte sie diese ihre Ansicht doch in keiner Weise vor der 1. Armee begründet: diese selbst aber merkte nun bald, daß von dort aus nicht bloß ein Ausfall der Besatzung, sondern ein gewaltiger Angriff mit starken Kräften zu erwarten sei. Das IV. Reservekorps hatte durch kühnen und richtigen Entschluß die Lage geklärt. Schon am 5. September hatte sich unvorsichtigerweise die Armee Maunourys bemerkbar gemacht, als sie sich mit 5½ Infanteriedivisionen und einer Kavalleriedivision zum Angriff bereitstellte und gegen den Ourcq vorgehen wollte. Daraufhin war sie vom IV. Reservekorps, das die Lage vor Paris erkennen wollte, mit Erfolg angegriffen worden. Man hatte deutscherseits in siegreichem Kampfe gegen große Überlegenheit feindliche Kräfte festgestellt, die auf weit über ein Armeekorps und starke Kavallerie geschätzt wurden, und war dann vorsichtigerweise hinter den Thérouannebach zurückgegangen. Es war der Ehrentag des IV. Reservekorps, das festgestellt hatte, daß eine starke Armee von Paris aus gegen die offene Flanke der 1. deutschen Armee im Vorgehen sei, und dadurch erst die Möglichkeit schuf, rechtzeitig Gegenmaßregeln zu treffen. Da gleichzeitig Weisungen der Heeresleitung eingegangen waren, die erneut auf eine Sicherung gegen Paris zwischen Oise und Marne hinwiesen und die Bedrohung von dieser Festung aus sehr hoch einschätzten, hielt man es bei der 1. Armee doch für nötig, Schritte in diesem Sinne zu tun, und schuf dadurch die Möglichkeit, den französischerseits geplanten Vernichtungsstoß nicht nur abzuwehren, sondern sogar in einen Sieg zu verwandeln: freilich unter Preisgabe des eigenen linken und des rechten Flügels der 2. Armee.

Zunächst zwar hielt man bei der 1. Armee die Gefahr nicht für so dringend, als sie es in Wirklichkeit war, und rief nur das II. und IV. Korps gegen den Pariser Feind zurück; das III. und IX. Korps aber wurden der 2. Armee unterstellt, weil sie im Kampf nach Süden bleiben sollten. Bald aber sah man sich genötigt, diese Maßregel rückgängig zu machen und eine völlige Frontveränderung der 1. Armee vorzunehmen. Die Heereskavallerie sollte nunmehr die Lücke schließen, die infolge des Rechtsabmarsches der 1. Armee zwischen dieser und der 2. entstehen mußte.

Am 6. focht zunächst das IV. Reservekorps ohne die von Brüssel heranmarschierende Brigade allein mit der 4. Kavalleriedivision gegen eine vielfache Übermacht. Maunoury griff mit einer Division südlich, mit zwei Korps nördlich der Marne an, ohne etwas erreichen zu können, während seine Kavallerie den Gegner nördlich zu umfassen suchte. Dann aber wurde das IV. Reservekorps durch das II. Armeekorps unterstützt, das mit je einer Division auf seinen beiden Flügeln eingriff, den Kampf wieder herstellte und sogar mit seinem linken Flügel den Feind bei Vareddes energisch zurückwarf. Rechts vom II. griff am 7. früh auch das IV. Korps ein. Es war mit der Kavallerie des Generals von der Marwitz im siegreichen Vorgehen auf Provins, als der Befehl zum Zurückgehen es erreichte. Dennoch legte es die 60 km weite Strecke über Coulommiers—La Ferté sous Jouarre—Crouy und Etavigny zurück, ohne an seiner Gefechtskraft einzubüßen und konnte am 7. früh mit unaufhaltsamem Schwung in das Gefecht eingreifen. Doch auch das genügte nicht, um des Feindes Herr zu werden. Schon am 7. erhielten daher das III. und IX. Korps, die in der Linie Esternay—Courtacon mit dem linken Flügel der 5. französischen Armee in siegreichem Gefecht standen, den Befehl, zur 1. Armee zurückzukehren. Die 5. Division wurde auf dem linken Flügel der Armee bereitgestellt, wo der Feind besonders drängte; die 6. marschierte weiter, um mit dem IX. Korps gemeinsam anzugreifen. Dieses gab eine Brigade mit Artillerie an die Kavallerie des Generals von Marwitz ab, die nach Montreuil aux lions gelangte, und marschierte dann weiter nach dem rechten Flügel. In Erwartung dieser Verstärkung gelang es den 8. September siegreich zu überdauern. Den 9. sollte die Entscheidung fallen. Man war bei der 1. Armee der Ansicht, daß ein glücklicher Ausgang der Schlacht nur herbeigeführt werden könne, wenn es gelänge, die aus Paris hervorgebrochenen Kräfte entscheidend zu schlagen. Man wollte daher am 9. früh mit dem IX. Korps und der 6. Division umfassend angreifen, während man die Brigade Lepel des IV. Reservekorps, die endlich aus Brüssel herangekommen war, die ebenfalls herangekommene 10. Landwehrbrigade und eine Abteilung bisheriger Etappentruppen unter Oberst von der Schulenburg in den Rücken des Feindes auf Baron vortreiben wollte. Zugleich sollte die 4. Kavalleriedivision die rechte Flanke decken; das 2. Kavalleriekorps aber mit den zugehörigen Jägerbataillonen, die 5. Infanteriedivision, die verstärkte Brigade des IX. Korps bei Montreuil aux lions, und das 1. Kavalleriekorps mit seinen Jägerbataillonen sollten die Engländer an der Marne aufhalten und die Lücke zwischen den Armeen schließen. Hier lag jetzt die Entscheidung, und mannhaft hat die Heereskavallerie versucht, die englischen Massen aufzuhalten.

Diese hatten am 6. die von Joffre vorgeschriebene Linie überhaupt nicht erreicht und gingen überhaupt nur sehr vorsichtig und zögernd vor, so daß die deutsche Heereskavallerie in der Nacht vom 6. zum 7. in der Linie St. Augustin—St. Pierre—Beton-Bazoches und Leudon nächtigen konnten. Am nächsten Tage ging sie auch nur langsam unter zahlreichen schneidigen Nachhutgefechten zurück, so daß die vier Divisionen der Heereskavallerie abends in der Linie Tancrou—La Ferté sous Jouarre—Orly—Boitron an der Marne und am Petit Morin standen.

In dieser Linie wies das 2. Kavalleriekorps am 8. September alle Angriffe ab; weniger glücklich aber focht das 1. Kavalleriekorps trotz hingebendster Tapferkeit. Auch waren die Marnebrücken hier nicht gesprengt, und die 2. Armee tat nichts, um ihren rechten Flügel zu stützen. Nach heftigem Kampf ging die Garde-Kavalleriedivision hinter den Dollau-Abschnitt und hielt bei Fontenelle Verbindung mit dem rechten Flügel der 2. Armee, die 5. Kavalleriedivision aber ging nach Marigny nördlich der Marne zurück. Die Engländer, die nur langsam folgten, waren endlich mit ihren Massen herangekommen und hatten die Lücke zwischen beiden Armeen aufgerissen.

Die Franzosen hatten mittlerweile das möglichste getan, um ihre 6. Armee zu verstärken. Das IV. Korps von der Armee Sarrails war vom 3. bis 7. September nach Paris und unmittelbar auf das Schlachtfeld herangezogen worden: die 8. Division zur Verbindung mit den Engländern auf den rechten, die 7. auf den linken Flügel der 6. Armee. Gallieni hatte die 61. und 62. Reservedivision und verschiedene Truppen der Besatzung von Paris verfügbar gemacht. Mit allen Mitteln wurden die Truppen auf das Entscheidungsfeld geschafft. Selbst 1300 Pariser Kraftdroschken wurden am 8. September zu diesem Zweck herangezogen. Aber alles war umsonst: Der Offensivgeist war in den Truppen Maunourys nach ihren ersten schweren Mißerfolgen bei Amiens nicht wieder lebendig zu machen, und als am 9. früh die Deutschen in der geplanten Weise angriffen, waren sie auf der ganzen Linie siegreich. Ebenso fochten sie erfolgreich bei Montreuil aux lions. Die Engländer wurden abermals ohne Schwierigkeit zurückgeworfen; die 5. Division brauchte nicht einmal eingesetzt zu werden.

Mit dem Vorgehen der Engländer über die Marne westlich des

Dollau-Abschnittes und dem Zurückhalten des rechten Flügels der 2. Armee war aber die Lage kritisch geworden. Die Operationen der 1. Armee waren im Zusammenhange des Gesamtheeres nicht mehr von ihr allein abhängig, sondern der rechte Flügel der 2. Armee war für sie mit entscheidend.

Schon am 6. September waren das III. und IX. Korps sowie der rechte Flügel der 2. Armee in der Linie Courtacon—Esternay von dem linken Flügel der 5. französischen Armee mit überlegenen Kräften angegriffen worden. Sie hatten sich behauptet. Die Franzosen hatten es nicht gewagt, den Grand Morin zu überschreiten. Als dann aber am 7. September erst das III. Korps, dann auch das IX., das zunächst am Dollau-Abschnitt noch aufgehalten worden war, zurückgehen und den Rechtsabmarsch der 1. Armee mitmachen mußten, hatte auch der rechte Flügel der 2. Armee zurückgenommen werden müssen, und es war eine Lücke von etwa 35 km zwischen der 1. und 2. Armee aufgesprungen, die nur von der Heereskavallerie gedeckt war. Zunächst war noch Montmirail gehalten und das IX. Korps, wie gesagt, am Dollau-Abschnitt festgehalten worden. Als aber auch dieses nach Norden hatte abmarschieren müssen, war die 13. Division ohne eine Brigade, die scheinbar zu Etappenzwecken zurückgeblieben war, hinter dem rechten Flügel der Armee, der immer noch Montmirail festhielt, gestaffelt worden, während die 14. Division schon früher weiter links hatte verwendet werden müssen. So hing der linke Flügel der Heereskavallerie am 8. September in der Luft und wurde teils an den Dollau-Abschnitt, teils über die Marne zurückgeworfen. Die Engländer waren allmählich vorgekommen.

Der Übergang der Engländer über die Marne konnte allerdings am 8. früh nicht vorausgesehen werden; aber auch ohnedem waren die Verhältnisse äußerst kritisch, weil das Vorgehen der englischen Massen doch auf alle Fälle berücksichtigt werden mußte; trotzdem wurde von der 2. Armee auch für den 8. eine Offensive vom linken Flügel der Armee aus befohlen, weil die allgemeine Tendenz dahin ging, zwischen Marne und Seine Front gegen Paris zu nehmen, wie es die Oberste Heeresleitung befohlen hatte, und weil man hoffte, daß die 1. Armee zurückgehen werde, um die zwischen der 2. und 1. Armee entstandene Lücke zu schließen.

So entstand ein zwiespältiges Handeln.

Die 2. Armee griff von ihrem linken Flügel aus an, weil sie im Sinne des letzten Heeresbefehls rechts schwenken und zwischen Marne und Seine die Front gegen Paris nehmen wollte. Sie schwächte daher ihren rechten Flügel. Die 1. aber dachte nur daran, den aus Paris vorgebrochenen Feind zu schlagen, und tat unter dem Zwange der Verhältnisse nur das Notdürftigste, um die Lücke zwischen beiden Armeen zu schließen. Die Oberste Heeresleitung aber tat nichts, um die beiden verschiedenen Standpunkte zu vereinigen.

Man kann sich des Eindrucks nicht erwehren, daß die Engländer noch einige Zeit hätten aufgehalten und dann die Schlacht hätte gewonnen werden können, wenn die 2. Armee, statt von ihrem linken Flügel aus fortgesetzt offensiv zu werden, ihren rechten verstärkt und mit ihm gegen die Flanke der Engländer und Franzosen zum Angriff vorgebrochen wäre. Die Engländer hätten es dann schwerlich gewagt, über die Marne vorzustoßen. Zu einem solchen Angriff aber war die 2. Armee durchaus befähigt; man muß nur bedenken, wie leicht Marwitz die minderwertigen Engländer schlug, daß der rechte deutsche Flügel der 2. Armee am 9. überhaupt nicht angegriffen wurde und daß die Franzosen ihr I. Armeekorps vom linken auf den rechten Flügel der 5. Armee gezogen hatten, um den dortigen Angriffen Widerstand leisten zu können. Beides geschah aber nicht. Die 2. Armee blieb bei ihrer Auffassung der Lage, die ja durch den letzten Heeresbefehl gerechtfertigt war, und tat nichts für ihren rechten Flügel.

Dieser mußte nun, um nicht umgangen zu werden, in die Linie Margny—Le Thoult zurückgenommen werden; aber auch für diesen Tag — den 9. September — war noch die aussichtsreiche Offensive am linken Flügel befohlen worden; der Mt. Août wurde geräumt gefunden und besetzt, und erst als die Nachricht einging, daß die 1. Armee immer noch am westlichen Ufer des Ourcq in blutigem Kampfe stände, die Engländer mit immer stärkeren Massen an und über die Marne vorgingen und auch der linke Flügel der 5. französischen Armee sich immer entscheidender geltend machte, wurde im Einverständnis mit dem Oberstleutnant Hentsch, der von der Obersten Heeresleitung herbeigeeilt war, um Einheitlichkeit in die Operationen zu bringen, der Rückzug beschlossen, der allerdings unvermeidlich geworden zu sein schien.

Infolgedessen trat die 2. Armee, nachdem der Feind am linken Flügel und in der Mitte überall geworfen worden war, in den Nachmittagsstunden des 9. September den Rückzug an, der dem deutschen Volke zum Verderben werden sollte. Der Sieg aber ist den Deutschen nur entgangen infolge des inneren Widerspruchs in den Maßnahmen der 1. und 2. Armee: der Offensive der ersteren auf dem rechten, der 2. auf dem linken Flügel. Beide wollten die Weisungen der Obersten Heeresleitung rücksichtslos befolgen; diese den Feind aus Paris offensiv zurückwerfen, jene zwischen Marne und Seine Stellung nehmen und durch die Offensive ihres linken Flügels das Vorgehen der 3. Armee vorbereiten, das seinerseits den Durchbruch der 6. und 7. Armee über die Mosel erleichtern sollte.

Den Befehl zum Rückzug erhielt im Namen der Obersten Heeresleitung von Oberstleutnant Hentsch auch die 1. Armee.

Diese hatte um 11 Uhr 30 Minuten, während der rechte Flügel in energischer Offensive blieb, auf die Nachricht hin, daß die Engländer die Marne überschritten hätten, den Befehl erteilt, daß der linke Flügel über May en Multien nach Coulombs zurückgebogen werden, während die Brigade des IX. Korps den Feind angreifen und die 5. Division auf Dhuisy vorgehen sollte. Wir haben schon

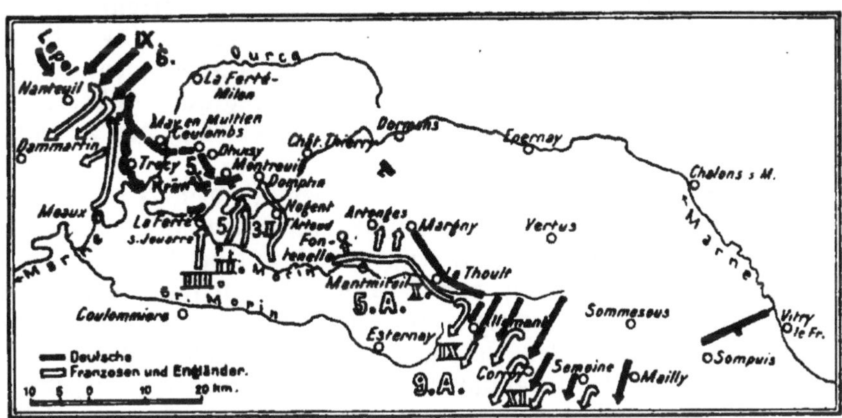

Karte 15. Die Lage am 9. September 1914 (nach v. Kuhl).

gesehen, daß dieser Angriff durchaus erfolgreich war, selbst ohne daß die 5. Division eingesetzt wurde. Aus der Front folgte der Feind der rückwärtigen Bewegung der Deutschen überhaupt nicht, ihr rechter Flügel aber, der mit seinen äußersten Truppen sogar in den Rücken der Franzosen vorstieß, war überall in siegreichem Vorgehen. Dennoch mußte zurückgegangen werden, da die 2. Armee den Rückzug bereits angetreten hatte. Die 1. Armee traf demnach die entsprechenden Anordnungen, die außerordentlich schwierig waren, weil die Trains und Kolonnen von der Heeresleitung selbst derart bewegt werden mußten, daß eine Verstopfung der Straßen vermieden werde.

Ob Oberstleutnant Hentsch sachlich berechtigt war, den Rückzug zu befehlen: diese Frage wage ich nicht zu entscheiden. Er selbst hat jedenfalls geglaubt, richtig zu handeln.

Sieben schwache preußische Divisionen des rechten Flügels der 2. deutschen Armee haben gegen vierzehn französische gefochten, deren jede etwa doppelt so stark war, wie eine preußische. Die 13. Division war nach den Äußerungen des Oberstleutnants sogar geschlagen, was bei der gewaltigen Übermacht des Feindes gewiß nicht zu verwundern wäre, aber tatsächlich nicht der Fall war; ja der Oberstleutnant hielt die ganze 2. Armee nur noch für „Schlacke". Neuere Untersuchungen haben das Gegenteil bewiesen und werden durch die späteren Leistungen der Armee bestätigt. Auch stand am 9. früh die Masse der Engländer zum Übergang über die Marne bereit. Der Oberstleutnant sah daher von seinem Standpunkt aus keine Möglichkeit mehr, die entscheidende Lücke zwischen der 1. und 2. Armee zu schließen, obgleich 24 Stunden genügt hätten, um den Sieg der Deutschen zu entscheiden. Auf der anderen Seite ist zu beachten, daß der rechte Flügel der

2. Armee am 9. September überhaupt nicht angegriffen worden ist, daß der linke durchaus siegreich focht und kein erkennbarer Grund vorliegt, weshalb der rechte Flügel nicht hätte aus dem linken verstärkt werden können. Ein unmittelbarer taktischer Grund zum Rückzuge lag jedenfalls nicht vor, und der englische Führer, General French, hat selbst die Ansicht ausgesprochen, daß die Deutschen mit Überlegung abgezogen seien.

Trotzdem hat Oberstleutnant Hentsch den Mut gehabt, den Rückzug bei der 2. Armee zu billigen, ohne den Zustand der 1. Armee aus eigener Anschauung zu kennen, und ihn bei der 1. Armee zu befehlen, obgleich er hier den Sieg vor Augen sah. Formell war er zweifellos dazu berechtigt. Vielleicht aber wäre es richtiger gewesen, alles an alles zu setzen und die Marne trotz allem, wenn auch im Angriff, zu behaupten. Dazu aber reichte die eigene Zuversicht offenbar nicht aus, und so entschloß man sich zum Rückzug.

Man mag nun über diese Frage denken wie man will: darüber jedoch kann man sich keinen Augenblick im Zweifel sein, daß mit dem Befehl zum Rückzuge eine weltgeschichtliche Entscheidung getroffen wurde.

Der am 9. gegebene Befehl hat die bisher stets siegreichen deutschen Armeen in neue Bahnen gelenkt, die Deutschlands Söhne in einem neuen, wenn auch nicht weniger glänzendem Lichte zeigen sollte. Die Entscheidungsschlacht wurde abgebrochen und damit die Entscheidung selbst hinausgeschoben. Waren die deutschen Armeekorps bisher stets siegreich vorgedrungen und konnten hoffen, unter den Mauern der feindlichen Hauptstadt den Krieg mit einem gewaltigen Schlage wenigstens zu einem gewissen Abschluß zu bringen, um sich dann mit ganzer Kraft gegen Rußland zurückzuwenden, wie es ihr Kriegsplan wollte, so mußten sie jetzt einem neuen Feldzuge entgegensehen, in dem man gegen Rußland und Frankreich zugleich Front machen mußte, zu einem Kriege, in dem auch die Engländer ein gewaltiges Wort mitzusprechen haben würden.

Niemand konnte für seine Führung einen festen Plan machen. Männer waren nötig, die den Augenblick zu nutzen verstanden. Die neue Lage barg unendlich viele Möglichkeiten.

Der Rückzug sollte zunächst mit dem rechten Flügel hinter die Aisne gehen, dort hoffte man mit Erfolg wieder Front machen zu können. Der linke Flügel — die 4. und 5. Armee — aber sollte in seiner vorgeschobenen Stellung zunächst festgehalten werden und sogar die Offensive, wenn möglich, wieder ergreifen. Das stellte sich aber bald als unmöglich heraus. Der linke Flügel mußte begreiflicherweise zurückgehen, weil sich der rechte nicht behaupten konnte, wenn er auch selbst bisher siegreich gefochten hatte. Er wäre sonst von allen Seiten umfaßt worden.

Bei dem ebenfalls von Verdun aus umfaßten äußersten linken Flügel des deutschen Angriffsheeres, bei der 5. Armee, war die Angriffsbewegung trotz der ungeheuren Schwierigkeit der Aufgabe nirgends zum Stillstand gekommen. Die Argonnen waren siegreich durchschritten, alle Vorstöße aus Verdun waren mit Erfolg zurückgewiesen worden; Revigny war erreicht, und noch für den Abend des 9. September war ein gemeinsamer Angriff mit der 4. Armee in der Richtung auf Bar le Duc verabredet worden. Auch bei dieser war die taktische Lage durchaus zufriedenstellend. Sie war siegreich bis an den Ornain und darüber hinaus vorgedrungen, hatte Vitry le François besetzt und, wie wir sahen, für den 9. abends einen Angriff mit der 5. Armee verabredet, der allerdings auf Befehl der Obersten Heeresleitung unterblieb. Sie hatte alle Aussicht, auch weiterhin erfolgreich zu kämpfen. Für die mißliche Lage der Franzosen auf diesem Heeresflügel spricht allein schon der Umstand, daß das XV. und das XXI. Armeekorps vom rechten Heeresflügel mit der Bahn herangeführt worden waren, um die 3. und 4. Armee in ihrer Not zu stützen.

Vorzüglich aber war die Lage bei der 3. deutschen Armee. Sie focht allerdings in zwei Gruppen im Anschluß an die 2. und die 4. Armee, aber sie war — verstärkt durch die 24. Reservedivision, die von dem eroberten Givet herangekommen war — siegreich vorgedrungen und hatte besonders mit ihrer rechten Flügelgruppe im Verein mit der 2. die französische 9. Armee energisch über den Haufen geworfen und einen Durchbruch durch die Mitte des Feindes in der Richtung auf Mailly, wo eine bedeutende Lücke der französischen Heeresfront klaffte, vorbereitet. Sein Gelingen war allem Anschein nach nur noch eine Frage der Zeit.

So war die Lage der ganzen Armee, außer auf dem rechten Flügel der 2., eine durchaus günstige, als der Kampf abgebrochen wurde und die 2. Armee mit der zugehörigen Heereskavallerie über Dormans und Damery, die 1. über den Wald von Villers Cotterets zurückging.

Der Feind wagte zunächst gar nicht zu folgen, besonders auf den Flügeln, wo er ganz niedergekämpft war. Nur die 5. und 9. Armee drängten den abziehenden Deutschen nach. Sehr bald aber bemächtigte sich des feindlichen Heeres einschließlich der Leitung ein wahrer Siegestaumel. Man glaubte, daß die Deutschen geschlagen seien, obgleich sie im wesentlichen freiwillig zurückgingen, weil sie in eine ungünstige strategische Lage geraten waren. Man rechnete darauf, mindestens bis an die Maas in glänzender Verfolgung marschieren zu können. Das ganze Land richtete sich an der vermeintlich siegreichen Marneschlacht wieder auf. Ein neuer Siegeswillen erfüllte alle Herzen. Man kann den moralischen Einfluß des großen Kampfes fast nicht hoch genug einschätzen. Destomehr aber muß man die Verantwortungsfreudigkeit dessen bewundern, der trotz allem, was dagegen sprach, den Befehl zu diesem Rückzug erlassen hat — wenn er sich überhaupt seiner Tragweite bewußt gewesen ist und ihn sachlich für unvermeidlich hielt.

Als er am 9. September gegeben wurde, hatte die siegreiche 1. Armee sofort den Kampf abgebrochen und war, ohne vom Feinde belästigt zu werden, in die Linie Crépy en Valois—La Ferté Milon—Oberlauf des Ourcq zurückgegangen. Auch die 2. Armee ging — mit dem rechten Flügel über Jaulgonne — hinter die Marne zurück und ließ auf dem Südufer nur bei Flavigny eine Nachhut stehen, um den rechten Flügel der 3. Armee zu schützen. Dagegen gruppierte sich die 3. Armee südlich Châlons zu neuer Offensive, und die 4. und 5. gingen am 9. überhaupt nicht zurück, sondern planten — wie wir sahen — noch einen nächtlichen Angriff. Den 10. verschwand die 1. Armee in den Waldungen von Villers-Cotterêts, die 2. setzte ihren Rückmarsch fort, die 3. blieb im wesentlichen stehen, die 4. griff sogar mit ihrem rechten Flügel noch erfolgreich an, und auch die 5. machte siegreiche Teilangriffe. Erst am 11. setzte die allgemeine Rückzugsbewegung des linken deutschen Flügels ein. Man scheint bei der Obersten Heeresleitung sogar die Wegnahme von Verdun ins Auge gefaßt zu haben, um so wenigstens einen gewissen Gewinn aus der siegreichen Feldzugseröffnung ziehen zu können; sehr bald aber erwies es sich, wie schon gesagt, als unmöglich, den Rückzug des rechten Flügels mit dem Festhalten des linken zu vereinigen: auch dieser mußte zurückgenommen werden.

Der Feind aber folgte auch auf dem rechten deutschen Flügel noch immer nicht energisch. Unbehelligt konnten die 1. und 2. Armee ihre Kampfkraft von neuem ordnen und nahmen erst am 12. September ihre endgültige Stellung hinter der Aisne und bei Reims ein. Hier klaffte noch immer eine gewaltige Lücke von 25 km zwischen der 1. und 2. Armee. Die 3. ging erst am 11. über die Marne zurück, die 4. löste sich an eben diesem Tage vom Feinde, und die 5. zog sich erst am 12. beginnend langsam zurück. Erst am 12. wich die 3. Armee noch weiter, um erst am 13. ihre endgültige Aufstellung auf den Höhen von Prosnes und Souain zu erreichen, während die 4. Armee am 12. in die Linie Suippes—St. Ménehould gelangte, um am 13. ihre eigentliche Stellung Souain—Binarville einzunehmen, die 5. aber so langsam durch die Argonnen zurückwich, daß sie erst am 15. in der für sie ausersehenen Stellung Binarville—Montfaucon ankam, um bei Consenvoye den Kräften der eigenen Armee die Hand zu reichen, die die Festung Verdun auf dem rechten Maasufer umschlossen. Da sich im Rückzuge der Raum verengerte, wurde zugleich angeordnet, daß die 3., 4. und 5. Armee je ein Armeekorps abgeben sollten, um den rechten Flügel des Heeres zu verlängern.

Zwei von ihnen sind wirklich abmarschiert und haben zu ihrem Teil mitgewirkt, die Krisis an der Aisne siegreich zu überwinden; das dritte wurde der 5. Armee belassen.

Der Feind folgte dem linken Flügel der Deutschen erst am 14. September. Unterdessen waren die rechtsufrigen Forts von Verdun, Troyon und les Paroches, ergebnislos, weil mit zu schwachen artilleristischen Mitteln, angegriffen worden; es war ein Ausfall aus Toul am 9. September siegreich abgewiesen und die Verbindung mit dem rechten Flügel der 6. Armee hergestellt worden. Es war im wesentlichen das V. Korps, das hier gefochten hatte. Nachdem, wie schon erzählt, sein Abtransport nach dem Osten bei Metz aufgehalten worden war, hatte es den Kern einer eigenen Armeeabteilung am linken Flügel der 5. Armee gebildet. Es gehörten zu ihr zunächst außer dem V. preußischen das XIV. und das III. bayerische Armeekorps, sowie aus der Kriegsbesatzung von Metz die 33. Reservedivision und die Landwehrdivision Waldow. An Stelle des XIV. Korps traten — wie schon jetzt erwähnt sei — Ende September die Gardeersatz-, 8. und 10. Ersatzdivision, die, soweit sie auf dem linken Moselufer standen, etwa bis zum 20. Dezember dem General von Falkenhausen unterstellt blieben.

Die 6. Armee ihrerseits hatte bisher vergeblich versucht, über die Mosel bei Charmes vorzudringen; sie hatte am 4. September den Angriff auf die Höhenstellung bei Nanzig eingeleitet, war aber dann trotz großer Artilleriekonzentration wegen immer noch mangelnder Angriffsmittel, wie wir wissen, nicht recht vorwärts gekommen. Einen Gegenangriff der Franzosen hatte sie mit dem III. bayerischen Armeekorps seinerzeit zurückgeschlagen. Auch war der Kommandeur der bisherigen 7. Armee beauftragt worden, bei St. Quentin eine neue 7. Armee zu bilden, die aus dem VII. Reservekorps, das von Maubeuge kam, dem XV. und dem IX. Reservekorps bestehen sollte und den Auftrag hatte, der Hauptarmee als rechte Flügelstaffel zu folgen. Die 6. Armee hatte den Befehl über die bisherige 7. vorläufig übernommen. Dann wurde am 8. September das Herausziehen des I. bayerischen Korps zum Abtransport nach dem Norden angeordnet. Es folgte die Rückwärtsbewegung des ganzen linken Heeresflügels. Hierbei mußte die 6. Armee, wie wir sehen werden, ihre meisten Truppen nach Norden abgeben; ihr Führer ging selbst auf einen anderen Teil des Kriegsschauplatzes. Der Rest der Truppen aber ging auf die Landesgrenzen von Elsaß-Lothringen zurück. Thann, Maasmünster und Dammerkirch fielen wieder in französischen Besitz. Doch vermochten auch die Franzosen hier nicht weiter vorzugehen, weil sie ihrerseits die Hauptkräfte ihrer 1. und 2. Armee nach Norden geworfen hatten, um die Truppen, die an der Marneschlacht beteiligt waren, unmittelbar zu stützen, und später noch weitere folgen ließen, um die Umfassung des rechten deutschen Flügels möglich zu machen.

So vollzog sich der allgemeine deutsche Rückzug in vorbildlicher Ruhe, und es wurden alle Maßregeln getroffen, um an der Aisne erfolgreich Widerstand leisten zu können. Die Franzosen aber, nachdem sie sich ihres Erfolges überhaupt bewußt geworden waren, warteten die Ankunft des XIII. Korps, das von der Armee Dubail zur Verstärkung des linken Flügels im Antransport war, überhaupt nicht ab, sondern schritten schon am 12. September umfassend zum Angriff auf den rechten Flügel der Deutschen. Sie waren in der Marneschlacht bereits zum Rückzug entschlossen gewesen, schon weil sie keine Artilleriemunition mehr hatten, und hatten den betreffenden Befehl am 9. September bereits entworfen. Jetzt aber hielten sie jede weitere Vorsicht für überflüssig. Ja sie wollten, wie es scheint, auch die Verbindungen der Deutschen unterbrechen und sich der belgischen Bahnen bemeistern.

Am 9. September, als der allgemeine deutsche Rückzug bekannt wurde, brachen fünf belgische Divisionen aus Antwerpen vor und warfen sich überraschend auf die Deutschen. Sie waren auch nicht ganz ohne Erfolg. Das XV. Armeekorps, das über Belgien heraneilte, mußte zum Teil ausgeladen werden. Auf persönliche Veranlassung des Etappenkommandeurs von Tirlemont, des Majors von Veltheim, wurde es angehalten und nahm mit einigen Kräften, die der Major selbst vorführte, an der Bekämpfung der Belgier teil. Diese konnten denn auch nur anfangs Vorteile erringen, wurden dann aber in die Festung zurückgeworfen und waren am 13. wieder unter dem Schutz der Festungswerke, ohne Wesentliches erreicht zu haben.

Nicht viel besser aber ging es den Franzosen selbst, als sie am 12. September siegesbewußt angriffen. Sie glaubten nur Nachhuten vor sich zu haben und stießen zu ihrem größten Erstaunen auf die ganze deutsche Armee, die ihren Angriff blutig zurückwies. So entwickelte sich aus diesen Kämpfen eine neue Schlacht, in der die französisch-englische Überlegenheit an Zahl und Kriegsgerät von neuem zur Geltung kam.

Der erste Kriegsplan der Deutschen hatte versagt. An der Marne war er durch eigene Schuld gescheitert. Jetzt galt es, nach beiden Seiten hin Front zu machen, und zwar in einem Augenblick, da die Österreicher bei Lemberg unglücklich fochten. Um so wichtiger war es, sich an der Aisne siegreich zu behaupten.

Die Schlacht an der Aisne und die Kämpfe südlich von Verdun.

Die strategische Lage der Deutschen war schwierig. Ihre Armee bildete hinter der Aisne noch keine geschlossene Schlachtlinie. Zwischen der 1. und 2. Armee klaffte — wie wir sahen — eine weite Lücke, die es noch immer nicht zu schließen gelungen war, obgleich die 1. Armee seit dem 10. September der 2. unterstellt war; ja Bülow vergrößerte sie noch mehr als nötig, da er in dem irrtümlichen Glauben, daß der Feind weiter östlich durchbrechen wolle, seine Armee nach links hin massierte. Der rechte Flügel des Heeres hing ganz in der Luft, wenn er auch an die Oise angelehnt, der rechte Flügel des

IX. Armeekorps, das hier den Flankenschutz hatte, zurückgebogen war, und Sicherheitstruppen über die Oise hinübergeworfen waren. Der linke Flügel war zunächst noch im Zurückgehen. An eine offensive Lösung der gegebenen Lage, die einen völligen Umschwung der Verhältnisse hätte herbeiführen können, und bei der inneren Überlegenheit der deutschen Truppen gegenüber den ganz erschöpften Franzosen und Engländern alle Aussicht auf Erfolg gehabt hätte, dachte leider kein Mensch. Die wesentlichste Hoffnung bestand vielmehr darin, daß das VII. Reserve- und das XV. Armeekorps rechtzeitig eintreffen würden, um die Schwächen der Schlachtordnung auszugleichen.

Das VII. Reservekorps hatte sich sofort nach der Wegnahme von Maubeuge in Marsch gesetzt. Diese war am 7. September erfolgt und hatte 45000 Gefangene mit vier Generalen und 409 Geschützen den Deutschen in die Hände geliefert. Auch die rückwärtigen Verbindungen waren durch den Fall der Festung wesentlich erleichtert worden. In Eilmärschen war dann das VII. Reservekorps herangekommen. Die Nachricht, daß es nicht darauf ankäme, den rechten Flügel der Armee zu stützen, sondern vor allem darauf, die Lücke zwischen der 1. und 2. Armee auszufüllen, hatte die neue 7. Armee, die am 11. September der 2. unterstellt wurde, noch rechtzeitig erreicht; sie konnte dem VII. Reservekorps noch die notwendigen Befehle geben und das XV. Korps, das ihm folgte, noch nach Laon dirigieren. Auch eine verstärkte Brigade der 13. Division und eine Landwehrbrigade konnten noch rechtzeitig heranbeordert werden. Aber das Schicksal stand auf des Messers Schneide.

Während auf dem linken Flügel des zurückgehenden Heeres sich Nachhutkämpfe abspielten, die durchweg für die Deutschen erfolgreich waren, und die Nachhuten der 2. Armee noch an der Vesle, von Fismes bis Prunay und Thuisy standen, wo sie an den rechten Flügel der 3. Armee anschlossen, griff der linke Flügel des französisch-englischen Heeres schon am 12. September, wie erzählt, energisch an, und wurde von der deutschen 1. Armee blutig abgewiesen. Die Armee Maunoury aber, die sich hauptsächlich gegen den rechten Flügel Klucks wendete und bei Carlepont die rechte Flanke der 1. Armee zu gewinnen suchte, blieb völlig erfolglos. Blutig wies das IX. Korps, das hier die Verteidigung führte, alle Anstürme ab, und auch die übrigen Korps blieben trotz aller Anstrengungen des Feindes unverrückt in ihren Stellungen. Die Armee focht mit Erfolg in einer Linie, die 45 km lang war.

Dagegen gelang es dem linken Flügel und der Mitte Franchet d'Espereys, die Nachhuten der 2. Armee an der Vesle zurückzuwerfen, worauf die Stadt Reims geräumt wurde und die 2. Armee eine Linie dicht südöstlich der Stadt besetzte, deren rechter Flügel sich an die Aisne lehnte; das VII. Korps bildete hier den Flügel der Armee. Die Franzosen aber setzten ihren Angriff fort und suchten nunmehr in die Lücke einzudringen, die sie zwischen der 1. und 2. Armee erkannt hatten.

Der 1. Armee gelang es dennoch auch am 13., sich zu behaupten. Sie dehnte sogar ihren linken Flügel bis Vailly aus. Anders aber sah es in der Mitte der Deutschen aus, wo nur ganz schwache Abteilungen die Verteidigung führten. Hier gelang es dem Feinde einzudringen. Er hatte offenbar die Absicht, sich zwischen die 1. und 2. Armee einzuschieben, ihre Trennung zu einer dauernden zu machen und alsdann die 1. Armee vollständig nach Westen abzudrängen. Auch kam er diesem Ziel sehr nahe. Mit Infanterie war er, wie wir sehen werden, schon bis Amifontaine, mit Kavallerie gar schon bis Sissone durchgebrochen, als er sich gezwungen sah, diese Truppen wieder zurückzunehmen.

Das XVIII. Korps Maud'huis, das den linken Flügel der französischen 5. Armee bildete, war entschlossen in die Lücke eingedrungen, die zwischen den beiden Flügelarmeen des deutschen Heeres klaffte, und ihm schlossen sich links die Engländer an. Ihr erstes Korps auf dem rechten Flügel focht an der Seite des Generals Maud'huis, die beiden andern Korps wandten sich mehr gegen den linken Flügel der 1. Armee, und es gelang ihrer schier erdrückenden Übermacht, auf den Höhen des rechten Aisneufers, wo das III. und II. Korps der 1. Armee fochten, Fuß zu fassen. Der Damenweg, der von Craonne in westlicher Richtung weiterführt, wurde von den Deutschen gehalten; er schien jedoch verloren, wenn keine Hilfe eintraf. Da kam das VII. Reservekorps auf dem Schlachtfelde an.

Vom 12. auf den 13. war es in einem Nachtmarsch herbeigeeilt: die letzten Kräfte von Mann und Pferd hatte es darangesetzt; jetzt kam es mit der 28. Reserveinfanteriebrigade gerade zur Entscheidung zurecht. Mit seiner Hilfe gelang es, den Damenweg zu behaupten. Es mußten aber die letzten Kräfte angespannt werden, um dieses Ziel zu erreichen und mit ihm die entscheidenden Höhen zu halten. Es gelang. Schon am Vormittag des 13. September war die englische Kavalleriedivision, als sie den Versuch gemacht hatte, in den Rücken der fechtenden deutschen Truppen vorzustoßen, von preußischer Artillerie geschlagen und zersprengt worden; jetzt klammerte sich die Infanterie des VII. Reservekorps an den entscheidenden Höhen fest, gegen die die Masse des XVIII. Korps und des I. Britenkorps heranflutete. Mit Menschenkräften mußten die Geschütze in die Schützenlinie der Infanterie vorgezogen werden: so gelang es, trotz der erdrückenden Übermacht noch kurz vor deren Einbruch den heranflutenden Sturm der Angreifer zu brechen. Die Trümmer der 28. Reservebrigade setzten sogar zum Gegenstoß an: im Abenddunkel aber fluteten die zerfetzten Bataillone des Angreifers auf Craonelle zurück. Der Damenweg war gerettet. Das VII. Korps der 2. Armee warf den Feind bei Brimont über den Aisnekanal zurück. Noch am

Abend des 13. September wurde von der 1. Gardedivision ein Vorstoß des Feindes zwischen Reims und Brimont abgeschlagen.

Aber damit war die Krisis der Schlacht noch nicht zu Ende. Die Franzosen und Engländer nahmen am 14. September ihre Versuche wieder auf, die deutsche Linie zu durchbrechen, und das VII. Reservekorps war viel zu schwach, um ihrer vielfachen Überlegenheit gegenüber den Damenweg auf die Dauer zu behaupten. Von der 1. und 2. Armee aber konnte es nicht unterstützt werden, weil sie beide auf ihren inneren Flügeln lebhaft angegriffen waren und sich nur mit Mühe behaupteten. Trotz der größten Tapferkeit mußte daher der Damenweg aufgegeben und in den Ailettegrund zurückgewichen werden, der sich hinter der Stellung entlang zog; die zusammengefaßte französische Kavallerie aber, bestehend aus der 4., 8. und 10. Division, ritt auf Sissonne vor, um in den Rücken der Deutschen zu gelangen und deren rückwärtige Verbindungen zu durchschneiden. Der Durchbruch schien vollendet und damit das Schicksal der deutschen Armeen besiegelt. Da traf das XV. Armeekorps an der entscheidenden Stelle ein. Der Wendepunkt der Schlacht war gekommen.

Die französische Reiterei mußte kehrtmachen, um nicht abgeschnitten zu werden, und in mehrtägigen Kämpfen warfen das XV. Korps und das VII. Reservekorps die Franzosen und Engländer von den Höhen herunter und in das Aisnetal zurück. Einen schweren Stand aber hatte der rechte Flügel der 2. Armee, den der Feind mit allen Mitteln zu umfassen suchte. Hiergegen war schon frühzeitig ein starkes Detachement unter Generalleutnant Steinmetz als Flankendeckung der 2. Armee über Neufchatel vorgeschickt, aber sofort in schwere Kämpfe verwickelt worden, so daß das XII. Armeekorps, das der Armee zur Verfügung gestellt worden und mittlerweile herangekommen war, auf Neufchatel herangezogen wurde und noch am gleichen Abend auf den Höhen von Menneville am rechten Aisneufer Fuß faßte. Es sollte am 15. in der Richtung auf Pontavert—Berry au Bac vorstoßen und dann unter den Befehl der 7. Armee treten.

So wogte der Kampf hin und her. Im ganzen blieben aber die Deutschen Sieger. Auch das XVIII. deutsche Korps, das von der 4. Armee abgegeben und von der Obersten Heeresleitung zur Verfügung gestellt worden war, wurde zwischen dem VII. und X. Reservekorps noch eingesetzt. Damit aber gelang es, die Lage in der Front zu halten und den Feind jeder Erfolgsmöglichkeit zu berauben. Ein Angriff, den die 2. Armee mit ihrem rechten Flügel unternahm, stieß auf einen Gegenangriff der Franzosen; den ganzen 17. über wurde gefochten, aber keiner der beiden Gegner vermochte bleibende Vorteile davonzutragen, und nur die Feste Brimont, die die Franzosen bisher besetzt hatten, wurde von den Deutschen genommen. 3500 Gefangene wurden in diesem Kampfe gemacht, ohne daß irgendeine

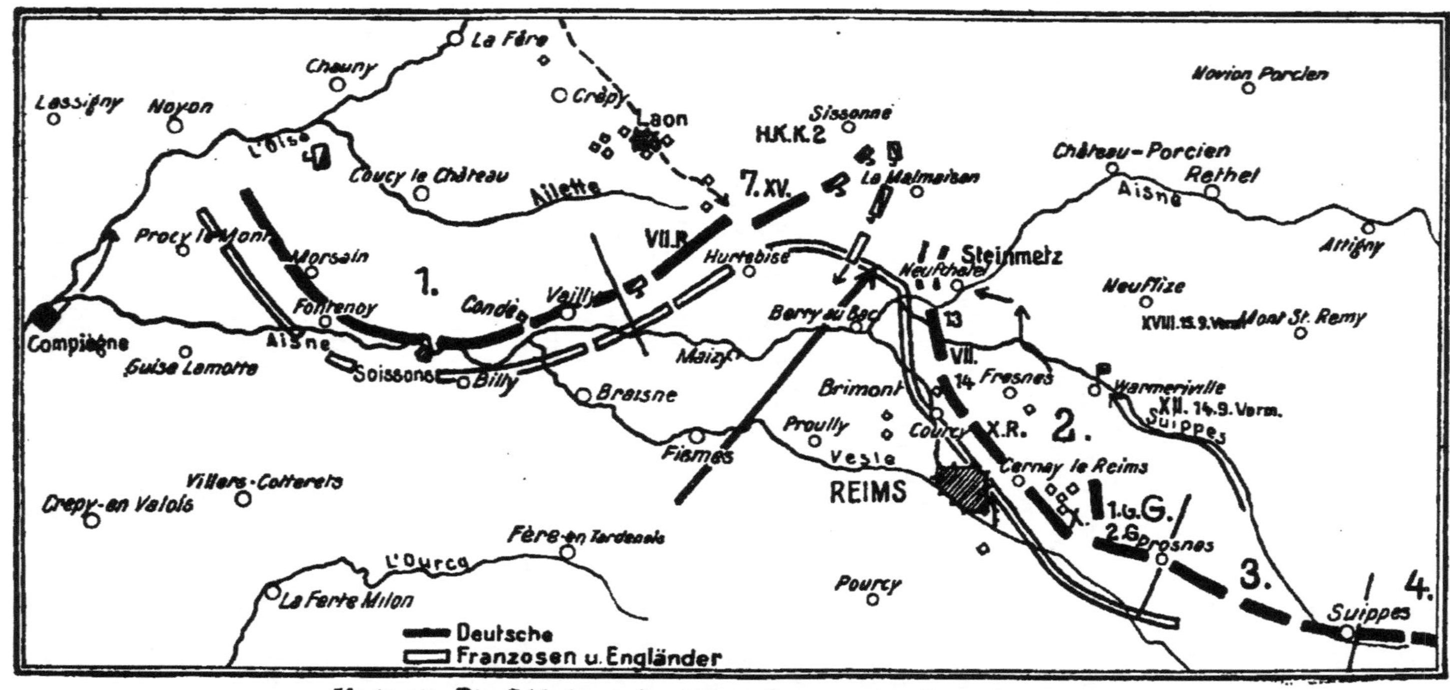

Karte 16. Die Schlacht an der Aisne, Lage am 14. September 1914.

Entscheidung dadurch herbeigeführt wurde, und am 19. fanden die Frontalkämpfe bei der 2. Armee ihren vorläufigen Abschluß.

General Joffre mußte einsehen, daß eine Durchbrechung der deutschen Front, nachdem ihre Linien einmal geschlossen waren, nicht mehr möglich sei. Überall hatten die Deutschen den Frontalangriff siegreich zurückgewiesen und den Gegner trotz seiner gewaltigen Überlegenheit gegen den Aisnefluß zurückgeworfen. Aber auch ihnen war es nicht gelungen, einen entscheidenden Sieg zu erringen. Sie hielten sich nach wie vor in der Verteidigung, so daß der französische Generalissimus einen neuen Versuch unternehmen konnte, sie zu überwältigen.

Was in der Front mißlungen war, sollte auf dem scheinbar ungedeckten rechten Flügel der Deutschen erreicht werden. Dieser sollte umfaßt und gegen die Maas zurückgeworfen werden. Gelang es hier durchzudringen und einen wirklichen Sieg zu erfechten, dann mußten die Deutschen wohl oder übel über die mittlere Maas zurückweichen, und Belgien war ihnen wahrscheinlich verloren. Hier aber war ein Sieg um so mehr zu erwarten, als die Franzosen über das weitaus bessere Eisenbahnnetz verfügten und zudem immer noch die Initiative behaupteten.

Zunächst stand das XIII. Armeekorps, das von der Armee Dubail herangeführt war, um die stark mitgenommene Armee Maunoury zu verstärken, zu einem solchen Versuch bereit. Am 16. ging es, nachdem die französische Reiterei schon am 15. unglücklich gefochten hatte, im Verein mit dem IV. Armeekorps auf beiden Ufern der Oise zum Angriff gegen Klucks rechte scheinbar ungeschützte Flanke vor. Hier war aber mittlerweile das IX. Reservekorps angekommen.

Nachdem es verschiedene Gefechte in Belgien siegreich bestanden hatte, war es auf dem Wege nach dem Westen am 7. September aufgehalten und näher nach Antwerpen herangezogen worden, weil dort ein Ausfall der Belgier drohte, der bereits besprochen worden ist. Gleich darauf aber war es auf dringendes Ersuchen der Obersten Heeresleitung wieder nach der Aisne in Marsch gesetzt worden und kam nun gerade zurecht, um den Angriff zurückzuweisen, den Joffre gegen Klucks rechte Flanke angesetzt hatte. In frisch geführtem Stoß warf es die mehr als doppelt überlegenen französischen Angriffstruppen über den Haufen, nahm ihnen mehrere Batterien ab und erstritt die Linie Elincourt—Marchemont—Bailly und Carlepont. Auch dieser Plan Joffres war vorläufig gescheitert. Die Deutschen hatten sich behauptet, hatten aber die Initiative nicht wieder an sich reißen können. So stand es Joffre immer noch frei, den Gedanken der Umfassung in erweitertem Maßstabe wieder aufzunehmen. Es war der einzige, der einen bleibenden Erfolg versprach, jetzt aber natürlich sehr viel schwerer auszuführen war, nachdem nicht nur das siegreiche IX. Reservekorps, das bisher zur 7. Armee gehört hatte, der 1. Armee unterstellt, sondern auch Heereskavalleriekorps 2 mit der

2. und 9. Kavalleriedivision zur weiteren Stütze auf den rechten Flügel des Gesamtheeres geschickt worden war. Die 2., 4., 7. und 9. Kavalleriedivision waren in der ungefähren Linie Lassigny—Carlepont vereinigt worden und deckten in zahlreichen Gefechten den rechten Flügel des Heeres. Am 19. September aber erhielt die 4. Kavalleriedivision den Auftrag, die Eisenbahnlinie Le Cateau—St. Quentin gegen feindliche Unternehmungen zu decken.

Mittlerweile war im deutschen Großen Hauptquartier eine folgenschwere Veränderung vor sich gegangen: der schwer leidende Generaloberst von Moltke war völlig zusammengebrochen und hatte die Geschäfte der Obersten Heeresleitung zunächst vertretungsweise, um die öffentliche Meinung nicht zu erregen, an den bisherigen Kriegsminister, General von Falkenhayn, abgegeben. Dieser griff mit frischer Kraft in die Verhältnisse ein. Sein Hauptaugenmerk war darauf gerichtet, den Umfassungsversuchen der Gegner in Frankreich erfolgreich entgegenzutreten, Antwerpen zu nehmen, das alle Unternehmungen der Deutschen am entscheidenden Flügel auf das empfindlichste bedrohte, und die Armee zu verstärken. In Voraussicht der kommenden Ereignisse hatte er schon die Errichtung von fünf neuen Korps angeordnet. Nach dem Osten wollte er nur das Notwendigste abgeben, da er mit Recht die nächste Entscheidung in Frankreich heranreifen sah. Es war das um so mehr nötig, als in England unter Leitung des Kriegsministers Lord Kitchener alles darangesetzt wurde, um neue Divisionen zu bilden, soweit Freiwillige in dem weiten Reich überhaupt aufzutreiben waren. Schon war die englische Armee um eine weitere Division verstärkt worden, die vorläufig in Reserve blieb, und weitere sieben Infanterie- und eine Kavalleriedivision waren in der Bildung begriffen, während indische Truppen im Antransport waren. Natürlich mußte Falkenhayn dabei mit den gegebenen Verhältnissen rechnen; so kam es denn, daß zunächst noch eine Reihe von Kämpfen stattfanden, die in den geschilderten Gedankengang zunächst nicht zu passen schienen.

Während in der Lücke zwischen der 1. und 2. Armee und auf dem rechten Flügel der 1. um die Entscheidung gekämpft wurde, fanden auf der ganzen übrigen Front des deutschen Heeres hartnäckige Gefechte statt, die den Zweck verfolgten, teils Truppen zu fesseln und sie zu verhindern, dort Hilfe zu bringen, wo die Entscheidung fallen sollte, teils selbst die deutsche Front zu durchbrechen und damit indirekt die Entscheidung zu begünstigen. Auch die Deutschen griffen wiederholt an, um ähnliche Zwecke zu erreichen oder ihre Stellungen zu verbessern. Der Kampf tobte auf der ganzen Linie. Im ganzen aber behaupteten die Deutschen nicht nur ihre Stellungen, sondern drängten auch Franzosen und Engländer allmählich in die Verteidigung. Besonders heftig wurde die 3. Armee angegriffen, die jetzt vom General von Einem befehligt wurde, nachdem der schwer erkrankte Generaloberst von Hausen den Kriegsschauplatz hatte verlassen müssen. Hier versuchten die Franzosen sogar einen Durchbruch. Zwar das Dorf Souain ging am 20. September an sie verloren, sonst aber behaupteten die Sachsen erfolgreich ihre Stellungen. Auch die 4. Armee hielt in zahlreichen Gefechten siegreich stand. Ein Angriff aber, den auf besonderen Wunsch der Obersten Heeresleitung die 2. Armee am 26. September unternahm, um feindliche Kräfte zu fesseln, und zu dem auch die 3. und 7. Armee herangezogen werden sollten, blieb ohne jeden Erfolg, weil er auf einen französischen Gegenangriff stieß, der anscheinend zu dem gleichen Zweck unternommen war. Schon am 27. wurde er wieder eingestellt. Besonders heftig und erfolgreich wurde dagegen auf dem linken Flügel der Deutschen gestritten.

Hier war mittlerweile ein großer Teil auch der 6. Armee ohne die Ersatzdivisionen fortgezogen worden, um sie gegen die Umfassungsversuche des Feindes auf dem rechten Flügel des Heeres zu verwenden. Schon am 8. September hatte sich die Notwendigkeit herausgestellt, den Angriff im Süden gegen die Mosel einzustellen, ohne daß irgendein Erfolg erzielt worden wäre, und es wurde befohlen, das I. bayerische Korps zur Verladung bereitzustellen. Am 9. erfolgte dann der entsprechende Befehl, der auf die Notwendigkeit hinwies, so schnell als möglich die entbehrlichen Teile der 6. Armee zu anderer Verwendung frei zu machen. Leider kam diese Anordnung reichlich spät. Die Franzosen hatten vom 1. bis 11. September dreizehn Infanterie- und drei Kavalleriedivisionen, von denen die 8. und 10. zum Kavalleriekorps Conneau getreten waren, vom linken Flügel abbefördert und hatten sich damit für alle weiteren Operationen die Vorhand gesichert. Nur auf dem linken Flügel der 5. deutschen Armee kam die Hilfe, die von der 6. Armee herankam, noch zurecht.

Hier hatte die Armeeabteilung des Generals von Strantz die Aufgabe übernommen, die Maasflanke zu erschüttern und Verdun von Toul abzuschneiden, während der rechte Flügel der 5. Armee von Norden her die Festung bedrängte.

Schon am 15. September war diese mit dem XIII., dem XVI. und dem VI. Reservekorps bei Montfaucon zum Angriff vorgegangen und hatte sich der Straße Vienne la ville—Varennes bemächtigt. Am gleichen Tage aber erstieg der Angriff des V. Korps, der Bayern und des XIV. Korps die Ostflanke der Côtes Lorraines und bedrohte aufs neue die Sperre südöstlich Verdun, die Verbindung mit Toul und die Maasflanke Sarrails. Um sich Luft zu machen, entschloß sich dieser General zu einem großen Ausfall nach Norden. Den 16. griff er an, drang aber nicht durch, obgleich er eine große Überlegenheit vornehmlich an Artillerie ins Feuer brachte, und mußte das Gefecht am 18. aufgeben, da sein Angriff völlig zusammenbrach. Er hatte die Straße Forges—Varennes nicht überschreiten können.

Erfolgreicher waren die Deutschen. Den 20. September eröffnete die deutsche Artillerie ihr Feuer auf Hattonchatel, den südlichsten Eckpfeiler der Côtes Lorraines. Den 22. griff der Kronprinz mit dem XIII. und XVI. Korps aus der Linie Varennes—Montfaucon erfolgreich an, offenbar, um Kräfte auf sich zu ziehen, und dann erfolgte der Angriff gegen den rechten Flügel der Verdunstellung. Das V. Korps rechts gewann den vordersten Höhenzug der Côtes Lorraines, das III. bayerische Korps nahm Hattonchatel und drang weiter gegen das Fort Camp des Romains vor; das XIV. Korps deckte diesen Angriff in der linken Flanke und hatte einen schweren Stand gegen die zahlreichen Truppen, die von Toul her den kühnen Angriff zu verhindern suchten. Doch hatte es an der

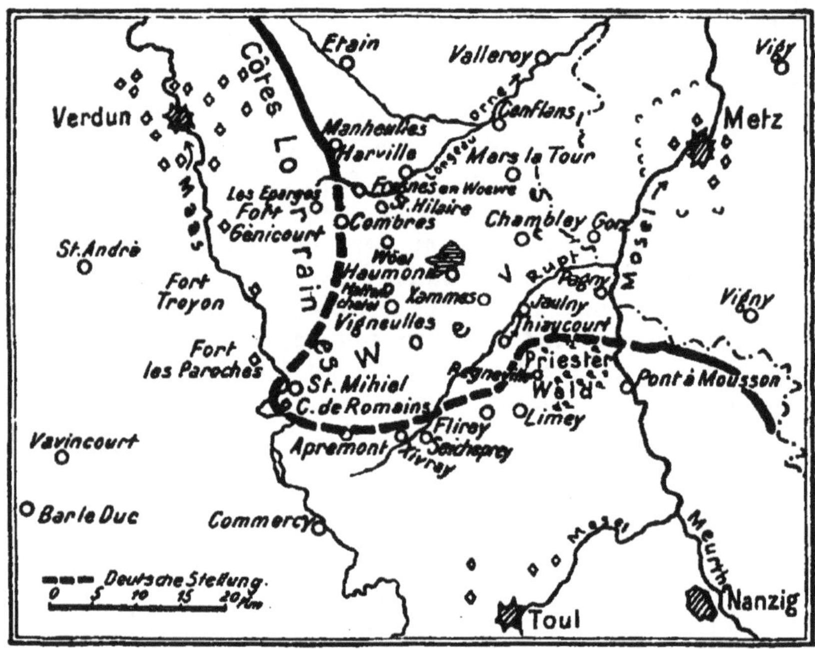

Karte 17. Die Wegnahme des Camp des Romains 1914.

Straße Pont à Mousson—Flirey—St. Mihiel einen festen Stand gewonnen und war nicht mehr zu verdrängen. Am 24. September wurde das Städtchen St. Mihiel genommen, und am 25. fiel das stolze Fort selber dem stürmenden Regiment von der Tann in die Hand und war den Deutschen nicht mehr zu entreißen. Alle Gegenangriffe wurden blutig abgewiesen. Der Angriff auf die Côte hatte einen wichtigen Stützpunkt gewonnen. Doch lag hier auf diesem südlichen Flügel der Hauptkampflinie nicht mehr der Schwerpunkt der Entscheidung. Insofern muß die Unternehmung auf St. Mihiel mehr oder weniger als eine exzentrische betrachtet werden, die, wenn auch ihre moralische Wirkung nicht unterschätzt werden darf, doch in gewissem inneren Widerspruch mit dem Bestreben steht, den rechten

Flügel des Gesamtheeres mit möglichst starken Kräften zu verlängern. Sie nahm sehr bedeutende Kräfte in Anspruch und führte zu einer taktisch höchst ungünstigen Lage, die die Franzosen geradezu zur Gegenwirkung herausforderte. Groß mochte zwar nunmehr die Gefahr sein, daß die gerade Verbindung Toul und Verdun unterbrochen und die südliche Front der Festung Verdun dem Angreifer bloßgelegt würde, die schlechthin entscheidende Operation war doch Joffres Versuch, die rechte deutsche Flanke zu umfassen, Antwerpen zu entsetzen und so die deutschen Heere aufzurollen und zu vernichten. Ihm mußte mit allen Mitteln entgegengetreten und zugleich die Eroberung der großen Scheldefestung auf jede denkbare Weise beschleunigt werden. In diesem Sinne waren denn auch alle Anordnungen getroffen. Am selben Tage, an dem das Camp des Romains fiel, scheiterte des französischen Heerführers zweiter Versuch, die entscheidende Umfassung durchzuführen.

Der Wettmarsch nach dem Meere und die Schlacht bei Lille.

Als die Schlacht gegen das IX. Reservekorps geschlagen und damit Joffres erster Umfassungsversuch gescheitert war, beschloß er sogleich, denselben Gedanken in vergrößertem Maßstabe auszuführen. Der rechte Flügel des deutschen Heeres war nur durch Heereskavallerie in lächerlich dünner Aufstellung längs der Bahnlinie Compiègne—Roye—Chaulnes geschützt; trotzdem zwang sie selbst französische Infanterie zu vorsichtigem Heranfühlen. Hier sollte der neue Stoß geführt werden. Die 2. Armee wurde aufgelöst und zum Teil dem General Dubail unterstellt; General von Castelnau aber erhielt den Auftrag, bei Amiens aus dem XIV. Korps der 1., dem XI. Korps der 9. und dem XIX. Korps eine neue 2. Armee zu bilden und mit ihr die Umfassung durchzuführen. Demgegenüber wurde von deutscher Seite zunächst die Heereskavallerie dem Feinde entgegengeworfen, dann verlängerte der größte Teil des II. Korps den rechten Flügel der 1. Armee, indem er einen Defensivhaken zum Schutz der äußeren Flanke des IX. Reservekorps bildete, und weiter kam in Gewaltmärschen das XVIII. Korps von der 2. Armee heran, wo es am 22. abmarschiert war. Ihm folgte zunächst das XXI. Korps und das I. bayerische, die mit der Bahn über Belgien herangeführt wurden, und als zweite Staffel das II. bayerische Korps und die 26. Reservedivision vom XIV. Reservekorps, das mit der Garde-Kavalleriedivision ebenfalls herankam. Letztere wurde unter dem Kommandeur des Heereskavalleriekorps 1 mit der 4. Kavalleriedivision zu einem Korps vereinigt. Diese Truppen bildeten vom 23. an, wie es scheint nur vorläufig, die neue 6. Armee unter dem Kronprinzen Rupprecht von Bayern. So gelang es — sogar ohne die zweite

Staffel einzusetzen —, die Franzosen zurückzuwerfen und zum Stellungskrieg zu zwingen, wobei die Heereskavallerie Front und rechte Flanke deckte und dem Gegner in zahlreichen Gefechten Aufenthalt bereitete. Sein linker Flügel war bereits bis Péronne gekommen, als er von den Bayern gefaßt wurde. Diese überrannten kurzerhand einige Reserve- und Territorialdivisionen, die den zeitweiligen Schutz der offenen Heeresflanke übernommen hatten, und warfen Castelnaus Bataillone bis Bray an der Somme zurück, wo diese sich eingruben und damit den Deutschen Halt geboten. Den 25. war Castelnaus Angriffskraft erschöpft, also gerade an dem Tage, an dem das Fort Camp des Romains in deutsche Hände fiel. Den 26. richteten sich beide Parteien zum Grabenkrieg ein.

Immerhin hatten die Franzosen soviel erreicht, daß die deutsche Front, die bisher nach Westen gerichtet war, nach Norden hatte umgebogen werden müssen, weil bei den mangelhaften Eisenbahnen und den weiten Wegen, die zurückzulegen waren, die Deutschen erst spät auf dem Kampfplatze erscheinen konnten und keine Zeit mehr hatten, ihre Waffen weiter nach Westen zu tragen. Eines aber sprach zu ihren Gunsten: der Überschuß an Divisionen, die sie heranbrachten, und die Möglichkeit, nunmehr ihrerseits umfassend aufzutreten. Diesen Vorteil der Deutschen hatte Joffre jedoch scheinbar schon vorausgesehen, denn die Truppen, die er demnächst zu ihrer Überflügelung ansetzte, waren schon dementsprechend nach Norden gestaffelt.

Er versammelte in St. Pol, Doullens und Amiens das XXI. Korps von der 1., das X. Korps von der 9., das XXXIII. Korps, das unter General Petain aus der 66., 70. und 77. Reservedivision neu formiert worden war, die 45. Division von der Aisne-Armee, die durch einige Landwehrbrigaden verstärkt war, und starke Kavallerie. Die stattliche Armee war am 28. September marschbereit und brach unter dem Befehl des Generals de Maud'huis auf, um nun endlich die Überflügelung durchzuführen und den Belgiern in Antwerpen die Hand zu reichen.

Doch auch sie sollte nicht zum Ziel gelangen.

Die deutsche Heeresleitung hatte das Garde- und das IV. Korps von der Aisne, das I. bayerische Reservekorps aus Lothringen herangezogen und diese nunmehr als neue 6. Armee dem Kronprinzen Rupprecht von Bayern unterstellt. Auch das XIV. und das VII. Korps waren nach den dem rechten Flügel zur 6. Armee in Marsch gesetzt worden. Diese Truppen wurden nördlich des II. bayerischen Korps und der 26. Reservedivision eingesetzt und geboten der Armee Maud'huis vor den Toren von Arras Halt, während starke deutsche Heereskavallerie am rechten Flügel der Deutschen vordrang. Nachdem diese, vier Divisionen stark, zunächst in der Linie Croisilles—Miraumont den Feind aufgehalten und Bapaume gedeckt hatte, machte sie einen großen Sprung nach Norden, westlich um

Arras herum, um in der Gegend von Lens den Aufmarsch der 6. Armee zu sichern und in schweren verlustreichen Fußgefechten den Gegner so lange aufzuhalten, bis die eigene Infanterie in die von der Kavallerie gehaltenen Stellungen einrücken konnte. Sie besetzte die Linie Estevelles—Loos—Souchez und mit dem Garde-Jägerbataillon die nachmals berühmt gewordene Lorettokapelle. Diese Linie behauptete sie in zahlreichen Kämpfen gegen bedeutende feindliche Übermacht bis zum 8. Oktober, an welchem Tage die Infanterie zur Ablösung eintraf, nachdem schon vorher eine in Douai befindliche Besatzung zersprengt worden war. Jetzt galt es, im Verein mit dem 4. Kavalleriekorps nach Westen vorzustoßen und den neuen Kräften, die zur weiteren Verlängerung des rechten Heeresflügels herangeführt wurden, Aufmarschzeit und Kampfgelände zu erstreiten.

Das 4. Kavalleriekorps war Ende September mit der 3., 6. und der bayerischen Kavalleriedivision nach Valenciennes und Mons herangefahren worden und war zunächst östlich bei Roubaix und Tourcoing vorbei nach Norden vorgegangen. Ypern sollte erreicht und erst dann nach Westen gegen Bailleul und Hazebrouck eingeschwenkt werden. Unterwegs wurde durch eine Patrouille des Fürsten Wrede der bayerischen Kavalleriedivision festgestellt, daß Lille sich als offene Stadt betrachte und nur schwach von den Franzosen besetzt sei. Dann hatte das Kavalleriekorps, nachdem Ypern, Vormezeele und Wytschaete am 7. Oktober erreicht waren, sich nach Westen gewendet. Hazebrouck und Vieux-Berquin wurden vergeblich angegriffen; in der Nacht vom 9. zum 10. blieben die Divisionen in Bailleul, Steenwerck und Meteren. Das 1. und 2. Kavalleriekorps aber rückten nach Norden ab. Sie besetzten in der Nacht zum 10. die Übergänge über den Deulekanal und nächtigten in dem Raume Wavrin, Sainghin, Don und Annoeulin, um dann nach Nordwesten vorzugehen. Die Kanalbrücke bei Bauvin aber am linken Flügel der Kavallerie, hatte schon am Vormittag die 28. Infanteriedivision des XIV. Korps besetzt. So gelang es, die 10. Armee Maud'huis nicht nur zum Stehen zu bringen, sondern auch im Norden zu umfassen.

Aber noch waren die Hilfsmittel beider Parteien nicht erschöpft.

Die Engländer hatten schon Ende September das Verlangen gestellt, am linken Flügel der gemeinsamen Armee verwendet zu werden und hatten ihren Willen trotz Joffres berechtigten Einwendungen durchgesetzt. Sie wollten Englands besondere Interessen wahren und Antwerpen entsetzen, indem sie sich längs der Küste gegen diese Festung vorschoben, um Englands ausgedehntes Festlandglacis zu wahren. Sie mochten diese Aufgabe nicht fremden Händen anvertrauen. Ihre Kavallerie war daher schon am 1. Oktober aufgebrochen, und ihr waren das II., III. und I. Korps in der genannten Reihenfolge am 3., 5. und 7. Oktober gefolgt. Bei Hazebrouck und St. Omer, also am linken Flügel der Armee Maud'huis, sollten sie sich zum weiteren Vormarsch versammeln, während ein viertes

Korps, das aus der 7. Division und einer Kavalleriedivision unter dem Befehl des Generals Rawlinson bestand, bei Ostende landen und die Verbindung mit Antwerpen unterhalten sollte. Auf diese Kräfte rechnete General Joffre, der zugleich befahl, daß der von der 9. Armee abberufene General Foch den Oberbefehl über die in Flandern zerstreuten französischen Kräfte und die Armee Maud'huis führen und so einen gewissen Einfluß auf die englischen Maßnahmen ausüben sollte. Auch deutscherseits wurden das XIII. und weiter nördlich das XIX. Korps herangefahren, um den rechten Flügel noch weiter zu verlängern. Zugleich wurden die Befehlsverhältnisse am 9. Oktober neu geordnet.

Die 1. Armee blieb an der Aisne stehen. Ihr rechter Flügel aber wurde bis Roye ausgedehnt, das sie mit besetzte. Links von ihr bis in die Gegend von Reims stand die 7. Armee; an sie schloß sich die 3. an, die bis zu den Argonnen reichte, dann folgte die 5. Sie umschloß Verdun im Norden und besetzte die Gegend bis einschließlich Etain. Die 4. Armee war ganz aufgelöst worden und sollte unter dem Befehl des Herzogs Albrecht von Württemberg in der Heimat neu zusammengestellt werden. Hier hatte der Kriegsminister schon am 16. August die Bildung von fünf neuen Korps befohlen, während Bayern die 6. Reservedivision, Württemberg und Sachsen aber zusammen das XXVII. Korps aufstellten. Von den übrigen Korps, die die Nummern XXII bis XXVI führten, sollte das XXV. nach dem Osten, das XXIV. nach Metz geführt werden, während die übrigen vier zusammen die neue 4. Armee im äußersten Norden bilden sollten, der auch noch gewisse Teile des Belagerungskorps von Antwerpen zugeteilt werden sollten, sobald die Festung, was bald zu erwarten stand, den deutschen Waffen endgültig erlegen sein würde.

Links von der Armee des Kronprinzen stand die Armeeabteilung von Strantz, die von Etain bis Pont à Mousson reichte und das Fort bei St. Mihiel besetzt hielt. Den äußersten linken Flügel des ganzen Heeres aber hatten die Armeeabteilungen Falkenhausen und Gaede inne.

Die Abteilung Falkenhausen bestand bei ihrer Gründung am 14. September aus dem I. bayerischen Reservekorps, das schon nach wenigen Tagen zur neugebildeten 6. Armee gezogen wurde, aus dem Korps Eberhardt, aus dem später das XV. Reservekorps gebildet wurde, der 30. Reservedivision, die zur Kriegsbesatzung von Straßburg gehörte, der bayerischen Ersatzdivision, die bald zur Armeeabteilung Strantz übertrat, der 84. Landwehrbrigade Neuber, der 61. Landwehrbrigade Ferling, der 39. Reservedivision Rokowski, der 19. Ersatzdivision, der Landwehrdivision Fischer, die eigentlich Kriegsbesatzung von Germersheim war und später als 1. bayerische Landwehrdivision geführt wurde, der 55. Ersatzbrigade Dame und endlich der 4., 8., 10. und Garde-Ersatzdivision, von denen die 4. noch Ende September zur Belagerung von Antwerpen nach Belgien abbefördert wurde. Später kam auch noch die 7. Kavalleriedivision aus Flandern hinzu, wohin sie dann wieder zurückgeschickt wurde. Im übrigen unterlag ihre Zusammensetzung fast täglichen Abänderungen, so daß es ganz unmöglich ist, sie im einzelnen zu verfolgen. Auch die Abteilung Gaede, deren Zusammensetzung bereits erwähnt worden ist, scheint vielfach in ihren Bestandteilen gewechselt zu haben. Die 1. bayerische und die 7. württembergische Landwehrdivision, endlich die 8. bayerische Landwehrdivision, die in der Heimat gebildet wurde, sind erst im Winter 1914/15 hinzugekommen. Die Truppen, die unter dem Befehl Falkenhausens standen, hielten den Abschnitt bis in die Höhe von St. Dié, im allgemeinen längs der deutschen Grenze, besetzt, die Abteilung Gaede von dort bis an die Schweizer Grenze und den Rhein bei Basel. Ein kleiner Teil vom Elsaß war, wie bereits geschildert, in französischer Hand.

Rechts von der 1. Armee stand die neugebildete 2., die bisher links von der 1. gestanden hatte und dort von der 3. abgelöst worden war. Sie reichte mit ihrem rechten Flügel etwa bis Bapaume, wo sich dann die neugebildete 6. Armee anschloß, die bis Menin reichen sollte. Hier sollte dann die 4. Armee Anschluß suchen, das Land bis zum Meere in Besitz nehmen und womöglich, wenn das Glück ihr günstig war, bis Calais vordringen und die Verbindung zwischen Frankreich und England gefährden.

Für den Augenblick also kam es darauf an, Antwerpen möglichst rasch zu erobern und den rechten Flügel der 6. Armee so lange gegen Umfassung zu sichern, bis die 4. Armee herankam, um diese Aufgabe zu übernehmen. Zu diesem Zweck wurden außer dem VII., wie schon erzählt, das XIII. und endlich auch das XIX. Korps durch Belgien herangefahren und je nach ihrem Eintreffen eingesetzt; vor Antwerpen aber wurde alles zur beschleunigten Belagerung eingerichtet. Es wurde ein Belagerungskorps gebildet. Es sollte aus dem III. Reservekorps, einer neugebildeten Marinedivision, der 4. Ersatzdivision, die aus Lothringen herangeführt wurde, und der 26. und 37. Landwehrbrigade bestehen und konnte schwerlich mehr als 50000 Mann gegen die gewaltige Stadt einsetzen, da die Sicherung der Verbindungslinien und des Hinterlandes starke Besatzungen erforderte, die ebenfalls von der Belagerungsarmee gestellt werden mußten. Auch konnte man Gent und Dendermonde nicht besetzen, seit das IX. Reservekorps an die Aisne abgerückt war; es mußte daher der Besatzung von Antwerpen die Verbindung über Gent und Ostende freigegeben werden. Die 37. Brigade, die am linken Flügel stand, mußte sich damit begnügen, Alost zu besetzen und Dendermonde sowie die Schelde zu beobachten.

Auch die Belagerungsartillerie war der Zahl nach nicht sehr bedeutend, dafür aber mit Kruppschen 42-cm-, österreichischen 30,5-cm-Motorgeschützen, langen 28-cm-Marinegeschützen und 21-cm-Mörsern ausgestattet, so daß sie im ganzen eine achtunggebietende Masse darstellte.

Mittlerweile waren das 1. und 2. Kavalleriekorps in die Linie Pont-Riqueul—La Bassée, das am 11. Oktober in glänzendem Gefecht von der Gardekavallerie unter artilleristischer Mithilfe des XIV. Armeekorps genommen wurde, eingerückt. Gegenüber standen die französischen Kavalleriekorps Conneau und de Mitry, während von Bethune aus das XXI. französische Korps gegen den rechten Flügel der deutschen Infanterie — das XIV. Korps — vor- und allmählich zum Grabenkrieg überging. Nördlich Estaires aber focht das 4. Kavalleriekorps gegen Hazebrouck. Es kam in dem Häuser- und Schachtgewirr des nordfranzösischen Industriegebiets nicht recht vorwärts und mußte schließlich vor den Spitzen der englischen Armee zurückweichen.

In der Zwischenzeit war Lille in deutsche Hand gefallen, obgleich es von einer Territorialbrigade unter Oberstleutnant de Pardieu besetzt war. Die Verbündeten hatten sich von der deutschen Heereskavallerie über die Stärke der Angreifer täuschen lassen und nicht die Energie gehabt, die Stadt zu behaupten. Den 11. Oktober erschien das XIX. deutsche Korps vor ihren Mauern und griff ohne viel Federlesens an. Zuerst wurde die Stadt durch Artilleriefeuer zum Teil in Trümmer gelegt; dann griff die Infanterie des Korps derart an, daß ein Entkommen der Besatzung, die den Befehl hatte, die Stadt bis zum Eintreffen des Entsatzes zu halten, unmöglich wurde. Schon am 12. Oktober kapitulierte die Besatzung und ging, 5000 Mann stark, in die Gefangenschaft. Die Deutschen aber hatten einen festen Stützpunkt gewonnen.

Auch die Heereskavallerie hatte Mitte Oktober ihre Aufgabe erfüllt, den Aufmarsch des XIX., XIII. und VII. Armeekorps zu sichern. Sie wurde daher in der Nacht zum 16. Oktober aus ihren Stellungen zurückgezogen und ging — das 1. und 2. Reiterkorps südlich, das 4. östlich Lille — ins Quartier, um sich zu erholen. Da hier auch die 2. Kavalleriedivision, die mittlerweile mit dem Garde- und dem IV. Korps gemeinsam gefochten hatte, wieder zur Heereskavallerie stieß, waren jetzt acht Kavalleriedivisionen bei Lille versammelt.

Unterdessen waren die Engländer herangekommen. Ihr II. Korps wurde bei La Bassée vom XIV. deutschen Korps gefesselt, das III. ging über Bailleul auf Neuve Eglise vor; das I. Korps, das erst am 16. Oktober bei Hazebrouck aus der Bahn stieg, marschierte auf Ypern, wo es erst am 20. eintreffen konnte und wohin Foch die 89. und die 87. Territorialdivision vorausgeschickt hatte. Trotz dieser Zersplitterung hatte General French, der die Operationen verantwortlich leitete, seine Absicht, über Lille vorzubrechen, noch keineswegs aufgegeben. Am 16. setzte er sein II. Korps noch einmal nördlich vom XXI. französischen zum Angriff auf La Bassée an, das von der 28. Division heldenhaft verteidigt wurde. Das

III. Korps ging über Armentières gegen Lille vor, und das IV. englische Korps, das mittlerweile bei Zandvoorde und Zonnebeke Aufstellung genommen hatte, wurde auf Menin und die dortigen Lysbrücken vorgesandt, während die gesamte französische Reiterei unter General Conneau im Houthulster Walde zur Sicherung des rechten Flügels und der Ypernfront Stellung genommen hatte.

Außerdem wurden indische und französische Truppen an die Yser herangeführt.

Demgegenüber entschloß sich die 6. Armee, auch die Heereskavallerie, nachdem sie einige Tage geruht hatte, auf dem rechten Flügel der Armee wieder einzusetzen und weitere Truppen für die Front frei zu machen. Vier Kavalleriedivisionen lösten das XIII. Korps in der Linie Menin—Warneton ab; zwei andere standen links rückwärts gestaffelt zur Unterstützung bereit; zwei blieben vorläufig noch südlich Lille als Heeresreserve zurück, wurden aber am 21. auch eingesetzt. General von der Marwitz wurde mit dem gemeinsamen Oberbefehl über sämtliche acht Divisionen betraut, die langsam vordrangen. Links von ihnen focht das XIX. Armeekorps am Walde von Ploegsteert; das VII. Armeekorps scheint die Front des XIV. verlängert zu haben; zwischen beiden focht das XIII.

Mehrere Tage lang währte die Schlacht, die über den Besitz von Lille entscheiden sollte. Genau läßt sich die Verwendung der einzelnen Truppen nach den bis heute öffentlich vorliegenden Quellen nicht nachweisen: sicher aber ist, daß Engländer und Franzosen ihren Zweck nicht erreichten. Lille blieb in deutscher Hand. Das IV. englische Korps ging, ohne die deutsche Flanke auch nur gefährdet zu haben, nach Zonnebeke zurück. Die 4. deutsche Armee aber kam heran, um Engländern und Franzosen, die im Begriff standen, nach Belgien vorzudringen, ein energisches Halt zuzurufen.

Schon am 19. Oktober traf der linke Flügel der 4. Armee nördlich vom rechten der 6. Armee ein. Taten sollten geschehen, wie sie die Weltgeschichte bisher noch nicht gesehen hatte.

Die Eroberung von Antwerpen und die Schlacht in Flandern.

Mittlerweile war Antwerpen, das allen Operationen unserer Feinde bisher die Richtung gegeben hatte, dem Ansturm der deutschen Kräfte erlegen. Die Belgier hatten sich alle Erfahrungen aus den Belagerungen von Lüttich, Namur und sogar aus dem Kampf um Verdun zunutze gemacht, um die Festung, die als der stärkste Waffenplatz Europas galt, auch gegenüber den überraschenden Angriffsmitteln der Deutschen, widerstandsfähig zu machen. Man hatte mehrere Wochen Zeit gehabt und hatte sie gut benutzt. Die ganze Umgegend war in ein Widerstandsfeld umgewandelt worden.

Die Festung wurde außerdem — ganz abgesehen von ihrer sonstigen Besatzung — von der ganzen belgischen Feldarmee verteidigt, die man auf annähernd 90—100000 Mann berechnen kann, und die den angreifenden Truppen weit überlegen war. In Gent sammelte sich außerdem ein ansehnliches Korps von Landsturm und Freiwilligen und hielt die Verbindung zwischen Antwerpen, Ostende und der Armee der Verbündeten aufrecht. Die Deutschen waren viel zu schwach, um das verhindern zu können. Ihre Kräfte reichten — wie wir sahen — nicht zu, um Dendermonde und Gent zu besetzen.

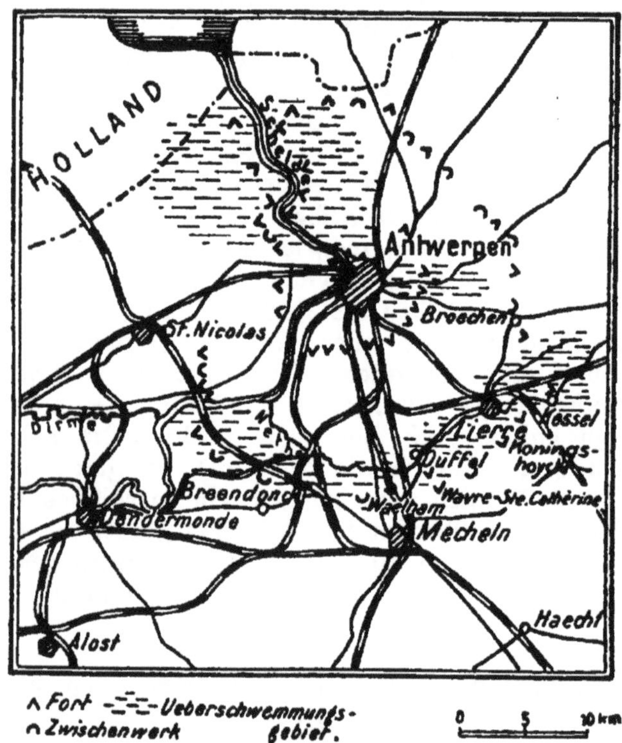

Karte 18. Antwerpen 1914.

Sie konnten die Festung überhaupt nicht völlig einschließen, schon weil — ganz abgesehen von ihrer Schwäche — die neutrale holländische Grenze viel zu nahe war. So mußte sich der General von Beseler, der mit dem Angriff betraut war, darauf beschränken, einen bestimmten Abschnitt der Befestigungslinie anzugreifen, ihn niederzukämpfen und von ihm aus die übrige Stadt und ihren Kranz von Festungswerken zu erobern. Darauf, daß die Besatzung sich der Gefangennahme entziehen würde, sei es über Gent und Ostende, sei es über die holländische Grenze, mußte er auf alle Fälle gefaßt sein. So wählte er denn die Linie zwischen den Forts von Liers und Waelhem zum Angriff. Die Nebenforts der genannten Front, die Forts Kessel und Braindonck, wollte er ebenfalls artilleristisch angreifen und sich im übrgien darauf beschränken, seine Flanken durch die ihm beigegebenen Landwehrbrigaden zu sichern. Von ihnen sollte die 37. auf dem linken Flügel Dendermonde und Alost sperren, um seinen linken Flügel, auf dem die meiste Gefahr drohte, nach Möglichkeit gegen Gent zu sichern. Die Hauptlast des Angriffs sollte auf dem III. Reservekorps ruhen, das dementsprechend auf dem rechten Flügel der Angriffslinie Stellung nahm. Im übrigen war diese so gewählt, daß man außer der Fortlinie nur einen verhältnismäßig schmalen Teil der Netheniederung, die der Gegner unter Wasser gesetzt hatte, zu überschreiten brauchte, während die Festung sonst, soweit sie überhaupt von den Deutschen angegriffen werden konnte, von breiten Gewässern umschlossen war.

Die belgische Armee hatte sich am 25. September zu einem neuen Ausfall entschlossen, wohl weil sie glaubte, daß sich die Deutschen durch den Abzug des IX. Reservekorps sehr geschwächt hätten, und um in die Lage zu kommen, den heranmarschierenden Verbündeten über Gent die Hand zu reichen. Er sollte sich dementsprechend gegen den linken Flügel der Belagerungsarmee wenden und ihm über Alost—Dendermonde in die linke Flanke fallen. Die 37. Brigade, vor Dendermonde überraschend von der 4. belgischen Division angegriffen, entzog sich geschickt der Umfassung und zog sich auf den linken Flügel der Belagerungsarmee zurück; die belgischen Hauptkräfte jedoch eilten, so schnell sie konnten, in die Stadt zurück, denn mittlerweile hatte der Angriff auf die Forts in ganz überraschender Weise begonnen. Am 28. September fiel der erste Schuß, also gerade an dem Tage, an dem General Maud'huis den Vormarsch aus seinen Versammlungsorten antrat. Bei der bekannten Widerstandsfähigkeit der Festung konnte er hoffen, noch rechtzeitig zu ihrem Entsatz anzukommen. Die Belgier aber ließen die 4. Division und die Kavallerie bei Dendermonde stehen, das besetzt wurde, um auf alle Fälle den Rückzug nach Ostende offen zu halten.

Unterdes schritt der Angriff rasch vorwärts, schneller als man für möglich gehalten hätte, und die Festung näherte sich bald ihrem Fall, trotz aller Hilferufe, die der König von Belgien an Franzosen und Engländer richtete. Joffre brachte ein Hilfskorps von 6000 Marinefüselieren mit einigen Maschinengewehren unter Admiral Ronach auf, das er über Dünkirchen nach Antwerpen sandte, das aber dort nicht vor dem 9. Oktober ankommen konnte, England wies das IV. Korps an, über Gent zum Entsatz der Festung vorzurücken, und der englische Marineminister Churchill machte sich dadurch lächerlich, daß er, der persönlich am 3. Oktober in Antwerpen eintraf, etwa 8000 Mann Marineinfanterie mit einigen schweren Geschützen übers Meer nach Antwerpen brachte und sich tatsächlich einbildete, mit dieser Verstärkung die Besatzung und die

Festung retten zu können. In Wirklichkeit fielen schon am 2. Oktober die Nethefortss, am 3. Fort Duffel; am 5. und 6. Oktober Fort Kessel und Broechem, während Fort Braindonck niedergekämpft war; am 6. gingen die Angreifer, einschließlich der 26. Landwehrbrigade, über die Nethe, nachdem in der Nacht vom 5. zum 6. ein Gegenangriff, den die Belgier und Engländer ausführten, blutig zurückgewiesen worden war; am 7. Oktober wurden sie unter Verlust ihrer sämtlichen Geschütze auf die inneren Forts zurückgeworfen. Zugleich kündete Beseler die demnächstige Beschießung der Stadt an, wenn sie nicht übergeben würde. Da das abgelehnt wurde, setzte die Beschießung wirklich ein und hatte sehr bald den gewünschten Erfolg. Während die schweren Kaliber die letzten Festungswerke niederkämpften, warfen die Deutschen 1250 Geschosse in die Stadt und erzielten damit deren Übergabe, während die Engländer die unbeweglichen Güter, die in der Stadt lagerten, Petroleumtanks und ähnliches, durch Sprengung der Wegnahme zu entziehen suchten und die letzten Schiffe den Hafen verließen. Am 9. Oktober wurde die Stadt übergeben, am 10. auch die nördlichen Forts. Antwerpen war in deutschem Besitz, die belgische Armee und die Engländer suchten sich durch beschleunigten Abmarsch längs der holländischen Grenze der Gefangenschaft zu entziehen. 500 Geschütze und eine ungeheure sonstige Kriegsbeute fielen in die Hände des Siegers.

Mittlerweile waren die Deutschen in Dendermonde durch die 4. Ersatzdivision verstärkt worden. Hier gelang es, die Schelde zu überschreiten. Die unterdes herangekommene 1. Landwehrbrigade sollte von Alost aus, das sie besetzte, Gent angreifen, und eine aus bayerischen leichten Truppen zusammengesetzte fliegende Abteilung war bereits am 7. Oktober bei Nazareth südwestlich Gent angekommen und hatte dort ein Gefecht geliefert. Feindlicherseits war die Abteilung Ronachs am 10. Oktober in Gent eingetroffen, und ebenso die 7. Division des IV. englischen Korps. Es war aber unmöglich, unter den genannten Umständen die bereits umgangene Stadt zu behaupten, und so zogen sich auch diese Truppen nach einem zwecklosen Gefecht zurück. Schon am 11. besetzten die Deutschen die Stadt Gent, am 13. überschritten sie den Terneuzenkanal, der in nördlicher Richtung von Gent zum Meere führt, den 14. warfen sie die belgische Kavallerie auf Thielt zurück und besetzten am 15. Ostende, von wo sie weiter gegen die Yser vorgingen. Gent und Brügge waren besetzt worden. Die Belgier und Engländer ihrerseits gingen so rasch als möglich, wobei sie von der Eisenbahn Gebrauch machten, zurück und besetzten die Yser- bzw. die Kanalstellung vom Meere bis Bösinghe, während die französischen Reiter unter Conneau — wie bereits erwähnt — den Houthulster Wald besetzt hielten. Sie waren verstärkt durch die 87. Territorialdivision, rechts von ihnen, nach vorwärts gestaffelt, stand die 1. belgische Kavalleriedivision; Dixmuiden war von der Abteilung Ronach besetzt, die 3. belgische Division aber und die 2. belgische Kavalleriedivision standen etwa bei Lampernisse in Reserve.

Die belgische Armee war tief erschüttert. Es war ihr zwar gelungen, in die Yserstellung zu entkommen und ihre Verbände zu wahren, ihre Verluste aber waren sehr bedeutend. Ganz abgesehen von denen, die sie in Antwerpen selbst erlitten und 5000 Gefangenen, hatte sie auf dem fluchtartigen Rückzuge schwere Einbuße gehabt; einzelne Teile — 20000 Mann mit 2000 Engländern — waren über die holländische Grenze gedrängt, andere, besonders bei den Engländern, die die Nachhut bildeten, vollständig zersprengt worden. So bedurften sie sehr erheblicher Verstärkung, um ernstlichen Widerstand leisten zu können. Französische Kräfte kamen nur sehr allmählich zur Stelle. So war es hauptsächlich die verstärkte belgische Armee, gegen die die Scharen der deutschen 4. Armee zunächst anstürmten, die mittlerweile durch Belgien heranmarschiert und ihrerseits durch das rechts vorwärts gestaffelte III. Reservekorps vermehrt worden waren, das aus der 5. und 6. Reservedivision und der 4. Ersatzdivision bestand. Auch war die neugebildete 4. deutsche Armee durch einen Teil der Belagerungsartillerie von Antwerpen noch besonders verstärkt worden. Man glaubte dadurch die erkannte Minderwertigkeit der deutschen Feldartillerie auszugleichen und dem Feinde eine besonders wirksame Waffe entgegenzusetzen.

Wie stark die Verbündeten eigentlich waren und wie sie ihre Verbände verwendeten, läßt sich aus den mir zur Verfügung stehenden nur deutschen Quellen nicht einwandfrei nachweisen. Nur etwa folgendes steht zweifellos fest: Die Belgier waren an der Yser ihren eigenen Angaben nach 60000 Mann stark, unter denen sich 48000 Mann Infanterie befanden. Sie wurden durch die 42. französische Division und anscheinend noch einige andere französische Truppen unterstützt. So wurden in Dixmuiden zwei französische Divisionen festgestellt, zu denen auch die Marinefüsiliere des Admirals Ronach gehört zu haben scheinen, und in Nieuport mehrere Territorialdivisionen.

Die Heeresleitung der Verbündeten hatte außerdem eine neue, die 8. Feldarmee aufgestellt, die bisher in Paris gewesen war und die General d'Urbal befehligte. Sie bestand aus dem IX. Korps, das am 23. eintraf und der 9. Armee entnommen war, die nunmehr ganz aufgelöst wurde, dem XVI. Korps, das am 31. Oktober im Ypernbogen eintraf, dem XXXII. Korps und anscheinend auch dem II. Armeekorps. Die 8. und die 10. Armee unterstanden dem gemeinsamem Oberbefehl des Generals Foch. Ob die 87. und die 89. Territorialdivision, die ebenfalls an der Schlacht teilnahmen, sowie das Kavalleriekorps Conneau dem General Foch direkt unterstanden oder etwa d'Urbal, ist nicht klar. Auch werden noch schwarze und Kolonialtruppen genannt, ohne daß ich ermitteln kann, welchen Verbänden sie angehört haben. Die englische Armee bestand Mitte

Oktober aus den drei Korps, die French von der Aisne mitgebracht hatte, der 7. Infanteriedivision, die mit einer Kavalleriedivision zusammen das IV. Korps bildete, und dieser sowie noch einer Kavallerdiedivision, die schließlich zu einem Korps unter dem General Allenby zusammengefaßt wurden. Im ganzen waren es sieben Infanterie- und drei Kavalleriedivisionen. Außerdem gehörten vier indische Divisionen dazu, zwei Infanterie- und zwei Kavalleriedivisionen, deren Ankunftszeit ich nicht habe feststellen können. Im ganzen fochten — soviel der deutsche Generalstab hat ermitteln können — 25 deutsche Divisionen gegen 40 feindliche. Schon am 20. Oktober standen auf der Linie von Armentières bis zur Nordsee acht Armeekorps der Verbündeten gegen sieben deutsche, und diese Überzahl wuchs dann noch immer mehr. „Das besagt zwar viel," schreibt der deutsche Generalstab, „aber längst nicht alles. Die feindliche Überlegenheit an Material, z. B. Geschützen, Minenwerfern, Maschinengewehren, Flugzeugen usw., war zwei-, drei-, ja vierfach." Diese große zahlenmäßige Überlegenheit, die sich — bis auf die beiden ersten Schlachttage — überall geltend machte, aber wurde ausgeglichen durch die vaterländische Begeisterung bei den neugebildeten Verbänden der 4. Armee und der festen Geschlossenheit des III. Reservekorps. Die neue 4. Armee bestand fast ganz aus Freiwilligen, die nur Begeisterung zu den Waffen getrieben hatte. Universitäten und Schulen hatten sich mit den Lehrern an der Spitze geleert, um zu den Waffen zu greifen. Verluste machten auf diese Truppen keinerlei Eindruck. Zu sterben waren sie alle bereit. So zogen sie mit Vaterlandsliedern auf den Lippen in den Sieg wie in den Tod und warfen die feindlichen weit überlegenen Kräfte zurück. Nur mittelmäßig waren sie für den modernen Kampf ausgebildet, und sie fochten vielfach gegen alte kriegsgewohnte Truppen, aber Unglaubliches haben sie geleistet, und das ist um so höher zu bewerten, als ihre Gegner von allen Mitteln der Feldbefestigung ausgiebigsten Gebrauch machten. Ungeheure Mengen von Stacheldraht wurden von England geliefert, und Handgranaten gab es in Menge; auch wurde vom Spaten der ausgiebigste Gebrauch gemacht. Im übrigen war das Gelände der Verteidigung, zu der sich die Verbündeten, trotz ihrer gewaltigen Übermacht, sehr bald entschließen mußten, ganz besonders günstig. Bei der vielfachen Bedeckung, die es aufwies, begünstigte es Überraschungen und verdeckte Stützpunkte, die erst im letzten Augenblick entdeckt werden konnten. In gleicher Weise benachteiligte es den Angreifer. Das alles aber haben unsere braven Truppen überwunden und sind ungeschlagen aus dem ungleichen Kampfe hervorgegangen. Die Engländer aber fochten nicht nur um den Besitz der Küste, sondern mit ihm zugleich, wie French selber sagt, um „nichts Geringeres, als die Sicherheit, ja die Existenz des britischen Reichs". Da war es wohl natürlich, daß sie alles einsetzten, um sich siegreich zu behaupten. Mit dem

Verlust der Seehäfen am Kanal wäre der Zusammenhang zwischen England und Frankreich verloren und England selbst sowie vor allem der Ärmelkanal den Angriffen der Deutschen preisgegeben gewesen. Leider sahen diese den Angriff nicht von vornherein von so hohem Gesichtspunkt aus an, sondern begnügten sich mit einer mehr örtlichen Beurteilung.

Die Schlacht an der Yser zerfällt in zwei Hauptabschnitte.

In dem ersten rangen die Deutschen im Nordabschnitt um die Entscheidung und wollten zum mindesten nach Calais durchbrechen. Sie hatten deshalb auch das III. Reservekorps am nördlichen Flügel eingesetzt und warfen den Feind überall entscheidend zurück. Es gelang ihnen, die Yser zu überschreiten und sich an den Eisenbahndamm heranzuarbeiten. Sie standen dicht vor der Entscheidung. Die belgische Armee war zusammengebrochen. Das XXII. deutsche Korps hatte den Feind auf Dixmuiden zurückgeworfen, und auch die übrigen Teile der 4. Armee hatten überall siegreich gefochten. Da, in der höchsten Not, riefen die Belgier das Meer zu Hilfe und setzten einen großen Teil ihres Landes zwischen sich und dem siegreichen Gegner unter Wasser, indem sie die Schleusen der Yser sprengten und dem Meer in der Flutzeit Eingang in das Land gewährten. Der sonst unvermeidliche Sieg der Deutschen war somit in des Wortes eigentlichster Bedeutung zu Wasser geworden. Am Abend des 30. Oktober war Ramscapelle jenseits der Bahn genommen, in Pervyse stand der Kampf günstig; die 43. Division war im siegreichen Fortschreiten auf Ostkerke; da mußte der Kampf aufgegeben werden: gegen die Naturkraft war nicht anzukämpfen, und der Schwerpunkt des blutigen Ringens mußte aus zwingenden Gründen weiter nach Süden verlegt werden. Dieser Umstand nun, verbunden mit dem angriffsweisen Vorgehen der 6. deutschen Armee und vornehmlich ihres rechten Flügels, ergab eine neue gemeinsame Schlacht. Damit beginnt der zweite Abschnitt des gewaltigen Dramas.

Schon am 21. und 22. Oktober hatte die 6. Armee den Feind bis Armentières, Neuve Chapelle und Givenchy zurückgedrückt. Jetzt wurde der Plan zu einem Entscheidung suchenden Angriff festgestellt, schon bevor die Entscheidung im Norden gegen uns gefallen war. Dazu sollten unter General von Fabeck frische Kräfte herangezogen werden: das XV. Korps, das II. bayerische, die 26. württembergische Division, und in zweiter Linie: die 6. bayerische Reservedivision, die 3. und die 25. Reservedivision, die 11. Landwehrbrigade, die 2. und die bayerische Kavalleriedivision und die höheren Kavalleriekommandeure 1. und 2. mit je zwei Kavalleriedivisionen. Den 30. Oktober sollte der allgemeine Angriff aus der Linie Wervicq—Deulemont beginnen und von einem allgemeinen Angriff der 4. und 6. Armee begleitet werden. Der Stoß sollte in nordwestlicher Richtung erfolgen.

Mit dem Einsatz dieser frischen Kräfte gelang es, erhebliche Fortschritte zu machen. Messines, Wytschaete und St. Eloi wurden genommen und damit ein direkter Einblick gewonnen nicht nur in das Tal, das dem beherrschenden Kemmelberg vorgelagert ist, son-

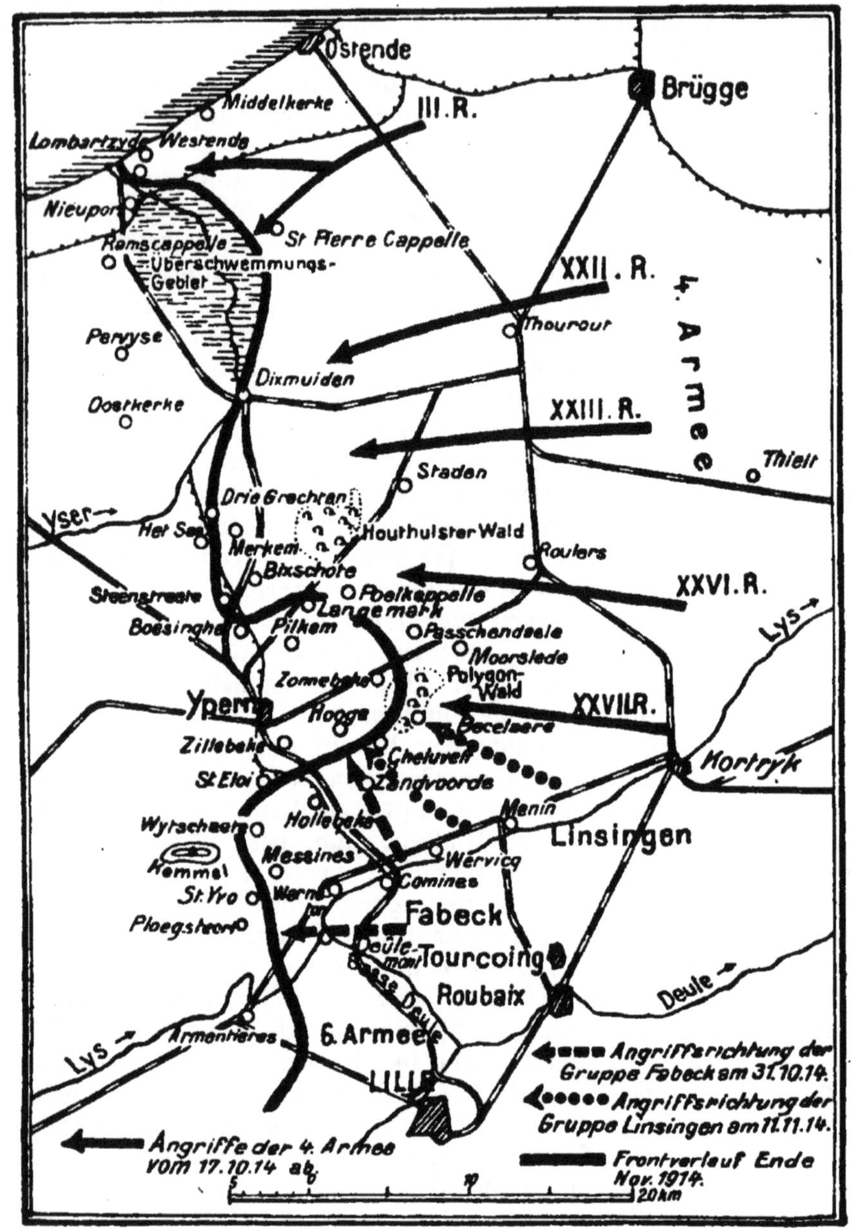

Karte 19. Die Schlacht an der Yser 1914.

dern auch nach Ypern selbst, so daß alles, was dort vorging, unter direktes Feuer genommen werden konnte: eine schlachtentscheidende

Bedeutung vermochten jedoch auch diese Kämpfe nicht zu erlangen. Sie waren ungeheuer blutig, besonders bei Messines und Wytschaete. Letzteres Dorf wechselte mehrere Male den Besitzer, bevor es endgültig in deutscher Hand blieb; aber die feindliche Übermacht war zu groß, und wenn auch die deutschen Truppen nirgends ernste Rückschläge erlitten, so kostete ihnen doch das langsame Vorwärtskommen unendlich viel Blut und brachte ihr Vorgehen endlich zum Stillstand. Es mußten abermals neue Kräfte eingesetzt werden. Es gelang noch, eine zusammengesetzte Garde-Infanteriedivision unter Generalleutnant von Winckler, die 4. Infanteriedivision und vom 16. November an die zusammengesetzte Division Hoffmann für den Norden frei zu machen und sie rechts neben der Gruppe Fabeck bis zum Polygonwalde einzusetzen, wo dann das XXVII. Reservekorps anschloß. General von Linsingen sollte sie führen. Aber auch diese Gruppe, die den 11. November angriff, vermochte — wenn sie auch dauernd im Vorgehen blieb — einen entscheidenden Erfolg nicht mehr zu erkämpfen. Auch Mitte und linker Flügel der 6. Armee kamen nicht mehr vorwärts; nur die 4. Armee hatte noch einen Erfolg zu verzeichnen. Hier war neben einigen Landwehrtruppen auch die Marinedivision eingesetzt worden, und es gelang diesen Truppen, indem sie einen Vorstoß des Feindes zurückwiesen, Lombartzyde, das verlorengegangen war, im Nachstoß zurückzugewinnen. Noch größer aber war der Erfolg bei Dixmuiden, das von ungefähr zwei französischen Divisionen verteidigt wurde. Das XXII. Reservekorps und die 4. Ersatzdivision nahmen den Ort am 10. November im wütenden Handgemenge und brachten damit einen der wenigen Brückenköpfe zu Fall, die der Gegner auf dem rechten Yserufer noch festhielt. Auch Bixschote war von der 4. Armee genommen worden.

Im großen und ganzen aber hatten die Kämpfe, die bis Mitte November in gleicher Erbitterung auf der ganzen Nordfront tobten, nur den Erfolg, daß sie die Linie endgültig festlegten, die die Deutschen dauernd besetzen sollten.

Der rechte Flügel der 6. Armee, bei der St. Yves noch zuletzt von der Heereskavallerie genommen worden war, reichte fortan über Messines, Wytschaete nach St. Eloi. Dort schloß der Ypernbogen an, der über Zwarteelen und Reutel im Bogen über Langemarck, das die Engländer hartnäckig behaupteten, bis nach Steenstrate führte, das die Verbündeten besetzt hielten. Von diesem Dorf an folgte die deutsche Stellung im allgemeinen dem Ypernkanal und der Yser selbst bis zum Meere. Dixmuiden und Lombartzyde waren in deutscher Hand.

In dieser Linie fanden auch nach Mitte November noch einige Kämpfe statt. Die Verbündeten mußten ihren Plan, Belgien zu befreien und von dort gegen den Rhein vorzudringen, endgültig aufgeben. Aber auch den Deutschen war es nicht möglich, nach Calais und Dünkirchen durchzubrechen. Immerhin war es ihnen gelungen, die Yser-Linie und südlich Ypern die beherrschenden Höhen zu gewinnen und so von neuem die Überlegenheit der deutschen Waffen selbst einer gewaltigen Übermacht gegenüber festzustellen. Nur den Ypernbogen selbst vermochten die Engländer festzuhalten. So endete der Westfeldzug des Jahres 1914, ohne daß an irgendeiner Stelle eine Entscheidung gefallen wäre.

Den 20. November begann der Abtransport starker Truppenteile nach Polen, nachdem bereits am 30. Oktober mit dem Abfahren von Kavallerie begonnen worden war, unter der sich auch das Kavalleriekorps Richthofen mit der 6. und 9. Kavalleriedivision befand. Ihnen folgte etwas später das Korps Hollen, das aus der 2. und 4. Kavalleriedivision bestand.

Mittlerweile war schon am 8. November 1914 die Marinedivision in eine Marinekorps umgewandelt worden, dessen Generalkommando in Gent lag. Seine Infanterie bestand aus drei Matrosenregimentern und der Marineinfanterie, während die Matrosenartillerie die belgische Seefront besetzte und die Küste armierte. Es wurden 30 Geschütze schwersten Kalibers, darunter fünf 38-cm- und vier 30-cm-Geschütze, und außerdem eine Menge Schnelladekanonen von 21-cm- bis zum 10-cm-Kaliber herangebracht. Sie deckten fortan gegen alle feindlichen Angriffe und schützten die Flanke der Armee.

Auswirkung und Bedeutung des ersten Feldzuges im Westen.

Während in Flandern um die Entscheidung gerungen wurde, stand auch auf der übrigen Westfront die kriegerische Tätigkeit nicht still. Entscheidende Kämpfe wurden zwar nirgends geliefert, dagegen kam es beiden Parteien darauf an, den Feind zu verhindern, Truppen aus der betreffenden Front fortzuziehen und in den Entscheidungskampf einzusetzen. Auch wurden örtliche Verbesserungen der Stellung überall angestrebt. So ruhten die Waffen eigentlich niemals, und auf der ganzen Front tobte der Kampf. Deutsche und ihre Gegner hatten das gleiche Interesse, den Feind festzuhalten und ihre Linie möglichst uneinnehmbar zu machen. Westlich Lille und an der Lorettohöhe, bei Arras und Bapaume wurde erbittert gekämpft. Bei dieser Stadt gelang es, den Feind um etwa 15 km zurückzudrücken. Albert blieb in seiner Hand. Der Straßenknotenpunkt Roye aber fiel nach langen wechselnden Kämpfen in deutschen Besitz. Auch an der Aisne wurde heftig gefochten. Bemerkenswert ist hier besonders das Gefecht bei Vailly, bei welchem das III. preußische Korps dem Feinde mit dem gleichnamigen Städtchen zugleich die ihm am rechten Aisneufer vorgelagerten Höhen entriß. Auch in dem schwierigen Waldgebirge der Argonnen machten die Deutschen sichere Fortschritte, und ebenso wahrten sie in den Vogesen in fast täglichen Gefechten ihren

Besitzstand. Bei St. Mihiel dagegen, das sie allen Gegenangriffen zum Trotz behaupteten, vermochten sie keine weiteren Fortschritte zu machen.

Das Charakteristische an allen diesen Kämpfen ist, daß man die überall zugunsten des Entscheidungsfeldes dünn gewordenen Linien der Infanterie durch vermehrte Artillerie zu verstärken und die Infanterie selbst durch Eingraben, schwer zu überwindende Hindernisse und bombensichere Unterkunftsräume gegen die feindliche Artillerie und die Angriffe des Gegners zu schützen suchte. So entstand allmählich der Grabenkrieg, der sich zu einer wahren Kunst entwickelte, bis endlich auch in Flandern die stürmische Offensive abflaute, weil beide Gegner vor den feindlichen Verteidigungslinien ermüdeten und einsahen, daß ein durchschlagender Erfolg mit den eingesetzten Kräften doch nicht zu erzielen sei. Auch hier bequemten sich beide Parteien allmählich zum Grabenkrieg. Aber dennoch herrschte ein gewaltiger Unterschied.

Der erste Kriegsplan der Deutschen war, wie wir wissen, mißglückt. Sie hatten mit einem gewaltigen Schlage die westlichen Gegner niederwerfen wollen, um sich dann gegen Rußland zurückzuwenden. In der Entscheidungsstunde hatte ihre strategische Kraft versagt, und sie waren an die Aisne zurückgegangen. Sie hatten dann darum gekämpft, den Feldzug wenigstens vorteilhaft enden zu können. Sie wollten die Verbindungslinie zwischen England und Frankreich bedrohen, sich bei Calais zwischen die beiden Verbündeten drängen und so für den nächsten Feldzug günstige Bedingungen schaffen. Auch dieser Plan war mißlungen, weil die Feinde zunächst das Meer zu Hilfe riefen, als die Deutschen im Begriff standen, den Sieg zu erringen, weil diese an sich zu einer Offensive mit so weiten Zielen zu schwach waren, und weil später die Übermacht der Gegner zu groß war, um entscheidend geschlagen werden zu können. Sollen doch die Engländer allein 65 englische und 12 indische Regimenter im Felde gehabt haben, während auf dem gesamten Kriegsschauplatz im Westen Mitte Oktober etwa 2300000 Mann auf seiten der Verbündeten gegen 1700000 Deutsche fochten, wobei nur Kampftruppen ohne Etappen- und Ersatzformationen gerechnet sind. So mußten sich die Deutschen mit einem halben Erfolge begnügen und an der Yser haltmachen. Für sie drehte sich jetzt der Kriegsplan vollständig um.

War es bisher ihre Aufgabe gewesen, im Westen die Entscheidung zu suchen, und war der Versuch, diese Aufgabe durchzuführen, bis zu einem gewissen Grade von den Verhältnissen ermöglicht worden, so waren die Bedingungen des Krieges jetzt durchaus andere geworden. Die Gefahr im Osten war für Deutsche und Österreicher zu einer Höhe angeschwollen, die ein Einschreiten mit stärkeren Massen zu einer unabweisbaren Notwendigkeit machten. Infolgedessen mußte man sich jetzt entschließen, die Kriegsentscheidung im Osten zu suchen, und bis diese erfochten war, im Westen unbedingt defensiv zu bleiben. Dieser Gesichtpunkt mußte fortan die ganze Kriegführung beherrschen. Gerade weil das aber der Fall war, mußten sich die Verbündeten nun erst recht aufgefordert fühlen, offensiv zu verfahren und ihrerseits den Sieg zu erfechten, bevor sich die Deutschen nach völliger Niederwerfung ihrer östlichen Feinde wieder mit ihrer Gesamtmacht gegen sie zurückwenden könnten. Sie mußten die augenblickliche notgedrungene Schwäche ihres gewaltigen Gegners benutzen, um ihn völlig niederzuwerfen.

Während also für die Deutschen ein defensives Verhalten im Westen zu einem Gebot der Notwendigkeit wurde, war umgekehrt für ihre Gegner die kühnste, Entscheidung suchende Offensive durch die Verhältnisse angezeigt, und sie war das um so mehr, als die Verbündeten sehr wohl wußten, daß ihnen ihr Gegner, wenn auch nicht an Zahl, doch sachlich in jeder Weise überlegen und keineswegs geschlagen war, sondern daß er nur einer besonders ungünstigen Verkettung von Umständen es zu verdanken hatte, daß er mit seinem Siegerwillen in dem aufgezwungenen Kriege nicht durchgedrungen war. So war auf der einen Seite die Defensive eine Notwendigkeit, auf der anderen die Offensive geboten.

Daß der verantwortliche Führer der Deutschen ein kranker Mann war, und daß deshalb die Zügel der Obersten deutschen Heeresleitung in den entscheidenden Tagen am Boden schleiften, ist bereits erwähnt worden. Auch war Generaloberst von Moltke wohl der Ansicht, daß man die Selbständigkeit der Armeeführer so wenig als möglich beschränken dürfe. Nur durfte dieses Gewährenlassen niemals so weit gehen, daß dadurch die Absichten der Obersten Heeresleitung überhaupt nicht mehr zur Durchführung kommen konnten. Das war aber — wie wir sahen — leider der Fall. In der Tat wurde es vollkommen versäumt, durch angemessene Befehle Einheitlichkeit und Zusammenhang in das Vorgehen der einzelnen Armeen zu bringen. Diese waren auf den Verkehr untereinander angewiesen. Auch ist schon erwähnt worden, daß das Große Hauptquartier viel zu weit von den Armeen entfernt war, um sie zweckmäßig leiten zu können, und daß es ein entschiedener Fehler war, mehrere Armeekorps vom Entscheidungsflügel nach dem Osten zu senden, bevor in Frankreich eine Entscheidung gefallen war.

Ursprünglich sollten sogar sechs Armeekorps dorthin gehen, und General von Moltke soll einen solchen Entschluß nur gefaßt haben, weil er geglaubt haben soll, daß die Entscheidung zugunsten Deutschlands bereits gefallen sei. Er soll das daraus gefolgert haben, daß wenigstens die 2. Armee ihm andauernd von dem fluchtartigen Rückzug der Franzosen sprach. Er selbst stellte die Sache durchaus anders dar und bezeichnete die Absendung nach dem Osten einfach als einen Fehler. Die Korps vom rechten Flügel schickte er sofort ab, weil sie seiner Ansicht nach nach der Einnahme von Namur gewissermaßen bereit standen; die vier anderen aber, von denen zwei aus der Mitte, zwei vom linken Flügel der Gesamtarmee genommen werden sollten, wurden dann überhaupt nicht abgeschickt, teils weil sie im Osten überflüssig erschienen, teils weil sie im Westen notwendig waren. Auch das ergebnislose Anrennen an die südlichen Sperrfestungen Frankreichs war die Folge davon, daß die Angriffskraft der Deutschen weit überschätzt wurde.

Damit aber ist die Reihe der Handlungen noch keineswegs erschöpft, die das Scheitern der Westoffensive zur Folge hatten.

Graf Schlieffen, der frühere Generalstabschef, hatte den Gedanken gefaßt, daß man durch Belgien vormarschierend Frankreich von Norden her angreifen und zugleich von England trennen müsse. Dieser Gedanke war durch die Verhältnisse notwendig und vom Grafen Schlieffen mit der größten Folgerichtigkeit durchgeführt werden. In der Tat war es kaum anders möglich, Frankreich anzugreifen. Südlich Verdun war es durch die Natur des Geländes und die Befestigungen von Toul, Nanzig, Epinal und Belfort gegen jeden raschen Erfolg gesichert; nördlich von Verdun aber waren die Befestigungen weniger bedeutend, und zugleich forderte die Größe moderner Armeen einen Spielraum, wie er nur durch die Eroberung Belgiens gewonnen werden konnte. Rasch aber mußte ein durchschlagender Erfolg auf alle Fälle errungen werden, da man den Russen doch nur eine bestimmte Zeit lassen konnte, bevor man sich gegen sie zurückwandte. Man glaubte zwar nach den Erfahrungen des Japanischen Krieges auf die Langsamkeit und Schwerfälligkeit ihrer Operationen rechnen zu können, dagegen wußte man, wie gesagt, sehr gut, daß sie ihre Mobilmachung und die Versammlung ihrer Armee sehr wesentlich beschleunigt hatten. Der Durchmarsch durch Belgien wurde daher ganz allgemein und nicht bloß in Deutschland als eine Notwendigkeit angesehen.

Dementsprechend wollte Graf Schlieffen einen möglichst starken Nordflügel bilden, weil er darin das Wesentlichste der ganzen Operation sah. In Lothringen dagegen und weiter südlich wollte er möglichst defensiv bleiben. Mit 23 Armeekorps, 12½ Reservekorps und 8 Kavalleriedivisionen wollte er die große Schwenkung durch Belgien und Nordfrankreich mit dem Drehpunkt Metz—Diedenhofen ausführen. In Lothringen sollten zum Schutz der linken Flanke des Heeres rechts der Mosel nur dreieinhalbes Armeekorps, ein Reservekorps und drei Kavalleriedivisionen zurückbleiben. Metz, das den Stützpunkt für die große Schwenkung bildete, sollte außer seiner Kriegsbesatzung noch sechs Landwehrbrigaden und starke schwere Artillerie, Straßburg außer der Kriegsbesatzung eine Reservedivision erhalten. Am Oberrhein sollten dreieinehalbe Landwehrbrigaden, im Unterelsaß nur eine Landwehrbrigade verbleiben. Metz selbst aber sollte im Sinne einer großen Feldstellung Mosel—Deutsche Nied—Saar ausgebaut werden.

Beim Angriff sollte die nördlichste Gruppe der Armee neun Armeekorps und fünf Kavalleriedivisionen stark sein, denen zur Einschließung von Antwerpen und zur Deckung der rechten Flanke sieben Reservekorps folgen sollten. Außerdem sollten von den zunächst in Lothringen rechts der Mosel befindlichen Korps zwei so bald als möglich dem rechten Flügel folgen, wenn die Franzosen hier überhaupt nicht angriffen.

Die mittlere Gruppe, sechs Armeekorps und eine Reservedivision stark, sollte gegen die Linie Namur—Mezières, die Südgruppe, acht Armeekorps und zwei Kavalleriedivisionen umfassend, gegen die Linie Mezières—Verdun vorgehen. Fünf Reservekorps sollten in Anlehnung an Metz die linke Flanke der Armee gegen ein Vorgehen des Feindes aus der Linie Toul—Verdun auf den linken Moselufer decken. Sechzehn Landwehrbrigaden sollten der Angriffsarmee nördlich und südlich der Maas folgen. Außerdem sollten acht Ersatzdivisionen, die 1914 auf sechseinhalb zusammenschrumpften, sobald die Eisenbahnen einigermaßen frei waren, hinter dem rechten Flügel des Heeres hermarschieren. Auch der Landsturm und die in den Festungen befindlichen Landwehren sollten sofort aufgeboten und zur Besetzung des Etappengebiets verwendet werden. Dank dieser Gruppierung sollten die Franzosen immer von neuem in ihrer linken Flanke angegriffen und nach Südosten zurückgeworfen werden. Auch Paris wollte man, wenn nötig, umgehen. Sieben Armeekorps wollte man zur Umgehung der französischen Hauptstadt, sechs neue Korps zu ihrer Einschließung auf der Süd- und Westseite verwenden. Alles war darauf berechnet, die französische Armee nach Südosten abzudrängen, zu vernichten und damit wirkliche Freiheit zum Kampf gegen Rußland zu gewinnen. Der Plan war ebenso einfach wie großartig und mußte, wenn es überhaupt möglich war, zum Erfolge führen. Er war um so zweckmäßiger, als er auch genügend Truppen zur Rückensicherung gegen England bereitstellte.

Leider aber hat man ihn keineswegs ausgeführt.

Man hielt zwar an dem Grundgedanken der Umgehung durch Belgien fest, glaubte aber gleichzeitig den linken Flügel verstärken und das Land vor feindlichem Einbruch direkt schützen zu können. Die hierzu nötigen Truppen konnten natürlich nur dem rechten Stoßflügel entnommen, dieser mußte also geschwächt werden, was um so bedenklicher erscheint, als man doch auch an einen Krieg mit England denken mußte. Fast scheint es, daß man einen solchen, wie das ja auch in der Politik der Fall war, für unmöglich gehalten hat. Jedenfalls waren keinerlei Truppen vorgesehen, um die rückwärtigen Verbindungen der Armee gegen England zu decken.

In diesem Gedankengange war der deutsche Aufmarsch, wie er 1914 tatsächlich ausgeführt wurde, leider entworfen. 26 Armeekorps im ganzen sollten die geplante Schwenkung durch Belgien und Nordfrankreich mit dem Drehpunkt Metz—Diedenhofen ausführen, die diesen Festungen am nächsten stehenden Armeen aber sollten jederzeit bereit sein, nach Süden einzuschwenken. Die 6. Armee war fünf Armeekorps stark gemacht worden und marschierte zwischen Kurzel—Saarburg—Saargemünd auf, die 7. — drei Armeekorps stark — bei Straßburg und am Oberrhein. Beide waren dem Oberbefehl des Kronprinzen Rupprecht von Bayern unterstellt, der den Auftrag hatte, falls die Franzosen nicht ihrerseits angriffen, gegen die Mosel unterhalb Frouard und gegen die Meurthe vorzustoßen, um die Franzosen am linken Flügel festzuhalten, oder, falls diese mit überlegenen Kräften selbst zwischen Metz und den Vogesen vorgingen, ihnen zunächst auszuweichen, eine Bedrohung des linken Flügels der Hauptkräfte der deutschen Armee aber zu verhindern. Die 7. Armee hatte außerdem das Oberelsaß und das südliche Baden während der Aufmarschbewegung zu decken, „damit das Land nicht schutzlos jeder feindlichen Unternehmung preisgegeben würde". Doch war diese Aufgabe ausdrücklich als eine vorübergehende bezeichnet: das Hauptgewicht lag auf dem Zusammenwirken mit der 6. Armee. Vor stärkeren Kräften sollte auf die Breuschstellung zurückgegangen werden.

Man sieht den gewaltigen Unterschied zwischen diesem Aufmarsch und dem Schlieffenschen Plan. Dieser war einfach und klar. Er gab zu keinerlei Zweifeln Anlaß. Bei dem wirklich ausgeführten Moltkeschen Aufmarsch aber war nicht nur der rechte Flügel zu schwach, sondern auch die Aufgabe des linken unklar und zwiespältig. Verschlimmert wurden diese Verhältnisse noch dadurch, daß die Ersatzdivisionen alle beim ersten Anzeichen eines feindlichen Angriffs auf Elsaß-Lothringen auf den linken statt auf den rechten Flügel des Heeres gefahren wurden, und auch in der Ausführung hat man dem Schlieffenschen Grundgedanken zuwider und überhaupt unzweckmäßig gehandelt.

Für den Fall, daß die Franzosen mit starken Kräften zwischen Metz und den Vogesen vorgehen würden, war beabsichtigt, mit der 6. Armee auf die Saar zurückzugehen, und dann, wenn die Franzosen folgten, ihnen von Metz und Straßburg aus in die Flanke zu fallen und sie womöglich zu vernichten. In diesem Sinne aber ist keineswegs verfahren worden. Die Niedstellung, die hierbei die Franzosen in ihrer linken Flanke fesseln sollte, ist überhaupt nicht zur Wirkung gekommen, sondern man hat sich auf das Drängen des Armeeführers hin entschlossen, die Franzosen gleich an der Grenze zu schlagen und zurückzuwerfen, ohne ihre Armee zu zertrümmern, wie das sehr wohl möglich gewesen wäre. Wahrscheinlich haben die Nerven gefehlt, um den Feind weit genug in das Land hineinzulassen und dann erst in entscheidender Richtung anzugreifen. Möglich aber ist es auch, daß man Lothringen dem Feinde, wenn auch nur kurze Zeit, ebensowenig preisgeben wollte wie das Elsaß und daher schon an der Grenze die Schlacht schlug, die erst an der

Nied und an der Saar geschlagen werden sollte. Aber man ging noch weiter.

Man verbiß sich darauf, in die sogenannte „Troué de Charmes“ eindringen zu wollen, um auch den rechten Flügel der Franzosen zu umfassen. „Aus der großen Umgehung durch Belgien und Nordfrankreich“, schreibt General der Infanterie von Kuhl, „sollte nun eine Umfassung rechts und links, eine Einkreisung werden. Sie mißlang auf beiden Seiten.“ Am eigenen linken Flügel gelang es — wie vorauszusehen war — nicht, die Linie der französischen Sperrbefestigungen zu durchbrechen. Man legte nur eigene Kräfte fest, ohne feindliche fesseln zu können. Am rechten Flügel aber kam man, wie wir sahen, viel zu schwach vor Paris an, um an eine weite Umgehung denken zu können. Man wollte zwar die französische Armee nach Südosten abdrängen, aber man war viel zu schwach, um zugleich Paris und die Engländer am Eingreifen zu verhindern. So kam es, daß man infolge widerspruchsvoller Befehlsgebung auch die einzelnen Armeen zu widerspruchsvollem Handeln verleitete, sich zum Rückzug entschließen mußte und den Feldzug verloren gab.

Man hat ferner viel zu spät daran gedacht, die 7. Armee aus dem Elsaß auf den rechten Flügel heranzuziehen und sie der Angriffsarmee als Flügelstaffel folgen zu lassen. Als solche hat man sie überhaupt nicht verwenden können, wie es doch dringend nötig gewesen wäre; sondern man hat sie brauchen müssen, um noch im letzten Moment, als die Franzosen eigentlich schon durchgebrochen waren, die Lücke, die zwischen der 1. und 2. Armee schon vor Paris entstanden war, an der Aisne auszufüllen und so den allgemeinen Zusammenbruch zu verhüten. Nur dem äußersten Heldenmut der Truppe ist es zu verdanken, daß das überhaupt gelang. Auch die Kräfte der 6. Armee sind viel zu spät auf den linken Flügel gezogen worden. Ebenso hat man viel zu spät erkannt, daß das ganze Schwergewicht des Feldzuges, besonders da England an dem Kriege teilnahm, auf dem rechten Flügel lag, daß alles darauf ankam, diesen so stark wie möglich zu machen und den Krieg überhaupt nach dem ursprünglichen Schlieffenschen Plan zu gewinnen. Man hat den Feldmarschall nachzuahmen gesucht, aber seinen Geist hatte man nicht geerbt. In seinem Sinne zu handeln, das war der deutschen Obersten Heeresleitung nicht gegeben. Sie ließ sich durch Nebenrücksichten von der logischen Durchführung des Hauptgedankens abwendig machen, unterschätzte vollständig die Widerstandsfähigkeit der französischen Befestigungen auf deren rechtem Flügel und kam schließlich dazu, den wichtigsten Friederizianischen Grundsatz zu verletzten, den der große König überall durchgeführt hat: Wer alles decken will, deckt nichts.

So war der Feldzug gründlich verfahren und die Masse des Heeres in falschen Richtungen verwendet, als General von Falkenhayn das Kommando übernahm, und man kann gewiß nicht leugnen, daß er mit großem Geschick und frischer Tatkraft den Feldzug im Westen auf eine neue Basis stellte. Den Bewegungskrieg, der der deutschen Eigentümlichkeit am besten entsprach, aufrecht zu erhalten, hat er allerdings nicht verstanden. Es hätte dazu eine gewaltige Persönlichkeit gehört, die den Mut gehabt hätte, Gelände freiwillig preiszugeben, und vielleicht in einem exzentrischen Rückzug, der zu neuer Offensive geführt hätte, einen wirklich entscheidenden Sieg anzubahnen. Der Gedanke zu einer ähnlichen Operation ist dem General von Falkenhayn, glaube ich, gar nicht gekommen, und so entschloß er sich denn zu der nächstliegenden Art der Verteidigung: Festhalten der Aisnelinie und allmähliches Verlängern des rechten Flügels.

Die ursprüngliche Richtung, die beim Einmarsch in Frankreich eingeschlagen worden war, konnte er freilich nicht festhalten, nachdem schon unter seinem Vorgänger den Deutschen die Initiative entwunden war. Mit unleugbarem Geschick aber hat er verstanden, den Franzosen und Engländern die Umfassung des deutschen rechten Flügels unmöglich zu machen und zuletzt durch die rechtzeitige Wegnahme von Antwerpen und Vorsendung der neuen 4. Armee das Gesetz des Krieges wieder an sich zu reißen. Auch wäre er siegreich durchgedrungen, wenn nicht im letzten Augenblick die Belgier das Meer zu Hilfe gerufen und den Verbündeten dadurch die Zeit verschafft hätten, stärkere Kräfte heranzuziehen.

Schwerer ist es allerdings zu beurteilen, ob es wirklich nötig war, das XXIV. Korps nach Metz und das XXV. nach dem Osten zu senden, oder ob man nicht besser getan hätte, diese Reservekorps mit den übrigen vereint nach Flandern zu schicken; ob es nicht überhaupt zweckmäßig gewesen wäre, das Elsaß noch weit mehr, als es geschehen ist, von Truppen zugunsten der Flandernoffensive zu entblößen, ja es, wenn nötig, bis zur Breuschlinie ganz preiszugeben. Mehrere Armeekorps mehr hätten besonders zu Beginn der Flandernschlacht ein entscheidendes Gewicht in die schwankende Wagschale werfen und den so nötigen Sieg entscheiden können, während sie da, wo sie wirklich eingesetzt wurden, wenig Entscheidendes zu leisten imstande waren. Man gewinnt daher den Eindruck, als ob hier eine halbe Maßregel vorläge. Doch tut man zweifellos gut daran, sich eines abschließenden Urteils zu enthalten, da man doch nicht genau weiß, welche Verhältnisse vorlagen, welchen Zwang die Lage ausübte.

Nicht ganz unzweckmäßig scheint mir dagegen die spätere frontale Verteidigung des Elsaß. Man konnte jetzt, nachdem man die Offensive überhaupt aufgegeben hatte, durch eine Preisgabe dieses Landes nichts mehr gewinnen. Graf Schlieffen hat allerdings gesagt, man könne die Franzosen ruhig ins Elsaß einfallen lassen, da sie sehr schnell kehrtmachen würden, wenn erst der Vormarsch durch Belgien nach Nordfrankreich seine Wirkung täte. Dieser Ausspruch aber hatte nur dann eine zweifellose Berechtigung, wenn dieser Vormarsch im Schlieffenschen Sinne unternommen wurde. Das war, nachdem die Gesamtoperation einen andern Charakter angenommen hatte, gewiß nicht mehr der Fall. Solange die Offensive in Flandern einen bestimmten, wenn auch nur beschränkten Zweck verfolgte, kann man noch darüber im Zweifel sein, ob es nicht zweckmäßig gewesen wäre, dieser Offensive zuliebe, d. h. um mehr Truppen für Flandern frei zu machen, sich mit der Verteidigung auf die Rheinschranke, die Breuschlinie und den Donon zu beschränken und das übrige Elsaß dem Feinde preiszugeben; nachdem aber die Offensive im Westen überhaupt aufgegeben war, erscheint eine Verteidigung des Vogesenkammes durchaus zweckmäßig. Sie fesselte mehr Truppen des Feindes, als man selbst zu verwenden brauchte, und schützte deutsches Land.

Im allgemeinen sieht man, daß die deutsche Oberste Heeresleitung der gewaltigen Aufgabe nicht gewachsen war, die das Schicksal an sie stellte, teilweise wohl wegen der Erkrankung des Generals von Moltke, jedenfalls aber aus menschlich durchaus erklärlichen Gründen. Das Urteil über den Aufmarsch und die ersten Operationen aber muß unter allen Umständen außerordentlich hart sein. Doch ist dabei zu bedenken, daß es ein Urteil ist, das nachträglich gefällt wird, nachdem die Ergebnisse der einzelnen Handlungen bekannt geworden sind. Im Drange des Augenblicks jedoch, wo tausend verschiedene Rücksichten auf den Feldherrn einstürmen, ist es sehr schwer, das Richtige zu tun. Niemand kann sagen, was den Handelnden im Augenblick des Tuns bestimmt hat; welche Einflüsse sich geltend machten; welche politischen Verhältnisse das militärische Tun bedingten; welche Gedanken den einzelnen Handlungen zugrunde liegen; wer in letzter Linie die Verantwortung für das Geschehene trägt: schwerlich hat der Generalstabschef ganz frei nach seinen Eingebungen und Erwägungen handeln könnnen. Die Vergangenheit ist immer für uns ein Buch mit sieben Siegeln.

Noch weniger konnte Joffre die Verhältnisse überschauen. Aber er wußte zwei Dinge: zunächst, daß die Deutschen an der Marne keineswegs geschlagen waren. Er konnte das wenigstens aus dem Widerstande erkennen, den sie ihm an der Aisne leisteten, und den Angriffszwecken, die sie in Flandern verfolgten. Dann aber auch daraus, daß sie Truppen nach dem Osten beförderten. Um so mehr mußte er bestrebt sein, sie zu schlagen, solange ihre Hauptoffensivkraft im Osten beschäftigt war. Auch hat er sich zu dieser Überzeugung durchgerungen und hat sein möglichstes getan, um ihr gerecht zu werden. Auch die Engländer haben den richtigen Schluß aus den Verhältnissen gezogen. Das Volk sah ein, daß die Kräfte, die es bisher aufgeboten hatte, nicht genügten, um die Deutschen zu besiegen, daß es vielmehr der größten Anstrengungen bedürfe, um ihrer Herr zu werden, trotz der erdrückenden Überzahl ihrer Feinde.

Als daher der Kriegsminister Kitchener, der sich bisher damit begnügt hatte, eine Million Kriegsfreiwilliger zu fordern, jetzt eine zweite verlangte, wurde sie ihm anstandslos bewilligt.

Erst wenn man diese Dinge in ihrer Gesamtheit ins Auge faßt, wenn man erkennt, welches ungeheure Gewicht die Russen in die Wagschale der Entscheidung zu werfen hatten, wie wenig unsere Verbündeten im allgemeinen leisteten und wie sehr sie auf unsere direkte Unterstützung angewiesen waren, wenn man das alles sieht und dann erwägt, wie groß die Überzahl unserer Feinde war, dann muß man wahrhaftig erstaunen, daß wir uns dennoch siegreich jahrelang behaupten konnten; erst dann erhält man ein richtiges Verständnis für die Größe unserer Leistung und den scheinbar unbesiegbaren deutschen Heldenmut.

Unsere Blicke wenden sich daher zunächst nach dem Osten, aus dem gewaltige Horden sich gegen Deutschland heranwälzten, und wo das deutsche Schwert Dinge verrichtete, die an alte deutsche Heldensagen gemahnen.

Zweites Buch.

Die Offensive im Osten und der Beginn des Weltkrieges.

Die Schlachten bei Tannenberg und an den Masurischen Seen.

Solange im Westen noch um die Entscheidung gekämpft wurde, kam es im Osten darauf an, die Sachen hinzuhalten und die Grenzen des Reichs zu schützen. Da Deutschland von aller Zufuhr abgeschnitten war, mußte es, um leben zu können, darauf bedacht sein, wenigstens das eigene Land zu erhalten und mit ihm die heimische Getreideerzeugung. Von diesem Gesichtspunkt aus ist es vielleicht sogar erklärlich, daß man Truppen aus dem Westen nach Preußen schickte. Zu rechtfertigen aber ist es keinesfalls, und am wenigsten, daß man sie dem Entscheidungsflügel entnahm, ohne für Ersatz zu sorgen. Um so richtiger war es vielleicht, den Generalobersten von Prittwitz sofort vom Kommando im Osten abzulösen, sobald er die von ihm in dieser Form gewiß nicht geplante Schlacht von Gumbinnen hatte abbrechen müssen. Schon von Anfang an hatte der Chef des Generalstabes kein rechtes Vertrauen zu ihm, und nur aus formalen Rücksichten war er auf seinen Posten berufen worden. Jetzt wurde er durch die besten Männer ersetzt, über die man verfügen konnte: General der Infanterie von Hindenburg, der zur Zeit im Beurlaubtenstande lebte, wurde zum Oberkommandierenden der 8. Armee ernannt, und Generalmajor Ludendorff, der Urheber des Angriffs auf Lüttich, zu seinem Generalstabschef. Als sie beide in Marienburg, dem damaligen Hauptquartier, eintrafen, war die Armee bereits im vollen Rückzuge nach dem Westen, zugleich aber war der Entschluß gefaßt worden, an der Passarge noch einmal das Waffenglück zu versuchen. Auch war mit der Ernennung Hindenburgs der Wille des Kaisers dahin zum Ausdruck gebracht worden, daß für den Besitz Ostpreußens noch einmal eine Schlacht gewagt werden sollte, obgleich die Übermacht des Feindes eine geradezu erdrückende war. War doch die Njemen-Armee 260 000 Mann stark, die dazugehörige Gruppe Grodno etwa 90 000 Mann und die Narew-Armee 230 000 Mann, während Hindenburg zunächst nur über etwa 130 000 Mann verfügte.

Es wurde der neuen Heeresleitung denn auch sehr bald klar, daß mit einer frontalen Abwehr nichts zu machen sei. Eine solche mußte sehr bald erliegen. Dagegen bot die Trennung der beiden feindlichen Armeen, die Ostpreußen und die preußischen Lande bedrohten, die Möglichkeit, sie vereinzelt nacheinander zu schlagen. Dazu aber gehörte ein großes Glück und ein fast übermenschlicher Wagemut. Die Narew-Armee war auf Gilgenburg—Osterode im Vormarsch, die Njemen-Armee hatte bei Gumbinnen gesiegt. Sie konnte vor Königsberg rücken, um es zu belagern, sie konnte aber auch gegen die Weichsel vorgehen und nur ein Korps vor Königsberg stehen lassen. Dann war eine Verteidigung auf der inneren Linie überhaupt unmöglich. Ein einfacher Vormarsch Rennenkampfs konnte alle Pläne unmöglich machen, die auf die Trennung der beiden feindlichen Armeen berechnet waren. Es war daher ein gewaltiger Entschluß, zwei bis drei Tagemärsche von einer weit überlegenen Armee entfernt eine Entscheidungsschlacht zu schlagen. Gerade das aber war Hindenburgs Plan.

Schon vor seiner Ankunft in Marienburg war befohlen worden, daß das I. Reservekorps, das XVII. Korps und die Hauptreserve von Königsberg am 23. — am Tage, an dem der neue Oberkommandierende in Marienburg ankam — zu rasten hätten, das I. Korps aber nicht in Goßlershausen — wie bisher befohlen —, sondern schon in Deutsch-Eylau ausladen sollte. Die Landwehrdivision von der Goltz, die bisher in Schleswig-Holstein im Grenzschutz verwendet worden war, befand sich im Anmarsch. Es war die einzige Verstärkung, die der Armee von außen tatsächlich zuging. Das XX. Korps aber mit der 70. Landwehrbrigade, die mit einzelnen bisher aus den Festungen herausgezogenen Truppenteilen die Landwehrdivision von Unger bildete — achtzehn Bataillone, sechs Eskadrons, acht Feld- und zwei schwere Batterien —, denen bisher allein die Deckung gegen die Narew-Armee anvertraut war, stand auf den Höhen von Gilgenburg. Alle noch irgend verfügbaren Teile der Kriegsbesatzungen Thorn, Kulm, Graudenz und Marienburg wurden nach Strasburg und Lautenburg gefahren und bildeten dort eine angriffsfähige Truppe unter dem Befehl des Generals von Mülmann, etwa in der Stärke einer verstärkten Brigade; die 3. Reservedivision sollte sich bei Hohenstein versammeln.

Alle diese Maßregeln wurden wesentlich erleichtert durch einen aufgefangenen Funkspruch des Feindes, der dessen Maßregeln für die nächsten Tage erkennen ließ. Danach marschierte die Narew-Armee links gestaffelt mit dem VI. Korps über Ortelsburg auf Bischofsburg, das am 26. erreicht werden sollte, und mit dem XIII. über Neidenburg und Passenheim auf Allenstein, das besetzt wurde. Es folgten das XV. und XXIII. Korps, mit denen das deutsche XX. schon gefochten hatte, und deren südlichste Staffel etwa bei Waplitz stand, und noch weiter rückwärts und nach Westen herausgeschoben das I. kaukasische Armeekorps über Mlawa auf Soldau, durch einige Kavalleriedivisionen gegen Strasburg und Lautenburg gedeckt.

In diesen Vormarsch, der auf verhältnismäßig engem Raum vor sich ging, galt es, von allen Seiten hineinzustoßen. Während

General von Mülmann die Flanke zu decken hatte, sollte das I. deutsche Armeekorps bei Usdau, das durch die Landwehrdivision Unger verstärkte XX. mit der 3. Reservedivision die Linie Waplitz—Hohenstein, und die Landwehrdivision von der Goltz Hohenstein selbst angreifen. Das I. Reservekorps und das XVII. Korps mit der 6. Landwehrbrigade waren derart vom Feinde gelöst worden, daß erst das XVII. Korps unter dem Schutz der 1. Kavalleriedivision und des I. Reservekorps, dann dieses letztere selbst abmarschierte, so daß zuletzt nur die Division Brodrück, Hauptreserve von Königsberg, und die 1. Kavalleriedivision am Feinde blieben, letztere, um als einzige Truppe den Rücken der 8. Armee gegen Rennenkampfs gewaltige Heerscharen zu decken. Man kann sich das Verhalten dieses Generals nur dadurch erklären, daß er die deutsche Armee geschlagen und auf Königsberg zurückgeworfen glaubte und für seine eigene linke Flanke sowie für die Narew-Armee infolgedessen keinerlei Besorgnis empfand. Mittlerweile aber sollten die beiden deutschen Armeekorps mit der 6. Landwehrbrigade, die sich unter dem Schutz der 1. Kavalleriedivision vom Feinde gelöst hatten, gegen Flanke und Rücken der Narew-Armee unter Samsonow vorgehen, und zwar das XVII. am weitesten südlich. Der Angriff des verstärkten XX. Korps sollte erst am 27. stattfinden, weil das I. Korps nicht früher kampfbereit sein konnte; dann aber spielte sich die Schlacht ganz programmäßig ab.

Das VI. russische Korps wurde schon beim ersten Zusammentreffen vom XVII. auf Ortelsburg zurückgeworfen, das I. kaukasische aber wurde absichtlich aus der Umklammerung herausgelassen, weil sonst die 8. Armee zu weit hätte auseinandergezogen werden müssen. Hindenburg begnügte sich damit, es über Soldau vom I. deutschen Korps zurückwerfen und von der Brigade Mülmann beobachten zu lassen. Auch sein späterer Vorstoß auf Neidenburg am 30. August, um der arg bedrängten russischen Armee zu Hilfe zu kommen, wurde durch das I. deutsche Korps zurückgewiesen, das mittlerweile selbst nach Neidenburg vorgegangen war. Auf Passenheim und Willenberg stieß das XVII. Korps durch, während das I. Reservekorps, das Allenstein wieder nahm — weiter nördlich gehalten —, der Landwehrdivision von der Goltz die Hand reichte, und die 3. Reservedivision mitten durch den Feind hindurch nach Muschaken gelangte und so den eisernen Ring schloß, der die Narew-Armee umklammerte. Alle noch so verzweifelten Versuche des Feindes, auf irgendeiner Seite durchzubrechen, blieben erfolglos. Hohenstein, das vorübergehend von den Russen besetzt worden war, wurde genommen; am 30. kam es bei Muschaken und Neidenburg noch zu sehr ernsten Kämpfen, da, wie gesagt, das I. kaukasische Korps von Mlawa aus gegen den Rücken der Deutschen vorging: aber an dem Erfolge der deutschen Waffen war nichts mehr zu ändern. Die Narew-Armee war vernichtet, bevor die deutschen Verstärkungen aus dem

Westen eintrafen; Samsonow scheint sich in der Verzweiflung erschossen zu haben. 40 000—50 000 tote Russen bedeckten das Schlachtfeld. 90 000 Mann mußten sich gefangengeben, unter ihnen befanden sich vier Generale; 516 Geschütze und Feldzeichen und unzähliges Kriegsgerät fielen in die Hände der Sieger. Nur Trümmer der Narew-Armee retteten sich über die Grenze. Von ihnen war so bald nichts mehr zu fürchten. Für die Deutschen aber gab es kein Rasten. Galt es doch, Ostpreußen zu befreien und der Njemen-Armee ein ähnliches Schicksal zu bereiten, wie es die Narew-Armee erlebt hatte. Eine doppelseitige Umfassung, wie sie bei Tannenberg stattgefunden hatte, war freilich nicht möglich, da der Feind sich mit dem rechten Flügel an das Meer lehnte, und bei seiner großen Überlegenheit und der Gesamtlage auch nicht anzustreben; immerhin aber ließ sich hoffen, durch Umfassung des feindlichen linken Flügels dem Gegner erhebliche Verluste beizubringen. Auch diese Operation aber war von unerhörter Kühnheit, denn abgesehen von der Überlegenheit des Feindes mußten bei Ossowietz und Augustow noch weitere Verstärkungen der feindlichen Armee ins Auge gefaßt werden. Hier waren noch vier bis sechs Divisionen in der Versammlung begriffen; außerdem hatte die russische Division 16 Bataillone, die deutsche nur 12, und die russische Armee zählte, auch ohne die erwarteten Verstärkungen, 24 Divisionen, während die deutsche einschließlich aller Verstärkungen nur 15 bis 16 Divisionen an den Feind führen konnte. Die Schlacht war also an und für sich ein äußerst kühnes Unternehmen, und zwar um so mehr, als die Russen bis an den Hals eingegraben waren und von der Kunst der Feldbefestigung den ausgiebigsten Gebrauch gemacht hatten.

Die Deutschen, die jetzt im ganzen etwa 170 000 Mann zum Angriff stark sein mochten, marschierten derart auf, daß die aus dem Westen herangekommenen Armeekorps, die bei Elbing und Allenstein ausgeladen wurden, auf dem linken Flügel verwendet wurden. Das Garde-Reservekorps stand an der unteren Passarge, das XI. Korps nördlich Allenstein; zwischen beiden das I. Reservekorps. Südlich dieser Stadt schloß das XX. Korps an, bei Passenheim stand das XVII. Den rechten Flügel der Armee bildete das I. Armeekorps bei Ortelsburg, noch weiter südlich zur Deckung der linken Flanke bei Willenberg stand die 3. Reservedivision; die Landwehrdivision von der Goltz war bei Neidenburg versammelt, und die Truppen des Generals von Mülmann sollten von Soldau aus auf Mlawa vorgehen. Die 8. Kavalleriedivision endlich sollte über Lötzen vorstoßen, wohin sie im Marsch war; die 1. Kavalleriedivision ohne eine Brigade, die bei Johannisburg stand, sollte ihr ebendorthin folgen. Die Schwierigkeiten aber, die für diesen Aufmarsch und die demnächstige Leitung der Operationen zu überwinden waren, waren viel größer, als man es heute denkt. Die Kolonnen und

Trains mußten oft die künstlichsten Wege fahren, um in ihren richtigen Aufmarschraum zu gelangen, und die Fernsprechanlagen waren sehr lückenhaft. Vielfach mußte man sich damit begnügen, die Befehle durch Kraftwagen zu übersenden. Nichtsdestoweniger konnte der Vormarsch am 7. September angetreten werden, also zu einer Zeit, wo man auf dem Westkriegsschauplatz an der Marne um eine Entscheidung rang, die die weittragendsten Folgen haben mußte.

Den Deutschen gegenüber stand die russische Armee in der Linie Labiau—Wehlau—Gerdauen—Nordenburg—Angerburg mit Seitenabteilungen bis in die Gegend von Arys, und zog starke Kräfte von Ossowietz heran. Auf diese stieß schon am 8. September die 3. Reservedivision mit der Landwehrdivision von der Goltz, die ihr nachgezogen worden war, bei Biala und schlug sie entscheidend zurück, so daß sie in die Hauptentscheidung nicht eingreifen konnten. Auch wurden sie durch die Landwehrdivision Goltz gefesselt, die vor Ossowietz stehen blieb, während die 3. Reservedivision unter Generalleutnant von Morgen, nachdem sie den Feind nochmals am 11. September geschlagen hatte, gegen Augustow und Suwalki vorging und hier die Armee bei deren weiterem Vorgehen in ihrer rechten Flanke deckte. Zu dieser war mittlerweile auch die Hauptreserve von Posen in einer Stärke von neun Bataillonen, einer Eskadron, zwei Feldbatterien, zwei 10-cm-Kanonenbatterien und einer Pionierkompanie herangezogen worden. Sie wurde zwischen der Hauptreserve Königsberg, die an der Deime den äußersten linken Flügel der Armee bildete, und dem Garde-Reservekorps eingeschoben. Dann trat die Armee auf der ganzen Linie den Vormarsch an.

Die frontalen Angriffe der Truppen hatten den starken russischen Stellungen gegenüber wenig Erfolg, bis die Umfassung des linken russischen Flügels die Entscheidung brachte. Hier war das XVII. Korps, das mit den beiden Kavalleriedivisionen vereint über Lötzen vorgegangen war, ebenfalls auf starken Widerstand gestoßen und war nicht vorwärts gekommen. Das I. Armeekorps, das über Nikolaiken und Johannisburg vorgedrungen war, mußte scharf nach Norden gedreht werden und machte ihm Luft. Als hier aber der Sieg errungen war, machte sich der Druck gegen den linken Flügel der Russen auf der ganzen Front geltend, und die russische Armee trat den Rückzug nach dem Njemen an, in ihrer linken Flanke fortdauernd überflügelt. Rennenkampf scheint an einen ernsten Widerstand überhaupt nicht, sondern unter dem Eindruck der Schlacht von Tannenberg nur daran gedacht zu haben, seine Armee hinter den Njemen zu retten. Die Hauptreserven Königsberg und Posen drängten auf Tilsit vor, das I. Reservekorps auf Groß-Aulowöhnen; der XI. auf der Linie Gumbinnen—Stallupönen; das XX. auf Darkehmen, das XVII. dicht nördlich der Rominter Heide. Das I. Korps ging dicht südöstlich der genannten Heide überflügelnd vor, und endlich die beiden Kavalleriedivisionen dem I. Korps weit voraus gegen die Straße Mariampol—Kowno. So wurde die gewaltige russische

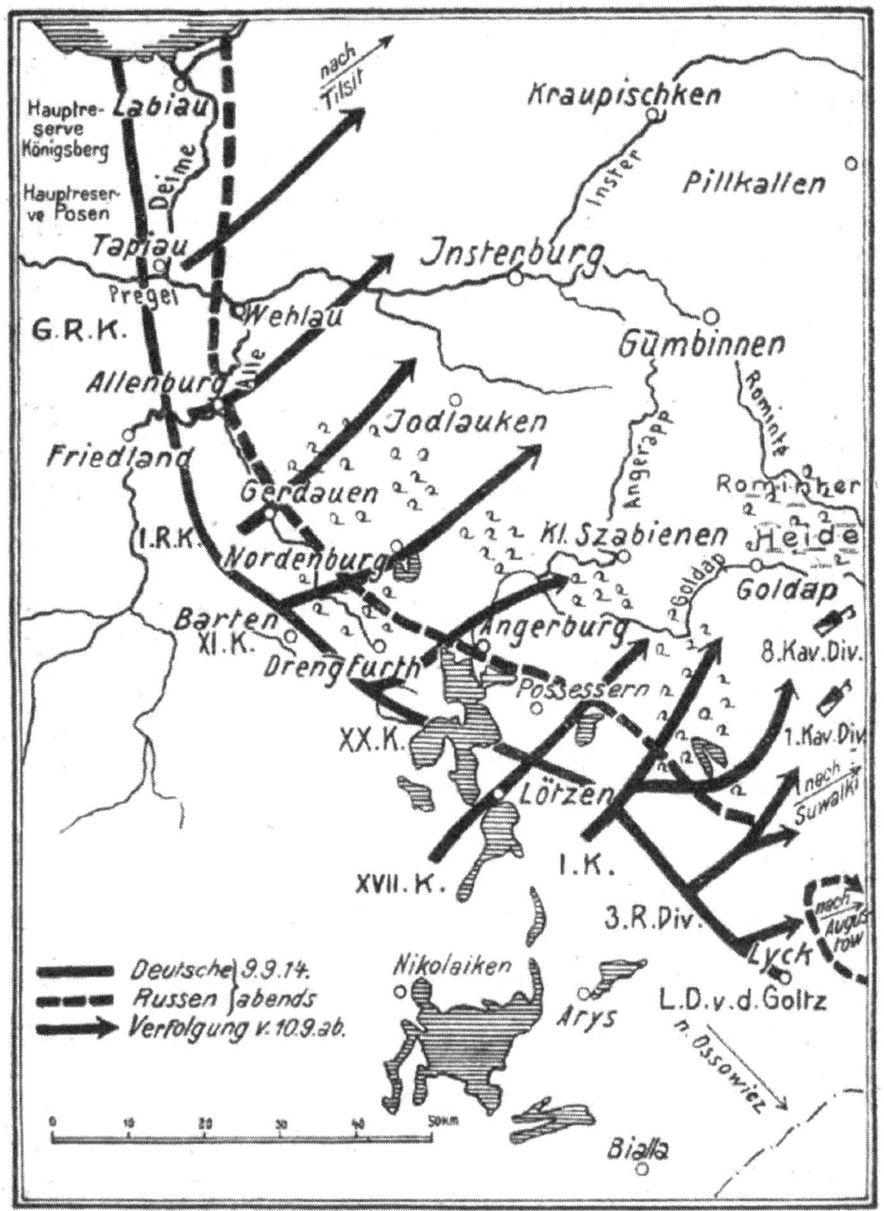

Karte 21. Die Schlacht an den masurischen Seen.

Armee in zahlreichen Nachhutgefechten derart gegen den Njemen gedrängt, daß sie nur in aufgelöstem Zustande, mit zerschmettertem linken Flügel über diesen Fluß entkam. Sie ließ zirka 150 Geschütze und 45000 Gefangene in der Hand der Sieger, während die blutigen Verluste etwa 40000 Mann betragen haben. Auch Großfürst Nikolaus, der sich bei der Armee befunden hatte, mußte sich der Flucht anschließen.

Zwei mächtige feindliche Heere waren geschlagen, Ostpreußen war auf absehbare Zeit befreit. Taten waren geschehen, die erst die Nachwelt in ihrer ganzen Größe würdigen wird, und die Armee stand für andere Aufgaben bereit.

Diese aber waren mittlerweile dringend geworden. Die Donaumonarchie war im Begriff niederzubrechen. Schlesien war bedroht. Österreich, unser einziger Bundesgenosse, mußte gerettet werden, wenn Ostdeutschland, das wir zur Kriegführung dringend brauchten, vom Feinde frei bleiben sollte; Schlesien mit seinen reichen Hilfsmitteln durfte dem Feinde nicht preisgegeben werden.

Die Niederlage Österreichs und Hindenburgs Feldzüge in Polen bis zur endgültigen Einnahme von Lods.

Während in der geschilderten Weise deutsche Truppen die Entscheidung herbeizuführen suchten und sich demnächst auf einen längeren Krieg vorbereiteten, hatte auch Österreich seinen Aufmarsch vollendet und schritt zum Angriff, obgleich die Voraussetzungen, unter denen er geplant war, nicht mehr ganz zutrafen. Die Russen waren auch hier mit ihrer Versammlung sehr viel weiter vorgeschritten, als man angenommen hatte. Der Angriff mußte beschleunigt werden, wenn er noch einigermaßen die Vorteile für sich haben sollte, die ihn rechtfertigten. Die in dieser Notlage vom serbischen Kriegsschauplatz heranbeorderte 2. Armee kam mit sechs Divisionen in Galizien erst an, als die Operationen bereits begonnen hatten. Im ganzen sollen die Österreicher in Galizien — abgesehen natürlich vom Korps Kummer — etwa 750000 Mann stark gewesen sein. So erfochten die 1. und 4. Armee, als sie — mit dem linken Flügel an die Weichsel gelehnt — nach Norden vorbrachen, zuerst Erfolge. Die 4. mußte allerdings durch eine neugebildete besondere Heeresabteilung unter dem Erzherzog Joseph Ferdinand, die aus den Reihen der 3. Armee entnommen wurde, rechts verlängert werden. Diese letztere aber fand Ersatz durch die 2. Armee, deren Kräfte allmählich auf dem galizischen Kriegsschauplatz eintrafen. Auch die 1. Armee zog die Division Kummer über Josefow über die Weichsel an ihren linken Flügel heran und überließ die Flankendeckung dem Korps Woyrsch, das allmählich herankam. Die 3. Armee aber war nach Osten vorgeschoben, um Lemberg zu decken, und mußte noch weiter, als bereits geschehen, vorgenommen werden, als die Heeresgruppe des Erzherzogs den linken Flügel der 4. Armee verlängerte.

Der 1. Armee war es gelungen, die vorderste Welle der ihr gegenübertretenden 4. russischen Armee zu schlagen und ihr zahlreiche Geschütze und Gefangene abzunehmen; Auffenberg und Joseph Ferdinand hatten ihrerseits bei Komarov und Zamosc über den Hauptteil der 5. russischen Armee gesiegt; beide versuchten in der allgemeinen Richtung Cholm—Lublin vorwärts zu kommen und hatten dabei gegen eine gewaltige Übermacht zu kämpfen: da trat ein Umschwung in der Lage ein.

Die 3. österreichische Armee unter dem General von Brudermann war nach hartnäckigem dreitägigem Widerstande von der stets wachsenden Überlegenheit der russischen Armeen — Rußki, Jwanow

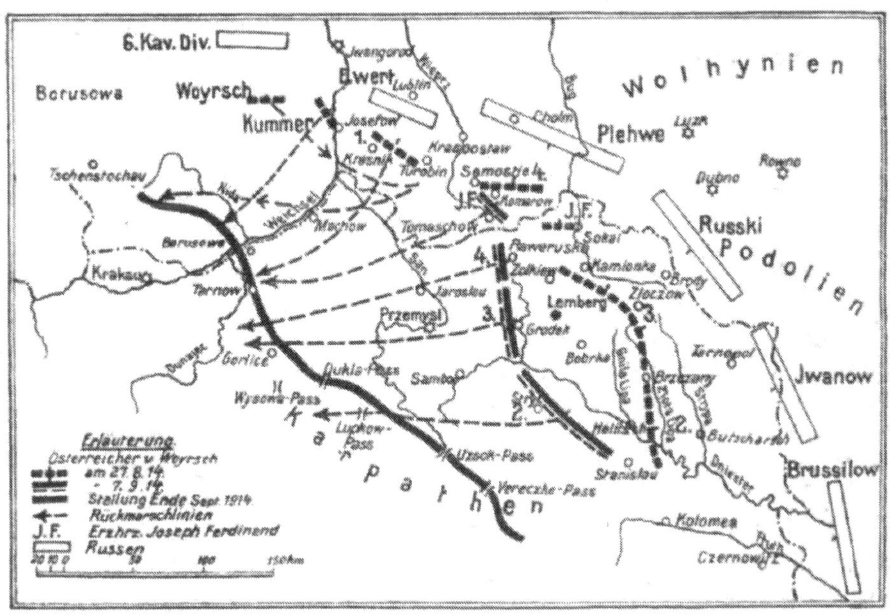

Karte 22. Die Schlacht bei Lemberg 1914.

und Brussilow — geschlagen worden. Auch die allmähliche Ankunft der 2. österreichischen Armee hatte daran nichts zu ändern vermocht. Die erste Schlacht bei Lemberg war verloren, die Stadt mußte aufgegeben werden und wurde am 1. September geräumt: die Heeresleitung mußte neue Entschließungen fassen.

Sie kam zu der Absicht, den Kampf um Lemberg noch einmal zu versuchen. Die 2. Armee war nun endlich aus Serbien vollständig herangekommen und wurde bei Sambor zusammengestellt. Das VII. und IV. Korps bildeten ihren Kern. General von Boehm-Ermolli hatte den Befehl übernommen. Die 3. Armee war an der Seen- und Teichlinie von Grodek neu geordnet worden; die 4. hatte die schwierigste Aufgabe. Sie mußte im Feuer kehrtmachen und sich südlich von Rawa Ruska an den linken Flügel der 3. setzen, während Erzherzog Joseph Ferdinand die 5. russische Armee im Zaum halten und langsam auf die Lücke zurückgehen mußte, die zwischen der 1. und 4. klaffte. Alles hing jetzt davon ab, wie lange die 1. Armee standhalten und die linke Flanke decken würde. Lemberg mußte zurückgenommen sein, bevor die 1. Armee gezwungen war, nachzugeben.

In dieser Notlage war das Armeekorps Woyrsch zu Hilfe gerufen worden. Das Korps war hinter dem leicht weichenden russischen Grenzschutz über Opoczno vorgerückt und hatte sich der Straße nach Radom bemächtigt. Dann war es über Kielce und Szydlowiec vorgegangen, um die Weichsel bei Opole zu überschreiten und gegen die linke Flanke der 4. russischen Armee vorzudringen. Dabei trat es mit der 3. Division bei Niclan—Maly, mit der 4. bei Kazanow südlich Radom ins Gefecht gegen russische Kräfte, die über Iwangorod vorgeschickt waren, und konnte angesichts dieses Widerstandes seine Absicht, gegen die linke Flanke der Russen vorzugehen, nicht rechtzeitig erfüllen. Jetzt wurde es an das rechte Weichselufer gerufen, um den rechten Flügel der 1. Armee gegen Umfassung zu sichern und zu stützen. Es nahm bei Tarnawka und Turobin Aufstellung und focht bis zum letzten Augenblick, standhaft wie ein Fels in der Brandung. Endlich aber war die Widerstandskraft der 1. Armee erschöpft. Zwischen ihr und der 4. drangen die Russen in gewaltigen Scharen siegreich vor, und wenn auch der Kampf auf dem rechten Flügel des Gesamtheeres nicht ungünstig stand, mußte doch am 11. um Mittag der Befehl zum allgemeinen Rückzug gegeben werden, wenn der linke Flügel der Armee und damit diese selbst überhaupt noch gerettet werden sollte. Die Artillerie deckte den Rückzug in aufopfernder Weise. Das Korps Woyrsch, das bis zuletzt am Feinde war, mußte, nachdem es drei Tage lang siegreich gefochten hatte, eine Landsturmbatterie liegen lassen, nachdem sie in vorbildlicher Tapferkeit bis zum letzten Mann gekämpft hatte. Fechtend ging es als Nachhut der Österreicher zurück. Die verfolgende Reiterei spritzte vor seinen Linien auseinander. Es ermöglichte den einigermaßen geordneten Abzug der nur durch die ungeheure Übermacht geschlagenen 1. Armee, die trotzdem einen großen Teil ihres Armeefuhrwerks verlor, aber in taktischem Zusammenhang hinter den San entkam, um sich hinter der Wisloka von neuem zu ordnen, während Nachhuten am San und seinen Brückenköpfen schon am 16. September tapfer fochten.

Diese aber konnten der Russenflut doch nur eine gewisse Zeit widerstehen, und so wälzte sich der Rückzug weiter bis nach der Duklasenke, Gorlice und dem Dunajec, während die Gruppen Kummer und Woyrsch am Nordufer der Weichsel Krakau deckten. Die Russen folgten zunächst sehr tief gegliedert, warfen nur starke Kavallerie auf das linke Weichselufer hinüber, besetzten nach heftigen Gefechten gegen Truppen zweiter Linie die Karpathenpässe und drangen bis

Marmaros-Sziget vor, ohne doch tiefer in Ungarn selbst einzudringen. Auch besetzten sie Anfang Oktober den Uszoker Paß. Mit ihren Hauptkräften hielten sie es wohl für um so mehr nötig, der österreichischen Armee unmittelbar zu folgen, als die Festung Przemysl hinter dem vorstürmenden Russenheer, der sie belagernden 3. russischen Armee Widerstand leistete. So war die Lage der Österreicher eine fast verzweifelte, als Hindenburg durch den Sieg an den Masurischen Seen freie Hand bekam und neue Entschließungen fassen konnte.

Die Oberste Heeresleitung hatte mittlerweile ihrerseits daran gedacht, die Österreicher unmittelbar zu unterstützen und wollte zwei Armeekorps aus Ostpreußen nach Schlesien schicken. Auf Vorschlag Hindenburgs aber entschloß man sich deutscherseits dazu, den größten Teil der 8. Armee nach Süden zu senden und unter Hindenburgs Befehl die 9. Armee gegen die Weichsel und die rechte Flanke der Russen vorgehen zu lassen. Der Rest der 8. Armee, zwei Korps, einige Reservedivisionen und Landsturmtruppen unter dem Befehl des Generals von Schubert, der bald vom General von François abgelöst wurde, mußte das Feuer schwerer Artillerie gegen Ossowietz eröffnen und eine Verfolgung der gesamten Armee gegen den Njemen vortäuschen, was die Russen auch wirklich für äußerst wahrscheinlich hielten. Unter dem Schutze dieser Täuschung aber rollten die Hauptkräfte der 8. Armee auf der Eisenbahn unbemerkt nach dem Süden.

Es war eine ungeheuer schwierige Aufgabe, die sich der deutsche Feldherr gestellt hatte. Mit fünf Korps wollte er gegen die gewaltige russische Front vorgehen, ihre Kräfte auf sich ziehen und es so den Österreichern ermöglichen, wieder vorzugehen, über den San vorzubrechen, Przemysl zu entsetzen und die russische Hauptarmee über Lublin in der linken Flanke zu fassen und aufzurollen. Dabei war die eigene linke Flanke Hindenburgs nur durch schwache Truppen gesichert und der Umfassung von Warschau und Nowogeorgiewsk her ausgesetzt, während Ostpreußen nur von der schwachen 8. Armee besetzt blieb, der als Hauptverteidigungsmittel nur der moralische Erfolg ihrer beiden großen Siege und die Verblendung der russischen Heeresleitung zur Verfügung standen. Aber das kühn Unternommene wurde mit Meisterschaft durchgeführt.

Mittlerweile dachte der Großfürst Nikolai Nikolajewitsch, der die gesamten russischen Armeen befehligte, nur daran, gegen Ostpreußen zu sichern, seinen Erfolg im Süden auszubauen und die Niederlagen in Ostpreußen in Galizien wieder gutzumachen. Zwischen Wilna, Kowno und Grodno wurden acht bis zehn Korps als 10. Armee versammelt, zwei weitere bei Bialystock. Bei Warschau wurden drei Korps bereitgestellt, die den Kern der 1. Armee bilden sollten, zwischen Jwangorod und Lublin die 9. Armee. Die 4., 5. und 8. Armee folgten den Österreichern an den Dunajec; die 3. belagerte Przemysl und Jaroslau; acht bis zehn Kosaken- und Dragonerdivisionen überfluteten auf dem linken Weichselufer Südpolen, und Kosaken mit Linieninfanterie waren auf dem Wege, um über den Jablonitzapaß, den die Österreicher aufgaben, in die ungarische Ebene einzubrechen.

Unterdessen sammelte sich im Süden die neue 9. Armee der Deutschen und bemühte sich zugleich, das Korps Woyrsch, das unter ihre Befehle trat, nach Kräften zu ergänzen und mit schwerer Artillerie auszustatten, deren Notwendigkeit sich ergeben hatte. Ihr XI. Korps stand hart nordöstlich Krakau, das Garde-Reservekorps, das XX. und XVII. zwischen Kattowitz und Kreuzburg. An ihren linken Flügel schloß die 35. Reservedivision an, die vornehmlich aus der Kriegsbesatzung Thorns zusammengesetzt war, und in dem Raum zwischen Kempen und Kalisch standen die Landwehrdivision Graf Bredow, die aus der Hauptreserve der Festung Posen bestand und aus Ostpreußen herangezogen worden war, und die 8. Kavalleriedivision. Die letzten drei Divisionen waren im Korps Frommel einheitlich zusammengestellt; die in Brigaden zusammengefaßten und mit Artillerie ausgestatteten Landsturmformationen des Grenzschutzes vermittelten den Übergang zur 8. Armee, deren nächste stärkere Teile bei Mlawa standen, von wo sie den Feind zurückgeworfen hatten. Das Landwehrkorps Woyrsch fand bei Pinczow Anschluß an den rechten Flügel der 9. Armee. Auch die 1. österreichische Armee zog einen Teil ihrer Kräfte auf das linke Ufer des Stromes hinüber und schloß sich hier, rechts vom Korps Woyrsch, dem Vormarsch an. Dieser begann nördlich der Weichsel am 28. September in der Richtung auf die Linie Opatow—Radom, während das Korps Frommel in der allgemeinen Richtung auf Tomaschow und den Bahnhof Koluschki, östlich Lods, den linken Flügel des Heeres bildete.

Vor den Spitzen dieser Truppen wichen die russischen Reiterscharen aus; der Großfürst aber, als er von diesem Vormarsch hörte, dessen Bedeutung er zunächst nicht voll zu würdigen vermochte, verzögerte doch sofort seinen Vormarsch in Galizien und schickte einige Schützenbrigaden auf Opatow und Klimontow vor, um den Feind so lange aufzuhalten, bis er von Radom aus mit überlegenen Kräften gegen die linke Flanke der vormarschierenden Truppen vorgehen könnte. Opatow war, vorläufig wenigstens, von der Hauptreserve von Iwangorod besetzt worden.

Die Deutschen aber, die viel stärker waren, als man russischerseits wohl angenommen hatte, schlugen sehr rasch die feindlichen Schützen bei Opatow, die 1. österreichische Armee bemächtigte sich des Brückenkopfes von Sandomiercz, und die Hauptkräfte der Einbruchsarmee sperrten Iwangorod. Am 4. Oktober begannen zugleich die Österreicher den Vormarsch gegen den San.

Demgegenüber faßte auch der Großfürst, nachdem er die Tragweite des deutschen Vormarsches erkannt hatte, entscheidende Entschlüsse. Der Einbruch in Ostpreußen, der am 27. Oktober begonnen hatte, ohne zunächst große strategische Erfolge zu zeitigen, sollte freilich bestehen bleiben, ohne ihn, wie wohl zuerst geplant, durch eine zweite Armee flankierend zu unterstützen; eine entscheidende Rolle war ihm in dem neuen Plan aber nicht zugedacht; dagegen wollte man alle Eroberungen in Westgalizien, unter Umständen sogar Przemysl, preisgeben, den Hauptakzent aber nach der Mitte, nach Warschau und Nowogeorgiewsk, verlegen, den linken Flügel der deutschen 9. Armee mit gewaltigen Massen umfassen und auf diese Weise den österreichischen und deutschen Armeen ein schmähliches Ende bereiten. Den Österreichern fielen infolgedessen die Vorteile, die das deutsche Vorgehen gebracht hatte, als reife Früchte in den Schoß. Bis zum San konnten sie vorrücken, ohne in größere Gefechte verwickelt zu werden, und die Karpathenpässe fielen alle wieder in ihre Hand, da die dort fechtenden Truppen von den Russen nicht mehr unterstützt wurden; ja am Jablonitzapaß wurde eine russische Abteilung sogar vollständig versprengt. — Um so schwieriger hatten es die Deutschen. Zunächst mußten sie alle die wütenden Ausfälle zurückweisen, die die Russen aus den verschiedenen Brückenköpfen der Weichsel unternahmen, von denen Nowoalexandria und Iwangorod die bedeutendsten waren; dann aber mußten sie auch sehr bald an der Weichsel weiter abwärts rücken, weil die Russen immer weiter ausholten und ihre Übergangsversuche immer weiter nach Norden verlegten; auch traf die Nachricht ein, daß nicht nur starke Kräfte sich am rechten Weichselufer nordwärts schöben, sondern auch bei Warschau sibirische Korps ausgeladen würden. Dementsprechend wurde General von Mackensen mit dem XVII. Korps beauftragt, die linke Flanke der Armee gegen Warschau zu decken, und es wurde ihm hierzu auch das Korps Frommel unterstellt.

Schon am 9. Oktober schlug er bei Grodek und östlich den hier sich sammelnden Feind und drang auf Warschau vor. Das Korps Frommel zog er an seinen linken Flügel heran, und schon am 12. stand er dicht vor der polnischen Hauptstadt. Das XX. Korps sollte mittlerweile Iwangorod beobachten und jeden Übergang weiter nördlich vereiteln; das Garde-Reservekorps erhielt die gleiche Weisung bezüglich Nowoalexandria; weiter südlich verteidigte das Landwehrkorps die Weichsel; das XI. Korps trat in den Verband der 1. österreichischen Armee, um dieser einen gewissen Halt zu geben, die Weichsel weiter oberhalb zu beobachten und eintretendenfalls — d. h. also, wenn die Österreicher am San siegreich wären — bei Opole selbst überzugehen. Außerdem stellte die österreichische Heeresleitung zwei Kavalleriedivisionen zur Verfügung. Im übrigen aber waren die Kämpfe, die das XX. und Garde-Reservekorps bei Nowoalexandria, Iwangorod und Kosjenitze lieferten, sehr erbittert zwar, aber überall siegreich. Allmählich jedoch wurde es nötig, trotz der Flankendeckung die Truppen weiter nördlich zu schieben. Die

37. Division warf den Feind bei Kalwarja über die Weichsel zurück und trat unter den Befehl des Generals von Mackensen. Die 41. Division und 3. österreichische Kavalleriedivision rückten an die Pilitzamündung, das Garde-Reservekorps übernahm die Beobachtung von Iwangorod, und das Landwehrkorps rückte dementsprechend vor Alexandria.

Mittlerweile war Mackensen vor Warschau seit dem 15. Oktober dauernd angegriffen worden und hatte seinen linken Flügel bis an die Bsura ausgedehnt. Er wurde durch die in Schlesien zusammengestellte Landwehrbrigade Wrochem verstärkt, und auch Grenzschutztruppen wurden an an die untere Bsura herangezogen. Trotzdem war

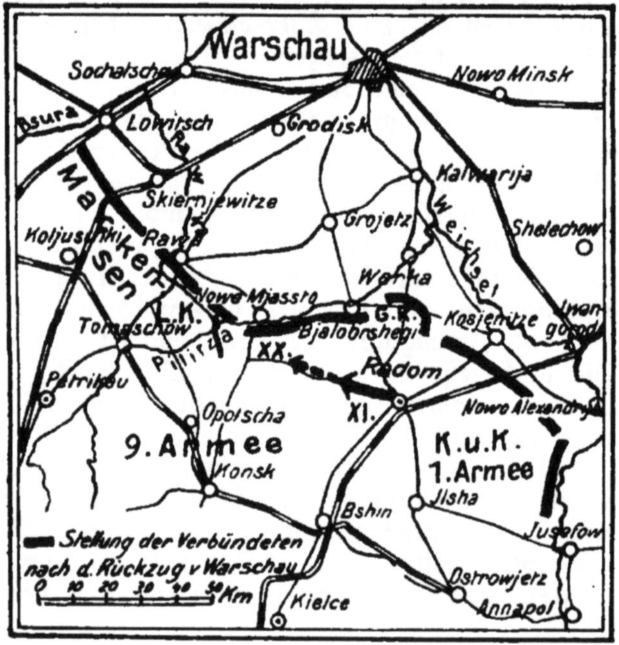

Karte 25. Die Lage in Polen. Herbst 1914.

eine Verstärkung des linken Flügels durchaus nötig, wenn es nicht zu einer Katastrophe kommen sollte. Andererseits war es geboten, Zeit zu gewinnen, da die Österreicher, die nur langsam vorwärts gekommen waren, immer noch die Hoffnung hatten, den San siegreich überwinden und weiter gegen die linke Flanke der Russen vorschreiten zu können. So lange diese Hoffnung noch bestand, mußte das deutsche Heer russische Kräfte zu fesseln suchen und durfte die übernommene Aufgabe nicht aufgeben. Da aber eine Umfassung von Nowogeorgiewsk aus immer deutlichere Formen annahm und die deutsche Armee zu erdrücken drohte, entschloß sich Hindenburg im Einverständnis mit der österreichischen Heeresleitung, die Korps seines rechten Flügels an der oberen Weichsel, die bisher allen Übergangsversuchen des Feindes getrotzt hatten, durch die Armee Dankl ablösen zu lassen, sie an die Gruppe Mackensen heranzuziehen und weiter rückwärts, wo sein linker Flügel weniger von Umfassung bedroht war, unter Umständen eine Schlacht anzunehmen. Bis in die Linie Lowitsch—Rawa—Nowemiasto—Bialobrshegi wollte er zurückgehen. Zwischen letzterem Ort und Nowemiasto sollte das XX. Korps den rechten Flügel, Woyrsch die Mitte bilden, während das Garde-Reservekorps rechts die Verbindung zwischen der Armee Hindenburgs und den Österreichern bilden und das XI. Korps nach dem deutschen linken Flügel rücken sollte. Griffen dann die Russen in der Front energisch an, so konnte das Garde-Reserve-, das XX. Korps und eventuell das XI. Korps ihnen in die linke Flanke stoßen und eine günstige Schlachtentscheidung herbeiführen. Voraussetzung war dabei natürlich, daß die Russen an der Weichsel festgehalten und verhindert wurden, in Hindenburgs rechte Flanke vorzustoßen. Diese Aufgabe zu lösen lag der 1. österreichischen Armee ob. Aber gerade sie versagte. General von Mackensen ging in der Nacht vom 18. zum 19. Oktober in die neue Linie zurück, wurde in ihr am 25. und 26. energisch angegriffen und behauptete sich hier im großen und ganzen; zu einem Vorstoß gegen den linken russischen Flügel kam es jedoch nicht: hierzu fehlte die Handlungsfreiheit[1]).

General Conrad von Hötzendorf, der österreichische Generalstabschef, hatte den Befehl gegeben, erst einen Teil der Russen bei Iwangorod über den Strom zu lassen und sie dann im Gegenangriff wieder in den Strom zu werfen; er hatte trotz Hindenburgs Warnung auf diesem Befehl bestanden. Jetzt rächte sich diese Anordnung in der deutscherseits vorausgesetzten Weise. Am 21. Oktober sollten die Österreicher die Wacht an der Weichsel übernehmen, statt aber den Feind zurückzuwerfen, wurden sie selbst geschlagen. Die Russen gingen bei Alexandria, Iwangorod und an der Pilitzamündung über den Strom. Das Garde-Reservekorps tat sein möglichstes, um die Verbündeten zu unterstützen. Die Kämpfe zogen sich mehrere Tage hin. An einen Erfolg aber war nicht mehr zu denken; auch war es völlig ausgeschlossen, daß die Österreicher jetzt noch siegreich über den San vordringen könnten. Das Ausweichen der Österreicher auf Radom hatte man zudem nur durch einen Zufall bei der deutschen Heeresleitung erfahren. So mußte doch endlich der Befehl zum allgemeinen Rückzug gegeben werden. Es geschah am 27. Oktober, am 28. Oktober wurde die Bewegung angetreten. Die Österreicher kämpften noch bis Anfang November am San, gingen dann aber wieder auf die Karpathen und den Dunajec zurück. Bloß die 4. Armee wurde hierbei gedrängt, und erst am 5. November gingen die letzten Österreicher vom San zurück. Auch die Bukowina wurde geräumt. Die dortigen Truppen besetzten nach mehrfachen Gefechten wieder

---

[1]) Siehe Karte Nr. 23.

die Karpathenpässe. Die 1. österreichische Armee, die den Zusammenhang mit dem deutschen Heere vermittelte, ging, nachdem sie vom 31. Oktober bis zum 2. November noch an der Opatowka gekämpft hatte, auf Krakau zurück. Przemysl, das im Vormarsch befreit worden war, wurde wieder von den Russen belagert.

Der Feldzug war verloren. Hingebungsvoll hatte die deutsche Armee gegen eine gewaltige Überlegenheit gekämpft. Sie entzog

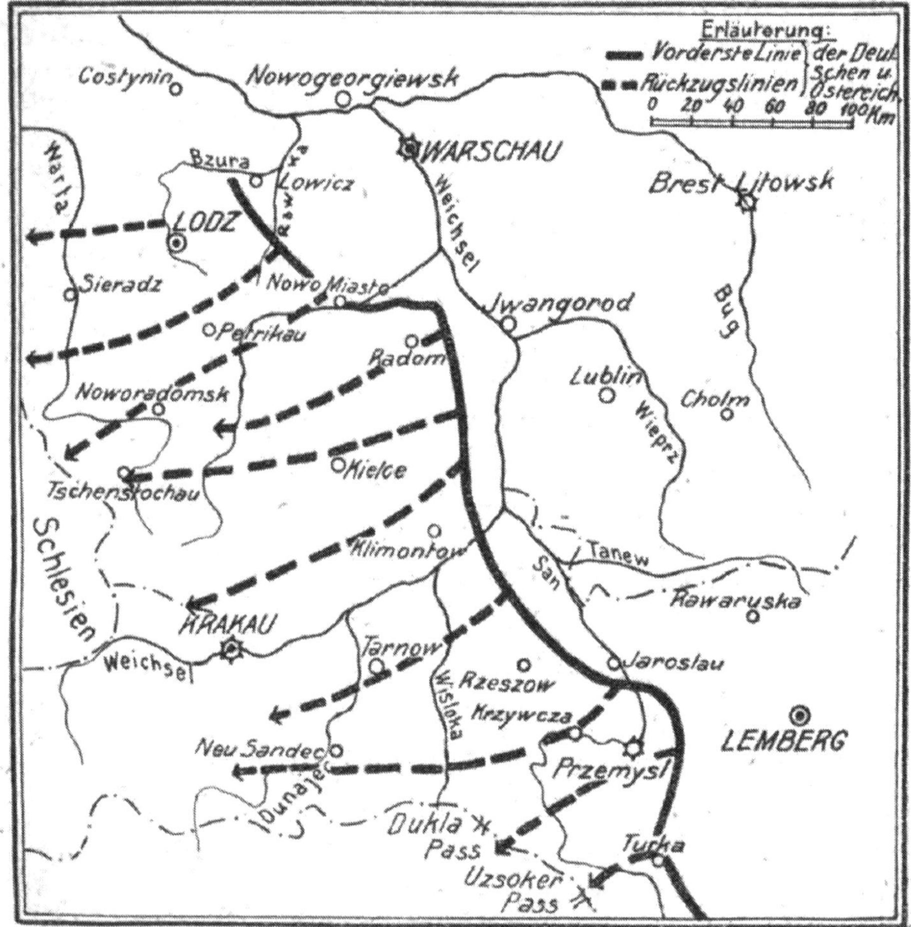

Karte 24. Rückmarsch in Polen.

sich dem Feinde unbesiegt, weil ihre linke Flanke bedroht war und die Österreicher auch die Weichsel dem Feinde preisgegeben hatten. Die Soldaten selbst bezeichneten den Rückzug als einen strategischen, der nur angetreten wurde, um den Kampf in vorteilhafterer Form wieder aufnehmen zu können. Es war klar, daß das geschehen mußte. Schlesien und Mähren waren wieder unmittelbar bedroht. Von rein frontalem Widerstande war irgendein Erfolg nicht mehr zu erwarten.

Standen doch, abgesehen von zwei Armeen, die im Kaukasus bereitgehalten wurden, allein neun Armeen auf dem europäischen Kriegsschauplatz, von denen die elfte Przemysl belagern sollte. Sie waren jede fünf bis acht Armeekorps einschließlich der Reservedivisionen stark. Über zwei Millionen Bajonette, etwa 100 000 Säbel und etwa 7000 Geschütze waren gegen die Mittelmächte in Bewegung. Ihnen konnten diese nur sieben an Zahl der Einheiten um ein Drittel schwächere Armeen entgegenstellen, von denen die österreichischen schon bedenklich am Kampfkraft abgenommen hatten.

Der Plan des Großfürsten Nikolai ging denn auch dahin, unter Vernachlässigung der Flügel in der Mitte vorzubrechen, die Warusschranke zu bezwingen und über die Linie Posen—Krakau in das Herz der feindlichen Länder vorzubrechen. Die 1. Armee sollte beiderseits der Weichsel auf Thorn vorbrechen, die 2., vor der das Kavalleriekorps Novikow hergehen sollte, auf Posen, die 5., 4. und 9. auf Breslau und Beuthen. So hoffte man die Deutschen zu überwältigen und sah für die, die man jetzt als die wichtigsten Feinde erkannte, keine andere Möglichkeit als die, sich diesem Vorgehen frontal entgegenzustemmen. Diese Auffassung suchte Hindenburg auf das eifrigste zu unterstützen, gleichzeitig aber den Vormarsch der Russen, der an sich schon außerordentlich schwerfällig war, auf jede Weise zu verlangsamen, um auf diese Weise Zeit für weitere Operationen zu gewinnen. Straßen und Eisenbahnen hinter der zurückgehenden Armee wurden auf das gründlichste zerstört, Wegweiser entfernt, Telegraphen- und Fernsprechleitungen vernichtet. Durch alle diese Maßregeln wurde auch tatsächlich die russische Heereswalze so lange in ihrem Vormarsch aufgehalten, daß Hindenburg die Zeit gewann, eine neue Operation vorzubereiten.

Er war gleich nach der Schlacht von Tannenberg zum Generalobersten befördert worden; jetzt wurde er am 1. November zum Oberkommandierenden im Osten ernannt und gewann dadurch die Freiheit, über alle Mittel eines weiten Gebietes verfügen zu können. Er nutzte sie in der genialsten Weise aus.

Sein Plan ging dahin, so starke Kräfte, wie möglich, bei Thorn auf dem linken Weichselufer zu vereinigen, mit ihnen überraschend gegen die rechte Flanke der großen russischen Armee vorzubrechen, wo eine weite, nur durch schwache Kräfte geschlossene Lücke in der russischen Gesamtstellung klaffte, und sie links der Weichsel womöglich aufzurollen, jedenfalls aber sie zu verhindern, ihren großen Plan auszuführen und in die Kernlande der Verbündeten einzubrechen. In der Front sollte die Hauptmasse der Russen durch verhältnismäßig schwache Kräfte und die Zerstörung des polnischen Wege- und Straßennetzes aufgehalten werden, bis der entscheidende Schlag im Norden erfolgen könnte.

Der Plan war überaus kühn und genial. Auch beruhte er auf

genauer Zeitberechnung. Wie weit er führen würde, mußten die Verhältnisse ergeben. Gezögert aber durfte nicht werden.

Schon auf dem Rückzuge waren daher das Garde-Reserve-, das XX. und das Landwehrkorps in die Gegend zu beiden Seiten von Tschenstochau, das XVII. und das bisherige Korps Frommel auf Wjelun geleitet worden. An beiden genannten Orten waren Stellungen ausgebaut worden. Das XI. Korps, das schon bei Rava auf den linken Flügel der Armee genommen worden war, sollte jetzt in die Gegend südwestlich Sieradz gehen; links davon zwischen Prosna und Warta sollten sich unter General von Frommel, der jetzt das Kommando über die 37. Reservedivision und die Landwehrdivision Graf Bredow aufgab, die 8. und 7. österreichische Kavalleriedivision mit der 5. deutschen vereinigen, die aus dem Westen neu zugeführt wurde. Ihm schloß sich das Kavalleriekorps Hauer an, das aus der 3. und 9. österreichischen Kavalleriedivision bestand. In Kalisch sammelte sich in zweiter Linie unter dem Gouverneur von Posen das Korps Posen, östlich Kempen das Korps Breslau, die beide aus Landsturmtruppen bestanden, und von denen besonders das Korps Breslau nur langsam zusammenkam.

Die eigentliche Deckung Schlesiens sollte die Armeeabteilung Woyrsch übernehmen, die aus fünf Divisionen gebildet worden war. Von ihr sollte eine Division des Garde-Reservekorps mit dem rechten Flügel bei Zarki Stellung nehmen. Nördlich davon stand die Division Bredow, bei Tschenstochau das Landwehrkorps selbst; den linken Flügel aber bildete bei Wjelun die 35. Reservedivision. Südlich schloß sich an das Garde-Reservekorps die 1. österreichische Armee an, bei Krakau stand die 4., in Galizien am Dunajec, und in den Karpathen, deren Wichtigkeit jetzt eingesehen worden war, der Rest der verbündeten Streitkräfte. Nur die 2. österreichische Armee wurde in einer Stärke von zwei Armeekorps an den linken Flügel der Armeeabteilung Woyrsch in die Gegend zwischen Wjelun und Sieradz gefahren, um die hier noch klaffende Lücke zu schließen und dadurch das Fortziehen der 9. Armee überhaupt erst zu ermöglichen.

Aus dieser Aufstellung sollte in überraschender Weise ein Teil der 9. Armee in der Gegend von Thorn und Hohensalza versammelt werden.

Von Süden her wurden das XX. und XVII. Korps nach Hohensalza und Gnesen herangefahren, wohin auch die 3. Gardedivision herankam, während das XI. Korps Wreschen im Fußmarsch erreichte. Ebendahin wurden das I. und das XXV. Reservekorps aus Ostpreußen herangezogen. Auch das Kavalleriekorps Richthofen, mit der 6. und 9. Kavalleriedivision aus dem Westen kommend, wurde bei der Angriffsarmee ausgeladen, während das etwas später eintreffende Kavalleriekorps Hollen, das aus der 4. und 2. Kavalleriedivision bestand, dem Korps Zastrow bei Soldau zugewiesen wurde, um damit die Sicherung Ostpreußens zu verstärken, der man sich gezwungen sah, starke Infanteriekräfte zu entziehen, um an entscheidender Stelle möglichst stark auftreten zu können. Auch die 1. Division wurde der 8. Armee zugunsten der Angriffsarmee noch entzogen. In Ostpreußen mußte man infolgedessen vor der nunmehr angreifenden 10. russischen Armee auf die mittlerweile befestigte Angerapp- und Seenlinie zurückgehen. Hier gelang es der 8. Armee, sich zu behaupten, und auch das — mittlerweile zum XVII. Reservekorps erweiterte — Korps Zastrow blieb nach mehrfach hin und her gehenden Gefechten, unterstützt durch das Kaval-

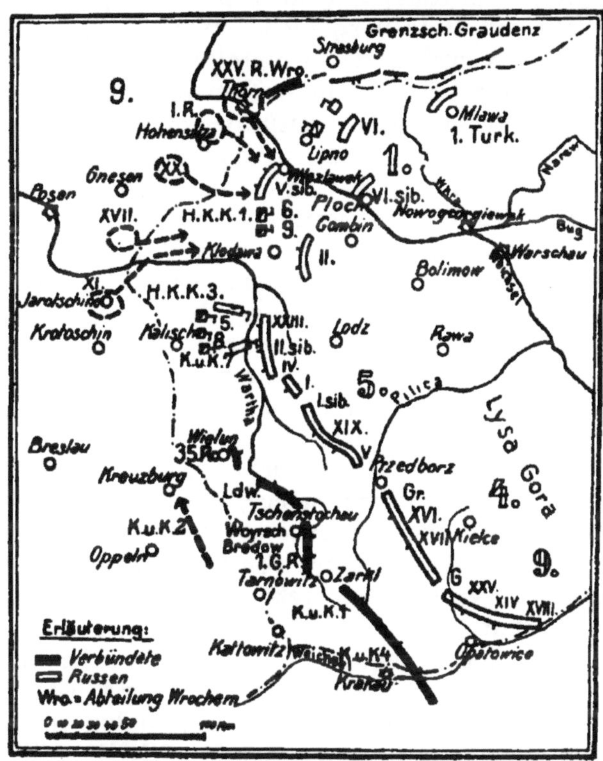

Karte 25. Der Feldzug in Polen 1914/15.

leriekorps Hollen, bei Soldau stehen, während die Landsturmbrigade von Westernhagen, die zunächst an die Stelle der Hauptreserve von Thorn getreten war, gegen Plozk vorgeschoben wurde.

Mittlerweile schlug sich die verbündete Kavallerie mit den Reitern des Korps Nowikow herum; die Zeit aber drängte, denn noch war der rechte Flügel des Großfürsten ungeschützt und bot der 9. Armee Gelegenheit zum Flankenangriff. Auch war das Mißverhältnis der Zahl um etwas gebessert, da Ludendorff in nie rastender Energie die verschiedensten Festungsbesatzungen zu kampfkräftigen Divisionen zusammengefaßt hatte.

Schon am 10. November war der skizzierte Aufmarsch vollendet. Am 11. früh konnte der Vormarsch der 9. Armee beginnen. Die Russen wurden vollkommen überrascht. Auf dem rechten Weichselufer standen — abgesehen von der 10. Armee, die Ostpreußen angriff — das I. turkestanische Korps bei Mlawa, das VI. bei Sierpe, das VI. sibirische mit dem linken Flügel bei Plozk. Das V. sibirische war auf Wloclawek am linken Weichselufer vorgeschoben, und der rechte Flügel der 2. Armee — das II. Korps — stand zwischen Krosnievice und Lenczika, während das Gros der 2. Armee mit dem rechten Flügel bis Uniejow gelangt war und starke Reiterscharen zu beiden Seiten von Kolo vorgingen, um den vermeintlichen linken Flügel der Deutschen aufklärend zu umfassen. Die Russen hatten den Vormarsch angetreten. Schon am 9. November wurde die russische Kavallerie von deutschen Reitern zurückgeworfen. Am 11. November aber traf das russische Heer an seiner schwächsten Stelle der Stoß der deutschen Masse, zu dem im ganzen nur fünfundeinhalbes Korps und zwei Kavalleriedivisionen verwendet werden konnten. Er hatte trotzdem ganz überraschende Erfolge. Das V. sibirische Korps ganz zu vernichten, gelang allerdings nicht, wie geplant. Dazu waren die Wege zu grundlos und schlecht; in einer Reihe glänzender Gefechte aber, die gleich zuerst 30000 Gefangene einbrachten, wurde der rechte Flügel des großen russischen Heeres zerschmettert und gegen die Bzura zurückgeworfen, ohne daß es möglich geworden wäre, ihn vom rechten Weichselufer ausgiebig zu unterstützen.

Am 12. bereits wurde Wloclawek von der 49. Reservedivision genommen, wobei deren Kommandeur, General von Briesen, den Heldentod starb. Ein Bataillon wurde auf das rechte Ufer gegen Lipno vorgeschoben, das am gleichen Tage von der Abteilung von Wrochem und der zur 50. Reservedivision gehörenden Brigade Gregory genommen worden war, nachdem diese Truppen den Tag zuvor starke zum VI. russischen Korps gehörende Kräfte bei Kikel blutig zurückgeschlagen hatten. Am 14. lieferte das XI. Korps bei Chelmno ein ebenso blutiges wie siegreiches Gefecht und nahm in der darauffolgenden Nacht Dombie gegen Truppen des XXIII. russischen Korps der 2. Armee, das unter dem Schutze von Novikows Reitern rechtsum gemacht hatte, um dem überraschend aufgetretenen Feinde zu begegnen. An dem gleichen Tage hatten das XVII. und XX. Korps den Gegner bei Dombrowiece angegriffen und war das I. Reservekorps bei Marianka auf den Feind gestoßen. Das XXV. Korps, das die schwache Abteilung Schmidt zur Verfolgung des im Weichseltal zurückgehenden Feindes abgeschickt hatte, gelangte selbst nach Lubien, während die Seitenabteilung in Domb Wielki verblieb. Die vereinigte Abteilung Wrochem-Gregory schlug bei Lipno die zum VI. russischen Korps gehörende 4. Division; das VI. sibirische Korps aber hatte bei Plozk die Weichsel überschritten, und die Trümmer des V. sibirischen Korps schlossen sich ihm im Rückzuge an. Es folgte am 16. und 17. die Schlacht von Kutno, in der es den Deutschen gelang, den Ner—Bsura-Abschnitt zu erkämpfen, etwa 25 000 Gefangene zu machen und 20 Geschütze nebst 70 Maschinengewehren zu erbeuten.

Etwa vier russische Armeekorps waren in wenigen Tagen empfindlich geschlagen und hatten schwere Verluste gehabt. Da infolgedessen der ganze rechte Flügel der Russen zurückging und gegen Lodz schwenkte, hatte das Armeekommando das richtige Empfinden, daß es jetzt darauf ankomme, die geschlagenen Gegner möglichst nicht aus den Fingern zu lassen, sondern mit allen Kräften immer wieder zurückzuwerfen. Es handelte dementsprechend. Richthofen sollte die Chaussee Pabianice—Tomaschew bei Lasnosca Wola sperren, das XX. Korps sollte Brzeziny, das XXV. Strykow frühzeitig erreichen, während das XVII. und XI. Korps nach Süden und Südosten angreifen sollten. Der Vormarsch verzögerte sich etwas gegen die vorgeschriebene Stunde. Das XX. Korps wurde infolgedessen bei Strykow in ein heftiges Gefecht verwickelt; hinter ihm weg marschierte das XXV. Korps nach Brzeziny, gefolgt von der 3. Gardedivision, die ihm unterstellt worden war, und erst nach schweren Kämpfen in der Umgegend von Brzeziny unterkam. Strykow wurde erst gegen Abend genommen. Der Russe hatte mit dem XXIII., dem II. sibirischen, dem VI. sowie Teilen des II. Armeekorps eine befestigte Stellung in der Linie Gegend von Strykow—Zgierz—Konstantinow genommen, während die russische 5. Armee im Anschluß an die 2. in nordöstlicher Richtung heranmarschierte. Demgegenüber war es Plan der Deutschen, die ganze 2. Armee bei Lodz umfassend einzuschließen und zu vernichten. Korps Breslau sollte auf Widava und Sieradz heranrücken, Korps Posen in Linie Zdunska Wola—Szadek aufschließen, General Frommel über Lask auf Wadlew vorstoßen, das XI. und XX. Korps den Gegner durch Angriffe in der Front festhalten und links umfassen; das XXV. Korps aber mit der 3. Garde-Division sollten zunächst die Linie Widzow—Bukowiec—Bendkow erreichen und dann einschwenkend die Russen auf Lodz zurückwerfen, während das Kavalleriekorps Richthofen bei Petrikau den Ring schließen und die von Süden her heranmarschierenden Kräfte aufhalten sollte. So hoffte man am 20. November eine Schlacht schlagen zu können, wie es die von Tannenberg gewesen war. Der Plan war kühn, er war aber mit den schwachen Kräften, über die man verfügte, schwer auszuführen, um so mehr, da der rechte Flügel der Armee aus verhältnismäßig geringwertigeren Truppen bestand. Korps Posen und Breslau sowie die drei Reiterdivisionen des Generals von Frommel kamen nur langsam vorwärts und vermochten gegen Lask und Pabianice keinen Raum zu gewinnen. Truppen des XIX. Russenkorps, das von der 5. Armee heranmarschierte, sowie die Reiter Nowikows hielten ihren Fortschritt auf und vermochten sogar die rechte Flügeldivision des

XI. Korps über den Ner zurückzuwerfen, wo sie, mit dem linken Flügel an Konstantinow gelehnt, Stellung nahm. Die andere Division dieses Korps gelangte in eine Linie, die sich von dort nach Alexandrow ausdehnte, und kam nicht weiter vorwärts. Auch das XVII. und XX. Korps gelangten zwar in die Linie Sokolow—Rozki—Budy Sikava—Lipiny und vermochten sich in ihr unter andauernden Gefechten zunächst zu behaupten, alle Versuche aber, weiter vorzudringen, blieben vergeblich. Das XX. Korps schickte eine Brigade zur Umfassung des rechten feindlichen Flügels ab und hoffte auf diese Weise vorwärts zu kommen; auch das war umsonst.

Das XXV. Reservekorps aber und die 3. Gardedivision gingen währenddessen über Brzeziny weiter nach Südosten, um dem Armeebefehl entsprechend den Russen die rechte Flanke abzugewinnen und ihnen den Rückzug zu verlegen. Das I. Reservekorps, das die linke Flanke der Armee decken sollte, hatte den Feind währenddessen am 19. bis in die Linie Sannicki—Luscyn zurückgeschlagen. Plozk war von den Thorner Truppen und der Brigade Gregory besetzt worden. Drei russische Divisionen hatten es nach dem Südufer hin durchschritten und waren mit den übrigen zurückgeworfen worden.

An dem gleichen Tage ging das XXV. Korps bei Bendkow, die 3. Gardedivision mit einer Brigade bei Karpin über die Miazga, während deren andere Brigade vor Bedon in ein heftiges Gefecht verwickelt und die 6. Kavalleriedivision nach Petrikau zur Deckung der linken Flanke und des Rückens des XXV. Reservekorps vorgeschoben wurde.

Es würde zu weit führen, alle die ruhmreichen Gefechte anzuführen, die die zur Umfassung angesetzte Truppe geliefert hat. Sie drang bis auf wenige Kilometer an Lods heran.

Mittlerweile aber hatte der russische Armeeführer angeordnet, daß die auf Warschau zurückgeworfenen Kräfte sich wieder ordnen und erneut gegen Brzeziny vorgehen sollten. Sie waren, soviel sich erkennen läßt, auch durch frisch herangezogene Truppen verstärkt worden. General von Rennenkampf, der zu diesem Zweck herangeholt worden war, hatte das Kommando übernommen. Schon am 21. November war Brzeziny von diesen Truppen besetzt und die Umfassungskolonne des XX. Korps gezwungen worden, nach Südosten auf die 3. Gardedivision zurückzugehen, während das XX. Korps selbst auf die Linie Moscule—Dobra nach Norden hatte zurückweichen müssen, weil es von Lowitsch aus durch starke Kräfte im Rücken bedroht worden war. Erst in diesem Augenblick, als sie schon völlig eingekreist war und ein Befehl der Armee ihr auftrug, sich nach rückwärts durchzuschlagen, entschloß sich die deutsche Umfassungskolonne zum Rückzug, und dieser Entschluß war um so heldenhafter, als man es unternahm, nicht nur mit den fechtenden Truppen selbst zurückzugehen, sondern auch alle Verwundeten und Gefangenen sowie das gesamte Fuhrwesen mitzunehmen. Es war den 22. abends, als der Kommandierende des XXV. Reservekorps, General von Scheffer, diesen Entschluß faßte und die Befehle zu seiner Ausführung ausgab. Er wies die 49. Reservedivision an, auf der großen Straße über Karpin auf Brzeziny zu marschieren. Die 50. Reservedivision sollte diesen Marsch nach Süden und Osten decken, die 3. Gardedivision mit den zu ihr gelangten Teilen des XX. Armeekorps ihn im Westen begleiten, die 6. Kavalleriedivision aber sollte den Rücken sichern, und die 9., die mittlerweile auch herangeholt worden war, nach Osten und Norden aufklären.

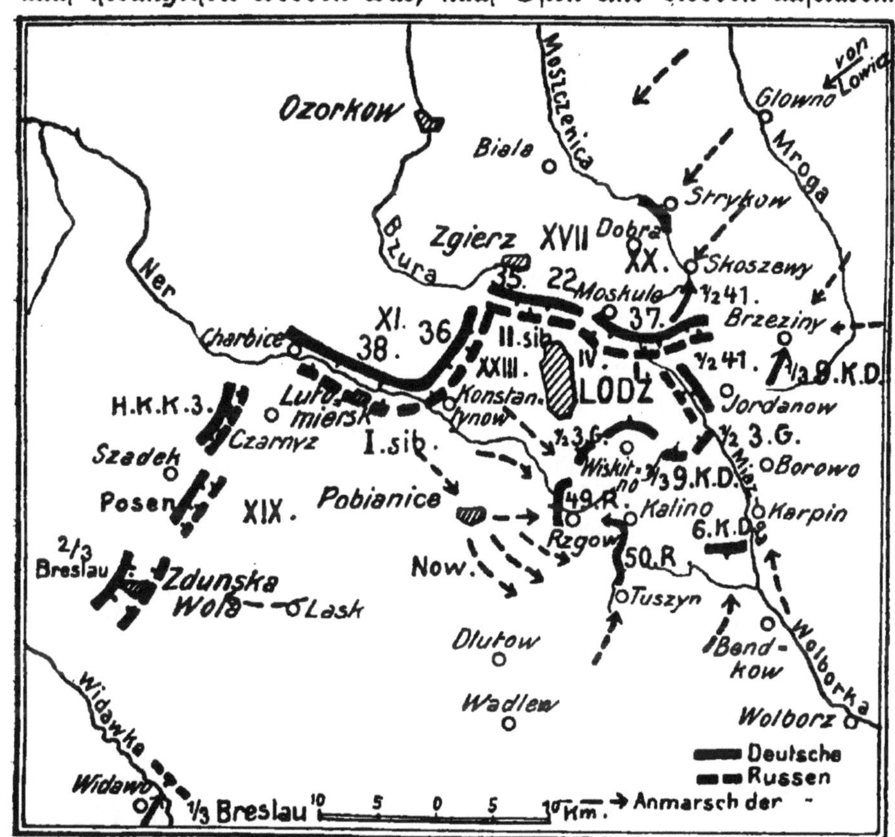

Karte 26. Die Schlacht bei Lods. Lage am 21. November (nach „Der Große Krieg in Einzeldarstellungen“).

Dieser Rückzug, der beim Dorfe Borowo zu den blutigsten Gefechten der 49. Reservedivision Veranlassung gab, ist ein wahres Heldengedicht, das eine eingehendere Schilderung verdient, als ich sie ihm an dieser Stelle zuteil werden lassen kann. Hier sei nur so viel gesagt, daß er vollkommen glückte und daß die durchbrechende Truppe nicht nur alle Verwundeten und Wagen rettete, sondern auch noch über 16000 Gefangene, 64 Geschütze und 39 Maschinengewehre mitnahm. Die 3. Gardedivision hatte bei

Galkow die feindliche Aufstellung durchbrochen und war, da sie keinen Gegner vor sich hatte, zuerst nach Brzeziny gelangt, das sie im Sturm nahm. Dann war die 50. Division in die linke Flanke der am Eisenbahndamm Takowice—Lods der 49. Division gegenüberstehenden Russen gelangt und hatte dieser den Weg geöffnet. So war es der ganzen Truppe am 24. November gelungen, durchzukommen und alle feindlichen Gegenangriffe zurückzuschlagen. Auch das IV. und V. sibirische Korps scheinen hier von Warschau her verwendet worden zu sein. Wenigstens wurde die Kasse des ersteren erbeutet und auch das letztere nachgewiesen. Der Ruhm des Tages fiel hierbei vor allem dem XXV. Reservekorps zu, das in wütenden Angriffen den Feind zurückschlug und hierbei den Kommandeur der 49. Reservedivision, General von Waenker, verlor. Auch sämtliche Wagen und Verwundeten der Gardedivision folgten ihm und wurden von der 49. Reservedivision gerettet, während die Gardedivision selbst nur geringere feindliche Streitkräfte vor sich hatte und besonders bei Galkow ohne Schwierigkeiten durchkam.

Dem I. Reservekorps war es unterdessen nicht gelungen, Lowitsch zu nehmen. Es hatte sogar zurückweichen müssen, und der Feind hatte die Möglichkeit gehabt, starke Kräfte — wie wir sahen — dem XX. und XVII. Korps in den Rücken zu schicken, so daß der linke Flügel des XX. Korps hatte auf Dobra zurückgenommen werden müssen. Jetzt gelang es nicht nur, die Rückenbedrohung zurückzuweisen, sondern mit der 3. Gardedivision und dem XXV. Reservekorps die weite Lücke zu schließen, die zwischen dem rechten Flügel des I. Reservekorps und dem linken des XX. aufgesprungen war. Dem Feinde konnte eine — wenn auch nur dünn besetzte — geschlossene Front entgegengestellt werden, in der blutig gerungen wurde.

Wenn auch der große Zweck, den man erstrebt hatte, nicht erreicht worden war, so hatte man doch eine ungeheure Übermacht geschlagen und dem Gegner für absehbare Zeit die Möglichkeit genommen, wieder angriffsweise vorzugehen. Am 26. November wurde denn auch Generaloberst von Hindenburg zum Generalfeldmarschall ernannt. Auch die 1. Division traf jetzt ein und wurde auf dem linken Flügel eingesetzt. Dann kamen Verstärkungen aus dem Westen, die, wie wir sahen, dort erst abgeschickt wurden, nachdem jede Hoffnung geschwunden war, dem Offensivkampf in Flandern eine entscheidende Wendung zu geben. Auch in Polen kamen sie zu spät, um wenigstens einen Teil der russischen Armee zu vernichten, nachdem die Umgehung über Brzeziny bereits gescheitert war und die Russen ihren rechten Flügel von Lods bis zur Weichsel von Warschau—Iwangorod her wesentlich verstärkt hatten. Sie wurden zudem nicht geschlossen, sondern je nach dem Bedürfnis der Lage eingesetzt.

Zuerst kam das II. Korps an, das sich bei Kalisch sammelte und dann zur Verstärkung des rechten Flügels neben dem XI. Korps eingesetzt wurde. Rechts davon, als Verstärkung des Korps Breslau, focht das XXIV. Reservekorps ohne die 47. Reservedivision, die auf dringendes Bitten des Generals von Conrad diesem überlassen worden war. Das III. Reserve- und das XIII. Korps aber wurden zur weiteren Unterstützung des rechten Flügels verwendet.

Bis diese Kräfte eintrafen, hatte die 9. Armee schwere Tage zu verleben. Der Großfürst, der, wie wir sahen, Rennenkampf von der 10. Armee herbeigeholt hatte, um den Entsatz der bei Lods versammelten Kräfte zu organisieren, und sich dauernd verstärkte, war nach dem Rückzug der zur Umfassung angesetzten deutschen Truppen seinerseits zum allgemeinen Angriff vorgegangen, um den Ring zu sprengen, den die 9. Armee um seinen rechten Flügel gespannt hatte, und konnte dabei mit einer großen Überlegenheit rechnen. Genau läßt sich die Truppenverteilung der Russen allerdings nicht nachweisen, sicher aber ist, daß sehr bedeutende Verstärkungen eintrafen, daß auch große Teile der ursprünglich gegen das deutsche Zentrum angesetzten 5. Armee sowie Kräfte der 10. Armee herangezogen wurden, und daß infolgedessen die Deutschen gegen eine erdrückende Übermacht zu kämpfen hatten, gegen die sie sich nur mühsam hielten. Nachdem aber die Verstärkungen aus dem Westen eingetroffen waren, konnten sie trotz der feindlichen Überlegenheit selbst zum Angriff übergehen; der hauptsächlichste Nachdruck lag auf dem rechten Flügel; er wurde durch einen scharfen Vorstoß erleichtert, den die Truppen der 2. österreichischen Armee unter Boehm-Ermolli auf Petrikau führten. Am 1. Dezember brachen Hindenburgs Truppen vor und warfen sich in die Lücke, die zwischen Pabianice und der Petrikauer Kampfgruppe klaffte. Ihr Vorgehen stellte sich als eine Durchbrechung der russischen Front dar. Sie rissen die bei Lods kämpfende 2. und 5. Armee von der weiter südlich bei Petrikau fechtenden Gruppe los und machten es unmöglich, die Stadt Lods weiter zu halten. Verstärkungen, die von Süden heraneilten, konnte der Großfürst in ihr selbst nicht mehr einsetzen. So konnte das 3. kaukasische Korps, das von der Weichsel herankam und den 4. Dezember nach Noworadomsk gelangte, von General von Woyrsch verhindert werden, die Armee von Lods rechtzeitig zu erreichen. Dieser hatte die 1. Garde-Reserve- und die 27. österreichische Division, die ihm von der Armee Dankl überlassen worden war — letztere mit der Bahn über Sieradz — auf seinen linken Flügel herangezogen. Mit dieser Hilfe war es ihm gelungen, das russische Korps am Erreichen seines Zieles zu verhindern. Der Großfürst konnte seine Verstärkungen nur noch benutzen, um eine Aufnahmestellung für die aus Lods zurückgehende Armee an der Miazga zu nehmen. Lods war vor der südlichen Umfassung in der Nacht vom 5. zum 6. Dezember geräumt worden, nachdem Pabianice gefallen war. Die Schlacht bei Lods war von den Deutschen gewonnen. Der Großfürst aber stand immer noch abwehrbereit in der Linie Ilow, wo er sich an die Weichsel lehnte, — Lowitsch—Glowno—Brzeziny—Karpin—Bendkow—Petrikau; die Linie von dieser Stadt bis Noworadomsk und weiter nach Süden war noch immer fest in seiner Hand.

Die Schlachten bei Lowitsch und Limanova. Der Zusammenbruch der russischen Offensive. Österreichs Niederlage in Serbien.

Der Zustand, wie ihn die Räumung von Lods geschaffen hatte, blieb zunächst in der Schwebe, bis sowohl am rechten wie am linken Flügel und im Zentrum die endgültige Entscheidung fiel, die auch für die nicht unmittelbar angegriffenen Fronten maßgebend wurde. Die beiden Flügel Hindenburgs zunächst waren durch schwere Artillerie aus dem Westen verstärkt worden. Auch war das XVII. Korps aus der Front gezogen und bei Sanniki eingesetzt worden, um auf dem linken Flügel stärker zu sein und dort einen gewissen Schwerpunkt zu bilden. In dieser Form griff Mackensen an, als er stark genug durch Artillerie gewirkt zu haben glaubte. Die Infanterie ging energisch vor, und so gelang es nicht nur den Feind bis an und über die untere Bsura zurückzuwerfen, sondern auch Lowitsch am 15. Dezember zu nehmen und damit den Kampf im Norden am südlichen Weichselufer zu entscheiden.

Auf dem Südflügel des Heeres, etwa in der Linie Krakau—Tschenstochau—Zdunska Wola waren frühzeitig, schon während des Vorgehens der 9. Armee gegen Lods, zahlreiche Kämpfe entbrannt, die um so weniger in ihren Einzelheiten verfolgt zu werden brauchen, als sie nirgends eine wirkliche Entscheidung brachten. Unsere Truppen fochten hier mit den Österreichern vereint und vielfach vermischt im wesentlichen mit dem Zweck, feindliche Truppen festzuhalten, während die Russen ihrerseits gerade umgekehrt die Absicht verfolgten, die Rochade-Linie offen zu halten, auf der sie Verstärkungen vom linken Flügel zu der Lodser Gruppe gelangen lassen konnten. Je mehr die Katastrophe in Lods daher in greifbare Erscheinung trat, desto mehr mußte das Schwergewicht dieser Kämpfe nach Belchatow rücken, wo die Verbindung der südlichen Armeen über Petrikau nach Lods gedeckt werden konnte. Der äußerste Südflügel in Galizien war zunächst vom Kriege noch fast völlig unberührt.

General Conrad von Hötzendorf hatte — nach seinem Rückzug vom San von den Russen zunächst nur mit schwachen Kräften verfolgt — sein Heer in die Linie Uszok—Dukla—Grybow—Bochnia—Krakau—Olkucz—Zarki zurückgenommen, um in dieser Linie dem Feinde frontal entgegenzutreten, während Hindenburg dessen linken Flügel umfaßte. General von Woyrsch stand, wie hier wiederholt sei, mit allen zu ihm gehörenden Kräften zu beiden

Seiten von Tschenstochau; rechts vom ihm die 1. österreichische Armee unter General von Dankl, bei Krakau die 4. Armee unter Erzherzog Joseph Ferdinand, mit dem IX. Korps Ljubicic zur Sicherung bei Neusandec; es war über Raibrod und Bochnia durch schwache Kavallerie mit Krakau verbunden. Weiter rechts bis zum Uszoker Paß hielt General Boroevic mit der 3. Armee die Karpathen; den Paß selbst hatte Feldmarschalleutnant Karg mit Teilen der 2. Armee besetzt. Weiter rechts in den Karpathen stand General von Pflanzer-Baltin, dem auch das Korps Hoffmann unterstand, mit schwachen Kräften. Das Gros der 2. Armee selbst aber, das XII. und IV. Korps waren, wie wir sahen, nach dem linken Flügel des Generals von Woyrsch abgerückt, um hier, wo eine bedeutende Lücke klaffte, die Schlachtlinie zu verlängern. Bis zu seinem Eintreffen hatten österreichische und deutsche Reiterkorps den Auftrag, die linke Flanke des Generals von Woyrsch zu decken und den Feind aufzuhalten.

Schon am 16. und 17. November waren in dieser Aufstellung die Divisionen des Generals von Woyrsch, die 1. österreichische Armee und die mit ihren Hauptkräften bei Krakau stehende 4. von den Russen angegriffen worden. Den 18. hatten dann die genannten Truppenteile den Angriff erwidert, mit der Absicht, Noworadomsk in Besitz zu nehmen und damit die wichtige Linie auf Petrikau zu unterbrechen. Hierbei waren sie gescheitert und mußten sogar mit dem rechten Flügel zurückgehen, weil in Galizien der Feind im Anmarsch war. Am 25. war dann von Petrikau aus ein russischer Angriff erfolgt, den die 4. russische Armee am 29. durch einen solchen auf Woyrsch und Dankl unterstützt hatte. Es war sogar nötig geworden, die 1. Garde-Reservebrigade zur Abwehr feindlicher Angriffe auf den linken Flügel zu senden, wo es an der Widawka zu schweren Gefechten gekommen war. Dann hatte der rechte Flügel der 2. österreichischen Armee angegriffen, um den äußeren Flügel der 9. Armee, d. h. Hindenburgs entscheidenden Angriff auf Lods zu sichern, und in der Gegend von Belchatow waren die beiderseitigen Truppen hart aneinander geraten.

In Galizien hatte inzwischen Radko Dimitrieff, der die 3. Armee führte, abgewartet, bis die 11. Armee, die für die Belagerung von Przemysl bestimmt war, sich versammelt und die Belagerung begonnen hatte, dann hatten die 3. und 8. Armee ihren Vormarsch angetreten und Dimitrieff hatte ein Korps gegen die rechte Flanke des Erzherzogs entsandt. Mit den übrigen war er im Vormarsch geblieben, während die 8. Armee gegen die Karpathenpässe Front machte. Er zwang dadurch die 4. österreichische Armee, von Krakau aus dem in Galizien vorgehenden Feinde entgegenzutreten. Man faßte österreichischerseits den Plan, der 3. russischen Armee in die linke Flanke zu stoßen und schickte unter dem Kommando des Generals Roth, dem auch die deutsche 47. Reservedivision zugeteilt war, zwei Armeekorps, schon am 28. beginnend, mit der Bahn über Wadovice nach Mszana Dolna. Im Verein mit Feldmarschalleutnant Ljubicic, der mittlerweile näher an Krakau herangerückt war, griffen sie den Feind an und warfen ihn nach Nordosten zurück. Die deutsche Division focht auf dem rechten Flügel, war im Angriff erfolgreich, und wies alle Angriffe ab, die gegen sie unternommen wurden. Nun aber kam die 8. Armee unter Brussilow heran, die in der Zwischenzeit — soviel ich ermitteln konnte — gegen die Karpathenpässe vorgeschoben war, griff zunächst mit dem VIII. Korps die offene Flanke des Generals Roth an und besetzte Neu-Sandec. Der Kampf entwickelte sich zu einer allgemeinen Schlacht, die als die Schlacht von Limanova bezeichnet wird, in der zuletzt die 3. und 4. österreichische Armee mit zahlreichen neu gebildeten Verbänden und rasch herangeholten Reserven, unter denen sich auch manche Landsturmtruppen befanden, mit der 3. und 8. russischen um die Entscheidung rangen. In diesem Kampfe, der am 12. Dezember 1914 seinen Höhepunkt erreichte und seine Entscheidung fand, stand die deutsche Division an der entscheidenden Stelle, am Brennpunkt der österreichischen Front. Von zwei Seiten konnte sie auf den Höhen von Raibrod angegriffen werden; aber sie stand wie ein Fels in der Brandung und trotzte allen Stürmen, die von den verschiedensten Seiten auf sie losbrachen. Ohne sie hätten die Österreicher die Schlacht sicherlich verloren. Die Entscheidung wurde schließlich dadurch herbeigeführt, daß der General Boroevic mit Teilen seiner Armee im Rücken des russischen VIII. Korps erschien, während er mit dem andern Teile die übrigen Korps Brussilows vor sich her nach Nordosten trieb. Das VIII. Korps der Russen deckte sich zwar, indem es die 13. Division, eine Schützenbrigade und eine Kavalleriedivision als Nachhut in seinem Rücken bei Neu-Sandec stehen ließ; diese Kräfte aber wurden von Boroevic zurückgeworfen. Sein Stoß führte geradeswegs in den Rücken des VIII. Korps und drang durch. Dieses aber war rechtzeitig ausgewichen und hinter den Dunajec zurückgegangen. Radko Dimitrieff sah damit seine Schlacht verloren. Er behauptete sich zwar noch mit Nachhuten bis zum 14. Dezember 1914 früh, dann aber zog er ab und ging hinter die Bialla und den unteren Lauf des Dunajec zurück. Brussilows 8. Armee war bereits im Becken von Krosna angekommen. Er hatte das Schlachtfeld von Limanova geräumt, die Duklasenke und den Karpathenkamm preisgegeben und sammelte sich rückwärts. Auch die 9. russische Armee, die die Belagerung von Krakau bereits begonnen hatte, schloß sich diesem Rückzuge an und ging hinter die Nidda zurück, denn mittlerweile war auch im Zentrum die Entscheidung gefallen.

Zunächst hatten bei Belchatow vier österreichische Infanteriedivisionen, das Kavalleriekorps Hauer, eine preußische Garde-Reservebrigade und die 8. Kavalleriedivision im Kampfe gelegen. Allmählich aber war die ganze 2. österreichische Armee in diesen Kampf verwickelt worden. Noch am 7. Dezember, nachdem er eben Lods geräumt, hatte der Großfürst Verstärkungen nach Petrikau gesandt, weil er hoffte, durch einen Durchbruch in der Mitte der Schlachtlinie die Verluste bei Lodz ausgleichen zu können. So kam es, daß, während Mackensen an der Miazga focht, bei Belchatow noch um die Entscheidung gerungen wurde, und Kaukasier, Moskauer Grenadiere, Teile des russischen XVI. Korps, Ural- und Gardekosaken in verzweifeltem Ansturm den siegreichen Durchbruch zu erzwingen suchten. Ihre Bemühungen scheiterten an dem tapferen Widerstande der gegnerischen Kräfte. Als dann sowohl im Norden Lowitsch fiel als auch im Süden die Österreicher bei Limanova siegreich waren und die Belagerung von Krakau aufgegeben werden mußte, da gingen die Russen auf der ganzen Front zurück und bequemten sich endlich zum Stellungskriege an dem Bsura—Rawka-Abschnitt, der oberen Pilitza, der Nida und dem Dunajec.

Die Deutschen hatten ihren letzten Zweck, den Gegner vollständig zu vernichten, allerdings nicht erreicht. Aber seine Angriffskraft war endgültig gebrochen, und trotz seiner vielfachen Überlegenheit war er fortan gegen Deutschland wenigstens auf die Verteidigung beschränkt. Auch die Österreicher hatten sich siegreich behauptet, wenn es ihnen auch nicht vergönnt war, Galizien zurückzuerobern. Sie konnten mit Befriedigung auf ihre siegreiche Abwehr blicken, die ihnen allerdings nur dank einer tapferen deutschen Division gelungen war. Ein Wermutstropfen fiel allerdings in ihren Siegesbecher: der Verlust von Serbien.

Nach dem ersten für die Österreicher verlorenen Feldzug in Galizien hatten die Serben einen kurzen Vorstoß auf Syrmien und das Banat gemacht, waren aber unter erheblichen Verlusten zurückgeworfen worden. Dann hatte Feldzeugmeister Potiorek, der die Österreicher führte und sich im Vertrauen auf die Gunst des Kaisers um die Weisungen der Obersten Heeresleitung wenig kümmerte, mit der 5. und 6. Armee den Angriff erneuert. Er drang noch einmal über die Drina, sicherte seine rechte Flanke durch einen siegreichen Vorstoß in die Gegend südlich Sarajevo und ging dann entschlossen zum Angriff gegen die serbische Armee vor. Es gelang ihm, trotz der Ungunst der Witterung und der unglaublich schlechten Wege, die jeden Nachschub aufs höchste erschwerten, siegreich bis in die Linie Uzice—Valjevo—Belgrad vorzudringen und sich sogar der serbischen Hauptstadt zu bemächtigen. Vom Siegesbewußtsein getragen, wollte er aus dieser Stellung den Feind angreifen und ihm durch doppelte Umfassung eine endgültige Niederlage beibringen. Die Serben aber waren konzentrisch auf Arangjelovac zurückgegangen und brachen nun neugekräftigt auf der inneren Linie vor, indem sie zuerst sich gegen den rechten Flügel der Österreicher wandten und diesen über die Drina zurückwarfen und dann mit der Hauptmasse den linken Flügel Potioreks angriffen, diesen zum Rückzug zwangen und das verlorene Belgrad den 14. Dezember wieder eroberten.

Damit war der serbische Feldzug beendet, denn die Österreicher hatten keine Kräfte mehr, um ihn noch einmal zu unternehmen. Er bedeutete aber auch für Deutschland einen schweren Schlag. Die 5. und 6. österreichische Armee waren so gut wie vollständig geschlagen und zertrümmert. Um so mehr mußte die deutsche Armee die österreichische bei allen ihren späteren Unternehmungen stützen und ihr selbst bei der Verteidigung des eignen Landes helfen. Das sollte sich bald genug zeigen.

Die weiteren Kämpfe in Polen, an der galizisch-ungarischen Grenze und die Winterschlacht in Masuren.

Die Entscheidungskämpfe in Polen hatten ihr Ende erreicht. Die Russen waren auf der ganzen Front gewichen und hatten ihre Niederlage außer mit vielen Toten, Verwundeten und zahlreichen Geschützen mit 130 000 Gefangenen bezahlt, die sich während der Verfolgung durch die Deutschen noch um 50 000 Mann vermehrten, die die Waffen streckten. So geschlagen aber waren sie keineswegs, daß sie zu völliger Untätigkeit verurteilt gewesen wären. Unter zahlreichen zum Teil sehr heftigen Gefechten gingen sie auf die neue Widerstands- und Verteidigungslinie zurück. Besonders auf ihrem rechten Flügel, wo es galt, Nowogeorgiewsk und vor allem Warschau zu sichern, wehrten sie sich auf das heftigste. Nichtsdestoweniger wurden Sochatschew und Skiernewice von den Deutschen genommen, und am 2. Januar erstürmte das XVII. Korps Borzimow nach mehrtägigem harten Ringen.

Demgegenüber versammelte der Großfürst starke Kräfte der 5. Armee und zwei in Polen befindliche Korps der 9. Armee, die aus der Front gezogen war, bei Inowlods und griff damit die deutschen Linien so energisch und erfolgreich in der Mitte an, daß man an die Absicht eines zentralen Durchbruchs glauben konnte, während zugleich an der Nida zwischen Wislica und Nowokorenzin um die Flußübergänge heftig gefochten wurde. Um die Weihnachtstage wurde der russische Andrang bei Inowlods sogar so stark, daß deutscherseits alle verfügbaren Truppen dagegen aufgeboten werden mußten. Erst um die Jahreswende gelang es, den russischen Vorstoß zu brechen und den Gegner in die Wälder östlich der Pilitza zurückzuwerfen.

Nun aber planten die Deutschen ihrerseits einen größeren Angriff in Ostpreußen. Die Absicht, die Aufmerksamkeit von dort abzulenken, wo wichtige Ereignisse sich vorbereiteten, konnte durch ein Vorgehen in der Richtung auf Warschau am besten erreicht werden. Es wurden daher starke Kräfte versammelt, die die Stellung der Russen bei Bolimow angreifen und wegnehmen sollten. Das I. Reservekorps mit der 72. Landwehrbrigade, die 1. Division, das XVII. und das XIII. Korps wurden, soviel ich sehen kann, eingesetzt und führten eine starke Artillerie mit sich. Die Russen ihrerseits hatten die Dörfer Humin, Bolimow und Majdan besetzt und ausgiebig befestigt, um auf diese Weise die Straße nach Warschau zu decken. Hinter der Mitte dieser Stellung lag die stark ausgebaute Wodkafabrik von Wola Szydlowicka. Der Angriff wurde in den ersten Tagen des Januar aufgenommen. Es dauerte aber bis zum Ende des Monats, bis die sehr starke Stellung, die von der 2. Armee der Russen verteidigt wurde, sturmreif geschossen war. Am 31. Januar endlich schritten die Deutschen zum entscheidenden Angriff. Der Kampf währte mehrere Tage und war äußerst erbittert. Die 2. Armee, die in General Smirnow einen neuen Kommandeur erhalten hatte, wehrte sich verzweifelt, ja sie machte am 2. Februar einen nahezu 20 km breiten Gegenangriff, der, energisch geführt, bis dicht vor die deutschen Linien gelangte und teilweise zum Handgemenge führte, dann aber in seiner ganzen Ausdehnung zusammenbrach und die Deutschen als Sieger auf dem Platze ließ. Der Russe aber gab sich nun endgültig geschlagen und ging, nachdem er die Schlacht von Bolimow verloren hatte, hinter die Sucha zurück. Er war zufrieden, Warschau behauptet zu haben, das seiner Meinung nach von den Deutschen erstrebt wurde, und hatte keine Ahnung davon, daß der gewaltige Kampf lediglich den Zweck gehabt hatte, russische Kräfte von Ostpreußen fernzuhalten, wo Hindenburg in aller Stille einen großen Schlag plante und vorbereitete.

Als der Großfürst aus den stattgehabten Kämpfen ersah, daß ein Durchbruch in Polen unmöglich sei, andererseits aber, daß die 2. Armee stark genug sei, um Warschau zu sichern, faßte er sofort neue Pläne. Zuerst galt es freilich, die Armeen und ihr Fuhrwesen neu zu ordnen, dann aber wollte der russische Feldherr über den Kamm der Karpathen nach Ungarn durchbrechen und seine siegreichen Armeen über Ofenpest zur letzten Entscheidung vorführen, während in Ostpreußen und Polen die Deutschen durch fortgesetzte Angriffe festgehalten werden sollten. So wenigstens muß man sich den Gedankengang des russischen Feldherrn nach den Geschehnissen vorstellen. Er zog die 9. Armee, wie gesagt, aus der Front, setzte sie zum größten Teil gegen Ungarn ein und bereitete sich mit allen Mitteln auf den geplanten Vorstoß vor. Drei starke russische Armeen wurden in Galizien versammelt, während eine vierte Przemysl belagerte. So wurden auf seiten der Russen sowohl, wie auf der der Deutschen neue Angriffsunternehmungen ins Auge gefaßt.

Auch die Österreicher hatten nach der Schlacht von Limanova die Kämpfe fortgesetzt, waren aber bald auf starken Feind gestoßen und hatten die Karpathenpässe verloren. Den 1. Januar 1915 wurde der Uszoker Paß von den Russen genommen. Jetzt plante General von Conrad eine große Offensive in den Karpathen selbst, teils um

Przemysl zu entsetzen, teils aber auch, weil er, nachdem die Pässe verloren waren, einen Einbruch in die ungarische Ebene befürchtete. Von deutscher Seite aber hielt man es für dringend geboten, die Österreicher hierbei direkt zu unterstützen, da sie sonst ihren Zweck wahrscheinlich nicht erreichen würden und es zweifelhaft war, ob sie dann noch beim Bunde aushalten würden.

Von einzelnen aus der Front gezogenen Truppen wurde daher unter dem Kommando des Generals von Linsingen eine neue Süd-Armee gebildet, die aus der 48. Reservedivision, der 1. Division, der 5. Kavalleriedivision und einer aus drei Regimentern zusammengesetzten verstärkten Brigade bestand, und nach Ungarn gefahren wurde. Aus dieser letzteren wurde später — soviel ich habe ermitteln können — eine Garde-Reservedivision gebildet. Auch das Korps des Feldmarschalleutnants Hoffmann trat am 18. Januar unter Linsingens Befehl, so daß dieser außer den deutschen Truppen die 19. und 55. österreichische Division, die 131. Brigade und die 12. Landsturmbrigade befehligte. Auch eine österreichische Kavalleriedivision wurde beigegeben. General von Conrad wollte den Hauptstoß zwischen dem Uszoker und Duklapaß gegen Przemysl ansetzen. Rechts davon sollte die deutsche Süd-Armee vorgehen, an die sich weiterhin General von Pflanzer-Baltin anschließen sollte, dem später auch die 5. Kavalleriedivision unter dem General von Marschall unterstand. Zu dem Hauptangriff wurde die 3. Armee Boroevic verwendet, während die 4. Armee Westgalizien des weiteren sichern sollte.

Den 23. schritt Linsingen zum Angriff, während der rechte Flügel der 3. Armee schon am 22. antrat. Die Süd-Armee ging aus dem Raume nordöstlich Munkacs und nördlich Huszt vor und hatte die Höhenstellungen der Kliva und der Kiczirka zu überwinden, die beide genommen wurden, und auf denen ein Gegenangriff der Russen blutig abgewiesen wurde. Der Angriff der Süd-Armee ging dann unaufhaltsam weiter. Linsingen entriß den Russen den Wyskowsattel, den Beskidpaß, die Lysahöhe und die bei Smorze und überschritt siegreich den Kamm des Gebirges. Auch der Uszoker Paß kam Ende Januar wieder in die Hand der Österreicher. Als aber der deutsche General am 5. Februar 1915 gegen die mächtige Stellung am Zwinin vorging, kam sein Angriff zum Stehen. Auch die Macht des Winters verhinderte zunächst eine Wiederholung des Sturmes. Siegreich hatte die Süd-Armee bisher gefochten; der Angriff im ganzen aber kam nicht vorwärts, und die Österreicher mußten sich zunächst damit begnügen, den Einbruch in Ungarn verhindert zu haben. Um Weiteres zu erreichen, waren stärkere Kräfte nötig. Die Süd-Armee wurde durch die deutsche 4. Division des II. Korps verstärkt. Zwischen ihr und der 3. rückte die allmählich aus Polen herangezogene neugebildete 2. unter dem Befehl Boehm-Ermollis ein, und rechts von Linsingen wurde eine neue, aus deutschen und österreichischen Truppen bestehende Gruppe gebildet, die bei Ottynia den linken Flügel Pflanzer-Baltins entlastete.

Die Kämpfe in den Karpathen stellten an die Truppen die höchsten Anforderungen. Selbst im Gefecht mußten sie sich durch den Schnee vorwärts schaufeln. Die Unterkunft war mehr als dürftig. Der gesamte Heeresbedarf und die Verpflegung mußten auf Tragtieren auf die Berge geschleppt werden. Die Artillerie wurde mit Menschenkräften hinaufgeschafft. Oft versanken die Mannschaften im Schnee. Schwere Gliedererfrierungen kamen in Menge vor. Aber trotz allem Ungemach behielt die Truppe ihre Angriffsfreudigkeit und focht mit der alten bewährten Kraft.

In Ostpreußen waren mittlerweile die Grenzkämpfe fast ununterbrochen fortgegangen. Auf der Linie Wloclawek—Mlawa—Willenberg war wiederholt gekämpft worden. Im Laufe des Januar aber wurden dem Oberkommandeur Ost vier neue Armeekorps zur Verfügung gestellt. Drei von ihnen, das XXXVIII., XXXIX. und XL. waren neu formiert. Als viertes gesellte sich das XXI. zu ihnen, das zum größten Teil aus Elsaß-Lothringern bestand und daher im Westen nicht gut gebraucht werden konnte. Hindenburg beschloß, sie gegen die 10., jetzt von General von Sievers kommandierte Armee zu verwenden und diese womöglich zu vernichten. Zugleich aber wurde die Südgrenze Ostpreußens nach Möglichkeit gesichert. Das war dringend notwendig geworden.

Der Großfürst hatte seinen „gigantischen" Plan, mit starker Macht über die Karpathen vorzubrechen, noch weiter ergänzt. Er zog allem Anschein nach eine neue 12. Armee in Nordpolen, halbwegs Nowogeorgiewsk—Thorn zusammen, um mit ihr in die Länder dicht östlich der unteren Weichsel einzubrechen, alle deutschen Truppen, die östlich der Weichsel standen, im Rücken zu fassen, und sie im Verein mit der 10. Armee zu vernichten. Dem mußte auf alle Fälle vorgebeugt werden.

Es wurde daher das XX. Korps nach Ortelsburg gefahren, wo es zugleich bereitstand, gegen Lomscha und Ossowietz, also gegen die Narewfestungen, verwendet zu werden. Es wurde absichtlich spät — erst Anfang Februar 1915 — seinem Bestimmungsort zugeführt, um nicht vorzeitig die Aufmerksamkeit des Feindes auf Ostpreußen zu lenken. Ihm folgten dann aber sehr bald das I. Reservekorps und die 6. Kavalleriedivision nach Willenberg, die 3. Infanteriedivision nach Neidenburg und die 1. Garde-Reservedivision von der Abteilung Woyrsch nach Soldau. Der Aufmarsch dieser Truppen konnte etwa am 20. Februar beendet sein. General von Gallwitz sollte den Befehl über die Truppen zwischen Weichsel und Orschitz übernehmen und nach vollendeter Versammlung nach Süden vorstoßen, während das XX. Korps dem rechten Flügel der zum Angriff auf die 10. Armee bereitgestellten Truppen folgen sollte. Diese sollten gleich nach ihrem Eintreffen gegen die Russen vorbrechen, um die Gefahr zu verringern, daß ihr Aufmarsch vom Feinde gemerkt würde.

Das war um so mehr zu befürchten, als sie auf dem äußersten linken Flügel der gegen die Armee Sievers aufgebotenen Truppen ausgeladen werden sollten, wo sie von feindlichen Fliegern nur allzuleicht wahrgenommen werden konnten.

Sie waren in zwei Armeen geteilt, die 10. und die 8., die von den Generalen von Eichhorn und Otto von Below geführt wurden. Ersteren hatte die Oberste Heeresleitung mit Stab zur Verfügung gestellt; letzterer führte schon seit dem 7. November 1914 die 8. Armee, da General von François, wie wir wissen, als kommandierender General nach dem Westen versetzt worden war. Die kampfkräftigsten Truppen sollten an den Flügeln eingesetzt werden, die zur Umfassung des Feindes bestimmt waren; im Mittelraum wollte man sich mit Truppen geringerer Leistungsfähigkeit im Marschieren begnügen. Nach diesen Gesichtspunkten wurde der Aufmarsch angeordnet. Am äußersten linken Flügel, bei Slowiki an die Szeszupa gelehnt, standen von links anfangend bis Kussen das XXI., das XXXVIII. und das XXXIX. Reservekorps. Rechts daneben die Hauptreserve von Königsberg, die jetzt Landwehrdivision Königsberg hieß. Den linken Flügel der 10. Armee deckten die 1. Kavalleriedivision und die 5. Garde-Reservebrigade; an ihren rechten schloß die 8. Armee an. Ihr XL. Korps bildete hinter der Johannisburger Heide den äußersten rechten Flügel; hinter ihr folgte die 4. Kavalleriedivision. Links schloß sich die 2. Division des I. Armeekorps an, die durch Landwehren unter dem Generalleutnant Kosch zu einem Korps aufgefüllt gewesen zu sein scheint. Dem rechten Flügel beigegeben war die 3. Kavalleriebrigade. Die Mitte der ganzen Schlachtaufstellung und den linken Flügel der 8. Armee bildeten die 3. Reservedivision, die stark mit Landsturm durchsetzten 1., 10. und 11. Landwehrdivisionen — von denen eine der 2. Infanteriedivision angegliedert gewesen zu sein scheint — und die 5. Infanteriebrigade. Auch über die Kriegsbesatzung von Lötzen und andere Festungstruppen scheint die Angriffsarmee verfügt zu haben. Da mir offizielle Quellen jedoch nicht zur Verfügung stehen, läßt sich die Verteilung der Truppen nicht genau nachweisen. Es genügen aber auch die gemachten Angaben, um den leitenden Gedanken der ganzen Schlachtanlage zu verfolgen. 250 000 Mann wurden für diesen Entscheidungskampf aufgeboten. Es kam alles darauf an, daß der rechte Flügel der 8. Armee und der linke der 10. so rasch als möglich vorwärts kamen, um dem Gegner die Rückzugsstraßen zu verlegen, während zu gleicher Zeit die in der Front angesetzten Truppen den Feind durch Angriffe so lange als möglich aufhalten sollten. Dieser Leitgedanke war in der ganzen Armee lebendig, als die Operationen gegen den etwa gleich starken Feind begannen. Das Vertrauen, daß Hindenburg nichts fordern würde, als was durchaus nötig sei, war unbedingt; er konnte von der Truppe verlangen, was er wollte. Sie leistete dementsprechend Ungeheures. Es wurden trotz Eis und Schnee Märsche bis 40 km zurückgelegt. An eine geregelte Verpflegung war nicht zu denken. Man lebte großenteils von den Vorräten des Feindes, die man erbeutete. Die Schlittenkufen, die von der Heeresleitung zur Verfügung gestellt waren, erwiesen sich als unbrauchbar, da auf weiten Wegestrecken der Schnee vom Sturm weggefegt war, während er an anderen Stellen meterhoch lag. Die schwere Artillerie mußte auf die wenigen festen Straßen verwiesen werden, weil sie sonst überhaupt nicht mitkam. Auch die Feldartillerie war häufig zu den Gefechten noch nicht heran. Dann mußte die Infanterie ohne Artillerieunterstützung fechten. In anderen Fällen mußten die Kanonen bis in die Schützenlinien vorgezogen werden, um den Widerstand des Feindes zu brechen. Die Russen wehrten sich wie die Verzweifelten, weil sie den eisernen Ring spürten, der sich um ihre Rückzugslinie legte; kurz, es waren alle Schwierigkeiten zu überwinden, die ein besonders furchtbarer russischer Winter und ein hartnäckiger Gegner bieten konnten. Nichtsdestoweniger blieben Führung und Truppe stets auf der Höhe ihrer Aufgabe und versagten niemals. Es ist unsagbar, was sie geleistet haben.

Der Südflügel trat einen Tag früher an, als die Truppen im Norden. Hier gestaltete sich der Angriff zunächst zu einem Durchbruch, der aus der Johannisburger Heide heraus erfolgte und es in der Folge nötig machte, den äußeren Flügel durch eine besondere Abteilung zu sichern. Dennoch war die Überraschung der Russen vollständig gelungen. Als am 7. Februar 1915 die 8., und gleich darauf am 8. die 10. Armee den Vormarsch begannen, fanden sie die Russen besonders an ihrem rechten Flügel durchaus nicht in der Verfassung, dem Angriff ernsten Widerstand entgegenzusetzen; nur an einzelnen Stellen kam es zu hartnäckigen Gefechten. So besonders bei Lyck. Hier gelang es dem III. sibirischen Korps den Südflügel der 8. Armee bis zum 14. aufzuhalten. Als während dieser Zeit russische Truppen von Ossowietz herangeführt und bei Grajewo ausgeladen wurden, um den äußeren Flügel der 8. Armee zu bedrohen, trat ihnen die Flügelstaffel entgegen, und es gelang sowohl die neu herangekommenen Truppen zu schlagen, als endlich auch den Widerstand bei Lyck zu brechen und auf Augustow nachzudrängen. Als sich beim weiteren Vorgehen der Raum verengerte, wurden Truppen aus der Front gezogen und zur Sicherung der Flanken verwendet. So nahm die 10. Armee schon am 10. die Landwehrdivision Königsberg heraus, die mit der 1. Kavalleriedivision und der 5. Gardebrigade, abgesehen von den Abteilungen, die die Divisionen selbst zum gleichen Zweck abzweigten, fortan zum Flankenschutz verwendet wurden. So wurden von der 8. Armee eine halbe 1. Landwehrdivision, die ganze 11. und eine gemischte Brigade der 3. Reservedivision herausgezogen und nach Süden geschoben. Im übrigen aber ging der Vormarsch unentwegt vorwärts. Die russische Armee wurde immer mehr und mehr in den Augustower Forst zusammengedrängt. Im Süden wurden Stabin, Grußki und Lipsk besetzt, im Osten hatten die Deutschen die unerhörte Kühnheit, kaum 20 km von der Festung Grodno entfernt, Holynka, Sapozkinie, Kalety und Kapciowo zu nehmen. Ein aus Grodno vorbrechender Entsatzversuch wurde blutig zurückgewiesen. Bei Stabin und Lipsk wurde der Feind teils in die Bobr-

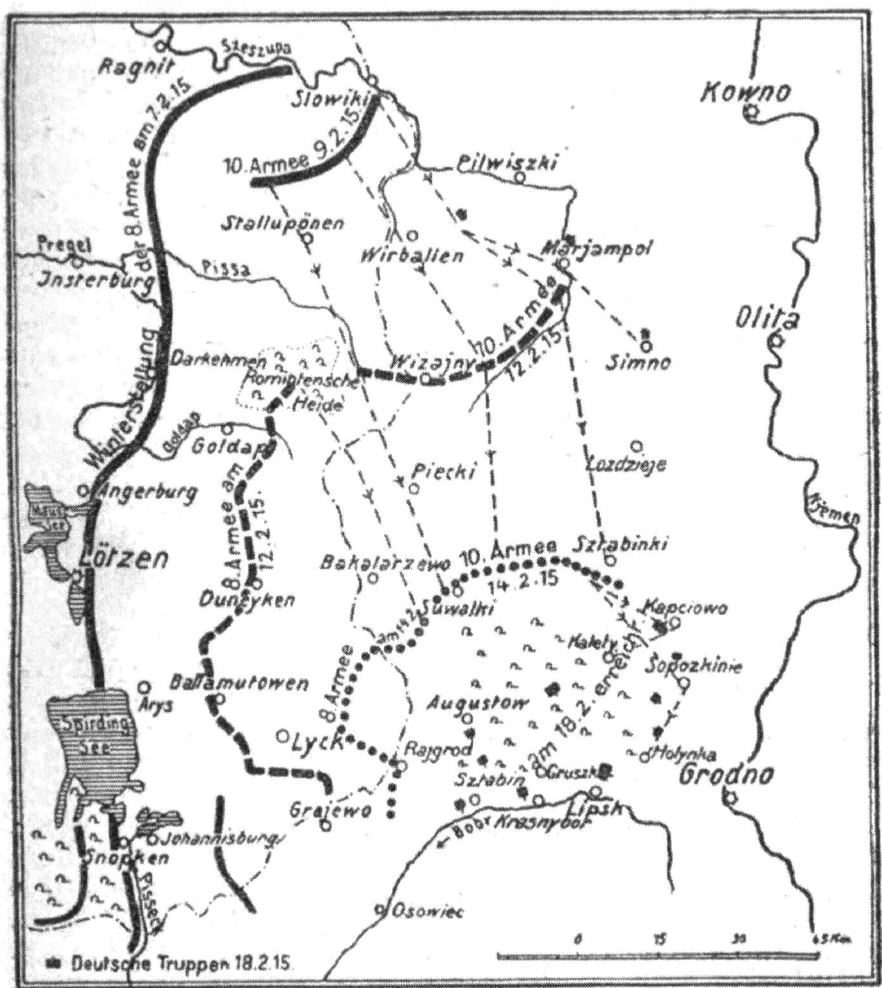

Karte 27. Die Winterschlacht in Masuren.

sümpfe geworfen, teils gefangen, und am 21. Februar mußte die völlig umzingelte russische Armee, soweit sie noch am Leben war, die Waffen strecken. 110 000 Gefangene, etwa 300 Geschütze, mehrere hundert Maschinengewehre, Munitionswagen, Feldküchen, ungezähltes sonstiges Kriegsgerät, einige tausend Stück Vieh und Pferde, drei Lazarettzüge und eine Kriegskasse fielen in die Hand der Sieger. Auch zahlreiche russische Generale wurden gefangengenommen. Die 10. russische Armee hatte aufgehört zu bestehen.

Mittlerweile hatte Hindenburg, der sein Hauptquartier in Insterburg aufgeschlagen hatte, um den Ereignissen nahe zu sein, schon am 17. eine Neuordnung der Armeen vorgenommen. Alle Truppen, die am Feinde standen, wurden der neuen 10. Armee zugewiesen. Sie sollte, wie sie das auch wirklich tat, die Vernichtung der 10. russischen Armee vollenden. Die übrigen und die nach der rechten Flanke abgezweigten Truppen sollten als 8. Armee den Bobr überschreiten und Ossowietz belagern. Bis zum Orschitz sollte der Befehlsberich der 8. Armee reichen. Sehr bald aber zeigte sich, daß der Sieg an den Masurischen Seen, so gewaltig er war, den Russen zwar eine Armee gekostet und ihre Widerstandskraft entsprechend geschwächt hatte, strategisch aber nicht unmittelbar ausgenutzt werden konnte. Eine weitere Verfolgung über den Njemen war unmöglich, weil sie starke Kräfte in exzentrischer Richtung zu weit von ihrer Grundstellung fort über einen bedeutenden Strom geführt hätte und auf die befestigte Linie Kowno—Olita—Grodno gestoßen wäre. Eine Wirkung in südlicher Richtung aber konnte sich nur ergeben, wenn zuvor die Festung Ossowietz gefallen wäre. Infolgedessen ging in Ostpreußen, Polen und Galizien alles zum Stellungskrieg über.

Die Kämpfe an der Westfront, die Schlacht bei Soissons und das Treffen bei La Creute.

Während im Osten alle Kräfte sich spannten, um die Entscheidung gegen Rußland herbeizuführen, fiel den Deutschen im Westen eine weniger dankbare Aufgabe zu. Hier kam es darauf an, den Krieg mit möglichst schwachen Kräften hinzuhalten, ohne Gelände zu verlieren, und zugleich den Gegner in der Täuschung zu erhalten, daß jeden Augenblick die Offensive von neuem losbrechen könnte. Es war das eine passive Rolle, die aktiv durchgeführt werden mußte. Die Aufgabe der Franzosen und Engländer war im Gegensatz hierzu der Natur der Sache nach durchaus eine offensive, wie das schon gesagt worden ist. Sie mußten nicht nur bestrebt sein, deutsche Kräfte zu binden, um ihre Verschiebung nach dem Osten zu verhindern, sie mußten auch selbständig den Sieg zu erringen suchen, um Frankreich und Belgien vom Eindringling zu befreien. Sie fochten, schlecht gerechnet, zwei gegen einen, hatten die Industrie der ganzen Welt zu ihrer Verfügung, die bestrebt war, ihre Artillerie zu verstärken und ihnen Munition in Masse zuzuführen, und konnten zahlreiche Hilfsvölker aus allen Teilen der Erde zu ihrer Unterstützung heranziehen, während die Deutschen von allem Seeverkehr abgeschlossen waren. Trotz alledem erwarteten sie den Sieg zunächst von Rußlands gewaltiger Überlegenheit, waren zufrieden, einen Teil der deutschen

Kräfte im Westen zu fesseln, und beschäftigten sich zunächst damit, ihre tief erschütterten Armeen wieder kampfkräftig zu machen. So trug ihr ganzes Verhalten den Stempel der Unentschlossenheit und Halbheit, bis die überall geschlagenen Russen dringend um Mitwirkung ihrer Verbündeten baten und eine solche sogar forderten. Da endlich entschloß sich Joffre zu einer allgemeinen Entlastungsoffensive, die an der ganzen Front zugleich einsetzen und den Feind vom französischen Boden vertreiben sollte. Am 17. Dezember gab er den entsprechenden Befehl. Die Engländer beteiligten sich übrigens auch jetzt nur mit geringen Kräften. Sie mochten wohl finden, daß nach den Erfahrungen in Flandern zu schließen, ihre Truppen für einen energischen Angriff noch nicht geeignet seien. Die alte Friedensarmee war völlig verbraucht und hielt nur eine Front von 40 km besetzt, Lord Kitchener aber war unterdessen bemüht, etwa 800 000 Mann für den Grabenkrieg auszubilden.

Wenn demnach die Franzosen erst vom 17. Dezember an planmäßig zum Angriff schritten, so haben doch vorher schon zahlreiche Kämpfe stattgefunden, die meist örtlichen Ursprungs waren. In Flandern, bei Lille und an der Lorettohöhe, bei Arras, an der Somme und an der Aisne, in der kreidigen Champagne und in den buschigen Argonnen, bei Verdun und auf den bewaldeten oder grasigen Kuppen der Vogesen wie in der Belforter Senke: überall wurde gefochten; nirgends ruhten die Waffen ganz, nirgends aber war ein höherer Zweck mit diesen Scharmützeln verbunden. Dieser stellte sich erst ein, als Joffre seinen allgemeinen Angriffsbefehl gegeben hatte, der indes von einer falschen Voraussetzung ausging. Der französische Feldherr bildete sich ein, er könne, da doch zahlreiche deutsche Truppen nach dem Osten überführt worden waren, dank der numerischen Überlegenheit, die er an sich schon besaß und durch vollständige Wiederherstellung seiner Armee erhöht hatte, die Deutschen in ihren Gräben einfach überrennen, wenn er überall gleichzeitig angriffe und sie dadurch verhindere, Unterstützungen an die angegriffenen Stellen zu fahren. Er sollte sich sehr über die Widerstandsfähigkeit fester Gräben getäuscht haben, wenn sie von Truppen verteidigt würden, wie es die deutschen damals waren. Abgesehen von einigen unbedeutenden örtlichen Verlusten blieben die Deutschen überall Sieger, und so endete der allgemeine Angriff der Franzosen und Engländer mit einer zweifellosen Niederlage der Verbündeten.

Von allen diesen Kämpfen können und brauchen nur die wichtigsten hier hervorgehoben werden. Sie brachten die ganze französische Front in Bewegung und fanden der Sache nach ihren Abschluß in der für die Deutschen siegreichen Schlacht von Soissons, die selbst die nahen Pariser in Angst und Sorge versetzte, und in den daran anschließenden Gefechten.

Schon den 16. und 17. Dezember kam es bei Lombartzyde zu heftigen Gefechten, die mit einer völligen Niederlage der dabei verwendeten französischen und belgischen Truppen endete. Dagegen ging der auf dem linken Yserufer gelegene Brückenkopf von St. Georges nach langen blutigen Gefechten am 28. Dezember an die Verbündeten verloren, die sich indes vergeblich bemühten, ihrerseits auf das rechte Yserufer vorzudringen, und nur bei Bixschote bis zum 17. Dezember etwa 500 m Raum und am 18. die Schenke von Kortekeer eroberten, ohne trotz aller Anstrengungen weiter vordringen zu können. Ebenso war schon am 27. und 29. November, am 3., 5., 10. und 11. Dezember im Ypernbogen heftig gekämpft worden. Am 17. Dezember aber brachen infolge der Joffreschen Angriffsbefehls die Franzosen bei Paschendaele und Poelcapelle, die Engländer bei Westhoek und Zwartelen vor, ohne irgend wesentliche Vorteile erkämpfen zu können, obgleich noch bis zum 20. Dezember gefochten wurde. Unaufhörlich wurde auch auf der Südwestflanke von Ypern im Wytschaetebogen gekämpft, wo die Deutschen ihre Stellungen alle restlos behaupteten. Im Raume von Lille nahmen die Kämpfe vom 17. Dezember an einen ernsteren Charakter an und tobten mit größter Heftigkeit von La Bassée bis südlich von Arras. Auf der ganzen Front von La Bassée, der Lorettohöhe, Souchez und St. Laurent wurde gekämpft. Die Deutschen verloren zwar Vermelles und Givenchy, Orte, die sie freiwillig preisgaben, weil ihre Behauptung zu große Opfer gekostet hätte, im allgemeinen aber hielten sie ihre Linien fest und brachten besonders den Engländern, die gegen den rechten Flügel dieser Stellung fochten, sehr erhebliche Verluste bei, so daß sie gezwungen waren, um einen Waffenstillstand zur Beerdigung ihrer Toten zu bitten. Diese sehr erbitterten Kämpfe dauerten bis tief in den Januar hinein und brachten unseren Feinden, trotz ihrer zahlenmäßigen Überlegenheit besonders an Artillerie, sehr erhebliche Opfer, ohne irgendeinen entsprechenden Gewinn. Das gleiche aber war der Fall, wenn wir den Raum von Arras bis zur Aisne ins Auge fassen. Hier gelang es ohne allzugroße Schwierigkeiten, die Linien durchweg zu behaupten. Nur der Kirchhof von La Boisselle wurde von den Franzosen genommen. Wahrlich ein spärlicher Gewinn in Anbetracht der großen Anstrengungen und Opfer, die sie seit dem 17. Dezember 1914 bringen mußten, was um so mehr ins Gewicht fiel, als ihre Menschenverluste sehr viel größer waren als die der Deutschen.

Fast genau so aber stand es auf dem südlichen Teil des weit gedehnten westlichen Kriegsschauplatzes.

Hier hatten die Deutschen der Belforter Senke gegenüber mit dem linken Flügel die Höhen westlich des Illflusses zwischen Pfirt und Altkirch, mit dem rechten Flügel eine Linie besetzt, die aus der Gegend von Altkirch über Sennheim nach Steinbach auf die Vorhöhen der Vogesen und von da zunächst in nördlicher Richtung lief, um später in die Berge abzubiegen, während die Franzosen den Belchenstock und mit ihm den Molkenrain und den Hartmannsweiler

Kopf innehatten und die Linie des Wesserlingtales, Thann und das Land von da bis zur schweizerischen Grenze hielten.

Im Spätherbst 1914 bestand die Armeeabteilung Gaede, die hier die Verteidigung führte, aus vier Landwehrbrigaden mit zusammen neunundzwanzig Bataillonen, dreieinhalb Eskadrons, sechszehn Batterien und einer Reserve von vier Bataillonen, einer Eskadron und fünf Batterien, die in Mülhausen stand, während die Brigaden selbst die vordere Linie besetzt hatten. Trotz dieser Schwäche, die nur zu einer äußerst dünnen Aufstellung ausreichte, waren auf dem rechten Flügel der französischen Stellung die Deutschen schon am 23. Oktober 1914 erfolglos angegriffen worden, und es hatten sich diesen Kämpfen größere französische Angriffe auf der ganzen Front von der Thur bis zur Larg angeschlossen, die am 1. und 2. Dezember hauptsächlich in der Linie Hirzbach—Balschweiler ausgefochten wurden.

Mittlerweile hatten sich die Franzosen der Armeeabteilung Gaede gegenüber auf vier Divisionen und fünf Alpenjägerbataillone verstärkt, so daß auch dieser eine gemischte Division nach Mülhausen zugeführt werden mußte, die später noch um zwei Bataillone und eine Kavalleriedivision verstärkt wurden. Als daher am 13. Dezember die Franzosen sich zum entscheidenden Angriff erhoben, konnten sie entscheidende Vorteile nicht erringen, obgleich sie später noch wesentlich, besonders durch Artillerie verstärkt wurden.

Ihr Angriff richtete sich zunächst vom Molkenrain bis an den Kanal bei Balschweiler. Im Wesserlingtal, im Maasmünstertal und bei Dammerkirch waren Reserven bereitgehalten. Kriegsbedarf wurde in Menge herangeschafft. Joffres Angriffsbefehl blieb hier ohne jede Wirkung, weil sowieso schon alles in Bewegung war und entscheidungsuchend kämpfte. Dieser Kampf aber führte zu den hartnäckigsten Gefechten, die sich hier dadurch auszeichneten, daß nicht nur der Feind wie wohl überall in starker Übermacht war, so daß man einem feindlichen Bataillon etwa eine Kompanie entgegenzusetzen hatte, sondern auch daß der Hauptsache nach auf deutscher Seite nur Landwehrtruppen die Verteidigung führten und auch die Gegenstöße machten. Das Dorf Steinbach wechselte mehrmals den Besitzer und blieb schließlich in der Hand der Franzosen, nachdem die schwache Besatzung tagelang die Trümmer des Ortes sowie den Kirchhof verteidigt hatte. Mit gleicher Hartnäckigkeit wurde auch um die beherrschende Bergnase — 425 — dicht beim Dorfe gekämpft, nur mit dem Unterschiede, daß ein energischer deutscher Gegenstoß, der am 7. Januar einsetzte, diese, die schon genommen war, wieder in den Besitz der Deutschen brachte und diesen damit die Möglichkeit schuf, einerseits Sennheim und das Straßenstück Uffholz—Sennheim zu behaupten, andererseits aber auch Thann und die Steinbacher Höhe unter Aufsicht zu halten. Abgesehen von dem Verlust des einen Dorfes konnten die Deutschen trotz ihrer numerischen Schwäche ihre Linien gegen alle Angriffsversuche des überlegenen Gegners behaupten. Ja es winkte ihnen schließlich sogar noch ein bedeutender Erfolg. Es gelang ihnen nämlich, sich des Hartmannsweiler Kopfes zu bemächtigen und damit dem Gegner die Möglichkeit zu nehmen, die rheinische Ebene und deren wichtige Eisenbahnen direkt zu beobachten. Der Angriff war so eingerichtet, daß die französischen Unterstützungen, mit deren Herankommen man gerechnet hatte, überall auf vorher eingerichtete deutsche Abwehrstellungen stießen, die sie blutig zurückwiesen, so daß der Angriff ohne Störung erfolgen konnte, und am 21. Januar 1915 der Rest der Besatzung, nachdem die meisten Offiziere gefallen waren, die Waffen strecken mußte. Der Hirzenstein war am gleichen Tage einem überraschenden Angriff zum Opfer gefallen. Der ganze linke Flügel der Deutschen spürte die Erleichterung seiner Lage sofort, und daran wurde auch nichts geändert, als am 27. Januar 1915 die Franzosen durch überraschenden Angriff im Raume von Altkirch die Kanalstellung bei Ammerzweiler aufzureißen versuchten. Der Angriff mißlang in allen Teilen. Mit ihm aber konnte die ganze Angriffsbewegung, die Joffre am 17. Dezember angeordnet hatte, um so mehr als gescheitert betrachtet werden, als auch in den Nordvogesen das Ergebnis ein gleiches war.

Hier machte der Armeeabteilung des Generaloberſten von Falkenhausen der französische Angriff zwischen Seille und Fecht allerdings schwer zu schaffen. General Dubail hatte etwa dreißig Alpenjägerbataillone in diesem Abschnitt versammelt, deren bessere Leistungen im Gebirgskriege sehr bald von den Deutschen wettgemacht wurden. Vom 7. bis 12. Dezember 1914 fanden heftige Teilkämpfe im Vorgelände von St. Dié statt. Am 11. machten die Franzosen einen vergeblichen Angriff auf die Paßhöhe des Lebertales, wo die deutsche Wehrstellung auf elsässischen Boden übertrat. Am 3. Dezember jedoch gelang es ihnen, die Kuppe des Faulxkopfes in Besitz zu nehmen, von dem aus die Deutschen in das Meurthetal hatten hinabspähen können. Seitdem fanden größere Gefechte in diesem Abschnitt der Front nicht mehr statt. Das ganze hohe Gebirge aber zwischen dem Molkenrain und dem Reißberg wurde vom Kampf ergriffen, und vom Faulxkopf zum Reichsackerkopf bis ins kleine Fecht-Tal bildete sich eine zusammenhängende Feuerlinie, die zuweilen in einzelnen Gefechten aufflammte.

Um so blutiger gestalteten sich die Kämpfe, die zur Wiedereroberung des Römerlagers bei St. Mihiel durch die Franzosen führen sollten, niemals ganz eingeschlafen waren und aus zwei Waldstücken, dem Bois brûlé bei Apremont und dem Priesterwalde bei Pont à Mousson, ein Leichenfeld geschaffen hatten, wie es die entsetzlichste Phantasie sich nicht schlimmer auszudenken vermöchte. Seit dem 25. September 1914 war hier dauernd gefochten worden. Am 22. und 23. Oktober hatte dann die französische Infanterie energisch angegriffen und war unter furchtbaren blutigen Opfern zurückgewiesen worden. Bis Toul waren damals die überlebenden Trümmer zurückgeflutet. Als dann am 12. Dezember 1914, abends, nach einer Artilleriebeschießung, wie man sie bisher noch nicht erlebt hatte, der Franzose den Sturm an der Straße Flirey—Thiaucourt wiederholt hatte, war es ihm nicht besser ergangen. Er war völlig aufgerieben worden. Die letzten Trümmer der Sturmtruppe hatten sich ergeben müssen. So blieb an dieser Stelle der Joffresche Angriffsbefehl gänzlich wirkungslos. Die Franzosen waren unfähig, ihm nachzukommen, und verhielten sich die nächste Zeit überhaupt ruhig. Nur am Rande der Argonnen suchten sie dem Befehl nachzukommen. Hier hatten sie sich schon am 29. Oktober 1914 beim Angriff auf Montfaucon vor dem XVI. Korps eine blutige Schlappe geholt. Jetzt griffen sie am 20. und 21. Dezember noch einmal in der Gegend von Boureuil, Vauquois und nördlich des Waldes von Malancourt an. Bei Boureuil kam es zu einem wilden Häuserkampf Zu gleicher Zeit liefen die Franzosen aus dem Walde von Consenvoye an und versuchten aus dem Ritterwalde zwischen der Feste Troyon und Les Eparges vorzustoßen: aber alle diese Angriffe waren vergeblich. Die Kampflinie blieb unverändert. Das gleiche aber war der Hauptsache nach in den Argonnen der Fall. Hier wurde mit der größten Erbitterung Mann gegen Mann gefochten, im wesentlichen in der Linie Varennes—Vienne le Chateau, doch so, daß ein entscheidender Erfolg deutscherseits allerdings nicht erfochten wurde, die Deutschen aber dennoch im Vorteil blieben. Die Franzosen hatten in diesen Kämpfen, die mit allen Mitteln des Festungskrieges auf nächste Entfernung geführt wurden und auch den Deutschen schwere Verluste kosteten, bis Ende November 1914 4000 Tote, 12000 Verwundete und 1300 Gefangene verloren, und mußten ihr II. Korps, das zuerst die Verteidigung geführt hatte, durch das V. ablösen lassen. Am 5. Januar 1915 gelang ihnen zwar eine große Sprengung, das Gefecht endete indessen infolge eines deutschen Gegenstoßes mit der fast völligen Vernichtung der Garibaldischen Freiwilligen, die hier auf seiten der Franzosen fochten, und zum Vorteil der Deutschen. Vom 5. bis 10. Januar wurde dann noch erbittert gekämpft. Schlesische Jäger warfen den Feind siegreich zurück, mußten aber ihren Erfolg wieder preisgeben, weil sie keine Unterstützung fanden. Immerhin hatte die Rückeroberung des Nordargonnen- und des Biesme-Abschnittes den Deutschen die Möglichkeit gebracht, ihre rechte Flanke fester zu stützen als bisher, und den Franzosen das Heraustreten aus der Nordwestfront von Verdun unmöglich zu machen. Der Joffresche Angriffsbefehl aber hatte nur zu Niederlagen geführt.

Dagegen blieb er in der Champagne nicht ohne tatsächliches Ergebnis. Hier war der Oktober unter lebhaften Gefechten zu Ende gegangen, im November hatten nur kleinere Zusammenstöße stattgefunden. Anfang Dezember waren sie jedoch lebhafter geworden. Nordwestlich von Soupir war es sogar zum Nahkampf gekommen. Vom 17. Dezember an aber bereiteten die Franzosen einen größeren Angriff auf die Linie Prosnes—Perthes—Massiges vor und schritten am 20. Dezember 1914 zum Sturm mit dem I. und XVII. Armeekorps. Es gelang ihnen im tagelangen Gefecht einige Gräben und Blockhäuser zu nehmen und zu behaupten, die Höhe des Kalvarienberges vermochten sie jedoch nicht zu erreichen, und ebensowenig die Höhe 191, als sie am 28. Dezember noch einmal mit frischen Truppen zum Angriff ansetzten. Kleinere Angriffe, die sie später noch unternahmen, führten ebenfalls zu keinem befriedigenden Erfolge. Immerhin hatten die Franzosen einige Vorteile errungen und behauptet und hatten erkannt, daß in der Champagne der Schwerpunkt des Stellungskrieges zu suchen sei. Ein Sieg hier war offenbar am leichtesten zu erringen und mußte zudem die weittragendsten strategischen Folgen haben: wurden doch, wenn es den Franzosen gelang, auf Vouziers und Rethel durchzustoßen, alle deutschen Stellungen an der Aisne, bei Roye und bis Arras hin umgangen und ihre Verbindungen durchschnitten. Die strategischen Folgen waren schwer abzusehen, aber jedenfalls sehr bedeutend. Bevor jedoch die Franzosen hier zu neuen, besser vorbereiteten Angriffen schreiten konnten, gerieten sie selbst an der Aisne in dringende Gefahr, die allerdings nur taktisch und operativ, nicht aber strategisch ausgewertet werden konnte.

Die Kämpfe waren hier zunächst von geringerer Bedeutung gewesen. Im Mündungswinkel der Oise und Aisne waren die Angriffe sehr bald vom deutschen IX. Linien- und IV. Reservekorps abgewiesen worden, ohne den starken Stellungen der Deutschen gegenüber einen ernsteren Charakter anzunehmen; am östlichen Aisne-Abschnitt, wo Franchet d'Espérey das Kommando führte, war die Gefechtstätigkeit schon im Oktober und November sehr lebhaft gewesen, so daß das XII. Korps nicht aus dem Feuer herauskam, das X. Korps bei Aguilcourt und Loivre, und das VI. Korps bei Witry vielfach beschäftigt wurden. Am 12. Dezember 1914 hatten dann die 12. Division bei Beine, das XII. Reservekorps kurz darauf bei Moronvillers starke feindliche Vorstöße abgewiesen, die sich mit den Kämpfen in der Champagne verflochten hatten.

Einen besonders bedeutungsvollen Charakter nahmen aber mit der Zeit die Kämpfe bei Soissons an. Die Franzosen hatten allerdings den Brückenkopf bei Vailly verloren; dagegen hatten sie die Hochflächen von Vregny und Cuffies sowie Crouy am rechten Aisneufer besetzt und beherrschten infolgedessen einen weiten Aufmarschraum zwischen Missy und Soissons. Diesen Umstand wollte sich General Maunoury, der nach dem Abzug der Engländer diesen Abschnitt befehligte, zunutze machen und von hier aus ins Ailettetal und auf Laon durchbrechen. Gelang das, so konnte es, ebenso wie der Durchbruch auf Rethel, die weitgehendsten strategischen Folgen haben, indem es direkt in den Rücken der deutschen Aufstellung führte und ihre Verbindungen bedrohte. Als daher, um seinen Plan auszuführen und bedeutende Reserven rasch auf das rechte Aisneufer hinüberwerfen zu können, Maunoury mit dem Bau einer Kolonnenbrücke begann, schossen die Deutschen sie am 15. Dezember in den Grund und verhinderten damit den französischen General, schon am 17. den Befehl Joffres zu einer allgemeinen Offensive durchzuführen. Aber aufgeschoben war nicht aufgehoben. Maunoury arbeitete vielmehr mit systematischer Ausdauer darauf hin, zunächst den Zugang zum Josiennegrunde zu eröffnen, durch den der Weg ins Ailettetal führte, und dann erst den allgemeinen Angriff anzusetzen. Dieser Zugang war durch die Höhe 132 gesperrt, die nicht nur das Tal unmittelbar verschloß, sondern auch alle Versuche der Franzosen, von Crouy und Cuffies aus vorzudringen, empfindlich in der Flanke faßte. Auch die Talhänge der beiden Hochflächen von Vregny und Cuffies und diese selbst wurden von den Deutschen gehalten, die sich vielfach in Steinbrüchen festgesetzt hatten. Gegen diese Stellungen nun gingen die Franzosen im Sappenangriff vor und näherten sich ihnen in bedenklicher Weise. Am 8. Januar früh schritten sie zum Sturm, den sie mit der Sprengung von Minen am Fuß der Höhen begannen. Der rechte Flügel der deutschen 5. Division, die hier die Verteidigung führte, wehrte sich verzweifelt, aber er konnte den Eingang in das Josiennetal nicht auf die Dauer verschlossen halten. Am 11. Januar 1915, nach dreitägigen heldenmütigen Kämpfen, wurde die Besatzung der Sperre überwältigt und zum Weichen gezwungen. Damit war der Josiennegrund geöffnet, die Linien der Deutschen auf der Hochfläche von Vregny und der von Cuffies auseinandergerissen und der Durchbruch begonnen. Der Kampf, der bisher den Charakter eines mehr oder weniger örtlich beschränkten Gefechts getragen hatte, wuchs zur Schlacht heran, denn das Schicksal des ganzen Heeres hing von seinem Ausgange ab.

Die Deutschen erkannten, daß nur ein groß-angelegter Gegenangriff die Lage wiederherstellen könne. Während aber die Franzosen glauben mochten, daß der Gegenstoß hauptsächlich örtlich angestrebt werden würde, dachten die Deutschen ganz anders. Sie setzten den Gegenangriff in großer Breite an. Rechts reichte er bis Cuffies; links fand er an dem seit dem 30. Oktober 1914 besetzten Fort Condé eine geeignete Anlehnung, und verfolgte den Zweck, von beiden Seiten her den Feind zu umfassen und seinen Reserven den Rückweg abzuschneiden, während die Franzosen von Crouy aus die Früchte des begonnenen frontalen Durchbruches pflücken wollten. Das wurde ihnen zunächst verwehrt. Mehrere Gegenstöße der Deutschen, die noch am Abend des 11. und am 12. erfolgten, gewannen die verlorenen Stellungen am Eingange des Josiennegrundes zum Teil zurück und hielten die Entscheidung auf. Mittlerweile war die Aisne vom vielen Regen angeschwollen, hatte die Brücken von Missy und Venizel weggerissen und führte ein Hochwasser, das die Verbindungen der Franzosen auf das ernstlichste gefährdete. Diese glaubten trotzdem, daß der Hauptstoß des Feindes gegen ihren linken Flügel gerichtet sein würde, weil hier der deutsche Angriff nur geringe Fortschritte gemacht hatte, und hatten daher ihre Reserven, die 14. Linien- und die 55. Reservedivision, die in Eile herangeholt worden waren, bei Crouy und Cuffies bereitgestellt. Als dann der Angriff gegen ihren rechten Flügel erfolgte, wurden sie vollkommen überrascht und waren hier zu ernstlichem Widerstande nicht fähig. Die Deutschen drangen im Laufe des 13. rasch vor, und in der Nacht zum 14. Januar kam es auf der Südwestflanke von Vregny und vor den Zugängen von Crouy zu verzweifeltem Ringen. Alle Reserven, die bei diesem Orte und Cuffies aufgehäuft waren, liefen nunmehr Gefahr, abgeschnitten zu werden. Am 14. schritt auch der rechte deutsche Flügel zum Angriff und umfaßte die Franzosen auch in ihrer linken Flanke. Die doppelseitige Umfassung war geglückt und damit die Schlacht

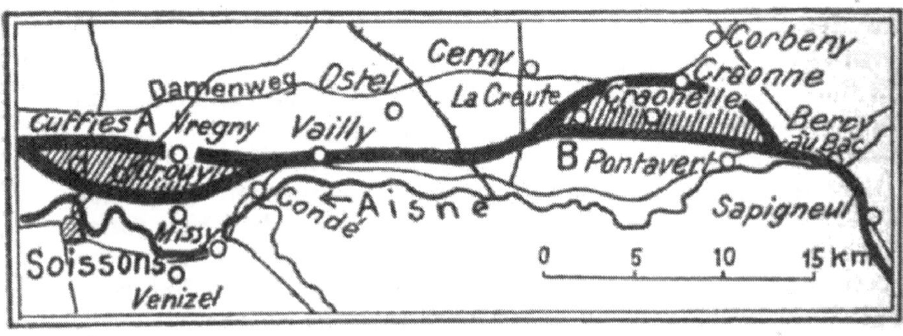

Karte 28. Die Schlacht vor Soissons.

gewonnen. Am Abende des 14. Januar brach der Widerstand zusammen. Die letzten in die Verteidigung der Höhe 132 und des ganz zusammengeschossenen Dorfes Crouy verwickelten Regimenter konnten nicht mehr zurückgenommen werden und mußten, von zwei Seiten umklammert, die Waffen strecken. Auch die Verteidiger der Brückenköpfe von Missy und Venizel wurden gefangengenommen. Mehr als 5000 Gefangene, 18 schwere und 17 leichte Geschütze blieben in der Hand der Sieger. Tausende von Toten deckten das Schlachtfeld. Bis in die Vorstadt St. Medard von Soissons drängten die Leibgrenadiere den Fliehenden nach. In der Nacht zum 14. räumten die Franzosen das ganze rechte Aisneufer vor den siegreichen Scharen des III. Armeekorps. Sie hatten weder ihren taktischen, noch ihren strategischen Zweck erreicht, sondern sie hatten trotz ihrer zahlenmäßigen Überlegenheit eine gewaltige Niederlage erlitten und alle Ausfallstellungen am rechten Aisneufer eingebüßt.

Bis nach Paris fühlte man die Erschütterung, wohin Präsident Poincaré erst am 18. Dezember zurückgekehrt war.

Kurze Zeit nach diesem Siege wurde auch beim XII. Korps der 3. Armee ein Erfolg zwischen Cerny und Craonne erfochten. Hier lag das XVIII. französische Korps gegenüber und hatte seine Reserven in zahlreichen natürlichen Höhlen untergebracht, die sich in dem Kalkgestein vorfanden. Die größte von ihnen war die von La Creute; sie bot mehreren Bataillonen gesicherte Unterkunft; für die Deutschen aber war es wichtig, die Hochflächen zwischen Craonne und La Creute wieder in ihren sicheren Besitz zu bringen, da der Damenweg — damals die einzige stark ausgebaute Linie zwischen Ostel und Corbény — den Außenwall der deutschen Verteidigungsstellung in jener Gegend bildete. Den 25. Januar 1915 fand nach ausgiebigem Artilleriefeuer der Angriff statt, der, von den beiden Divisionen des XII. Korps unternommen, zum vollen Erfolge führte. Ein Gegenstoß der Franzosen, der am Abend des Angriffstages einsetzte, führte zu keinem Ergebnis. In der Höhle La Creute streckten darauf etwa 300 Mann die Waffen, die sich bis dahin verteidigt hatten, und die siegreichen Sachsen nahmen nicht nur 1100 Mann gefangen, sondern beherrschten nun den Rand der Hochfläche von Craonne, von dem aus sie die Südhänge in der Richtung auf Pontavert und einen Teil des Aisnetales überblicken konnten.

Zu derselben Zeit aber wurde auch bei Thiepval und La Boiselle die Lage der Deutschen durch einen gelungenen Gegenstoß wieder hergestellt, und auch in der Champagne ging das Gesetz des Handelns wieder an sie über. Wenn hier auch keine großen Siege erfochten wurden, so blieb doch bis auf weiteres die Initiative auf seiten der Deutschen und bestätigte, daß Joffres Angriffsbefehl vom 17. Dezember hier wie auf der ganzen Linie zu irgendwelchen positiven Ergebnissen nicht geführt, sondern nur die zweifellose Überlegenheit der deutschen Abwehr von neuem bekräftigt hatte.

Die Belagerung von Tsingtau, die ersten Kämpfe an den Dardanellen und die Schlacht bei Erenköy.

Während auf dem europäischen Festlande in Ost und West die Entscheidungsschlachten tobten, wuchs der Kampf immer mehr und mehr zum Weltkriege heran. Zuerst war es Japan, das von Deutschland, soweit man sehen kann, zurückgewiesen, auf die Seite des Dreibundes trat, damit auch die Ostküste Asiens in den Krieg hineinzog und die deutschen Besitzungen in der Südsee der Vergewaltigung preisgab. Die deutsche Politik hatte ohne erkennbaren Grund schwer an dem Lande der aufgehenden Sonne gesündigt, indem sie im Frieden von Schimonoseki Frankreich und Rußland unterstützte und dazu beitrug, Japan den im chinesischen Kriege schwer errungenen Siegespreis zu entreißen; jetzt rächte sich der gekränkte Staat, indem er für unsere Feinde Partei nahm. Am 14. August sandte er eine befristete Aufforderung zur Übergabe von Tsingtau und zur Entfernung aller deutschen Schiffe aus den japanischen und chinesischen Gewässern an den Gouverneur des deutschen Platzes, und als keine Antwort erfolgte, schritt er zum Angriff.

Eine Flotte, die von Vizeadmiral Kato geführt wurde und aus den japanischen Panzerschiffen „Suwo" und „Tango", dem englischen Panzerschiff „Triumph", den japanischen Kreuzern „Tschitose" und „Takatschio" und zwei Zerstörerflottillen bestand, erschien vor dem Platze, und drei auserwählte Divisionen, denen 1500 Engländer beigegeben waren, landeten unter dem Befehl des Generals Kamio in Schantung auf chinesischem Gebiet, um erst von dort aus gegen die Stadt Tsingtau vorzurücken und sie vom Festlande abzuschneiden.

Der Gouverneur, Kapitän zur See Meyer-Waldeck, hatte die Garnison durch Zuzug von ostasiatischen Wehrpflichtigen bis auf 5000 Mann verstärkt. Doch war er noch immer viel zu schwach und viel zu wenig mit Schießbedarf versehen, um den Platz ernstlich verteidigen zu können. Auch war die Befestigung nicht derart, daß sie den Hafen geschützt und die Festung zu längerem Widerstande befähigt hätte. Ein einziges Flugzeug war vorhanden, und im Hafen lagen nur der geflüchtete österreichische Kreuzer „Kaiserin Elisabeth" sowie das alte Stationsschiff „Jaguar" und das Torpedoboot „S 90". Die noch vorhandenen Flußkanonenboote wurden gleich entwaffnet, und ihre Artillerie verwendete man in den Landforts. Trotz dieser höchst mangelhaften Rüstung beschloß der Gouverneur dennoch, den Platz bis zum Äußersten zu halten und hat ihn auch wirklich bis zur letzten Kartusche verteidigt. Ruhmvoll ist die deutsche Flagge über Tsingtau niedergegangen.

Der erste gewaltsame Angriff, der Anfang Oktober erfolgte, wurde abgeschlagen, und am 17. Oktober gelang es dem einzigen deutschen Torpedoboot, den japanischen Kreuzer „Takatschio" zu vernichten und sich dann nach Süden längs der chinesischen Küste zu retten. Auch das englische Panzerschiff „Triumph" wurde durch einen schweren Treffer kampfunfähig gemacht und mußte sich schwerbeschädigt nach Jokohama zurückschleppen. Indessen rückten die Angreifer immer näher an den Platz heran und unternahmen endlich einen allgemeinen Sturm. 6000 Samurais, d. h. Leute, die zur alten Kriegerkaste Japans gehörten, hatten geschworen, den Platz am 31. Oktober, dem Geburtstage des Mikado, diesem als Geschenk zu Füßen zu legen. Dementsprechend begann am 30. eine furchtbare Beschießung aus allen Geschützen, die zu Wasser und zu Lande zur Verfügung standen, und in der Nacht zum 31. erfolgte der Sturm, der ebenso wie der erste im Blut ertrank und scheiterte. Dennoch war der Platz am Ende seiner Widerstandsfähigkeit. Die im Hafen liegenden Schiffe und das große Trockendock wurden versenkt, der Kran wurde umgelegt, alles irgend Wertvolle vernichtet. Am 6. November verließ das einzige Flugzeug unter dem Leutnant Plüschow die verlorene Stadt. Diese wehrte sich noch mehrere Tage und ergab sich erst, als die letzte Kartusche verbraucht war und 2000 Samurais in die letzte Verteidigungsstellung einbrachen. Am 9. November 1914 hielten die Japaner ihren Einzug. 170 Tote und 600 Verwundete hatten die Verteidiger verloren. Dagegen hatte der Angreifer 4000 Mann eingebüßt. Der zukunftreichste Platz Chinas gehört nicht mehr den Deutschen, und mit ihm ist auch der größte Teil des chinesischen Marktes verlorengegangen. Es ist wenig Hoffnung vorhanden, daß Deutschlands Stellung in Ostasien in absehbarer Zeit wieder zurückgewonnen werden könnte.

Während aber hier an den fernen Küsten Ostasiens Unwiderbringliches verlorenging, hatte sich in Europa selbst die Türkei im Oktober für die Mittelmächte entschieden und wie diese den Kampf um ihr Dasein aufgenommen. Blieben die Staaten der Entente Sieger, so war es allerdings wahrscheinlich, daß sie die Türkei in Interessensphären zerlegen würden, und daß an eine selbständige Entwicklung des Staates auch dann nicht mehr zu denken sein würde, wenn er den Frieden mit den europäischen Staaten aufrechtzuerhalten versucht hätte. Es blieb ihm daher keine andere Wahl, als Krieg zu führen oder sich zu unterwerfen und damit auf ein selbständiges Dasein zu verzichten. Trotzdem wird es für alle Zeiten der Ruhm Enver Paschas, der damals die maßgebende Persönlichkeit in Konstantinopel war, sein, daß er das richtig erkannt hat. Zuerst erklärten die Türken am 29. Oktober 1914 an Rußland den Krieg; dann erfolgte am 3. November ihre Kriegserklärung an England und Frankreich; dagegen erklärte England am 3. November Zypern und Ägypten für englischen Besitz, und zugleich rückte ein englisch-indisches Korps in das Gebiet des Schat-el-Arab ein, eroberte die alte Kalifenstadt Basra, besetzte em 23. November auch Korna im Mündungswinkel des Euphrat und des Tigris, und bedrohte Bagdad.

Der Kampf hier hatte eine gewaltige Tragweite.

Für England handelte es sich um den Besitz des Nillandes und Arabiens, um die Landverbindung zwischen Ägypten und Indien und unter Umständen um ein arabisches Kalifat; für die Entente als solche aber konnte der Besitz der Dardanellen von kriegsentscheidender Bedeutung sein. Wenn es gelang, sich der Meerengen zu bemächtigen, die in das Schwarze Meer führten, konnten nicht nur Rußland auf dem Wasserwege Mittel zum Kriegführen in beliebiger Menge gebracht werden, sondern die Mittelmächte konnten auch völlig eingekreist werden, indem ihnen auch der Weg nach Asien abgeschnitten wurde. Auch konnte man einen unberechenbaren Einfluß auf die Balkanstaaten und sogar auf den Kalifen selbst gewinnen. Allerdings war die Türkei für Munition und Heeresbedarf ganz auf Deutschland angewiesen. Sie war durch langwierige Kriege erschöpft, und die Bagdadbahn war immer noch nicht fertig, sondern schritt trotz aller Bemühungen der Deutschen nur langsam vorwärts; die Militärtransporte nach Armenien, Syrien und Mesopotamien dauerten daher unendlich lange; trotzdem war die Türkei, besonders ihrer hohen Bedeutung für die Entente wegen, kein zu verachtender Bundesgenosse.

Zunächst kam es freilich darauf an, ob es ihr gelingen würde, die Dardanellen und mit ihnen den Ausstrahlungspunkt der türkischen Macht zu behaupten. England und Frankreich hatten das dringendste Interesse daran, die Wasserstraße des Hellesponts in ihren Besitz zu bringen und damit die Einkreisung der Mittelmächte zu vollenden. Es war das für die Türken um so wichtiger, als der Beginn des Krieges für sie ein höchst unglücklicher gewesen war. Die türkische 3. Armee an der kaukasischen Grenze, die bestimmt war, Kars zu nehmen, hatte unter Enver Pascha selbst, der alles, nur kein geschulter Soldat war, eine furchtbare Niederlage erlitten. Sie war am 4. Januar 1915 geschlagen worden und hatte von 90000 Mann, die ihre anfängliche Stärke betragen haben mag, kaum 12000 gerettet. Glücklicherweise konnten auch die Russen ihren Vorteil mitten im Winter nicht ausnutzen. Um so wichtiger aber war es nunmehr, einen entscheidenden Erfolg in den Meerengen zu erringen.

Anfangs freilich blieb alles ruhig. Doch war diese Zeit offenbar nur den Vorbereitungen des Dardanellenangriffs gewidmet, der demnächst allem Anschein zum Trotz dennoch in die Erscheinung treten sollte. Truppen und Schiffe mußten versammelt und eine Basis geschaffen werden, von der aus der Angriff mit Sicherheit geführt werden konnte. Das kostete Zeit, die die Türkei gewann, um die Vorbereitungen zur Verteidigung zu treffen.

Zunächst hatte das deutsche Mittelmeergeschwader unter Admiral Souchon in den Dardanellen Schutz gefunden und war, einer früheren Abmachung entsprechend, in türkischen Besitz übergegangen. Es hatte schon am 3. August 1914 aus eigener Initiative Philippeville und Bône bombardiert und hatte dann durch Funkspruch den Befehl erhalten, sich nach Konstantinopel durchzuschlagen. Nachdem es in Messina Kohlen genommen hatte, war es ihm gelungen, die Engländer über seine Absichten zu täuschen, und war nach kurzem Gefecht mit dem Kreuzer „Glouster" am 10. August in die Dardanellen eingelaufen. Dann waren Ende August auch die deutschen Admirale Usedom und Merten eingetroffen und hatten den Ausbau der Befestigungen an den Meerengen und die Ausbildung der Küstenartillerie übernommen, die zugleich durch deutsche Offiziere und Unteroffiziere verstärkt worden war. Auch 500 deutsche Techniker waren beteiligt. Drei türkische Divisionen hüteten die Küste von der Besikabai bis zum

Golf von Saros und die Halbinsel Gallipoli. Die veralteten Geschütze waren teilweise durch neue ersetzt, die Batterien verstärkt und erweitert worden. Zahlreiche Geschütze schwersten Kalibers waren in den Schluchten der Küste versteckt aufgestellt worden. Mittlerweile war den Staaten der Entente, wie wir sahen, der Krieg seitens der Türkei erklärt worden. Schon am 28. Oktober 1914 versenkten „Goeben" und „Breslau" unter dem Namen „Sultan Yawus Selim" und „Midilli" russische Minenleger vor dem Bosporus, und am 29. erschien „Goeben" vor Sebastopol, wo Rußlands gesamte Schwarze-Meer-Flotte lag, und schoß das Militärlager zusammen, während „Breslau" vor Noworossijsk die Getreidespeicher, die Petroleumtanks und die im Hafen liegenden Schiffe beschoß. Die Engländer ihrerseits hatten die dem Hellespont vorgelagerten Inseln Imbros, Tenedos, Samothrake und Lemnos als Angriffsbasis mit Beschlag belegt und als solche ausgebaut, obgleich sie dem neutralen Griechenland gehörten. Auch die zur Landung bestimmten 25000 Mann waren hier versammelt worden. Am 3. Dezember 1914 beschossen englische Schiffe überraschend die Dardanellenschlösser auf weite Entfernung, ohne viel Unheil anzurichten. Am 7. Dezember erschienen sie von neuem vor der Enge, ohne jedoch zu feuern, bloß um ihren vorstoßenden Torpedo- und Tauchbooten zum Rückhalt zu dienen, und am 13. Dezember versenkte ein englisches Tauchboot das alte türkische Linienschiff „Messudje", das als schwimmende Batterie vor dem Fort Hamidje lag. Dann trat für längere Zeit Ruhe ein, so daß die Türken an einen gewaltsamen Angriff überhaupt nicht mehr glaubten. Sie hatten vier Armeen aufgestellt, von denen die 1. bei Konstantinopel und Umgegend untergebracht war, die andern aber in Hocharmenien, in Mesopotamien, in der Sinaiwüste und am Suezkanal, wo sogar El-Arisch besetzt wurde, gegen Russen, Briten und Araber fochten und die Aufmerksamkeit der türkischen Regierung in hohem Grade in Anspruch nahmen, besonders als die türkische Armee, wie wir sahen, in Armenien eine schwere Niederlage gegen die Russen erlitten hatte. Hals über Kopf wurden von Konstantinopel aus Verstärkungen an die armenische Front geschickt und die türkische Zentralstellung trotz der Warnung des Führers der deutschen Militärmission, des Marschalls Liman von Sanders, entblößt. Diese Umstände benutzten die Ententestaaten, um den Angriff auf die Dardanellen zu beginnen. Sie mochten wohl auch mit ihren Vorbereitungen endlich fertig geworden sein.

Am 19. Februar 1915 erschienen zwei starke Geschwader vor den Dardanellenschlössern und schossen sie samt den in der Nähe angelegten Batterien zusammen. Am 25. Februar kehrten sie wieder und vollendeten ihr Zerstörungswerk. Damit war der Eintritt in das Becken von Erenköy geöffnet, und der letzte Kampf begann. Am 26. Februar, am 2. und 3., am 7. und 8. März drangen englische und französische Kriegsschiffe in immer größerer Zahl gegen die eigentlichen Engen vor, um die Batterien von Erenköy und Umgegend zu bekämpfen; am 4. desselben Monats versuchten die Verbündeten kleinere Truppenkörper ans Land zu setzen, um die Dardanellenschlösser zu besetzen und in ihnen Fuß zu fassen. Sie wurden von den Türken blutig zurückgeschlagen. Am 5. März erhielt Fort Kilid Bahr gegenüber Tschanak plötzlich Rückenfeuer aus dem Golf von Saros, in den der Feind eingedrungen war und sein Feuer vom Flugzeug aus leitete; am 18. März endlich krönte er alle diese Niederkämpfungsversuche durch einen allgemeinen Angriff.

Den Verbündeten war das Vorgehen des Admirals Carden, der die vereinigte Flotte kommandierte, zu langsam und systematisch

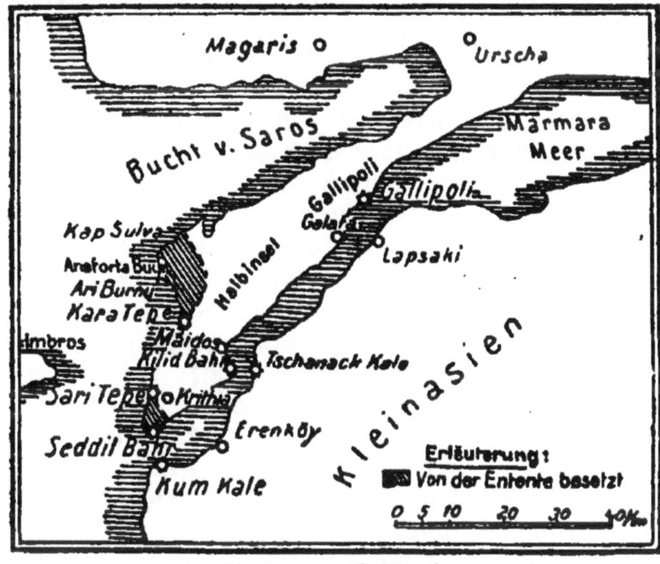

Karte 29. Gallipoli.

gewesen. Er war am 13. März durch den als Draufgänger bekannten Vizeadmiral Michael de Robeck ersetzt worden; die Folge war der Versuch, die Dardanellen mit Gewalt zu öffnen, an den die Türken nicht mehr hatten glauben wollen. Der 18. März war der dazu gewählte Tag. 25000 Mann standen, wie gesagt, auf Lemnos bereit, um die von der Flotte zusammengeschossenen Befestigungen zu besetzen, und nicht weniger als 58 Linienschiffe und Panzerkreuzer, die allein 318 Geschütze zu 30,5 cm führten, außer den geringeren Geschützen, waren zu dem Unternehmen aufgeboten. Die „Queen Elisabeth", eines der neuesten englischen Schiffe, das die Flagge des führenden Admirals getragen zu haben scheint, war sogar mit 38-cm-Geschützen bewaffnet.

In mehrere Treffen und ein Reservegeschwader formiert,

dampfte die gewaltige Flotte siegesgewiß heran und begann mit dem ersten Treffen in der Höhe von Erenköy einen Kreis zu bilden, aus dem Schuß auf Schuß hervorblitzte, während das zweite Treffen aus dem Hintergrunde und die „Queen Elisabeth" aus weiter Ferne feuerte. Es war ein furchtbarer Kampf, der sich nun entspann.

Der deutsche Oberst Wehrle, der die Verteidigungsartillerie kommandierte, hatte seine Batterien in den letzten Tagen weiter auseinandergezogen und zahlreiche Scheinbauten angelegt, so daß sich die Angreifer vor lauter neuen, unbekannten Zielen befanden. Der Deutsche aber leitete das Feuer nach vorher festgesetztem Schießplan so ruhig wie auf dem Schießplatz, und brachte denn auch bald den „Inflexible" durch einen glücklichen Treffer zum Abdrehen. Das Schiff schleppte sich außer Feuerbereich in seichtes Wasser. Ein andrer Teil der Schiffe aber löste sich aus dem feuerspeienden Kreis und stieß weit in die Dardanellen vor, um die Hauptverteidigungslinie des Gegners, Tschanak Kale—Kilid Bahr auf nur 6000 m mit Feuer zu überschütten. Aber auch dieses kühne Vorgehen blieb ohne Erfolg. Die Türken, vielfach von Deutschen geführt, standen unerschütterlich bei ihren Geschützen. Umsonst wurde das zweite Treffen und das Reservegeschwader herangezogen, umsonst ging sogar die „Queen Elisabeth" so nahe an den Feind heran, daß sie fünf schwere Treffer erhielt und aus dem Kampfe entweichen mußte: die Möglichkeit eines Durchbruches zeigte sich nirgends. Im Gegenteil! Es wurden noch mehrere Schiffe teils in den Grund geschossen, teils völlig kampfunfähig gemacht. Der Franzose „Bouvet" ging vollständig unter; der „Gaulois" kam noch bis Tenedos und strandete dort im seichten Wasser. „Irresistible" und „Ocean" gingen unter. Der Befehl zum Rückzug mußte gegeben werden. Der gewaltsame Durchbruch durch die Dardanellen war mißlungen. Er war gescheitert an der Widerstandskraft der Türken. Diese aber hätten niemals einen solchen leisten können, wenn sie nicht von Deutschen unterwiesen und von Deutschen geführt worden wären, wenn nicht Deutsche die Befestigungen systematisch und zweckentsprechend angelegt hätten. Der Sieg in den Dardanellen kann also zu nicht geringem Teil als eine deutsche Waffentat gelten und zählt zu den Ruhmesblättern der deutsche Armee, ohne daß damit der Tapferkeit der türkischen Verteidiger zu nahe getreten würde.

Der Krieg zur See und in unseren Kolonien.

Als der Krieg ausbrach, war die englische Flotte zwar seit langer Zeit kriegsfertig und eingefahren, aber dennoch — wie der englische Admiral Scott sich später ausdrückte — „in einem gänzlich unzulänglichen Zustand". „Sie wäre einem ernsthaften Angriff der

Deutschen unterlegen", fährt der Engländer fort, infolge des Fehlens der Zentralfeuerleitung auf den einzelnen Schiffen, aller Schutzvorrichtungen gegen Minen und Unterseeboote, dem Mangel jeglicher Luftaufklärung, der furchtbaren Wirkung der deutschen Panzersprenggranaten und der besseren Schulung der Mannschaften. „England wäre jetzt", wenn die Deutschen angegriffen hätten, „eine deutsche Kolonie", so schloß Admiral Sir Percy Scott seinen Bericht. Die Deutschen aber schreckten vor dem Einsatz der Flotte trotz der gegenteiligen Ansicht des Großadmirals Tirpitz zurück. Der Admiralstabschef Pohl und der Marinekabinettschef von Müller bewogen den Kaiser zu einem Befehl an den Flottenchef Ingenohl, daß nur mit seiner ausdrücklichen Genehmigung eine Schlacht herbeigeführt werden dürfe. So blieb die Flotte während der entscheidenden ersten Wochen des Krieges völlig untätig und ließ den Engländern Zeit, ihre Mängel nach Möglichkeit auszugleichen; während andererseits in der Zeitperiode, die zunächst besprochen werden soll — d. h. vom Anfang des Krieges bis etwa Mitte Februar 1915 —, man deutscherseits noch nicht erkannt hatte, daß die U-Boot-Waffe geeignet sei, durch ihre selbständige Tätigkeit die Vormachtstellung Englands zur See zu brechen. Andererseits konnte man sich auch nicht dazu entschließen, die Flotte einzusetzen und die U-Boote in Gemeinschaft mit ihr arbeiten zu lassen. So konnte es sich in diesem ganzen Zeitabschnitte nur um Einzelunternehmungen von U-Booten und Kreuzern handeln, die wohl dem Feinde einigen Abbruch tun, aber niemals auf den Krieg von Einfluß sein oder gar ihn entscheiden konnten. Immerhin waren sie derart, daß sie alle Herzen mit stolzer Begeisterung erfüllten und dem Namen der Helden, die sich dabei besonders betätigten, unsterblichen Glanz verliehen haben.

Als wir den Krieg begannen, hatten wir nur wenige U-Boote. Zur alsbaldigen Kriegsverwendung kamen nur die Boote „U 5" bis „U 25" in Frage. Die Boote „U 5" bis „U 18" hatten nur Körtingsche Petroleummotoren, die sehr zu wünschen übrig ließen; „U 23" und „U 25" hatten bisher nur Probefahrten erledigt. Sämtliche taktischen Anordnungen aber waren unter der Annahme getroffen, daß die Engländer gleich zu Anfang des Kampfes versuchen würden, in die deutsche Bucht einzudringen. Leider aber taten sie das nicht, sondern hielten ihre Flotte wohlweislich zurück, in der richtigen Überzeugung, daß jeder Vorstoß der Deutschen, ob nach Westen oder nach Norden, deren Rückzugsstraße bedrohen mußte, daß aber ein Zurückhalten der englischen Flotte im Norden Schottlands die Sperrung der Nord- und Ostsee ebensogut gewährleisten konnte, wie eine unmittelbare Blockade, wenn leichte Streitkräfte dauernd den Feind beobachteten und ebensolche mit Unterstützung stärkerer Schiffe den Kanal von Dover sperrten, der für die Engländer notwendig war, um die Verbindung mit ihrer Armee zu unterhalten. Der

Grundsatz der „Fleet in beeing“ wurde daher von ihnen trotz aller Herausforderungen aufrechterhalten.

Der Feldzug fing für die Deutschen nicht besonders glücklich an. Die Engländer hatten längere Zeit hindurch die Vorposten in der Deutschen Bucht durch ihre U-Boote beunruhigt. Vorstöße der Deutschen hatten immer wieder ergeben, daß andere feindliche Streitkräfte an dieser Tätigkeit nicht beteiligt waren, so daß sie zu der Überzeugung gekommen waren, daß ein ernstlicher Angriff seitens der Engländer nicht zu erwarten wäre. Tatsächlich hatte es sich aber um eine sehr sorgfältige Aufklärung seitens der Engländer gehandelt, die die ganze Stellung unserer Vorposten erkundet hatten. Diese wurden von zahlreichen Torpedobooten gegeben, die den englischen Zerstörern an Kampfkraft nicht gewachsen waren und außerhalb des Feuerbereichs von Helgoland standen. Sie wurden von Kleinen Kreuzern unterstützt. Gegen sie wendete sich nun ein englisches Unternehmen. Es unterschied sich aber von den deutschen Offensiven leichter Streitkräfte dadurch, daß die vordere Linie durch schwere Schiffe gestützt wurde, die weiter zurück standen. Diesen wieder bot die große Flotte, die ebenfalls in See war, einen Rückhalt. Am 28. August stellten die Engländer unter dem Schutze eines schier undurchdringlichen Nebels, von den Deutschen unbemerkt, mehrere Gruppen starker Schlachtkreuzer derart bereit, daß sie die Deutschen, wenn deren Kleine Kreuzer, wie bei deren Offensivgeist vorauszusehen, im Laufe des Kampfes vorgingen, umfassend angreifen konnten. Dann brachen sie mit ihren Zerstörern, die von den Kleinen Kreuzern „Fearleß“ und „Arethusa“ geführt wurden, gegen die deutschen Vorposten bei Helgoland vor. Mit ihnen traten, während die Vorposten sich zurückzogen, die deutschen Kreuzer „Stettin“ und „Frauenlob“ ins Gefecht, konnten aber nicht hindern, daß „V 187“ abgeschnitten wurde und dem Andrang seiner Feinde erlag. Es hatte den Führer der Torpedoboote, Korvettenkapitän Wallis, an Bord, der hier den Heldentod fand. Die deutschen Boote wurden von dem Angriff vollständig überrascht und wichen auf Helgoland zurück. Aus Ems und Weser liefen aber sofort die Kleinen Kreuzer „Straßburg“, „Ariadne“, „Köln“, „Stralsund“ und „Mainz“, letztere in den Rücken des Feindes aus und stürzten sich auf den Gegner, dessen Zerstörer und leichte Kreuzer scheinbar zurückwichen, um den schweren Schlachtkreuzern Platz zu geben, dann aber sofort wieder kehrtmachten und den Kampf von neuem aufnahmen. Die kleinen deutschen Kreuzer aber liefen dem Feinde geradezu in den Rachen, ohne daß stärkere deutsche Schiffe ihnen folgten. „Mainz“, „Köln“ und „Ariadne“ wurden vernichtet, die übrigen hatten rechtzeitig kehrtgemacht und entkamen dem Verhängnis, da auch die Engländer, als sie im Vorgehen der deutschen Minensperre zu nahe gekommen waren, kehrtmachten und zurückgingen. So endete der erste Zusammenstoß deutscher und englischer

Seestreitkräfte mit einer zweifellosen Niederlage der Deutschen, die höchst niederdrückend auf die gesamte Flotte wirkte[1]).

Infolge dieses Gefechtes wurden die deutschen Vorposten grundsätzlich geändert, so daß sie unter Ersparung von Kräften feindlichen Angriffen nicht mehr so ausgesetzt waren, wie bisher. Sie wurden näher an Helgoland herangezogen, beweglicher gemacht und zum großen Teil durch Minensperren ersetzt. Die Engländer haben sie denn auch nicht mehr angegriffen, und bald sollten die Deutschen für ihre Niederlage vom 28. August gerächt werden.

Am 22. September traf Kapitänleutnant Otto Weddigen bei einer Unternehmung gegen den englischen Kanal in der Nähe der holländischen Hoheitsgrenze auf den größeren Teil des Kreuzergeschwaders des Admirals Christians, drei Kreuzer, „Hogue", „Aboukir" und „Cressy", die zwischen der Themsemündung und Hoek van Holland kreuzten. Sie hatten seinerzeit an der Schlacht bei Helgoland teilgenommen, waren aber nicht zum Eingreifen gekommen. Sofort war Weddigen zum Angriff entschlossen, und es gelang ihm, alle drei Kreuzer durch Torpedoschüsse zu vernichten und dann doch den verfolgenden englischen Zerstörern zu entkommen. Ganz Deutschland hallte von dem Jubel wider, den diese Tat hervorrief, noch dazu, da es demselben Weddigen gelang, am 16. Oktober den englischen Kreuzer „Hawke" in der Nordsee zu versenken. Auch die deutsche Flotte lebte zu neuer Tatenlust auf. Am 17. Oktober zwar kam es nochmals zum Gefecht. Auch in ihm waren die Briten siegreich. Doch war die Übermacht eine so erdrückende, daß ein anderer Ausgang nicht erwartet werden konnte. Eine Halbflottille britischer Zerstörer, bei der jedes einzelne Schiff doppelt so stark war wie ein entsprechendes deutsches, unter Führung des Kreuzers „Undaunted" griff vier kleine deutsche Torpedoboote an und brachte ihnen, wie zu erwarten war, den Untergang. Auch das deutsche Lazarettschiff „Ophelia", das die Schlachtgegend nach Überlebenden absuchte, wurde wider alles Völkerrecht mit Beschlag belegt. Dafür aber rächten sich die Deutschen; der Hilfskreuzer „Berlin" legte, ohne von den Engländern wahrgenommen zu werden, an der Nordspitze Schottlands Minen aus, denen gegen Ende Oktober das Linienschiff „Audacious", eines der neuesten, die England besaß, zum Opfer fiel. Auch der englische Kreuzer „Hermes" wurde vor Dünkirchen versenkt. Bald sollte auch England selbst die deutsche Eisenfaust zu fühlen bekommen.

Am 3. November wurden die Befestigungsanlagen von Yarmouth, und am 16. Dezember die von Scarborough und Hartlepool von einem deutschen Kreuzergeschwader unter Admiral Hipper beschossen, nicht ohne gewaltigen Erfolg; auch Minen wurden an der

[1]) Auf englischer Seite standen mehrere Kreuzer der Städteklasse, Panzerkreuzer vom „Shannon"-Typ, vier Schlachtkreuzer unter Führung von Admiral Beatty auf „Lion", etwa dreißig Zerstörer und acht U-Boote.

englischen Küste gelegt. Verluste vor dem Feinde waren überhaupt nicht eingetreten. Nur war bei der Rückkehr von der Beschießung von Yarmouth der Kreuzer „Yorck", eines der neueren Schiffe, auf eine deutsche Mine gelaufen und in die Luft geflogen. Dieser Verlust war allerdings schmerzlich. Schlimmer aber noch war es, daß bei dieser Gelegenheit versäumt wurde, die englische Schlachtflotte erheblich zu schwächen, wozu die Möglichkeit gegeben war. Den deutschen Schlachtkreuzern war die gesamte deutsche Flotte gefolgt, hatte aber nach einiger Zeit wieder kehrtgemacht. Wäre sie nur noch kurze Zeit geradeaus geblieben, so hätte sie den Kurs des II. englischen Schlachtgeschwaders, das mit dem I. Schlachtkreuzergeschwader unterwegs war, gekreuzt, und dann wäre es zweifellos zu dem lange ersehnten Zusammenstoß zwischen englischen Teilkräften und der deutschen Schlachtflotte gekommen. Der Erfolg wäre nicht zweifelhaft gewesen. So hatten die Deutschen nur eine versäumte Gelegenheit mehr zu buchen. Die Engländer aber ahnten nicht, welcher Gefahr sie entronnen waren. Dagegen rief man in ganz England ungeduldig um Vergeltung, da die deutsche Artillerie bei den Unternehmungen der Flotte, abgesehen von bedeutendem Materialschaden, auch unter der Zivilbevölkerung nicht unerhebliche Opfer gefordert hatte.

Wenn auch diese Unternehmungen ohne nachweisbaren strategischen Erfolg blieben, so bedeuteten sie doch an und für sich eine nicht unbedeutende Schädigung Englands. Die englische Flotte freilich vermochten sie nicht aus ihren Schlupfwinkeln zu locken.

Eine nachhaltigere Wirkung vermochte auch die Tätigkeit des deutschen Kreuzergeschwaders unter dem Admiral Grafen Spee und der deutschen Kreuzer nicht auszuüben, obgleich sie die deutsche Unternehmungslust und den deutschen Kampfgeist hell erstrahlen ließen und Taten zuwege brachten, wie sie kein anderes Volk zu leisten imstande war oder wenigstens geleistet hat.

Graf Spee, der sich, als der Krieg ausbrach, auf der ostasiatischen Station befand, verließ am 13. August das Atoll Pagan mit den beiden Großen Kreuzern „Scharnhorst" und „Gneisenau" und den Kleinen Kreuzern „Nürnberg" und „Emden", von denen der letztere unter Korvettenkapitän von Müller unterwegs bereits den russischen Dampfer „Rezan" aufgebracht hatte. Es folgten ihm neun Troßdampfer unter dem Hilfskreuzer „Prinz Eitel Friedrich". Sein Plan war, sich um das Kap Horn herum nach Europa durchzuschlagen und unterwegs dem Feinde nach Möglichkeit Abbruch zu tun. Nur den Kreuzer „Emden" entließ er am 14. August aus seinem Verbande, um in Ostasien dem Kreuzerkrieg obzuliegen. Dessen Laufbahn war verhältnismäßig kurz, aber ruhmvoller als die irgendeines anderen Schiffes. Seiner Taten sei deshalb hier kurz Erwähnung getan.

Zunächst wandte sich Müller gegen Indien und den Dampferweg Kalkutta—Ceylon versenkte sechs Dampfer und sandte deren Besatzungen mit dem siebenten nach Kalkutta; dann schoß er die Petroleumtürme der Birmanischen Ölkompanie auf der Reede von Madras in Brand und versenkte vor Ceylon vier wertvolle Dampfer, deren Besatzungen er mit dem fünften nach Colombo sandte. Als daraufhin die britische Admiralität alle Kriegsschiffe zwischen Aden und Singapore zur Jagd auf das gefährliche Kaperschiff aufrief, war „Emden" plötzlich verschwunden. Das Schiff war bei der weltabgelegenen englischen Koralleninsel Diego Garcia zu Anker gegangen. Der Kapitän hatte den Einwohnern, die von dem Kriege noch nichts wußten, weisgemacht, er manövriere gemeinsam mit der englischen Flotte, und war, nachdem er Kiel und Kessel gereinigt und Kohlen eingenommen hatte, wieder in See gegangen. Er wandte sich nach der Westküste Indiens und lähmte den indischen Handel durch die Vernichtung von fünf weiteren Dampfern. Englischerseits wurde der durch dies eine Schiff verursachte Schaden auf 2211000 Pfund Sterling berechnet. Nun setzte „Emden" einen vierten künstlichen Schornstein auf und drang, derart unkenntlich gemacht, unbeanstandet in den Hafen von Penang ein, wo sie den russischen Kreuzer „Jemtschuck" vernichtete, bei der Ausfahrt aber das gerade von einer Kreuzertour heimkehrende französische Kanonenboot „Mousquet" versenkte. Dann fuhr Müller an der Südwestküste Sumatras entlang, um auf den Kokos- und Keelinginseln die Kabel zu zerschneiden und die Funkwarte zu zerstören. Bei dieser Arbeit wurde er am 9. November von dem australischen Kreuzer „Sidney", der telegraphisch zur Hilfe herbeigerufen worden war, überrascht und mußte sich nach tapferer Gegenwehr gefangengeben. Das Landungskorps der „Emden" aber entkam auf dem alten Schoner „Ayesha", der abgetakelt im Hafen lag. Die Heimkehr dieser Leute unter dem Kapitänleutnant von Mücke ist eine wahre Odyssee, die hier zu lang zu erzählen wäre, aber an Heldenmut ihresgleichen sucht. Genug, daß alle Leute mit der letzten Flagge der „Emden" über Konstantinopel heimkehrten.

Unterdessen hatte Graf Spee den in „Kormoran" verwandelten und als Kreuzer ausgestatteten Russen „Rezan" an sich gezogen und hatte ihn sowie den Hilfskreuzer „Eitel Friedrich" zu Kreuzfahrten in der Südsee bestimmt. Er hatte dann die Eroberung Samoas durch die Australier erfahren, hatte vergebens versucht, feindliche Schiffe im Hafen von Apia zu überraschen, und war dann vor Päpeete erschienen, dem Hafen der französischen Insel Tahiti. Hier hatte er das französische Kanonenboot „Zelée" in den Grund gebohrt und die Stadt zum Teil in Brand geschossen. Dann war er mehrere Tage in Nukahiwa, einer der französischen Marquesasinseln, verblieben, hatte dort den Troß wieder an sich gezogen und war schließlich nach der Osterinsel gesteuert, wo er sich mit den Kleinen Kreuzern „Leipzig" und „Dresden" vereinigte. So hatte er jetzt sein ganzes

Geschwader beisammen und hatte den Feind nach Möglichkeit irregeführt.

Die Japaner waren ihm gefolgt und an der Ostküste Amerikas angekommen, ohne ihn zu erreichen; die Engländer aber hatten ein Geschwader, bestehend aus den Großen Kreuzern „Goodhope" und „Monmouth" und dem Kleinen Kreuzer „Glasgow", das bisher an der Ostküste Amerikas gekreuzt hatte, um das Kap Horn herum den Deutschen entgegengesandt. Der „Goodhope" führte die Flagge des Admirals Cradock. Ihm hatte die Admiralität noch das Linienschiff „Canopus" zur Verfügung gestellt und nachgesandt, um damit seine artilleristische Überlegenheit sicherzustellen. Da aber weder dieses noch die Japaner heranwaren, als am 30. Oktober die Schiffe des Admirals Cradock in Sicht der Deutschen kamen, entschloß sich Graf Spee zum sofortigen Angriff, dem auch die Engländer in ihrer seemännischen Selbstüberhebung nicht auswichen. Der Kampf, der nun entbrannte, endete damit, daß die deutschen Schiffe nur geringe Verluste hatten, die beiden englischen Großen Kreuzer versenkt wurden, und „Glasgow", schwer getroffen, rechtzeitig die Flucht ergriff, worauf Spee zunächst nach Valparaiso ging, wo er Reservisten an Bord nahm. Es war zum ersten Male, daß in offener Seeschlacht Engländer unterlagen. Spees Ruhm verbreitete sich mit Blitzesschnelle über die ganze Erde. Das Prestige der Engländer zur See schien gebrochen. Aber dennoch war das deutsche Geschwader dem Untergange geweiht.

Spees Plan ging dahin, das Kap Horn zu umschiffen, die Falklandsinseln anzulaufen, die dortige Werft und den Telegraphen zu zerstören und dann im Atlantischen Ozean zu verschwinden. Mit stärkeren englischen Streitkräften sollte eine Schlacht um so weniger angenommen werden, als ein großer Teil der Munition in der Schlacht bei Coronel verschossen worden war. Mittlerweile hatten die Engländer energische Gegenmaßnahmen getroffen. Die Falklandsinseln waren mit Hilfe der leichten Kanonen und der Besatzung des Linienschiffes „Canopus", das dorthin geschickt worden war, zur hartnäckigen Verteidigung eingerichtet worden; das Schiff selbst war so vor die Hafenmündung gelegt, daß es das Meer weithin bestreichen konnte; von England aus aber waren die schweren Schlachtkreuzer „Invincible" und „Inflexible", die den Schiffen des Grafen Spee an Artillerie, Geschwindigkeit und Größe sehr bedeutend überlegen waren, unter Admiral Sir Deveton Sturdee nach der Südspitze Amerikas gesandt worden, um das Geschwader des Grafen Spee zu vernichten. Sie hatten unterwegs die Großen Kreuzer „Kent", „Karnarvon" und „Cornwall" sowie die Kleinen Kreuzer „Glasgow" und „Bristol" an sich gezogen und waren am 7. Dezember in Stanley Hafen auf den Falklandsinseln vor Anker gegangen. Die Engländer hatten den Deutschen in Raum und Zeit den Vorteil abgewonnen. Als daher diese am 8. Dezember auf die Falklandsinseln zusteuerten, trafen sie auf weit überlegene Streitkräfte, denen sie nicht entrinnen konnten, da sie an Schnelligkeit weit unterlegen waren. So nahmen sie den Kampf an und wurden vernichtet. Mit wehender Flagge gingen die deutschen Schiffe auf den Grund des Meeres. Auch „Leipzig" und „Nürnberg" wurden versenkt, erstere nachdem sie früher drei englische Dampfer vernichtet hatte. Nur „Dresden" gelang es zu entkommen, um später — am 14. März 1915 — in einem neutralen Hafen der Juan-Fernandez-Gruppe von überlegenen englischen Streitkräften angegriffen, von der eigenen Besatzung in die Luft gesprengt zu werden. Auch „Karlsruhe" war am 4. November 1914 infolge einer Explosion der Pulver- und Torpedokammern auf offener See zugrunde gegangen, nachdem sie dem Feinde durch Versenkung von 17 Schiffen erheblichen Schaden getan hatte und „Königsberg" wurde schon vom 30. Oktober ab in der Mündung des Rufidji blockiert, wohin sich der Kreuzer, um ruhig Kohlen nehmen zu können, begeben hatte. So war das Meer am Ende des ersten Kriegsjahres — nachdem auch das Kanonenboot „Geier" sich in Honolulu den Amerikanern ergeben hatte — von deutschen Kreuzern frei. Sie hatten sich gegen erdrückende Übermacht, trotz heldenhafter Gegenwehr, nicht zu halten vermocht: dem Feinde aber hatten sie unberechenbaren Schaden zugefügt. Der Hilfskreuzer „Kronprinz Wilhelm" hatte 14 feindliche Schiffe unschädlich gemacht, der „Prinz Eitel Friedrich" 11.

Mittlerweile war der Kleinkampf in den deutschen Meeren weitergegangen; ein größeres Treffen aber hatte nicht stattgefunden. In der Ostsee beschränkten sich die Russen darauf, die Küsten Kurlands, Livlands und Finnlands zu decken und ab und zu Ausfälle zu machen. Bei einem solchen ging der Kreuzer „Pallada" durch einen Torpedoschuß am 11. Oktober zugrunde. Die Deutschen selbst hatten den Kleinen Kreuzer „Magdeburg" in der Nähe von Baltischport schon am 26. August dadurch verloren, daß das Schiff auf Felsen festgekommen und die Besatzung infolgedessen gezwungen war, es selbst zu sprengen. Im übrigen arbeiteten die Russen eifrig an der Verstärkung ihres Ostseegeschwaders, um im kommenden Frühjahr mit 6 Linienschiffen, 6 Panzerkreuzern, 80 Zerstörern und 12 Tauchbooten, die zum Teil englisch waren, den Kampf eröffnen zu können. Die Deutschen andererseits vermochten den Ostseehandel so gut wie ganz aufrechtzuerhalten. Viel blutiger ging es in der Nordsee her.

Schon am 25. Dezember 1914 suchten die Engländer die deutsche Weihnachtsfreude dadurch zu stören, daß sie die deutsche Küste von der Luft aus angriffen. Sie durchbrachen die Helgoländer Sperre und setzten Wasserflugzeuge aus, die den Auftrag hatten, die Küstenbatterien und die Anlagen von Kuxhaven zu zerstören. Sie erreichten aber nicht ihr Ziel, sondern verflogen sich im Nebel. Sechs Flugzeuge gingen verloren. Am 15. Januar 1915 erschienen darauf zum erstenmal deutsche Flugzeuge über England und verbreiteten unter der

Bevölkerung Furcht und Schrecken, zugleich aber auch weitgehende Erbitterung. Von größerer Tragweite war jedoch das Treffen an der Doggerbank, denn es bewies — wenn die Deutschen das auch leider nicht erkannten — die Überlegenheit des deutschen schwimmenden Materials über das englische.

Am 24. Januar 1915 traf ein deutsches Geschwader, das ausgelaufen war, um leichte feindliche Streitkräfte anzugreifen, die sich etwa bei der Doggerbank befinden könnten, auf ein sehr viel stärkeres englisches und drehte sofort nach Südosten ab. Die fünf englischen Schlachtkreuzer folgten; mit ihnen nahmen die Deutschen den Kampf auf. Sie hatten die modernen Großen Kreuzer „Seydlitz", „Derfflinger" und „Moltke" mit dem schwächeren Kreuzer „Blücher" in ein Geschwader unter dem Admiral Hipper vereinigt und waren den englischen weder an Schnelligkeit noch scheinbar an Gefechtskraft gewachsen. „Moltke" und „Seydlitz" verdrängten 22—23000 Tonnen Wasser, führten als schwerste je zehn Rohre zu 28 cm und liefen 28 Seemeilen. „Derfflinger" war ein 26000-Tonnen-Schiff, lief schneller als jene und führte acht 30-cm-Turmgeschütze. „Blücher" aber verdrängte nur 15800 Tonnen Wasser, führte als schwerste Waffe nur acht 21-cm-Geschütze und lief nur 25 Seemeilen. Ihnen traten die schönsten und größten Schiffe der englischen Marine unter Admiral Beatty entgegen, die den Überfall bei Scarborough rächen wollten. „Lion" und „Princeß Royal" verdrängten 26800 Tonnen Wasser und führten je acht 30,3-cm-Geschütze, „Tiger" verdrängte gar 28500 Tonnen, führte acht 34,3-cm-Geschütze und eine stärkere Mittelartillerie als die vorgenannten; „New Zeeland" und „Indomitable" waren zwar von geringeren Ausmaßen als jene, indem sie nur 19000 und 17600 Tonnen verdrängten, sie führten aber ebenfalls je acht 34,3-cm-Geschütze und waren schneller als die Schiffe der Seydlitzklasse.

Unweit der Doggerbank kam es zum Kampf, der sich bald zu einem laufenden Gefecht entwickelte, in dem die Engländer ihrer weitertragenden Geschütze wegen die größten Entfernungen einzuhalten suchten. Die Kleinen Kreuzer, „Graudenz", „Kolberg", „Stralsund" und „Rostock", die mit Torpedobooten zunächst die Vorhut gebildet hatten, sowie auch die englischen Zerstörerflottillen suchten sich möglichst außer Schußbereich zu halten. Letztere wandten sich hauptsächlich gegen den langsameren und weniger kampfkräftigen „Blücher", der denn auch bald den weit überlegenen Engländern erlag und allmählich nach tapferster Gegenwehr, von zahlreichen Geschossen und von Torpedos getroffen, versank. Mittlerweile aber hatten die anderen deutschen Schiffe den Kampf mit Erfolg fortgesetzt, obgleich sie dauernd gegen Überlegenheit fochten. Die Engländer hatten sehr viel stärker gelitten als die Deutschen. „Lion" mußte von „Indomitable" abgeschleppt werden, da seine Maschinen zum Teil unbrauchbar geworden waren. „Tiger" lag mit starker Schlagseite auf dem Wasser. Admiral Beatty hatte sein Flaggschiff „Lion" mit der „Princeß Royal" vertauscht und drehte jetzt nach Norden ab, da „Lion" und „Tiger" aus dem Gefechte ausscheiden mußten und letzterer sich nur mühsam der deutschen Torpedos erwehrte. So wurde das Gefecht abgebrochen und endete eigentlich unentschieden; man gewinnt aber den Eindruck, daß die Deutschen des Gegners Herr geworden wären, wenn sie, die Wirkung der eigenen Artillerie erkennend, den Kampf fortgesetzt hätten. Der Verlust des „Blücher" hatte ihre Kampfkraft keineswegs gebrochen. Nur der „Seydlitz", gegen den zeitweilig „Lion" und „Tiger" zusammengewirkt hatten, war einigermaßen schwer getroffen. Das Material widerstand aber der englischen Artillerie so vorzüglich, daß er trotzdem mit eigener Maschinenkraft bei dem Geschwader bleiben konnte. Die anderen Schiffe waren kaum verletzt; aber einer der Kleinen Kreuzer hatte gelitten.

Unterdes hatten die Unterseeboote ihre Streifzüge fortgesetzt. Außer den bereits genannten Schiffen waren ihnen an Kriegsschiffen der Kleine Kreuzer „Pathfinder", das englische U-Boot „E 3", das Kanonenboot „Niger" und endlich sogar das Linienschiff „Formidable" zum Opfer gefallen. Als dann die flandrische Küste erobert worden war, hatte man besonders kleine U-Boote in Bestellung gegeben, die leicht mit der Bahn dorthin gebracht werden, aber nicht vor Juni 1915 zum Tragen kommen konnten, und hatte Zeebrügge zum U-Boot-Hafen ausersehen. „Formidable" war von dort aus versenkt worden.

Allmählich aber hatte man deutscherseits ein Doppeltes erkannt. Erstens, daß man mit den U-Booten viel mehr erreichen und den Krieg viel unmittelbarer beeinflussen könne, wenn man, statt auf Kriegsschiffe zu fahnden, sich hauptsächlich gegen den englischen Handel wendete und dadurch die Volksernährung Englands zu erschweren suchte; zweitens aber, daß die U-Boote nicht in der Lage seien, den Kaperkrieg nach den Regeln zu führen, die international festgesetzt seien und nach denen das versenkende Schiff die Pflicht hatte, die Besatzung des versenkten zu retten. Die U-Boote hatten selten die Möglichkeit, diese aufzunehmen. Andererseits lag die Gefahr nahe, selbst zerstört zu werden, wenn die Handelsschiffe bewaffnet würden und sich gegen das auftauchende U-Boot wenden konnten. Endlich war ein wirklich genügendes Ergebnis nur zu erreichen, wenn man die feindlichen Schiffe vernichten konnte, ohne sich selbst sehen zu lassen und die damit verbundenen Gefahren herauszufordern. So war in der U-Boot-Flotte vielfach die Ansicht vertreten, daß man zum Handelskriege übergehen müsse, ohne an die Grundsätze des Kreuzerkrieges gebunden zu sein, um so mehr, da die U-Boote eine neue Kampfmethode geschaffen hatten, die bei den für den Kreuzerkrieg gegebenen Regeln noch nicht berücksichtigt worden war. Man konnte darüber um so sachverständiger urteilen, da bereits eine Menge Schiffe nach den Regeln des Kreuzerkrieges von den U-Booten vernichtet worden waren, und die Engländer, wie die Erfahrung gelehrt hatte, in ausgedehntem Maße nicht nur die Handelsschiffe bewaffneten, sondern auch neutrale Flaggen führten. Hier die Richtigkeit festzustellen, waren die U-Boote völlig außerstande, ohne sich selbst der Gefahr der Vernichtung preiszugeben. Ob freilich die Zahl der verfügbaren Boote genüge, um im Handelskriege einen durchschlagenden Erfolg zu erzielen, darin gingen die Ansichten in der U-Boot-Waffe selbst weit auseinander und zeitigten entgegengesetzte Ergebnisse. Die Ansicht aber, daß auf alle Fälle der unbeschränkte Handelskrieg zu eröffnen sei, überwog an maßgebender Stelle, und am 4. Februar 1915 erklärte Großadmiral von Tirpitz die Gewässer um Großbritannien einschließlich des Kanals für Kriegsgebiet und warnte die Neutralen davor, dieses Gebiet zu befahren, da auf Befehl der britischen Admiralität englische Schiffe neutrale Flaggen zu führen hätten und es daher nicht immer möglich sein würde, die wirkliche Nationalität rechtzeitig festzustellen. Am 18. Februar sollte diese Verfügung in Kraft treten. Bis dahin gab man den Neutralen Zeit, das fragliche Gebiet zu räumen. Mit diesem Datum trat der Seekrieg in ein neues Stadium.

Mittlerweile hatte aber auch in den Kolonien der Kampf begonnen. Wie Tsingtau erlag, haben wir bereits gesehen. Die deutschen Besitzungen in der Südsee fielen, soviel man ersehen kann, kampflos in die Hände der Japaner, Engländer und Australier. Den Deutschen fehlte jedes Mittel, sie zu verteidigen. Nur in den Wäldern Neuguineas hat sich Hauptmann Detzner bis zum Friedensschluß gehalten. Den Krieg, der in den westafrikanischen Gebieten geführt wurde, zu schildern, reichen die mir bekannten Quellen nicht aus. Fest steht jedoch, daß die Deutschen, soweit ihre schwachen Kräfte reichten, sich energisch verteidigten und dem Feinde die Eroberung der deutschen Gebiete sehr wesentlich erschwerten. Togo ging schon Ende August 1914 verloren. In Kamerun aber wurde der Feind bei Garua entscheidend geschlagen; es wurde das von den Engländern besetzte Usanokang von drei deutschen Kompanien gestürmt. Duala wurde am 27. September 1914 im Interesse der Frauen und Kinder freiwillig geräumt und das Gouvernement in das Innere verlegt. Auch Buea und Kribi gingen verloren. Anfangs und Mitte September wurden auch die Franzosen bei Messim und Minkobe wiederholt zurückgeschlagen. Nach französischen Quellen endlich unternahmen die Deutschen Ende November einen lebhaften Angriff bei Edea. Im Dezember rückten die Engländer durch Nigeria gegen Victoria und Mora vor; französische Kolonnen nahmen Nola und Carnot ein. Aber noch Anfang Januar 1915 griffen die Deutschen erneut bei Edea, also immerhin noch nahe der Küste, an. Sie hielten sich tapfer bis zum Anfang des neuen Jahres 1915.

Das gleiche war in Südwestafrika der Fall. Die dortige Schutztruppe war durch Einziehung von Reserven auf 5000 Mann gebracht worden und gab das Land nur vor der Gewalt überlegener Waffen preis. An der Küste wie am Oranjefluß wurde wiederholt gefochten. Die Engländer besetzten die Walfischbai und kämpften mehrfach bei der Lüderitzbucht, die sie besetzten. Ihren Hauptangriff aber mußten sie zunächst verschieben, da in Britisch-Afrika ein Burenaufstand zunächst unterdrückt werden mußte. Immerhin rückten sie bei Romansdrift über den Oranjefluß vor, wurden aber bei Sandfontein vom Oberstleutnant von Heydebreck aufs Haupt geschlagen. Leider starb bald darauf der deutsche Führer, und sein Nachfolger, Major Francke, mußte sich zunächst nach dem Norden wenden, schlug die Portugiesen am 18. Dezember 1914 trotz seiner geringen Streiterzahl und wandte sich dann nach der Mitte der Kolonie zurück, während die Engländer Lüderitzbucht als Etappe besetzt hatten. So blieb der Zustand, soviel man sehen kann, bis zum Frühjahr 1915. Einen irgend durchschlagenden Erfolg vermochten die Engländer nicht zu erringen.

Mit dem größten Erfolge wehrte sich Deutsch-Ostafrika[1]). Am Tanganjikasee wie an der ganzen englisch-belgischen Grenze kam es zu lebhaften Gefechten, die für die Deutschen meistens siegreich waren, obgleich sie immer gegen eine Übermacht geführt wurden. Der Feind ließ meistens unzählige Tote auf dem Walplatz. Der Gouverneur Dr. Schnee und vor allem der Kommandeur der Schutztruppe, Oberst von Lettow-Vorbeck, verstanden es, alle Hilfsmittel der Kolonie ihrer Verteidigung dienstbar zu machen, die erforderlichen Waffen und die nötige Munition aber dem reichlich mit beidem versehenen Feinde in großen Mengen abzunehmen. Die weißen Streitkräfte wurden bis Ende 1914 durch Einziehung von Reserven auf 3000 Mann, die Askaris durch Werbung auf 6000 Mann erhöht. Aber was wollte das der feindlichen Übermacht gegenüber bedeuten? Dennoch fochten die Deutschen siegreich vor allem in der Schlacht bei Tanga und dem Gefecht am Longiddo am 3. bis 5. November 1914.

Bei Tanga fuhren die Engländer mit zahlreichen Schiffen in den Hafen ein und setzten eine bedeutende Truppenmacht an Land. Acht Kompanien des Lancashire-Regiments und acht indische Regimenter — im ganzen etwa 8000 Mann — nahmen an dem Kampfe teil, der von den um ein Vielfaches schwächeren Deutschen erst aufgenommen wurde, nachdem die Engländer bereits ihre Hauptkräfte an Land gebracht hatten. Diese waren ihres Sieges so sicher, daß sie einen Gouverneur und den ganzen Verwaltungsapparat bereits mitgebracht hatten. In Wirklichkeit aber wurden sie in der dreitägigen Schlacht bei Tanga aufs Haupt geschlagen, ließen 150 Engländer und 600 Inder tot auf dem Platze und verloren zahlreiche Gefangene, obgleich sie in dem Verhältnis 8:1 gefochten hatten. Unsere Askaris waren eben den feindlichen Truppen unendlich über-

[1]) Siehe Karte 55.

legen. Unabsehbar für die dortigen Verhältnisse war auch die Beute, die in diesem Gefecht gemacht wurde. 800 Gewehre, 5000 Patronen, Waffen aller Art, Lebensmittel und zahlreiche Ausrüstungsgegenstände fielen in die Hände der Deutschen, die selbst nur verhältnismäßig sehr geringe Verluste hatten.

Am gleichen Tage wie bei Tanga griffen die Engländer auch am Longiddo, einem Bergzuge nordwestlich des Kilimandjaro, eine deutsche Abteilung an. Es war wohl eine umfassende Operation geplant. Sie wurden aber auch hier blutig zurückgeschlagen, obgleich sie über eine fast vierfache Übermacht verfügten. Mitte Januar endlich wurde dann noch ein erneuter Vorstoß der Engländer von Mombassa aus bei Jassini zurückgewiesen. Trotz schwieriger Geländeverhältnisse gelang es den Deutschen dennoch, den Sieg zu erringen. Freilich büßten sie 60 Deutsche und 233 Farbige ein, unter denen sich an Toten 23 Deutsche und 74 Farbige befanden. Dafür verloren die Engländer etwa 900 Mann außer zahlreichen Gefangenen und gaben es für längere Zeit auf, an dieser Stelle in Ostafrika einzudringen.

Ähnlich war die Sachlage an allen Grenzen. Überall wurde der Feind zurückgeschlagen, die Deutschen aber drangen wiederholt in gegnerisches Gebiet ein und wußten den Feind von den deutschen Grenzen fernzuhalten. Tatsächlich gelang es auf diese Weise — auch an der über 1000 km langen Küste war dauernd eine Bewachung eingerichtet —, das Schutzgebiet während des ganzen ersten Jahres und darüber hinaus vom Feinde frei zu halten, feindliches Land aber wiederholt zu brandschatzen, und Taveta auf feindlichem Gebiet zu besetzen. Auch die Reichspostdampfer gelang es noch zum Teil heranzuziehen und einen feindlichen Kreuzer — den „Pegasus" — im Hafen von Sansibar am 20. September 1914 zu vernichten. Der Stationskreuzer „Königsberg" hatte das geleistet, war aber dann, wie wir sahen, in der Rufidjimündung blockiert worden. Mit Stolz konnte das Land im Frühjahr 1915 auf die bisherige Kriegführung zurückblicken, denn wenn man auch natürlich den Feind nicht hindern konnte, die wichtigsten Küstenstädte — so vor allem Daressalam — wiederholt zu beschießen, war es doch gelungen, den übermächtigen Gegner überall siegreich zurückzuweisen.

Welt- und Kriegslage im Frühjahr 1915.

Wie aus den vorstehenden Blättern hervorgeht, hatte sich der Krieg über die ganze Welt verbreitet; es war zum Weltkriege geworden. Kein Land konnte sich seinen Einwirkungen ganz entziehen. Im Westen und Osten von Deutschland wurde ein Kampf geführt auf Leben und Tod. Auf allen Weltmeeren fochten deutsche Schiffe heldenmütig gegen englische Übermacht. Die deutschen Besitzungen in Ostasien und in der Südsee gingen an Japan und Australien bald verloren, weil es keine Möglichkeit gab, sie ausreichend zu verteidigen. Tsingtau hatte sich heldenmütig gewehrt. In den afrikanischen Kolonien Deutschlands wurde tapfer und oft mit Erfolg gegen Engländer, Franzosen und Kapkolonisten gefochten. Die Türkei war, um ihre Existenz zu retten, auf die Seite der Mittelmächte getreten und focht in Armenien, in Mesopotamien und am Suezkanal. Sie hatte den Versuch der englisch-französischen Flotte, die Durchfahrt durch die Dardanellen mit Gewalt zu erzwingen, mit deutscher Hilfe unter schweren Verlusten für den Feind siegreich zurückgewiesen und dadurch ihrer gesamten Kriegführung ein gewisses Gewicht gegeben. Der Glaube an die Unbesiegbarkeit Englands war gebrochen.

England und Frankreich andererseits strengten alle ihre Kräfte an, um endlich den Sieg zu erringen. Sie boten nicht nur die Heimat, sondern auch die Kolonien für die Kriegführung auf. Frankreich schickte alle seine Wehrfähigen bis auf den letzten Mann an die Front und ließ aus seinen Kolonien Scharen von Arabern, Marokkanern und Senegalnegern kommen, um sie im Kampfe zu verwenden; England aber begnügte sich nicht damit, Kanadier, Australier, Neuseeländer und Inder auf die verschiedenen Kriegsschauplätze, vor allem aber an die französische Ostgrenze zu entsenden, sondern es bemühte sich sogar, in der Heimat eine Millionenarmee aus Freiwilligen aufzubieten, und schickte seine Divisionen über den Kanal nach Frankreich. Wo aber die Länder und Staaten nicht unmittelbar am Kriege teilnahmen, waren sie wenigstens mittelbar an ihm beteiligt. Amerika hatte den Krieg zu einer großen Geldspekulation erhoben und sandte ungeheure Mengen von Munition an die Deutschland feindlichen Staaten. Mittel- und Südamerika sahen ihren ganzen Handel durch die Ausschließung Deutschlands in andere Bahnen gelenkt. Die europäischen Neutralen aber sahen sich durch die Übermacht Englands zum Teil gezwungen, die Blockade Deutschlands indirekt mitzumachen, und Italien bereitete sich auf den Krieg gegen die Mittelmächte vor, zu dem es sich im Inneren verräterischerweise bereits entschlossen hatte.

Gegen alle diese Feinde aber stand Deutschland so gut wie allein. Allerdings waren Österreich und die Türkei seine Verbündeten: aber die österreichische Armee war höchst mangelhaft organisiert. Sie war außerstande, allein mit Erfolg ihren Feinden Widerstand zu leisten, und die Türkei war, wie schon gesagt, durch die vielen vorhergegangenen Kriege tief erschöpft. Sie hatte außerdem keinerlei Munitions- und Waffenfabriken und war in dieser Hinsicht ganz auf das Ausland angewiesen. Deutschland war also nicht nur gezwungen, die österreichische Armee durch Hilfskorps unmittelbar zu unterstützen, so daß es längst nicht in der Lage war, alle seine Truppen gegen seine eigenen, an sich schon übermächtigen Feinde zu verwenden, sondern es kämpfte zudem noch gegen die Industrie der ganzen Welt; es mußte nicht nur die eigenen Truppen trotz seiner völligen Absperrung von der Außenwelt mit allem zur Kriegführung Nötigen, sondern es mußte außerdem noch die Türkei und zum Teil sogar Österreich mit dem erforderlichen Kriegsbedarf versehen. Dazu war der Donauweg durch das feindliche Serbien versperrt, und das schon damals völlig unsichere Rumänien machte die größten Schwierigkeiten, wenn es galt, Kriegsbedarf nach der Türkei zu schaffen. Nur die moralische, militärische und industrielle Überlegenheit der deutschen Truppen und des deutschen Volkes machte es überhaupt möglich, allen diesen Anforderungen gerecht zu werden und außerdem noch geistige Kräfte in Gestalt zahlreicher Offiziere den verbündeten Türken zur Verfügung zu stellen. Auch die Munitionsversorgung machte große Schwierigkeiten. Während der Feind, dem die Weltproduktion zur Verfügung stand, aus dem vollen wirtschaften konnte, waren die Deutschen oft genug gezwungen, mit der Munition hauszuhalten und konnten oft dem Feinde das nötige Feuer nicht entgegensetzen, weil sie gezwungen waren, die spärlich vorhandene Munition für die kritischen Augenblicke aufzusparen. Das erschwerte die Kriegführung sehr wesentlich. Immerhin war seine sachliche Überlegenheit so groß, daß man — um dem Feinde eine genügende Zahl von Divisionen entgegenstellen zu können — diese selbst schwächer an Infanterie machen konnte. Man formierte sie zu je drei Regimentern Infanterie, gab ihnen die nötigen Hilfswaffen bei und konnte so dem Feinde wenigstens mit einer genügenden Anzahl von Divisionen entgegentreten. Es waren auf diese Weise im ganzen Ende Februar 1915 19 Divisionen neuformiert worden, indem man aus Abgaben der bestehenden Divisionen unter gleichzeitiger Erhöhung der Mannschaftsbestände neue gebildet hatte. Davon waren 5 im Osten verwendet worden, 14 waren der Armee im Westen zugute gekommen. Allerdings war dadurch die Infanterie an und für sich nur wenig verstärkt worden; das Verhältnis der Artillerie zu den anderen Waffen aber wurde wesentlich verbessert. So konnte man hoffen, dem Feinde bei einer notwendig werdenden Offensive mit einer wenn möglich überlegenen Zahl von Einheiten entgegentreten zu können, ohne doch die Widerstandsfähigkeit der Verteidigungslinien in gefahrdrohender Weise zu verringern. Auch suchte man die Kampfkraft der Truppen dadurch zu heben, daß man ein neues, dem französischen ebenbürtiges Feldgeschütz einführte, das freilich erst 1916 ausgegeben werden konnte. Inzwischen aber suchte man durch ausgiebige Umarbeitung des in den Festungen, bei der Marine und in den eroberten Beständen verfügbaren Materials Abhilfe zu schaffen und hat auf diese Weise auch wirklich gute Ergebnisse erreicht. Wichtig war vor allem, daß man durch die weittragende schwere Artillerie den Gegner zwang, mit seinen Batterien, Lagern, wichtigen Anlagen und sogar seinen Bereitstellungen weiter als vorher von der vorderen eigenen Linie abzubleiben.

Es wurde ferner der Gebrauch schädlichen Gases, mit dem unsere

Feinde begonnen hatten, durch besondere Gasbataillone und die Artillerie zur Erhöhung der Kampfkraft durch die deutsche Wissenschaft ermöglicht und gefördert. Es dauerte aber geraume Zeit, bis in dieser Hinsicht eine gewisse Sicherheit bei der Truppe erreicht wurde.

Auch die Luftschiffahrt wurde in entscheidender Weise gefördert. Das Lenkluftschiff des Grafen Zeppelin erwies sich den Aufgaben des Krieges gegenüber nur in verhältnismäßig geringem Grade brauchbar. Dagegen gelang es, die verschiedenen Arten der Flugzeuge in einer allen militärischen Aufgaben genügenden Weise zu entwickeln und einen Geist in ihren Besatzungen großzuziehen, der immer von neuem seine Überlegenheit geltend machte und die deutschen Flieger trotz der zahlenmäßigen Überlegenheit der Gegner zu den selten nur beschränkten Beherrschern der Luft machte.

Alle diese Vorteile, mit denen man die zahlenmäßige Überlegenheit der Feinde auszugleichen versuchte, konnten aber nur dann zur Geltung kommen und den Sieg herbeiführen, auf den man deutscherseits stets rechnete, wenn man im großen richtig verfuhr und alle nur irgend verfügbaren Mittel anwendete, um den Gegner niederzukämpfen. Besonders England war zu berücksichtigen. Es war von vornherein klar, daß es keineswegs ausreichte, Englands Heere auf dem Lande zu besiegen, daß es vielmehr nötig war, England zur See niederzukämpfen und seine Seemacht zu brechen, wenn man es zum Frieden zwingen wollte. Dazu mußte man entweder seiner Kriegsflotte so Herr werden, daß eine Landung möglich, oder man mußte ihm den Handel und die Zufuhr zur See derart abschneiden, daß es aus Hunger zum Frieden gezwungen würde. Besonders seit der Schlacht an der Marne, die, wenn auch mit einem taktischen Siege, so doch mit einem strategischen Rückzuge der Deutschen endete, mußte es jedem klar sein, daß England nur auf seinem eigenen Gebiet besiegt werden könne, und nach diesem Gesichtspunkt mußten alle Maßregeln getroffen werden. Leider war das aber keineswegs der Fall.

Sowenig man sich hatte entschließen können, dem Schlieffenschen Grundgedanken beim Aufmarsch und bei den späteren Anordnungen treu zu bleiben, sondern überall zu halben Maßregeln, wenn auch aus menschlich verständlichen Gründen, gegriffen hatte, sowenig wollte man die Flotte aufs Spiel setzen. Sie blieb dem Kampfe fern, während draußen auf der offenen See die Kleinen und Großen Kreuzer ihre Haut zu Markte trugen. Man fürchtete, daß, wenn erst die Flotte im Kampfe gegen die überlegene englische vernichtet wäre, dann niemand mehr vorhanden sein würde, um die bedrohten Küsten zu schützen. Der Grund ist an sich verständlich, doch vom politischen und militärischen Standpunkt aus gewiß nicht zu billigen.

Es liegt auf der Hand, daß man vorsichtig zu Werke gehen mußte, um die Flotte nicht unnötig auszusetzen, aber ebenso gewiß ist es, daß bei vielen Gelegenheiten die Schlachtflotte mit Vorteil eingesetzt werden konnte und ihr Stärkeverhältnis zur englischen allmählich hätte verbessert werden können. Auf ein Kriegsmittel, wie es die Flotte war, ganz zu verzichten, war um so weniger gerechtfertigt, als die englische Schlachtflotte mit ihren modernsten Schiffen als Fleet in beeing bei den Orkneyinseln im Norden Schottlands verblieb und es sich so selbst unmöglich machte, überraschend in der Nordsee oder gar im Kanal zu erscheinen, während die deutsche verhältnismäßig kurze Wege zurückzulegen hatte, wenn sie gegen die Engländer vorstoßen wollte, sobald diese in dem südlichen Teile der Nordsee erschienen. Wenn man die U-Boote gleichzeitig auf den Flanken verwendete, um gegen das plötzliche Erscheinen feindlicher Schiffe gesichert zu sein, so konnten erhebliche Ergebnisse erzielt werden. Zudem wissen wir jetzt, daß die englische Flotte am Anfang noch nicht so schlagfertig war wie später, und daß daher in dieser Periode die Deutschen sehr große Erfolgsaussichten gehabt hätten. Anstatt aber diese Gunst der Verhältnisse, die damals freilich noch nicht allgemein so erkannt war wie heute, auszunutzen, ließ man die Flotte ruhig liegen, ohne sich ihrer zu bedienen; ein neuer Beweis dafür, daß im Kriege nur dem das Glück lächelt, der im richtigen Augenblick zu wagen versteht, ohne die nötige Vorsicht außer acht zu lassen.

Im Gegensatz aber zu dieser durch nichts berechtigten Vorsicht, die den Deutschen den Verlust zahlreicher Schiffe ohne irgendeinen Vorteil einbrachte, entschloß man sich andererseits, den englischen Handel mit allen zur Verfügung stehenden Mitteln, d. h. mit allen vorhandenen U-Booten energisch zu bekämpfen, ohne für einen entsprechenden Ausbau der U-Boot-Flottille zu sorgen.

Als man den uneingeschränkten Handelskrieg im Februar 1915 begann, hatte sich die Zahl der verwendbaren Boote nur um 4 vermehrt; in der Nordsee befanden sich demnach nur 23 Boote, von denen ein Teil noch Petroleummotoren führte, in der Ostsee 7. Im Bau waren, einschließlich der für Flandern bestellten, 42 große und 127 kleine Boote. Die meisten von ihnen waren aber erst Anfang 1915 in Auftrag gegeben. Da aber die Bauzeit der großen Boote 18 Monate dauerte, war an einen rechtzeitigen Ersatz etwa verlorener Boote nicht zu denken. Auch die nötige Einrichtung von Reparaturwerkstätten sowie die Bereitstellung der Besatzungen und des technischen Baupersonals wurden nicht in großzügiger Weise in Angriff genommen. Der Grund ist wohl darin zu suchen, daß Großadmiral von Tirpitz damals immer noch hoffte, den Einsatz der Gesamtflotte in Zusammenarbeit mit den U-Booten erreichen zu können, und daher die Einstellung aller Betriebe auf den reinen U-Boot-Krieg und die Hergabe großer Zahlen an Offizieren und Mannschaften seitens der Flotte zur Bemannung der vermehrten U-Boote noch nicht ins Auge faßte. Eins aber steht fest: Durch das lange Zögern mit dem vollen Einsatz der U-Boote gegen den Handelsverkehr auf See, der nur dem Feinde diente, hatte England vor Beginn des eigentlichen Handelskrieges Zeit gewonnen, die es ausnutzte, seine Handelsschiffe zu bewaffnen und andere Vorsichtsmaßregeln gegen die U-Boote zu ergreifen. Durch die Erfolge, die diese nach den Gesetzen des Kreuzerkrieges bisher gegen englische Handelsschiffe erreicht hatten, waren die Engländer aufmerksam geworden, und außerdem dadurch gewarnt worden, daß der Admiral von Tirpitz einen Amerikaner durch die Anfrage sondiert hatte, wie sich wohl Amerika zu dem uneingeschränkten U-Boot-Krieg stellen würde. An eine Überraschung des Feindes war also nicht mehr zu denken. An sich selbst aber war der uneingeschränkte U-Boot-Krieg, wie ihn Deutschland vorhatte, durchaus gerechtfertigt.

Es ist allerdings richtig, daß der uneingeschränkte U-Boot Krieg in dem bisherigen internationalen Seerecht nicht vorgesehen war, weil zu der Zeit, in der dieses Recht geschaffen wurde, U-Boote überhaupt noch nicht existierten, und daß durch die plötzlichen Versenkungen Menschenleben gefährdet wurden; dagegen ist es zweifellos, daß durch neue Kriegsmittel auch neues Recht geschaffen wird; und endlich hatte England das bestehende Recht schon lange dadurch gebrochen, daß es, allen für eine Blockade bestehenden Rechtsgrundsätzen zum Trotz, Deutschland von aller Zufuhr zur See absperrte, also tatsächlich blockierte, ohne eine wirkliche Blockade einzurichten und ohne irgendeinen durch die Kriegsmittel bedingten Grund für diese Maßregel anführen zu können. Auch hatte England aus eigener Machtvollkommenheit, durch sogenannte „Ordre in Council“, die bedingte Bannware kurzerhand zur unbedingten geschlagen und hatte dadurch Lebensmittel und Kleidungsstücke zur unbedingten Bannware gemacht. Es hatte ferner erklärt, daß bei bedingter Handelsware stets angenommen werden müsse, sie sei für die feindlichen Streitkräfte bestimmt, wenn sie „an oder für einen Agenten des feindlichen Staats“ oder „an oder für einen Handeltreibenden oder irgendeine andere Person, die unter der Kontrolle des feindlichen Staates stehe,“ gerichtet sei. Kurz alle „auch die dem Völkerrecht direkt widersprechenden Maßregeln“ verfolgten einzig und allein den Zweck, Deutschland jede Zufuhr abzuschneiden, weil man hierin das beste Mittel erkannte, des Widerstandes Herr zu werden, den die Mittelmächte ihrer Vergewaltigung entgegensetzten. „Wright or wrong, my country“ war der Grundsatz, nach dem die Engländer verfuhren; wenn aber Deutschland denselben Grundsatz zur Richtschnur seines Handelns machte, erhob sich in der ganzen Welt das Geschrei, daß Deutschland das bestehende Völkerrecht verletze. In Amerika besonders machte diese Auffassung sich immer mehr und mehr geltend, weil sie zwar nicht mit dem Begriff des Rechts, wohl aber mit dem wirtschaftlichen Vorteil der großen amerikanischen Geldleute übereinstimmte. Diese wie die amerikanische

Presse, die von ihnen abhängig war, verbreiteten nach Kräften falsche und verleumderische Nachrichten über Deutschland, und dem irregeführten amerikanischen Volk wurden die Augen darüber absichtlich nicht geöffnet, daß der eigentliche, auch die Zukunft einschließende Vorteil der Vereinigten Staaten auf seiten Deutschlands zu suchen sei, das ihnen niemals gefährlich werden konnte, während England ihr zweifelloser Konkurrent auf dem Weltmarkt und in der Weltpolitik werden mußte, wenn es siegreich aus diesem Kampfe hervorging. So hing Amerika wie eine dunkle Wolke am deutschen Himmel, eine Wolke, die sich jeden Augenblick feindlich entladen konnte. Um so mehr kam es darauf an, den Gegner rasch und gründlich zu besiegen. Dieser Zweck aber konnte nur erreicht werden, wenn man — wie ich das schon weiter oben ausgesprochen habe — großzügig und folgerichtig verfuhr. Man mußte zur See England niederzuwerfen suchen und sich darüber klar sein, was man von Amerika zu erwarten hatte; man mußte andererseits auch auf dem Festlande siegreich fechten, wo man zahlenmäßig weit überlegene Gegner zu bekämpfen hatte. Nachdem man im Stellungskrieg ein Mittel gefunden hatte, mit schwächeren Kräften stärkere zu fesseln, und der erste Kriegsplan gescheitert war, mußte man ihn nunmehr entschlossen umkehren und im Westen in der Verteidigung bleiben, trotz aller Anstrengungen der Gegner, diese Verteidigung über den Haufen zu rennen; man mußte andererseits alle Kraft einsetzen, um der Gegner im Osten Herr zu werden, um sich dann mit gesammelter Kraft nach dem Westen zurückwenden zu können.

Alles kam darauf an, diesen Grundgedanken folgerichtig durchzuführen.

Drittes Buch.

Das Scheitern der deutschen Pläne in Ost und West.

Örtliche Kämpfe an der Westfront. Durchbruchsversuch der Engländer bei Lille. Winterschlacht in der Champagne.

Die vorstehenden Blätter haben gezeigt, daß Deutschland zwar zur See England mit allen Mitteln offensiv bekämpfen mußte und zu diesem Zweck auch den Einsatz seiner Flotte nicht scheuen durfte, daß es aber auf dem westlichen Kriegsschauplatz zu Lande sich ganz auf der Defensive halten und Offensivoperationen nur insofern durfte eintreten lassen, als sie durchaus nötig waren, um den Angriffsgeist der Truppe nicht einschlafen zu lassen.

Um so mehr war es, wie wir sahen, für die Franzosen und Engländer geboten, diese Zeit offensiv auszunutzen und den Gegner zu schlagen, solange die deutschen Kräfte noch im Osten gebunden waren. Wir haben auch gesehen, daß Joffre einen Versuch in dieser Richtung gemacht hatte, indem er überall fast zu gleicher Zeit angriff, daß er aber überall gescheitert war. Damit aber wollte er die Aufgabe keineswegs aufgeben, die ihm die Kriegslage zu lösen gegeben hatte. Doch konnte er nicht ganz frei verfahren. In gewissem Sinne war auch er in einer Zwangslage. Zunächst konnte er den Stellungskrieg auch auf den Fronten, die er nicht als die entscheidenden betrachtete, niemals ganz stillegen. Örtliche Veranlassungen und unter Umständen Gegenangriffe der Deutschen hielten die ganze Front dauernd in Schwingung. Dann war er auch abhängig von den Operationen der Russen. Er mußte deutsche Truppen auf sich ziehen und ihren Abtransport nach dem Osten verhindern, wenn es von den Russen verlangt wurde und diese einen größeren Schlag, sei es in der Abwehr, sei es im Angriff, im Auge hatten. Ähnlich ging es den Deutschen. Sie mußten im Westen die feindlichen Angriffe abwehren und sie bei ihrer Offensive im Osten berücksichtigen, und sie konnten ihrerseits den örtlichen Veranlassungen zum Kampf nicht immer ausweichen. Jene standen eben unter dem Gesetz der äußeren, sie selbst unter dem der inneren Linien. So kam es zu den verschiedensten Kämpfen, bevor Joffre zu dem Schlage ausholen konnte, der in seinen Augen entscheidend sein sollte.

Vor allem tobte der Kampf in den Vogesen, ohne daß es sich hier um etwas anderes gehandelt hätte, als um örtliche Vorteile und Notwendigkeiten. Vom Hartmannsweiler Kopf aus konnte man, wie gesagt, die ganze Rheinebene übersehen. Er war für Deutsche und

Franzosen also von gleicher Wichtigkeit. Die letzteren bereiteten demnach seine Wiedereroberung vor, indem sie zahlreiche Batterien gegen den Berg in Stellung brachten und bedeutende Kräfte gegen ihn ansammelten. Wochenlang tobte der Kampf. Die ersten Sturmversuche, die am 26. Februar 1915 und am 5. März erfolgten, brachten den Franzosen nur geringen Erfolg. Bis zum 17. März aber umspannten sie von drei Seiten die beiden Landwehrbataillone, die den Gipfel verteidigten, und am 24. gelang es ihnen endlich nach blutigem Ringen sich der entscheidenden Höhe zu bemächtigen, während die Deutschen an dem Hange dicht unter dem verlorenen Gipfel liegen blieben; die Franzosen aber konnten wieder in die Rheinebene hinabspähen.

Während der Kämpfe um den Hartmannsweiler Kopf hatten diese, um ihre linke Flanke und ihre Artillerie zu sichern, zugleich am Sudelkopf angegriffen. Hier aber behaupteten die Deutschen — es war das württembergische Landwehrregiment 123 — ihre Stellungen in hartnäckigen Gefechten, die sich vom 11. bis 25. Februar hinzogen. Zu gleicher Zeit eroberten sie, indem sie hier angriffsweise vorgingen, die Dörfer Sengern und Hilsen und verlegten den Gegnern damit den Abstieg in das Lauchtal. Dieser Angriff aber stand in Verbindung mit dem Angriff um den Reichsackerkopf, einen der bedeutendsten Gebirgskämpfe in den Vogesen.

Schon Anfang August 1914 war General Bataille mit starken Kräften über Münster auf Kolmar vorgegangen, hatte aber noch vor dieser Stadt kehrtgemacht und war zurückgegangen, als Castelnau und Dubail am 20. August in Lothringen geschlagen worden waren und sowohl den Donon wie den Col du Bonhomme geräumt hatten. Nur die Alpenjäger waren zurückgeblieben und allmählich auf 40 Bataillone verstärkt worden. Sie lagen Mitte Februar 1915 rings um Münster, das von den Deutschen besetzt war, und bedrohten dauernd die deutschen Talstellungen. Die Mitte ihrer Aufstellung bildete der Reichsackerkopf, der den Schluchtpaß deckte. Rechts und links war sie auf den Bergen abgestützt. Es kam für die Deutschen darauf an, sich des beherrschenden Berges im Zentrum zu bemächtigen. Da aber zu dieser Zeit nicht nur am Sudelkopf und am Hilsenfirst, sondern auch bei Lusse westlich des Col du Bonhomme gefochten wurde, wo die Deutschen am 19. Februar eine Höhe auf dem Westhange des Gebirges bei Lusse stürmten, wurde ihnen der Hauptangriff im Münstertal nicht unwesentlich erleichtert, da die erwähnten Kämpfe feindliche Kräfte banden. Nichtsdestoweniger war das Unternehmen gewagt. Am gleichen Tage wie der Angriff bei Lusse sollte der Sturm stattfinden. Truppen dazu waren vorhanden, denn mittlerweile war die Armeeabteilung Gaede um eineinhalb Divisionen verstärkt worden, um ein Festsetzen der Franzosen auf dem östlichen Gebirgshange und ein Vordringen nach Mülhausen zu verhindern, so daß sie jetzt nach Neugliederung der Landwehrverbände fünf Divisionen stark war. Von ihnen rechts trat die aus Schwaben gebildete 6. Landwehrdivision, links die 8. bayerische Reservedivision an. Der rechte Flügel sollte vom Hörnleskopf bis Haslach gegen die Nordflanke der Franzosen vorgehen, der stärkere linke Flügel, der durch das Lauchtal vormarschierte, gegen den Reichsackerkopf. Es war auf eine Umfassung des feindlichen rechten Flügels abgesehen. Beide Angriffe kamen zunächst zum Stehen. Als aber die deutsche Artillerie die Oberhand gewann, gelang es in tagelangem Ringen die Kuppe des Reichsackerkopfes zu nehmen. Die Franzosen behaupteten zwar die Riegelstellungen bei Sulzeren und Ampfersbach, die den Deutschen den Aufstieg an den Flanken des waldigen Schluchtmassivs verwehrten, diese aber hatten die Linie Barrenkopf—Stoßweier—Reichsackerkopf sowie die Südhänge des Sattelkopfes und das Große Fecht-Tal genommen. Die fortwährende Bedrohung von Münster war gebrochen. Am 24. Februar hörten die Kämpfe allmählich auf. Am 5. März begann die Ablösung der Sturmtruppen, und am 6. März rückte die bayerische Reservedivision nach Kolmar ab. Landsturmtruppen besetzten die eroberten Höhen. Diesen Augenblick aber benutzten die Franzosen zum Gegenstoß. Die Landstürmer leisteten zwar verzweifelten Widerstand; dennoch aber drangen die Franzosen durch, am Abend pflanzten die Alpenjäger ihre Fahne als Sieger auf der wiedereroberten Kuppe auf.

Der erneute Gefechtslärm rief die Bayern zurück; ein Sturm, den sie am 7. März versuchten, führte nicht zum Ziel. Im methodischen Angriff rückten sie nun gegen die Kuppe vor, und am 19. März gelang es ihnen endlich — dank der vorbildlichen Tapferkeit des Infanteristen Lutz, der im entscheidenden Augenblick seine Kameraden zum Sturm mitriß — die Höhe zu nehmen und zahlreiche Gefangene zu machen. Die Franzosen fanden nicht mehr die Kraft zum Gegenstoß. Sie waren zufrieden, die Linie Sattelkopf—Ampfersbach—Sulzeren und den Schluchtpaß zu behaupten. Die Deutschen aber blieben fortan im Besitz des Reichsackerkopfes.

Nicht weniger blutig und noch erfolgreicher waren die Kämpfe bei der Armeeabteilung Falkenhausen. Sie hielt mit der 1. bayerischen Landwehrdivision, hinter deren rechtem Flügel die 7. Kavalleriedivision, gestaffelt war, den Rhein-Marne-Kanal in der Gegend von Lagarde; die Saarburger Lücke war durch die 19. Ersatzdivision verschlossen. Es folgte dann die 84. Landwehrbrigade, die den Donon besetzt hielt und mit Posten bis zur Plaine herabgestiegen war, in der Mitte focht das XV. Reservekorps, und den äußersten linken Flügel bildete die Landwehrbrigade Ferling am Col du Bonhomme. Die Franzosen ihrerseits hatten ihre Hauptstellung zwischen dem Rhein-Marne-Kanal und der Plaine auf dem Hochlande von Monden und Parroy, und ein weit verzweigtes Grabennetz bis gegen Cirey vorgeschoben, so daß sie den Zusammenhang zwischen der 19. Ersatzdivision und der 84. Landwehrbrigade gefährdeten. Generaloberst von Falkenhausen beschloß, diese wenig erfreuliche Lage zu verbessern, die Mitte der Franzosen abzuquetschen, dem Donon einen breiteren Sockel zu verschaffen und aus den Tälern der Plaine und Vezouse wieder auf die Hochebene von Badenweiler und Blamont zu gelangen.

Dementsprechend griffen die Deutschen am 27. Februar an. Der Zweck wurde vollkommen erreicht. Die 84. Landwehrbrigade erstürmte die Hochfläche, die sich zwischen Celles und Badenweiler hinzieht, und die 19. Ersatzdivision warf die Franzosen gegen die Blette. Um 4 Uhr nachmittags war die Vereinigung der inneren Flügel vollzogen, während die 1. bayerische Landwehrdivision die Linie Parroy—Embremenil erstritt und das Dorf Parroy mit der blanken Waffe stürmte. Alle Gegenangriffe, die der Feind vom 27. Februar bis zum 5. März ausführte, blieben vergeblich; die Deutschen behaupteten ihre neuen Stellungen. Sie hatten einen Raum von 6 km Tiefe und 20 km Breite gewonnen.

Mittlerweile war auch zwischen Maas und Mosel sowie in den Argonnen, im Artois und in Flandern heftig gekämpft worden. Am 13. bis 18. Februar wurde bei Norroy a. d. Mosel, vom 17. bis 20. Februar um die Stellungen bei les Eparges an den Maashöhen gefochten. Hier gelang es durch Sprengungen die deutsche Hauptlinie etwas zurückzudrücken; im großen und ganzen aber waren die Deutschen siegreich. Ebenso in den Argonnen, wo das V. und das XXXII. Korps den Deutschen gegenüber lagen. Das letztere war von Ypern herangezogen worden, um das II. abzulösen. Am 29. Januar nutzten die Württemberger, die hier im Kampfe lagen, eine große deutsche Sprengung aus, um die Franzosen endgültig auf ihre Feldwerke von Labordère, Central, Martin und Cimetière zurückzuwerfen, ihnen den Südrand des Gehölzes von La Grurie und das Dieussentälchen zu entreißen, und damit die Verbindungen von Binarville zu schützen. Umsonst waren die Gegenstöße des 94., 150. und 360. Linienregiments. Am 7. und 8. Februar wurde dann in der Flanke des Hubertrückens, am 10. bei Fontaine-Madame, den 17. im Meurissongrunde nordöstlich von Le Four de Paris gefochten, und am gleichen Tage entbrannte um das Dorf Vauquois ein neuer heftiger Kampf, der bis zum 2. März dauerte, aber — nachdem das Dorf wiederholt in französische Hand gefallen war — damit endete, daß die Württemburger es behaupteten. Die Franzosen konnten sich nur in den gesprengten Gräben am Südhange des hochgelegenen Dorfes halten. Ihr Versuch, das Verbindungsstück zwischen der Maas und den Argonnen in ihre Gewalt zu bringen, war gescheitert, dafür aber entzogen die Württemberger dem General Joffre Truppen, indem sie Kräfte fesselten, die später vielleicht in der Champagne den Ausschlag gegeben hätten.

Im Artois drehte sich der Kampf hauptsächlich um das Bergland von Bouvigny und St. Eloi. Die Deutschen drängten gegen die Höhe von Bouvigny, die Franzosen gegen den Rücken von Vimy. Am 3. März, nach wochenlangen Sappenkämpfen, sprengten die Badener, die hier fochten, eine große Mine am Hange von Carency und brachen in die französische Hauptstellung an der Südflanke der Lorettohöhe ein. Die Franzosen suchten die Stellung wiederherzustellen und gingen am 15. März nach wechselnden Kämpfen zum Sturm über, den sie ebenfalls durch Sprengungen vorbereiteten; das angegriffene Bataillon der 110er ging abends fechtend auf das Dorf Ablain und die Hauptstellung zurück; am 17. März nahmen jedoch die Badener im Gegenstoß einen Teil der verlorenen Bergnase wieder. Irgendwelche Entscheidung brachten jedoch diese Kämpfe nicht. Ebensowenig war das in Flandern der Fall. Hier kam es zu einer größeren Schlacht.

Die Briten wollten aus dem Abfluß deutscher Kräfte und der bereits entbrannten Champagneschlacht Nutzen ziehen und suchten mit starken Kräften zwischen La Bassée und Armentières durchzubrechen. Es handelte sich vor allem um die Wegnahme von Lille, dem Einfallstor in Flandern. Die Engländer konnten eine gewaltige Übermacht zu diesem Zweck bereitstellen. Ihr Nordflügel stützte sich auf Langemarck, lief über Zonnebeke nach St. Eloi und schützte Ypern. Das Zentrum stand am Teich von Dickebusch, am Kemmelberg und am Brückenkopf von Armentières. Der rechte Flügel lief über Fleurbaix und Richebourg und deckte die Heerstraße nach Béthune, Hazebrouck, St. Omer und Calais. Am Nordflügel stand außer einigen englischen und französischen Kavalleriedivisionen, eine frisch angekommene kanadische Division, in der Mitte die neu aufgefüllte Armee von Dorrien Smith, und am Südflügel die Armee des Generals Douglas Haig, die zum Teil aus alten Regimentern gebildet war. Ihr wurde der geplante Angriff übertragen, und es wurden ihr zu diesem Zweck 350 Geschütze zur Verfügung gestellt. Haig wählte als Angriffsstelle den Abschnitt Givenchy—Richebourg. Er wollte am ersten Tage La Bassée und Neuve Chapelle nehmen, und am zweiten Illiers und Aubers, um von hier aus nach Marquillers und Fournes zu gelangen und die deutsche Linie aufzurollen. Im Notfall sollte die 2. Armee unter Dorrien Smith einen Flankenstoß von Armentières her ausführen. Für die rechte Flanke brauchte man nichts zu fürchten, da die 10. französische Armee dort gleichzeitig focht und die deutschen Kräfte fesselte. Gegenüber aber stand zunächst nur das VII. Korps, das mit nur 8000 Gewehren eine Linie von 10 km deckte. Die Engländer fochten also in dem Verhältnis 16:1. Ihnen gegenüber aber konnte man sich schon etwas erlauben.

Am 10. März 1915 griffen die Engländer an. Es entbrannte die Schlacht von Neuve Chapelle. Die Inder bildeten die vordere Linie, ihnen folgten die altenglischen Sturmtruppen. Auf dem rechten Flügel brach der Angriff gleich am ersten Tage zusammen. Am linken gelang es, Neuve Chapelle zu nehmen. Weiter aber kamen die Engländer nicht. Noch am Abend trafen die ersten deutschen Verstärkungen ein — zwei Bataillone Sachsen und eine bayerische Reservebrigade. — Am 11. gingen die Verteidiger sogar zum Gegenstoß über und warfen die Angreifer über den Layesbach zurück. Vergebens setzte Haig drei Korps ein. Auch das Eingreifen von Dorrien Smith, der mit einem ganzen Armeekorps angriff, vermochte irgendwelchen entscheidenden Einfluß nicht zu gewinnen. Die Engländer hatten zwar Neuve Chapelle genommen, irgendwelchen entscheidenden Erfolg aber nicht errungen. Sie hatten vielmehr ihre Niederlage mit einem Verlust von 12000 Mann bezahlt.

Alle die bisher geschilderten Kämpfe können jedoch nur als Nebenhandlungen des großen, entscheidend gedachten Stoßes betrachtet werden, den Joffre schon seit Wochen in der Champagne vorbereitete, wo er die schwächste Stelle der Deutschen erkannt zu haben glaubte. Seine Absicht wollte er dem Gegner dadurch verheimlichen, daß er gleichzeitig im Sundgau, in den Vogesen, an der Maas, in den Argonnen, an der Aisne und an der Somme örtlich gebundene Gefechte unterhalten ließ. Unterdessen sammelte er im Lager von Chalons überwältigende Kräfte, um durch einen Durchstoß auf Vouziers die Aisne- und Sommefront zum Rückzuge zu zwingen. Auch hier entwickelte sich die Schlacht aus zahlreichen örtlichen Gefechten. Vom 20. bis 28. Dezember 1914 war bei Massiges und zu beiden Seiten von Perthes gefochten worden. Die Franzosen hatten einen geringen Vorteil erreicht. Sie zogen das I. Korps heran, das nordöstlich von Perthes eingesetzt wurde. Vom 8. bis 13. Januar wiederholten sich die Kämpfe. Deutscherseits wurde als Ablösungstruppe die 1. Garde-Infanteriebrigade an der Höhe 200 nordwestlich Perthes eingesetzt. Sie kämpfte dort besonders vom 1. bis 4. Februar mit hingebender Tapferkeit und wurde dann von der 39. Reserve-Infanteriebrigade abgelöst. Gleichzeitig kämpften die Deutschen bei Massiges um die Höhe 191 und die angrenzenden Höhen, die von den Franzosen als „Hand von Massiges" bezeichnet werden. Am 3. Februar brachten deutsche Minensprengungen den Berg zum Bersten. Er wurde von den sofort stürmenden Deutschen genommen; ging zwar noch einmal verloren, wurde dann aber sehr bald wieder erobert und endgültig behauptet. Da alle weiteren Gegenangriffe vergeblich waren, beschränkten sich schließlich die Angreifer darauf, ihn mit Artillerie zu bekämpfen. Dieses Feuer aber schwoll allmählich zu nie geahnter Stärke an und erreichte vom 8. bis 15. Februar früh eine Stärke, die von den Deutschen als Trommelfeuer bezeichnet wurde. De Langle de Cary hatte sich entschlossen, die geplante Schlacht zu eröffnen, die deutscherseits erst vom 21. Februar an den Namen der Winterschlacht führt, weil am 20. Februar noch eine gewisse Kampfpause eintrat.

Die Franzosen verfügten für den Angriff über 500 Geschütze und konnten das I., II., IV., XVI. und XVII. Armeekorps, zwei selbständige Divisionen, die 60. Reserve- und die 2. Kolonialdivision einsetzen. Auch über Teile des VII. und XXI. Armeekorps scheinen sie verfügt zu haben. Diese Korps trafen vielfach erst allmählich ein, doch läßt sich die Zeit ihrer Ankunft nicht genau feststellen, solange mir nur deutsche Quellen zur Verfügung stehen. Bei den Deutschen lag auf der angegriffenen Linie die Verteidigung in der Hand des VIII. Armee- und des VIII. Reservekorps. Die Kriegsgliederung des ersteren hat vielfach geschwankt. Die Infanterie war mit dem Divisionskommandeur abkommandiert. Die 1. bayerische Landwehr-

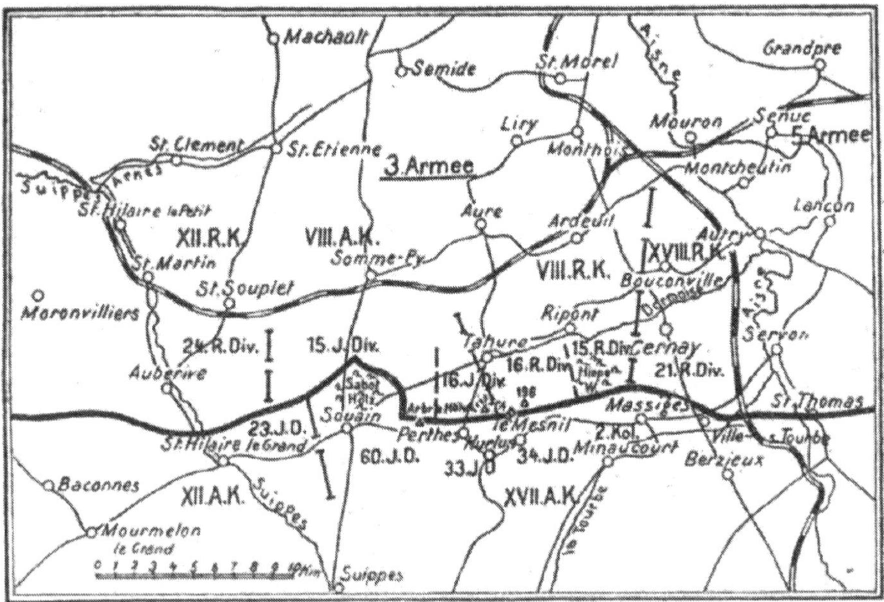

Karte 30. Die Winterschlacht in der Champagne. Februar 1915 (nach: Der Große Krieg in Einzeldarstellungen).

brigade, das Garde-Schützenbataillon und je ein Regiment des VIII. und XII. Reservekorps standen dafür seit Anfang Dezember zur Verfügung. An dem ferneren Kampfe beteiligten sich außerdem die 1. Garde-Infanteriedivision, die von Douai herangezogen worden war, die 1. Garde-Feldartilleriebrigade, die 37. und 39. Reserve-Infanteriebrigade, die 1. Reserve-Ersatzbrigade und einige Schwadronen Gardehusaren. Außerdem war eine Korpsreserve in Gestalt der aus sechs Regimentern zusammengesetzten verstärkten Kavalleriebrigade Lippe vorhanden. Artillerie wurde von den Nebenkorps herangezogen. Man verfügte schließlich über 64 Feld- und 20 schwere Batterien, die in keiner Weise ausreichten, um die feindliche Artillerie zu bekämpfen. Die Verstärkungen kamen vom VI. und X. Armeekorps, X. Reservekorps, XII. Armeekorps, XII. und

XVIII. Reservekorps. Bei der 3. Armee berechnete man die Zahl der eingesetzten Bataillone etwa auf 120, denen die Franzosen, abgesehen von dem VII. und XXI. Armeekorps und der gewaltig überlegenen Artillerie, etwa 145 Bataillone entgegenzustellen hatten. Im ganzen werden die Deutschen in dem Verhältnis 1:6 gefochten haben, und trotzdem haben sie sich im wesentlichen behauptet, obgleich sie Franzosen und keine Engländer gegen sich hatten.

Am 16. Februar früh — das Artilleriefeuer hatte sich bis dahin zur höchsten Gewalt gesteigert — brach der Infanteriesturm los. Der Stoß wendete sich hauptsächlich gegen das Zentrum; darauf stürmten die Franzosen auch bei Ripont und Massiges gegen das VIII. Reservekorps; zuletzt wurden die Bayern auf dem rechten Flügel des VIII. Korps angegriffen. Die Infanterieschlacht war auf der ganzen Linie entbrannt. Überall aber schlug den Stürmenden das Feuer der Überlebenden aus den zerschossenen Gräben entgegen, und die Deutschen behaupteten im großen und ganzen ihre Linien. Der Angriff schwoll zu den Höhen von Souain, Perthes, Beausejour, Ripont und Tahure heran; die vorderen Gräben wurden vielfach überrannt, die Hauptlinie aber wurde gehalten, obgleich die Franzosen auf 8 km Front vorbrachen und auf dieser ganzen Linie das vom Verteidiger gehaltene Gelände durch Artilleriefeuer scheinbar frei geschlagen hatten. Trotzdem kam es überall sofort zu wechselvoller Schlacht, die sich, nachdem der erste allgemeine Sturm mißglückt war, in Einzelkämpfe auflöste, die sich hauptsächlich um die Höhen nordwestlich Perthes und die Höhe 196 nördlich Le Mesnil bis zum Hiepewäldchen drehten. Vielfach gingen die Deutschen zu Gegenangriffen über, um verlorene Stellungen wieder zu nehmen. Diese Einzelkämpfe gingen tage- und wochenlang ergebnislos hin und her. Die deutschen Verstärkungen — soweit sie von den Nachbarkorps und -armeen ausgeliehen waren — traten nach getaner Arbeit in ihre alte Stellung zurück, damit dort keine Lücke fühlbar werde. Auf der Höhe 196 mußte die 37. Reservebrigade von der 2. Gardebrigade und diese nach tagelangem Ringen von der 1. Gardebrigade abgelöst werden. Vom 1. bis 5. März griffen die Franzosen wiederholt an. Am 6. schienen ihre Angriffe zu erlahmen. Am 7. und 8. lebten die Kämpfe am Westflügel wieder auf. Den 9. setzte Langle seine letzten Reserven ein und gewann das Sabothölzchen und den Südwesthang der Höhe 138. Am 18. März endlich wurde französischerseits noch einmal der Versuch gemacht, die Höhe 196 nördlich Le Mesnil ganz zu nehmen, nachdem schon am 15., 16. und 17. März heftig darum gekämpft worden war. In das Tal der Dormoise wollten die Angreifer hinabsteigen und die deutschen Linien aufrollen. Das 4. Turkoregiment voraus, dahinter in dicken Kolonnen Zuaven und Linieninfanterie, so gingen die Angreifer unter gewaltigen Verlusten über den Hügel vor und drangen teilweise bis in die deutsche Artilleriestellung ein. Hier aber wurden sie im Handgemenge überwältigt und, vom Kreuzfeuer der deutschen Batterien verfolgt, über den Berg hinabgejagt. Es war ihr letzter Angriff.

Mittlerweile war auch auf den westlichen Ausläufern des Höhenrückens, der sich von Osten nach Perthes heranzieht, heftig gekämpft worden. Der sogenannte Fritschberg war der Schauplatz blutiger Kämpfe geworden. Reserveregiment 73 und Grenadierregiment 101 bedeckten sich mit Ruhm. Auch am Sabotwäldchen, dem sogenannten Bayernzipfel, und an der Windmühlenhöhe nordwestlich von Souain wurde gekämpft, vom 13. März an nordwestlich Perthes und vom 20. an bei Le Mesnil. Dann aber schlief die Schlacht allmählich ein. Die Franzosen, die die Höhe 196 erstritten hatten, waren völlig erschöpft und gaben ihre Angriffe auf. Sie hatten 45000 Mann an Toten und Verwundeten verloren, außerdem 3000 Gefangene. Ihre Verluste waren sehr viel höher als die der Deutschen. Jetzt sahen sie ein, daß sie dieser nicht Herr werden könnten, und kehrten zum Stellungskrieg zurück, ohne irgendwelche nennenswerten Vorteile erzielt zu haben. Joffre aber begriff, daß es einer breiteren Front und bedeutend stärkerer Kampfmittel bedürfe, um den strategischen Zweck zu erreichen, den er sich vorgesetzt hatte.

Der Kampf an der Keilstellung bei St. Mihiel und am Hartmannsweiler Kopf. Schlacht bei Ypern.

Während Joffre einen neuen Durchbruchsversuch langsam vorbereitete, suchte er an verschiedenen Stellen der weiten Front einzelne Vorteile zu erkämpfen, um die Aufmerksamkeit der Deutschen zu fesseln und ihnen nicht volle Freiheit zu lassen, neue Truppen nach dem Osten zu senden und dort das Schicksal zu ihren Gunsten zu wenden. Er hatte erkannt, daß bereits vielfach Divisionen und Korps den Westen verlassen hatten, und wollte das für die Zukunft verhindern. So beschloß er vor allem die deutsche Keilstellung bei St. Mihiel entscheidend anzugreifen, die sich für eine Umfassung besonders eignete, und durch einen Sieg an dieser Stelle die Möglichkeit zu gewinnen, mit einer Armee zwischen der Mosel und den Argonnen aufzumarschieren und alle deutschen Stellungen, die weiter westlich lagen, in der Flanke zu bedrohen. So sammelte die 1. Armee starke Kräfte zu beiden Seiten der deutschen Winkelstellung und griff auf der ganzen Linie von Norroy über St. Mihiel, um das selbst nicht gekämpft wurde, bis zur Orne gegen Etain an. Der Angriff setzte nicht plötzlich ein, sondern erwuchs allmählich aus örtlichen Kämpfen, die vom Februar an unausgesetzt im Gange gewesen waren. Etwa vom 5. April 1915 an nahmen sie einen allgemeinen entscheidungsuchenden Charakter an. An diesem Tage erließ Dubail einen Tagesbefehl, in dem er der Schwächung der deutschen Front Erwähnung tat und darauf hinwies, wie gerade bei St. Mihiel am leichtesten die deutsche Front umfaßt werden könne. Die Kämpfe, die sich nun entspannen, dauerten bis zum 14. April, brachten aber trotz der verzweifelsten Anstrengungen der Franzosen und trotz ihres gewaltigen Artillerieeinsatzes keinerlei Entscheidung. Wohl gelang es den Angreifern, den Vorsprung von Les Eparges, einige Flankengräben der Combreshöhe, die ebenso blutig wie hartnäckig umstritten wurde, einige hundert Quadratmeter im Walde von Ailly, sowie die Dörfer Fey en Haie, Regnéville, Goussainville und Fromezey zu nehmen, im großen und ganzen aber behaupteten die Deutschen ihre Stellung und wiesen überall die Franzosen siegreich ab. Sie gingen nach dem 14. April sogar zu Gegenstößen über und eroberten einige verlorene Gräben zurück. Dagegen mußten sie sich am Hartmannsweiler Kopf mit einem halben Erfolge begnügen.

Hier war seit den Kämpfen um den Reichsackerkopf der Krieg ununterbrochen weiter gegangen. Die Franzosen gewannen im kleinen Fechttal Boden und richteten sich am 17. April auf dem Schnepfenriethkopf ein. Sie besetzten das Burgköpfle, das das kleine Fechttal bis Metzeral beherrschte. Die Deutschen beschränkten sich seitdem darauf, die Verbindungen zwischen dem Münster- und dem Lauchtal auf den rechtsufrigen Höhen des Fechttales aufrechtzuerhalten. Desto eifriger waren sie bemüht, die Kuppe des Hartmannsweiler Kopfes, die im Februar verlorengegangen war, wieder zu erobern. Wegen der Wichtigkeit dieses Berges ist es nicht zu verwundern, daß ihm auch die Deutschen eine große Bedeutung beimaßen. Am 3. und 8. April bestürmten sie ihn vergebens. Am 28. aber erneuerten sie den Angriff, der am 30. April 1915 endlich zu einer Art Entscheidung führte. Die Deutschen behaupteten die Ostflanke des Berges und den größeren Teil der Kuppe. Sie hielten den Aussichtspunkt besetzt und verwehrten dem Feinde den Blick in die Rheinebene. Die Franzosen dagegen hielten den Westabhang mit dem kleineren Teil der Kuppe und versperrten den Deutschen den Weg zum Molkenrain und zur Herrenfluh. Nur wenige Meter voneinander entfernt lagen sich die Gegner gegenüber. Die Besitzverhältnisse aber blieben fortan die gleichen bis auf wenige Tage im Dezember 1915, wenn auch die Kämpfe im Gebirge nicht aufhörten.

An dem gleichen Tage, an dem der letzte deutsche Sturm auf den Hartmannsweiler Kopf begann, fing auch in Flandern eine neue Schlacht an. Es ist klar, daß die Engländer, die sich zugleich Arabiens, Syriens und Mesopotamiens zu bemächtigen suchten, versuchen mußten, an der flandrischen Küste Fuß zu fassen, um von dort aus einen entscheidenden Druck auf den rechten deutschen Flügel ausüben zu können. Hier lag allem Anschein nach die Entscheidung. Ihrer Absicht aber war der weitgeschweifte Brückenkopf bei Ypern entschieden günstig. French stand mit ihm auf der östlichen Abdachung des flandrischen Höhenrückens und bedrohte von Langemarck aus

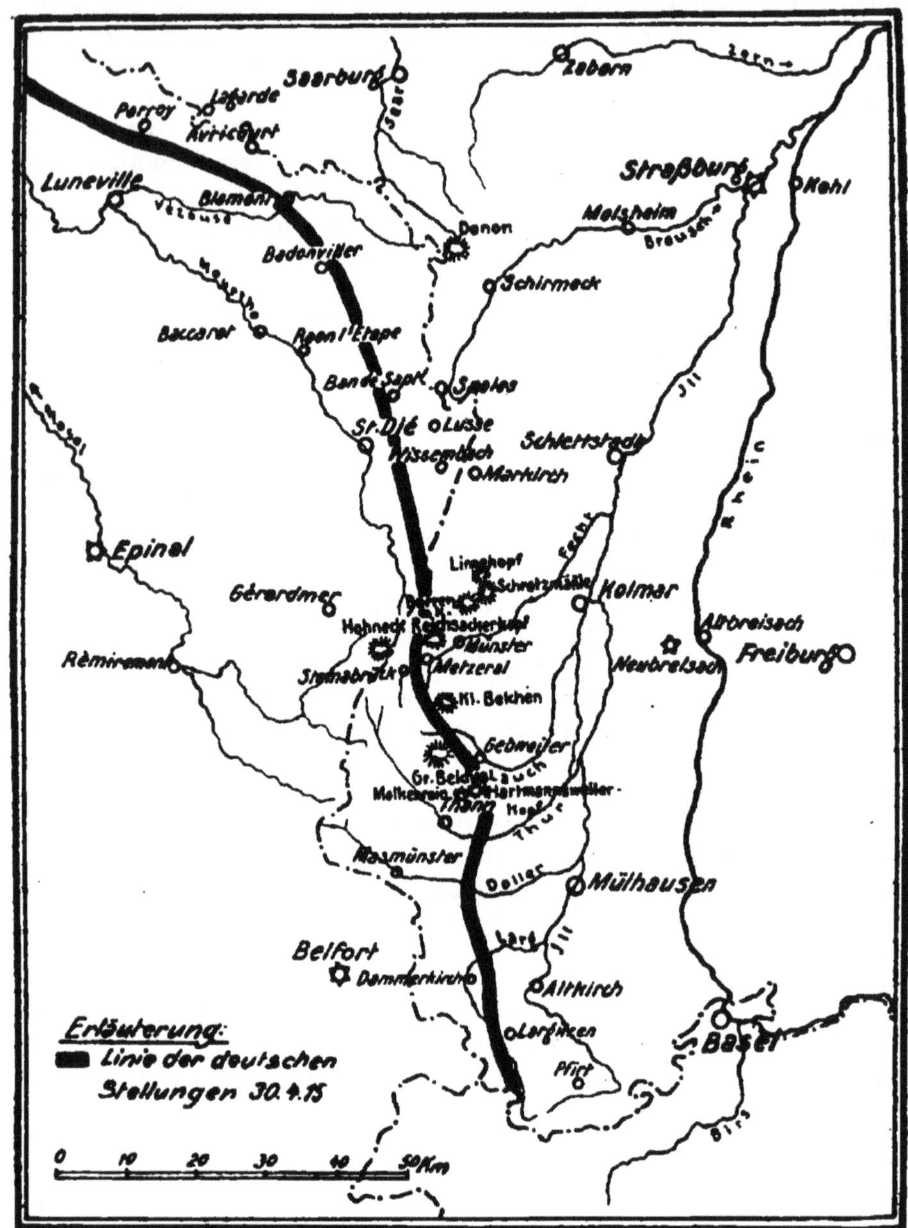

Karte 31. Die deutsche Front in Elsaß-Lothringen.

bei Paschendaele und Gheluvelt die östlich vorgelagerte Ebene und von Norden her den Raum von Lille. Insofern war es deutscherseits durchaus berechtigt, wenn man sich dieses Brückenkopfes zu bemächtigen suchte. Auch kam es darauf an, die Aufmerksamkeit der Westmächte vom Osten abzulenken, wo ein großer Schlag geplant wurde. Auf eine weitergehende strategische Absicht glaubte man um so mehr verzichten zu müssen, als die Haltung Italiens immer gefahrdrohender wurde. Mehr als je lag das Heil in der konsequenten Durchführung des leitenden operativen Gedankens. Andererseits aber war es gelungen, die Gaswirkung auf eine solche Höhe zu steigern, daß man sich einem überraschten Feinde gegenüber die bedeutendsten Ergebnisse versprechen durfte. Diesen Umstand wollten die Deutschen ausnutzen. Sie warteten günstigen Wind ab und gingen am 22. April 1915 zum Angriff über.

Die Verhältnisse beim Feinde hatten sich seit der Schlacht in Flandern einigermaßen geändert. Den Oberbefehl über die Franzosen hatte General d'Urbal an General Putz abgegeben. Dieser stand mit zwei bis drei Reservedivisionen zu beiden Seiten des Ypernkanals. Links von ihm standen die Belgier, durch die Überschwemmung gedeckt; in Nieuport General de Mitry mit den ihm unterstellten französischen Afrikanern; rechts von Putz die Engländer, auf deren linkem Flügel ein Kavalleriekorps und 20 Bataillone Kanadier standen. Daran schloß sich dann die übrige Armee von Sir Herbert Plumer an, die aus dem II., IV. und V. Armeekorps bestand. Das waren die Kräfte, mit denen die Deutschen zunächst zu tun hatten, als sie mit dem XXIII., XXVI. und XXVII. Korps gegen die Engländer vorbrachen. Diese fürchteten seit der Wegnahme von St. Eloi hauptsächlich für ihren rechten Flügel und waren auf einen Angriff gegen ihren linken in keiner Weise gefaßt. Durch das Gas wurden sie völlig überrascht. In der Nacht zum 17. April hatten sie die Höhe von Zonnebeke, von der aus man sie im Ypernbogen beobachten konnte, durch Minen gesprengt. Die Deutschen waren sofort zu Gegenangriffen geschritten und hatten einen Teil des verlorenen Geländes wieder gewonnen. Es hatte sich ein hin und her schwankender Grabenkrieg ergeben, und als diese Kämpfe noch im Gange waren und die Aufmerksamkeit der Briten fesselten, erfolgte der überraschende Angriff. Er wendete sich zunächst in nordsüdlicher Richtung gegen die Franzosen, um den rechten Flügel der Engländer zu umfassen und aufzurollen. Der Wind trieb die Gaswolken den Verbündeten gerade entgegen. Es erfaßte sie ein panischer Schrecken. Pilkem, Het Sas und Steenstraate, nebst den bei letzteren Orten gelegenen Brücken fielen in deutsche Hand. Die linke Flanke der Kanadier war aufgerissen, mehr wie 50 Geschütze wurden von den Deutschen genommen und die kanadischen Bataillone, trotz eines Gegenstoßes auf St. Julien, zurückgeworfen. Auf dem westlichen Yserufer drangen zugleich die Deutschen dem weichenden Feinde nach und erstürmten am 24. April Lizerne, nachdem ein französischer Angriff von Boesinghe aus gescheitert war. Mittlerweile strömten von allen Seiten Verstärkungen zu den Verbündeten heran. De Mitry sandte von der Küste her Zuaven und Turkos; König Albert von Dixmuiden Karabiniers und Senegalesen; Haig die in-

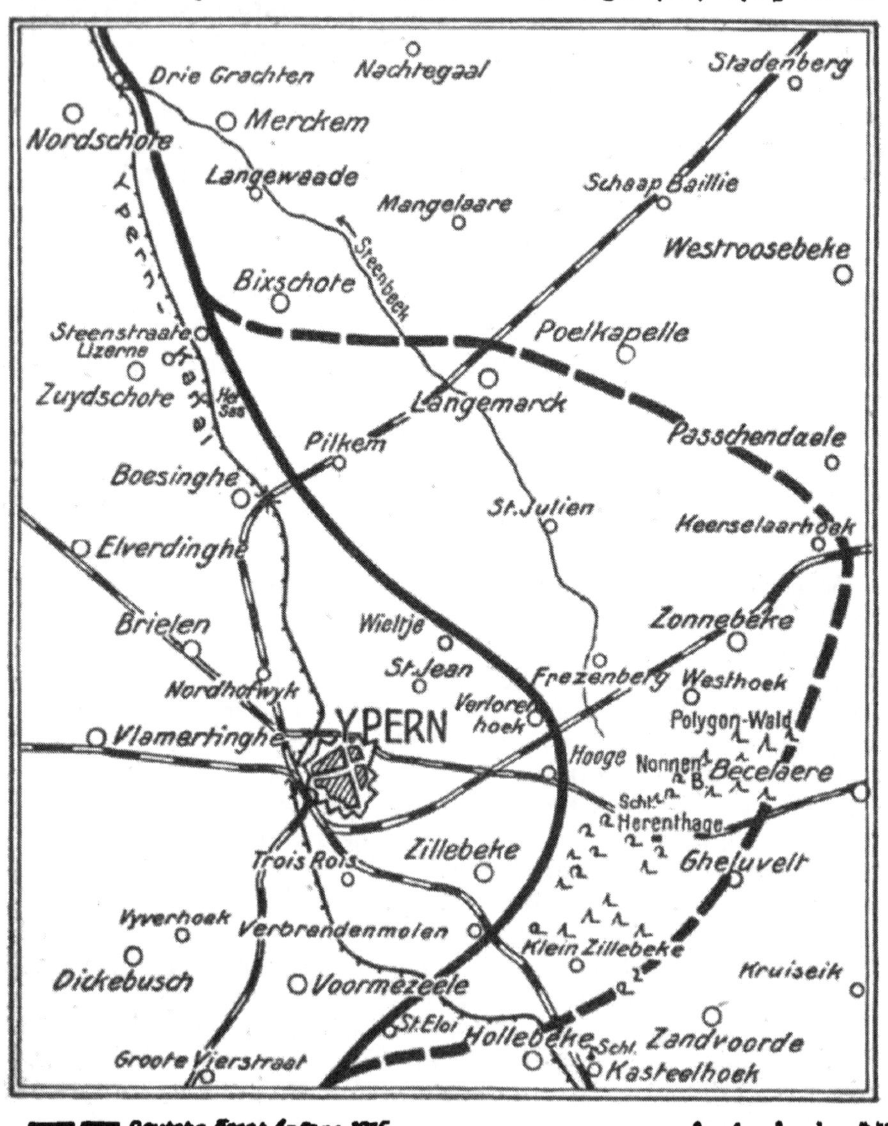

Deutsche Front Anfang 1915.
" " 17. Mai "

0 1 2 3 4 km

Karte 32. Die Schlacht bei Ypern 1915.

dische Lahore-Division und schottische Garden; Foch versammelte bei Boesinghe zahlreiche Geschütze. Am 26. griff er an. Die Deutschen gingen auf den Kanal zurück, brachten hier alle französischen Angriffe zum Scheitern und verlegten mittlerweile den Schwerpunkt ihres Angriffes auf ihren linken Flügel, wo sie es nur mit Engländern zu tun hatten. French, der schon früher einmal den Rückzug befohlen hatte und nur auf Bitten des Generals Foch noch weiter gekämpft hatte, gab auch jetzt den Forderungen des Franzosen nach und beschloß, noch zwei Tage lang zu halten, ließ aber zugleich etwa 5 km vor Ypern einen Brückenkopf anlegen, um den Übergang bei Ypern auf alle Fälle zu behaupten. Als dann Fochs Angriff, den er am 28. und 29. April auf beiden Ufern des Kanals durchführte, den deutschen rechten Flügel nicht zu zertrümmern vermochte und auch alle Versuche der Engländer, die Deutschen zurückzuwerfen, scheiterten, wurde die Schlacht von French und Plumer endgültig verlorengegeben und der allgemeine Rückzug auf den Brückenkopf von Ypern befohlen. Unter dem Schutz starker Nachhuten wurde er am 3. und 4. Mai ausgeführt. Zonnebeke, Zevenhot, Westhoek, der Polygonwald, der Nonnenbusch und der Schloßpark von Herrenthage wurden von den Deutschen erobert. Am 8. Mai fielen auch die Geländewellen bei Frezenberg und Verlorenhoek sowie die Höhe 50 bei Eckstemest bei nochmaligem Angriff den Deutschen in die Hände. Alle Versuche der Engländer, die verlorenen Außenlinien zurückzuerobern, waren vergebens. Sie blieben endgültig auf den fertiggestellten Brückenkopf beschränkt. Den Franzosen gelang es allerdings noch, den Deutschen die Behauptung des Westufers des Kanals unmöglich zu machen. Am 16. Mai wurden diese auf das östliche Kanalufer zurückgenommen; damit war ein Durchbruch durch die feindliche Linie endgültig aufgegeben. Die Schlacht war aber dennoch gewonnen, denn die Bedrohung Westflanderns durch die Engländer war endgültig behoben. Der englisch-französische Nordflügel war in der Breite von 25 auf 13, in der Tiefe von 9 auf 5 km zusammengeschrumpft, und das alles war von drei preußischen Armeekorps gegen eine gar nicht zu berechnende Überzahl von Feinden erkämpft worden.

Die Kämpfe um Ostpreußen und der Karpathensturm.

Wir haben gesehen, daß die deutsche Oberste Heeresleitung nach der Schlacht in Flandern, und nachdem es sich Ende November 1914 als unmöglich erwiesen hatte, den Gegner weiter als bis an die Yser zurückzuwerfen, den Entschluß gefaßt hatte, im Westen zunächst defensiv zu bleiben und die Gegner im Osten und Südosten niederzuwerfen, um sich erst nach solchem Erfolge offensiv nach dem Westen zurückzuwenden. Dieser Entschluß aber wurde zu einer Zeit gefaßt, als die Russen noch im vollen Angriff waren. Bevor man also zum Angriff übergehen konnte, kam es darauf an, die russische Offensive zu brechen und dadurch für die eigene Raum zu schaffen. Alle bisherigen Schlachten und Siege waren strategisch nur Defensivkämpfe gewesen, wenn sie auch taktisch meist offensiv geführt worden waren. Sie sollten diesen Charakter auch ferner eine Zeitlang noch beibehalten. Zunächst kam es darauf an, da man über den Njemen nicht vorgehen konnte, solange das Land zwischen der ostpreußischen Grenze und der Weichsel noch im Besitz der Russen war, die Provinz Ostpreußen selbst gegen den Einbruch des Feindes zu schützen; dann mußte der Angriff auf die ungarische Ebene abgewiesen werden. Auch mußten Truppen aus dem Westen herangeholt werden, um einer späteren Offensive den gehörigen Nachdruck geben zu können.

Wenden wir uns zunächst der Verteidigung Ostpreußens zu.

Der Großfürst wollte durch eine kräftige Offensive für die Vernichtung seiner Armee in der Winterschlacht in Masuren Rache nehmen. Er verstärkte dazu nicht bloß die Reste der 10. Armee durch das II., XIII. und XV. Armeekorps und setzte sie dadurch in den Stand, von Grodno und Olita aus eine neue Offensive zu ergreifen, sondern er beauftragte auch die noch in der Versammlung befindliche 12. Armee, beschleunigt auf Praschnysch vorzugehen. So wollte er — wie schon mehrmals — durch Umfassung Ostpreußen erobern. Die 12. Armee wurde dazu mit der Zeit auf sieben Armeekorps und vier Kavalleriedivisionen gebracht.

Der Feldzug, der infolgedessen entstand, ist im allgemeinen weniger beachtet worden, aber es ist in ihm nichtsdestoweniger Außerordentliches geleistet worden. Hindenburg hatte die Operationen, die der Großfürst plante, vorausgesehen, und hatte daher alle Anordnungen getroffen, um ihnen zu begegnen. Er hatte die 8. Armee auf Ossowietz geschickt, mit dessen Belagerung die 11. Landwehrbrigade betraut war, und hatte zwischen der Weichsel und dem Orzyc die Armee des Generals von Gallwitz bereitgestellt, um Ostpreußen im Süden zu decken. Die 41. Division des XX. Korps war auf Lomscha, die 37. über Myszyniec vorgegangen. Erst später trafen die 3. Reservedivision und die 5. Infanteriebrigade ein, und vom 21. Februar ab entwickelten sich nördlich Lomscha bedeutende Kämpfe, die erst dann ihren kritischen Charakter verloren, als die 1. Landwehrbrigade zur Unterstützung eintraf. Die Gruppe übernahm General von Scholtz, dessen Befehlsbereich später bis zur Schkwa ausgedehnt wurde. Westlich der Pissa und später der Schkwa bis zum Orzyc gewann General Staabs mit der 37. Division und dem dort stehenden Landsturm gegen den Narew Gelände. Die Kämpfe dort aber wurden so erbittert, da die Russen aus Nowogrod und Ostrolenka, namentlich mit dem IV. sibirischen Korps, fortgesetzt angriffen, daß allmählich die 2. Infanteriedivision, die 75. Reservedivision, die 10. Landwehrdivision, die 4. Kavalleriedivision und schließlich noch die 76. Reservedivision dort eingesetzt werden mußten. Die Kämpfe dauerten bis in den April hinein. Doch hielten sich die Deutschen bis zuletzt vorwärts der Grenze.

Mittlerweile hatte auch die Armee Gallwitz schwere Kämpfe zu bestehen. Zunächst suchte sie die Russen bei Praschnysch doppelseitig zu umfassen, deckte sich gegen den Orzyc durch schwache Abteilungen und nahm die Stadt durch rasches Zufassen schon am 24. Februar 1915, nachdem schon vorher die Linie Plozk—Dobrin—Radzienen besetzt worden war. Doch schon am 27. mußte die Stadt vor sehr überlegenen Kräften wieder geräumt werden, und Gallwitz mußte auf die Linie Mlawa—Chorzele zurückgehen, nachdem er bei Praschnysch zwar reiche Beute gemacht und etwa 10000 Mann gefangengenommen, dann aber bei der Räumung der Stadt und dem nachfolgenden Rückzuge ziemlich erhebliche Verluste gehabt hatte. Jetzt wurde er bei Mlawa und Chorzele am 7. März vergeblich angegriffen und ging siegreich aus dem schwierigen Feldzuge hervor.

Während so an der ganzen Südgrenze Preußens erbittert gefochten wurde, ohne daß die Russen ihren Zweck auch nur annähernd erreichten, hatte auch die 10. russische Armee ihre Neuaufstellung vollendet und brach zu neuer Offensive mit vier Armeekorps vor. Sie marschierte zunächst über Kopciowo, Sopokinie, Lipsk und Schtabin auf Augustow und Suwalki. Die Russen hatten die Absicht, Eichhorns linken Flügel zu umfassen, waren daher mit dem rechten Flügelkorps vor Olita aufmarschiert, und gingen von dort gegen die offene Flanke der 10. Armee vor. Eichhorn aber wußte sich ihnen zu entziehen. Während er mit dem rechten Flügel zunächst auswich, schob er seinen linken unbemerkt nach Kalwarja und Mariampol und ging am 9. März von Norden her überraschend zur Gegenoffensive vor. Sein Stoß traf das III. russische Korps, das am rechten Flügel marschierte, in der vollen rechten Flanke und warf es über den Haufen. Es eilte in überstürzter Weise auf Olita zurück und gab dadurch auch die Flanke des daneben marschierenden II. Korps preis, das demnächst auch das Feld räumen mußte. Zugleich war auch die Mitte der Deutschen zum Angriff übergegangen. Die russische Armee lief Gefahr, durch diese Kämpfe in der Front gefesselt und dann vom rechten Flügel aus vernichtet zu werden. Dagegen half nur schleunigste Flucht. Am 10. März brachen daher die Russen den Kampf ab und gingen fluchtartig gegen den Njemen zurück. Eichhorn drängte nach, stürmte in der Nacht vom 11. zum 12. Kopciowo, wo die russische Nachhut die Waffen streckte, warf den linken russischen Flügel in die Bobrsümpfe und bezog eine vorbereitete Verteidigungsstellung in der Linie Augustow—Pilwiszki—Szaki. Da zugleich am 15. und 16. März russische Vorstöße bei Praschnysch sowie zwischen Schkwa und Orzyc scheiterten, verloren die russischen Kämpfe Zusammenhang und strategische Bedeutung. Sie dauerten zwar noch in den letzten Märztagen und im April an, hatten aber überall nur ein örtliches Interesse. Die Russen behaupteten sich zwar vorwärts des Narew und des Njemen, andererseits aber verteidigten die Deutschen erfolgreich die ostpreußische Grenze. Nur im äußersten Nordosten betraten die Russen nochmals vorübergehend preußisches Gebiet.

Hier hatte General Apuchtin, der wahrscheinlich mit der 10. Armee gleichzeitig in Preußen einbrechen sollte, aber ein einigermaßen starkes Korps aus Truppen zweiter Linie — Reichswehr, Ersatztruppen und ähnlichem — erst sehr allmählich zusammengebracht hatte, am 15. März in zwei Kolonnen, deren jede acht bis zehn Bataillone, einige Geschütze und irreguläre Kavallerie stark war, den Vormarsch gegen Memel und Tilsit angetreten. Memel wurde am 18. März genommen und geplündert, bei Lausargen aber, an der Straße nach Tilsit, trat der Landsturm opfermutig den aus Tauroggen vorbrechenden Russen entgegen. In Königsberg hatte der Kommandant, General von Papprit, auf diese Nachrichten hin einige Ersatzbataillone in Bewegung gesetzt und traf noch rechtzeitig ein, um wenigstens Tilsit zu retten. Memel wurde vor seinen angreifenden Truppen schon am 22. März wieder geräumt, und die dortigen russischen Streitkräfte erlitten auf dem Rückzuge schwere Verluste, auch durch das Feuer deutscher Kriegsschiffe, die nahe an das Ufer herangekommen waren und die Uferstraße beherrschten; in Tilsit aber vermochten die Russen überhaupt nicht einzudringen, sie wurden schon bei Lausargen von den Ersatztruppen und dem Landsturm geschlagen und lösten sich zum Teil auf.

Fortan wurde die 6. Kavalleriedivision zum Schutz jener Gegenden verwendet. Ostpreußen war endgültig vom Feinde befreit.

Während aber um diese Provinz in zahlreichen Schlachten gerungen wurde, und sich im mittleren Polen entscheidungslose Kämpfe abspielten, wurde in Galizien um Sein oder Nichtsein gefochten. Der Großfürst wollte jetzt endlich in Ungarn einrücken und den Widerstand der österreichischen Monarchie brechen, während gleichzeitig an den Dardanellen die Verbündeten zum entscheidenden Flottenangriff rüsteten und in Frankreich Joffre in der Champagneschlacht und die Engländer bei Lille die deutsche Front zu durchbrechen suchten. Sobald es das Wetter irgend erlaubte und seine Vorbereitungen fertig waren, ging der russische Feldherr aus der defensiven Haltung, die er bisher notgedrungen eingenommen hatte, zur Offensive über. Er wollte die Pässe von Wyszkow, Uszok und Lupkow dem Feinde entreißen, am Dunajec standhalten und in der Duklasenke den entscheidenden Angriffsstoß führen.

Dem General Pflanzer-Baltin gelang es bis Ende Februar mit Hilfe Marschalls, der zeitweise auch österreichische Truppen unter seinem Kommando vereinigte, und seiner 5. deutschen Kavalleriedivision, die Pruthlinie zu behaupten und den Feind von den südlichen Karpathenpässen und der Flanke der verbündeten Armeen fernzuhalten. Die russische Karpathenfront durch Umfassung irgend zu erschüttern, hatte er jedoch nicht vermocht. Die deutsche Süd-

Armee stand immer noch am Meneczul, vor dem Ostry und dem Zwinin gefesselt. Ihr rechter Flügel war durch die Entsendung des Generals von Marschall geschwächt. Die Russen benutzten diesen Umstand, um ihrerseits anzugreifen. Vom 25. Februar 1915 an stürmten sie im ganzen Abschnitt Wyszkow—Tucholka immerfort vor. Am 28. wären sie beinahe in die deutschen Stellungen eingedrungen, und bis zum 7. März dauerten ihre vergeblichen Angriffe. Die 4. Division mußte die durch den Abzug der Kavallerie entstandene Lücke ausfüllen.

Die Deutschen waren in einer schlimmen Lage. Vorn stürmte der Feind, und im Rücken drohte der Witterung wegen die Verbindung mit der Grundstellung abzureißen, aus der Munition und Lebensmittel in die vordere Linie geschafft werden mußten. Zu Hunderten fielen die Pferde. Sie konnten nicht schnell genug verscharrt werden. Ochsen mußten die Geschütze in die Feuerstellungen schaffen und sie mit Munition versorgen. Trotzdem schritten die Deutschen zum Gegenangriff. Links von ihnen standen die Truppen Szurmays. Zwischen ihnen und der 3. Armee Boroevics war, wie wir wissen, die Armee Boehm-Ermollis eingeschoben worden. Langsam rang sich Linsingen vor. Sein rechter Flügel — Korps Gerok — kam nach langen Kämpfen vor den letzten Sperren des Swicatales und am Westhange des Meneczul zum Stehen. Das Zentrum warf die Russen langsam zurück; aber diese setzten sich wieder in ihrer Hauptstellung, der Linie Czyrak—Kiczerka. Der linke Flügel endlich hatte sich an die Kuppe des Zwinin näher herangearbeitet. Am 20. März schritt er zum Sturm, um die Österreicher zu entlasten, da der Druck der Russen an der Duklasenke, im Laborczatal, bei Delatyn und Obertyn sich von Tag zu Tage steigerte. Der Sturm mißglückte, aber immerhin war hier wenigstens der Russe in die Verteidigung geworfen. Links von Linsingen hatte Szurmay in immer näher herandrängenden Gefechten den Uszoker Paß behauptet, weiter westlich aber ging in wochenlangen Kämpfen der Lupkowpaß verloren. Auch ein Vorstoß der österreichischen 4. Armee von Gorlice aus, der zu hartnäckigen Kämpfen führte, blieb ergebnislos. Am 15. März konnte er als gescheitert gelten. Am 22. März aber kapitulierte Przemysl. 44 000 Streiter, 28 000 Kranke und 45 000 Nichtkämpfer gingen in die Gefangenschaft. Ein großartiger Gottesdienst feierte diesen russischen Sieg. Etwa 100 000 Mann — die ganze 11. Armee — konnten nunmehr für den Karpathenangriff verwendet werden. Die Russen drangen denn auch siegreich ins Laborczatal vor und drohten in die ungarische Ebene einzubrechen. In dieser höchsten Not traten wiederum die Deutschen vor den Riß.

Die deutsche Heeresleitung hatte zur Unterstützung der Österreicher das Beskidenkorps unter General von Marwitz gebildet; Linsingen hatte dazu die 4. Division abgegeben, die 25. Reservedivision kam von der Sucha, die 35. Reservedivision von der Pilitza heran;

diese Kräfte, die man nur mit Mühe aufgebracht hatte, waren an sich schwach, aber ihr Offensivgeist vervielfachte ihre Kräfte. Als daher die Russen, die durch die 81. und 82. Reservedivision von der Przemysler Belagerungsarmee verstärkt worden waren, im Laborcza- und Ondawatal, von Bartfeld und Sboro her, über Cisna und Weltlina her vordrangen, die Verteidiger dicht an den Uszoker Paß herangedrängt und beinahe schon Hommona besetzt hatten, trafen sie plötzlich auf die ungestüm vorgehenden Deutschen. Diese, die zunächst nur die zuerst eintreffende 25. Reservedivision einsetzen konnten, warfen den Feind überall zurück. Sie gaben den Österreichern, die sich dem Angriff wieder anschlossen, die Möglichkeit, sich nach den Flügeln zusammenzuziehen. Am 7. April erstürmten sie die Kobyla mit ihren Anbergen; am 10. und in der Nacht zum 12.

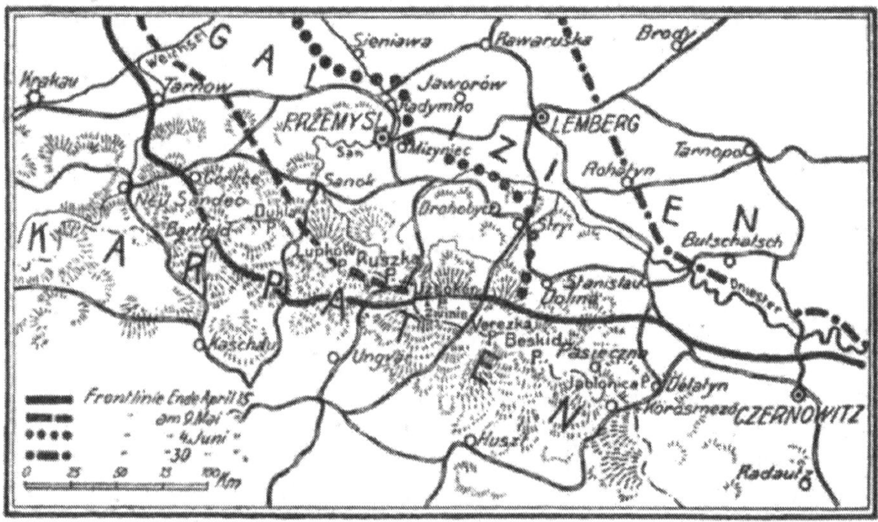

Karte 33. Der Durchbruch durch die Karpathenfront 1915 (nach Mönckeberg).

rannten die Russen noch einmal gegen die Front der 35. Reserve- und der 4. Infanteriedivision an. Ihr Ansturm war vergeblich. Die Deutschen und die besonders nach dem linken Flügel zusammengezogenen Österreicher behielten die Oberhand. Wenn auch die Russen vorläufig noch im Besitz der Pässe blieben und das Beskidenkorps auf Befehl des Generals Boroevic, dem es unterstellt und auf dessen rechtem Flügel es eingesetzt worden war, sich vorläufig defensiv verhielt, so war doch der Einbruch in Ungarn gescheitert, und die Russen waren auf die Verteidigung verwiesen. Es war das aber um so mehr der Fall, als die Süd-Armee unter Linsingen mittlerweile mit Erfolg die Offensive wieder ergriffen hatte. Die große Durchbruchsschlacht in den Karpathen war für die Russen gescheitert.

Linsingen war, als die Not der Österreicher am höchsten war, um Hilfe gebeten worden und hatte seinen linken Flügel nach

Norden ausgedehnt, um Szurmay zu stützen, der ihm am 2. April unterstellt wurde und den Uszoker Paß immer noch hielt. Gerok kämpfte an der Kruhla Makla, bei Kalinowce und bis zum Czyrak. Das Korps Hoffmann im Zentrum focht zu beiden Seiten des Oportotales um die Höhenlinie 1151—1026 und deckte Slavke und den Beskidpaß. Der linke Flügel, der unter dem Grafen Bothmer zu einem Korps vereinigt war, rüstete zum Sturm auf den Zwinin. Szurmay war wesentlich zurückgegangen und hatte seinen linken Flügel zurückgebogen, um einerseits die Nordflanke des Uszoker Passes zu decken, andererseits den Zusammenhang mit der 2. Armee nicht zu verlieren.

So lagen die Dinge, als am 9. April die Russen[1]), um sich dem immer näher herandrängenden Gegner gegenüber Luft zu schaffen, zum Angriff von der Westkuppe des Zwinin aus vorgingen. Bothmer aber machte, trotz des am Anfang siegreichen Vordringens dieses Angriffs, einen kühnen Gegenangriff auf die Ostkuppe des Berges, der von Erfolg begleitet war. Der Zwinin wurde genommen und es wurden zahlreiche Gefangene gemacht. Ende des Monats fiel auch der Ostry nach äußerst blutigen Kämpfen in die Hand der rastlos vordrängenden Süd-Armee. Die russischen Heere waren im Zentrum durchbrochen. Daran vermochten auch Iwanows vereinzelte Stürme nichts mehr zu ändern. Vergebens griff er am 21. und 22. April den Uszoker Paß an, vergebens suchte er die rechte Flanke des Beskidenkorps zu umfassen und ins Czirokatal einzubrechen. An der Regetowka sah er sich selbst angegriffen. Vom 25. April an endlich ist er endgültig auf die Verteidigung zurückgeworfen worden.

Jetzt, wo die russischen Angriffe im Norden und im Süden gebrochen, wo die Russen überall in die Verteidigung zurückgeworfen waren, konnte der längst geplante deutsche Angriff endlich einsetzen.

Italiens Eintritt in den Krieg und die Landung der Engländer auf Gallipoli.

Bevor wir aber dazu übergehen, die Offensive der Deutschen und Österreicher im Osten ins Auge zu fassen, müssen wir kurz der Ereignisse gedenken, die im Süden Europas vor sich gingen, den Krieg immer mehr zum Weltkrieg stempelten und einen weitgehenden Einfluß auf ihn ausübten. Das betrifft zunächst die Haltung Italiens.

Dieses Land hatte schon beim Beginn des Krieges die deutscherseits erfolgten Kriegserklärungen zum Vorwand seiner Neutralität genommen. Am 16. Oktober 1914 war dann Sonnino für den zu früh verstorbenen San Giuliano Minister des Auswärtigen geworden. Hatte letzterer die bleibenden Mittelmeerinteressen Italiens, die an den Mittelmächten einen starken Rückhalt fanden, dauernd im Auge behalten, so war Sonnino ganz für den Dreiverband gewonnen.

[1]) Siehe Karte 33.

Schon am 11. Dezember 1914 hatte es sich öffentlich zu dem Grundsatz bekannt, daß Italien gegenüber Österreich das Recht auf Entschädigungen besitze, und hatte am 14. Januar 1915 die Anfrage an die Wiener Regierung gerichtet, ob die Monarchie bereit sei, Verhandlungen über diese Entschädigungen grundsätzlich anzunehmen. Fürst Bülow war deutscherseits nach Rom geschickt worden, um zwischen Italien und Österreich zu vermitteln. Daraufhin hatte die österreichische Regierung am 27. März und 2. April 1915 mitgeteilt, daß sie bereit sei, die Bezirke von Trient, Rofreit, Riva und Thiene mit Ausnahme von Madonna di Campiglio und der Umgegend von Borgo abzutreten, wofür wohlwollende Neutralität während der ganzen Dauer des Feldzuges und freie Hand auf dem Balkan ausbedungen wurden. Die Antwort erfolgte erst spät und auf besonderes Drängen der Mittelstaaten. Die Zeit war durch Verhandlungen mit den Westmächten ausgefüllt worden. Man forderte jetzt italienischerseits das ganze Trentino, das urdeutsche Bozen, eine Grenzberichtigung am Isonzo mit Einschluß von Görz, Gradiska und Monfalcone, die Bildung eines selbständigen Freistaates von Triest mit seinem Hinterland einschließlich von Capodistria und Pirano, die Abtretung der Curzolariinselgruppe und endlich die volle Souveränität über Valona und Saseno mit ihrem Hinterland. Man erwartete ferner von Österreich einen Verzicht auf die zwölf Inseln, die Italien im Ägäischen Meer besetzt hatte, und wollte als Gegenleistung 200 Millionen Lire in Gold zahlen, jeden Anspruch aufgeben, der des weiteren aus dem Artikel 7 des Dreibundvertrages hergeleitet werden könne, und während des Krieges volle Neutralität halten. Diese Forderungen kamen einer Waffenstreckung Österreichs gleich. Als sie gestellt wurden, deutete alles auf eine völlige Umwälzung der Machtverhältnisse an der Donau, auf dem Balkan und in Kleinasien. Trotzdem dachte Österreich nicht daran, sie zu befriedigen. Es bot noch einmal die Abtretung Welsch-Tirols, der Isonzogrenze und Gradiskas, die Erhebung von Triest zur Kaiserlichen Freien Stadt mit italienischer Verwaltung, die Oberhoheit Italiens über Valona und die Abstandserklärung Österreich-Ungarns bezüglich Albaniens an; aber es war zu spät. Am 24. April 1915 schloß Italien mit den Dreiverbandstaaten ab und verpflichtete sich, in vier Wochen den Krieg zu beginnen. Sein Verrat war vollendet; auf alle Zeiten aber hatte es auf eine selbständige Mittelmeerstellung verzichtet und war zum Sklaven Englands und Frankreichs geworden. Deutschland war zunächst nur wenig beteiligt, da sich Italiens Kriegserklärung zunächst nur gegen Österreich wendete und Deutschland das letztere nur durch das Alpenkorps in Tirol und einige schwere Batterien am Isonzo unterstützte; Rußland, das mittlerweile die Karpathenschlacht verloren hatte, mußte die Zeche bezahlen, indem es auf eine Vormachtstellung auf dem Balkan verzichtete. Der Ring um die Dreibundstaaten aber war im Süden geschlossen. Es kam nur noch darauf an, die Dardanellen zu bezwingen, um Rußland zu Schiff Kriegsmaterial zuzuführen und die sonstigen mit der Eroberung Konstantinopels verbundenen Vorteile einzuheimsen.

Mit dem verfehlten Versuch, die Dardanellen mit Gewalt durch die Flotte nehmen zu lassen, war der Plan im ganzen noch keineswegs aufgegeben, obgleich in England durchaus nicht alle Welt damit einverstanden war. Was zu Wasser nicht gelungen war, sollte nun zu Lande versucht werden. Sir Jan Hamilton wurde damit beauftragt. Er bildete in Ägypten eine starke Armee und verließ dieses Land am 7. April, nachdem er eine glänzende Heerschau über Briten, Inder, Australier, Neuseeländer und das französische Kolonialkorps abgehalten hatte. Dazu trat die Royal-Naval-Division, die schon auf den Inseln vor Konstantinopel bereit lag. Wie stark diese Truppen im ganzen waren, läßt sich heute noch nicht sagen. Die Franzosen beteiligten sich mit einer Division; Australier und Neuseeländer bildeten ein Armeekorps von 30 000 Mann; außerdem war noch die 29. Felddivision zur Stelle. Demgegenüber hatten die Türken schon seit dem 24. März eine 5. Armee zum Schutz der Dardanellen gebildet. Sie war anfangs fünf, dann bald sechs Divisionen stark. Auch schossen sich die Türken mit den Linienschiffen des Feindes herum. Am 16. April wurde das Linienschiff „Prince George" schwer getroffen, den 17. das Tauchboot „E 15" auf den Strand gejagt, am 18. das Schiff „Albion" außer Gefecht gesetzt. Am 25. April erfolgte dann die feindliche Landung, die angesichts der weittragenden Schiffskanonen nicht verhindert werden konnte. Die Franzosen griffen die asiatische Seite, die Engländer Gallipoli selbst an verschiedenen Stellen an, während sie an anderen nur demonstrierten.

Demgegenüber hatte der deutsche General Liman von Sanders die sechs Divisionen der 5. Armee, die er führte, derart verteilt, daß zwei Divisionen die asiatische, drei die Gallipoliseite verteidigten und eine bei Maidos zu seiner Verfügung stand. Die Kräfte waren ohne die Flotte allem Anschein nach ungefähr gleich, an Material aber die Angreifer unendlich überlegen.

Die Schlacht, die sich nun entspann, drehte sich hauptsächlich um Kum Kale, Sid ul Bahr und Kaba Tepe. In Kum Kale auf der asiatischen Seite landeten die Franzosen[1]). Sie konnten sich aber trotz der gewaltigen Masse der den Türken vielfach überlegenen Schiffsgeschütze nicht behaupten und gingen in der Nacht auf den 29. April wieder auf ihre Schiffe zurück. Der Kampf hatte im Skamandertale auf den Gefilden Trojas getobt, an den Gräbern des Patroklos und des Achilles.

Noch blutiger wurde auf Gallipoli selbst gefochten. Aber auch hier vermochten die Engländer nicht durchzubrechen. Sie zogen

---

[1]) Siehe Karte 29.

die Franzosen heran; auch deren Eingreifen brachte keine Entscheidung, obgleich die Türken, die zum Teil von deutschen Offizieren geführt wurden, sehr erheblich unter Munitionsmangel litten und auf beiden Seiten Verstärkungen herangezogen wurden. So kam beispielsweise aus England die 42. Division. Schon am 29. April hatten die Engländer 80 Bataillone und zahlreiche leichte und schwere Geschütze ausgeschifft. Der General d'Amade, der bisher die Franzosen geführt hatte, sich aber mit dem englischen Oberkommando nicht vertragen konnte, wurde durch den General Gouraud ersetzt. Andererseits zogen auch die Türken aus Konstantinopel und vom asiatischen Ufer Truppen heran: Das Ergebnis blieb immer das gleiche. Die Engländer hatten an der Südspitze der Halbinsel und bei Ariburnu Fuß gefaßt; die Türken konnten sie nicht wieder ins Meer werfen, weil sie bei solchem Versuch in das vernichtende Feuer der Schiffsgeschütze gerieten. Die Engländer aber konnten die türkische Linie nicht durchbrechen, weil sie den braven türkischen Truppen in ihren Felsenbergen nicht gewachsen waren. So zog sich der immer wieder aufflackernde wilde und verlustreiche Kampf bis zum 14. Mai hin und endete in einem Stellungskriege, bei dem die Gegner dicht voreinander stehenblieben und sich von Graben zu Graben bekämpften.

Der Einfall in Kurland, die Durchbruchsschlacht bei Gorlice-Tarnow und die Eroberung von Przemysl.

Wie wir sahen, war der Zeitpunkt gekommen, an welchem die Deutschen im Osten zum Angriff übergehen konnten und der allgemeinen Lage nach auch mußten. Wichtig aber war es, die Aufmerksamkeit des Feindes von der Stelle des wirklichen Angriffs abzulenken. Dieser sollte mit frischen Kräften am Dunajec erfolgen. Hier hatten sich die Russen nicht nur zugunsten ihrer Karpathenoffensive geschwächt, sondern ein Sieg hier, dem ein energisches Vorgehen folgte, mußte die ganze Karpathenfront des Feindes ins Wanken bringen, da er in ihren Rücken führte. Auch sah man in einer solchen Operation das einzige Mittel, Österreich dauernd zu sichern. Um aber die Aufmerksamkeit des Feindes zu fesseln, wurde an der ganzen polnischen Front, von der Bzura bis zur oberen Weichsel, das Artilleriefeuer vielfach gesteigert, und es wurden einzelne Angriffe ausgeführt. Vor allem aber war es ein Vorstoß in Kurland, der den Feind in Anspruch nehmen sollte. Dieser Zweck, den die Oberste Heeresleitung allein im Auge hatte, wurde auch vollkommen erreicht. Wahrscheinlich aber ist es, daß der Feldmarschall Hindenburg, der einen Teil der Ostfront kommandierte, darin den Anfang einer Operation gesehen hat, die bestimmt war, den rechten russischen Flügel zu umfassen.

Schon früher hatte die Oberste Heeresleitung die nötige Kavallerie zur Verfügung gestellt, um eine Unternehmung gegen die feindlichen Verbindungen auszuführen. Sie war damals des ungünstigen Winterwetters wegen nicht zur Ausführung gekommen. Jetzt brachen die Deutschen mit je drei Infanterie- und Kavalleriedivisionen ganz überraschend in Kurland ein, zogen nicht unbedeutende Kräfte auf sich, eroberten mit Hilfe der Flotte Libau, das eine nicht ganz schwache Festung war, und behaupteten sich, nachdem sie verschiedene Gegenstöße von Mitau und Riga aus abgewiesen hatten, an der Windau und an der Dubissa, Schaulen vor der Front. Mittlerweile aber marschierten die für den Angriff bestimmten Truppen auf.

Alle Mittel waren in Bewegung gesetzt worden, um die ganze Operation geheimzuhalten. Dennoch erfuhren die Russen die neuerliche Ankunft deutscher Truppen in Galizien. Sie waren aber weit entfernt davon, den Angriff einer ganzen Armee zu ahnen, und verstärkten nicht einmal ihre 3. Armee, die 14 Divisionen stark war, und die ein ehemaliger Bulgare, Radko Dimitrieff, führte. Ihre Aufmerksamkeit war eben durch den Einfall in Kurland, dessen Folgen noch gar nicht abzusehen waren, und durch die Scheinangriffe in Polen voll in Anspruch genommen. Auch griffen sie gerade in diesen Tagen die Süd-Armee an und legten damit starke Kräfte fest.

Die eigentliche Stoßtruppe der Deutschen bildeten zehn Divisionen, von denen acht dem deutschen Westheer entnommen und zwei österreichische waren. Zusammen sollten sie die 11. Armee bilden. Nur die unbedingteste Zuversicht auf die Widerstandsfähigkeit der Truppe in der Verteidigung konnte eine solche Schwächung der Kräfte im Westen rechtfertigen, denn damit wuchs die feindliche Überlegenheit — ganz abgesehen von der artilleristischen — auf etwa 600 Bataillone.

Aufgabe der Stoßarmee war es, rechts aus der Gegend südlich Gorlice etwa auf Zmigrod—Dukla, und links von südlich Gromnik aus vorstoßend, die feindliche Linie zu durchbrechen, im weiteren Verlaufe die Karpathenfront westlich des Lupkowpasses unhaltbar zu machen und den Feind so weit als möglich aus Galizien zu vertreiben. Führen sollte sie Generaloberst von Mackensen. Ihm war zugleich die 4. österreichische Armee unter Erzherzog Joseph Ferdinand unterstellt; sie sollte mit ihm zusammen den Durchstoß ausführen und seine linke Flanke decken. Seine rechte Flanke sollte durch die 3. österreichische Armee gesichert werden, die mit verstärktem linken Flügel ebenfalls vorzugehen hatte. Die 4. Armee sollte mit dem linken Flügel auf Sandomierz, die 11. auf Jaroslau, die 3. österreichische gegen die West- und Südfront der Festung Przemysl vorgehen; die 2. österreichische, die Armeeabteilung Szurmay und die Süd-Armee sollten durch Vorgehen auf dem rechten Dnjestrufer die Offensive der Russen in der Bukowina zum Stehen bringen. Mit der Erreichung der San—

Wisznia—Dnjestr-Linie sollte die Operation zunächst abgeschlossen werden.

Bei der Stoßgruppe, der 11. Armee, sollte den rechten Flügel die 11. bayerische Division bilden, die mit der 119. unter dem bayerischen General von Kneußl zu einem Korps vereinigt war. Sie lehnte den rechten Flügel an Ropica Ruska. Es folgte dann das XLI. Reservekorps unter General von François, das VI. öster-

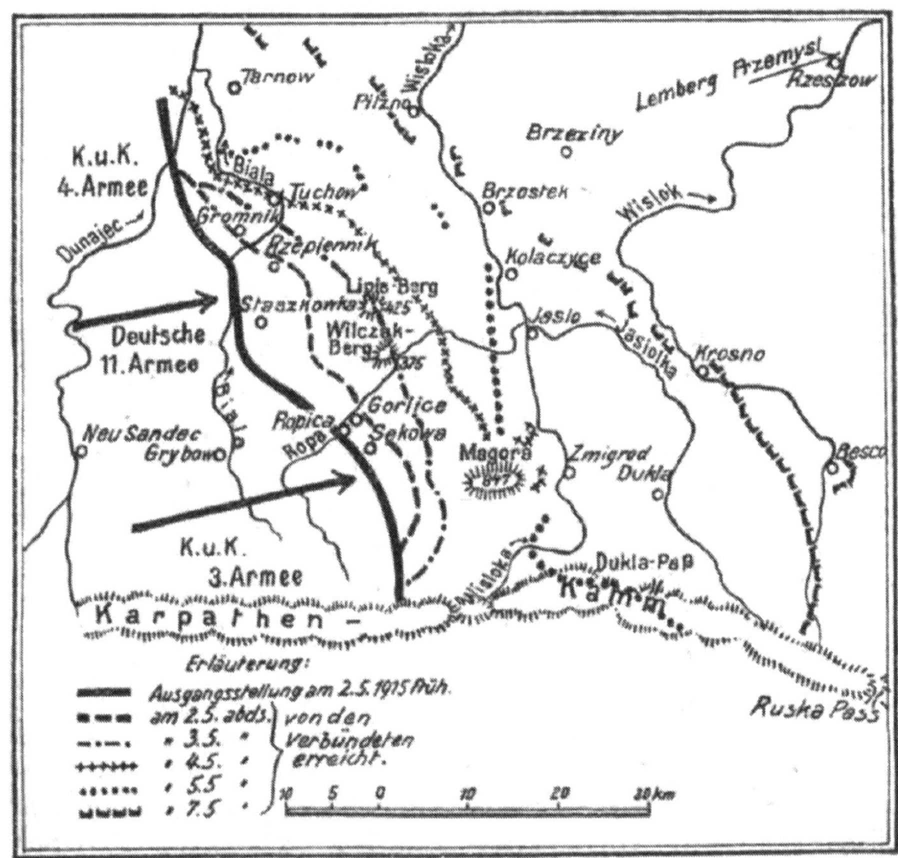

Karte 34. Der Durchbruch bei Gorlice-Tarnow (nach Immanuel).

reichisch-ungarische Korps, das aus der 12. Infanterie- und der 39. Honveddivision unter General Arz von Straußenburg bestand, dann endlich das Gardekorps unter General von Plettenberg, bis etwa Rzepiennik. Daran schloß sich dann das IX. österreichische Korps und die übrige 4. Armee an. Auf dem linken Flügel der 3. österreichischen Armee focht das X. Armeekorps, ihren rechten Flügel bildete das deutsche Beskidenkorps unter Marwitz, das den Sturm der Russen zum Halten gebracht hatte. Als Armeereserve folgte der eigentlichen Stoßarmee unter General von Emmich das X. deutsche Korps und die 11. österreichische Kavalleriedivision. Bei der 4. österreichischen Armee befand sich die 47. deutsche Reservedivision, die ihrer früheren Leistung wegen den Beinamen der „eisernen" führte.

Die eigentlichen Stoßtruppen waren bis auf Kriegsstärke frisch aufgefüllt und in jeder Weise für ihre Aufgabe vorbereitet. Sie führten etwa 700 Geschütze bei sich von der Feldkanone bis zum 30-cm-Mörser, ferner zahlreiche Minenwerfer, die hier zum ersten Male Verwendung fanden, und waren vom besten Geiste beseelt, jeder Anforderung und jeder Anstrengung gewachsen. Bis zum 1. Mai war alles für den Angriff bereit. Es war eine ungeheure Arbeit bis dahin geleistet worden. Fast der ganze Train war mit leichten österreichischen Wagen versehen, Gefechtsstreifen für die einzelnen größeren Truppenteile waren eingeteilt. Die Ziele für die Artillerie waren verteilt. Die Verpflegung war geordnet.

Am 1. Mai schoß sich die Artillerie ein, und am 2. Mai früh begann, für die Russen ganz überraschend, durch zahlreiche Flugzeuge unterstützt, das Wirkungsschießen, nachdem schon am 1. Mai der linke Flügel der 4. österreichischen Armee, um den Feind irrezuführen und abzulenken, den Übergang über den Dunajec begonnen hatte. Um 10 Uhr folgte der Infanteriesturm. Er war überall erfolgreich. Unaufhaltsam drang die Armee vor. Der Wisloka-Abschnitt wurde schon am 5. Mai überschritten. Zugleich aber wies der Großfürst den General Ewerth, der in Polen kommandierte, an, langsam auf das Bergland von Kielce und die Opatowka zurückzugehen, um den Anschluß an den rechten Flügel der 3. russischen Armee sicherzustellen. Auch die 4. und 3. österreichische Armee hatten sich im Vormarsch angeschlossen. Der linke Flügel der Armee Joseph Ferdinand blieb zwar beim Vorgehen zurück, weil die Russen hier besonderen Widerstand leisteten, um den Zusammenhang ihrer Schlachtordnung mit den Truppen in Polen zu wahren, dafür aber verwandelte sich vor der 3. österreichischen Armee der Rückzug der Russen bald in Flucht, sobald sie ihre Rückzugsstraßen bedroht sahen. Stäbe und Truppen fielen der österreichischen 3. Armee in die Hände, an deren rechtem Flügel das Beskidenkorps focht. Die ganze russische Karpathenstellung bis zum Uszoker Paß kam ins Wanken. Auch Boehm-Ermolli mit der 2. österreichischen Armee machte sich zum Vorgehen bereit. Die 3. Armee sollte weiterdrängen, die 4. mit den Hauptkräften über Pilzno vorgehen, mit den übrigen Korps aber wie bisher nach Norden sichern. General von Emmich setzte seine 20. Division auf dem rechten Flügel ein und übernahm das Kommando über die dort versammelten drei Divisionen des rechten Flügels. Die 19. Division ging auf den linken Flügel. Hier wurde auch die 56. Division Schach von Wittenau eingesetzt, die neu hinzugekommen war. So ging es ununterbrochen vorwärts.

Vom 2. bis 10. Mai wurden nicht weniger als 100000 Gefangene gemacht, 80 Geschütze und 250 Maschinengewehre erbeutet. Verzweifelte russische Gegenstöße wurden unter großen Verlusten des Feindes zurückgewiesen. Der Vormarsch wurde ununterbrochen fortgesetzt, die Karpathenarmeen schlossen sich an, je nachdem der in seinem Rücken bedrohte Feind die Karpathen räumte. Den 14. Mai war Przemysl auch im Süden abgeschlossen. Boroevic marschierte auf diese Festung und auf Dubromyl, Boehm-Ermolli erreichte die Höhen südwestlich Stary Sambor, und Linsingen drang über Turka und Skole gegen Boryslaw und Stryj vor. Da aber starke Kräfte der Österreicher an die italienische Grenze eilen mußten, um dort den verräterischen Feind, dem man am liebsten offensiv zu Leibe gegangen wäre, zunächst in der Verteidigung abzuweisen, kam die Angriffsbewegung zunächst zum Stehen, obgleich Verstärkungen herangeführt wurden, die in Polen und Flandern verfügbar gemacht waren. Am linken Weichselufer aber wich der Russe in der Nacht vom 10. zum 11. und vom 12. zum 13. Mai vor der nur dreieinhalb Divisionen starken Armee Dankl und der Armeeabteilung Woyrsch, die drei deutsche und zwei österreichische Divisionen zählte, zurück und suchte seinen Rückzug durch Gegenstöße zu bemänteln und Zeit zum Abziehen zu gewinnen: Gegenstöße, die ungeheures Blut kosteten und meist mit schweren Niederlagen endeten.

Mittlerweile hatte der Großfürst beschlossen, einerseits die San-Linie zu behaupten, andererseits im Süden gegen Pflanzer-Baltin mit starken Kräften offensiv zu werden und so die Lage wiederherzustellen. In beiden Richtungen sollte er sich verrechnet haben. Pflanzer-Baltin gelang es in wechselvollen Kämpfen sich über den 14. Mai hinaus am Pruth in der Linie Czernowitz—Zablotow—Kolomea—Lanczyna—Pasieczna zu behaupten, und am San scheiterten alle Verteidigungsmaßregeln. Nicht weniger als 23 Divisionen, die von allen Teilen des Kriegsschauplatzes zusammengeholt wurden, sollten sich dem Angreifer entgegenstellen. Auch die im Süden Rußlands gegen die Türkei bereitgestellten Kräfte, die schon früher in Anspruch genommen waren, wurden, wie es scheint, jetzt herangeholt. Radymno und Jaroslau waren schon frühzeitig als Brückenköpfe ausgebaut worden: aber es war alles vergebens.

Noch am 14. griffen Mackensens Truppen den Brückenkopf von Jaroslau an und drangen nach mehrtägigem Gefechte siegreich über den Fluß, während weiter abwärts auch Emmich mit dem X. Korps den Übergang über den Fluß erzwang. Am 18. Mai krönten Emmichs und Plettenbergs Divisionen die rechtsufrigen Höhen am San, während die Russen unter schweren Verlusten auf der ganzen Linie Sieniawa—Radymno zurückwichen[1]).

Zu gleicher Zeit war die 3. Armee vor der West- und Südfront der Festung Przemysl erschienen. Sie wurde jetzt von General von

[1]) Siehe Karte 36.

Puhallo geführt, da General Boroevic das Kommando in Italien bekommen hatte. Sie ging, soweit sie nicht nach Italien gefahren wurde, später in der 2. Armee auf. Ihren linken Flügel bildete das X. Korps, den rechten das Beskidenkorps. Sie war bei Olszany und mit dem Korps Marwitz bei Myszyniec auf Widerstand gestoßen, der am 15. Mai gebrochen wurde. Boehm-Ermolli stieß bei seinem Vorgehen auf eine befestigte Linie, die Iwanow zwischen Przemysl und den Dnjestrsümpfen hatte aufwerfen lassen, und kam gleich der 3. Armee am 16. Mai zum Stehen. Ebenso erging es der Süd-Armee Linsingen, die bei Drohobycz und Stryj auf Befestigungen und starke Kräfte stieß und zunächst nicht weiter konnte. Auch in Polen zeigten sich die Russen standfest. Schon am 16. brachen sie im Gegenstoß zwischen der Armee Dankls und den Truppen des Generals von Woyrsch ein, der sie durch ein kühnes Manöver zum Halten brachte; auch General von Köveß, der an Woyrsch' linker Schulter kämpfte, wurde am 16. und 18. Mai in schwere Gefechte verwickelt; kurz die ganze Vorbewegung der deutschen Armee in Polen wurde, noch ehe sie Radom besetzen konnte, zum Stehen gebracht und schloß nach wie vor an der Pilitza an die Truppen des Oberbefehlshabers Ost an. Zu der gleichen Zeit aber griffen die Russen vom San- und Weichselwinkel aus, Flüsse, die durch eine Schanzenreihe verbunden waren, den rechten Flügel der 4. österreichischen Armee und die Teile der Deutschen, die bei Jaroslau über den San gegangen waren, an und kämpften erbittert um den Sieg. Nicht weniger als 14 Divisionen setzten sie bei Jaroslau gegen 7 der 11. Armee ein, konnten es aber nicht verhindern, daß Emmich Siniawa erstürmte und die übrigen Deutschen und Österreicher sich siegreich behaupteten. Auch am 20. und 21. Mai waren ihre wütenden Angriffe vergebens. Trotzdem aber drohte der Erzherzog, der täglich angegriffen wurde, zu erliegen. Da entschloß sich Mackensen, ihn durch einen Angriff auf Radymno indirekt zu unterstützen. Der rechte Flügel der Stellung bei Jaroslau wurde ausgedehnt und die Stadt Radymno auf beiden Ufern angegriffen. Zugleich sollten Puhallo und Boehm-Ermolli den Angriff unterstützen, indem sie feindliche Kräfte durch Angriffe fesselten.

Der Angriff gelang in der geplanten Weise. Radymno und das vorgelagerte rechte Sanufer wurden genommen. Die Armee Puhallo war allerdings nach heftigem Anlauf zum Stehen gekommen, und Boehm-Ermolli war durch einen Angriff der Russen selbst schwer in Anspruch genommen; das Beskidenkorps aber und die 2. österreichische Division erstürmten am 26. die Höhen von Hussakow. Trotzdem war die Lage dadurch gefährlich geworden, daß das österreichische Armeeoberkommando immer mehr Truppen gegen die Italiener absenden mußte. Von der 1. und 3. Armee eilten die meisten, von der 4. ansehnliche Teile an die neubedrohte Grenze. Die Schwächung der letzteren war besonders bedenklich, weil ein Sieg der Russen an dieser Stelle Mackensens gefährdete linke Flanke aufreißen konnte. Um so mehr kam es darauf an, Przemysl rasch zu bewältigen. Da schritten die Russen zum groß angelegten Gegenangriff. Der Erzherzog, dessen linker Flügel in Tarnobrzeg an der Weichsel stand, hatte ihnen zuvorkommen wollen und war selbst in die Stellung der Russen zwischen Machow und Nisko eingebrochen; da ereilte ihn am 27. Mai die Kunde von einem gewaltigen Angriff der Russen gegen seinen rechten Flügel. Sie hatten dieses Mal so zahlreiche Divisionen vereinigt, daß sie mit großer Übermacht des Erzherzogs und Mackensens Flanken angreifen und auf einen Sieg rechnen konnten. Sie erstürmten in der Frühe Sieniawa; dem Erzherzog aber gelang es, den eingedrungenen Gegner auf dem linken Sanufer zwischen Lezaisk und Grodzisko allmählich zum Stehen zu bringen und die Schlacht auf dem linken Flügel zu halten. Mittlerweile war die russische Hauptmacht an der Lubaczowka und am Skloflüßchen vorgetrieben worden und bedrängte die Mackensenschen Truppen, ohne sie werfen zu können. Bis zum 3. Juni setzte Iwanow, der hier kommandierte, seine Bemühungen fort. Der linke Flügel der Deutschen stand unerschüttert; auch der Erzherzog hatte wieder festen Fuß gefaßt und wies am Leg und am San alle Angriffe ab. Unterdessen aber war der nächste Siegespreis den Russen bereits verlorengegangen.

Mackensen hatte die Eroberung Przemysls dauernd im Auge behalten. Sobald es also der russische Angriff gegen seinen Nordflügel irgend gestattete, schob er das XXXXI. Reservekorps zur Deckung gegen die Wisznia oberhalb Starzawa vor und ließ durch die verstärkte 11. bayerische Division die Festung von Norden her angreifen. Zugleich wurde Puhallo angewiesen, gegen die Westfront rücksichtslos vorzugehen und Pralkowce zu nehmen. Die Artillerie sollte mit ihren schwersten Kalibern den Sturm vorbereiten. Die Mitarbeit Puhallos, der schon am 30. Pralkowce nahm, tat seine Wirkung. Zwar nahmen die Russen das verlorene Werk wieder; der Verteidiger ließ sich aber verleiten, in völliger Verkennung der Sachlage, seine Reserven nach der Südwestfront zu senden und die eigentlich angegriffene Nordfront der Festung zu vernachlässigen. Das erleichterte dem General von Kneußl sehr wesentlich seine Aufgabe. Schon am Abend des 31. brachen die Deutschen zwischen Fort X und XI A ein. Am Abend des 1. Juni bedrohte Kneußls linker Flügel die Rückzugstraße der Besatzung auf Medyka, die Werke X a, XI und XI a waren genommen, Werk IX a war verstummt, X in Brand geschossen, die Straßensperre zwischen Dunkowice und Zuraviza gestürmt. Am Morgen des 2. Juni nahmen die Bayern Fort X; X b, IX a und IX b ergaben sich ohne weitere Verteidigung. Am 3. Juni verließen die letzten Verteidiger fluchtartig die Stadt. Am 4. stießen die Russen noch einmal auf dem rechten Flügel gegen die Stellungen des Erzherzogs bei Rudnik und Tarnogora vor; als sie aber auch hier zurückgewiesen wurden, gaben sie den Kampf zunächst auf. Die 2. österreichische Armee, an deren linkem Flügel jetzt das Beskidenkorps focht, konnte sich mit der Durchbruchsarmee westlich Przemysl vereinigen. Ein weiterer Abschnitt des großen Kampfes ging zu Ende und war für die Russen trotz ihrer Überzahl verloren. Die 3. österreichische Armee aber war gänzlich aus der Front ausgeschaltet, und Mackensen benutzte die nächsten Tage, um seine Scharen neu zu ordnen.

Im Monat Mai hatte allein die 11. Armee 398 russische Offiziere und 152000 Mann unverwundet gefangengenommen, 160 Geschütze und 403 Maschinengewehre erobert. Ihre eigenen Verluste waren gegen solche Zahlen verschwindend gering. Sie verlor mit Ausnahme des VI. österreichischen Korps nur 709 Offiziere und 27158 Mann. Im ganzen aber wurden bis 31. Mai 268869 Mann und 863 Offiziere gefangen, 751 Kanonen und 576 Maschinengewehre erbeutet, und diese Zahlen erhöhten sich durch die Eroberung Przemysls noch um 33805 Gefangene. Die Oberste Heeresleitung aber machte Anfang Juni dreieinhalb Divisionen verfügbar, die aus dem Westen nach dem Osten gefahren wurden, um den Armeen Mackensens vorwärts zu helfen. Man hatte sich entschlossen, die Operation, die, wie wir wissen, zunächst nur bis zum San reichen sollte, bis zur Einnahme von Lemberg weiter zu führen, und verstärkte dementsprechend die im Osten verwendeten Truppen, ohne Rücksicht auf die gewaltige Spannung aller Verhältnisse, die dadurch im Westen entstand.

Kämpfe an der ganzen Ostfront und die Eroberung Lembergs.

Die 11. Armee wurde also noch einmal verstärkt. Wo die einzelnen Truppenteile im besonderen herkamen, habe ich zur Zeit nicht feststellen können. Im Rahmen der 4. österreichischen Armee kämpfte jetzt auch noch die 22. preußische Division; die 2. österreichische Armee schloß sich rechts an die 11. an. Die 3. war aufgelöst worden, so daß auf dem rechten Flügel der 2. das Beskidenkorps focht. Die 11. Armee selbst hatte als Verstärkung das XXII. Reservekorps, das aus der 43., 44. und 107. Division bestand, und die 8. bayerische Reservedivision erhalten, die mit der 11. bayerischen zusammen fortan die Armeereserve bildete. Dieser war auch die 11. österreichische Kavalleriedivision zugeteilt. Die 119. Division war mit der 56. in einem Korps vereinigt, das der Generalmajor von Behr führte.

Die Russen hatten zunächst noch verschiedene Gegenstöße gemacht, sich dann aber entschlossen, in der sogenannten Grodek-Magierow-Stellung, der sich in nordwestlicher Richtung die Tanew-Stellung bis zur Weichsel anschloß, entscheidenden Widerstand zu leisten. Diese Stellung zog sich von Susulow am Dnjestr über Komarnow und Grodek nach Cuniow, führte von da über Stradze und Stawki nach Majdan und über Huta—Obedynska nach Narol Miasto, von wo aus eine neue Stellung dem Laufe des versumpften Tanew bis zu dessen Mündung in den San folgte. Außerdem war noch eine Zwischenstellung vorhanden, die, ebenfalls am Dnjestr bei Ostrow anfangend, über Lubaczow sich nach Dornbach am San erstreckte. Lemberg selbst war von 60 starken Werken umgeben.

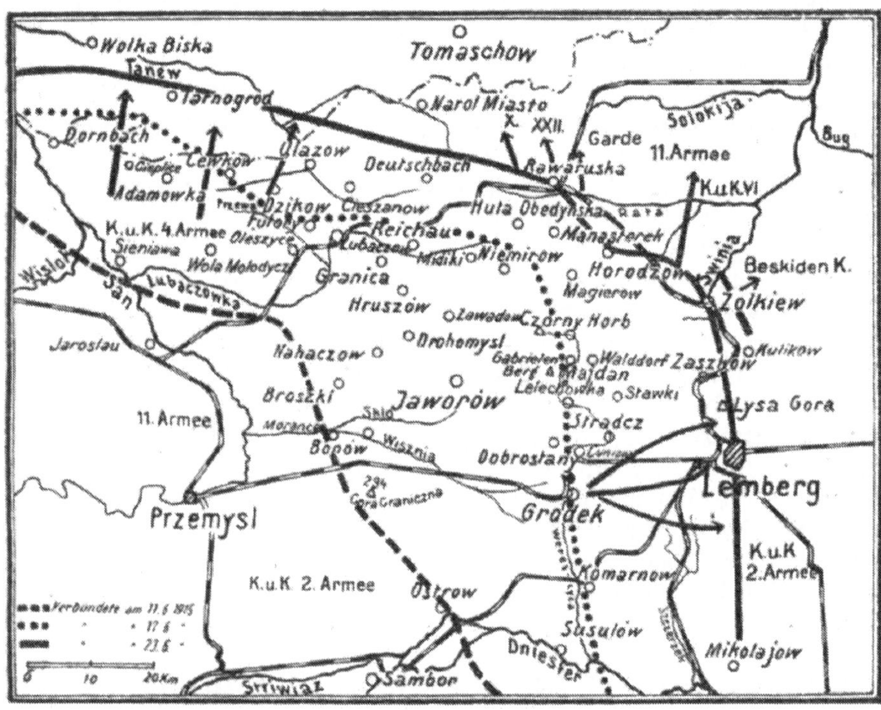

Karte 35. Der Durchbruch durch die galizische Front 1915 (nach Müller-Brdbg).

Eine dritte Stellung, die freilich besonders an ihrem Nordende nicht ganz ausgebaut war, ging von Lemberg in südlicher Richtung bis Mikolajow am Dnjestr, in nördlicher Richtung über Zolkiew und Rawa-Ruska, das sie brückenkopfartig umfaßte, ebenfalls nach Narol Miastro. Die Mitte der 11. Armee sollte beim Angriff auf Magierow gerichtet sein; der rechte Flügel auf die Gegend südlich Zolkiew, der linke etwa auf Rawa-Ruska. Links sollte die Stoßarmee von der 4. österreichischen Armee gesichert werden, die nach rechts und links Verbindung zu halten hatte. Ihr Übergang über den San sollte zugleich durch einen in nördlicher Richtung geführten Stoß der Mittelarmee erleichtert werden. Das gemischte Korps des Generalmajors von Behr sollte diese Aufgabe vom linken Flügel der 11. Armee aus lösen und sich dann wieder der allgemeinen Angriffsrichtung anschließen. Mit sechs Infanterie- und einer Kavalleriedivision wollte der Erzherzog den San überschreiten. Fünfeinhalb Divisionen sollten im San—Weichsel-Winkel zurückbleiben. Nach rechts, wo die Sicherung der 11. Armee der 2. österreichischen übertragen war, wollte General von Boehm-Ermolli zehn Divisionen auf dem linken Flügel ballen und zugleich Lemberg mit seinen Befestigungen nördlich umgehen. Auch der linke Flügel der Russen sollte umgangen werden. Alle drei Armeen waren dem Kommando des Generaloberſten von Mackensen unterstellt, um die Einheitlichkeit der Bewegungen zu gewährleisten.

Gegenüber standen die 3. und 8. russische Armee. Vor der 11. Armee wurden festgestellt das VIII., XII., XVII., XXIII., XXVIII. und XIX., ferner das II. und V. kaukasische Korps und das 4. Kavalleriekorps. Rechts traten noch das XXI. und VII. Korps, links das III. kaukasische Korps vor den inneren Flügeln der Nachbararmeen in die Erscheinung. Das XXIII. hatte neben zwei Liniendivisionen noch die 3. Gardedivision in seinem Verbande; das VIII. und XII. Korps zählten je fünf Divisionen.

Für den 13. Juni war auf deutsch-österreichischer Seite alles zum Angriff bereit. Die verbündeten Armeen hatten Ende Mai—Anfang Juni in einer Linie gestanden, die von der rumänischen Grenze über Kolomea, Dolina, Stryj, Drohobycz bis östlich Przemysl verlief, dann in einer Entfernung von etwa 20 km östlich um Jaroslau herum zur Lubaczowkamündung, um endlich am Westufer des San über Rudnik die Weichselstadt Tarnobrzeg zu erreichen.

Am 26. Mai hatte die Süd-Armee, auf deren linkem Flügel die ihr unterstellte Abteilung des Generals Szurmay kämpfte, die Linie Dolina—Stryj—Drohobycz angegriffen und war nach wechselvollen Kämpfen, nachdem der Feind noch Unterstützungen aus dem Bistritztal erhalten hatte, am 4. Juni, also an dem Tage der endgültigen Einnahme von Przemysl, im Dnjestrtale erschienen, nachdem sie 12000 Gefangene gemacht hatte.

Unterdessen hatten aber die Russen — es war die 9. Armee — Pflanzer-Baltins 7. Armee von neuem angegriffen und waren bei Sadzawka oberhalb Kolomea über den Pruth gedrungen. Sie bedrohten Delatyn und den Jablonitzapaß, den alten Tartarenweg. Ungarn war von neuem bedroht, und der Einbruch an dieser Stelle fiel derart mit dem im San—Weichsel-Winkel zeitlich zusammen, daß man versucht sein könnte, an einen inneren Zusammenhang zu glauben. Österreichische Reserven waren seit dem italienischen Angriff nicht mehr vorhanden; so blieb nichts übrig, als die deutsche Süd-Armee zu Hilfe zu rufen.

Diese ließ sich nicht lange bitten, wenngleich sie sich selbst in der Front den größten Gefahren aussetzte. Linsingen ließ Szurmay in der Linie Kolodruby—Rozwadow stehen, griff mit dem Korps Bothmer

Zydaczow an, nahm en 5. Juni den Brückenkopf von Zurawno und schlug mit den Korps Hoffmann und Gerok, die er in die rechte Flanke entsandt hatte, die rasch herumgeworfenen russischen Abteilungen in der Linie Zawadka—Holyn. Schon am 6. und 7. Juni wurden die Russen abermals geschlagen, am 8. wurde Stanislau von den Deutschen besetzt und Halitsch bedroht. Linsingen stand im Rücken des rechten Flügels der 9. russischen Armee. Da brach der russische Angriff gegen die Armee Pflanzer-Baltins, der auf Ungarn gezielt hatte, jäh zusammen, und die Russen gingen, verfolgt von den Österreichern, hinter den Dnjestr, während Marschall von Czernowitz aus den Feind nach Osten zurückwarf.

Während so die Süd-Armee in östlicher Richtung glänzende Erfolge erzielte, geriet sie in der Front selbst in Bedrängnis.

Bothmer hatte, rücksichtslos vorstürmend, den Dnjestrstrom überschritten und war auf dem linken Ufer vorgegangen. Die Russen aber gaben alle Vorteile auf, die die 9. Armee seit dem 8. erstritten hatte, gingen auf den Dnjestr zurück, den die Österreicher erreichten und sogar überschritten, und griffen Linsingens weit auseinandergezogene Kräfte mit Überlegenheit an. Schon am 7. Juni mußte Szurmay, von stärkeren Kräften angegriffen, auf Drohobycz weichen und befestigte sich am 8. in der Linie Bielce—Medenice—Litynia. Am gleichen Tage aber wurde Bothmer von mächtigen Feinden über den Strom zurückgeworfen. Den 11. überschritten ihn die Russen. Demgegenüber traf Linsingen in aller Ruhe seine Gegenmaßregeln. Der rechte Flügel setzte den artilleristischen Angriff auf Halitsch fort, kämpfte bei Stanislau und besetzte mit schwachen Kräften die Swicamündung und Zurawno. Die Hauptmasse Bothmers aber fiel schon am 11. den Angreifern Szurmays ungestüm in die linke Flanke, so daß es gelang, den Angriff der übermächtigen Russen am 14. Juni in der Linie Zurawno—Taissarow—Litynia endgültig zum Stehen zu bringen.

Linsingen hatte den Dnjestr preisgeben müssen und Gefangene und Gerät verloren, es war aber nicht gelungen, seinen linken Flügel zu umfassen und sein Zentrum einzudrücken. Den 15. wurde er noch einmal angegriffen, behauptete sich aber im Dnjestrtal. Immerhin mußte ihm eine neue Verstärkung in Gestalt des X. Reservekorps zuteil werden, um ihn zu befähigen, über den Strom zu gehen und die Südflanke von Lemberg anzugreifen.

Pflanzer-Baltin aber pflückte die Erfolge, die sich aus allen diesen Siegen ergaben. Er drang — wie wir sahen — überall bis an den Dnjestr vor, überschritt ihn sogar bei Zaleszczyki, wies alle russischen Gegenangriffe ab und erstürmte am 15. Juni den wichtigen Eisenbahnpunkt Nizniow.

Auch an der übrigen Ostfront war, während Mackensen sich zum entscheidenden Angriff auf Lemberg bereit machte, überall gefochten worden. In Kurland warf Lauenstein bei Rossieni einen feindlichen Angriff zurück und focht vom 8. bis 15. Juni am Windauer Kanal. Bubie, Kuze und Dauksze blieben in deutscher Hand. Auch bei der Njemen-Armee kam es zum Gefecht; bei Szaki und später bei Dembova-Buda warf General Litzmann die Russen über den Haufen. Als diese dann von Olita aus zum Gegenstoß vorgingen, wurden sie am 14. Juni an der Straße Mariampol—Kowno angegriffen und geschlagen. Am 15. setzten sich die Deutschen in den gewonnenen Linien fest und schlossen den Ring enger um die große Njemenfestung. Ossowietz trotzte in seinen Sümpfen noch immer allen Angriffen. Hier wie bei Lomscha und Ostrolenka hielten sich die Gegner im Schach. Im Befehlsbereich des Generals von Gallwitz hingegen wollten die Kämpfe nicht zur Ruhe kommen. Die 76. Reservedivision war durch die 26. württembergische Division abgelöst worden. Sie war mit der 3. Division zu einem Korps Watter zusammengeworfen worden und nahm nach starker Artillerievorbereitung am 12. Juni die Hügelstellung von Polenka unweit Prasznysch, einen bedeutsamen Aussichtspunkt; bald darauf eroberte die 3. Division — am 14. Juni — die Stellungen bei Jednerecec und der Czernowa Gora mit der Orzycbrücke: Gallwitz schuf sich Ausgangsstellungen für einen etwaigen weiteren Sturm. Die Armee des Prinzen Leopold, die um die 26. Division und das XVII. Korps geschwächt worden war, verhielt sich verhältnismäßig defensiv. Am 11. Juni drang ein Teilangriff nördlich Bolimow in die feindlichen Linien ein und konnte trotz aller Gegenangriffe nicht zurückgeworfen werden. Die Abteilung Köveß, die rechts anschloß, war zwar einige Kilometer bis hart an Radom heran vorgerückt, kam aber nicht zum Angriff. Woyrsch dagegen griff am 14. Juni die russischen Stellungen an der Opatowka erfolgreich an, um Mackensens Armeen zu entlasten und den Feind zu fesseln. Die Moskauer Grenadiere kamen zwar von Iwangorod zur Unterstützung heran und brachten den Angreifer zum Stehen; weitere Erfolge erstrebten sie jedoch nicht, und den Deutschen blieb es dank ihrer Flieger nicht verborgen, daß der Feind sich zum Rückzuge hinter die Weichsel vorbereitete. Der Großfürst war überall auf die Verteidigung zurückgeworfen. Diesen Charakter der ganzen Kriegführung vermochte es auch nicht zu ändern, als die Russen am 16. Juni im äußersten Süden des Kriegsschauplatzes noch einmal zur Offensive schritten. Sie warfen den äußersten rechten Flügel der Österreicher auf Czernowitz zurück. Doch gelang es diesen, die Stadt zu halten. Gleichzeitig griffen die Russen die Brückenköpfe am Dnjestr an und drängten den Gegner gegen den Strom. Hinüber aber warfen sie ihn nicht. Die Österreicher kämpften hier zwar in der Verteidigung; das vermochte aber den Charakter des Krieges im ganzen nicht zu ändern, und es war das um so weniger der Fall, als die Deutschen im Zentrum der galizischen Kampflinie zum Angriff schritten.

Den 12. Juni griff das zusammengesetzte Korps der Armee Mackensen planmäßig in nördlicher Richtung an[1]) und überschritt die Lubaczowka. Die heftigen Gegenangriffe des Feindes zwangen zur Anlage eines Brückenkopfes. Auch der 22. Division, die auf dem rechten Flügel der 4. österreichischen Armee focht, gelang es unter diesem Druck über den San zu gehen. Sieniawa wurde erstürmt. Bis Piskorowitze gelang es den Österreichern das östliche Sanufer zu erreichen, 3500 Gefangene wurden gemacht. Am 13. früh begann dann der allgemeine Sturm auf die Stellung der Russen. Diese wehrten sich über Erwarten gut, auch in der von ihnen gewählten Zwischenstellung. Bis zum 15. setzten sie den Angreifern den hartnäckigsten Widerstand entgegen. Es war vergeblich. Schon den 14. wurde die zweite Stellung genommen. Am 15. entbrannte eine neue Schlacht. Vor der Mitte der Deutschen häuften die Russen ihre Truppen zum Widerstande; aber gerade hier wurden die wichtigsten Erfolge erzielt. Am Abend stand das Korps Falkenhayn und die Garde in der Linie Granica—Hruszow—Klonice—Drohomysl—Höhen nördlich Nahaczow. Das VI. österreichische Korps erreichte den Westrand letzteren Dorfes, das XLI. Morance und Broszki. Das Beskidenkorps gelangte bis westlich Bonow, der Rest der k. u. k. 2. Armee drang an verschiedenen Stellen über die russische Zwischenstellung vor und nahm die Gora Granica. Auf dem linken Flügel erreichte das X. Korps den Przewa-Abschnitt und Oloszyce. Bis zu diesem Ort drang auch die zur Verfügung gestellte 8. bayerische Reservedivision vor; das zusammengesetzte Korps und der rechte Flügel der 4. österreichischen Armee bis in die Linie Wola Molodycz—Cieplice—Dornbach. Bisher waren von der 11. Armee allein 34000 Gefangene gemacht und etwa 70 Maschinengewehre erbeutet worden. Der Widerstand der Russen war stärker, als man gedacht hatte. Trotzdem war ein Nachlassen im Angriff nicht möglich, denn das moralische Ziel war die Befreiung Lembergs, das strategische aber die Trennung der russischen Armee und ihr Aufrollen, teils nach der rumänischen Grenze hin, teils in der Tanewstellung bis zur Weichsel. Ein Nachlassen im Angriff hätte den Russen die Freiheit der Bewegung zurückgegeben. So wurde denn auch die Fortsetzung des Angriffs beschlossen.

Die 2. österreichische Armee sollte mit dem verstärkten linken Flügel auf Dobrostany vorgehen und hier den rechten Flügel der russischen Aufstellung umfassen; die 11. Armee sollte mit dem rechten Flügel etwa auf Majdan—Walddorf marschieren, mit dem linken des XXII. Korps auf Manasterek, zwei Armeekorps sollten unter einheitlichem Kommando links gestaffelt folgen und die linke Flanke decken. Ein Armeekorps sollte hinter der Durchbruchsarmee her-

[1]) Siehe Karte 35.

marschieren; die 4. österreichische Armee über Cewkow auf Cieszanow folgen und im übrigen ihren Auftrag behalten.

Der Vormarsch wurde am 16. fortgesetzt. Alle Nachrichten bestätigten, daß der Feind im Abziehen nach seiner Hauptstellung begriffen sei. So kamen denn auch der rechte Flügel und die Mitte der Armee ohne wesentliche Gefechte an diese Stellung heran. Nur die Garde konnte mit Unterstützung der 43. Division Niemirow erst nach heftigem Gefechte nehmen, und das X. Korps war vor Lubaczow derart gefesselt, daß die 11. Honved-Kavalleriedivision zwischen ihm und dem XXII. Korps eingeschoben werden mußte, das bei Midiki nächtigte. Lubaczow war von den Russen zur hartnäckigen Verteidigung eingerichtet, wurde aber dennoch vom X. Korps bald gestürmt; noch an demselben Abend ging es bis Reichau vor. Die 8. bayerische Reservedivision, die mit der 56. unter dem Kommando des Generals von Stein in ein Korps zusammengetan worden war, gelangte im Korpsverbande nach Futory und dem Walde nördlich davon. Die k. u. k. 4. Armee kam vor der befestigten Linie Dzikow—Adamowka—Dornbach zum Stehen.

Am 17. gelangten die Truppen überall in den unmittelbarsten Bereich der feindlichen Stellung. In sie war der Feind wirklich zurückgewichen. Die 2. k. u. k. Armee kämpfte schon an diesem Tage um ihre Zugänge. Das Beskidenkorps drang über Lelechowka vor. Beim Korps François wurde der Gabrielenberg, beim Korps Arz der Czorny-Horb genommen. Am gleichen Tage aber nahm die k. u. k. 4. Armee die russische Stellung nordöstlich Cewkow und drang gegen die Tanewstellung bei Wolka-Biska vor. Die Russen leisteten am 18. Juni zwar nördlich Tarnogrod und südlich Ulazow noch einigen Widerstand, im allgemeinen aber wurden ihre Kräfte über die Tanewsümpfe zurückgeworfen, so daß ein Flankenangriff von Nordosten her nun nicht mehr zu befürchten war. Das gemischte Armeekorps aber hatte am Abend dieses Tages nach heftigen Gefechten die Höhen vor Deutschbach erreicht und wurde noch in der Nacht zum 19. heftig angegriffen; damit aber waren hier die Kämpfe vorläufig erledigt.

Die 2. österreichische Armee nahm am 18. den Brückenkopf bei Susulow—Brzeziec und schritt mit seinem Angriff auf die russischen Befestigungen überall günstig vor. Die 11. Armee aber benutzte den Tag, um die schwere Artillerie in Stellung zu bringen, mit der Infanterie dicht an den Feind heranzugehen, sich einzuschießen und alles für den Sturm vorzubereiten. Dieser erfolgte dann am 19. und wurde in heldenhafter Weise durchgeführt. Die Garde nahm Magierow, Lawrykow und Horodzow und setzte sich in den Besitz der Eisenbahn Lemberg—Rawaruska. Damit war der Durchbruch vollendet.

Es würde zu weit führen, den Fortgang der Schlacht im einzelnen zu beschreiben. Auf das Ergebnis kommt es an. Schon am

20. wurde Rawaruska vom X. Korps besetzt. Links davon focht das Korps Stein in einem äußerst hartnäckigen Gefecht gegen russische Gardetruppen, das mit der Erstürmung Deutschbachs durch die Bayern endete und diesen 2500 Gefangene einbrachte. Die Mitte drang bis dicht an die befestigten Linien der Russen heran, die an die Forts von Lemberg anschlossen. Der Gegner räumte ferner die Grodek—Komarnow-Stellung und ging in die südlichen Anschlußlinien von Lemberg hinter den Szczerzek zurück. Der Brückenkopf bei Mikolajow auf dem südlichen Dnjestrufer war bereits am 19. durch den rechten Flügel der 2. österreichischen Armee, die Gruppe Szurmay und Teile der Süd-Armee genommen worden. An demselben Tage erhielt Mackensen die Anweisung, daß er ohne vier nach dem Westen abzugebende Divisionen zusammen mit der 4. erzherzoglichen Armee weichselabwärts zu operieren hätte; daß die 2. Armee aber, der die Gruppe Szurmay in Zukunft zu unterstellen sei, mit der Süd- und der 7. Armee vereint Ostgalizien vom Feinde zu säubern habe. Das Beskidenkorps andererseits wurde der 11. Armee zugeteilt. Die Oberste Heeresleitung hatte sich auf eine Anregung des Obersten von Seeckt hin entschlossen, nach der Wegnahme von Lemberg die Operation, die siegreich bis Lemberg geführt hatte, noch weiter durch-

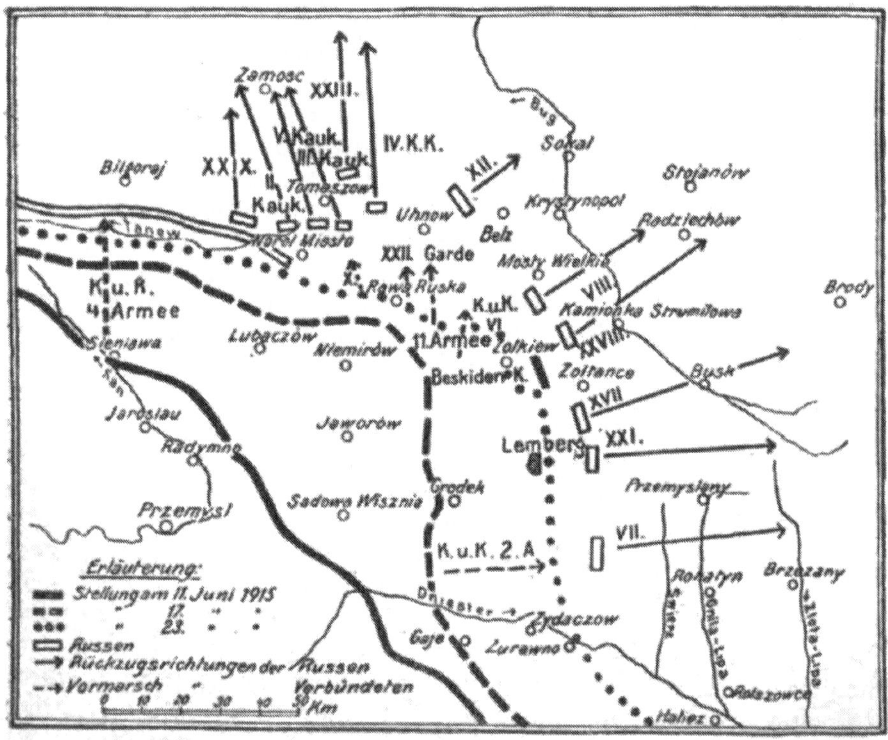

Karte 36. Die Schlacht von Grodek-Lemberg 1915 (nach Müller-Brandenburg).

zuführen und die russische Armee im Norden auf Brest-Litowsk, im Süden etwa bis an den Sereth zurückzuwerfen.

Der Gegner aber hatte sich in der Linie vom Dnjestr bis zur Glinka erneut zur Schlacht gestellt und machte wütende Gegenangriffe. Dennoch gelang es der 2. Armee, mit ihrem rechten Flügel unterhalb Lesniovice über den Szczerzek zu gehen, während das Beskidenkorps die Höhe 280 bei Zaszkow nahm und dadurch die nördlich Lemberg gelegene Anschlußstellung unhaltbar machte. Am 22. früh wurde infolgedessen Zolkiew genommen, die Höhe 344 vom Beskidenkorps erstürmt und Kulikow besetzt. Mittlerweile war am 22. schon um 4 Uhr früh das Artilleriefeuer gegen die West- und Nordwestfront der Festung Lemberg eröffnet worden, und nun fiel ein Werk nach dem andern; auch die Befestigungen von Sknilow wurden genommen, die starke Lysa Gora wurde vom Regiment „König Wilhelm I." gestürmt, alle feindlichen Gegenangriffe wurden zurückgeschlagen, und um 4 Uhr konnte General von Boehm-Ermolli in die befreite Stadt einziehen. Mackensen wurde zum Generalfeldmarschall, sein Generalstabschef vom Obersten zum Generalmajor befördert. Die Masse der Armee Boehm-Ermolli lagerte am 22. abends östlich Lemberg mit Vortruppen in der Linie Zaputow—Dawidow.

Die Russen waren strahlenförmig zurückgewichen. Ein Teil ihrer Truppen war nach Norden, andere waren nach Osten zurückgegangen. Mehrere Korps waren aber auch in nordöstlicher Richtung ausgewichen.

Mittlerweile hatte die Süd-Armee den Dnjestr am 21. und 22. überschritten, verstärkt durch das X. Reservekorps. Bei Martinow wurde der Angreifer zwar am 23. wieder über den Strom geworfen. Weiter stromauf aber drang er durch. Bei Zurawno und Zydaczow wurde der Strom siegreich überschritten. Chodorow wurde gestürmt, während zu gleicher Zeit Szurmay im engen Anschluß an den rechten Flügel von Boehm-Ermollis 2. Armee links von der Süd-Armee von Mikolajow aus nach Osten vordrang. Am 28. Juni hatte die Masse der Angriffsarmee die Stromschranke überwunden und ging nach Osten schwenkend weiter vor. An jedem Quertal leisteten die Russen Widerstand — zuerst am Swierz. Am 27. wurde hier die Gegenwehr überwunden, am gleichen Tage Halitsch genommen. Die Russen gingen auf die Gnila-Lipa zurück und besetzten die Linie Kolszowce—Rohatyn—Przemyslany. Die Verbindung mit der russischen Hauptarmee bildeten die von Lemberg nach Osten zurückgehenden Korps, indem sie die Höhen von Miclasow—Jaryczow—Zoltance besetzten. Linsingen aber griff die Russen bei Rohatyn an und warf sie zurück. In zahlreichen Gefechten bei Janczin, Narajow und Firlejow vermochten sie nicht standzuhalten, an der Narajowka sich nicht zu setzen, und gingen am 4. Juli hinter die Zlota Lipa zurück. Hier grub sich die Südarmee ein, während die 2. österreichische Armee bis in die Linie Kamionka Strumilowa—Busk vorgerückt war, sich etwa bei

Gologory mit der Südarmee die Hand reichte, die ihrerseits bei Nisniow an die 7. Armee Pflanzer-Baltins anschloß, die den Dnjestr und Czernowitz hielt. Die verbündeten Armeen standen vor neuen Entschlüssen, die eine umfassende Neuordnung auch der Truppen nötig machten.

Weitere Pläne gegen Rußland und das Zurückdrängen der russischen Armee.

Lemberg war wieder in österreichischem Besitz; bis an die Zlota Lipa war die Südarmee vorgedrungen, während die 7. Armee der Österreicher Czernowitz besetzt hielt, und die Bukowina zum größten Teil innehatte; die 2. österreichische Armee aber nordwestlich an die Südarmee anschloß. In Kurland war man bis an die Dubissa und die Windau vorgedrungen; Ostpreußen war vom Feinde befreit; die deutschen Armeen hatten überall dessen Südgrenze überschritten. Nur westlich der oberen Weichsel sowie der Bobr—Narew-Linie hielten die Russen noch hartnäckig stand und hatten sich hier mit gewaltigen Hindernissen umgeben. Die Festungen Kowno, Grodno, Nowogeorgiewsk, Warschau und Iwangorod waren in ihrer Hand, und wenn sie auch bedeutende Verluste erlitten hatten, stellten sie doch einen Gegner dar, der im Weltkriege noch ein gewichtiges Wort mitzureden hatte. Alles mußte daher darangesetzt werden, ihre Armee noch im Sommer 1915 wenn möglich zu vernichten. Gewiß waren auch andere Entscheidungen nötig: mit Bulgarien waren wieder Verhandlungen angeknüpft worden, und es war von großer Wichtigkeit, einen sicheren Weg durch Serbien nach der Türkei zu gewinnen. Auch in Frankreich drohte ein großer, Entscheidung suchender Angriff, den man etwa im September in der Champagne erwartete. Unter diesen Umständen kam es darauf an, möglichst bald und möglichst vernichtend mit der russischen Armee fertig zu werden, bevor die übrigen Aufgaben dringend wurden. Um so mehr war es Sache des deutschen Generalstabes, das Auge auf das Wesentliche gerichtet zu behalten und mit einer der Größe des Augenblicks entsprechenden Kühnheit zu handeln. Natürlich konnte der Schlag auch mißlingen; manches weniger Wichtige konnte dabei versäumt werden: aber in der Lage, in der die Deutschen sich befanden, war die höchste Kühnheit zugleich die größte Weisheit; über Nebendingen aber das Wichtigste versäumen, war ein entscheidender Fehler. Das Wesentliche aber war meines Erachtens, Rußland so niederzukämpfen, daß es aus der Reihe unserer Gegner ausscheiden mußte. Dann wagte Rumänien sicher nicht, sich gegen uns zu erklären, der Türkei war wesentlich geholfen, weil die Bezwingung der Dardanellen ihren Zweck verloren hatte, und schon im Jahre 1916 konnten wir voraussichtlich die Masse unserer Streitmacht gegen unsere westlichen Gegner wenden. Auch Italien konnte vorher entscheidend niedergeworfen werden. Der ganze Krieg hätte wahrscheinlich einen anderen als den jetzigen Ausgang genommen. Rußland also mußte zum Austritt aus der Reihe der Verbündeten gezwungen werden. Sonst war der Ausgang des Krieges überhaupt nicht abzusehen, und was es bedeutete, zwei Jahre früher, als geschehen, mit der Gesamtmacht in Frankreich aufzutreten und die Entscheidung zu erzwingen, brauche ich wohl nicht erst zu erörtern. Die nordamerikanischen Freistaaten hätten dann wahrscheinlich trotz aller Geldinteressen nicht am Kriege aktiven Anteil genommen. Für ein solches immerhin höchst mögliches Ergebnis mußte etwas gewagt werden.

Hindenburg war daher der Ansicht, daß man von Ostpreußen aus in Rücken und Flanke der russischen Armee vorgehen, dieser den Rückzug verlegen und sie so zur Übergabe zwingen sollte, während der Njemen-Armee die Deckung dieser Operation gegen die Düna zufiel. Auch müsse, meinte er, der große Menschenbedarf berücksichtigt werden, den Frontalangriffe gegen befestigte Stellungen nötig machen würden, wie sie erforderlich sein würden, wenn man den Feind **nicht** in Flanke und Rücken angriffe. Wenn man ferner das Eisenbahnnetz ins Auge faßte, das beiderseits benutzt werden konnte, ließ sich allerdings nicht leugnen, daß den Russen für einen Rückzug nach Osten viel zahlreichere Bahnen zur Verfügung standen, als den Deutschen für eine Operation in deren Rücken. Dagegen hatten die Deutschen einen viel geringeren Raum zu durchschreiten, wenn sie sich von Norden her gegen den Rücken der Russen wendeten, und konnten große Kavalleriemassen frühzeitig vorschicken, die die in Frage kommenden Bahnen bei Wilna, Molodetschno und Minsk nachhaltig zu zerstören vermochten. Frontalangriffe durften nur insoweit stattfinden, als sie nötig waren, um die feindlichen Streitkräfte festzuhalten und ihren Rückzug dadurch zur verlangsamen. Damit war meines Erachtens die Möglichkeit gegeben, daß eine solche Operation, die die größten Erfolge versprach, gelingen könne. Sie mußte sogar um so erfolgreicher sein, je weiter man nach Osten ausholen konnte, je länger im Westen die Feinde festgehalten waren. Demgegenüber war der Generalstabschef — damals also General von Falkenhayn — der Ansicht, daß es vorteilhafter sei, die Narew- und Weichsel-Linie direkt anzugreifen, da ein Umfassen des Gegners angesichts der überlegenen feindlichen Eisenbahnen unmöglich sei, und dieser sehr wohl gelernt habe, sich umfassenden Operationen zu entziehen. Der von Falkenhayn vorgeschlagene mehr frontale Angriff bot zwar auch die Möglichkeit, einen Teil der feindlichen Armee am Rückzuge zu verhindern, doch war eine solche Möglichkeit sehr gering; die Wahrscheinlichkeit dagegen sprach dafür, daß es der gesamten feindlichen Armee gelingen würde, sich der teilweisen Umfassung zu entziehen. In diesem Falle gewann man allerdings die Möglichkeit, die geplanten Nebenzwecke zu erreichen und die Westarmee in ihrem Heldenkampfe zu unterstützen — die feindliche Überlegenheit war mittlerweile allein an Infanterie auf 700 Bataillone angewachsen — auf einen endgültigen Erfolg gegen Rußland aber mußte man verzichten und gab damit den Ausgang des Krieges völlig aus der Hand, der schon einmal — infolge der fehlerhaften Maßregeln vor der Marneschlacht — ernstlich gefährdet worden war.

Die Entscheidung war allerdings schwer zu treffen, da die Nebenzwecke ein schweres Gewicht in die Wagschale warfen, und der militärische Lehrsatz, daß die höchste Kühnheit zugleich die höchste Weisheit darstelle, wenn die Möglichkeit des Gelingens überhaupt vorhanden sei, konnte nur wahrhaft großen Geistern und Charakteren verständlich sein. Der Kaiser, bei dem beide Anschauungen zum Vortrag gelangt zu sein scheinen, entschied sich daher unter dem Einfluß des Generalstabschefs im Sinne des Generals von Falkenhayn. Ein späterer Versuch aber, nach der Wegnahme von Wilna die Russen doch noch zu umfassen, scheiterte, weil der Angriff notgedrungen zu schwach war, nicht weit genug um den rechten Flügel der bereits zurückgegangenen Russen herumfassen konnte, und diese bei der damaligen Lage imstande waren, ihm genügende Kräfte entgegenzuwerfen.

So wurden denn die Operationen im Sinne des Großen Generalstabs als ein zusammenhängendes Ganzes eingeleitet und müssen auch als solches betrachtet werden. Die einzelnen Teile mußten sinngemäß ineinandergreifen, im ganzen aber kam es darauf an, nachdem auch die teilweise Umfassung sehr bald gescheitert war, um einen Ausdruck des Generals von Falkenhayn zu gebrauchen, „diejenige Linie zu finden, die unter dem geringsten Kraftaufwand die dauernde Sicherung von Ostpreußen und Ungarn verbürgte, während wir auf anderen Kriegsschauplätzen mit so starken Kräften, wie irgend möglich, die Entscheidung des Krieges herbeizuführen suchten".

Hier kündigt sich schon die verderbliche Auffassung an, daß wir den Krieg siegreich beendigen könnten, ohne vorher Rußland endgültig niedergeworfen zu haben. Damit war eine Entscheidung getroffen, die für den ganzen Fortgang des Krieges von maßgebender Bedeutung sein sollte.

A. Bis an die Düna und Weichsel. Der Durchbruch am Narew.

Die deutsche 11. Armee war nach der Eroberung von Lemberg und Rawa-Ruska zugleich mit der 4. österreichischen Armee links geschwenkt und hatte die Verfolgung der nach Norden ausgewichenen Russen aufgenommen, während die 2. österreichische Armee die Verbindung mit der Süd-Armee unterhielt.

Die Verfolgung war aber am 3. Juli zum Stehen gekommen, als Iwanow seinerseits, wieder verstärkt und neugeordnet, zum Angriff überging. Die 4. österreichische Armee wurde sogar schwer erschüttert. Feldmarschall Mackensen sah ein, daß er ohne namhafte Verstärkung nicht würde durchdringen können. Es wurde daher die Bug-Armee rechts von der 11. neuformiert, und es wurde eine Anzahl Divisionen neu herangezogen. Das Beskidenkorps wurde der Bug-Armee zugewiesen; rechts von ihr aber erhielt die 1. österreichische Armee den Auftrag, die rechte Flanke der Bug-Armee zu decken und zu diesem Zweck auf Wladimir Wolhynsk vorzugehen, wozu sie aus der Bug-Armee durch die deutsche 5., die österreichische 11. Kavalleriedivision und das XLI. Reservekorps verstärkt worden war. Die 1. österreichische Armee war zu diesem Zweck vom westlichen Weichselufer über Lemberg und von da mit der Eisenbahn herangezogen worden. Sie hatte ihre Bedeutung am linken Weichselufer verloren, weil für sie der Platz dort nicht mehr vorhanden war. Sie sollte nunmehr zunächst durch einige Divisionen verstärkt[1]) über Wladimir Wolhynsk etwa auf Kowel vorgehen, um den Südflügel der Russen zu umfassen. Diese Absicht aber wurde bald aufgegeben und ihr bloß der Schutz der rechten Flanke am Bug aufgetragen, wohl weil man die Leistungsfähigkeit dieser Armee sehr gering einschätzte und die Schwierigkeiten eines Vorgehens im Sumpfgebiet rechts des Stromes zu hoch bewertete. Die Armeeabteilung von Woyrsch aber erreichte im weitern Vorgehen den Weichselstrom, an dem sie mit ihrem rechten Flügel den linken der 4. österreichischen Armee berührte. Sie war wesentlich geschwächt worden. Das Garde-Reservekorps war zur 9. Armee übergetreten; die Armee Boehm-Ermolli hatte in den Karpathen Verwendung gefunden, und die 35. Reservedivision war auf das rechte Weichselufer geworfen worden, als sich die Lage der Österreicher zeitweilig ungünstig gestaltet hatte. Woyrsch war aus der Linie Opatowka—Radomka allmählich auf den Brückenkopf von Iwangorod vorgegangen, hatte am 17. Juli die russische Stellung bei Sienno durchbrochen und dann noch am 19. und 21. Juli zwei weitere russische Stellungen bei Ciepielow—Kazanow und bei Jalonow im Sturm genommen, zahlreiche Gefangene gemacht und die Russen über den Strom zurückgeworfen. Sein linker Flügel bestand aus dem XII. österreichischen Korps, während die 7. österreichische Kavalleriedivision die Reserve bildete.

Mittlerweile hatte die 9. Armee unter dem Prinzen Leopold von Bayern sich zum Vorgehen gegen Warschau bereit gemacht. Sie hatte, durch drei Landsturmregimenter verstärkt, allmählich vier Divisionen an die jetzt als 12. Armee bezeichnete Heeresgruppe Gallwitz abgeben müssen, die den frontalen Stoß gegen den unteren Narew und Nowogeorgiewsk führen sollte und dazu allmählich bis auf 16 Divisionen, das Korps Dickhuth und die Brigade Pfeil verstärkt

[1]) Darunter befand sich auch die letzte deutsche Division von der serbischen Grenze.

worden war. Am 13. Juli eröffnete Gallwitz den Angriff, während gleichzeitig Mackensen, nachdem er seine Scharen neugeordnet hatte, zum Angriff schritt, und die Njemen-Armee ihrerseits den Vormarsch begann. Fast die ganze deutsche Armee setzte sich in Bewegung. Es waren im ganzen 120 Divisionen, die zum entscheidenden Angriff auf der Ostfront schritten.

Wir wenden uns zunächst der Njemen-Armee zu, die verstärkt worden war und dementsprechend jetzt vom General O. von Below befehligt wurde. Mit gewaltigem Schwunge ging ihr linker Flügel über die Windau vor und warf die Russen trotz tapferer Gegenwehr auf Tuckum und Hofzumberge zurück, während die Mitte bei Kurschany und Popeljany kämpfte, und der rechte bei Rossieny stand. In ungestümem Vorgehen, das zu wiederholten heftigen Gefechten führte, gelang es, den Feind über die Linie Kejdany—Poniewiez—Bausk zurückzuwerfen, Schaulen zu nehmen, am 1. August Mitau zu besetzen und an der Bahn Poniewiez—Dünaburg vorzudringen. Die 5. russische Armee, der hier die Verteidigung oblag, war gründlich geschlagen. Doch war die Njemen-Armee viel zu schwach, um weitergehende Erfolge zu erzielen, und mußte sich daher damit begnügen, das gewonnene Gelände zu behaupten und die untere Düna zu beobachten. Auch verstärkten sich die durch den Angriff völlig überraschten Russen zusehends. Doch waren sie anderweitig zu sehr in Anspruch genommen, um hier eine Entscheidung suchen zu können. Denn mittlerweile war auch der Angriff auf den Narew mit überraschender Schnelligkeit vorgeschritten. Die 8. Armee, die jetzt General von Scholtz an Stelle des Generals von Below kommandierte, beteiligte sich an dem Angriff mit der 75. Reserve- und der 10. Landwehrdivision.

Der Russe hatte in einer Tiefe von mindestens 20 km das Land mit Hindernissen bedeckt, hinter denen die stark befestigte Narew-Linie sich ausdehnte. Er fühlte sich ganz sicher in seinen Verschanzungen und hatte daher hier wie gegenüber der 9. Armee und der Armeeabteilung Woyrsch Kräfte weggezogen, um sich zwischen Weichsel und Bug zu verstärken, wo der gegen seine Flanke gerichtete Angriff Mackensens ihm am gefährlichsten schien: aber rücksichtslos durchbrach die 12. Armee diese gewaltige Verteidigungszone und zwang den Russen, erhebliche Verstärkungen heranzuführen.

General von Gallwitz, der mittlerweile durch zwei Divisionen aus der 9. Armee verstärkt worden war, hatte sich entschlossen, zu beiden Seiten von Praschnysch anzugreifen, und hatte zu diesem Zweck außer der Feldartillerie von drei Korps 60 schwere Geschütze bereitgestellt. So durchbrach er die vorderste feindliche Linie am 13. und 14. Juli. Am 15. wurde eine starke hintere Stellung des Feindes erstürmt und schon am 17. der Narew erreicht. Hier trat eine Pause im Angriff ein. Die Artillerie mußte von neuem aufmarschieren. Schon am 20. Juli waren zwei neue Divisionen aus dem Westen angekündigt und der Narew-Armee überwiesen worden. Am 23. wurden dann Pultusk und Roshan genommen. Der rechte Flügel wandte sich gegen Nowogeorgiewsk, der linke gegen Ostrolenka. Auch die 8. Armee hatte nach heftigen Kämpfen den Narew zwischen Schkwa und Pissa erreicht, sich aber nur mit schwachen Kräften am linken Ufer des Stromes festsetzen können.

Währenddem waren auch die 9. Armee und Woyrsch zum Angriff geschritten. Letzterer hatte die auf Iwangorod zurückweichenden Russen an der Ilschanka geschlagen und hatte am 21. Juli 1915 Iwangorod auf dem linken Weichselufer eng umschlossen. Prinz Leopold seinerseits hatte die Russen ebenfalls angegriffen und drang unter steten Gefechten gegen die Blonie-Stellung dicht vor Warschau vor. Am 21. umschloß er die Festung am linken Stromufer, das XXV. Reservekorps trug die Hauptlast des Kampfes; zwischen beiden aber, auf dem linken Flügel von Woyrsch, drang General von Köveß mit seinen Österreichern ebenfalls gegen Iwangorod vor.

Auch Mackensen war, nachdem er seine Armeen neu geordnet und verstärkt und alle Angriffe Iwanows, wenn auch, besonders auf dem linken Flügel, nur mit Mühe abgewiesen hatte, am 15. Juli zum Angriff übergegangen, um endlich den russischen Widerstand zu überwinden und in die Flanke der feindlichen Armeen einzubrechen. Während seine Hauptkräfte in der Front mit Richtung nach Norden angriffen, suchte Puhallo mit der 1. Armee, wie befohlen, nach Wladimir Wolhynsk durchzustoßen. Er erstritt zwar das rechte Ufer des Bug bei Sokal und weiter abwärts, konnte sich aber nur mit Unterstützung vom rechten Flügel der Bug-Armee behaupten und vermochte nicht nach Wladimir Wolhynsk durchzudringen. Mackensen selbst kam nur langsam vorwärts. Nachdem das XLI. Korps, das der Armee Puhallo zu Hilfe geschickt worden war, zurückgekehrt war, gelang es Linsingen in äußerst hartnäckigen Kämpfen, zwei Stellungen des Feindes zu nehmen, und erst am 23. Juli 1915 kam er vor der feindlichen Hauptstellung in der Linie Horodlo—Annapol—Teratyn—Jaroslawiec zum Stehen. Bis zu dem gleichen Tage hatte die 11. Armee die Linie Uchanie—Krupe und das Gielczewkatal bis zu den Höhen von Piski, in Kämpfen, die oft einen äußerst kritischen Charakter annahmen, blutig erstritten, die 4. österreichische Armee aber — immer noch unterstützt von der 47. preußischen Reservedivision — hatte am 23. Juli die Orte Niederzwica-Mala, Borzechow, Chodel und Opole erkämpft. Sie stieß am 24. wenige Kilometer von Lublin und der Straße Lublin—Kasimierz wieder auf den Feind und mußte zu neuer Schlacht aufschließen. Die Bug-Armee ihrerseits war bald wieder angetreten, hatte die Hauptstellung des Feindes gestürmt und verschiedene andere genommen, war aber am 27. wieder zum Stehen gekommen. Der rechte Flügel der 11. Armee, wo das VI. österreichische Korps focht, geriet vor einem russischen Angriff sogar in Unordnung und zwang Linsingen, haltzumachen, um seine offene linke Flanke zu decken. Doch bald änderte sich die Lage. Mackensen griff am 28. Juli auf der ganzen Linie mit seinen drei Armeen an und warf die Russen in mehrtägigen erbitterten Kämpfen zurück. Er hatte die Bug-Armee auf Dubienka—Cholm, die 11. Armee auf Cholm—Lenczna und die 4. österreichische Armee auf Lublin—Kasimierz angesetzt, und drängte in diesen Richtungen unaufhaltsam vorwärts, trotz der Übermacht der Russen, die immer neue Verstärkungen aus ihren unerschöpflichen Menschenreserven heranführten. Am 31. wurde Cholm genommen, schon am 30. Juli Lublin. Die Bahn Iwangorod—Lublin—Cholm nach Kowel und damit eine der wichtigsten rückwärtigen Verbindungen der Russen war in deutscher Hand; heftige Verfolgungsgefechte fanden auf der ganzen Linie statt: die Russen aber setzten sich von neuem in der Linie Opalin am Bug, Sawin, Siedliszcze, Lenczna, Kurow und Nowoalexandria an der Weichsel fest. Hier mußte zu neuer Schlacht aufgeschlossen werden. Deutsche Pioniere aber warfen eine Schiffbrücke über die Weichsel und stellten die Verbindung mit der Armeegruppe Woyrsch her, die mittlerweile auf Iwangorod herangerückt war.

Auf dem rechten Flügel der Bug-Armee focht gleichzeitig die 1. österreichische Armee, um deren Flanke zu decken, in defensiver Absicht zwar, aber ihren Weisungen gemäß in durchaus offensiver Weise. Zunächst zwar erschöpften sich die Russen in nutzlosen Angriffen auf Sokal, dann aber gingen sie nach Norden und Osten zurück und begnügten sich damit, Kowel zu decken. Am 4. August konnte die 5. Kavalleriedivision Wladimir Wolhynsk besetzen.

Die Heeresgruppe Mackensen hatte indessen Gewaltiges geleistet. Sie hatte nicht nur einen überlegenen Feind überall frontal geschlagen, sondern sie hatte auch die größten Schwierigkeiten in der Aufrechterhaltung der rückwärtigen Verbindungen ohne die Hilfe irgendeiner Eisenbahn zu überwinden gewußt. Die Russen zerstörten beim Rückzuge alle Wege, verbrannten die Ortschaften und die Ernte, schleppten die Einwohner weg und töteten das Vieh, das sie nicht mitführen konnten. Durch eine völlige Wüste mußte sich daher Mackensens Armee vorwärts wälzen und alle ihre Verpflegung und Munition mit Pferdezug hinter sich herziehen. Die damit vollbrachte Leistung war eine riesige; die Gesamtleistung in ihrer ganzen Größe gar nicht zu überschätzen. Die Ergebnisse dieser Anstrengungen sollten allerdings den Erwartungen nicht entsprechen.

B. Der Übergang über die Weichsel, die Einnahme von Iwangorod und Warschau, das weitere Vorgehen von Gallwitz und der Heeresgruppe Mackensen bis zum 14. August.

Während in der geschilderten Weise die deutschen Armeen von allen Seiten vorwärts drängten und trotz der immer noch großen russischen Übermacht besonders im Süden die Flanke des Feindes zu umfassen strebten, hatten die Russen eingesehen, daß sie ihre weit nach Westen vorspringende Mittelgruppe, die ihre besten Kräfte enthielt, vor einer solchen Umfassung nur retten konnten, wenn sie auf der ganzen Linie zurückgingen und auf den Flügeln nur so lange hielten, bis sie die Armeen der Mitte und das ganze dort aufgespeicherte Kriegsmaterial gerettet hätten. War der Entschluß hierzu aber einmal gefaßt, dann war der von den deutschen Armeen umspannte Bogen viel zu flach, um noch eine wirksame Umfassung möglich zu machen, wie das übrigens leicht vorauszusehen war. Anfangs zwar scheinen die Russen noch geglaubt zu haben, daß es ihnen gelingen werde, zwischen Bug und Weichsel sowie am Narew standzuhalten, bald aber kamen sie hiervon ab und kämpften nur noch um einen gesicherten Rückzug. Sie hatten zwar über 700 000 Mann und mehrere hundert Geschütze seit dem Beginn des Sommerfeldzuges im freien Felde verloren, doch hatte die Armee ihren inneren Zusammenhalt gewahrt und war wieder herzustellen, wenn sie sich vom Feinde löste. Das aber stand ihnen um so mehr in Aussicht, als die Deutschen der schwierigen rückwärtigen Verbindungen wegen nur langsam folgen konnten.

Der Entschluß zum Rückzuge kam aber auch den deutschen Armeen westlich der Weichsel insofern zugute, als in dem Augenblick, in dem sie sich jetzt zum entscheidenden Angriff entschlossen, der Abtransport des Kriegsmaterials von Warschau und Iwangorod schon am 14. Juli begonnen hatte, und die russischen Truppen an der Weichselfront, soweit man es beurteilen kann, vielfach geschwächt worden waren, um die Kräfte am Narew und zwischen Bug und Weichsel zu verstärken. Trotz alledem war das Unternehmen der Deutschen, besonders des Generals von Woyrsch, ein ungeheuer gewagtes: galt es doch, angesichts des Feindes einen Strom von der Mächtigkeit der Weichsel zu überschreiten.

General von Woyrsch verfügte nur noch über das XII. österreichische Korps, sein eigenes Landwehrkorps unter dem Befehl des Generals von König, die Landwehrdivision Bredow und die 7. österreichische Kavalleriedivision. Von ihnen standen die Österreicher vor Iwangorod, die Preußen vor Nowoalexandria. Hier sollte zunächst der Übergang stattfinden, und General von Woyrsch ließ alles für ihn vorbereiten. Erst im letzten Augenblick, als die Truppen bereits das Übersetzen beginnen sollten, kam die Nachricht, daß die Oberste Heeresleitung sich mit einem anderen Plane einverstanden erklärt habe, den der General von Woyrsch entworfen hatte.

Dieser ließ nun, nachdem er alles für den Übergang vorbereitet hatte, die preußischen Truppen am 28. Juli hinter den Österreichern, die mittlerweile die Festung berennen mußten, links abmarschieren und kam am Abend, ohne daß die Russen seinen Linksabmarsch gemerkt hätten, in der Nähe der Radomkamündung, der für den Übergang in Aussicht genommenen Stelle des Stromes, an. Die Pontons waren, um den Feind zu täuschen, als Heuwagen ausgestattet worden. Noch in derselben Nacht begann bei unsichtigem Wetter der Übergang, der die Russen vollständig überraschte. Sie führten zwar später erhebliche Verstärkungen heran, vermochten aber die übergegangene Truppe nicht mehr über den Strom zurückzuwerfen. Den Angreifern gelang es dagegen, mit österreichischen Pionieren, die von allen Seiten herangezogen waren und auch das Hinüberrudern der ersten Infanterie besorgt hatten, eine Brücke über den Strom zu schlagen und so auch ihre Artillerie hinüberzuschaffen.

Beide Teile führten nun Verstärkungen heran. Der Kampf tobte weiter. Am 1. August schritten die Schlesier, die im Artilleriekampf überlegen waren, zum Sturm und nahmen Tomaschow, worauf die Russen über die Bahn Jwangorod—Warschau nach Osten wichen. Am 3. war die Verbindung mit Warschau endgültig unterbrochen; da zugleich Erzherzog Joseph Ferdinand am rechten Ufer vor Nowoalexandria erschien, räumten die Russen am 4. August den Brückenkopf, in den die Österreicher mit der blanken Waffe eingedrungen waren, und am 5. August die Kernfestung in der Richtung auf Riki, während die Deutschen die Bahn auf Garwolin und Warschau überschritten, um, mit dem XII. österreichischen Korps vereint, auf Zelechow vorzugehen. Auch die 7. österreichische und die 9. deutsche Kavalleriedivision, die nunmehr zur Armeeabteilung Woyrsch stieß, konnten am 8. August die Weichsel auf der fertigen Brücke überschreiten, und so war eine der glorreichsten Taten dieses Krieges glücklich durchgeführt worden: das Überschreiten eines über 1000 m breiten Stromes, im Angesicht eines überlegenen Gegners.

Zur selben Zeit griff auch die 9. Armee, die vom 27. bis 29. schwer gekämpft hatte, Warschau von neuem entscheidungsuchend an und drang am 3. August in die Südfront ein. Der Verteidiger, General Smirnow, hatte nur noch Nachhuten zurückgelassen und sich mit dem Gros seiner Truppen dem Kampf um die Stadt entzogen. Dagegen verteidigte er die Vorstadt Praga auf dem rechten Ufer des Stromes auf das hartnäckigste, und erst am 9. August konnten das XXV. Reservekorps und das Kavalleriekorps Frommel den Strom überschreiten. Erst am 10. August stieß die Spitze des XXV. Reservekorps wieder auf den Feind, nachdem die Verbindung mit Woyrsch hergestellt und dieser mit seinen sämtlichen Truppen dem Prinzen Leopold unterstellt worden war. In der Nacht zum 11. räumten die Russen freiwillig ihre Rückzugsstellung, am 12. wurde die Linie Lukow—Siedlec überschritten, und am 13. August vermischte sich vor der Front der Prinz-Leopoldschen Truppen der Kanonendonner mit dem der Armee von Gallwitz und dem der Heeresgruppe Mackensen, die bei Wlodawa und Parczew in schwerem Ringen begriffen war.

Mackensen hatte die Armee auf Sawin, Lenczna und Lubartow angesetzt und erreichte am 7. August mit der Bug-Armee den ersteren Ort, mit der 11. Armee Kresna und mit der Armee des Erzherzogs, mit der die Verbindung durch die Gardekavallerie unterhalten wurde, Lubartow und Barnow. Gleich darauf aber stieß er auf eine neue russische Hauptstellung, die, mit aller nur erdenklichen Kunst ausgebaut, sich mit dem linken Flügel bei Siedliszcze an den Bug lehnte und sich über die Sümpfe von Wytyczno bis gegen Ostrow erstreckte. Demgegenüber verlängerte Mackensen die Linie der Bug-Armee, die die Abschnitte des VI. österreichischen und des Gardekorps mit zu übernehmen hatte; Linsingen aber zog die 1. Division als Heeresreserve nach Sawin, und das XLI. Korps, das gleichzeitig den Bug nördlich Dubienka zu sichern hatte, auf seinen rechten Flügel. Südlich Dubienka sicherte die Armee Puhallo.

Am 9. August begann der Angriff auf der ganzen Front. Die Bug-Armee drang siegreich in verschiedene befestigte Orte ein, vermochte aber den Widerstand des Feindes nicht ohne weitere Hilfe zu überwinden. Die 11. Armee stellte ihr die 22. Division zur Verfügung. Nun konnte sie die 1. Division, die bisher Heeresreserve gewesen war, in die Front nehmen; diese durchbrach die feindlichen Linien in der Nacht vom 12. August und zwang dadurch die ganze feindliche Heeresfront zum Zurückgehen. Die nächsten Tage aber verfolgte sie den weichenden Gegner. Auch die übrigen Teile der Heeresgruppe Mackensen waren siegreich vorgeschritten. Der Gegner war am 8. August auf die Linie Kaznow—Leszkowice zurückgewichen und deckte in einer Stellung von Ostrow und Firley den großen Straßenknotenpunkt Parczew. Auch hier wurde er zunächst von Artillerie angegriffen. Das X. Korps und die Garde-Kavalleriedivision wurden nunmehr, da sich der Raum für die Armeen immer mehr verengte, an den Bug abgesandt, um dort bei der Beobachtung mitzuwirken. Sie wurden durch Österreicher ersetzt, die gemeinsam mit dem XXII. Reservekorps den Feind vollends warfen.

Es scheint, daß schon kurz vorher ein erheblicher Teil der 4. Armee vom linken auf den rechten Flügel der Heeresgruppe entsandt worden ist. Ganz einwandfrei lassen sich die jetzt vielfach wechselnden Operationen nicht übersehen; nur so viel ist klar, daß sich der Raum in der Richtung auf Brest-Litowsk dauernd verengerte, weil die Poljesje größere Heeresbewegungen in der Richtung auf Kowel und Pinsk unmöglich machte, daß daher Truppen aus der Front gezogen werden mußten, und daß trotzdem die Heeresgruppen Mackensens und des Prinzen Leopold von Bayern bis zum 13. August siegreich vorrückten und den hartnäckigen Widerstand des Gegners erfolgreich überwanden.

Dasselbe gilt von der 12. und 8. Armee.

Wir hatten die Heeresgruppe Gallwitz verlassen, als sie am 23. Juli 1915 Pultusk und Rozan erobert hatte. In den nächsten

Tagen überschritt sie den Narewstrom. Etwa zehn Divisionen faßten auf dem rechten Flügel festen Fuß, um demnächst den Angriff weiter fortzuführen. Nur das I. Korps, das Ostrolenka gegenüber stand, war wenig vorwärts gekommen und hatte erst am 24. einen Brückenkopf am linken Narewufer besetzt, den es unter gewaltigen Verlusten mit Mühe behauptete. Da wurden die zwischen Rozan und Pultusk übergegangenen Truppen am 26. Juli mit äußerster Energie angegriffen, in der offenbaren Absicht, sie wieder in den Strom zurückzuwerfen. Die Russen hatten unbemerkt bedeutende Verstärkungen herangeführt. Beinahe zehn Armeekorps und drei Kavalleriedivisionen wurden am Abend des 26. festgestellt, wobei zu bemerken ist, daß die russischen Regimenter vier Bataillone, die deutschen deren nur drei stark waren. Die Übermacht war also eine gewaltige. Trotzdem blieben die Deutschen Sieger, denn wenn auch am 28. und 29. noch einzelne Angriffe stattfanden, hatte der Stoß gegen den rechten Flügel der Deutschen doch seine Kraft im wesentlichen erschöpft, und der Schwerpunkt des Kampfes ging jetzt auf deren linken Flügel über, wo das I. Korps nicht weiter kam.

Es stellte sich immer mehr heraus, daß es unmöglich sei, frontal aus dem eroberten Brückenkopf Raum zu gewinnen. Bei Sielun weiter stromabwärts ging daher auf eigene Verantwortung hin die 83. Division, die dem Korps zur Verfügung gestellt war, über den Fluß und griff von Süden her an. Nun war der Brückenkopf des I. Korps nördlich Kamionka gerettet und der weitere Kampf von Erfolg gekrönt: der Heldenkampf in dem Brückenkopf, denn ein solcher war es gewesen, hatte glänzende Früchte getragen. Die nicht unmittelbar verwendeten Kräfte des I. Korps und ebenso — nach vergeblichen Versuchen, bei Ostrolenka selbst überzugehen — die 54. Division, die ebenfalls dem I. Korps unterstellt wurde, gingen bei Kolaki, wo eine Brücke geschlagen wurde, über den Fluß, am 2. August abends wurde die Linie Gierwary—Borawe—Korczaki erreicht, und trotz eines Gegenschlages, der am 31. Juli die 83. Division ereilt hatte, fiel Ostrolenka mit dem Strom bis zur Rozogamündung am 3. August abends in die Hand der Deutschen. Der weitere Angriff ging vom linken Flügel aus vor, während der rechte defensiv verblieb. Er begann am 4. August und führte täglich zu erbitterten Kämpfen, die sich im einzelnen nicht verfolgen lassen, in denen aber schon am 6. August die Entscheidung zugunsten der Deutschen fiel. Am 8. August wurde die große Straße Wyskow—Ostrow zum Teil überschritten, am 10. fiel Lomza in die Gewalt der 8. Armee; auch Wisna an der Bobrmündung wurde von ihr besetzt. Die vorgehende 8. und 12. Armee hatten vorläufig, soweit die mir zugänglichen Quellen es erkennen lassen, nur noch Nachhuten zu bekämpfen, bis am 13. August die Russen am Nurzec neuen Widerstand leisteten, einerseits im Anschluß an die rechts vor der 8. Armee zurückgehenden Kräfte; andererseits in Verbindung mit den aus

Warschau und Iwangorod zurückgehenden Truppen und der russischen Süd-Armee, die sich in der Linie Slawatycze—Biala—Drogitschin und Briansk von neuem gesetzt hatten.

Mittlerweile waren auch Serock und Zegrze genommen, und Nowogeorgiewsk von allen Seiten — am Südufer der Weichsel von Truppen der 9. Armee — eingeschlossen worden. Der Russe war naturgemäß auch dort zurückgegangen, um nicht völlig abgeschnitten zu werden. Dieses Los aber traf alle die Truppen, die sich nach Nowogeorgiewsk hineingeworfen hatten und jetzt auf sich selbst und die Widerstandsfähigkeit der Festung angewiesen waren.

Großes war in der Tat geleistet worden. Abgesehen von dem Raumgewinn waren vom 13. Juli bis zum 3. August 182 Offiziere, annähernd 50000 Mann, 14 Geschütze und 155 Maschinengewehre von der Narew-Armee erbeutet worden, am 4. bis 9. August allein 86 Offiziere, 24814 Mann, 82 Maschinengewehre und etliche Geschütze. In Nowogeorgiewsk war eine Armee von etwa 90000 Mann eingeschlossen. Die Hauptsache war aber nicht erreicht worden. Nirgends war es gelungen, die russische Armee zu umfassen und auch nur teilweise zu vernichten. Überall hatte sie sich der Umklammerung zu entziehen vermocht und ihren inneren Halt gewahrt. Eine angemessene Zeit der Ruhe mußte sie wieder — fast in alter Kraft — in die Erscheinung treten lassen. Im Augenblick zwar konnte sie dem Vorgehen der Deutschen wenig Widerstand entgegensetzen, für die Zukunft aber stand ein neuer Feldzug in Aussicht. Die Möglichkeit, den Krieg gegen Rußland zu einem siegreichen Ende zu führen, war aus der Hand gegeben, und auch die Möglichkeit, durch einen Frieden den Krieg auf dieser Seite unter dem Druck der kriegerischen Verhältnisse überhaupt rasch zu beenden, lag leider nicht vor. Dazu bot die Lage den Russen noch viel zu viele Möglichkeiten. Die in dieser Richtung gemachten Versuche scheiterten. Ganz anders wäre es gewesen, wenn die Armee wirklich vernichtet gewesen wäre. So fielen nur die in Nowogeorgiewsk eingeschlossenen Truppen dem Sieger als reife Frucht in die Hände.

C. Die Eroberung von Nowogeorgiewsk.

Mit der Wegnahme dieser Festung war General von Beseler, der Sieger von Antwerpen, beauftragt worden. Er baute zunächst die Bahn von Mlawa bis Nasielsk aus, um auf ihr die schwere Artillerie und die nötige Munition heranzuschaffen, durchbrach am 6. August die vordere feindliche Linie zwischen Wkra und Narew, nahm am 7. Dembe, am 8. Serock und Zegrze, am 10. das Sperrwerk Benjaminow und hatte den Platz am 11. von allen Seiten eingeschlossen. Der Angriff erfolgte von der Seite von Nasielsk. Lange konnten die noch nicht ganz ausgebauten Werke sich gegen die schwere deutsche Artillerie und die rücksichtslos vorstürmende Infanterie nicht halten. Zuerst wurde das Fort XV genommen; noch im Sterben schrieb Hauptmann Anders, der die Sturmtruppe führte: „Melde, daß ich Fort XV genommen habe." Bald darauf folgten die andern Forts, und am 20. August war die Festung in der Hand der Sieger, nachdem ein Teil der russischen Truppen plündernd in die Magazine gebrochen war, ein anderer aber die Festung hartnäckig verteidigt hatte. Etwa 85000 Mann gerieten in Gefangenschaft; etwa 1600 Geschütze wurden erobert. Die Masse der Einschließungstruppen — drei Divisionen — wurde dem General von Hindenburg für seine weiteren Operationen zur Verfügung gestellt. Sie kamen zu spät, um Großes zu erreichen.

Die Eroberung von Brest-Litowsk und der Vormarsch auf Pinsk.

Wir hatten die Heeresabteilung Mackensen verlassen, als sie am 13. August links des Bug im siegreichen Vorgehen gegen Brest begriffen war und sich durch einzelne Truppenteile der eigenen wie der 1. österreichischen Armee gegen die Sumpfgegenden östlich des Flusses sicherte, während sie nach links den Zusammenhang mit dem General von Woyrsch aufrecht erhielt. Wlodawa wurde genommen. Das Beskidenkorps wies bei Danze einen nochmaligen Offensivstoß der Russen zurück, der gegen den rechten Flügel der 11. Armee gerichtet war, während Fliegermeldungen den eiligen Rückzug des Feindes auf die Festung bestätigten.

Demgegenüber war General von Linsingen schon lange der Ansicht, daß man auf das östliche Bugufer vorgehen und der russischen Armee den Rückzug auf Pinsk bei Kobryn verlegen müsse. Jetzt endlich bei Wlodawa konnte er seinen Plan verwirklichen; dem Beskidenkorps und dem VI. österreichischen Korps, das zu diesem Zweck zur Bug-Armee übertrat, gab er, einem Befehle Mackensens entsprechend, den Auftrag, Brest im Süden und Westen einzuschließen und wenn nötig zu belagern; mit dem Rest der Armee ging er bei Wlodawa und nördlich nach hartem Gefecht über den Bug und warf den Feind in fortgesetzten Kämpfen gegen Kobryn zurück, während die 11. Armee weiter nördlich vorging und die 4. österreichische Armee allmählich herausgezogen wurde, um weiter südlich eingesetzt zu werden. Die Verengerung des Raumes machte — je mehr man sich Brest-Litowsk näherte — ein Zusammenrücken der Fronten nötig, während andererseits weiter südlich Truppen gebraucht wurden.

Die Russen ihrerseits hatten nicht die Absicht Brest ernstlich zu verteidigen. Die Werke waren noch nicht völlig ausgebaut, die Armeen im freien Felde nicht widerstandsfähig genug, um den Feind aufzuhalten, und angesichts der gewaltigen Wirkungen der deutschen

Belagerungsartillerie konnte man die Festung, die eine Armee zu ihrer Verteidigung brauchte, nicht sich selbst überlassen. So wollte man die große Zentralstellung von Brest nur so lange durch die Armee verteidigen, bis es gelungen sein würde, die Hauptmasse der Kriegsvorräte aus ihr zu retten, und — sofern das nicht möglich sein sollte — das übrige zu verbrennen. In ununterbrochenen drei- bis vierfachen Kolonnen zog die Besatzung mit allem, was sie fortschaffen konnte, aus der Festung ab. Die Bevölkerung wurde mit fortgeschleppt, das Vieh, das den Kolonnen nicht folgen konnte, wurde hier, wie überall auf dem Rückzuge, niedergestochen, die Wohnstätten wurden niedergebrannt. Als endlich die Heerführer einsahen, daß sie den Platz angesichts der vorwärtsdrängenden deutschen Armeen nicht mehr halten könnten, steckten sie die 70000 Einwohner zählende Stadt mit allen noch vorhandenen Vorräten in Brand und zogen am 26. August ab. Sofort rückten die Deutschen ein und noch am gleichen Tage weiter. Linsingens Umgehung auf Kobryn hatte den Fall der Festung offenbar beschleunigt. Ihre Wegnahme war nicht nur ein moralischer Gewinn für die Deutschen, sondern auch in operativer Hinsicht von großer Wichtigkeit. Liefen doch fünf Eisenbahnen und zahlreiche Straßen hier zusammen, und bildete doch die Stadt die feste Klammer, die die russischen Armeen zusammenhielt. Ihre Wegnahme bedeutete die Trennung des russischen Kriegsschauplatzes in einen nördlichen und südlichen Teil, die nur noch auf Umwegen zusammengefaßt werden konnten. Das mußte um so mehr hervortreten, wenn man an den Westrand der eigentlichen Pripjetsümpfe bei Pinsk vorstieß. Dahin strebte denn auch die Oberste deutsche Heeresleitung, und die Truppen gingen so rasch als möglich vor.

Das bisher zur 1. österreichischen Armee gehörende Kavalleriekorps Heydebreck — 5. preußische und 11. österreichische Kavalleriedivision — trat zur Bug-Armee und warf den Feind in siegreichem Gefecht in die Sümpfe östlich der Straße Brest—Kowel. Den ersten stärkeren Widerstand aber gegen die aus Brest selbst vorgehenden Truppen, der durch Umfassung der linken Flanke bald gebrochen wurde, leisteten die Russen hart westlich Kobryn; dann hatten sie an der Jasiolda südlich Beresa—Kartuskaja Anfang September eine starke Stellung bezogen, die sie hartnäckig verteidigten. Aber auch hier wurde der Feind geworfen. Die befestigten Höhen östlich Chomsk wurden genommen; das verschanzte Dorf Drohizyn wurde erstürmt. Mittlerweile waren die 11. bayerische und die 25. Division aus der Armee ausgeschieden, um nach Serbien zu gehen; die 11. österreichische Kavalleriedivision war zur 4. österreichischen Armee abmarschiert, die ihrerseits aus der Heeresgruppe Mackensen ausgeschieden war, um weiter südlich verwendet zu werden. Dafür war das Beskidenkorps, das zeitweise unter den direkten Befehl Mackensens gestellt war, mit der 47. Division, die jetzt unter deutschen Befehl zurückkehrte, der 35. Division und der Garde-Kavalleriedivision, die dem Beskidenkorps zugeteilt wurde, der Armee wieder zugewiesen worden. Doch mußte der Vormarsch auf Pinsk einige Tage eingestellt werden, um den Nachschub an Munition und Lebensmitteln zu ordnen. Nur an der Jasiolda blieb die Angriffshandlung im Gange. Immerhin gewann die russische Armee Zeit für ihren Rückzug, bei dem sie jetzt die mitgeschleppte Bevölkerung nicht mehr mitnahm, sondern wieder zurückjagte, um durch sie keinen Aufenthalt zu erleiden. Die deutsche Armee aber wurde durch immer wiederholte Gegenwehr der Nachhuten in befestigten Stellungen aufgehalten. So fochten die Russen hartnäckig in einer starken Stellung bei Gutowo, die sich rechts an die Sümpfe der Jasiolda, links an den Dnjepr—Bug-Kanal anlehnte; dann bei dem Abschnitt von Iwanowo, und dann noch in drei hintereinander gelegenen Stellungen. Erst am 16. September 1915 konnte das XLI. Korps die mühsam eroberte Stadt Pinsk besetzen. Der Russe flutete über den Orginskikanal und die Jasiolda zurück. Die Aufgabe der Bug-Armee war erfüllt. Sie wurde dementsprechend als solche aufgelöst; mit ihr auch die 11. Armee, um gegen Serbien neu gebildet zu werden. Ein Teil der dazugehörigen Truppen trat zur Gruppe des Generals von Woyrsch über, der zuletzt 11 Divisionen befehligte[1]). Das XLI. Korps, das vielbewährte Generalkommando Gerok, die 1. und 22. Infanteriedivision sowie die Garde- und die 5. Kavalleriedivision traten zu der neugebildeten Gruppe Linsingen über, der bereits in der Gegend von Rowno und Luzk neue Aufgaben warteten. Bevor wir uns diesen aber zuwenden können, müssen wir die Ereignisse auf dem nördlichen Kriegsschauplatze ins Auge fassen.

Der Kampf auf dem nördlichen Kriegsschauplatz und die Gefechte bei Smorgon.

Während die geschilderten Ereignisse sich abspielten, gingen auch die Nordarmeen etwa in gleicher Höhe mit der Heeresgruppe Mackensen gegen Osten und Nordosten vorwärts. In erbittertem Ringen drang Woyrsch auf Konstantinow vor; die 9. Armee warf nördlich davon erst in der Nacht zum 17. August die ersten Brücken über den Bug, und Gallwitz focht noch weiter im Norden drei Tage lang um die Nurzecbrücken und das Vorgelände von Bielsk, zu einer Zeit also, in der die 11. Armee etwa in der Linie Slawatycze—Biala focht und Linsingen im Begriff stand, den Bug bei Wlodawa zu überschreiten. Erst am 20. August vermochte Gallwitz in Bielsk einzurücken, während die 8. Armee Scholtz nördlich von ihm vorrückte

[1]) Bis Anfang September wurden insgesamt 9 Infanteriedivisionen aus der 11. Armee herausgezogen, um sie auf dem westlichen oder dem Balkankriegsschauplatz zu verwenden.

und bei Tykocin auf lebhaften Widerstand stieß, den sie erst nach dreitägigen Kämpfen zu brechen vermochte. Sie kam dadurch der Sumpffeste Ossowietz in den Rücken, und sie, die bisher allen Angriffen, auch der schwersten Artillerie widerstanden hatte, wurde jetzt von den Russen geräumt und fiel am 23. August in die Hände der Deutschen.

Als auf diese Weise das Vorgehen der letzteren immer mehr zu einem frontalen Nachdrängen hinter den zurückweichenden Russen wurde, wiederholte der Feldmarschall von Hindenburg seinen Vorschlag, über Grodno und Wilna in den Rücken der Russen zu stoßen. Noch konnte man hoffen, wenigstens einen Teil der feindlichen Armee vernichtend zu treffen. Die Oberste Heeresleitung aber versagte nochmals ihre Einwilligung, obgleich durchschlagende Gründe dagegen auch jetzt eigentlich nicht vorhanden waren. Die 10. Armee hätte allerdings wesentlich verstärkt werden müssen; die Truppen dazu aber waren in der 8. und 12. Armee und in der Heeresgruppe Prinz Leopold reichlich vorhanden und konnten noch rechtzeitig herangeführt werden, wenn auch die Zeit drängte. Man versteht die Entscheidung der Obersten Heeresleitung um so weniger, als ihre eigene Operation, sofern sie die russische Armee durch Umfassung außer Gefecht setzen sollte, gründlich mißglückt war. So blieb denn nichts übrig, als mit der 10. und der Njemen-Armee allein die feindlichen Kräfte nach Möglichkeit zu schädigen. Nur die 10. Armee wurde nach dem Fall von Nowogeorgiewsk durch 3 Landwehrdivisionen und, wie es scheint, eine aus dem Westen herangeführte Division verstärkt.

Kowno war von der Njemen-Armee durch ihr Vorgehen über die Dubissa und über Poniewiez von Norden her durch die 10. Armee, die mit ihrem linken Flügel gegen die Front der Festung und gegen die Jesia vordrang, von Westen und Südwesten her bedroht, hatte aber selbst eine Besatzung von mindestens drei Divisionen, während in Wilna noch starke Reserven standen. Dennoch griff General Litzmann die Festung im Angesicht der feindlichen Armeen mit ungeheurer Kühnheit an, und nahm sie, da der Entsatz nicht rechtzeitig herankam und der Verteidiger bei dem heftigen Feuer der schweren deutschen Artillerie völlig den Kopf verlor, bereits am 18. August ein. 20000 Mann und etwa 1300 Geschütze fielen den Deutschen in die Hände. Die 10. Armee aber ging mit ihrem linken Flügel über Wilkomir und mit ihrer ganzen übrigen Front gegen den mittleren Njemen vor, während die Russen von Kalwarja und Mariampol zurückwichen. Die 5. feindliche Armee hatte rechts, die 10. links von der bedrohten Festung gestanden, die sie trotz ihrer zahlenmäßigen Überlegenheit nicht hatten retten können: jetzt dachten sie nur noch daran, die Linie Wilna—Olita—Grodno und Bielostok zu halten, welch letztere Stadt bereits schwer bedrängt war und demnächst ohne besondere Verteidigung fallen sollte. Nach dem Falle von Kowno standen zwischen Wilkomir und der Wilija nur Kavallerie, zwischen der Wilija und dem Njemen östlich der Festung nur anderthalb Divisionen Reichswehr, einige Dragonerregimenter und Ersatzbataillone, dahinter bei Koschedary Teile der 56. Infanteriedivision. Die Hauptmasse der 10. russischen Armee — 8 Infanterie- und eine Reichswehrdivision — stand westlich des mittleren Njemen. Demgegenüber ging die 8. Armee nördlich, die 12. — nachdem sie den hartnäckigen Widerstand am Narew und an der Orlanka gebrochen hatte — südlich Bielostok vor. Am 28. August lag diese Stadt bereits hinter den vorrückenden deutschen Linien. Die Armee Scholtz focht vom 28. bis 30. August um den Brückenkopf von Lipsk, nahm am 31. Kusnica und Nowi-Dwor und erschien am 1. September vor den Werken von Grodno. Gleichzeitig ging die Armee Gallwitz in steter Berührung mit dem Feinde mit dem linken Flügel gegen Odelsk südlich Grodno, mit dem rechten gegen den Unterlauf der Selwianka vor, und die Armee des Prinzen Leopold drang in die Bielowiezer Wildnis ein, um durch diese hindurch Baranowitschi und den Anschluß an das Pinsker Korps zu erreichen. Den 24. August hatte sie Wierchowitz genommen; auch Kleszczele und Czeremcha waren in ihren Besitz gefallen. Dann hatten sich die Divisionen des Gegners eilig zurückgezogen, um den Deutschen erst wieder den Austritt aus dem Walde zu verwehren. Diese hatten am 28. August das kaiserliche Jagdschloß Stotzeck, Suchopol und Sereschowo erreicht und suchten am folgenden Tage den Ausgang aus dem Walde zu erfechten. Dabei kam es zu heftigen Kämpfen. Die 49. Division stieß bei und nördlich Cichowodla, die 84. bei Nowi-Dwor und Ludwinowa auf heftigen Widerstand, ebenso das Korps Woyrsch bei Suchopol und weiter südlich. Die Division Bredow mußte noch gegen Nowi-Dwor eingesetzt werden; das Dorf konnte erst am 4. September genommen werden; erst am 6. September war der Ausgang aus dem Walde erstritten und die Verbindung mit der Armee Gallwitz an der Selwianka hergestellt, während rechts die Bug-Armee den Brückenkopf von Selez und Kartuskaja Beresa erstürmte.

Mittlerweile war der linke Flügel der 10. Armee Eichhorn, die durch drei Korps der 8. und 12. Armee sowie durch eine aus dem Westen herangezogene Division verstärkt worden war, östlich Kowno auf starken Widerstand gestoßen. Verstärkungen, die aus der Richtung von Wilna heraneilten, unter ihnen das III. sibirische Korps, hatten sie zu beiden Seiten der Wilija zum Stehen gebracht, und Hindenburg suchte dadurch zu helfen, daß er nicht nur die Njemen-Armee anwies, von neuem anzugreifen, sondern auch die 10. und 8. Armee aufforderte, den Feind in jeder Weise zu drängen. Diesen Weisungen entsprechend ging denn auch der rechte Flügel der 10. Armee energisch vor und warf die Russen, die sich östlich Suwalki in den Pierzackasümpfen ernstlich wehrten, über den Njemen zurück, dessen Brücken die Russen im Rückzuge verbrannten, nahm schon am 26. August Olita, das vom Feinde kampflos preisgegeben wurde, und ging gegen die feindlichen Stellungen an der Bahn Olita—Orany energisch vor. Hier wehrte sich der Russe mit allen Mitteln, durch Abwehr und Gegenstöße, und suchte die Bahn Wilna—Grodno auf jede Weise zu decken, bis der Fall dieser Festung ihn zwang, in der Richtung auf die Linie Wilna—Lida zurückzugehen. Grodno aber wurde von der 8. Armee im Sturmangriff genommen, ohne daß man sich lange mit der Beschießung aufhielt, wie es die Russen erwartet hatten. Schon am 2. September wurde Fort IV erobert; gleich darauf fiel Fort IVa in die Hände der Deutschen. Die Verteidiger gingen hinter den Njemen zurück und verbrannten die Brücken; die Deutschen aber folgten auf Kähnen und Stegen und setzten sich nach heftigen Straßenkämpfen noch am 4. September in den Besitz der Festung; die Russen gingen hinter die Kobra zurück.

Unterdessen war, dem Befehl Hindenburgs entsprechend — während bei Wilna und südlich davon fortdauernd hartnäckig gekämpft wurde —, die Njemen-Armee am 28. August zu neuem Angriff vorgebrochen. Sie hatte sich gegen Riga und Dünaburg gedeckt und ging gegen Lennewaden, Friedrichstadt und Jakobstadt vor. Am 2. September warf sie die Russen bei Lennewaden über den Strom und zwang sie, die Brücke hinter sich zu verbrennen. Auch bei Friedrichstadt ging die Brücke in Flammen auf, nachdem der Brückenkopf von den Deutschen gestürmt worden war. Bei Daudsewas wurde der von Jakobstadt herankommende Entsatz am 4. September gegen den Dünastrom zurückgeworfen. Auf dem rechten Flügel der Armee wurde starke Kavallerie versammelt.

Es kam jetzt darauf an, wenigstens die noch bei Wilna und südlich fechtenden russischen Armeen abzuschneiden und womöglich zu vernichten. Die Kräfte, die hierzu zur Verfügung standen, waren allerdings gering, aber der Versuch lohnte sich doch noch, denn es handelte sich noch immer um mindestens 20 feindliche Divisionen, obgleich der russische Generalstab sich durch die Operationen der Njemen-Armee hatte verleiten lassen, nicht unerhebliche Verstärkungen nach Lennewaden, Friedrichstadt und Jakobstadt zu senden und die Hauptmasse der aus dem Süden herangezogenen Kräfte bei Dünaburg anzuhalten.

Die Heeresgruppe Prinz Leopold erreichte unter fortwährenden Kämpfen — am 17. wurde Slonim erstürmt — die Linie Baranowitschi—Nowogrodek. Sie lehnte sich links an den Njemen und übernahm hier die Stellung des XVII. Korps der 12. Armee, das bisher auf dem Südufer des Stromes vorgegangen war und jetzt aus der enger werdenden Schlachtlinie verschwand; rechts dehnte sie sich bis Lipski aus und nahm von dort aus die Verbindung mit dem Pinsker Korps auf.

Die 12. und 8. Armee waren neben ihr etwa in gleicher Höhe vorgerückt.

Nachdem Grodno genommen worden war, war der Gegner

erst am 8. September auf Skidel und Pieski zurückgegangen. Erst am 18. hatten beide Armeen die Lebeda und Radunka überschritten; am 20. September standen die Verfolger in der Höhe von Iwje und Subodnicki. Auch sie hatten fortwährend fechten müssen, da die Russen nur gedrängt zurückwichen und vom 12. September an die Kämpfe zwischen der Straße nach Baranowitschi und dem Hügellande östlich Orany den Charakter einer fortdauernden Schlacht angenommen hatten.

So waren die 12. und die 8. Armee fortwährend siegreich vorgedrungen, die 10. aber focht noch immer in unentschiedener Schlacht westlich Wilna gegen russische Überlegenheit. Da war die Kavallerie berufen, die Entscheidung zu bringen. Der linke Flügel der 10. Armee war, soviel man sehen kann, verstärkt worden. Auch die 1. und 4. Kavalleriedivision waren an ihm versammelt. Die Njemen-Armee ihrerseits war dagegen frontal gegen die russischen Kräfte bei Dünaburg und südlich vorgegangen und hatte — unterstützt durch die 3., 6. und 9. Kavalleriedivision — die Russen auf Nowoalexandrowsk zurückgeworfen. Auch hatte die genannte Kavallerie ein russisches Kavalleriekorps, das allem Anschein nach von Osten herangekommen war, siegreich zurückgeworfen und war im Begriff, es über Taurogginy und Kukurzischki in östlicher Richtung zu verfolgen, als sie den Befehl bekam, gegen Wilna einzuschwenken und im Verein mit der 1. und 4. Kavalleriedivision an der Entscheidung teilzunehmen, die dort heranreifte. Ganz klar lassen sich die Operationen, die der rechte Flügel der Njemen-Armee und die Kavallerie ausführten, allerdings nicht übersehen, so viel scheint aber festzustehen, daß die Infanterie der Njemen-Armee mit der Front nach Osten südlich Dünaburg siegreich vordrang, den 17. Widsy nahm, gegen den Ansturm überlegener Kräfte hielt, und am 18. in der Front Nowoalexandrowsk—Widsy—Goduzischki—Gomai, zwischen dem Driswiaty- und dem Narotschsee festgewurzelt stand. Unterdessen ging die Kavallerie gegen das Dreieck Wileika—Smorgon—Molodetschno vor, um hier am Kreuzpunkt der Eisenbahnen der feindlichen Armee den Rückzug zu verlegen, nachdem die Bahn Dünaburg—Wilna bereits am 13. September, sowie Malmeschany und Swenziany besetzt und die Kosaken geworfen worden waren. Eine Abteilung von wenigen Eskadronen mit einigen Maschinengewehren und einem Geschütz zerstörte die Bahn Molodetschno—Polowzkine, eine andere, noch schwächere, von wenigen Reitern, die Bahn Minsk—Smolensk am 19. September. Die Kavallerie selbst aber erstürmte Wileika, erschien vor Smorgon, nahm Soly, riß dort die Schienen auf und setzte sich auf dem rechten Ufer der Wilija fest. Hier verteidigte sie sich gegen weit überlegene Angriffe, die von Wilna her kamen. Diese Heereskavallerie mußte unter allen Umständen geschlagen werden, wenn die russische Armee bei Wilna und südlich einen einigermaßen gesicherten Rückzug haben und nicht in die Gewalt des siegreichen

Feindes fallen sollte. Selbstredend konnte sie sich aber nur behaupten, wenn sie von starker Infanterie unterstützt wurde. Statt dessen kamen nur abgehetzte Brigaden der 75. und 115. Reservedivision heran, die vom vorgenommenen und verstärkten linken Flügel der 10. Armee vorgesandt waren, während die Russen von Wilna und Minsk aus mit starken Kräften gegen sie vorgingen. Auch die 1. Kavalleriedivision und eine bayerische waren herangekommen. Letztere war, vom Westen abfahrend, in Eydtkuhnen angekommen und dem 1. Kavalleriekorps unterstellt worden. Im ganzen waren es 7 Kavallerie- und 2 Infanteriedivisionen, die den Russen entgegentraten. Bis zum 20. September hielten sie noch bei Smorgon und an den Brückenköpfen der Wilija fest, am 21. aber nahmen die Russen Wileika wieder und warfen die Kavallerie auf den Swirsee zurück. Sie erlitt schwere Verluste. Nur mit Mühe entkamen die beiden deutschen Infanteriedivisionen durch einen Gewaltmarsch.

Unterdessen aber hatte Eichhorn Wilna genommen. Schon am 18. September war er in die Stadt eingezogen, hatte ungefähr 20 000 Gefangene gemacht und ungezähltes Gerät genommen. Die trotzig zurückgehende deutsche Kavallerie aber machte am Swirsee wieder Front, und am 26. September bildete sich die deutsche Front in der Linie Schodschischki—Soly—Lubotnicki—Iwje—Nowogrodek. Sie stieß am Njemen mit der Heeresgruppe des Prinzen Leopold zusammen. Am 25. wurde die Stadt Niegniewitschi genommen, am Tage darauf die Linie Smorgon—Wischnew erreicht, und am 30. September standen die Armeen Hindenburgs endgültig in der Linie Riga—Friedrichstadt—Jakobstadt—Dünaburg, am Driswiatysee, am Narotschsee, in der Wilijaschleife westlich von Smorgon und am rechten Ufer der Beresina, wo sich die Armee des Prinzen Leopold anschloß. Als die Russen Anfang Oktober diese Linie durch Gegenstöße zu erschüttern suchten, wurden sie blutig zurückgewiesen, und der Kampf ging vorläufig in einen stehenden Grabenkrieg über. Ein Vorstoß auf Riga mußte unterbleiben, weil die Oberste Heeresleitung die hierfür bestimmte Division auf einem anderen Kriegsschauplatz verwendete. Sie entzog überhaupt dem Oberkommando Ost eine namhafte Zahl von Divisionen, die auf anderen Kriegsschauplätzen gebraucht wurden.

So endete dieser Feldzug, der mit den größten Hoffnungen begonnen hatte, eigentlich ohne Entscheidung. Die Kräfte, die Hindenburg noch im letzten Augenblick nach Smorgon warf, hatten sich als zu schwach erwiesen, um wenigstens den rechten Flügel der russischen Armee einzukreisen. Die Russen waren zurückgedrängt, sie hatten ungeheure Verluste erlitten, aber der Zusammenhang ihres Heeres war nicht gebrochen. Nur der Feldherr war allerdings gestürzt worden. Großfürst Nikolai Nikolajewitsch war am 5. September nach dem Verlust von Brest-Litowsk als Oberkommandant des russischen Ostheeres abgesetzt worden und hatte das Kommando im Kaukasus übernommen. An seine Stelle aber trat der Zar selbst mit seinen Ratgebern, der bereits Ende August das Kommando des Gesamtheeres übernahm. Die russische Armee hatte dadurch einen neuen moralischen Antrieb bekommen. Neue Taten waren von ihr zu erwarten.

Wie anders hätte dieser Entscheidungskampf endigen können, wenn die Oberste Heeresleitung von Hause aus den Ratschlägen des Generals von Hindenburg gefolgt und der russischen Armee in den Rücken gegangen wäre. Der Nordflügel der Deutschen hätte leicht auf 24½ Divisionen gebracht werden können[1]). Je mehr man die Ereignisse studiert, desto mehr überzeugt man sich, daß die Befolgung dieser Ratschläge allein zu einem wirklich entscheidenden Ergebnisse hätte führen können.

Die Kämpfe auf dem Kriegsschauplatz südlich Pinsk.

Während die Russen auf dem Kriegsschauplatz nördlich von Pinsk sich im wesentlichen defensiv verhalten hatten und lediglich darauf bedacht gewesen waren, ihre geschlagenen Armeen der drohenden Umfassung zu entziehen; während sie dementsprechend allmählich auf die Front von Pinsk bis zur Düna zurückgewichen waren, um hinter ihr ihre Armeen wieder herzustellen, und den Deutschen andererseits die Kräfte fehlten, ihnen weiter zu folgen, war auch auf dem südlichen Kriegsschauplatz der Kampf auf das wildeste entbrannt. Hier aber wo ihre Heere nicht so hart geschlagen waren wie im Norden, und wo sie im wesentlichen nur Österreicher gegen sich hatten, glaubten die Russen die politisch und militärisch dringend gebotene Offensive ergreifen zu können. Durch einen siegreichen Vorstoß südlich der Polesje und in Galizien glaubten sie nicht nur die Südflanke des deutschen Nordheeres bedrohen und dieses vielleicht sogar aufhalten zu können, sie glaubten auch von Galizien aus Ungarn von neuem in Schrecken setzen und Rumänien zum Anschluß an den Vierverband fortreißen zu können. Auch schien es ihnen geboten, Frankreich zu entlasten, wo sich ein großer Angriff vorbereitete, indem man deutsche Kräfte womöglich festhielt. Sie arbeiteten demnach fieberhaft an der Wiederherstellung ihrer Armee, deren Kommando am 26. August der Zar selbst — wie wir wissen — übernommen hatte.

In der Mitte wollte man anscheinend zunächst zurückhalten. Zwischen Brody und Tarnopol warfen die Russen gewaltige Schanzen auf. Auf den beiden Flügeln dagegen — zwischen Brody und Luzk einerseits, zwischen Tarnopol und Chotin andererseits — wollte man, wie es scheint, offensiv vorgehen.

Die Verbündeten hatten dagegen — abgesehen davon, daß sie den

[1]) Hindenburg zog sechs Divisionen aus der 9. Armee; zwei wurden aus dem Westen herangeführt; zwei weitere hätte die Heeresgruppe Gallwitz mit Leichtigkeit abgeben können; die Njemen-Armee war siebeneinhalb, die 10. Armee sieben Divisionen stark: das macht zusammen 24½.

Feind schlagen wollten — wohl nur die Absicht, im Süden die eigene Grenze zu erreichen, dann aber auch das wolhynische Festungsdreieck, Luzk, Dubno und Rowno, zu erobern und dadurch ihre gesamte Abwehrstellung zu befestigen. Dementsprechend wollten sie mit der zusammengefaßten 1. und 4. österreichischen Armee vom linken Flügel aus etwa über Kowel offensiv werden und die russische Armee von Norden her aufrollen. In Verfolg dieser Absichten wurde am 23. August Kowel besetzt.

Ein zusammenhängendes Bild der betreffenden Operationen zu geben ist leider nicht möglich, da es sich hauptsächlich um Österreicher handelt und mir die entsprechenden Quellen nicht zur Verfügung stehen. Einwandfreie Angaben kann ich daher nicht machen. Immerhin läßt sich der allgemeine Gang der Ereignisse und das schließliche Ergebnis feststellen.

Vom 7. Juli bis 27. August fochten die Deutschen und die Österreicher in entsagungsvoller Abwehr in denselben Linien, die sie bald nach der Eroberung von Lemberg erreicht hatten. Nur auf ihrem linken Flügel waren sie, wie das bereits erzählt worden ist, Anfang August nach Wladimir Wolhynsk und vom 14. August an bei Wlodawa auf das linke Bugufer und gegen die Straße Kowel—Brest-Litowsk vorgegangen. Auch war die Masse der 4. österreichischen Armee vom linken Flügel der 11. Armee nach Süden verschoben worden, und auch das X. deutsche Korps war an den Bug zurückgegangen und von dort nach dem Westen befördert worden, während die Gardekavallerie wieder zum Beskidenkorps zurückkehrte[1]). Am 27. August aber gingen die verbündeten Deutschen und Österreicher zum Angriff über, dessen Hauptstoß gegen das Festungsdreieck Luzk—Rowno—Dubno gerichtet sein sollte, und kamen damit den Russen zuvor, die ihrerseits mit ihren Vorbereitungen noch nicht fertig waren.

Schon am 28. abends waren sie auf dem rechten deutschen Flügel von den Armeen Pflanzer-Baltins und Bothmers auf die Strypa zurückgeworfen, während am gleichen Tage Boehm-Ermolli, der die 2. österreichische Armee führte, das brennende Zloczow nahm, die Russen auf die Höhen von Podkamien zurückwarf und mit seinem linken Flügel vor Brody liegen blieb, um hier die Umfassung des russischen Festungsdreiecks ausreifen zu lassen. Am 29. August schritten die Russen zum Gegenstoß und brachten den rechten Flügel der Verbündeten stark ins Gedränge; trotzdem konnte Boehm-Ermolli am 31. August die Sereth-Linie überschreiten, und Puhallo zwang die Russen, die Linie Gorochow-Swiniuchy und Lokacy preiszugeben. Hier reifte zunächst die Entscheidung. Völlig überraschend für die

[1]) Das X. Korps gelangte nach Bielostok, von wo es am 20. September abtransportiert wurde, und am 25. September in Antwerpen ankam, um im Westen verwendet zu werden.

Russen griffen auf Puhallos rechtem Flügel die Truppen des Erzherzogs Joseph Ferdinand ein, die mittlerweile — wohl über Kowel — vorgegangen zu sein scheinen, warfen die Kosaken — wohl in der Richtung auf Rafalowka — zurück, nahmen Rosczyze und Luzk und standen am 1. September in der Nordflanke des Festungsdreiecks an den Straßen Luzk—Rowno und Luzk—Dubno, obgleich die Russen Verstärkungen nach Luzk geworfen hatten und mehrere Divisionen von Rowno her im Anmarsch waren. Die Russen räumten nun auch Brody und setzten sich in Radziwillow fest, während ihr rechter Flügel bei Kuman und Olyka hinter den Korminsümpfen sichere Anlehnung fand. Gegen sie gingen nun die Österreicher unter unsäglichen, durch Regen und Schlamm verursachten Schwierigkeiten vor und nahmen am 6. September Dubno und am 8. Klewan, während am linken Flügel die Heeresreiterei an der Bahn Kowel—Sarny gegen Kosaken focht, um den Österreichern beim Vorgehen auf Rowno den Rücken zu decken, und die 2. Armee die feindliche Front auf einer Breite von 40 km durchbrach und erst vor Nowoalexiniez und Kremenez nach siegreicher Offensive zum Stehen kam.

Indessen gaben die Russen den Feldzug damit keineswegs verloren. Sie suchten vielmehr durch einen heftigen Angriff gegen den rechten Flügel der Verbündeten diese über ihre wahren Absichten zu täuschen und feindliche Verstärkungen nach Süden zu ziehen, was ihnen auch gelang, dann aber mit verdoppelter Kraft von Rowno und ihrem rechten Flügel aus vorzustoßen, so den Feind zu schlagen und ihn von Kowel abzudrängen; die Mitte der Verbündeten konnte dann durchbrochen werden. Der Zar hatte zu diesem Zweck erhebliche Verstärkungen aus Kiew und Sarny zur Verfügung gestellt.

Die Verbündeten waren trotz der russischen Gegenanstalten auf ihrem rechten Flügel bis in das Tal des Sereth vorgedrungen und hatten weiter nördlich die Höhen von Darachow und Koslow genommen. Da traf sie am 7. September der neue Gegenstoß der Russen, der, wie wir sahen, nicht als entscheidende Operation gedacht war. Die Angreifer gingen mit wilder Tapferkeit vor und trieben die Verbündeten am 14. September hinter die Strypa, die am 15. überschritten wurde. Da gebot ihnen Graf Bothmer durch umfassenden Gegenangriff von Zalocze und Butschatsch aus Halt und zwang sie zum Rückzug. Der Russe blieb zunächst noch zwei Tage vor der Front der Verbündeten liegen und ging dann, vom unaufhörlichen Geschützfeuer zermürbt, auf den Sereth zurück. Der Zweck des Angriffs aber war offenbar erreicht. Die Aufmerksamkeit des Feindes war von der eigentlichen Durchbruchsstelle abgelenkt. Den 12. September brach dann der eigentliche Angriff gegen den rechten Flügel der Verbündeten auf Derazno und Klewan los, während gleichzeitig gegen Dubno—Kremenez und Nowoalexiniez Sturm gelaufen wurde und starke Kräfte gegen den Styr bei Polonne an der Bahn Sarny—Kowel vorgingen.

Acht Tage lang dauerten erbitterte Kämpfe, dann entschlossen sich die Österreicher zum Rückzug auf den Styr, wo bei Czartorysk zwischen Rafalowka und Kolki deutsche und österreichische Kavalleriedivisionen gegen wachsende Übermacht von Kosaken und Schützen fochten, denen drei starke Korps folgten, die auf Kowel angesetzt waren. Den 21. September waren Iwanows, des russischen Feldherrn, Karten aufgedeckt. Auf dem rechten Flügel wollte er die Verbündeten umfassen und im Zentrum durchbrechen. Dem entzogen sich die Österreicher nur, indem sie auf Luzk zurückgingen und Dubno preisgaben.

Ebenso erbittert und im ganzen unglücklich wurde bei Kremenez und Alexiniez gefochten. Der Rückzug Puhallos drohte die in Galizien fechtenden Armeen von Kowel abzuschneiden, die Bedrängnis Boehm-Ermollis in einem Durchbruch zwischen Brody und Zalocze zu gipfeln. Österreichische Reserven, die die Lage hätten wieder herstellen können, waren nicht mehr vorhanden. Auch Luzk mußte preisgegeben werden. Die Verbindung zwischen Pinsk und dem linken Flügel der vor Kowel fechtenden Truppen riß ab. Am 25. September war der feindliche Angriff bis dicht an diese Stadt herangekommen, nachdem die deutsch-österreichische Kavallerie aus dem Styrbogen zurückgeworfen worden war.

Da kam eine kaum noch erwartete Hilfe. Linsingen, der, wie bekannt, das Kommando der aufgelösten Bug-Armee aufgegeben hatte, führte zwei Divisionen den Russen in die Flanke und brachte sie zu rückläufiger Bewegung. Nun konnte auch Erzherzog Joseph Ferdinand wieder zur Offensive schreiten, Puhallo ging wieder über Dubno vor, und die 2. Armee rüstete von neuem zum Angriff auf Alexiniez. Die Entscheidung aber brachten die Deutschen. Vor ihrem Flankenangriff ging der russische Umfassungsangriff zurück. Es kam zu großen Nachhutkämpfen im Styrbogen und in der Umgegend von Luzk. Die letztere Stadt räumte Iwanow am 26., gab am 27. die Styrübergänge zwischen Kolki und Luzk auf und ging am 28. auf den Korminbach und die Putilowka zurück. Linsingen aber folgte ihm auf dem Fuß, schlug ihn am 1. Oktober bei dem Dorfe Czernisz vollständig und vereinigte die deutschen Divisionen, die er führte, und die Österreicher unter dem Erzherzog Joseph Ferdinand und Puhallo als Heeresgruppe Linsingen unter seinem Befehl.

Aber Iwanow ergab sich noch immer nicht in sein Schicksal. Er rief neue Verstärkungen über Sarny heran, umfaßte noch einmal Linsingens linke Flanke und drang im Styrbogen vor. Am 6. Oktober brach er aus den Brückenköpfen von Czartorysk, Polonne und Rafalowka vor, und am 7. Oktober erfaßte dieser Gegenangriff die ganze wolhynische und galizische Front. Er war nicht nur örtlich gemeint, sondern zugleich als Entlastungsangriff für Frankreich gedacht, das damals — wie wir sehen werden — eine entscheidungsuchende Schlacht schlug. Auch aus dem Brückenkopf von

Dünaburg brachen deshalb sechs Divisionen vor, die nicht nur einen örtlichen Zweck verfolgten, sondern zugleich weiterreichenden Absichten dienten.

An der Front südlich Pinsk aber lag das Schwergewicht auf dem Angriff gegen Kowel. Während die deutsch-österreichischen Reiterdivisionen in der Poljesje vorrückten und bis zum 15. Oktober die Verbindung zwischen Pinsk und Rafalowka wieder herstellten, trieb Jwanow am 17. Oktober seine Massen südlich der Bahn gegen Okonsk auf einer Breite von 10 km vor und warf die schwachen deutschen Truppen vernichtend vor sich her. Der Durchbruch schien geglückt. Erst am 20. Oktober trafen als erste Verstärkungen abgesessene österreichische Reiter, polnische Legionäre und einige deutsche Kompanien ein und hemmten den feindlichen Siegeslauf. In sechstägigen Kämpfen gelang es dann, die Russen auf Lisovo zurückdrängen, am 21. Oktober wurde die Südflanke des russischen Angriffskeils eingedrückt, am 29. die Höhe von Kamenuicha gestürmt, und bis zum 13. November war der Russe vollends aus dem Styrbogen vertrieben. Die Verbündeten schoben ihre Linien wieder an den Korminbach vor. Joseph Ferdinand und Puhallo aber drangen wieder an die Putilowka und die Jkwa vor, nahmen Dubno, und Boehm-Ermolli behauptete sich bei Kremenez und Nowoalexiniez.

Auch auf dem rechten deutschen Flügel wurde noch einmal gekämpft. Russische Sturmkolonnen drangen zwischen Butschatsch und Tarnopol am 1. November in die deutsche Hauptstellung ein und überschritten am Abend die Strypa. Da stellte Bothmer mit seinen letzten Reserven im Gegenangriff die Lage wieder her und jagte den Feind in mehrtägigen Kämpfen wieder in die Steppe zurück.

Damit war auch auf diesem Heeresflügel die beiderseitige Angriffskraft erschöpft, und beide Heere richteten sich für den Winter ein. Der Stellungskampf wurde zur Regel, der sich beide Teile widerwillig fügten. Die Deutschen hatten ihre gesamte Stellung von 1400 auf etwa 1000 km verkürzt. Sie hatten unzählige Gefangene gemacht — es mögen im ganzen zwei Millionen gewesen sein — und unendliches Gerät erbeutet: aber die russischen Heere hatten ihren taktischen Zusammenhang auch hier im Süden bewahrt und waren zu neuen Angriffen bereit, wenn man ihnen Zeit ließ, sich zu erholen.

Der Feldzug in Serbien.

Je weiter die Deutschen in Rußland vorrückten, desto mehr verengerte sich der Raum, den sie zu besetzen hatten. Die rückwärtigen Verbindungen wurden allerdings um so länger; die Truppen hier brauchten aber bei einer größtenteils freundlich gesinnten Bevölkerung in der Etappe im allgemeinen nur schwach zu sein, und an Kampftruppen wurde jedenfalls gespart. Dieser Umstand ermöglichte es, Divisionen aus der Front zu ziehen und sie anderweitig zu verwenden. Auf der einen Seite war es dringend erforderlich, die westliche Front zu stützen, die an der Grenze ihrer Leistungsfähigkeit angekommen war, und wir haben gesehen, daß wiederholt Truppen vom Osten nach dem Westen gingen; auf der anderen Seite mußte unter allen Umständen der Türkei mit Munition ausgeholfen werden, wenn sie ihren Widerstand an den Dardanellen überhaupt fortsetzen sollte. Das aber war dringend nötig, wenn sie überhaupt noch als Bundesgenosse von Wert sein sollte. Wenn es den Ententemächten gelang, den Seeweg nach Rußland zu eröffnen, war der Widerstand der Türkei überhaupt gebrochen. Dann wurden alle Kräfte frei, die jetzt durch die Türken gebunden waren, und die Widerstandsfähigkeit Rußlands wurde unermeßlich gesteigert. Dieses hatte zwar 150 000 Mann am Schwarzen Meer bereitgestellt, um seinerseits den Bosporus anzugreifen. Diese Kräfte aber hatten zum großen Teil in Galizien und an der russischen Westfront verwendet werden müssen, um die Verbündeten womöglich aufzuhalten. Sie wurden überflüssig, wenn es den vereinigten Franzosen und Engländern gelang, ohne ihre Unterstützung die Durchfahrt ins Schwarze Meer zu erkämpfen, sie brauchten dann überhaupt nicht ersetzt zu werden. Es galt ferner für die Mittelmächte, Österreich im Rücken zu schützen, damit es sich im Norden und Westen desto freier bewegen könne; auch mußte mit einer Landung der Westmächte in Saloniki gerechnet werden. Von dort aus konnte Serbien unterstützt werden, wie es die Franzosen und Engländer versprochen hatten, und dieses mußte offenbar vorher niedergeschlagen werden. Die Stellung bei Saloniki wirkte außerdem als eine fortdauernde Flankenbedrohung für den Donauweg nach der Türkei, für den Fall, daß dieser geöffnet wurde. Ein großer Schlag im Osten war außerdem erforderlich, wenn man für den Westen die Hände frei haben wollte.

Solche Erwägungen waren es, die für die Verhandlungen mit Bulgarien bestimmend waren. Im Sommer 1915 kamen sie in Fluß. Die Ententestaaten waren nicht geneigt, die nationalen Wünsche Bulgariens auf Kosten Serbiens zu befriedigen; die Türkei dagegen war bereit, den Wünschen dieses Staates bezüglich einer Grenzregulierung an der Maritza entgegenzukommen. Da außerdem die Bulgaren an einen Sieg der Mittelmächte glaubten, kam es im Sommer 1915 zu einem Abkommen mit Bulgarien, das entschlossen auf die Seite der Mittelmächte trat. Am 6. September 1915 wurde es im deutschen Hauptquartier zu Pleß zwischen den Deutschen, Österreichern und Bulgaren abgeschlossen und den Türken der Beitritt offengehalten.

Danach sollten die Deutschen und Österreicher mit je sechs Divisionen binnen 30, die Bulgaren in 35 Tagen mit vier Divisionen, die übrigens an Infanterie doppelt so stark waren wie die deutschen, operationsbereit an der serbischen Grenze stehen. Diese Abteilungen sollten dem Generalfeldmarschall von Mackensen unterstehen. Außerdem sollten die Bulgaren mit mindestens einer Division in Mazedonien einrücken und die Deutschen sie mit Kriegsmaterial nach Möglichkeit unterstützen. Das waren die Hauptbestimmungen des Vertrages. Der 6. Oktober wurde für die Deutschen, der 11. für die Bulgaren für den Beginn der Operationen festgelegt. Von den Bulgaren wurde dieser Termin um einige Tage überschritten, ohne daß dadurch Schaden entstanden wäre. Dagegen erklärten die Österreicher, daß sie die versprochene Streiterzahl nicht stellen könnten. Die Deutschen sprangen opferwillig für sie ein und stellten außerdem im Lauf der Kriegshandlung das Alpenkorps, um den Österreichern vorwärts zu helfen. Es kam aus Frankreich und war dort nicht verwendet worden, weil es auch ohnedem gelungen war, der feindlichen Durchbruchsabsichten Herr zu werden. Die Österreicher dagegen sammelten einige Landsturmbrigaden bei Belina und gingen später mit einer Division von Visegrad aus vor, während die Bulgaren sehr bald aus der einen Division, die im Süden vorgehen sollte, und mazedonischen Freiwilligen eine 2. Armee formierten, die unter die Befehle des Generals Teodorow trat.

Diesen Abmachungen entsprechend und sie, was die Stärken anbetrifft, noch überschreitend, marschierten die Deutschen, sieben Divisionen stark, unter General von Gallwitz als 11. Armee bei Semendria und Weißkirchen auf, um bei Ram, Kostolac und Semendria über die Donau zu gehen. Eine Seitenabteilung sollte bei Orsova zum Übergang bereitstehen. Leider habe ich nicht ermitteln können, wo die einzelnen Divisionen herkamen; jedenfalls aber ist die Kriegsführung im Westen durch ihre Abgabe nicht wesentlich beeinflußt worden, denn nur eine Division ist in ihrem Abtransport vom Westen angehalten und durch eine Ostdivision ersetzt worden. Die Österreicher ihrerseits sammelten sich an der Donau und an der Save, um bei Belgrad und Kopinovo den Fluß zu überschreiten. Den vier österreichischen Divisionen war das drei Divisionen starke XXII. Reservekorps beigegeben. Zusammen bildeten sie die 3. österreichische Armee. Nebenabteilungen standen, wie gesagt, an der Drina bei Belina und Visegrad. Die bulgarische 1. Armee unter General Bojadiew marschierte bei Kula, Belgogradcik und Caribrod auf, mit einer Nebenabteilung in Negotin. Sie stand also von Anfang an in der rechten Flanke der Serben, hatte Nisch und Pirot vor sich und mußte das Grenzgebirge überschreiten. Die 2. bulgarische Armee aber sammelte sich etwa bei Küstendil, um sich gegen das Wardartal zu wenden und hier je nach den Umständen entweder gegen den rechten Flügel der Serben oder wardarabwärts gegen Saloniki zu operieren.

Demgegenüber wollten die Serben, im Vertrauen auf die versprochene englisch-französische Hilfe, so lange wie möglich nach beiden Seiten hin Widerstand leisten, im Notfall aber sich in das gebirgige Innere des Landes zurückziehen und der von Saloniki heranrückenden Hilfsarmee im Wardartale die Hand reichen. Diese letztere aber sollte sich unter dem Befehl des Generals Sarrail in Saloniki sammeln. Die Ausschiffungen dort hatten am 5. Oktober begonnen. Die Armee sollte auf eine Stärke von 150 000 Mann gebracht werden, erreichte diese Stärke aber nur sehr langsam und verfügte in den entscheidenden Tagen vielleicht nicht über 60 000—80 000 Mann fechtender Truppen. Die Serben waren im ganzen — nach deutscher Berechnung — etwa 200 000 Mann stark. Demgegenüber hatten die Verbündeten eine nicht unbedeutende Überlegenheit zusammengeführt und hatten auch in dieser Hinsicht einen raschen Sieg sichergestellt.

So waren die Karten gemischt, als das Spiel begann.

Der Donauübergang war von langer Hand vorbereitet, ohne daß der Feind eine Ahnung davon hatte. Die Lage der einzelnen Batterien, die Unterkunft der Truppen war bestimmt. Verpflegung und Munition waren vorgesehen, die rückwärtigen Verbindungen geregelt. Das Übergangsmaterial über die Flüsse war bereitgestellt, ebenso die Schiffsgefäße für den Brückenbau. Kurz, es war alles in der besten Ordnung: die Truppen brauchten bloß einzutreffen, um sofort den Übergang beginnen zu können. Die Überraschung gelang denn auch vollständig, wie seinerzeit der gewagte Übergang über die Weichsel. Die Serben, durch die Entente in ihrer Auffassung bestärkt, glaubten nicht an einen Angriff der Deutschen und hatten die Masse ihrer Truppen gegen die Bulgaren aufgestellt. Erst im letzten Augenblick hielten sie es für nötig, die Kräfte im Norden zu verstärken, was dann ziemlich planlos geschah.

Niemand hielt es eben für möglich, daß die verbündeten Deutschen und Österreicher die große Offensive im Osten durchführen und den entscheidungsuchenden Ansturm im Westen siegreich zurückweisen könnten, während sie zugleich einen Vernichtungsangriff gegen Serbien planten und durchführten. Die Leistung ist auch in der Tat eine ungeheuere, wie wir erst in vollem Maße sehen, wenn wir erkennen, mit welchen Kräften der englisch-französische Angriff geführt wurde. Voller Bewunderung steht man vor den Leistungen dieser Armee, die Taten vollbracht hat, wie sie die Weltgeschichte zweifellos noch nicht gesehen hatte, und man versteht, daß das deutsche Heer nur dem deutschen Volke selbst unterliegen konnte.

Was aber die Ententestaaten gewiß nicht erwartet hatten, das geschah dennoch. Schon am 5. Oktober waren die Deutschen und Österreicher zum Angriff bereit, und bald donnerten die Kanonen auf der ganzen für den Übergang vorgesehenen Linie der Donau, der Save und der Drina[1]). Besonders die in Aussicht genommenen

[1]) Die deutschen Truppen bestanden, abgesehen vom Alpenkorps, aus dem X. Reservekorps, dem IV. Reservekorps, dem III. Korps und dem XXII. Reservekorps. Das X. Reservekorps bestand aus der 101. und der 103. Division; das IV. Reservekorps aus der 11. bayerischen, der 105. und der 107. Division; das III. Korps aus der 6. und der 25. Division. Das XXII. Reservekorps war zu-

Übergangsstellen wurden unter ein vernichtendes Feuer schwerer und schwerster Artillerie genommen, und bis zum 10. Oktober wurde der Übergang erzwungen. Am leichtesten glückte er auf dem linken Flügel der deutschen Hauptkräfte, wo das X. Reservekorps und das drei Divisionen starke IV. Reservekorps fochten; weiter rechts konnte das III. Korps Semendria erst am 11. nehmen. Schwieriger noch war der Angriff auf Belgrad selbst, den das XXII. Reservekorps sowie das VIII. und XIX. österreichische Korps auszuführen hatten, während an der Drina die kaiserlichen Truppen den Fluß allerdings überwanden, dann aber nur sehr langsam und mühsam vorwärts kamen. Auch der Brückenschlag über die Donau war lange Zeit unmöglich, da einer der mächtigen Donaustürme, die Kossova ge-

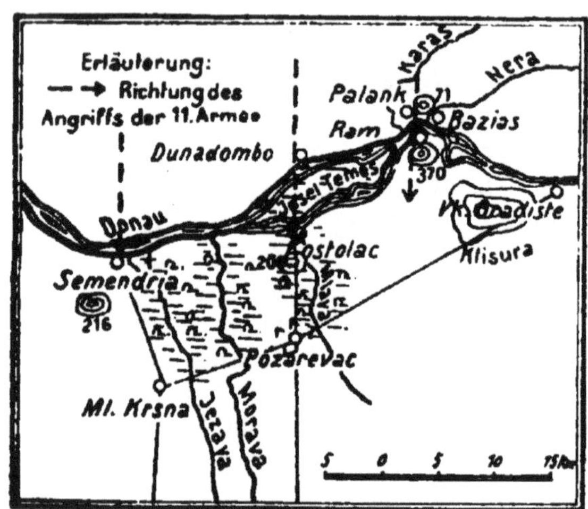

Karte 37. Der Donauübergang der 11. Armee 1915 (nach Immanuel).

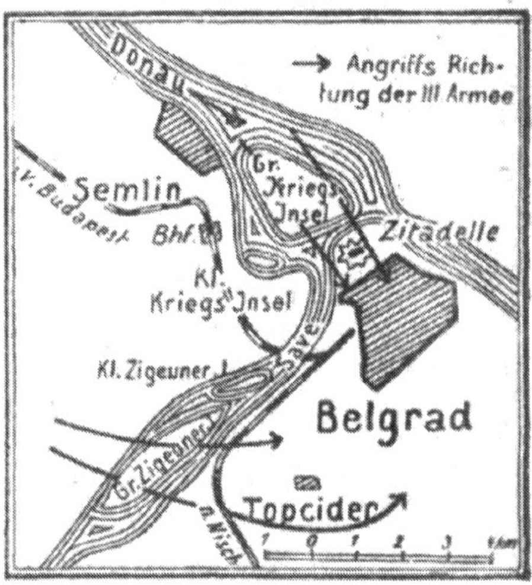

Karte 38. Angriff auf Belgrad 1915 (nach Immanuel).

nannt, bis zum 16. Oktober wütete. Erst am 21. gelang es, zwei Brücken für die 11. Armee zu schlagen. So konnte der Vormarsch erst am 12. aufgenommen werden, in dessen Verlauf auch das Alpenkorps, wie gesagt, an die österreichische Hauptarmee herangezogen wurde. Es traf am 26.—29. Oktober nördlich der Donau ein, war bis zum 7. November der 11. Armee unterstellt, focht sodann in der Mitte der 3. österreichischen Armee unter dem XXII. Armeekorps und wurde am 21. November wieder zur 11. Armee verschoben.

Die Serben wehrten sich mit verzweifelter Tapferkeit. Das ganze

sammengesetzt aus der 43. Reservedivision, der 44. Reservedivision und der 26. Infanteriedivision. Das X. Reservekorps war vom 18. Juni bis 3. Juli 1915 bei der Süd-Armee; vom 4. Juli bis 3. September bei der 11. Armee Mackensen; vom 4. bis 16. September in Warschau und wurde von dort zur 11. Armee Gallwitz, die mittlerweile in Serbien neuformiert worden war, abtransportiert. Bei ihr verblieb es bis zum 19. November 1915.

Volk beteiligte sich am Widerstande. Greise, Weiber und Kinder nahmen an der Verteidigung teil; zugleich entschlossen sich die Serben, den Bulgaren angriffsweise entgegenzugehen, um damit Zeit für den sehnsüchtig erwarteten Vormarsch der englisch-französischen Hilfsarmee zu schaffen: der geordneten Kraft der deutschen Angreifer aber, die auch Österreicher und Bulgaren fortzureißen vermochte, konnten sie auf die Dauer nicht widerstehen. Die Hilfsarmee aber konnte in der erwarteten Zeit kaum wirksam werden, da sie am 10. Oktober erst etwa 35 000 Mann ausgeschifft hatte.

Nachdem nämlich der Vormarsch Mackensens aufgenommen worden war und die Bulgaren in Bewegung gekommen waren, spielten sich die Ereignisse verhältnismäßig schnell ab.

Zunächst zwar gewannen die Angreifer nur langsam Raum, so daß es der über Orsova vorgehenden Kolonne erst am 23. Oktober gelang, die Donau zu überschreiten und sich dem rechten Flügel der Bulgaren anzuschließen; auch verteidigten sich die Serben hartnäckig in vielen vorbereiteten Stellungen zwischen der Morava und der Kolubara; bald aber ging der Vormarsch der Verbündeten unter andauernden Gefechten und fortwährenden Geländeschwierigkeiten gegen die Linie Kraljewo—Krusevac vonstatten, je mehr die Widerstandskraft der serbischen Truppen abnahm; die Verteidiger der Macwa gingen auf die gleiche Linie zurück wie der Rest der Armee, um nicht abgeschnitten zu werden, und nur die bei Visegrad fechtenden serbischen Truppen erhielten Befehl, so lange als möglich zu halten, um das Tal der serbischen Morava und die linke Flanke der serbischen Armee zu decken, die bei Krusevac eine Schlacht zu liefern beabsichtigte. Sie hoffte noch immer auf die Hilfsarmee der Entente.

Mittlerweile waren auch die Bulgaren vorgegangen. Sie trafen schon am Grenzgebirge auf heftigen Widerstand. Die 1. Armee brach am 21. Oktober zwischen Zajecar und Knajevac durch, die 2. Armee aber, die sehr bald auf drei Divisionen angewachsen war, während eine weitere selbständige Division zwischen Struma und Mesta Sofia deckte, besetzte schon am 23. Oktober Üsküb, Kumanovo, Vranje, Veles und Istip. Die Franzosen dagegen, die gleich nach ihrem Eintreffen nach Norden aufbrachen, nahmen am gleichen Tage die Wardarengen bei Demir-Kapu in Besitz.

Unbekümmert um diese Verhältnisse drangen unterdes Mackensens Armeen nach Süden vor. Sie ließen sich weder durch die 4. Isonzoschlacht, in der die Italiener gerade in diesen Tagen Görz und Doberdo bedrängten, noch durch die Kämpfe in Wolhynien und in der Champagne, die gerade damals tobten, irgend beeinflussen. Dem Feldmarschall kam es nur darauf an, den Feind zu schlagen, den er vor der Front hatte, wie verzweifelt sich dieser auch an das äußerst günstige Gelände klammern mochte. In der gleichen Weise aber gingen die Bulgaren vor. Ihre 1. Armee — die, wie sich die Verhältnisse gestaltet hatten, zu weit nördlich aufmarschiert war und mehr ein rasches Zusammenwirken mit den Deutschen als eine südliche Umfassung der Serben im Auge gehabt hatte — kam während des Vorgehens mit dem linken Flügel der 11. Armee in Kollision, mit dem Rest aber ging sie trotz heftigsten Widerstandes auf Nisch und Pirot vor. Der Feind wich — immer wieder zur Offensive über-

Karte 39. Der Feldzug in Serbien 1915 (nach Falkenhayn).

gehend — in südlicher und südwestlicher Richtung zurück, und am 5. November gelang es den Verbündeten einerseits die Linie Arilje—Kraljewo—Krusevac und Paracin, andererseits Nisch zu erobern, während Pirot schon früher gefallen war. Die Serben ihrerseits suchten ihr Heeresgerät und ihre Kriegsvorräte in der allgemeinen

Richtung auf Pristina zu retten. Unzählige Mengen jedoch fielen besonders im Norden den Angreifern in die Hände; der bulgarischen 1. Armee aber war, weil sie gegen den erbitterten Widerstand der Serben nur schwer vorwärts kam, noch eine weitere Division zur Verfügung gestellt worden, die bisher Heeresreserve gewesen war.

Der hauptsächlichste strategische Zweck des Krieges war erreicht. Der direkte Weg nach der Türkei war eröffnet, und es wurden dieser auch sofort reichlich Munition und Artillerie zugeschoben, was dem Widerstand auf Gallipoli neue Kraft verlieh: noch aber galt es den Erfolg sicherzustellen und den Feldzug zu einem befriedigenden Abschluß zu bringen.

Mackensen entwirrte daher zunächst die Truppenanhäufung, die durch das nahe Zusammenrücken der inneren Flügel der Deutschen und der 1. bulgarischen Armee entstanden war, indem er das IV. Reservekorps, dessen 107. Division zum X. Reservekorps übertrat, und das XXII. Reservekorps aus der Front ausschied, und rückte dann gegen Pristina, Mitrovica, Nowibasar und das Amselfeld vor, wohin die Serben geflohen waren.

Die 2. bulgarische Armee hatte mittlerweile mit doppelter Front gefochten. Auf der einen Seite kämpfte sie gegen Franzosen und Engländer, welch letztere bei Strumitza erschienen waren und die 2. Division beschäftigten, die bisher als selbständige Gruppe unter Geschow Sofia gedeckt hatte; auf der anderen machte sie gegen Nordwesten Front, um die Südflanke der serbischen Hauptarmee zu bedrohen. Sie war durch zwei neugebildete Divisionen verstärkt worden. Dennoch konnte sie nur mit Mühe Widerstand leisten, als die verzweifelten Serben am 9. November mit fünf Divisionen ihres rechten Flügels noch einmal offensiv wurden und zur Vereinigung mit den Franzosen durchzubrechen versuchten. Nur dem Umstand, daß Mackensen schon weit in ihren Rücken vorgedrungen war, blieb es zu verdanken, daß sie ihren Plan nicht ausführen konnten, sondern — umzingelt — nach tapferster Gegenwehr mit der Hauptmacht die Waffen strecken mußten. Der Rest ihrer Truppen entkam nach Prizren. Der letzte Versuch der Serben, nach Süden durchzubrechen, war mißlungen. Am 29. November waren sie von den Bulgaren ereilt und mit einem Verlust von 17000 Gefangenen und 50 Geschützen geschlagen worden. Am 8. Dezember wurden sie südwestlich von Prizren nochmals geworfen; dann zogen sie, immer noch fechtend, nach Westen ab, gefolgt von den siegreichen Armeen der Verbündeten.

In der Höhe von Djakova machten die Deutschen halt. Am 27. November konnte ihr Feldzug gegen Serbien als beendet angesehen werden, während die weiter nördlich fechtenden Österreicher sich gegen Montenegro und Nordalbanien wandten, die Bulgaren aber mit ihrer 1. Armee gegen Monastir, mit der 2. gegen die Franzosen und Engländer vorrückten, die immer noch die Wardarengen besetzt hielten [1]). Diese hätten zweifellos erfolgreich in den Endkampf der Serben eingreifen können; sie wagten es aber nicht, vorzugehen, angesichts der zweifelhaften Haltung Griechenlands, ohne dessen Erlaubnis sie Saloniki besetzt hatten. Es hielt die Hafenforts noch besetzt und stand mit starken Kräften im Rücken der Verbündeten. So mußte Sarrail zunächst defensiv verbleiben und trat den Rückzug an, als er die ganze Gefahr seiner Lage merkte. Den Bulgaren aber gelang es in heftigen Gefechten einerseits das heißbegehrte Monastir zu nehmen, andererseits am Wardar den Feind, der allmählich zwei

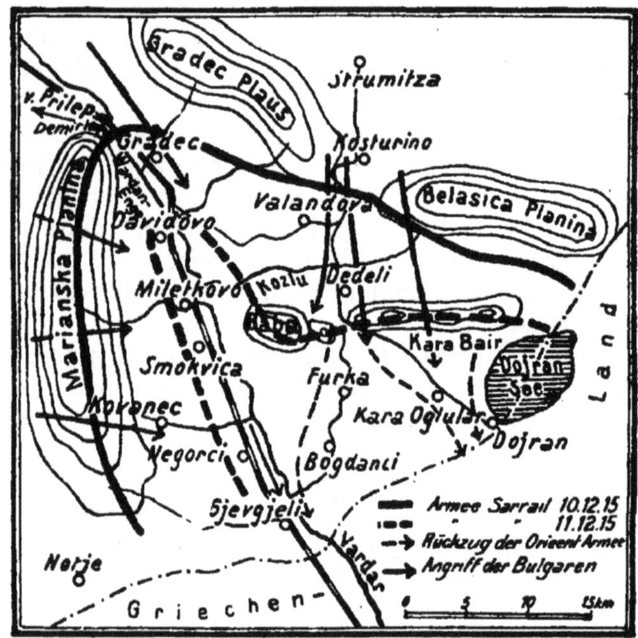

Karte 40. Vormarsch der Bulgaren bis zur griechischen Grenze 1915 (nach Immanuel).

englische und vier französische Divisionen heranzubringen vermocht hatte, über die griechische Grenze zurückzuwerfen.

Hier aber machten die Verfolger halt, obgleich der Feind zweifellos geschlagen war und in großer Menge Geschütz, Vorräte und Kriegsmaterial verloren hatte. In Eilmärschen rückten deutsche Truppen heran und verhinderten Freund und Feind am Überschreiten

---

[1]) Von den deutschen Truppen wurden zum Teil schon während des Feldzuges abtransportiert: die 11. bayerische, die 26. und die 107. Infanteriedivision, die 25., 43. und 44. Reservedivision und die Generalkommandos des XXII. und des X. Reservekorps. Von der 105. Division kamen der Divisionsstab, die 209. Infanteriebrigade, Infanterieregimenter Nr. 21 und 129, 4. Eskadron Jäger zu Pferde 5, I. und II. Abteilung des Feldartillerieregiments Nr. 209, Fußartilleriebataillon Nr. 105 und einige kleinere Formationen nach Bulgarien.

der Grenze. Diese wurde am 9. Dezember 1915 südlich Monastir, am 13. im Wardartale erreicht.

Wieder hatte die Politik eingegriffen, die überhaupt unsägliches Unglück herbeigeführt hat.

Die Gründe, die für diesen Verzicht der geschlagenen Orientarmee gegenüber angeführt werden, sind meines Erachtens keineswegs stichhaltig. Mag der Feldzug gegen Serbien immerhin als eine Nebenoperation betrachtet worden sein, die nicht bestimmt war, einen Entscheidungskampf gegen die Entente herbeizuführen; mag man noch so viel Rücksichten auf die schwierige Lage Griechenlands haben nehmen wollen; mag man immerhin den Wunsch gehabt haben, die Bulgaren dadurch am Bündnis mit den Mittelmächten zu erhalten und Kräfte der Entente zu binden, daß man den vereinigten Franzosen und Engländern gestattete, sich in Saloniki festzusetzen und zu verschanzen: niemals durfte ein militärischer Erfolg aus der Hand gegeben, niemals die Möglichkeit preisgegeben werden, die Feinde ins Meer zu werfen oder zu vernichten.

Es war keineswegs anzunehmen, daß die Griechen den Krieg erklären würden, wenn man gegen die Staaten vorging, die ihre Neutralität vergewaltigt hatten. Hatten die Verbündeten ohne Einwilligung der Griechen in aggressiver Absicht Saloniki besetzt, so war es den Mittelmächten zweifellos gestattet, sie dort in defensiver Absicht anzugreifen, ganz abgesehen davon, daß sich ein Modus vivendi mit Griechenland unter allen Umständen hätte finden lassen. Von Saloniki vertrieben, hätten die Ententemächte sicherlich eine andere Operation im Orient unternommen, die die Bulgaren im Kriegszustande mit ihnen erhalten und ihre Armee in Anspruch genommen hätte. Ein Entscheidungskampf im Orient aber wäre keinesfalls für die Mittelmächte entstanden. Das ließen die Verhältnisse überhaupt nicht zu. Nichts aber wog den Vorteil auf, eine starke feindliche Armee zu vernichten, und dazu waren die besten Aussichten vorhanden. Ich weiß allerdings nicht, ob die rückwärtigen Verbindungen ein sofortiges Vorgehen auf Saloniki mit starken Kräften gestattet hätten. Alles aber spricht dafür, daß es der Fall war; sonst hätte man eben so weit als möglich vorgehen und vor dem entscheidenden Angriff die rückwärtigen Verbindungen regeln müssen, was zweifellos möglich war. In Wirklichkeit aber ließ man die Franzosen und Engländer, die in der äußersten Not waren, ruhig abziehen und sich verschanzen; man bereitete ihr zukünftiges Eingreifen selbst künstlich vor. Unsere Politik hat — Bethmann Hollweg sei dafür bedankt — immer nur versucht, auf gütlichem Wege entstehende Konflikte beizulegen; sie hat nie begreifen wollen, daß die Ententestaaten zum Äußersten entschlossen waren, und hat ihnen daher immer in die Hände gearbeitet. So hat sie auch hier für einen scheinbaren Vorteil das große Endziel aus den Augen verloren. Man kann nur schmerzlich bewegt eine solche Politik verfolgen, die alle Heldentaten unserer unvergleichlichen Armee schließlich umsonst sein ließ und für scheinbare Vorteile wirkliche greifbare Erfolge aus der Hand gab. Bezüglich der militärischen Leitung aber kann man nur bedauern, daß sie sich dem Verlangen der Reichsleitung gebeugt hat, denn daß sie aus eigenem Antriebe gehandelt hat, läßt sich kaum annehmen. Für sie gab es nur eine Überlegung: War es möglich, die Armee Sarrails zu schlagen oder nicht? Wenn ja, mußte es versucht werden. Was dann erfolgen würde, ließ sich nicht mit Sicherheit voraussehen; der Vorteil aber, eine feindliche Armee vernichtet zu haben, wog alle zukünftig etwa entstehenden Nachteile auf. Es mußte unter allen Umständen früher oder später doch geschehen, um die gefährliche Flankenbedrohung zu beseitigen.

Leider verfuhr man anders, und so endete der Feldzug zwar mit einem glänzenden Siege, aber doch mit einem schmerzlichen Verzicht, der in Zukunft verderbliche Folgen tragen sollte.

Es wurde eine Dauerstellung bezogen. Die 1. bulgarische Armee stand mit zwei Infanteriedivisionen und einer Kavalleriebrigade vom Ochridasee bis südöstlich Prilep und hatte eine deutsche Abteilung in Monastir[1]); die 11. deutsche Armee hielt die griechische Grenze von Notje bis zur Belasica Planina nördlich des Doiransees besetzt. Sie war zwei deutsche Divisionen und anderthalb bulgarische stark, mit dem Alpenkorps außerdem in Reserve, das bei Veles und Istip stand[2]). Daran reihte sich die 2. bulgarische, drei Divisionen starke Armee von Strumitza über Jenikiöy und Petrick bis Nevrekop. Über den Rest der deutschen Armee wurde anderweitig verfügt. Ein Teil blieb in Ruhequartieren in Südungarn, um auf Rumänien zu wirken; ein anderer Teil wurde an die Westfront abtransportiert. Eine Brigade der 101. Division wurde, einem Abkommen mit Bulgarien entsprechend, an das Schwarze Meer verlegt.

Die Österreicher aber setzten sich im Verfolg der eingeleiteten Operationen noch in den Besitz von Montenegro und eines großen Teils von Albanien. Der Lowcen wurde von Cattaro aus gestürmt, und am 23. Januar 1916 Niksic, Podgorica und Skutari besetzt. Die österreichische Südflanke war gesichert. Die Trümmer der serbischen Armee aber — etwa noch 50000 Mann in traurigster Verfassung und ohne jede Ausrüstung — retteten sich nach Korfu, das trotz des Widerspruchs der griechischen Regierung als Operations-

---

[1]) Das Detachement Sommerfeld — später Busse — bestand aus dem Stabe der 210. Infanteriebrigade, dem Infanterieregiment Nr. 146, der 4. Gebirgskanonenbatterie, den Gebirgsmaschinengewehrabteilungen 213 und 214 und einigen anderen kleineren Formationen.

[2]) Die 11. Armee bestand aus folgenden deutschen Truppen: Generalkommando IV. Reservekorps, 101. und 103. Infanteriedivision und dem Alpenkorps, das nach dem 13. März 1916 mit einem Teil der deutschen schweren Artillerie abtransportiert wurde, nachdem an diesem Tage der endgültige Entschluß gefaßt worden war, die Offensive gegen Saloniki vorläufig aufzugeben.

basis eingerichtet wurde, und von wo sie später als serbische Armee wieder auftraten.

Verteidigungskrieg der Mittelmächte im Westen.

Während die Mittelmächte — wie wir gesehen haben nur mit bedingtem Erfolge — bestrebt waren, im Osten jeden Widerstand niederzubrechen, um im Westen freie Hand zu entscheidungsuchender Offensive zu gewinnen, kam es darauf an, hier mit so geringen Kräften wie nur möglich auszukommen und doch den Besitzstand zu wahren, soweit er von Bedeutung für den endgültigen Ausgang des Krieges war. Das gibt der ganzen Kriegführung an der Westfront ihren besonderen Charakter. Um so mehr war es — wie schon gesagt — für die Franzosen und Engländer geboten, die Entscheidung zu suchen, solange die Hauptkräfte des Feindes im Osten gebunden waren, und die Zeit der entscheidenden Operationen so zu wählen, daß möglichst viele Streitkräfte des Feindes in die östliche Kriegführung verwickelt waren, keine aber von dort herangezogen werden konnten, um die Westfront behaupten zu können, ohne die Operationen im Osten zu gefährden. Das war um so notwendiger, als jetzt die neuangeworbene Kitchener-Armee in die Erscheinung treten sollte, und damit den Westmächten ein neuer Antrieb zum Handeln gegeben war.

Das ist der Gesichtspunkt, von dem aus die Handlungsweise der Verbündeten beurteilt werden muß. Für sie kam es sogar darauf an, deutsche Truppen in entscheidenden Momenten vom Osten abzuziehen, um den Erfolg der russischen Operationen zu erleichtern. Ihre Angriffstätigkeit mußte also derart geregelt werden, daß sie zugleich als Entscheidungs- und Entlastungsoffensive wirksam sein konnte. Joffre hat zweifellos versucht, diesen Anforderungen gerecht zu werden, und er hat auch einzelne, wenn auch geringfügige Vorteile errungen. Im ganzen aber hat er seine Zeit nicht richtig gewählt, denn in entscheidender Stunde sind Kräfte aus dem Osten nach Frankreich herangezogen worden und haben nicht wenig dazu beigetragen, den Sieg an Deutschlands Fahnen zu fesseln, wenn auch vor allem der unvergleichliche Heldenmut unserer Truppen und die unerschütterliche Nervenstärke ihrer Führer den ungleichen Kampf zu einem glücklichen Ausgang geführt haben: waren doch die Verbündeten im Westen damals dem Heer der Mittelmächte um etwa 550 000 Mann überlegen.

A. Die Schlacht von Carency—La Bassée.

Nachdem die große Offensive in der Champagne und die zweite Schlacht bei Ypern in einer für die Verbündeten unrühmlichen Weise zu Ende gegangen waren, blieb der französische Feldherr darauf bedacht, den Kampf mit besserem Erfolge zu erneuern. Sein Plan ging dieses Mal dahin, zwischen Arras und La Bassée durchzubrechen, in das Scheldebecken einzudringen und so die deutsche Front nach Süden und Norden hin aufzurollen. Sein linker Flügel stand etwa bei Cuinchy. Von da an erstreckte sich die französische Linie über Grenay, Bouvigny, Mont St. Eloi nach der Vorstadt von Arras, St. Laurent. Nördlich davon sollten die Engländer, durch französische Artillerie verstärkt, zwischen Festubert und Fromelles angreifen.

Demgegenüber hielten die Deutschen die Höhen gegenüber St. Laurent, La Targette, Carency, Ablain St. Nazaire, die Lorettokapelle, Loos, La Bassée, Lorgies und Fromelles besetzt. Sie verfügten zur Verteidigung dieser Strecke nur über drei schwache Korps — das VII., XIV. und I. bayerische Reservekorps und einige Landwehrbrigaden —, während die Engländer allein drei Armeekorps und die Franzosen im ersten Treffen zehn bis elf Divisionen ins Feuer führten und im zweiten Treffen bei Bouvigny und St. Eloi noch über Humberts Fremdenregimenter und Marokkaner verfügten, die etwa 50000 Bajonette stark waren[1]). Die Angreifer hatten außerdem 800 Geschütze ohne die zahlreichen Minenwerfer versammelt und vermochten die ganze Linie des Verteidigers in vernichtender Weise mit Artilleriefeuer zuzudecken. Den Oberbefehl führte über die Franzosen General Foch, über die Engländer General Haig. Dieser war gerne auf die Pläne Joffres eingegangen, denn er freute sich darauf, für die bisherigen Niederlagen Rache nehmen zu können. Der 9. Mai war für den Angriff festgesetzt worden. Es scheint dies mit Rücksicht auf die Russen geschehen zu sein, die gerade zu dieser Zeit nach ihrer Niederlage bei Gorlice—Tarnow auf Przemysl zurückwichen.

Ein unerhörtes Artilleriefeuer, das schon am 5. Mai einsetzte, leitete den Angriff ein, und am 9. Mai stürzten zuerst um 9 Uhr die Franzosen vor, nachdem sie im Umkreis von La Targette und Carency Minen gesprengt hatten. Ihnen folgten nach kurzer Zeit die Engländer. Unter dem Schutze dicker Rauchwolken gingen die Angreifer vor, und es gelang den Franzosen, dank ihrer großen Übermacht und der Wirkungen des Artilleriefeuers, wenigstens in der Mitte vorzudringen, während sie auf den Flügeln zum Stehen kamen. Sie drangen in die deutschen Stellungen ein und nahmen La Targette, die Lorettokapelle und die Stellungen am Nordhang von Souchez, konnten aber weder Carency noch Ablain St. Nazaire in ihren Besitz bringen und kämpften unentschieden in Neuville St. Vaast. Schließlich scheiterten sie beim Sturm auf die Ferme la Folie, die den Schlüsselpunkt der deutschen Stellung darstellte, da sie auf der beherrschenden Höhe 140 gelegen war.

---

[1]) Die Engländer verfügten über das I., IV. und das indische Armeekorps, die Franzosen im ersten Treffen über die 58. und 92. Division, das XX., XXXIII. und Teile des X. Korps, sowie über das IX. und wahrscheinlich auch über Teile des XI. Korps.

Auch auf dem nördlichen Flügel hatten sie keine entscheidenden Fortschritte zu machen gewußt, und die Engländer, die die ungewandten Massen der jungen Kitchener-Armee ins Feuer führten, waren auf der ganzen Linie trotz aller Übermacht, wie gewöhnlich, so vollständig geschlagen worden, daß sie vor dem 15. Mai nicht wieder anzugreifen vermochten. Foch hoffte trotzdem, am nächsten Tage den am 9. begonnenen Erfolg vervollständigen und den Durchbruch erzwingen zu können. Mittlerweile waren aber deutscherseits einige,

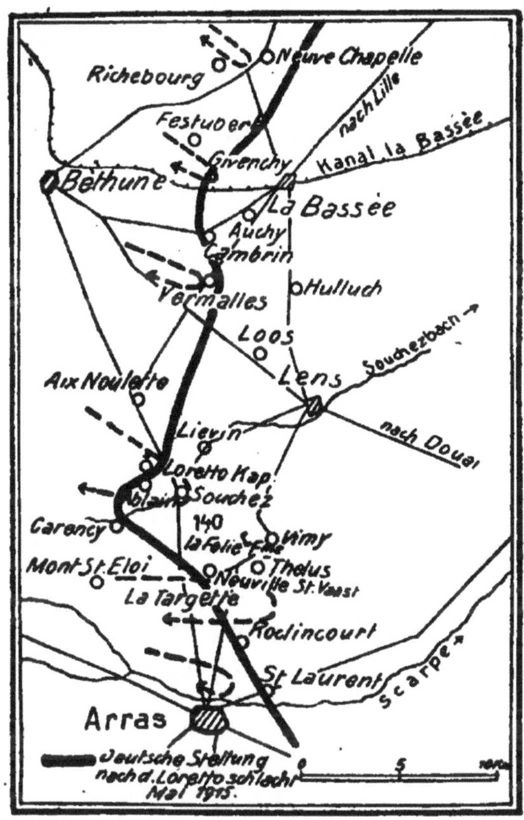

Karte 41. Die Lorettoschlacht Mai 1915.

wenn auch schwache, Verstärkungen herangekommen, und der Kampf blieb auch am 10. Mai unentschieden; die Engländer aber hatten sich nur in geringfügiger Weise bemerkbar gemacht, und zwar im ausdrücklichen Einverständnis mit den Franzosen.

Unter diesen Umständen entschloß sich der französische Feldherr am 11. noch einmal entscheidend anzugreifen, während die Deutschen zunächst zu heldenmütigen Gegenangriffen schritten, die freilich wenig Erfolg hatten, aber doch die Franzosen an weiteren Fortschritten hinderten. Als dann im Laufe des Nachmittags die französische Absicht des allgemeinen Angriffs doch noch zur Ausführung kam, stieß der Angreifer auf der ganzen Linie von Neuville bis Vermelles auf entschlossenen Widerstand und konnte nur geringe Vorteile erringen. So blieb es auch die folgenden Tage. Carency ging allerdings verloren. Die Besatzung des Ortes mußte kapitulieren, als sie völlig umschlossen und keine Hilfe mehr zu erwarten war. Die Lorettokapelle scheint mehrfach den Besitzer gewechselt zu haben, blieb aber schließlich in der Gewalt der Franzosen, die sie am 11. Mai endgültig erstürmten. Im übrigen mußten sie sich mit der Eroberung von La Targette und des Barrikadenweges, der erst am 21. Mai genommen wurde, begnügen, obgleich sie ihre Angriffe noch einige Zeit fortsetzten.

Auch Feldmarschall Haig griff am 15. Mai auf ausdrücklichen Wunsch des französischen Feldherrn noch einmal an und vereinigte dieses Mal seine gesamte Macht gegen den rechten Flügel des Feindes. Acht Divisionen drängte er in einem Streifen zusammen, der etwa eine Meile breit war. Aber auch in dieser Form erstritten die Engländer keine Erfolge. Am 17. Mai gingen die Deutschen zwar etwa 300 m zurück und überließen den Angreifern eine Strecke von etwa 3 km Breite: damit aber mußten sich die Engländer begnügen. Zwar griff Haig am 18. Mai unter dem Schutz einer neuen Artillerieschlacht noch einmal an und erneuerte diesen Angriff am 20.; zwar setzte er am 24. noch einmal eine frische Division ein — die 47. —: aber es blieb alles umsonst. Wie Foch mußte er sich geschlagen geben; die französisch-englische Entlastungs- und Durchbruchsoffensive war endgültig gescheitert, ohne daß auch nur ein Mann deutscherseits vom Osten hätte herangezogen werden müssen.

B. Sommerkämpfe 1915.

Die große Schlacht im Norden war geschlagen. Engländer und Franzosen hatten nur ein äußerst geringfügiges Ergebnis erzielt, das strategisch überhaupt nicht ins Gewicht fiel. Ein neuer großer Schlag wurde vorbereitet, der alle bisherigen Erfahrungen ausnutzen und das siegreiche Ende des Krieges herbeiführen sollte. Während aber hierzu alle Vorbereitungen getroffen wurden, dauerte der Kleinkrieg überall fort, und die Verbündeten suchten, wo es nur immer ging, örtliche Vorteile zu erringen und den Umstand auszunutzen, daß die Hauptkräfte der Deutschen im Osten gebunden waren. Vor allem war General Foch in dieser Richtung tätig.

Schon am 29. Mai nahmen die Franzosen das ganz umzingelte Ablain St. Nazaire, den 1. Juni die am Westausgang von Souchez gelegenen Trümmer einer Zuckerfabrik. Am 6. Juni griffen sie die Stellung Aix-Noulette—Souchez—östlich Carency an und am Tage darauf die Trümmerstätten von Neuville und Thelus. Auch Neuville St. Vaast ging verloren. Da die Franzosen aber sonst nur verschwindende Vorteile erzielen konnten, griff Foch noch einmal mit gewaltiger

Artillerieunterstützung auf der ganzen Linie von Liévin bis Arras am 16. Juni an, mußte sich aber mit wenigen Trümmerresten, die er eroberte, begnügen. Auch südlich Arras suchte er Vorteile zu erringen. Bei Serre und Hébuterne brachte er die Deutschen zeitweilig ins Gedränge. Die Franzosen nahmen nach vorheriger Artillerievorbereitung den Hof „Zu den vier Winden" und gewannen am 10. Juni neuen Boden. Am 13. Juni griffen sie nach erneuter Artillerievorbereitung Serre selbst an, wurden aber zurückgeschlagen und auf den Hof „Zu den vier Winden" zurückgeworfen, den sie behaupteten.

Auch die Engländer griffen zur selben Zeit bei Hooge und Festubert an und gewannen einige Gräben. Am 16. Juni drangen sie von Ypern aus zwischen dem XV. und dem XXVII. Reservekorps in die deutschen Stellungen ein, wurden aber durch einen Gegenstoß wieder hinausgeworfen. Daran schlossen sich heftige Kämpfe um Schloß und Dorf Hooge, bei denen am 19. Juli die Engländer mehrere deutsche Kompanien in die Luft sprengten und die am 30. Juli damit zum Austrag gebracht wurden, daß die Schwaben, die sich bei dieser Gelegenheit der Flammenwerfer bedienten und mit ihnen brennende Flüssigkeit auf die Feinde warfen, die letzten Trümmer des Dorfes Hooge erstürmten. Erst am 9. August führten die Engländer mit der 6. Division einen Gegenstoß, vermochten aber Schloß und Park nicht wieder zu erobern.

Vom 6. bis 17. Juni tobten ferner Kämpfe auf der Hochfläche zwischen Noyon und Soissons, bei denen die Franzosen die Ferme Quennevières stürmten. Ihr Erfolg blieb ohne weiterreichende Folgen, da verlustreiche deutsche Gegenangriffe dem Einbruch die Spitze abbrachen. Am 9. Juni griffen die Franzosen auch zwischen Maas und Mosel die Höhen westlich von Les Eparges an und suchten sich des Stützpunktes auf der Combreshöhe zu bemächtigen. Es war der Auftakt zu wochenlangen Kämpfen, bei denen vom 26. Juni an große deutsche Gegenangriffe einsetzten, und die damit endeten, daß die Deutschen nicht nur im Besitz der Combreshöhe und der Bergnase bei Les Eparges blieben, sondern auch im Priesterwalde mehrere Gräben zurückeroberten, die ihnen General Dubail vorher entrissen hatte.

Während so im Vorlande der Vogesen gestritten wurde, wütete auch in den Bergen selbst ein immerwährender Kampf. De Maud'huis, der hier die Franzosen befehligte, konnte die Niederlagen am Reichsacker- und am Hartmannsweiler Kopf nicht verwinden und griff Münster in beiden Flanken Mitte Juni an. Am rechten französischen Flügel mußten Metzeral und Steinabruck von den Deutschen preisgegeben werden, doch blieb Münster den Angreifern unerreichbar, und der Vorstoß erstarrte an den Hängen des Reichsacker- und des Sattelkopfes; am nördlichen Flügel drangen die Franzosen über den Barrenkopf, den Lingekopf und am Schratzmännele in die deutschen

Linien ein. Hier kam es zu einer Reihe blutiger Gefechte, die den ganzen Sommer währten und nirgends eine Entscheidung brachten.

Auch in den Argonnen wurde während dieser Zeit heftig gestritten. Diese Kämpfe sind besonders wichtig, weil dies Kampfgebiet unmittelbar an das Gelände anschließt, in dem zunächst die große Entscheidung des Krieges fallen sollte. Die Initiative ging dabei von den Deutschen aus. Sie schritten zum entscheidenden Sturm auf die Biesme-Linie und die Höhen zwischen Le Four de Paris und Vauquois. Am 20. Juni nahmen sie das starke Werk Labordère; am 2. Juli befand sich der rechte Flügel der Deutschen nach blutigem Kampf im Besitz der Werke Central, Cimetière und

Karte 42. Die Argonnenkämpfe 1915.

Bagatelle sowie der anschließenden Gräben und grub sich auf dem Nordhang des Biesmetales gegenüber von La Harazée ein; der linke Flügel aber bemächtigte sich in glänzendem Ansturm am 13. Juli der „Fille morte", die für die Franzosen von Wichtigkeit war. Ein Gegenstoß, den Sarrail am 14. Juli, dem Jahrestage des Bastillesturmes, mit der Generalreserve von Toul führte, brachte trotz schwungvoller Durchführung keinen Erfolg. Die Deutschen dagegen bemächtigten sich am 11. August des Martinswerkes und nahmen am 8. September den Nordhang des Biesmetales endgültig in Besitz. Mit diesem Erfolge begnügten sie sich, da sie mit ihm die Nordargonnen gesichert sahen, und auch die Franzosen verzichteten — wohl mit Rücksicht auf die nahe bevorstehende Hauptentscheidung, von der sie den siegreichen Ausgang des ganzen Krieges erwarteten — auf die Wiedereroberung der verlorenen Stellungen. In den Argonnen ward es stiller. Sarrail aber wurde in dem Kommando der 3. Armee durch den General Humbert ersetzt, da er sich seiner Aufgabe nicht gewachsen gezeigt hatte.

C. Die Schlacht bei Loos und Souchez und die Herbstschlacht in der Champagne.

Während aller dieser Kämpfe, denen immerhin nur eine örtliche Bedeutung zukam, waren die Vorbereitungen für den entscheidenden Angriff in Frankreich ohne Unterbrechung nebenher gegangen und hatten ihren Schatten vorausgeworfen. Joffre glaubte mit ihnen bestimmt die Kriegsentscheidung herbeiführen zu können, um so mehr, als auch die Engländer ihre Armee wesentlich verstärkt hatten und ihm hilfreiche Hand bieten konnten. Sie waren längst zu der Überzeugung gekommen, daß ihre Armee, wie sie in den Friedensverhältnissen vorgesehen war, viel zu schwach sei für die Erfordernisse dieses Krieges, und hatten daher nicht nur aus den Kolonien Truppen herangezogen, sondern waren auch darangegangen, selbst ihre Freiwilligenarmee so viel als irgend möglich zu vergrößern. Mit der Organisation der so entstehenden Truppen war, wie wir wissen, Lord Kitchener betraut worden, und sie wurden daher als „Kitchener-Divisionen" bezeichnet. Von ihnen kam im Sommer 1915 ein beträchtlicher Teil nach Frankreich. Leider habe ich nicht feststellen können, wie viele von diesen Truppen zur Zeit der Herbstschlachten — also Ende September — schon auf dem Festlande angekommen waren, aber Anfang Februar 1916 war die englische Armee 37 englische Infanterie- und 3 Kavalleriedivisionen sowie 3 kanadische Infanterie- und eine desgleichen Kavalleriedivision, zusammen etwa 900 000 Mann stark. Ein großer Teil davon ist gewiß schon im Herbst 1915 zur Stelle gewesen; auch die indischen Divisionen scheinen in der genannten Zahl mit einbegriffen zu sein und waren jedenfalls anwesend. Dementsprechend dehnten sich die Engländer seit Mitte August nach Süden aus und ersetzten die Franzosen an den in Frage kommenden Fronten. Von Cuinchy bis Lens übernahmen die Engländer die Stellung. Auch südlich von Arras traten vielfach Engländer an die Stelle der Franzosen und ermöglichten es so dem General Joffre, eine große Menge Divisionen aus der Front zu ziehen und für den geplanten Durchbruch bereitzustellen. Die Engländer ihrerseits verdichteten ihre Linien, indem sie entweder die neu eintreffenden Divisionen in die Front schoben oder hinter ihr zum Angriff bereitstellten. Auch die Artillerie wurde in unauffälliger Weise vermehrt und schoß sich allmählich ein. Auf diese Weise wurden eine große Menge Truppen an den entscheidenden Stellen versammelt, wenn sie sich auch im einzelnen nach den vorhandenen deutschen Quellen nicht nachweisen lassen. Für die Franzosen gilt das gleiche.

Joffres Plan ging dieses Mal dahin, die deutsche Mitte zu umfassen. Er wollte einerseits in der Champagne zwischen Auberive und Ville sur Tourbe durchbrechen, andererseits zwischen Arras und La Bassé, während auch nördlich letzteren Ortes die Briten einen Nebenangriff führen sollten. Auf diese Weise hoffte er das deutsche Zentrum zu umfassen und zum Rückzug zu zwingen, indem er es auf seine Verbindungslinien zurückwarf und diese zum Teil wegnahm. Der hauptsächlichste Druck war dabei von Süden aus gedacht. Hier brauchte Joffre nicht mit den als Soldaten immerhin minderwertigen Engländern zu rechnen; hier konnte er ganz nach eigenem Ermessen handeln, und hier war auch die strategisch wichtigste Stelle.

Joffre machte daher eine ganze Armee frei, die lediglich für den Angriff verwendet werden sollte. Für die Angriffsoperationen sind bestimmt: „35 Divisionen unter General de Castelnau in der Champagne; 18 Divisionen unter General Foch im Artois; 13 englische Divisionen an Foch nördlich anschließend; 15 Kavalleriedivisionen, darunter 5 englische. Außerdem stehen zum Eingreifen bereit: 12 Infanteriedivisionen und die belgische Armee. Drei Viertel der französischen Streitkräfte nehmen an der Schlacht teil. Sie werden unterstützt durch 2000 schwere und 3000 Feldgeschütze, deren Munitionsausrüstung bei weitem die zu Beginn des Krieges verfügbare übersteigt." So lautete der Tagesbefehl Joffres, der allen Regimentern vorgelesen werden sollte. So wurde es auch ausgeführt.

Joffre setzte die Divisionen einzeln, aber nur auf kurze Zeit, an den Stellen ein, an denen sie verwendet werden sollten, damit sie sich orientieren könnten. Dabei sollte jede nur eine Breite von 1000 bis 1200 m einnehmen und drei Regimenter in die Front stellen. Die Gräben — sogenannte Wabengräben — wurden mit Rücksicht auf diese Entwicklung ausgebaut. Auch gedeckte Anmarschwege wurden für die einzelnen Regimenter vorgesehen. Die Geschütze schossen sich auf alle möglicherweise wichtigen Punkte der deutschen Stellung ein. Fünf Kavalleriedivisionen wurden in verdeckten Unterkünften aufgestellt, um den mit Sicherheit erwarteten Erfolg auszunutzen. Unzählige Flieger und Fesselballone halfen beim Einschießen und beim genauen Beobachten der deutschen Stellungen und Verbindungen. In einer geschlossenen Masse sollte nach einer noch nie dagewesenen Artillerievorbereitung die ganze Armee vorgehen, alle deutschen Linien, in denen schon die Artillerie alles Leben getötet haben mußte, siegreich überschreiten und bis ins freie Gelände durchstoßen. Von Kopf bis zu Fuß wurde die Armee, die diese Taten verrichten sollte, frisch bekleidet, ausgerüstet und mit Stahlhelmen versehen. Mit der Armee von Arras zugleich sollte jene in der Champagne die Artillerievorbereitung beginnen und sollte dort der entscheidende Angriff erfolgen. Nichts glaubte man dem

Zufall überlassen, alles aufs sorgfältigste vorgesehen zu haben. Des Erfolges war man sicher. French selbst sollte die Engländer führen. So kam die Zeit des Angriffes heran.

Schon am 19. begann das Artilleriefeuer sich zu steigern. Am 22. September aber setzte auf der ganzen Linie ein Trommelfeuer ein, wie es die Welt noch nicht gesehen hatte. Es zwang alle Besatzungen in die bombensicheren Unterschlüpfe, hinderte sogar bei Nacht die Essenholer, ihr Ziel zu erreichen, machte selbst das Trinken beinahe unmöglich und zerwühlte das ganze Hinterland der vorderen Stellungen. Menschlichem Ermessen nach mußte alles Leben in dem unter Feuer gehaltenen Raum erstorben sein. Da aber bei dem Versuche in der Champagne am 24. September vorzugehen, sich noch immer einige Verteidiger zeigten, wurde das Trommelfeuer wieder aufgenommen. Am 25. früh endlich stiegen die Stürmer aus den Gräben, um die feindliche Stellung zu besetzen. Ein Kampf begann, der nach Ansicht der Angreifer den Krieg entscheiden mußte.

Auf dem nördlichen Kriegsschauplatz waren, soviel man sehen kann, von den Engländern das III. Armeekorps und die Inder, im ganzen fünf Divisionen nördlich von La Bassée bis gegen Aubers aufgestellt, südlich des La-Bassée-Kanals bis Lens das IV. und I. Korps zu sechs Divisionen im ersten Treffen, dahinter das XI. Korps und noch weiter rückwärts die Gardedivision als Spezialreserve des Feldherrn. Auf dem rechten Flügel standen drei Kavalleriedivisionen zum Ausnutzen der vorausgesetzten Erfolge bereit. Weiter rechts standen die Franzosen. Die 10. Armee d'Urbails sollte den Angriff führen und war zu diesem Zweck auf 18 Divisionen verstärkt worden, die in drei Treffen standen. Sie sollten die Linie Angres—Souchez—Vimy—La Folie—St. Laurent angreifen, während den Engländern der übrige Teil des Schlachtfeldes von Lens über Cuinchy bis Aubers zufallen sollte. Im ganzen standen auf dieser Linie etwa 200 schwache deutsche Bataillone nahezu 400 numerisch starken feindlichen gegenüber. In der Champagne dagegen waren 22 Divisionen für den ersten Angriff in der genannten Linie Ville sur Tourbe—Auberive bereitgestellt, während 8 Divisionen in Reserve standen und 5 Kavalleriedivisionen zum Nachhauen in Bereitschaft gehalten wurden. Wo die fünf noch vorhandenen Divisionen verwendet worden sind, läßt sich nach den mir bekannten Quellen nicht nachweisen. Sie scheinen zur Besetzung der Stellung während des Sturmes benutzt worden zu sein. Ebensowenig läßt sich nachweisen, ob und welche Divisionen sonst noch für den Angriff verwendet worden sind. Als wahrscheinlich muß es immerhin bezeichnet werden, daß es geschehen ist.

Deutscherseits standen den Angreifern nördlich von Arras etwa acht schwache Divisionen, Westfalen, Sachsen, Badener, Bayern und Preußen gegenüber, die im Laufe der Schlacht noch von dem aus

Rußland herbeigeeilten Gardekorps verstärkt wurden[1]). In der Champagne aber standen beim Beginn des Angriffs in erster Linie: die 24. Reservedivision, die zur 3. Armee gehörte, die 15. Reservedivision, die 183. Infanteriebrigade, die 50. Infanteriedivision, die 16. Reservedivision und die zur 5. Armee gehörende 21. Reservedivision. In der Verlängerung rechts stand die 23. Reservedivision, links die 9. Landwehrbrigade. Verstärkt wurden sie durch elf Infanteriedivisionen, von denen das X. Korps aus dem Osten kam, und vier Landwehr-Infanteriebrigaden, Truppen, die sich zum Teil gegenseitig ablösten[2]). Die Deutschen konnten auch nur von den Flügeln aus verstärkt werden und hatten außerdem eine um ein Vielfaches überlegene Masse an Artillerie zu bekämpfen, denn die deutsche Artillerie war im Verhältnis zur feindlichen verschwindend gering.

Diesen Stärkeverhältnissen aber war der Verlauf der beiden Schlachten in keiner Weise entsprechend.

Fassen wir zunächst die Schlacht nördlich Arras ins Auge.

Nördlich von La Bassée wurden die Engländer gleich geschlagen. Sie kamen überhaupt nicht über das Zwischengelände zwischen den beiderseitigen Stellungen hinaus und hatten sehr erhebliche Verluste. Südlich des Kanals von La Bassée, wo ihre Hauptmacht focht, waren sie glücklicher. Überall drangen sie ohne viele Verluste in die deutschen Stellungen ein, und nur an ihrem äußersten linken Flügel wurden sie bei Auchy übel mitgenommen und konnten nichts erreichen. Aber auch sonst war noch nicht alles Leben in den deutschen Stellungen erstorben. Die Verteidiger kämpften wie die Verzweifelten, und wenn auch die Engländer beim ersten Anlauf gewisse Vorteile errangen, schwanden diese doch um so mehr, je länger die Schlacht dauerte; die Angreifer gerieten in die ärgste Verwirrung, so daß sie sich schließlich selbst beschossen. Drei Tage und drei Nächte fochten sie, um sich ihren ursprünglichen Gewinn nicht ganz entwinden zu lassen. Division auf Division warf French in die Schlacht. Selbst die Garde wurde zuletzt vorgeschickt: schließlich mußten die Engländer doch Foch um Hilfe bitten, um die Schlacht zu halten. Dieser schickte das IX. Korps, um den Bundesgenossen zu helfen. Es entlastete diese zwar bedeutend, vermochte aber das Schicksal der Schlacht nicht zu wenden. Den 7. Oktober war die Angriffskraft der Briten erschöpft; die Schlacht ging allmählich

---

[1]) Das Gardekorps verließ am 1. September die Heeresgruppe Linsingen, erreichte mit Fußmarsch Warschau am 11. und 12. September 1915, wurde dort verladen und traf am 18. September in Genval in Belgien ein, von wo aus es weiter verwendet wurde.

[2]) Es wurden zur Unterstützung verwendet: die 53. und die 7. Reservedivision, die 50., 5. bayerische, 56., 4., 19., 20., 17., 18., 5. und 113. Infanteriedivision, die 192. und 185. Infanteriebrigade, die 37. Reserveinfanteriebrigade und die 47. Landwehrbrigade. Die 17. und 18. Division lösten die 19. und 20. Division ab, die in Ruhe kamen.

in Stellungskämpfe über. Am 13. Oktober rafften sie sich noch einmal zum Einsatz aller verfügbaren Kräfte auf, aber die nun verstärkte deutsche Front war nicht mehr zu erschüttern. Auch die Franzosen vermochten irgendwelche ins Gewicht fallende Vorteile nicht zu erringen. Sie eroberten zwar Souchez und drangen gegen Thélus vor: von dem entscheidenden Hügel von La Folie-Ferme

Karte 43. Die Herbstschlacht nördlich Arras 1915.

wurden sie abermals im Gegenstoß hinabgeworfen und vor St. Laurent wurden sie, nach geringen Vorteilen, von den tapfer fechtenden Bayern endgültig zurückgeschlagen. Als dann auch die Engländer nirgends mehr vorwärts kamen, verzichteten sie auf die Durchführung der Schlacht mit allen verfügbaren Mitteln und begnügten sich wie jene mit den geringen Vorteilen, die sie erkämpft hatten. Souchez und Loos, ein Teil der feindlichen Gräben, 6000 Gefangene und 30 Geschütze waren die Errungenschaften eines Angriffs, der dazu beitragen sollte, den Krieg zu entscheiden.

Ganz ähnlich endete die Schlacht in der Champagne. Auch sie vermochte das strategische Ziel, den Durchbruch, nicht zu erreichen, obgleich anfänglich nur sieben deutsche Divisionen, die erst allmählich auf zwölf verstärkt wurden, den zuerst angreifenden 30 französischen entgegentraten.

Als am Morgen des 25. September die Franzosen in langer Linie die nahe an die deutsche Stellung herangebauten Gräben zum Sturm verließen, da waren sie von Rauch und Staub derart umgeben, daß die Beobachtungsposten der Verteidiger sie nur spät wahrzunehmen vermochten. Die Folge war, daß nur ein Teil der Besatzung die Unterstände rechtzeitig verlassen konnte, um den anrückenden Feind unter Feuer zu nehmen. An den anderen Stellen

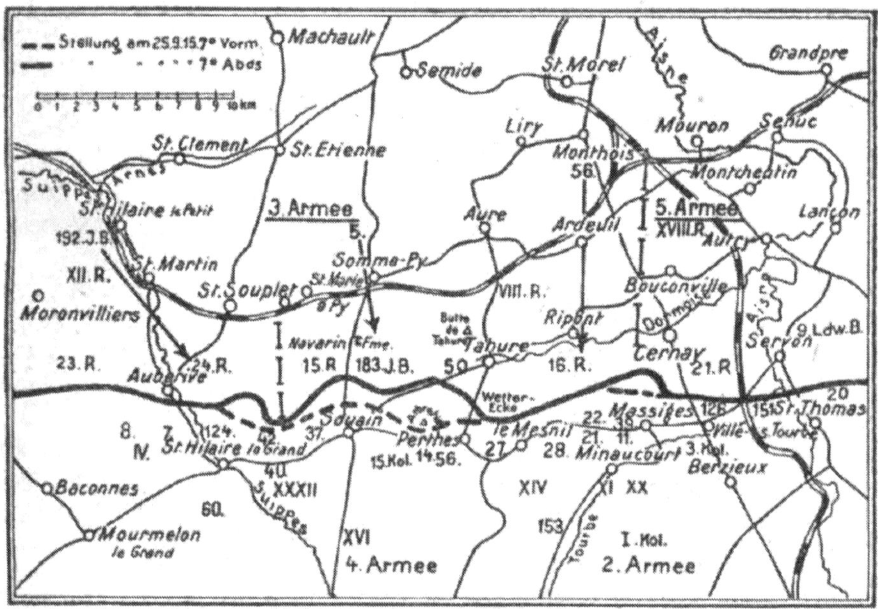

Karte 44. Die Herbstschlacht in der Champagne 1915.

drang er in die Stellung ein und konnte erst durch die Reserven aufgehalten werden. Diese kamen im Lauf des ersten Tages nur sehr allmählich an. Der Widerstand aber, den sie und Teile der vordersten Besatzung in einer rückwärtigen Stellung leisteten, war äußerst hartnäckig. Einzelne Widerstandsnester der überrannten Verteidiger und das Feuer leichter Geschütze, die in Panzertürmen unverletzt geblieben waren, räumten unter den in dichten Wellen vorgehenden Angreifern furchtbar auf; das Sperrfeuer der Artillerie, die gegen die Massen der feindlichen bisher kaum eine Rolle hatte spielen können, setzte vernichtend gegen die hinteren Wellen der Angriffsinfanterie ein und brachte sie in Verwirrung; das geplante unaufhaltsame Vorgehen kam ins Stocken; die Angreifer drängten sich hauptsächlich an den Hauptwegen zusammen, die von Souain nach Somme-Py und von Perthes auf Tahure führten, und von der französischen Artillerie besonders unter Feuer genommen worden waren, und boten hier besonders gute Ziele; die französischen Leichen häuften sich buchstäblich zu Bergen: kurz, es gelang — wenn auch der Angreifer zahlreiche Gefangene gemacht hatte — eine rückwärtige befestigte Stellung zu halten und eine namenlose Verwirrung in die Reihen der Feinde zu tragen, denen ihre Masse selbst zum Verderben ward. Die Flügelpunkte, Auberive und der Ehrenberg nordöstlich Massiges sowie die Höhen südlich Cernay, waren in deutschem Besitz geblieben, desgleichen die sogenannte Wetterecke südlich Tahure, die allen Angriffen zum Trotz behauptet wurde, während Tahure selbst verlorenging. Nur zwischen diesen Punkten drangen die Franzosen ein, ohne doch die deutsche Linie durchbrechen zu können. Sie waren vollkommen durcheinandergekommen. Die Unterführer zeigten sich den Anforderungen der vorwärts schreitenden Schlacht, in der man nicht nur mit dem theoretischen Angriffsbefehl, sondern auch mit den Gegenmaßregeln des Gegners und den Wirkungen des Feuers rechnen mußte, in keiner Weise gewachsen. Schon am ersten Tage war Joffres Angriffsbefehl in die Brüche gegangen, und als erst die 5. Infanteriedivision — Brandenburger — auf dem Gefechtsfelde eingetroffen und westlich Somme-Py in Stellung gegangen war, hatte man deutscherseits die schlimmste Krisis überwunden. Auch trafen in der Nacht Verstärkungen ein. Dem westlichen Flügel wurde die 192. Infanteriebrigade, gleichzeitig mit dem Regiment 193 und dem Rest der Division Liebert zugeführt. Die 56. Infanteriedivision wurde vom Aisnetal aus eingesetzt, mit dem Regiment 35 auf dem linken Flügel der 16. Reservedivision etwa bei Rouvroy, mit dem Regiment 118 bei der 50. Infanteriedivision, während Regiment 88 dem 35. später folgte. Den 26. September brachten andererseits die Franzosen damit zu, ihre Reihen wieder einigermaßen zu ordnen, was ihnen bezüglich der vordersten Linie nicht gelang, ihre schwere Artillerie weiter nach vorn zu bringen und ihre zahllosen Verwundeten zu bergen. Dabei führten sie nur vereinzelte zusammenhangslose Angriffe aus, die nichts Entscheidendes erreichten, wenn sie auch immer neue Krisen herbeiführten. So wurde am Kanonenberg nordwestlich Massiges, bei Tahure und an den Höhen nördlich sowie an der Wetterecke entscheidungslos gekämpft. Die nicht unwesentlich verstärkte deutsche Artillerie konnte den Kampf überall aufnehmen, da es bei dem schlechten Wetter und den grundlosen Wegen nur stellenweise gelang, die französische schwere Artillerie vorzubringen. Zu einem zusammenhängenden Gesamtangriff aber brachte es die französische Heeresleitung an diesem Tage nicht: dazu waren ihre Verluste zu ungeheure gewesen.

Deutscherseits aber trafen neue Verstärkungen ein, befestigten die Front und machten eine Neueinteilung der Truppen nötig.

Zwischen dem XII. und dem VIII. Reservekorps wurde das aus dem Osten erst nach Belgien und von dort in die Champagne herangezogene X. Generalkommando eingeschoben. Das Regiment 77 wurde dem XII. Reservekorps, Regiment 92 der Division Liebert, Regiment 79 der 56. Division auf Kraftwagen zugeschoben. Der 20. folgte die 19. Division. Auch die 37. Reserve-Infanteriebrigade kam aus Lothringen heran, aus Flandern eine Infanteriebrigade und die Artillerie der 53. Division, und endlich wurde die 113. Division zunächst als Reserve bereitgestellt und dann regimenterweise verwendet.

Da auch die Artillerie, wie schon gesagt, sehr wesentlich verstärkt wurde, und auch die Wucht der Angriffe, die am 27. und 28. erfolgten, sich mit der der ersten Kämpfe nicht vergleichen ließ, verloren die Deutschen an diesen Tagen nur wenig Gelände, und nur an wenigen Punkten vermochten die Franzosen in die neuen deutschen Stellungen einzubrechen. Vielfach gelang es auch den Deutschen, bereits verlorene Geschütze in die Stellung zurückzubringen oder dem Feinde wieder abzunehmen. Nur auf dem Ehrenberge nördlich Massiges — Kuppe 191 —, an dem Kanonenberge — Kuppe 199 — und dem zwischenliegenden Sattel machten die Feinde dauernde Fortschritte: in der Mitte dieser Stellung, an dem sogenannten Bothewäldchen, scheiterten alle Angriffe. So zog sich der Kampf unentschieden mehrere Tage hin. Endlich aber rafften sich die Franzosen zu einem neuen allgemeinen Angriff auf. Sie setzten Divisionen, die weniger gelitten hatten, an den Hauptbrennpunkten des Kampfes ein und zogen neue Divisionen anderer Kampfabschnitte heran. Auch die Artillerie vollzog in diesen Tagen ihren Stellungswechsel nach vorwärts, und am 4. Oktober endlich begann von neuem das Vernichtungsfeuer.

Den 6. Oktober, nach 43stündigem Trommelfeuer, setzte der neu Infanterieangriff ein. Er hatte längst nicht die Wucht des ersten. Im allgemeinen gelang es schon der deutschen Artillerie, ihn abzuschlagen; dennoch drangen die Feinde bei der 20. und der 5. Division ein — Einbrüche, die teilweise erst am 8. Oktober wieder ausgeglichen werden konnten —, und bei der 50. Division ging die Butte de Tahure verloren, die die Gegend weithin beherrschte. Dagegen blieben am linken deutschen Flügel — am Kanonenberg und im Aisnetal — alle Angriffe vergeblich. Auf deutscher Seite trafen auch jetzt noch Verstärkungen ein. Die 5. bayerische Division von der Armeeabteilung Strantz löste die 16. Reservedivision ab, es folgte der Rest der 185. Infanteriebrigade; die 4. Infanteriedivision kam aus dem Osten als Heeresreserve; ihr folgte ebenfalls aus dem Osten die 50. Reservedivision, und es verstärkten ferner die vordere Linie die 7. und Teile der 22. Reservedivision. Das erschöpfte X. Korps wurde durch das IX. abgelöst.

Unerhört schwierig wurde aber zugleich der Nachschub an Lebensmitteln und Munition sowie die Bergung der Verwundeten und der Kranken; doch wurde mit Aufbietung der letzten Kräfte auch das geleistet. Die Gespanne der Feldbäckereikolonnen und des Fuhrparks mußten zu Hilfe genommen werden. Ungezählte Pferde erlagen den Anstrengungen. Das Artilleriefeuer des Gegners aber dauerte an: ein einziges Bataillon der 5. bayerischen Division erhielt z. B. in 24 Stunden 2000 Schuß Artillerie, 800 schwere und 1000 leichte Minen. Trotzdem fühlte sich General von Einem, der Führer der 3. Armee, bald stark genug, selbst die Offensive zu ergreifen und die Stellung zu verbessern. Schon am 15. Oktober erstürmten die Sachsen ein Franzosennest in der Stellung der 24. Division und machten über

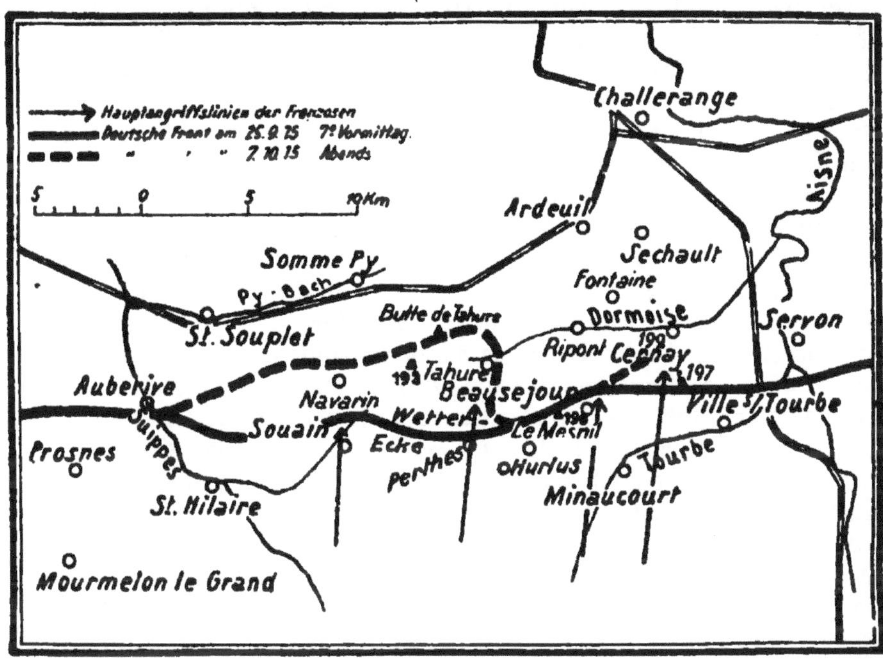

Karte 45. Die Herbstschlacht in der Champagne 1915.

600 Gefangene nebst anderer Beute; am 25. gelang es an der Wetterecke, eine abgeschnittene Abteilung wieder herauszuhauen, und am 30. Oktober endlich wurde die Butte de Tahure in schneidigem Angriff wiedergenommen und damit den Franzosen das wichtigste Stück aller ihrer Eroberungen entrissen. Auch kämpften sie um diese Stellung mit ungebrochenem Mute, und in dem am 1. November erneuten Angriff gelang es nicht, die deutsche Stellung weiter vorzuschieben. Dagegen konnten an der Höhe 199 einige feindliche Schützengräben genommen und damit das entscheidende Gelände in die Hand genommen werden. Das IX. Korps sorgte bei der Navarin-Ferme und an der Arbrehöhe für Verbesserung der

Stellung, und das XII. Reservekorps fegte alle Franzosennester aus seiner Stellung.

Der Kampf war zu Ende und ging, wie nördlich Arras, in einen Stellungskampf über. 25 000 Gefangene wollen die Franzosen gemacht und 150 Geschütze erbeutet haben: dafür hatten sie etwa das Fünffache an Toten wie die Deutschen, hatten schließlich 39 Divisionen ins Feuer gebracht und waren im ganzen nur 3 km tief in die deutschen Stellungen eingedrungen, bei 33 km Breite. Sie hatten im Norden und in der Champagne 130 000 Mann verloren, die Engländer 60 000 Mann, während die Deutschen im ganzen nur einen Verlust von 40 000 Mann zu beklagen hatten. Die Schlacht war also für sie eine strategische Niederlage erster Ordnung. Aber auch taktisch hätten allem Anschein nach die Deutschen noch vollkommener siegen können, wenn die Oberste Heeresleitung an einen Angriff der Franzosen in der Champagne hätte glauben wollen. Sie scheint sich jedoch dieser Einsicht trotz aller Anzeichen verschlossen zu haben. Dafür sprechen jedenfalls verschiedene Umstände. Noch unmittelbar vor Ausbruch der Schlacht wurden einzelne Verbände für Serbien herausgezogen. Das X. Armeekorps wurde zunächst nach Belgien und dann erst nach der Champagne gefahren. Die notwendigen Unterstützungen trafen nur sehr allmählich ein. So kam es, daß anfangs — wie gesagt — nur sieben Divisionen der ungeheuren feindlichen Übermacht entgegentraten. Wäre von Anfang an eine genügende Anzahl von Truppen zugegen gewesen, die die schon am 25. September entstehende Verwirrung des Feindes hätte ausnützen können, so wäre das Ergebnis des großen Kampfes wahrscheinlich ein anderes gewesen; statt 7000 Gefangener hätten die Angreifer wahrscheinlich sehr viel mehr verloren. Zahlreiche deutsche Geschütze wären nicht verlorengegangen oder wiedererobert, und Gelände wäre wahrscheinlich gar nicht oder in viel geringerem Grade eingebüßt worden. So bleibt nichts übrig, als den fast übermenschlichen Heldenmut der Truppe zu bewundern, die den, wie wir sahen, leicht zu vermeidenden taktischen Verlust in einen strategischen Sieg erster Klasse verwandelte.

Gallipoli und Saloniki.

Während in Frankreich selbst Engländer und Franzosen bestrebt waren, entweder in entscheidungsuchender Offensive den Feind niederzuringen oder sich von neuem zu einer solchen Offensive bereit zu machen, kämpften sie zugleich an den Dardanellen rastlos an der Erreichung ihrer Kriegsziele. Am 18. März 1915 war ihr Versuch, den Wasserweg durch die Dardanellen zu erzwingen, gescheitert. Dann waren sie unter dem Schutz der Flotte auf der Südspitze von Gallipoli gelandet und hatten vergeblich versucht, hier nach Konstantinopel durchzubrechen. Am 14. Mai waren sie zum Stellungskrieg übergegangen. Aber damit waren sie keineswegs gesonnen, das Unternehmen aufzugeben. Im Gegenteil. Je unglücklicher die Russen in Europa fochten, desto mehr kam es darauf an, sie von Süden her zu unterstützen. Auch war es von äußerster Wichtigkeit, den feindlichen Kämpfern in Asien die Verbindung mit Konstantinopel abzuschneiden und sie damit ihrer rückwärtigen Verbindungen zu berauben.

Die Engländer bereiteten daher neue Unternehmungen vor und gaben damit den Türken die Möglichkeit, unter deutscher Anweisung sich weiter auf die Verteidigung einzurichten. Auch hatten die Deutschen Unterseeboote ins Mittelländische Meer geschickt, um die Tätigkeit der feindlichen Flotte nach Möglichkeit zu erschweren. Als erstes erreichte „U 51“ die Dardanellen am 25. Mai und versenkte gleich am Tage seiner Ankunft das englische Linienschiff „Triumph“, dem am 27. Mai das 15000-Tonnen-Schiff „Majestic“, das die Flagge des Admirals Nicholson trug, auf den Grund des Meeres folgte. Andere deutsche U-Boote vernichteten englische Transport- und Nachschubdampfer im ganzen Mittelländischen Meer, während es den Türken selbst an Munition gebrach, um einen größeren Angriff zu unternehmen. Um so leichter war ein solcher für die Engländer, die über eine ungeheure Menge Kriegsmaterial verfügten. Sie suchten denn auch am 4. und 24. Juni durch gewaltige frontale Vorstöße gegen die türkische Zentralstellung bei Krithia durchzudringen, wurden aber beide Male trotz ihrer überwältigenden artilleristischen Überlegenheit geschlagen. Sie faßten nunmehr den Entschluß, die türkische Stellung auf deren rechtem Flügel zu umfassen und so zu Fall zu bringen.

In der Suvlabucht wollten sie landen und über Anaforta gegen die türkische Hauptstellung und deren Verbindungen vorbrechen. Der Plan konnte, wenn überraschend und gut ausgeführt, zu außerordentlichen Ergebnissen führen, doch bedurfte der englische Feldherr für ihn nicht unbeträchtlicher Unterstützungen. England stellte sie ihm in ausgiebigster Weise zur Verfügung, so daß er zuletzt über zehn englische, zwei australische, eine neuseeländische und eine indische Division verfügte, außerdem aber über etwa zwölf Kavalleriebrigaden zu Fuß und drei Marinebrigaden. Am 6. August waren alle Vorbereitungen getroffen, und in der Nacht zum 7. August begann die Umgehung, während zur Täuschung des Feindes zugleich in der Front energisch angegriffen wurde[1]). Mit sechs Divisionen wurde der umfassende Angriff zunächst geführt; auf dem Entscheidungsflügel befehligte General Stopford, der hier, wo alles auf Schnelligkeit und Tatkraft ankam, nur zögernd und methodisch vorging. Dadurch gewann der deutsche General Liman von Sanders, der auf türkischer Seite kommandierte, Zeit, Verstärkungen heranzuführen. Entschlossen schwächte er sich auf den weniger wichtigen

---

[1]) Siehe Karte 29.

Punkten, um an entscheidender Stelle genügend stark zu sein. Er selbst eilte auf den bedrohten Punkt, während auch der englische Führer, General Jan Hamilton, sich an die Bucht von Anaforta begeben hatte. Drei Tage lang dauerte der wütende Kampf, in dem besonders die Türken, denen nur schwache Artillerie und schwindende Munition zur Verfügung standen, den größten Heldenmut an den Tag legten: dann war die Schlacht zugunsten der Verteidiger entschieden. Trotzdem griff Hamilton noch einmal an, aber auch dieser Kampf änderte nichts an dem Ergebnis. Da bat der englische Feldherr seine Regierung noch einmal um 50000 Mann Verstärkungen. Sie wurden ihm abgeschlagen, weil alle irgend verfügbaren Truppen zur Durchbruchsschlacht bei Loos gebraucht wurden, die gerade damals in der Vorbereitung war. Er entschloß sich dennoch, noch einmal mit eigener Kraft den Sturm zu wagen. Am 21. August versuchte er die türkische Front mit Gewalt zu durchbrechen und setzte schließlich die abgesessene Yeomanry, die Kerntruppe der englischen Armee, unter dem Earl of Longford im Kampfe ein, nachdem die Flotte die türkische Stellung ausgiebig beschossen hatte. Als auch diese Truppe nahezu vernichtet wurde, gab der englische Feldherr endgültig die Schlacht verloren, die sich noch bis zum 27. Oktober in Stellungskämpfen hinzog, und begnügte sich damit, eine zusammenhängende Stellung von 21 km Länge 3—4 km vom Strand entfernt einzurichten und die Türken weiter im Stellungskriege zu bedrängen. Die Schlacht von Anaforta aber blieb ein Sieg der deutschen Führung, verbunden mit türkischer Tapferkeit, und sicherte endgültig den Besitz der Dardanellen. In England wurde man sich allmählich der Notwendigkeit bewußt, den Feldzug auf Gallipoli zu beenden, der unendliche Mittel in Anspruch nahm, während die deutschen U-Boote im Mittelmeer Fracht- und Truppenschiffe fortgesetzt versenkten. Kitchener selbst, der englische Kriegsminister, begab sich an die Dardanellen, um sich von der Lage der Dinge persönlich zu überzeugen. In einem Kriegsrat, der am 19. November in Saloniki abgehalten wurde, ist dann die Räumung Gallipolis endgültig beschlossen worden.

Tief im Innern Rußlands, von der Düna bis zur rumänischen Grenze, stand das deutsche Heer; Serbien war erobert, Saloniki bedroht; die große englisch-französische Offensive war resultatlos zusammengebrochen; Feldmarschall von der Goltz war in Bagdad eingetroffen, um das Kommando der türkischen Armee zu übernehmen; Ägypten war von Aufständen umbrandet; die italienische Armee focht ergebnislos an der Isonzogrenze, und der U-Boot-Krieg bedrohte den englischen Handel. Wahrlich, es war keine Zeit, einen Feldzug weiterzuführen, der um so weniger Erfolg versprach, als deutsche Munition und österreichische Motorgeschütze nach der Türkei unterwegs waren! Bestärkt wurde Lord Kitchener in dieser Auffassung, als er auf der Rückreise nach Paris die Nachricht von der Niederlage der englischen Tigris-Armee bei Ktesiphon, unweit Bagdad, erhielt.

General Munro, der Jan Hamilton mittlerweile ersetzt hatte, räumte daher in der Nacht vom 19. zum 20. Dezember 1915 die Suvlabai, und in den Nächten vom 8. zum 9. und vom 9. zum 10. Januar 1916 die übrigen besetzten Stellen der Halbinsel Gallipoli, nachdem er vorher Pferde und Maultiere hatte töten lassen und vom 6. Januar an seinen Abzug durch eine heftige Kanonade der Flotte gedeckt hatte. Auch die Munitionsstapel an Land wurden zum Teil in die Luft gesprengt. Den Türken blieb dennoch eine reiche Beute an Lebensmitteln und Kriegsgerät. Es war die höchste Zeit gewesen, daß die Räumung stattfand, denn die bei der türkischen Armee neu angekommenen schweren Geschütze mit der nötigen Munition räumten gewaltig in den englischen Reihen auf. Der Erfolg des Balkanfeldzuges machte sich geltend.

Aber auch die Verluste der Türken, die im ganzen von etwa 500 Deutschen — Offiziere, Unteroffiziere und Mannschaften — unterstützt worden sind, waren sehr bedeutend. Von ihnen haben „im Höchstpunkte der Kämpfe 22 Divisionen auf Haupt- und Nebenfronten und als Reserven unter dem Befehl der 5. Armee gestanden", die mit der Verteidigung der Dardanellen betraut und vom Marschall Liman von Sanders kommandiert war. Sie verloren im ganzen 66000 Tote und 152000 Verwundete, von denen nur 44000 wieder zum Dienst zurückgekehrt sind. Die Engländer aber, die zweifellos sehr viel mehr verloren haben, verstanden es, ihrem Abzug von den Dardanellen insofern den Charakter einer moralischen und sachlichen Niederlage bis zu einem gewissen Grade zu nehmen, als sie den Orient keineswegs preisgaben, sondern von neuem den Versuch machten, vom östlichen Mittelmeer aus entscheidend in die Ereignisse einzugreifen. Sie gingen nicht einfach von den Dardanellen etwa nach Ägypten zurück, sondern besetzten mit ihrer freiwerdenden Armee Saloniki, das sie zu einem großen Waffenplatz ausbauten. Es war anfänglich nur besetzt worden, um von hier aus Serbien unterstützen zu können: jetzt wurde es ein zweiter Stützpunkt der Entente im Orient, von dem aus man von neuem die Verbindung zwischen Österreich und Konstantinopel bedrohen konnte. Die ungeheure Übermacht, über die die Ententestaaten verfügten, ermöglichte ihnen eine solche Handlungsweise, die unter gewöhnlichen Umständen als exzentrische Operation hätte betrachtet werden müssen. Um so mehr war es ein gewichtiger Fehler der Mittelstaaten, daß sie die Armee in Saloniki nicht angriffsweise bekämpften und ins Meer warfen, als es noch Zeit war, was sie bei der Verletzung der griechischen Neutralität durch die Entente sehr wohl hätten tun können, sondern von der griechischen Grenze aus ruhig zusahen, bis die Verhältnisse und die Stärke der Armee ihr ein entscheidendes Eingreifen ermöglichten.

Die Kämpfe in Asien, der Seekrieg und die Kämpfe in unseren Kolonien.

Während an den Dardanellen um die freie Durchfahrt ins Schwarze Meer, den Besitz Konstantinopels und damit zugleich um die Verbindungen der türkischen Armeen in Asien gerungen wurde, die alle von der Hauptstadt abhängig waren, ging der Kampf in Asien selbst unentwegt weiter. In Kaukasien war ohne Entscheidung gefochten worden. In Persien hatten die Türken versucht, die russischen Besatzungen aus dem Bergland am Urmiasee zu vertreiben, und hatten Teile von Aserbeidschan besetzt. Ungünstig für die Türkei hatten sich die Verhältnisse am Suezkanal gestaltet. Zwar waren El Arisch am Mittelländischen, und Akaba am Roten Meer von ihnen besetzt worden, weiter aber hatten sie angesichts der großen zu überwindenden Schwierigkeiten nicht vorzudringen vermocht; gegen den Suezkanal hatten nur kleinere Unternehmungen stattgefunden, die unmöglich zu einem irgend ins Gewicht fallenden Ergebnis führen konnten, wie es denn überhaupt eine arge Überschätzung der türkischen Kampfkraft war, wenn man glaubte — wie das anfangs wohl der Fall war —, daß die Türken irgend etwas gegen Ägypten ausrichten könnten. In Arabien endlich war ein selbständiges Königreich durch englisches Geld entstanden, als dessen Herrscher der Beduinenhäuptling Hussein eingesetzt worden war, und ein durch England angeregter Aufstand der Araber bedrohte die heiligen Stätten Mekka und Medina. Etwa zwei türkische Divisionen waren im Hedschas von der Heimat abgeschnitten worden. Die Ausrufung des heiligen Krieges, die im November 1914 erfolgte und alle Mohammedaner um die Fahne des Kalifen scharen sollte, hatte sich als ergebnislos erwiesen. Der Islam hatte seine werbende Kraft verloren. Dennoch wehrten sich die Türken in heldenhafter Weise. Fast das ganze Jahr 1915 hielten sie die Kriegslage auf dem armenisch-kaukasisch-persischen Kriegstheater in der Schwebe, und erst im Herbst, als Großfürst Nikolai Nikolajewitsch den Oberbefehl über die Russen übernommen und bedeutende Verstärkungen aus Sibirien, dem Kaukasus und Turkestan herangezogen hatte, mußten sie Kaukasien und Aserbeidschan räumen. Den Angriff auf den Suezkanal gaben sie überhaupt ganz auf, und auf der Halbinsel Sinai und in Arabien fanden nur Kleinkämpfe statt; im November 1915 landete ein russisches etwa 50 000 Mann starkes Heer unter Baratow bei Rescht am Kaspischen Meer und marschierte auf Teheran, wie es scheint, um Nordpersien in Besitz zu nehmen. Gleichzeitig gingen die Türken über den Zagrospaß in die Linie Sultanabad—Hamadan—Sinna vor. Der Hauptkriegsschauplatz aber lag in Mesopotamien.

Die Türken versammelten bei Bagdad unter Goltz-Pascha ein

starkes Heer, das dicht südlich der Stadt bei Ktesiphon eine befestigte Stellung bezog. Die anatolische und die Bagdadbahn standen ihnen hier bis Ras el Ain zur Verfügung. Sie waren allerdings in erheblicher Ausdehnung bei Adana unterbrochen und durch Kraftwagenverkehr, später durch eine Kleinbahn, ersetzt, da die Tunnels durch den Taurus noch nicht fertig waren. Von Ras el Ain bis Samarra war man auf Landtransport angewiesen. Das Schlußstück Samarra—Bagdad war jedoch als Kleinbahn im Betrieb. Auch konnte man den Wasserweg auf dem Euphrat benutzen. So war allerdings die rückwärtige Verbindung, wenn auch unsicher, so doch einigermaßen hergestellt, und überall waren Deutsche bemüht, den Verkehr, dem Kohlen und Holz mangelten, zu regeln und den Bahnbau zu fördern.

Gegen diese Aufstellung rückten die Engländer unter General Townshand an. Sie waren im Januar 1915 im Mündungsgebiet des Schatt-el-Arab, aus Indien kommend, gelandet, langsam unter vielen Schwierigkeiten vorgerückt, um auf Bagdad und Mosul vorzustoßen, und griffen nun am 23. November die Stellung von Ktesiphon an. Hierbei erlitten sie eine schwere Niederlage und mußten sich, da sie auch im Rücken durch arabische und kurdische Streifscharen bedroht waren, in Kut el Amara einschließen. So endete auch hier das Jahr 1915 mit einem entschiedenen Siege der Mittelmächte. Aber eine Entscheidung wurde auch auf diesem Kriegsschauplatz nicht erfochten, obgleich der deutsche Feldmarschall von der Goltz Pascha den Befehl über die Türken übernommen hatte und diese also auch auf diesem Kriegsschauplatz von Deutschen geführt wurden.

Ebensowenig brachte diesen letzteren der Krieg zur See durchschlagende Erfolge, und doch war er von entscheidender Bedeutung. Hier machte sich wieder der unheilvolle Einfluß unserer politischen Leitung geltend. Sie konnte sich zu einem ganzen Entschlusse nicht aufraffen, sondern war auch jetzt wieder bemüht, durch fortwährendes Nachgeben Amerika vom Kriege abzuhalten, was, wie man schon damals hätte übersehen können, ihr auf die Dauer doch nicht gelingen konnte. Jedenfalls war die Theorie, Amerika durch eigenes Entgegenkommen nachgiebig zu stimmen, durchaus verfehlt. Man gab damit nur die eigene Schwäche bekannt und reizte Amerika zu immer größerer Selbstsucht. Wieder beging man den grundlegenden Fehler, die eigenen Wünsche zur Richtschnur der Politik zu machen, anstatt die in Frage kommenden Staaten rein sachlich zu beurteilen und danach das eigene Verhalten zu bestimmen. Man wünschte Amerika vom Kriege fernzuhalten und hielt es daher auch für möglich. Man hätte sich einfach die Frage vorlegen sollen, ob der Krieg überhaupt zu gewinnen sei, wenn England nicht wirtschaftlich niedergekämpft werde, und zweitens, ob der U-Boot-Krieg hierfür das geeignete Mittel sei. Die erste Frage mußte zweifellos verneint werden, die zweite bejaht. Man mußte daher meines Erachtens den unbeschränkten U-Boot-Krieg nicht nur erklären, sondern auch durchführen und den Zeitpunkt dazu so wählen, daß er möglichst überraschend und vollwertig wirkte, zu einem Zeitpunkt also, in dem man möglichst viele Boote zur Verfügung hatte und Amerika noch nicht aufmerksam war. Ging der Krieg dann doch verloren, dann hatte man wenigstens das Seinige getan, um ihn zu gewinnen, und es war ziemlich gleichgültig, ob man dann einige Feinde mehr oder weniger hatte. Auch mußte man sich sagen, daß Amerika gar nicht auf einen Krieg vorbereitet sei und sich um so schwerer zu einem solchen entschließen würde, je rascher und gründlicher der U-Boot-Krieg wirkte. Zu solcher Auffassung konnte man sich aber an den leitenden Stellen trotz der klar geäußerten Meinung der Sachverständigen nicht durchringen, sondern man blieb in halben Maßregeln stecken, die nur den Erfolg haben konnten, den Feind zu erbittern ohne den Zweck zu erreichen.

Schon die Erklärung, die man deutscherseits am 4. Februar 1915 abgegeben hatte, war eine solche halbe Maßregel, denn sie schuf eine Ausnahme für die neutralen Schiffe, die nur versenkt werden durften, wenn sie Bannware führten, anstatt das Kriegsgebiet für alle Schiffe überhaupt zu verbieten. Etwa 300 hat man daher im Sommer 1915 wieder freigegeben und für den englischen Bedarf erhalten. Aber man ging noch weiter. Man ordnete an, daß die amerikanische und italienische Flagge nach Möglichkeit geschont werden sollten, obgleich man wußte, daß die Engländer mit Vorliebe neutrale Flaggen führten, um sich zu sichern, und man gab auch sonst so viele beschränkende Befehle, daß die Kommandanten der U-Boote bei jeder möglichen Versenkung in der peinlichsten Lage waren und oft nicht wußten, was zu tun sei. Dazu kam, daß sie in dem feigen England, wenn gefangen, wie gemeine Verbrecher behandelt, in Einzelhaft genommen oder einfach niedergeschossen wurden, wie in der berüchtigten „Baralong"-Affäre am 19. August 1915. Bei ihr wurde das Boot „U 27" bei der Versenkung des amerikanischen Dampfers „Nicosian" in aufgetauchtem Zustande überrascht und versenkt. Der Kommandant aber und ein Teil der Besatzung wurden im Wasser schwimmend oder auf dem „Nicosian" durch Schüsse ermordet. Als aber das englische Schiff „Lusitania" am 7. Mai versenkt wurde, das neben Munition auch Passagiere an Bord hatte, und dabei auch einige Amerikaner ums Leben kamen, wurde es auf eine Drohnote Amerikas hin deutscherseits verboten, Passagierdampfer zu torpedieren, und damit der U-Boot-Krieg außerordentlich erschwert, wenn nicht unmöglich gemacht. Als trotzdem am 19. August der Dampfer „Arabic", der acht Millionen Pfund englischer Wertpapiere an Bord führte, einem deutschen Torpedo zum Opfer fiel, da knickte die deutsche Regierung vor den anmaßenden amerikanischen Noten vollends zusammen.

Die Amerikaner hatten zwar nichts dagegen, daß Frauen, Greise und Kinder in Deutschland verhungerten, hielten es aber für unmenschlich, wenn Passagiere bei einer Reise, zu der sie gar nicht gezwungen waren, einer Lebensgefahr ausgesetzt würden, und brachten daher den U-Boot-Krieg dank der unentschlossenen Haltung der deutschen Regierung in der Nordsee zum Aufhören. Vom 20. September 1915 ab wurde der U-Boot-Handelskrieg im Westen Englands und in der Nordsee eingestellt und sein Schwerpunkt nach dem Mittelmeer verlegt, wo weniger neutrale Schiffe anzutreffen waren und man daher weniger Gefahr lief, mit Amerikanern zusammenzustoßen. Wie hier die englischen Linienschiffe „Triumph" und „Majestic" versenkt und noch weitere Erfolge erzielt wurden, ist bereits erzählt worden. Hier ging der Handelskrieg weiter. Auch schickte Deutschland weitere kleine Tauchboote mit der Bahn nach Cattaro, wo sie zusammengesetzt wurden, um im Mittelmeer zu operieren. Auch in Flandern war, wie geplant, eine weitere U-Boot-Basis in Zeebrügge geschaffen worden. Von dort aus operierten kleinere Boote, deren Zahl Ende September auf 17 gestiegen war. Sie beschäftigten sich hauptsächlich mit Minenlegen und trugen nicht unwesentlich zu den Versenkungsziffern bei. Diese waren allerdings nicht so groß, wie sie bei mannhafter Haltung der deutschen Regierung hätten sein können, da, wie wir sahen, zahlreiche neutrale Schiffe wieder freigelassen werden mußten; sie waren aber immerhin nicht ganz unbedeutend und trugen wesentlich dazu bei, die Versicherungsprämien und die Lebensmittelpreise in England sehr erheblich zu steigern. Die Minen wurden nicht nur zur Verteidigung der eigenen Küste, sondern sehr oft auch in offensivem Sinne gelegt und brachten manchmal namhaften Vorteil, auch außerhalb des Handelskrieges. Gar manches englische Handels- oder Kriegsschiff ist auf eine deutsche Mine gelaufen. Manchmal glaubte man, daß ein U-Boot die Katastrophe verursacht habe, und die Wut auf diese Waffe, die sowieso groß war, stieg in Großbritannien in das Maßlose und läßt am besten erkennen, was man hätte erreichen können, wenn man den Mut gehabt hätte, die Waffe rücksichtslos zu gebrauchen. Nur mit Mühe enthält man sich eines bitteren Gefühls gegen unsere damalige Staatsleitung, die den einfachen militärisch und politisch gültigen Grundsatz, niemals mit halben Maßregeln zu operieren, nicht zu befolgen wußte, und daher immer nur das Gegenteil von dem erreichte, was sie beabsichtigte, obgleich sie gewiß das Beste gewollt hat, und die Bedeutung des U-Boot-Krieges anscheinend immer noch nicht voll erkannt war. Wenigstens läßt sich das aus den Zahlen der damals im Bau befindlichen Boote und aus der Art ihrer Frontverwendung schließen. Außer 94 kleinen Booten, die für Flandern und das Adriatische Meer bestellt waren, befanden sich 55 große Boote im Bau, während 44 an der Front und von diesen nur 10 in der Nordsee verwendet wurden.

Die Hochseeflotte kam auch während des ganzen Jahres 1915 nicht zum Schlagen. Ihre verschiedenen Vorstöße endeten stets, ohne auf englische Schiffe zu stoßen. Zwar griffen fünf deutsche Torpedoboote in der Nacht vom 17. August 1915 einen englischen Kleinen Kreuzer und drei Torpedoboote an und brachten eines von ihnen wie auch den Kreuzer selbst zum Sinken, doch sprach das für die großen Verhältnisse natürlich nicht mit. Admiral Pohl, der frühere Admiralstabschef, der die Eröffnung des U-Boot-Handelskrieges durchgesetzt hatte, war damals Flottenchef, erreichte aber als solcher außerhalb des U-Boot-Krieges nichts. Admiral Bachmann aber, der nach ihm Admiralstabschef geworden war, nahm infolge des „Arabic"-Zwischenfalls, in dem er überhaupt nicht zu Rate gezogen wurde, seinen Abschied und wurde durch den Admiral von Holtzendorf ersetzt, der offenbar eine vermittelnde Stellung zur U-Boot-Frage einnahm. So geschah eigentlich nichts von Bedeutung gegen England. Der Hilfskreuzer „Möve" unter dem Grafen Dohna wurde allerdings abgeschickt, durchbrach die feindlichen Sicherungen, tat der feindlichen Handelsschiffahrt unendlichen Schaden — auch das englische neue Linienschiff „King Eduard VII." fiel einer von ihm gelegten Mine zum Opfer — und kehrte Anfang 1916 sieggekrönt heim: das alles aber, so ehrenvoll es auch an und für sich war, konnte doch als irgend bedeutungsvoll für den ganzen Krieg nicht angesehen werden.

Auch die Luftschiffangriffe auf England, die im Jahre 1915 von den Marineflugzeugen durchgeführt wurden, können in diesem Sinne nicht aufgefaßt werden. Sie schädigten das feindliche Land und seine Kriegsindustrie zwar in erheblichem Maße, konnten aber in keiner Weise dazu beitragen, den Gegner dem Frieden geneigt zu machen. Sie riefen bloß Verteidigungsmaßregeln im weitesten Maße ins Leben. Luftgeschütze und Scheinwerfer wurden an den bedrohten Punkten in großer Anzahl aufgestellt und zwangen die Luftschiffe, immer größere Höhen aufzusuchen. Sie erlitten erhebliche Verluste, größere vielleicht als jede andere Waffe, machten aber auch eine gewaltige Entwicklung durch. Während am Anfang des Krieges die der Marine zur Verfügung stehenden Luftschiffe nur 15000 cbm Inhalt aufwiesen, hatte der letzte im Kriege gebaute Luftkreuzer 62000 cbm Inhalt. Dementsprechend war auch die Bewaffnung und Ausrüstung; Luftschiffhäfen aber waren vorhanden in Nordholz bei Cuxhaven, Ahlhorn bei Oldenburg, Wittmundshafen in Ostfriesland und Tondern in Schleswig-Holstein. Von hier fuhren die Schiffe aus, hierhin kehrten sie zurück, auch wenn sie die Flotte zu Aufklärungszwecken begleiteten oder selbständig mit solchem Zweck vorgingen, zu dem sie sich besonders eigneten. Ihre Angriffe auf England aber erfolgten, abgesehen von dem ersten, der schon erwähnt wurde, vor allem im April 1915 gegen die Kohlenwerke bei Newcastle und im Mai auf die Themsemündung, Ramsgate und Folkestone. Am 1. August wurde London angegriffen, weitere Angriffe erfolgten in unregelmäßigen Zeitabständen bis zum 1. April 1916 gegen Liverpool, Sheffield, Manchester, Nottingham, Birmingham und London, das in der Nacht zum 1. April 1916 heftig angegriffen wurde. Irgendein durchschlagender Erfolg wurde jedoch hiermit nicht erzielt.

Die Marine selbst aber hatte besonders unter den U-Boot-Kommandanten sehr schmerzliche Verluste zu erleiden. Schon am 18. März 1915 war Otto Weddigen einem feindlichen Schicksal erlegen, und mancher andere tapfere Seemann war ihm in das nasse Grab gefolgt, ohne daß die Erfolge besonders des U-Boot-Krieges strategisch und politisch ausgewertet wurden.

Ihre innere Roheit aber bewiesen die Engländer immer von neuem. Als der Fischdampfer „King Stephen" die Besatzung des bei einem Angriff auf England verunglückten Luftschiffes „19" am 1. Februar 1915 in der Nordsee auf dem Wrack ihres Schiffes schwimmend antraf, ließ er sie ruhig ertrinken, ohne — obgleich angerufen — das geringste für ihre Rettung zu tun. Sie starb eines jammervollen Todes für Kaiser und Vaterland.

Wie aber in allen diesen Kämpfen die Deutschen einen Heldenmut an den Tag legten, der den ihrer Gegner weit übertraf, so fochten sie auch heldenhaft in den dem Reiche noch verbliebenen Kolonien.

In Kamerun wehrten sie sich verzweifelt, und die Feinde mußten sehr bedeutende Truppenmassen aus Nigeria und Indien, dem Sudan und Gabun sowie aus dem Kongostaat heranziehen, um ihrer Herr zu werden. Ende 1915 gelang es endlich diesen Truppen, die deutschen Streitkräfte bei Jaunde zwischen dem Sanaga und dem Njong zusammenzudrängen, aber die Deutschen brachen nach Süden durch und traten noch einige hundert Mann stark auf das spanische Munigebiet über, wo sie interniert wurden; nur Hauptmann von Raben hielt sich noch bis zum 18. März 1916; mußte sich dann aber im äußersten Norden des Schutzgebiets aus Munitionsmangel ergeben. Die Kolonie Kamerun war verloren, aber 3000 Mann Besatzung hatten sich gegen 30000 Feinde weit über ein Jahr lang gewehrt.

Ähnlich ging es in der Kolonie Südwestafrika. Hier drangen die Engländer, nachdem es ihnen gelungen war, den Burenaufstand niederzuwerfen, im Frühjahr 1915 nach heftigen Kämpfen bei Warmbad über den Oranjefluß und vereinigten sich bei Keetmanshop mit einer aus Lüderitzbucht kommenden Abteilung. Sie setzten dann ihren Marsch über Windhuk fort, das am 12. Mai von den Deutschen geräumt wurde, und wirkten dann mit Botha zusammen, der mit seiner Hauptmacht von Swakopmund aus im Anmarsch war. Die Engländer verfügten im ganzen über 40000 Mann, denen alle Hilfsmittel des dortigen Krieges zu Diensten waren, und denen noch

40 000 Mann Reserven folgten. Vor dieser überwältigenden Übermacht wichen die Deutschen nach Norden aus, wurden aber trotz tapferster Gegenwehr nach völligem Verbrauch der Lebensmittel und der Munition am 9. Juli 1915 gezwungen, unter ehrenvollen Bedingungen, noch 3200 Mann stark, die Waffen zu strecken, nachdem alle Nichtkämpfer sowie Frauen, Greise und Kinder — wie es auch in Togo und Kamerun geschehen war — wider alles Völkerrecht außer Landes geführt und in Konzentrationslagern vereinigt worden

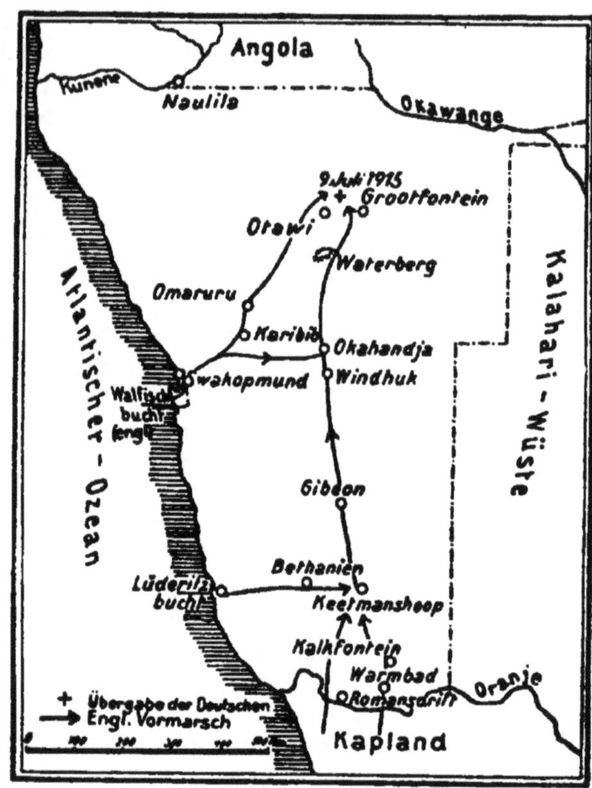

Karte 46. Die Eroberung von Südwestafrika durch die Engländer.

waren, die schon im Burenkrieg eine traurige Berühmtheit erlangt hatten.

So war auch diese Kolonie verloren.

Länger hielt sich Deutsch-Ostafrika, das 1914 noch völlig unberührt war. Auch im Jahre 1915 wurden die Engländer trotz ihrer Übermacht an allen Grenzen zurückgeschlagen und konnten sich nur am deutschen Berge Longido festsetzen, von wo sie allerdings später ihre entscheidende Umgehung ansetzten. Die Deutschen zerstörten die Ugandabahn an mehreren Stellen und erreichten sogar die Station

Kampinanjucki an der Magadibahn. Auch belgische und englische Vorstöße zwischen dem Tanganjika- und dem Victoriasee wurden siegreich zurückgewiesen. Die Deutschen waren fast überall die Angreifer, und es ist geradezu wunderbar, was die an sich so geringe Streiterzahl zu leisten vermochte. Es läßt sich das nicht anders als durch eine gewisse Feigheit der Engländer erklären, deren Soldaten allerdings wenig Interesse daran hatten, Deutsch-Ostafrika zu erobern, während ihre Gegner für Weib und Kind, Haus und Hof fochten und auch ihre Askaris mit dem gleichen Heldenmute zu erfüllen wußten. Die Deutschen waren stets bereit, sich für ihre schwarzen Waffenbrüder aufzuopfern, und diese hingen an ihnen mit vorbildlicher Treue.

Demgegenüber gelang es den Engländern nur unter Verwendung großer Sicherheitsabteilungen, eine Kriegsbahn, die sie von Voi nach dem deutscherseits stark befestigten Taveta bauten, vorzuführen und nicht unwesentlich zu fördern, während die Deutschen das Jahr benutzten, um ihre Widerstandsmittel weiter zu entwickeln. Sie brachten die Askaris durch weitere Werbungen auf 12000 Mann, wozu noch 300 Mann von der Besatzung des Kleinen Kreuzers „Königsberg" mit dessen geretteten 10-cm-Geschützen traten. Am 11. Juli war das Schiff auf seinem Liegeplatz im Rufidji von überwältigender Übermacht angegriffen und nach heldenmütiger Gegenwehr versenkt worden. 21 Schiffseinheiten hatte der Gegner zu diesem Angriff vereinigt, nachdem am 6. Juli ein Angriff von 15 Schiffen glücklich zurückgeschlagen worden war.

So verging das Jahr 1915. In Ostafrika waren die Deutschen Herren geblieben. Aber auch sonst hatten sie überall taktisch gegen gewaltige Überlegenheit gesiegt und sich allen ihren vielen Feinden weit überlegen gezeigt. Die russische Armee war weit zurückgedrängt; Serbien war erobert und der Weg nach der Türkei eröffnet, die auf Gallipoli glänzend gesiegt hatte. Österreich hatte sich an der italienischen Grenze behauptet; in Frankreich hatten deutsche Minderheiten gegen Engländer und Franzosen das Feld behauptet; der U-Boot-Krieg hatte den Verbündeten gewaltigen Schaden zugefügt. Diese Erfolge waren geeignet, das Auge zu blenden und die Möglichkeit eines endgültigen Sieges voraussehen zu lassen. Aber weder die Russen noch die Italiener waren endgültig besiegt. Rumänien war nach wie vor schwankend. Die westlichen Gegner standen noch ungebrochen im Felde, und im Orient hatte man es versäumt, den Feind völlig niederzuwerfen. Trotz aller Siege war Deutschland also doch noch von waffenstarken Feinden umgeben, und alles kam darauf an, was die Mittelmächte im nächsten Jahr unternehmen würden.

Verdun, Italien, Saloniki und der U-Boot-Krieg.

Am Schlusse des vorigen Abschnittes habe ich ausgesprochen, daß für das Ende des Krieges alles auf die Unternehmungen ankäme, die

die Mittelmächte beim Beginne des Jahres 1916 in die Wege leiten würden. Dabei war es natürlich unerläßlich, daß die Kriegshandlungen zusammenklangen, daß sie von einem einheitlichen Gesichtspunkt aus geleitet, daß ein einheitlicher Zweck verfolgt würde. Die Entente mußte niedergeworfen werden: daraus ergab sich dann von selbst, daß die Einzelstaaten der Mittelmächte auch ihre besonderen Vorteile erlangen konnten. Auf den Sieg kam es an, denn er regelte alles andere. Ihm mußten alle besonderen Rücksichten untergeordnet werden. Auch mußte er gegen England und Frankreich erfochten werden, denn mit der Niederlage dieser beiden Staaten fiel das Bündnis gegen die Mittelmächte auseinander. Beide konnten an und für sich zu Lande und zur See gefaßt werden. Zu Lande war aber der Angriff zur Zeit unmöglich. Solange man in Rußland und Italien, in Saloniki und Rumänien gebunden war, konnte man unmöglich die Truppenmassen zusammenbringen, die nötig waren, um die englisch-französische Heeresmacht im Westen endgültig niederzukämpfen. Es war das um so mehr unmöglich, als England im Begriff war, die allgemeine Wehrpflicht einzuführen und mit ihr sein Heer wesentlich zu verstärken. Auch war Frankreich noch entfernt nicht so blutleer, daß es den Kampf, in dem es sich um sein Dasein handelte, mit Hilfe Englands nicht noch lange hätte fortsetzen können, wenn es mit allzu schwachen Kräften angegriffen wurde. Man mußte also auch jetzt noch im Westen so lange defensiv bleiben, bis man die Feinde im Osten und Süden völlig niedergeworfen und die dort gebundenen Truppen freigemacht hatte, was nicht der Fall war.

Auch Österreich hatte das gleiche Interesse. Es konnte sein staatliches Dasein nur retten, wenn Frankreich und England niedergeworfen wurden. Seine besonderen Interessen wurden dann von selbst erledigt. Alle Erwägungen, die zu einem anderen Ergebnis führen, müssen als irrtümlich bezeichnet werden. Gewiß lief man damit die große Gefahr, daß die Truppen, die dauernd im Westen gegen eine gewaltige Übermacht in der Verteidigung zu kämpfen hatten, mit der Zeit versagen würden; focht man doch dort schon im Frühjahr 1916 mit 2350000 Mann gegen 3470000 Mann, also gegen eine Überlegenheit von 1120000 Mann. Doch diese Gefahr mußte man eben auf sich nehmen unter Berücksichtigung des Umstandes, daß jeder andere Weg ziemlich sicher ins Verderben führte.

Anders lagen die Dinge zur See.

Hier kam Österreich weniger in Betracht, da es keine Schiffe in der Nordsee und im Atlantischen Ozean hatte und daher keinerlei Gefahr lief, mit Amerika zusammenzustoßen. Immerhin waren seine Interessen die gleichen wie die Deutschlands. Die Entente mußte niedergeworfen und Englands Seeherrschaft gebrochen werden, wenn Österreich so gut wie Deutschland weiterbestehen sollte. So mußte sich die Doppelmonarchie mit ganzer Kraft gegen England wenden und dessen Seeherrschaft niederkämpfen helfen, wozu man in der

Unterseebootwaffe ein scheinbar untrügliches Mittel besaß. Freilich lief man dann die Gefahr, Amerika dennoch in die Schranken zu fordern. Diese Gefahr aber mußte hingenommen werden, wie ich schon an anderer Stelle dargelegt habe; denn man konnte bestimmt hoffen, England niedergekämpft zu haben, bevor Amerika waffenstark auf dem Schauplatz erscheinen konnte. Auch hierin konnte man sich natürlich irren. Im Kriege aber ist kein Erfolg sicher, und nur der gewinnt, der zu wagen versteht.

So steht denn zweifellos fest, daß man gegen die Armeen im Westen zunächst noch auf der Verteidigung bleiben, dafür aber gegen die Handelsflotten Englands mit allen Mitteln des U-Boot-Krieges vereint vorgehen und offensiv siegen mußte. Im Osten und Süden war ebenso fraglos der Angriff noch immer geboten, und es fragte sich nur, gegen welchen der Feinde man sich zuerst wenden solle.

Rußland stand außer Frage. Es bot nirgends die Möglichkeit, es in einer begrenzten Operation niederwerfen zu können. Rumänien war noch immer schwankend; es lieferte gerade jetzt Lebensmittel, deren man nicht entraten konnte; gegen Saloniki hätten erst Bahnen und Straßen gebaut und fahrbar gemacht werden müssen, bevor man dort, nachdem man die Verstärkung der dortigen Armee ruhig mit angesehen hatte, mit stärkeren Kräften hätte vorgehen können. Es blieb also nur Italien übrig. Hier aber lag die Entscheidung auf der Hand. 33 Divisionen mit 457 Bataillonen und 450 Batterien und außerdem zahlreiche schwere Geschütze hatte Italien zwischen den Alpen und dem Adriatischen Meer vom unteren Piave, etwa von Feltre aus in nordwestlicher Richtung bis an die Alpen, aufgestellt. Nur 5 Divisionen mit 53 Bataillonen und etwa 100 Batterien sollten als 1. Armee auf einer 180 km langen Front zwischen den Ostarmeen und dem Stilfser Joch den Rücken dieser Angriffsarmeen nach Norden gegen Tirol decken. Dabei war Verona von Görz etwa 200 km entfernt, Rofreit, der südlichste Punkt der österreichischen Aufstellung aber nur 50 km. Ein energischer Doppelangriff am Isonzo und aus Tirol konnte daher in kürzester Zeit Verona erreichen. Während ein Angriff am Isonzo die italienischen Hauptkräfte fesselte, konnte man von Tirol aus auf kürzestem Wege in ihren Rücken stoßen und so die ganze italienische Hauptarmee abschneiden und vernichten. Dezember, Januar und Februar bis etwa Mitte März ist zudem in Tirol jede Operation möglich, da dann der gefrorene Schnee trägt und den Angriff überall gestattet. Mit genügenden Kräften unternommen und energisch durchgeführt, mußte ein solcher doppelseitiger Angriff gelingen und die italienische Armee zur Strecke bringen. Dann aber konnte man, Italien mit schwachen Kräften beschäftigend, Frankreich an seiner Alpengrenze bedrohen und zur Schwächung seiner Front gegen Deutschland zwingen. Man konnte erhebliche österreichische Kräfte frei machen und sie nach Umständen verwenden: entweder gegen Rumänien oder zum Angriff der Armee in Saloniki. Der Angriff dahin mußte jedenfalls durch Ausbau der rückwärtigen Verbindungen vorbereitet werden. Auch konnte man mit ziemlicher Bestimmtheit annehmen, daß Rußland, wenn es nicht selbst angegriffen wurde, seinerseits zum Angriff schreiten und so die Möglichkeit bieten würde, es zu schlagen. Auch machten sich in Rußland schon die Vorboten der Revolution bemerkbar, die unter Umständen die ganze politische und militärische Lage ändern konnte.

Das ungefähr waren die Erwägungen, die man hätte anstellen müssen. Auf dem Westkriegsschauplatze durfte keinesfalls die Entscheidung gesucht werden, denn es konnte mit Sicherheit vorausgesehen werden, daß sie ungünstig ausfallen würde. Auch war es

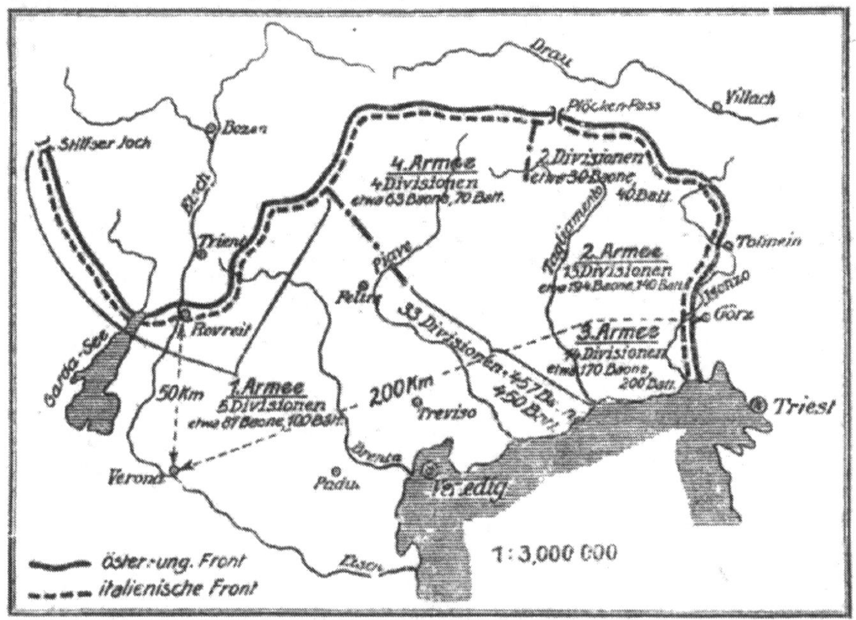

Karte 47. Die Verteilung der Gruppen an der italienischen Front.

durchaus verfehlt, die Kriegsunternehmungen Deutschlands und Österreichs gesondert, als etwas voneinander ganz Unabhängiges zu betrachten: etwa den Krieg in Italien als eine Angelegenheit, die besonders Österreich anginge. Das Ergebnis mußte jedenfalls die Gesamtheit treffen.

Dennoch geschah das Unglaubliche: Deutschland lehnte den Antrag Österreichs, zunächst Italien niederzuwerfen, glatt ab und entschied sich dafür, die Entscheidung in Frankreich zu suchen; Österreich aber gab seine Absichten gegen Italien nicht auf und beharrte dabei, sie auch ohne Deutschland durchzuführen. Ja noch mehr: Wo die größte Einigkeit eine Lebensfrage war, suchten die beiderseitigen Heeresleitungen ihre Unternehmungen voreinander zu verheimlichen! Es war ein frivoles Spiel, das sie — selbstredend ohne Wissen des deutschen Kaisers — mit dem Ausgange des Krieges spielten, und läßt erkennen, wie wenig die Heeresleitungen von sittlichen Motiven geleitet waren und wie vollständig beide Staaten den Ernst der Lage verkannten.

Es war allerdings schwer für den deutschen Generalstabschef richtig zu beurteilen, wann der Augenblick gekommen sei, im Westen zum entscheidenden Angriff überzugehen. Die Siege, die man über die russische Armee davongetragen hatte, wurden wesentlich überschätzt, ebenso wie die Widerstandskraft Österreichs. Auch konnte man mit der Revolution in Rußland keineswegs rechnen, deren Bedeutung für den Verlauf des Krieges uns Nachlebenden bekannt ist. Immerhin aber hätte man zunächst Italien vernichten und mit Rumänien vollkommen ins reine kommen müssen, ehe man sich zu einem entscheidenden Angriff in Frankreich entschied.

So können wir den Angriff auf Verdun immer nur als ein völliges Verkennen der Lage betrachten.

Ähnlich lagen die Verhältnisse zur See. Hier hatte Deutschland schon im September 1915 den unbeschränkten U-Boot-Krieg um England aus Rücksicht auf Amerika aufhören lassen und angeordnet, daß nur bewaffnete Handelsschiffe als Kriegsschiffe zu behandeln seien und demnach torpediert werden dürften; doch sah der Chef des deutschen Generalstabes sehr wohl ein, daß ein wirklich durchschlagender Erfolg gegen England nur erzielt werden könne, wenn der U-Boot-Krieg in unbeschränkter Weise geführt werden könne. Er forderte daher die sofortige Eröffnung des nunmehr unbeschränkten U-Boot-Krieges gegen alle Handelsschiffe, die im Sperrgebiet erschienen. Dem widersetzte sich jedoch der Reichskanzler, der ihn bis Anfang April 1916 hinausgeschoben wissen wollte, um damit vermeintlich die Zeit zu gewinnen, Amerika günstig zu stimmen. Auch der derzeitige Admiralstabschef von Holtzendorff erklärte sich hiermit einverstanden. Der Großadmiral von Tirpitz, der Schöpfer unserer Flotte, wurde überhaupt nicht zu Rate gezogen und reichte deshalb seinen Abschied ein, der am 17. März angenommen wurde. Sein Nachfolger war der nichtssagende Admiral von Capelle. Auch der Chef des Marinekabinetts, Admiral von Müller, der den unmittelbaren Vortrag beim Kaiser hatte, scheint in der ganzen so überaus wichtigen Frage eine wenig segensreiche Tätigkeit entwickelt zu haben. Er war ein Gegner des unbeschränkten U-Boot-Krieges. Als dann am 24. März der unbewaffnete Dampfer „Sussex" im Kanal torpediert wurde, richtete Amerika eine unerhört grobe Note an Deutschland, die jedem die Augen über die wahre Gesinnung seiner Regierung hätte öffnen können. Der deutsche Reichskanzler aber verlor darüber völlig die Nerven und versprach Amerika die Einstellung des U-Boot-Handelskrieges, ohne den Generalstabschef überhaupt zu befragen, obgleich es sich doch wahrlich um eine Handlung von größter militärischer Tragweite handelte. Dieser hielt es dennoch nicht für angezeigt, zurückzutreten, wie es in einem ähnlichen Falle der Admiral Bachmann getan hatte, sondern blieb unverständlicherweise in seiner Stellung. Die einzige richtige Antwort auf Amerikas Begehren wäre die sofortige Eröffnung des unbeschränkten U-Boot-Krieges gewesen, zu dem Deutschland in vollem Maße berechtigt war.

Es geschah also gerade das Gegenteil von dem, was nach vorurteilsloser Beurteilung der Lage hätte geschehen sollen: der unbeschränkte Handelskrieg gegen England, der nach sachverständigem Urteil allein geeignet war, diesen Staat zum Frieden zu zwingen, wurde eingestellt, die Entscheidung des Krieges aber wurde in Frankreich gesucht, wo sie keinesfalls zu erreichen war. Der Angriff auf Saloniki wurde nicht vorbereitet, und gegen Rumänien wurde auch diplomatisch nichts unternommen, um gegen diesen Staat eine gewisse Sicherung zu gewinnen.

In Frankreich wurde Verdun zum Angriffspunkt gewählt, nachdem ein vorgeschlagener Durchbruch durch die feindliche Front in der Theorie zwar angenommen, praktisch aber verworfen worden war. Es waren viele Gesichtspunkte, die zu der getroffenen Wahl des Angriffspunktes führten. Es unterliegt keinem Zweifel, daß eine Eroberung dieser Stadt einen gewaltigen moralischen Eindruck in Frankreich gemacht und die rückwärtigen Verbindungen der deutschen Armee in zuverlässiger Weise gesichert hätte. Schon ein Blick auf die Karte genügt, um zu erkennen, wie die Festung Verdun den Angelpunkt der ganzen französischen Front bildete, und wie es — wenn dieses Bollwerk einmal gefallen war — verhältnismäßig leicht sein mußte, in das Herz Frankreichs einzudringen. Andererseits war zu berücksichtigen, daß Verdun als Festung besonders stark, daß es aber außerdem durch das umgebende Gelände besonders geschützt war und seiner Bedeutung wegen durch die besten Truppen Frankreichs verteidigt werden würde. Die Côtes Lorraines und die es auch im Norden umgebenden Höhen deckten es im Verein mit den Befestigungswerken, und es mußte von durchschlagendem moralischen Erfolge sein, wenn es dem Feinde gelang, diesen Platz trotz aller Anstrengungen des Angreifers zu behaupten. Ob endlich die Eroberung Verduns genügen würde, um das Ende des Krieges herbeizuführen, war mehr als fraglich. England durch diesen Angriff indirekt zu treffen, war jedenfalls eine verfehlte Hoffnung. Man konnte wohl Frankreich zu Fall bringen, wenn man in England den Willen zum Widerstande brach, niemals aber konnte man auf das Umgekehrte rechnen. Wenn man England auf dem Festlande nicht niederwerfen konnte, so mußte um so mehr der unbeschränkte U-Boot-Krieg einsetzen: und gerade dieser war verhindert worden. So müssen dem rückwärts Schauenden der Reichskanzler v. Bethmann Hollweg, der den U-Boot-Krieg verhinderte, und der General von Falkenhayn, der den Angriff im Westen beschloß und ihn auf Verdun lenkte, nachdem er schon im Jahre 1915 die mögliche Zertrümmerung der russischen Armee verhindert hatte, als die Haupturheber des Zusammenbruchs Deutschlands betrachtet werden, obgleich sie sich dieses Erfolges im Augenblick des Handelns sicherlich nicht bewußt gewesen sind. Sie wollten gewiß das Beste, aber sie legten an die gewaltigsten Verhältnisse den Maßstab gewöhnlichen Menschentums an und verstanden es nicht, das Außergewöhnliche auch außergewöhnlich zu behandeln, alle Nebenrücksichten fallen zu lassen und nur das Entscheidende im Auge zu behalten.

Außer diesen allgemeinen Gesichtspunkten war aber noch ein anderer Umstand von Bedeutung. Von den Franzosen war ein Artillerieoffizier gefangengenommen worden, der die deutschen Belagerungspläne von Verdun bei sich führte. Die Franzosen hatten Zeit gehabt, die Festung nach den hier gefundenen Gesichtspunkten auszubauen und besonders widerstandsfähig zu machen. Das kam bei dem Angriffsversuch natürlich in bedeutsamer Weise zur Sprache. Auch wurde die Wirkung der schweren Artillerie auf befestigtes Gelände vielleicht ebenso überschätzt, wie bei dem Angriff auf die Troué de Charmes.

Täuschungsangriffe und die Schlacht von Verdun bis Ende Juni 1916.

Man hatte sich also für den Angriff auf Verdun von Norden her entschieden. Ein direkter Angriff von Osten her, der die Côtes Lorraines hätte überwinden müssen, erschien wenig aussichtsvoll. Eingehende Erwägungen führten dann zu dem Ergebnis, daß man sich darauf beschränken wollte, zunächst östlich der Maas bloß aus der Linie Consenvoye—Azannes anzugreifen. Ein Angriff westlich der Maas erschien vorteilhafter, wenn er demjenigen auf dem Ostufer zeitlich folgte. Die 3. Armee, die der Heeresgruppe des Kronprinzen bisher unterstellt war, wurde seinem Kommando entzogen, damit seine Tätigkeit nicht außerhalb ihres eigentlichen Arbeitsfeldes in Anspruch genommen werden könnte; dagegen blieb der ganze Südflügel des Heeres bis zur Schweizer Grenze ihm nach wie vor unterstellt. Bereitgestellt wurden für den ersten Angriff, außer den bereits zugeteilten, 9 besonders vorbereitete Divisionen und außerdem mehrere andere, die abgekämpfte Truppen ersetzen sollten. Für den späteren Angriff auf dem Westufer des Stromes waren drei weitere Divisionen vorgesehen. Ob man hiermit ausgekommen ist, habe ich bisher nicht ermitteln können, glaube es aber kaum. Auch die Artillerie wurde sehr erheblich verstärkt, auch auf den neben der eigentlichen Angriffsfront gelegenen Fronten. Um den Feind, aber auch die eigenen Truppen über den eigentlichen Angriff bei Verdun zu täuschen, wurden an den verschiedensten anderen Fronten Angriffsarbeiten vorgenommen und kleinere Unternehmungen angeordnet, während man größere Angriffe natürlich unterließ. Der Zweck scheint auch bis zu einem gewissen Grade erreicht worden zu sein. So wurde der Hartmannsweiler Kopf, der von den Franzosen schon am 21. Dezember 1915 genommen worden war, am 23. von einer Landwehrbrigade zurückerobert, und am 8. Januar 1916 auch der Hirzstein wieder in deutsche Gewalt gebracht, der mittlerweile vom Feinde erstritten worden war. Die 3. Armee focht vom 9. bis 12. Januar 1916 glücklich bei der Maison de Champagne, während die 2. Armee am 28. und 29. Januar bei Frise südlich der Somme einen schönen Erfolg errang, und zu gleicher Zeit die 6. bei Neuville St. Vaast dem Feinde beiderseits der Straße von Vimy über 2000 m Gräben abnahm. Auch die Häusergruppe von St. Laurent fiel in deutsche Hand und wurde am 30. und 31. Januar 1916 gegen starke Gegenangriffe erfolgreich verteidigt. Am 8. Februar wurde auch westlich von Vimy erfolgreich gefochten, und vom 9. bis 22. Februar wurde dem Feinde bei Souchez ein Stück Gelände in einer Breite von 1600 m bei 2 km Tiefe abgerungen, was die eigene Stellung wesentlich verbesserte. Vom 12. bis 14. Februar nahm die 3. Armee ihrerseits verschiedene Gräben und Geländestücke bei St. Marie à Py und Tahure, während gleichzeitig die Armeeabteilung Gaede am äußersten Südflügel des Heeres zwischen Altkirch und der Schweizer Grenze im Tale der Larg in die französischen Stellungen einbrach und sich der Orte Largitzen, Ober- und Niedersept bemächtigte. Auch an der englischen Front wurde gefochten. Hier nahmen die Deutschen südlich Ypern am 15. Februar 1916 ein 800 m breites Grabenstück und fügten dem nördlich Ypern am 20. Februar noch einen Gewinn von 350 m hinzu, während in der Nacht vom 24. auf den 25. Februar ein Angriff des Feindes bei Armentières zurückgewiesen wurde. Am 28. Februar wurde von der 3. Armee die Ferme Navarin, die verloren worden war, zurückerobert und am 19. März endlich — wie schon jetzt vorgreifend bemerkt sei — bei Vermelles ein Stück Gelände zurückerobert, das am 2. März im Minenkampf an die Engländer verlorengegangen war.

Für den Angriff auf Verdun selbst war zunächst der 12. Februar 1916 festgesetzt. Man wollte offenbar so frühzeitig wie möglich mit dem entscheidenden Angriff beginnen, um den Rüstungen der Feinde zuvorzukommen. Diese wurden mit aller Macht betrieben. Die Engländer waren im Begriff, zur allgemeinen Wehrpflicht überzugehen, weil das Freiwilligensystem nicht die nötigen Mannschaften lieferte, und führten sie auch wirklich durch das Votum der beiden Häuser vom 5. und 23. Mai 1916 ein. Sie mußten in absehbarer Zeit mit bedeutenden Kräften auf dem Kriegsschauplatz erscheinen. Auch die Franzosen rüsteten mit Macht nach allen Richtungen. Bevor sie fertig sein konnten, wollte man mit dem Angriff anfangen. Doch verhinderte das Wetter den rechtzeitigen Beginn, und erst am 21. Februar konnte die Schlacht mit einem 24stündigen Trommelfeuer eröffnet werden.

Der Erfolg war zunächst ein durchschlagender. Mit unvergleichlichem Schwung ging die Infanterie schon am 22. Februar vor und überrannte die feindlichen Stellungen. Sie ging sogar über die ihr gegebenen Ziele hinaus, erreichte am 24. und 25. Februar zunächst die Linie Louvemont—Les Chambrettes—Bezonvaux und nahm noch am gleichen Tage das Fort Douaumont. Es wurde von Teilen des Regiments 24 gestürmt und damit die erste Bresche in die Befestigungslinie gelegt. Am 2. März wurde nach heftigem Kampf das festungsartig ausgebaute Dorf Douaumont genommen und am 8. März das auf dem linken Flügel des Angriffs gelegene Dorf Vaux, so daß die deutsche Front sich bis in die Linie Camp an der Maas—Vacherauville—Südhang des Pfefferrückens—Haudiomont—Dorf Vaux vorschob, das unmittelbar unterhalb der Feste gleichen Namens liegt. Zu gleicher Zeit war deutscherseits auch in der Woëvreebene angegriffen worden zu beiden Seiten der Straße Verdun—Etain—Metz. Den 29. Februar waren die Angreifer bis in die Linie Dieppe—Abaucourt—Blanzée—das Waldgebiet östlich der Dörfer Watronville und Haudiomont vorgedrungen und hatten die Dörfer Manheulles und Champlon genommen, obgleich die Franzosen sich auf das hartnäckigste verteidigten und durch das Feuer auf den Côtes Lorraines unterstützt wurden. Am 6. März wurde das hartumstrittene Dorf Fresnes genommen und Anschluß der neugewonnenen deutschen Front an die bisherige auf der Combreshöhe genommen. Bis zum 12. März waren 25000 Gefangene gemacht sowie 189 Geschütze und 232 Maschinengewehre genommen. Die Franzosen führten Verstärkungen von allen Seiten heran. Alle übrigen Fronten wurden so viel als möglich ihrer Reserven beraubt; General Pétain, dem man besonderes Vertrauen entgegenbrachte, wurde mit der Verteidigung des Platzes betraut. Bis zum 17. März wurden etwa 27 frische oder frisch aufgefüllte Divisionen bei Verdun eingesetzt. Die Engländer mußten den Abschnitt bis Arras und südlich mit übernehmen, den die Franzosen bis dahin innegehabt hatten. Sie dehnten sich entsprechend aus, konnten aber immer noch den laufenden Meter ihrer Stellung mit 6 bis 8 Mann verteidigen, standen doch, wie wir wissen, im Februar 1916 mindestens 900000 Engländer in Frankreich, die andauernd verstärkt wurden.

Inzwischen wurde der rechte Flügel des deutschen Angriffs von den Höhen von Marre her, vielfach flankierend, beschossen. Die Franzosen hatten hier mit überraschender Schnelligkeit eine gewaltige Artillerie versammelt, und die Deutschen sahen sich hierdurch dem ursprünglichen Plan entsprechend gezwungen, auch auf dem westlichen Stromufer vorzugehen, wozu ja, wie wir wissen, besondere Truppen bereitgestellt waren. Diese wurden jetzt vorgezogen, und es gelang, die Franzosen aus ihren vordersten Stellungen zurückzuwerfen und sich am 6. März in den Besitz des Waldes von Forges und der Dörfer Forges und Regnéville zu setzen. Von hier aus er-

oberten die Deutschen bis zum 10. März das Gelände südlich des Baches von Forges, den Gänserücken, den Cumières- und den Rabenwald. Am 15. März standen sie auf dem Nord- und Nordosthang des Toten Mannes, der aus den Kuppen 265 und 295 besteht. Feindliche Gegenangriffe scheiterten an dieser Stellung. Doch gaben sich die Deutschen verständlicherweise mit diesen Erfolgen nicht zufrieden. Am 20. März nahmen sie vielmehr auch Malancourt ein und vom Walde von Malancourt aus, den sie schon seit dem Herbst 1914 innehatten, den Wald von Avocourt. Sie umspannten damit die Dörfer Bethincourt und Haucourt, die Höhe 304 nördlich Esnes und die Doppelkuppe des Toten Mannes auch vom Westen her. Am 5. April fiel dann Haucourt, am 9. April Bethincourt in deutsche Hände und am gleichen Tage die Doppelhöhe des Toten Mannes. Alle französischen Gegenangriffe blieben fruchtlos. Die Franzosen fürchteten, daß das Fort Marre und das Fort Bois Bourrus beschossen und die Bahnverbindung Verdun—St. Ménéhoult gestört werden könnte, und gaben sich deshalb die äußerste Mühe, dem Vorgehen der Deutschen Halt zu gebieten; dennoch gelang es ihnen nicht, die Besetzung der Höhe 304, der Trümmer des Dorfes Cumières und des Wäldchens Les Caurettes zu verhindern. Besonders um die Höhe 304 wurde eifrig gerungen. Schon am 7. Mai hatten die Deutschen sie teilweise besetzt, aber immer wieder mußten sie Gegenangriffe der Franzosen zurückweisen. Auch hatten sie der Ausdehnung des Kampffeldes entsprechend besondere Befehlsunterinstanzen eingesetzt, die schon seit dem März tätig waren. Auf dem rechten Maasufer führte nach den allgemeinen Anweisungen des Kronprinzen General von Mudra, auf dem linken General von Gallwitz den Oberbefehl. Des letzteren Nachfolger bei der 11. Armee war General von Winckler; beide wurden späterhin durch die Generale von Lochow und von François ersetzt. Auf dem westlichen Ufer wurden seit Ende Mai Fortschritte nicht mehr gemacht. Die Überlegenheit der Franzosen wuchs von Stunde zu Stunde, und auch auf dem rechten Ufer war es schließlich ein mühsames Ringen: hatten doch die Franzosen bis zum 8. Mai 51 Divisionen bei Verdun eingesetzt. Dennoch gelang es hier noch vorwärts zu kommen, wenn es auch oft zu kritischen Lagen kam. Eine solche trat z. B. ein, als ein großer Entscheidung suchender Ausfall der Franzosen am 22. Mai erfolgte, bei dem sie in die Feste Douaumont eindrangen und aus dieser wieder hinausgeworfen werden mußten. Erst am 23. Mai gelang es, die Franzosen wieder zurückzuweisen, aber man sah ein, daß man die eigenen Stellungen viel weiter vorschieben müsse, wenn man das Fort dauernd sichern wollte. Man mußte sich des befestigten Geländes gegen die Forts Vaux und Tavannes sowie der Werke bei der Côte de Froide Terre (Kalte Erde) und bei Souville bemächtigen und damit den Angriff an die Festung selbst herantragen. Schon am 27. März hatten die Deutschen die Befestigungswerke südlich Haudiomont und einige Stellungen beim Gehöft Thiaumont genommen und damit den französischen Gegenangriff vom 22. Mai ausgelöst: jetzt nahmen sie am 1. Juni den Cailettewald und am 2. Juni die Panzerfeste Vaux, in deren Hohlräumen sich einzelne französische Abteilungen noch bis zum 7. hielten. Auch noch weitere Erfolge konnten sie in den folgenden Wochen erzielen. In der Richtung auf die „Kalte Erde" wurden die Steinbrüche beim Ablainwalde genommen. Der Chapitre- und der Fuminwald wurden erobert, sowie die Waldungen bei La Laufée; endlich Ende Juni auch ein Teil des stark befestigten Dorfes Fleury, das jedoch nicht behauptet werden konnte. Damit aber waren die deutschen Erfolge zu Ende. Der Kampf entwickelte sich immer mehr zu einer entscheidungslosen Artillerieschlacht, in der die Kräfte der Deutschen allmählich aufgezehrt wurde. Die Franzosen hatten freilich bis zum Juni 310 000 Mann vor Verdun verloren, und die Verluste der Deutschen waren sehr viel geringer — sie verhielten sich etwa wie 2 zu 5 — auch hatten die Franzosen bis Mitte Juni mindestens 70 Divisionen bei Verdun verwendet, doch wurden ihre Kräfte durch die immer zunehmende Zahl der Engländer und die rücksichtslose Ausnutzung der Kolonien verhältnismäßig rasch ersetzt; die deutschen Verluste aber, wenn sie auch im Verhältnis zu den französischen gering waren, konnten auf die Dauer nicht getragen, auch die Munition, die nötig war, konnte nicht mehr beschafft werden. Man darf nicht vergessen, daß die Deutschen gegen die Weltindustrie zu fechten hatten und Amerika unendliche Massen von Geschossen lieferte: vor allem aber war Rußland zu berücksichtigen. Es zeigte sich bald, daß seine 1915 zurückgedrängte und geschlagene Armee doch noch über eine bedeutende Offensivkraft verfügte und sie im richtigen Augenblick auch zur Geltung zu bringen wußte.

Der Frühjahrskampf gegen die Heeresgruppe Hindenburg.

Die Heeresgruppe Hindenburg gab sich im Winter 1915/16 der Verwaltung des ihr untergebenen Landes mit deutscher Gründlichkeit hin. Ihre vielfachen Maßnahmen werden in Zukunft vielleicht noch einmal segensreiche Folgen zeitigen. Einen Angriff hielt sie im allgemeinen nur bei Smorgon, Dünaburg oder Riga für möglich, weil dorthin die Eisenbahnverbindungen deuteten, und bereitete sich, so weit ihre schwachen Kräfte reichten, auf einen solchen vor. Die Heeresverhältnisse waren entsprechend geordnet worden.

Die 12. und 8. Armee hatten sich derart zusammengeschoben, daß eine Trennung notwendig wurde. Die 12. Armee blieb bestehen und wurde vom General von Fabeck übernommen. Die Njemen-

Armee, die General von Below befehligte, erhielt den Namen als 8. Auf ihrem rechten Flügel wurde eine besondere Armeeabteilung Scholtz gebildet, die rechts von der 8. Armee gegenüber Dünaburg eingeschoben wurde; weiter südlich schloß sich die 10. Armee an, die bis Smorgon einschließlich reichte, dann folgte die 12. Armee und endlich die Heeresgruppe Prinz Leopold von Bayern, mit der Armeeabteilung von Woyrsch auf dem rechten Flügel.

Bei den Russen herrschte immerwährende Unruhe, so daß man wohl einen Angriff für wahrscheinlich hielt, aber zunächst nicht beurteilen konnte, wo er erfolgen würde. Bald aber häuften sich die Wahrnehmungen derart, daß man sich ein genaues Bild von

Karte 49. Die Schlacht am Narotschsee 1916.

den russischen Absichten machen konnte. Vor allem war das Eisenbahnnetz durch Kleinbahnen sehr wesentlich erweitert worden, und die Täuschungsmanöver wurden schnell als solche erkannt. Die Ansammlung gewaltiger Massen wurde festgestellt. Als daher im März 1916 der Sturm losbrach, war auf deutscher Seite alles vorbereitet.

Der Plan der Russen war großzügig. Sie wollten auf Wilna und Kowno durchstoßen und die nördlich dieser Linie befindlichen Heeresteile Deutschlands abschnüren, die gleichzeitig in der Front angegriffen werden sollten. Im weiteren Verlauf des Kampfes wollten sie dann die verlorenen Gebiete befreien. Die Wahl des Zeitpunktes für den Angriff, der der Jahreszeit wegen so ungünstig wie möglich war, ist wohl mit Rücksicht auf den Angriff auf Verdun erfolgt. Eine gewisse Berechtigung zu so weit ausschauenden Plänen lag allerdings vor. Schon in gewöhnlichen Zeiten standen 9 preußische Bataillone 32 bis 48 feindlichen gegenüber, und außerdem glaubte man, daß sich die Deutschen noch weiter als geschehen geschwächt hätten, um vor Verdun stark genug zu sein. Auch gaben die Kräfte, die man zum Angriff versammelte, zu den kühnsten Erwartungen Veranlassung. Am Narotschsee allein wurden 370 Bataillone bereitgestellt; dort und in der Linie Widsy—Postawy wurden außerdem etwa 1000 Geschütze von zum Teil schwerstem Kaliber versammelt; ungeheure Mengen Munition standen zur Verfügung. Die Divisionen wurden außerdem nicht gleichmäßig auf der ganzen angegriffenen Linie verteilt, sondern es wurden zwei Hauptstoßgruppen südlich des Narotschsees und bei Postawy gebildet, die gegen die beiden Flügel des XXI. Korps gerichtet waren, das hier fast allein die Verteidigung führte. Es verfügte über $6^1/_3$ Divisionen mit 66 Bataillonen, die zunächst allein dem Sturm der Russen standhalten mußten, bis Verstärkungen herankamen. Auf beiden Seiten aber wurden diese Kräfte nicht einheitlich, sondern allmählich eingesetzt. Dem Stoß gegen den linken Flügel des XXI. Korps, der von 7 Infanterie- und 2 Kavalleriedivisionen im Postawyabschnitt ausgeführt wurde, traten zunächst nur 4 deutsche Bataillone entgegen; der südliche Stoß, der zwischen Narotschsee und dem Wieszniewsee erfolgte und von 8 Infanteriedivisionen und den Uralkosaken geführt wurde, traf auf die 75. Reserve- und die verstärkte 9. Kavalleriedivision. Hier fochten 19 deutsche Bataillone gegen 128 feindliche.

Den 16. März hatte das Trommelfeuer begonnen und steigerte sich zu einer im Osten noch nicht dagewesenen Stärke. Am 18. März begannen die Infanteriegefechte. Das Wetter machte den Kampf besonders schwierig. Auf den aufgeweichten Wegen kamen die Reserven, die in Eile herangezogen wurden, nur langsam vorwärts. „Gleich einer ununterbrochenen Sturzflut stürmen die feindlichen Massen auf unsere dünn besetzten Stellungen. Doch vergeblich treiben russische Batterien und Maschinengewehre die eigene Infanterie gegen die deutschen Linien; umsonst mähen zurückgehaltene feindliche Truppen die eigenen vordersten Linien nieder, wenn diese weichen und dem Verderben durch unser Feuer zu entgehen versuchen. Zu förmlichen Hügeln häufen sich die russischen Gefallenen vor unserer Front. Die Anstrengungen für den Verteidiger sind freilich ins Ungeheure gesteigert. Eingebrochenes Tauwetter füllt die Schützengräben mit Schneewasser, verwandelt die bisher deckenden Brustwehren in zerfließenden Erdbrei und macht aus dem ganzen Kampffeld einen grundlosen Morast. Bis zur teilweisen Bewegungsunfähigkeit schwellen den Grabenbesatzungen die Gliedmaßen in den eisigen Wassern an. Allein es bleibt genug Lebenskraft und Kampfeswille in diesen Körpern, um die feindlichen Anstürme immer wieder zu brechen. So bringt der Russe auch diesmal alle Opfer vergebens, und vom 25. März ab können wir siegessicher auf unsere Heldenscharen am Narotschsee blicken." So schildert Hindenburg den Verlauf des Kampfes. Am 21. hatten die Deutschen in der Seeenge Terrain verloren. Am 26. rafften sich die Russen noch einmal zu einem großen Angriff auf; doch war damals die Krisis bereits überstanden, und die weiteren Angriffe des Feindes, die übrigens Ende des Monats eingestellt wurden, vermochten die deutschen Linien nicht mehr zu erschüttern. Ebensowenig vermochte der Feind bei der Armeeabteilung Scholtz und weiter nördlich in die diesseitigen Stellungen einzudringen. Die verzweifelten Anstürme des Gegners brachen sowohl zwischen Widsy und dem Driswiatysee als auch in dem Raume nordwestlich dieses Sees zu beiden Seiten der Eisenbahn Dünaburg—Wilna und der Straße Dünaburg—Wilkomir, die vom 19. März an einsetzten, überall hoffnungslos zusammen. Bei Widsy schlug sie die Leibhusarenbrigade besonders glänzend ab, obgleich sie in ihren Stellungen weit auseinandergezogen war.

Ebenso scheiterten Vorstöße, die die Russen am 21. März von Riga aus gegen Mitau und von Jakobstadt aus mit bedeutenden Kräften unternahmen und am 24. und 27. wiederholten. Trotz gewaltiger Artillerievorbereitung konnten sie nirgends durchbrechen.

Am 27. März schritten die Deutschen südlich des Narotschsees zum Gegenstoß und nahmen den Russen einen großen Teil des am 21. verlorenen Geländes wieder ab, und am 28. April endlich konnte General von Eichhorn in einem vortrefflich vorbereiteten Angriff den Rest der früher eingebüßten Stellungen wieder erobern. Damit waren die Kämpfe bei Dünaburg und südlich beendet. Sie hatten den Russen etwa 140000 Mann gekostet, die mit verhältnismäßig ganz geringen Opfern auf deutscher Seite erkauft waren. Der Geist hatte über die rohe Masse gesiegt. Trotz der ungeheuersten Übermacht des Feindes waren die Deutschen in der Verteidigung wie im Angriff Sieger geblieben. Derselbe Geist aber sollte sich auf den Wassern siegreich bewähren, als endlich die Stunde schlug, in der auch die deutsche Flotte ihren Wert in die Wagschale der Entscheidung werfen konnte.

Die Seeschlacht am Skagerrak und Kämpfe in der Ostsee.

Im Januar 1916 war Admiral Scheer mit dem Kommando der Hochseeflotte betraut worden. Damit kam neues Leben in alle Unternehmungen zur See. Seine erste Sorge war, die Sicherung der deutschen Bucht besser als bisher durch eine Neuregelung des Vorpostendienstes zu gestalten und der Minenverseuchung durch die Engländer nach Möglichkeit zu steuern.

Die offensivere Haltung, die er dieserhalb einnahm, kam schon dadurch zum Ausdruck, daß Helgoland nicht mehr wie zu Beginn des Krieges ein vorgeschobener Außenposten war, sondern einen rückwärtigen Stützpunkt zu bilden hatte, vor dem sich eine Sicherungszone mit 120 Seemeilen Halbmesser ausbreitete.

Die zweite größere Aufgabe bestand darin, den Feind auf jede mögliche Weise zu reizen, um ihn dadurch zu einem Kampf zur See — womöglich mit geteilten Kräften — herauszufordern. Mittel dazu waren der U-Boot-Handelskrieg, der Luftkrieg und die lebhafte Betätigung der Hochseestreitkräfte in der Nordsee. Dementsprechend wurde auch verfahren. Zahlreiche Luftangriffe auf England wurden durch die Marineluftschiffe ausgeführt, die feindlichen Minen wurden nach Möglichkeit bekämpft und die eigenen Minenfelder in offensivem Sinne so viel als tunlich ausgedehnt, der Kreuzerkrieg wurde gefördert und die Vorstöße der Flotte immer weiter ausgedehnt. Den 11. Februar 1916 erhielt die Flotte die Weisung, bewaffnete feindliche Dampfer als Kriegsschiffe zu betrachten, da sie den Befehl hätten, U-Boote rücksichtslos anzugreifen, und noch vor Rückkehr der „Möwe", die am 4. März erfolgte, wurde unter dem Korvettenkapitän Tietze der Hilfskreuzer „Greif" ausgesandt, um auf englische Handelsschiffe Jagd zu machen. Leider traf er schon bald auf englische Streikräfte und mußte — nachdem er den sehr viel stärkeren Hilfskreuzer „Alkantara" durch Torpedoschuß versenkt hatte — von der Besatzung verlassen und gesprengt werden. Hierbei schoß der geschützte englische Kreuzer „Comus" auf die bereits in den Booten befindliche, völlig widerstandslose Besatzung des „Greif" und tötete unter anderen auch den Kommandanten: eine bezeichnende Handlung für englische Feigheit. Wie hier ein deutsches Unternehmen scheiterte, so desgleichen ein englisches, das am 25. März von unseren Feinden unternommen wurde.

Durch unsere fortwährenden Luftangriffe auf England gereizt, dachten sie dafür Vergeltung zu üben und ließen von Flugzeugmutterschiffen aus fünf Flugzeuge aufsteigen, um unsere Luftschiffhallen zu zerstören. Sie hatten aber kein Glück damit. Alle fünf mußten niedergehen, ohne ihren Zweck auch nur im geringsten zu erreichen. Zwei wurden von englischen Torpedobooten aufgefischt, drei fielen in deutsche Gefangenschaft.

Auch die Vorstöße der Gesamtflotte wurden mit allem Eifer gefördert.

Schon am 5. März wurde ein solcher gegen die Hoofden ausgeführt, um die dort oft gemeldeten leichten feindlichen Streitkräfte anzugreifen. Er verlief ergebnislos, während die Luftschiffe bei dieser Gelegenheit die wichtigen Marineanlagen bei Hull am Humber angriffen. Am 24. April lief dann die Flotte zu einem neuen Unternehmen aus, um Lovestoft und Great Yarmouth zu beschießen.

Ersteres war als Stützpunkt für Minenunternehmungen, letzteres für Unterseeboote bestimmt. Beide Orte waren also von bedeutendem militärischen Wert und wurden ausgiebig von der Kreuzerdivision beschossen. Im übrigen war auch dieses Unternehmen bezüglich der englischen Flotte erfolglos; sie war aus ihren Schlupfwinkeln nicht hervorzulocken. Zwar kam es zwischen dem Kreuzergeschwader und leichten englischen Streitkräften noch zu einem kurzen Gefecht; doch wurde es deutscherseits abgebrochen, weil die irrtümliche Meldung einlief, daß stärkere feindliche Kräfte von Süden her im Anmarsch seien, und man diesen mit versammelten Kräften entgegengehen wollte. Man mußte unverrichtetersache heimkehren, und nur der Panzerkreuzer „Seydlitz“ war schon bei der Ausfahrt auf eine Mine gestoßen und hatte starke Havarie erlitten. Immerhin hatte er noch mit eigenen Kräften heimkehren können.

Endlich aber sollten die Wünsche der deutschen Flottenleitung doch noch in einer Richtung wenigstens zu ihrem Recht kommen. Der unbeschränkte U-Boot-Krieg zwar war unverantwortlicherweise aufgegeben worden, um so eifriger aber strebte die Flotte danach, sich anderweitig entscheidend zu betätigen. Das konnte nur geschehen, wenn man ihre Unterlegenheit allmählich verminderte, und das wieder konnte nur erfolgen, wenn man Teilsiege über englische Seestreitkräfte erfocht. Die Gelegenheit zum Kampf sollte sich bald ergeben.

Am 31. Mai um 3 Uhr morgens lichteten die Schlachtkreuzer unter Admiral Hipper die Anker: „Lützow“ als Flaggschiff, „Derfflinger“, „Seydlitz“, der wieder ausgebessert worden war, „Moltke“ und „von der Tann“. Ihnen waren Kleine Kreuzer und Torpedoboote zur Aufklärung und Sicherung beigegeben, und es folgte ihnen mit einem Abstand von 30 km das Gros, das in drei Geschwader formiert, 22 Schiffe stark und ebenfalls durch Kleine Kreuzer und Torpedoboote gesichert war. Unter seinen 22 Linienschiffen befanden sich nur 16 Großkampfschiffe[1]).

In dieser Formation stieß das Kreuzergeschwader zunächst auf die 6 Schlachtkreuzer des Admirals Beatty und nahm den Kurs wie dieser nach Südosten auf, weil das Gefecht sich damit dem eigenen Gros näherte. Der Engländer war den Deutschen nicht nur an

---

[1]) Die Flotte, die an der Skagerrakschlacht teilnahm, bestand aus folgenden Einheiten: „Friedrich der Große“ als Flottenflaggschiff. I. Geschwader: „Ostfriesland“, „Thüringen“, „Helgoland“, „Oldenburg“, „Posen“, „Rheinland“, „Nassau“, „Westfalen“. Die bisher genannten waren Großkampfschiffe. II. Geschwader (ältere Linienschiffe): „Deutschland“, „Pommern“, „Schlesien“, „Schleswig-Holstein“, „Hannover“, „Hessen“. III. Geschwader (Großkampfschiffe): „König“, „Großer Kurfürst“, „Markgraf“, „Kronprinz“, „Kaiser“, „Prinzregent Luitpold“, „Kaiserin“. I. Aufklärungsgruppe: „Seydlitz“, „Moltke“, „Derfflinger“, „Lützow“, „von der Tann“. II. Aufklärungsgruppe: Die Kleinen Kreuzer: „Pillau“, „Elbing“, „Frankfurt“, „Wiesbaden“, „Rostock“, „Regensburg“. III. Aufklärungsgruppe: „Stettin“, „München“ „Frauenlob“, „Stuttgart“, „Hamburg“. Außerdem die Torpedoboote.

Zahl und Kaliber der Geschütze sowie an Schnelligkeit, sondern auch um ein Schiff überlegen: Sehr bald aber zeigte sich trotzdem die größere Gefechtskraft der deutschen Schiffe, wie sie schon im Gefecht an der Doggerbank hervorgetreten war. Um 5 Uhr 48 Minuten nachmittags war das Gefecht eröffnet worden, und schon um 6 Uhr 13 Minuten ging der „Indefatigable" unter, und ihm folgte um 6 Uhr 26 Minuten die „Queen Mary". England hatte zwei seiner besten Schiffe verloren. Bald darauf erschienen fünf Schiffe der „Queen-Elisabeth"-Klasse, die stärksten Schiffe des vereinigten Königsreichs, die auch dem Admiral Beatty unterstanden, und nahmen ebenfalls schon von weitem den Kampf gegen die deutschen Kreuzer auf. Diese wären in eine üble Lage gekommen, wenn nicht auch die Spitze des deutschen Gros auf dem Kampfplatz erschienen wäre. Admiral Beatty machte nunmehr kehrt, die Schiffe der „Queen-Elisabeth"-Klasse folgten ihm. Auch die deutschen Kreuzer schwenkten mit der Tete nach Norden, nahmen den gleichen Kurs an wie die Engländer und setzten sich zugleich an die Spitze ihres Gros, das die Verfolgung des zurückgehenden Gegners aufzunehmen gedachte. Nachträglich ist behauptet worden, der englische Admiral habe gar nicht daran gedacht, zu fliehen, sondern habe nur seine größere Schnelligkeit ausnutzen wollen, um sich vor die Spitze der deutschen Linie zu setzen und diese somit umfassend und der Länge nach bestreichen zu können. Crossing the T, nennt der Brite dieses Manöver, das den Deutschen selbstverständlich als Folge größerer Schnelligkeit längst bekannt war. Hatten sie doch beim Bau ihrer Flotte mit vollem Bewußtsein auf die größere Schnelligkeit verzichtet, um andere Gefechtsüberlegenheiten mehr herausarbeiten zu können. Auch wußte Beatty natürlich, von welcher Seite er das eigene Gros zu erwarten hatte, und hoffte mit ihm vereint die Deutschen tödlich zu umstricken. Immerhin scheinen die Schlachtkreuzer am weiteren Kampf nicht mehr teilgenommen zu haben. Die große Flotte Jellicoes nun, die von Beatty in der rechten Flanke und vorwärts gedeckt worden zu sein scheint, hatte während des Kampfes der Aufklärungsdivision nach Südosten Raum gewonnen und dann erst wieder kehrtgemacht, um das Schlachtfeld zu erreichen. Jedenfalls kam sie von Südosten mit westlichem Kurse heran, machte dann erst wieder kehrt und suchte nun die Deutschen zu umkreisen und von Hornsriff und damit von ihrer Rückzugsstraße abzuschneiden.

Zugleich entwickelte sich zwischen den Hauptkampflinien eine wilde Torpedoschlacht, da beide Teile, um ihre Gros zu decken und dem Feinde nach Möglichkeit Schaden zuzufügen, zum Torpedoangriff schritten.

Es würde zu weit führen und zu viele taktische Einzelheiten zur Sprache bringen, wenn ich auf alle Bewegungen der Flotte in der kommenden Schlacht und die zahlreichen Torpedokämpfe eingehen wollte, soweit das überhaupt bei den vielfach für den Laien unverständlichen Berichten möglich ist. Die Hauptsache ist jedenfalls, daß die feindliche große Flotte unter dem Admiral Jellicoe mit südöstlichem bis südlichem Kurs und vereint mit den Schiffen der Elisabethklasse bemüht war, die Deutschen völlig einzukreisen, während diese mittlerweile gegen eine bedeutende Übermacht fochten; hatten doch die Engländer 32 Großkampflinienschiffe, 9 moderne Schlachtkreuzer, 6 ältere Panzerkreuzer, Kleine Kreuzer mit 110000, Torpedoboote mit 120000 Tonnen zur Stelle und verfügten außerdem über eine an Kaliber weit überlegene Artillerie. Sie führten 64 38,1=cm=, 20 35,6=cm=, 152 34,3=cm= und 144 30,5=cm=Geschütze, während die Deutschen nur 134 30,5=cm= und 90 28=cm=Geschütze außer den kleineren Kalibern besaßen und nur über Kleine Kreuzer mit zusammen 65000 und Torpedoboote mit 55000 Tonnen verfügten.

Admiral Scheer sah daher die Gefahr des Eingekreistwerdens immer näher rücken und griff zu dem einzigen Mittel, sich dieser Gefahr zu entziehen, nämlich: mit der ganzen Flotte unter dem Schutze eines rücksichtslosen Angriffs der Schlachtkreuzer und der Torpedoboote kehrtzumachen, und sie so vom Feinde loszulösen. Die Torpedoboote waren schon 7 Uhr 40 Minuten noch einmal ins Gefecht getreten, als feindliche Kreuzer und Torpedoboote einen neuen Angriff gegen die deutsche Linie ansetzten. Die Deutschen büßten dabei den Kleinen Kreuzer „Wiesbaden", die Engländer die Kreuzer „Defense", „Warrior" und „Blackprince" ein. Auch das Linienschiff „Warspite" scheint verlorengegangen zu sein. Ein Schiff der Elisabethklasse wurde in den Grund gebohrt, und auch der „Marlborough" erlitt so schweren Schaden, daß er gezwungen war, aus dem Kampfe zu scheiden. Der moderne Schlachtkreuzer „Invincible" wurde vom „Derfflinger" vernichtet. Die deutschen Schlachtkreuzer hatten selbst auch schwer gelitten. Aber ohne Besinnen wendeten sie auf den Feind zu, als sie den Befehl erhielten: „Ran an den Feind!", und ebenso griffen die Torpedoboote rücksichtslos an. Der „Lützow" hatte sich mittlerweile — vollständig wrackgeschossen — aus dem Kampf zurückgezogen, Admiral Hipper wurde zum Umsteigen gezwungen und kam bei der rasenden Fahrt der fast dauernd im feindlichen Feuer befindlichen Schlachtkreuzer erst um 11 Uhr abends wieder auf „Moltke" unter; so kam es, daß der Kommandant des „Derfflinger" die Schlachtkreuzer und damit den befohlenen Angriff führte: hinein in einen wahren Höllenkessel. Wer alles auf unsere Schiffe geschossen hat, läßt sich gar nicht mehr feststellen; ein wahrer Geschoßhagel ging auf sie nieder, Treffer auf Treffer schlug auf sie ein, besonders auf den vorne stehenden „Derfflinger", bei dem drei Türme unbrauchbar und ein Teil der Mittelartillerie vernichtet wurden; rund um die großen Schiffe tobte wild durcheinander die Schlacht der Torpedoboote: aber der Zweck wurde er=

reicht. Das Gros konnte sich der Umklammerung entziehen, die Engländer aber scheinen, als es mittlerweile völlig dunkel geworden war, vor unseren entschlossenen und wiederholten Angriffen den Rückzug angetreten zu haben; wenigstens fanden unsere Torpedobootsflottillen, als sie in den Rauchschleier hinein, der sich zwischen die beiden Flotten gelagert hatte, zum letzten Angriff angesetzt wurden, nur noch leichte Streitkräfte des Gegners vor, und auch unsere Schlachtkreuzer, als sie schließlich über Süden nach Westen abdrehten, fanden keinen Feind mehr vor sich und konnten als Nach-

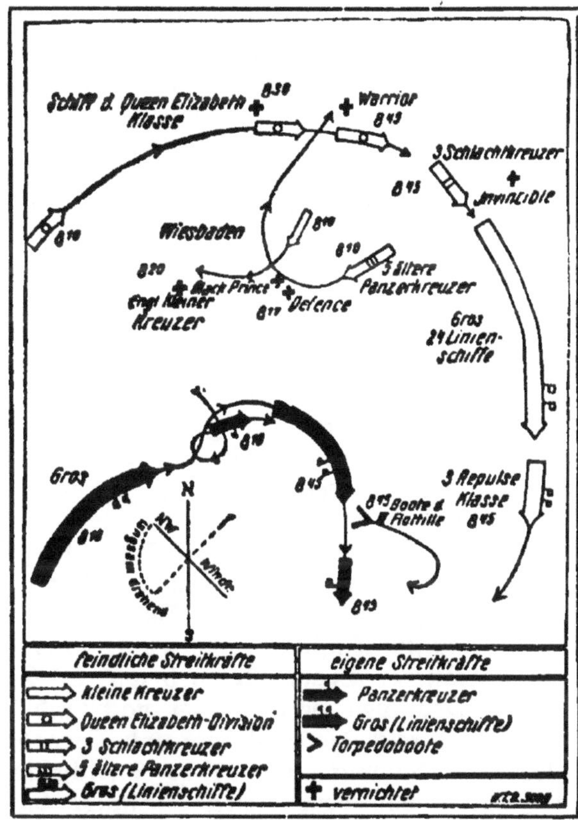

Karte 50. Die Schlacht am Skagerrak.

hut dem Gros folgen, das mittlerweile den Marsch nach dem Sammelpunkt Hornsriff angetreten hatte.

Die Loslösung der deutschen Schlachtflotte von dem an Schiffszahl weit überlegenen Gegner, der durch überlegene Geschwindigkeit das Mittel hatte, ihr seinen Willen aufzuzwingen, und dem es infolgedessen bereits gelungen war, sie fast völlig einzukreisen, muß als eine Musterleistung der Flottenführung angesehen werden, die nur einem Manne von so großer Willensstärke und Entschlußkraft wie dem Admiral Scheer gelingen konnte. Er hat im entscheidenden Augenblick seine Gegner vor etwas Neues gestellt, das wohl außerhalb ihrer Erwägungen und Mutmaßungen gelegen hatte, entwand ihnen die Initiative, setzte seinen Willen durch, die Flotte kampfbereit für den nächsten Tag an ihren Versammlungspunkt zu bringen, und konnte dann die Fortsetzung des Kampfes unter taktisch günstigeren Bedingungen beginnen.

Die leichten Streitkräfte waren unterdessen auf beiden Seiten bemüht, am Feinde zu bleiben. Den deutschen leichten Streitkräften gelang das nicht, obgleich sie die See nach allen Richtungen hin durchstreiften. Die englische Flotte muß also schon sehr frühzeitig den Rückmarsch angetreten und sich dadurch geschlagen gegeben haben; die englischen leichten Streitkräfte aber vermochten die Fühlung am deutschen Gros zu erhalten und haben den feindlichen Admiral zweifellos über dessen Verbleib unterrichtet. Trotzdem hat er es nicht versucht, die Schlacht zu erneuern. Nur einmal noch kamen stärkere englische Schiffe, deren Zugehörigkeit ich nicht habe feststellen können, mit den Deutschen in Berührung und wurden von dem II. deutschen Geschwader älterer Linienschiffe zurückgeworfen: sonst aber verloren die Deutschen auf dem Nachtmarsch, dank der geschickten Führung der einzelnen Schiffe im Verbande nur das ältere Linienschiff „Pommern" durch Torpedoschuß und mehrere Kleine Kreuzer, während die Engländer durch rechtzeitig einsetzendes gutgezieltes Artilleriefeuer große Verluste an Schiffen und Fahrzeugen erlitten. Die Schlacht am Morgen des 1. Juni wieder aufzunehmen und die deutsche Flotte zu vernichten, wie es ihr Plan gewesen zu sein scheint, daran dachten die Engländer offenbar nicht, obgleich sie eine mehr wie doppelte zahlenmäßige Überlegenheit zur Stelle hatten. Den Grund dafür gibt Admiral Jellicoe selber an. Er schreibt in seinem Buch: „The grand fleet 1914—1916": Die Skagerrakschlacht überzeugte uns, daß unser Panzergeschoß trotz größerer Tragweite in bezug auf Durchschlagskraft dem von den Deutschen verwendeten nachstand ... Schließlich wußte ich, wie erfolgreich die Artillerie- und Torpedoausbildung der deutschen Hochseeflotte war und welche Fortschritte sie in den ein oder zwei Jahren vor dem Kriege gemacht hatte." Diese Worte lassen erkennen, daß es sehr wesentlich die Besorgnis vor unserer Artillerie und unseren Torpedos gewesen ist, die den englischen Admiral veranlaßt hat, eine weitere Schlacht mit der deutschen Flotte zu vermeiden. Im übrigen scheint er auch die taktische Führung seiner Flotte verloren zu haben, denn durch Luftschiffe wurden am Morgen des 1. Juni drei verschiedene Gruppen der englischen Flotte wahrgenommen, die scheinbar keinerlei Zusammenhang miteinander hatten. Die eine befand sich bezeichnenderweise in der Jammerbucht.

Auch die Verluste, die die Engländer erlitten, waren mindestens doppelt so schwer als die der Deutschen. Sie verloren nachgewiesenermaßen ein Großkampflinienschiff, drei Schlachtkreuzer, vier ältere Panzerkreuzer, drei Kleine Kreuzer und zwölf Torpedoboote, außer den nicht veröffentlichten Verlusten; die Deutschen nur einen Schlachtkreuzer — der „Lützow", der nach Bergung sämtlicher Mannschaften in der Nacht zum 1. Juni vernichtet werden mußte —, ein älteres Linienschiff — „Pommern" —, vier Kleine Kreuzer und fünf Torpedoboote. An Mannschaften aber büßten die Engländer mindestens 10000 Mann mit zahlreichen höheren Offizieren ein, während 513 als verwundet angegeben werden; auf deutscher Seite aber haben alles in allem 2414 Mann den Tod erlitten und sind 449 verwundet worden. Gefangene aber wurden nur von den Deutschen gemacht. Der letztere Umstand ist von besonderer Bedeutung. Die Schlacht am Skagerrak war allerdings kein vollständiger Sieg unsererseits, sondern eine unausgekämpfte unentschiedene Schlacht — niemals jedenfalls ein Sieg der englischen Flotte —, aber sie läßt unbedingt die Überlegenheit unseres Materials und unserer Ausbildung erkennen, nicht nur in bezug auf Artillerie- und Torpedowesen, sondern auch auf die Widerstandsfähigkeit unserer Schiffe gegen feindliche Treffer selbst schwerster Kaliber; sie läßt erkennen, daß Schnelligkeit der Schiffe und größere Tragweite der Geschosse nach den Erfahrungen der Skagerrakschlacht nicht so wichtig sind wie starke Panzerung und gesteigerte Artilleriewirkung. Sie lehrt uns also von neuem, daß unsere Flotte den Kampf mit der feindlichen unter allen Umständen hätte aufsuchen sollen, selbst in der Nähe der englischen Küste. Wenn man dagegen angeführt hat, daß eine völlige Niederkämpfung unserer Flotte unsere Küsten schutzlos preisgegeben und den U-Boot-Krieg unmöglich gemacht hätte, so ist dagegen zu erwidern, daß — wie die Schlacht am Skagerrak bewiesen hat — schwerlich unsere ganze Flotte in einer solchen Schlacht vernichtet worden wäre, sondern daß sie einen größeren Teil der englischen mit ins Grab gezogen hätte, daß aber immer noch Schiffe genug übriggeblieben wären, um die Küsten und damit die für den U-Boot-Krieg nötige Basis zu decken — Schiffe, die man zur Schlacht nicht mitnehmen konnte. Es ist ferner zu bedenken, daß der U-Boot-Krieg in Flandern, wenn auch nur in beschränktem Maße, ohne die Unterstützung irgendwelcher Kampfschiffgeschwader geführt worden ist. Im übrigen war an eine wirkliche Vernichtung der feindlichen Flotte unsererseits selbstverständlich nicht zu denken, und auch Admiral Scheer hat in dem Bericht, den er über die Schlacht an Seine Majestät den Kaiser richtete, von neuem hervorgehoben, daß eine völlige Niederkämpfung Englands zur See durch die Schlachtflotte nicht möglich sei, und daß eine solche nur erreicht werden könne, wenn es gelänge, die englische Volkswirtschaft durch den uneingeschränkten U-Boot-Krieg entscheidend zu treffen.

Während solche Ereignisse, die von entscheidendem Einfluß

hätten sein können, sich in der Nordsee abspielten und gar keinen Einfluß ausübten, fanden in der Ostsee Kämpfe statt, die dort wenigstens dem deutschen Handel volle Freiheit verschafften. Sie gipfelten in dem Gefecht, das der Kleine Kreuzer „Augsburg" mit dem Minendampfer „Albatros" und vier Kanonenbooten in der Nacht zum 2. Juli 1916 gegen das russische Ostseegeschwader nordöstlich der Insel Gotland lieferte. „Albatros" freilich, von großer Überlegenheit angefallen, lief auf den Strand; als dann aber der Kleine Kreuzer „Lübeck" und der alte Panzerkreuzer „Roon" in den Kampf eingriffen, gingen die Russen trotz dreifacher Überlegenheit zurück und suchten Schutz hinter der Minensperre des Finnischen Meerbusens. So gelang es den Deutschen, mit ganz schwachen Kräften die Ostsee zu beherrschen. In der Nordsee haben sie es trotz besten Willens der Flotte nicht einmal versucht.

Nur einmal noch haben die Engländer ein als schwer empfundenes Unglück in der Nordsee erfahren, das eine namenlose Wut in diesem Lande auslöste. Der Kreuzer „Hampshire", der den englischen Kriegsminister Lord Kitchener an Bord hatte, den Schöpfer der Freiwilligenarmee und der allgemeinen Wehrpflicht, lief am 6. Juni nördlich der Orkneyinseln auf eine von einem deutschen Hilfskreuzer gelegte Mine und ging bei stürmischem Wetter mit Mann und Maus unter. Er sollte den Kriegsminister nach Rußland bringen und lag jetzt vernichtet auf dem Grunde des Meeres; der Mann aber, der die Frauen und Kinder der Buren in den berüchtigten Konzentrationslagern hatte zugrunde gehen lassen, fand mit seinem ganzen Stabe in der Nordsee ein wenig ehrenvolles Grab.

Den Deutschen aber gelang bald darauf ein weiteres Wagestück. Sie versuchten die Absperrung ihres Handels von der See zu brechen. Sie bauten Handels-Unterseeboote und suchten mit ihnen den freien Ozean zu gewinnen. Am 10. Juli lief das 750 Tonnen Ladegewicht, im ganzen 19000 Tonnen große Handels-Unterseeboot „Deutschland" im Hafen zu Baltimore ein und kehrte mit Gummi beladen wieder in die Heimat zurück. Ein zweites ähnliches Schiff „Bremen" ging leider verloren, und dann machte der Übertritt Amerikas zu unseren Feinden den aussichtsvollen Versuchen ein Ende.

Der Angriff der Österreicher in Italien und die Brussilow-Offensive.

Während bei Verdun und am Skagerrak ohne Entscheidung gekämpft wurde, hielten die Österreicher an ihrem Gedanken fest, in Italien eine solche herbeizuführen. Sie wollten zwischen Etsch und Brenta in die oberitalienische Ebene vorstoßen und die gegen den Isonzo vorgerückte Armee im Rücken fassen und so vernichten. Es lag diesem Plan der gleiche Gedanke zugrunde, der seinerzeit Deutschland vorgeschlagen worden war, und die Österreicher glaubten ihn jetzt um so eher durchführen zu können, als die Italiener in der 5. Isonzooffensive vom 15. bis 20. März 1916 nur geringe Fortschritte bei Doberdo gemacht hatten. Sie hatten ihre besten Truppen für den Angriff zusammengezogen und — hinter dem Rücken der Deutschen — sowohl ihre Isonzofront als vor allem auch ihre russische Front zu diesem Zwecke geschwächt, was sich nur zu bald bitter rächen sollte.

Zu dem Angriff waren 14 Divisionen bereitgestellt worden; neun, die die 11. Armee bildeten, standen in erster Linie; fünf als 3. Armee im zweiten Treffen dahinter. Der Aufmarsch erfolgte viel zu früh. Der Angriff mußte der Schneeverhältnisse wegen lange hinausgeschoben werden und verlor damit das Moment der Überraschung. Endlich am 15. Mai konnte er erfolgen. Anfangs ging er flott vorwärts. Die Mitte drang siegreich vor, zahlreiche permanente Werke der Italiener, die Städte Arsiero und Asiago wurden genommen; 31 000 Gefangene gemacht und 300 Geschütze erobert.

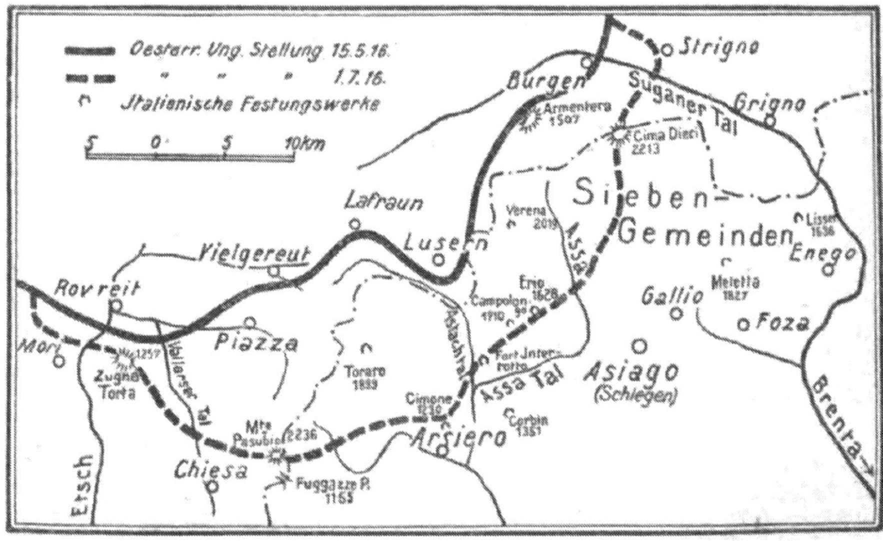

Karte 51. Der österr.-ungarische Angriff im Frühsommer 1916.

Bald aber zeigte sich, daß die Angriffstruppen viel zu schwach für ihre Aufgabe bemessen worden waren. Der anfänglich vorhandene Schwung ging verloren; im Etschtal war man überhaupt nur bis Mori, im Vallarser Tal bis Chiesa, und im Suganer Tal bis Grigno vorgekommen. Demnächst setzten Gegenangriffe überlegener italienischer Kräfte ein, die teils einer Reservearmee bei Vicenza, teils den Isonzoarmeen entnommen waren; und schon Ende Mai ließ sich übersehen, daß das Unternehmen verfehlt sei. Als dann Anfang Juni

— wie wir noch sehen werden — der Angriff Brussilows an der polnischen Front einsetzte, mußte die Armee zurückgenommen und mußten Truppen schleunigst nach Galizien an den Isonzo geschickt werden. Viel Heeresgerät ging verloren, und am 1. Juli beschrieb die Front eine Linie, die von der Zugna Torta über den Monte Pasubio und Fort Interrotto nach der Cima Dieci und Strigno reichte. Hier kam die Bewegung zum Stillstand. Während dieser Zeit aber war auf dem österreichischen Flügel der Ostfront ein vollständiger Umschwung eingetreten.

Die Russen hatten die Absicht, mit den Engländern und den Franzosen zusammen eine große Offensive zu beginnen, die zugleich als Entlastung für die bei Verdun bedrängten französischen Streitkräfte wirken sollte. Um die Einheitlichkeit des militärischen und wirtschaftlichen Vorgehens zu gewährleisten, war Ende März 1916 ein ständiger Ausschuß eingerichtet worden, der das hierzu Nötige veranlassen sollte. Man glaubte, daß, wenn auf allen Fronten gleichzeitig der Angriff erfolgte, Deutschland mit seinen Bundesgenossen unfehlbar unterliegen müsse. Am 1. Juli sollte die gemeinschaftliche Offensive beginnen. Der geplante Ansturm sollte im Westen an der Somme, wo die Angriffsabsichten immer deutlicher hervortraten, im Osten gegen den nördlichen Teil der Front einsetzen. Hier blieb die Anhäufung der Truppen und damit die Spannung trotz der Niederlage am Narotschsee eine gewaltige. Standen doch Anfang Juni 1916 nördlich des Pripjet 1950000 Mann, während südlich der genannten Sumpfgegend nur 650000 Mann angenommen werden können. Nichtsdestoweniger scheint der im Süden kommandierende General Brussilow über die Widerstandsfähigkeit der österreichischen Truppen gut unterrichtet gewesen zu sein, denn er ordnete auf der ganzen Linie vom Styr bis zur rumänischen Grenze eine Erkundung an, die außerordentliche Erfolge hatte und nur deshalb von Anfang an nicht weiter vordrang, weil ihr die nötigen Reserven fehlten.

Es ist schwer, über den Verlauf dieses Angriffs genaue Angaben zu machen, weil mir die nötigen Quellen fehlen. So läßt es sich heute noch nicht feststellen, welche verschiedenen deutschen Kräfte an die einzelnen Frontteile geschickt wurden, noch woher sie kamen. Nur das eine steht fest, daß neun Divisionen vom Westen nach dem Osten befördert wurden, daß der Angriff Brussilows eine der schwersten Krisen hervorrief, die an der Ostfront überhaupt vorgekommen sind, daß Reserven von allen Seiten herangefahren werden mußten, um die wankenden Österreicher zu stützen, und daß auch im Westen die Lage infolge der gewaltigen Truppenentziehung kritisch wurde. Zwar gelang es, die Linie im Osten im allgemeinen zu behaupten, wenn sie auch an mehreren Stellen zurückgenommen werden mußte, dennoch zwang die Not der Zeit zur Vereinheitlichung des Oberbefehls von der Ostsee bis südlich Brody, zu einer einschneidenden

Beschränkung der österreichischen Selbständigkeit und schließlich, als die Gesamtlage immer ungünstiger wurde und Rumänien infolge der russischen Erfolge den Krieg erklärte, zum Ersatz des bisherigen deutschen Oberbefehlshabers durch den Feldmarschall von Hindenburg, der gewissermaßen als Retter einer immer ungünstiger werdenden Lage zur Leitung des Weltkrieges berufen wurde.

Wir wenden uns nun dem Laufe der Ereignisse zu.

Die Österreicher hatten dem italienischen Unternehmen zuliebe ihre Ostfront — wie wir wissen — nicht nur von ihren besten Truppen entblößt, sondern hatten auch eine Menge Artillerie von dort fortgenommen und an die italienische Grenze gebracht, um ihrer Offensive zu dienen.

Der Angriff Brussilows, der schon am 4. Juni als einfache Rekognoszierung mit kurzer Artilleriebeschießung einsetzte, warf daher die 4. und 7. Armee völlig über den Haufen, so daß sie zusammen mit den übrigen österreichischen Armeen in wenigen Tagen mehr als 200 000 Mann verloren, während die 1. und die 2. Armee besser standhielten und die Süd-Armee unter dem Grafen Bothmer wie ein Fels in der Brandung Widerstand leistete. Jetzt erst, als man den unerwarteten Erfolg sah, entschlossen sich die Russen, den Hauptangriff, der erst für Anfang Juli geplant war, nach dem Süden zu verlegen und außerdem im wesentlichen nur noch den Eisenbahnknotenpunkt Baranowitschi anzugreifen, um mit der Wegnahme dieses Punktes die Hauptverbindungen der deutschen Armee im Nordosten lahmzulegen. Sie führten mit der Zeit 13 Divisionen dort zusammen, während 14 Divisionen vom Norden nach dem Süden gefahren werden mußten und dort eingriffen.

Inzwischen drang der Stoß der Russen über Roshischtsche und Luzk, das verloren ging, gegen den Stochod vor. Die ersten deutschen Verstärkungen wurden in den Rückzug mit verwickelt. Eine Lücke von 50 km Breite sprang in der Linie der Mittelmächte auf. Nur mit Hilfe der Deutschen, die zuerst nur die 92. Division Rusche und die 1. Garde-Ulanenbrigade dem Feinde entgegenwerfen konnten, und weil die Russen keine Reserven zur Stelle hatten, gelang es, die Trümmer der 4. Armee in der Linie Swiniuchy—Kisjelin und hinter dem Stochod wieder zu sammeln und die entstandene Lücke notdürftig zu verschließen. Auch der linke Flügel der 1. Armee wurde in den Rückzug der 4. mit verwickelt und der Gruppe Linsingen unterstellt, um Einheitlichkeit in die Operationen zu bringen. Gleichzeitig drangen die Russen im Süden vor und bemächtigten sich allmählich der ganzen Bukowina. Am 12. Juni focht die Süd-Armee siegreich bei Butschatsch, mußte dann aber bis hinter den Koropiec und an den Dnjestr bei Nisniew zurückgehen, um den Zusammenhang mit der 7. Armee nicht zu verlieren. Auch bei Tlumatsch wurde heftig gefochten, wo eine deutsche Division aus Mazedonien und Teile der Süd-Armee kämpften; der Vormarsch der Russen gegen die 7. Armee wurde aber dadurch nicht aufgehalten, obgleich auch im Gebirge gegen Ungarn hin eine deutsche Division den Widerstand zu festigen suchte.

Während so auf der ganzen Linie heftige Kämpfe im Gange waren, griffen die Russen mit großer Übermacht am 13. Juni auch bei Baranowitschi an, wurden aber unter schweren Verlusten zurückgeworfen, und am 16. Juni setzten die Gegenangriffe der Deutschen auch am Stochod ein. Sie hatten hier, wo Hilfe am notwendigsten war, zunächst fünf Divisionen neu eingesetzt, von denen drei aus dem Westen kamen, eine von der Heeresgruppe Hindenburg und eine von der des Prinzen Leopold von Bayern. Diese Kräfte wurden später noch verstärkt und waren Anfang Juli vielfach erfolgreich. Ein Teil des verlorenen Gebiets wurde zurückerobert, so daß die Russen ihre Angriffe, um Kowel und Wladimir Wolhynsk zu erreichen, als hoffnungslos aufgeben mußten. Dagegen griffen sie vom 3. bis 8. Juli bei Baranowitschi erneut an und setzten diese Angriffe bis Ende des Monats fort. Auch bei Gorodischtsche und Lipsk wurde hartnäckig gefochten, und am 16. Juli ein großer Ausfall aus Riga unternommen und mit Erfolg zurückgewiesen.

Die Russen, als sie sahen, daß sie bei Kisjelin und Swidnicki nicht durchzukommen vermochten, warfen sich im Styrbogen bei Kolki und Czartorysk auf die Österreicher und warfen sie in unglaublicher Unordnung zurück. Deutsche Truppen, die ihnen zu Hilfe geschickt waren, wurden ungeschlagen in den Rückzug mit verwickelt, und nur mit Mühe gelang es, mit Hilfe dieser letzteren, die Stochodlinie zu halten, die nunmehr wütend, aber erfolglos angegriffen wurde, weil sie großenteils von Deutschen verteidigt wurde.

Diese Kämpfe dauerten den ganzen Juli an.

Mittlerweile waren die Russen im Süden weiter vorgegangen. Die Bezirke von Kolomea—Delatyn und Nadworna mußten von den Österreichern geräumt werden; Jakobeny und der Tartarenpaß waren bedroht; doch gelang es ihnen, mit Hilfe der Deutschen die Linie Halitsch—Stanislau und die Höhen der Karpathen zu halten und hier den Fortschritten der Russen Halt zu gebieten. Die 1. deutsche Division scheint hier gefochten zu haben. In der Mitte der ganzen Kampflinie war der Feind überhaupt nicht eingedrungen. Nur langsam und im Zusammenhange mit den Nebenarmeen wichen die 2. österreichische und die Süd-Armee zurück. Auch wurde eine 12. österreichische Armee, die später als 3. bezeichnet wurde, aus Abgaben von der italienischen Grenze sowie aus solchen der Heeresgruppe Linsingen, der 2. österreichischen, der Süd-Armee und der 7. österreichischen gebildet. Auch Truppen aus dem Westen stießen dazu. Sie sollte längs des Dnjestr zwischen der 7. und der Süd-Armee vorgehen und wurde mit den beiden Nebenarmeen unter dem Befehl des Erzherzogs Karl, des österreichischen Thronfolgers, zu einer Heeresgruppe vereinigt, zu deren Generalstabschef General von Seeckt er-

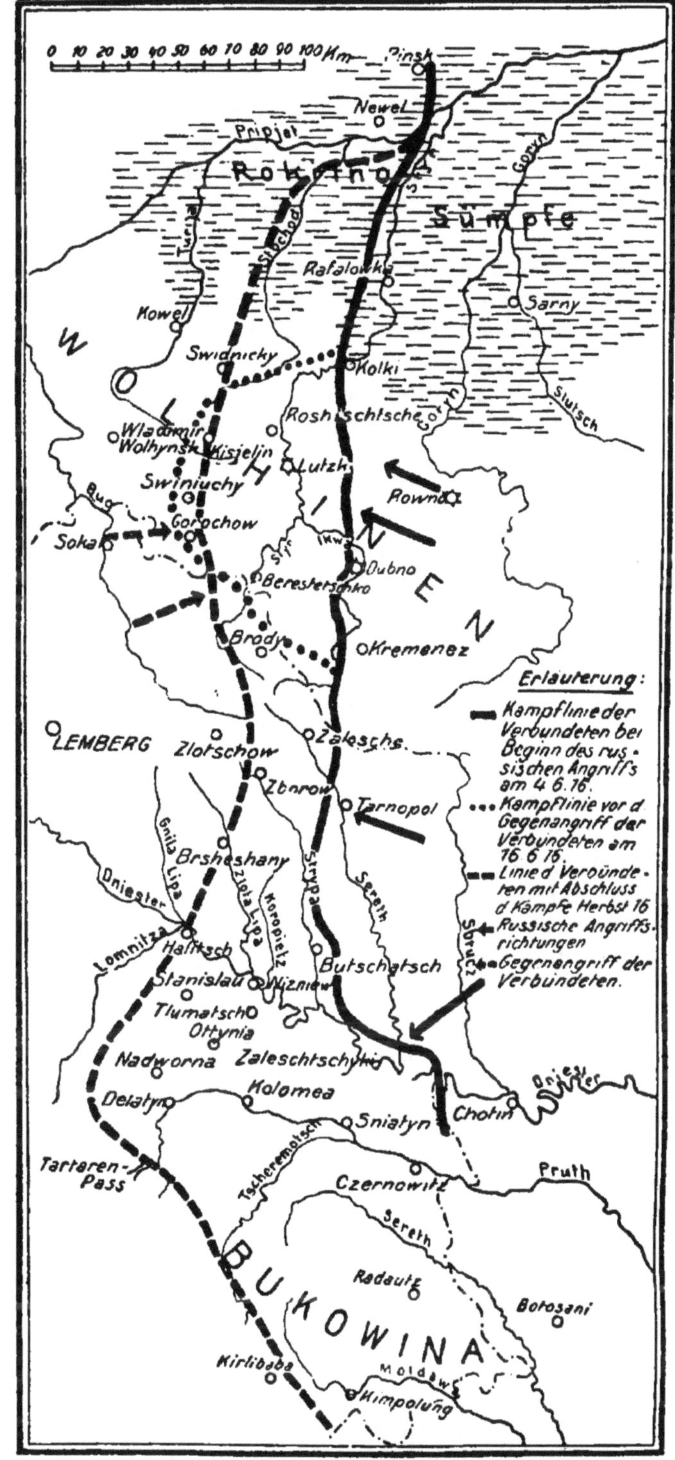

Karte 52. Der Angriff der Russen 1916 (nach Ludendorff).

nannt ward. Durch diese Maßregel glaubte Deutschland auch bei der neuen Armee einen gewissen Einfluß zu gewinnen, wie es ihn bei der Süd-Armee durch deren Kommandeur schon hatte.

Als dann aber die Nachricht einging, daß Brody gefallen sei, wodurch der rechte Flügel der Heeresgruppe Linsingen unmittelbar bedroht war, da konnte man sich mit dem österreichischen Oberbefehl nicht mehr begnügen, sondern setzte es nunmehr am 27. Juli 1916 durch, wie das schon erwähnt worden ist, daß Hindenburg mit dem gemeinsamen Oberbefehl bis südlich Brody · betraut wurde. Mehr war von den Österreichern, die um ihr Prestige bangten, auch jetzt nicht zu erreichen. General von Eichhorn übernahm, unter Beibehalt seines Oberkommandos über die 10. Armee, an Hindenburgs Stelle den Heeresgruppenbefehl und vereinigte unter seinem Kommando die 8. Armee, die Heeresgruppe Scholtz und die 10. Armee, während die 12. Armee zu der Heeresgruppe Prinz Leopold von Bayern übertrat.

Es kam nun vor allem darauf an, die österreichische Front zu stützen. Für sie wurden noch einige Bataillone und Batterien unter General Melior frei gemacht, die der 2. österreichischen Armee zugeteilt wurden, und es verblieb dann auf der ganzen Front nur eine durch Artillerie und Maschinengewehre verstärkte Kavalleriebrigade als Reserve des Oberfeldherrn. Bald darauf aber wurden von der Obersten Heeresleitung zwei Divisionen überwiesen, die neu aufgestellt worden waren und der 2. österreichischen Armee zugeteilt wurden, während eine 3. der Gruppe des Erzherzogs Karl zugewiesen wurde. Am 8. und 10. August erfolgten dann russische Großangriffe gegen die ganze Stochodlinie, die zwar im allgemeinen siegreich abgeschlagen wurden, aber doch einige Geländeteile am linken Stochodufer im Besitz der Russen beließen. Die Kämpfe dauerten hier den ganzen August an. Die Russen verloren sehr viel Menschen, aber sie hielten doch tapfer stand.

Zu gleicher Zeit griffen sie die 2. Armee und den rechten Flügel der Armeegruppe des Erzherzogs Karl an. Die neu überwiesenen beiden Divisionen im Verein mit der Abteilung Melior wiesen einen Durchbruch zurück; doch mußte die 2. Armee zurückgenommen werden, und es gelang nur in lange sich hinziehenden Kämpfen mit Mühe, sie in der zurückgenommenen Stellung zu halten. Ihr Zurückgehen hatte indessen die Folge, daß auch die Süd-Armee, die sich bisher behauptet hatte, zurückgenommen werden mußte; sie ging allmählich hinter die Slota Lipa zurück und zog das XV. türkische Armeekorps an sich, das die Türkei den Bundesgenossen zur Verfügung gestellt hatte, und das sich in ihrem Verbande sehr gut bewährte.

Die Kavalleriebrigade, die der Heeresleitung zur Verfügung stand und zuerst bei Kowel ausgeladen worden war, wurde schließlich auch noch zur 2. österreichischen Armee befördert; die Heeresgruppe Linsingen erhielt dafür die 1. Landwehrdivision aus Mitau, was deshalb möglich wurde, weil die Russen ebenfalls im Interesse des Brussilow-Angriffs ihre Nordfront stark entblößten.

Von Mitte August an waren die Russen allem Anschein nach erschöpft, und die neue Ostfront fing an, mehr und mehr zu erstarren. Man konnte nunmehr darangehen, sie auszubauen, das Eisenbahn- und Straßennetz zu erweitern und leistungsfähiger zu machen und vor allem die österreichischen Ersatzmannschaften kriegsmäßig auszubilden, was angesichts ihrer bisherigen mangelhaften militärischen Erziehung dringend notwendig war. Auch wurde die österreichische Front dadurch widerstandsfähiger gemacht, daß sie überall mit deutschen Truppen durchsetzt wurde.

So nahm die Brussilow-Offensive allmählich zwar den Charakter des Stellungskrieges, aber doch den eines ausgesprochenen Sieges der Russen an, wenn auch gewiß nicht über die deutschen Truppen, so doch über die österreichische Armee, die Gefangene und wichtigstes Gelände verloren hatte, Ungarn bedroht sah und nur dank der deutschen Unterstützung zum Stehen gekommen war. Rumänien aber wurde immer mehr — je weiter die Österreicher zurückweichen mußten, zuletzt bis hinter die Bistritz und die Karpathen — auf die Seite der Entente gedrängt, wohin seine Sympathien sowie die Hoffnung auf leichten Gewinn sowieso neigten.

Der Sommesturm bis zum 1. September 1916.

Die Russen einerseits, die Engländer und Franzosen andererseits hatten, wie wir wissen, vereinbart, am 1. Juli gemeinsam anzugreifen, und nur infolge des unerwarteten Erfolges einer allerdings groß angelegten Erkundung waren die russischen Angriffe bereits Anfang Juni erfolgt, und zwar mit dem Erfolge, daß an der Westfront verfügbare deutsche Reserven an die Ostfront geworfen werden mußten. Die Franzosen aber waren damals offenbar noch nicht bereit und griffen der ursprünglichen Vereinbarung gemäß erst zu der verabredeten Zeit an. Dieser Angriff richtete sich, wie deutscherseits längst vorausgesehen worden war, gegen die Linie Gommecourt—Chilly und zeigte eine vielfache Gliederung.

Die Franzosen griffen auf beiden Seiten der Somme an. Südlich des Flusses füllten sie den ganzen Angriffsraum, nördlich war ihnen der Abschnitt bis zur Linie Carnoy—Combles zugewiesen. Nördlich dieser Linie fochten die Engländer. Sie sollen etwa 650 000 Mann stark gewesen sein und wurden vom General Haig kommandiert, der am 16. Dezember 1915 der Nachfolger des Generals French geworden war, während die Franzosen zunächst 150 000 Mann ins Feld geführt haben sollen. Der Abschnitt der Engländer wurde von der Ancre in zwei Teile geteilt.

Deutscherseits standen unter dem Kommando des Generals Fritz von Below nördlich der Somme fünf, südlich drei Divisionen, da-

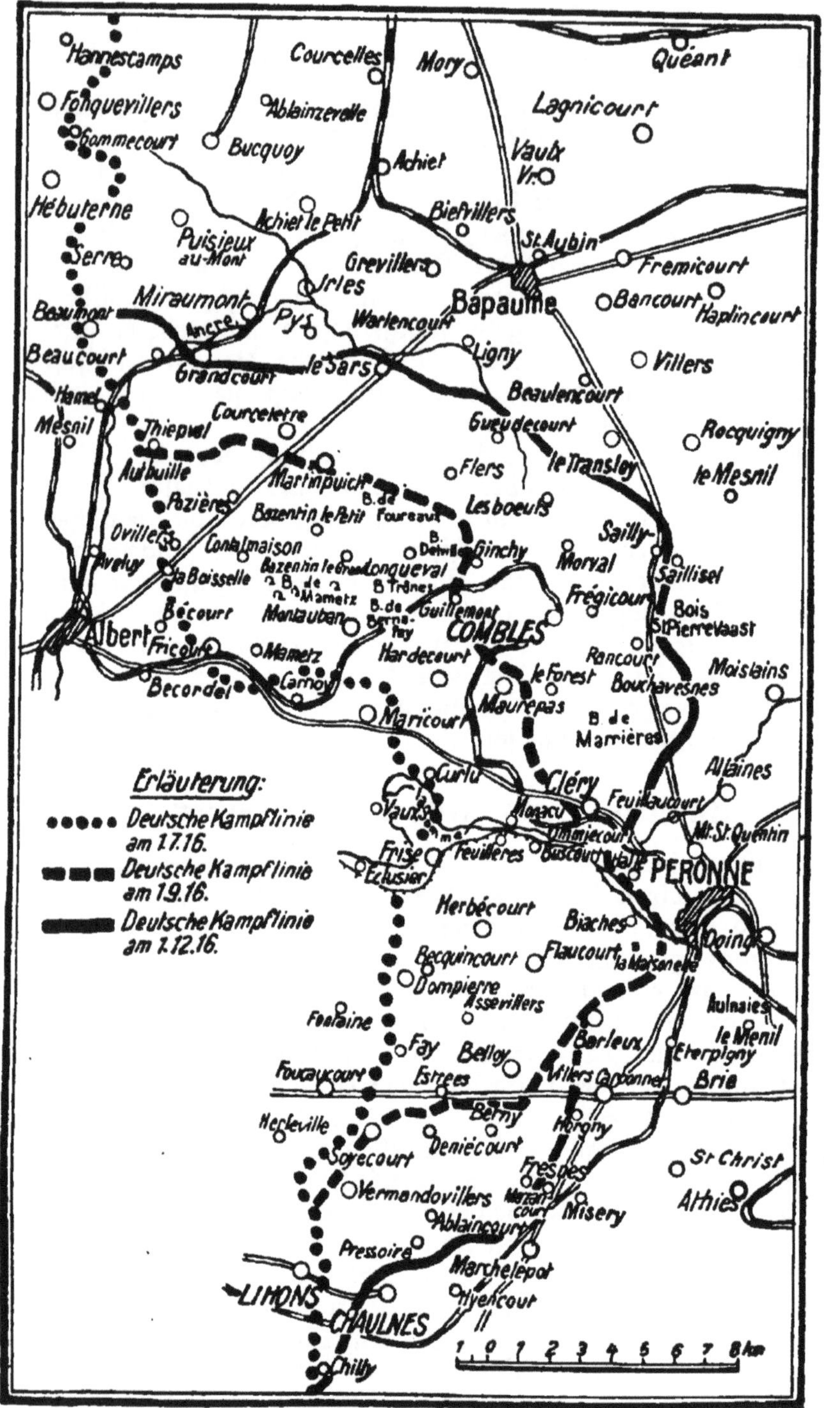

Karte 53. Sommeschlacht bis 1. Dezember 1916.

hinter in Reserve drei, und noch weiter zurück eine weitere, allerdings bereits mitgenommene Division. Allen Anträgen Belows auf Verstärkung war die Oberste Heeresleitung so weit als irgend möglich nachgekommen; nur in bezug auf Artillerie und Flieger war das in Rücksicht auf die Verhältnisse an der Ostfront nicht möglich gewesen. Auch hatte ihretwegen, die bedeutende Kräfte aus dem Westen beanspruchte, darauf verzichtet werden müssen, dem lange vorhergesehenen Angriff durch einen machtvollen Gegenangriff zuvorzukommen. Die deutschen Truppen, die im wesentlichen für den Angriff geschult waren, mußten in der Verteidigung fechten.

Am 23. Juni begann das Trommelfeuer in bisher — trotz der Champagne-Herbstschlacht — noch nicht dagewesener Stärke. Es dauerte bis zum 1. Juli. Ungeheure Munitionsmassen wurden auf die deutschen Stellungen geschleudert. Die Hauptsache davon war von Amerika geliefert, das damit zwar nicht dem Buchstaben des Völkerrechts widersprach, dem Begriff der Neutralität aber ins Gesicht schlug, und niemals, so lange die Geschichte währt, wird sich die große Republik von dem Makel reinwaschen können, in vollem Bewußtsein mit doppeltem Maß gemessen zu haben. Die Aussicht, Geld verdienen zu können, war für das amerikanische Gerechtigkeitsgefühl zu groß und daher verderblich.

Am 1. Juli, 10 Uhr 30 Minuten begann der Sturm auf der ganzen Front, nachdem das Artilleriefeuer weiter vorverlegt worden war. Die Franzosen griffen in einer ungefähren Breite von 16 km mit sieben Divisionen in erster, fünf in zweiter Linie an; die Engländer in einer Breite von etwa 24 km mit zwölf Divisionen in erster, mit vier Infanterie- und mehreren Kavalleriedivisionen in zweiter Linie. Sie glaubten beide, daß nichts Lebendes mehr sich in der deutschen Stellung aufhalten könne. Doch jetzt wiederholte sich die Erscheinung aus der Herbstschlacht in der Champagne. Als das Trommelfeuer von den deutschen Stellungen abließ, traten die Deutschen trotz des vorhergehenden Artilleriefeuers dem feindlichen Ansturm energisch entgegen, und die Angreifer sahen sich bitter getäuscht, wenn sie geglaubt hatten, gleich am ersten Tage bis Peronne und Martinpuich durchdringen zu können. Nördlich der Straße Albert—Bapaume gelang es den Engländern überhaupt nicht, in die deutschen Linien einzudringen, südlich wurden nur die Orte Hardecourt, Curlu, Frise, Becquincourt, Dompierre, Bussus und Fay genommen. Am 2. Juli machten die Angreifer nördlich der Somme überhaupt keine Fortschritte, südlich gingen Buscourt, Herbécourt und Assevillers verloren, während Estrées behauptet wurde. Leider entschlossen sich die Deutschen daraufhin die noch in ihrer Hand befindlichen Teile der zweiten Stellung südlich der Somme zu räumen und in die Linie Biaches—Barleux—Belloy und Estrées zurückzugehen. Sie gaben damit dem Feinde die Möglichkeit, vom Südufer des Flusses aus gegen das noch behauptete Nordufer flankierend zu wirken, und erleichterten damit nicht unwesentlich die dortigen Erfolge der Angreifer. Südlich der Somme entwickelte sich eine Reihe von Kämpfen, in denen viele Angriffe der Franzosen scheiterten, diese aber doch am 19. Juli wenigstens vorübergehend La Maisonette und Barleux nahmen, während sie weiter südlich keinerlei Fortschritte machten. Am Nordufer bildete zunächst das Dorf Hardecourt den Mittelpunkt ihrer Bestrebungen, das den 8. Juli endgültig in ihren Besitz überging. Auch Hem hatten sie am 5. unter dem Flankenfeuer vom Südufer der Somme aus genommen, während sich die Deutschen trotz dessen in der Linie Maurepas—Monacu anfänglich noch behaupteten.

Die Engländer ihrerseits suchten zunächst aus der Linie Maricourt—Carnoy vorzudringen, nahmen Montauban und das Wäldchen von Bernafay und gelangten bis zum 6. Juli an den Südrand von Longueval; heftige Kämpfe entwickelten sich um den Besitz des Wäldchens von Trônes, das 18 mal den Besitzer wechselte, bis es am 14. Juli, am Tage des französischen Nationalfestes, endgültig in dem Besitz der Engländer blieb. Diese hatten am 10. Juli das Wäldchen von Mametz und das Dorf Contalmaison genommen und wollten nun am 14. Juli einen großen Schlag ausführen, mußten sich aber mit beiden Ortsteilen von Bazentin und einem Teile von Orvillers begnügen. Bis zum 17. endlich gelang es ihnen unter schweren Kämpfen und Verlusten, sich in den Besitz des übrigen Teiles von Orvillers und von La Boisselle zu setzen sowie bis zum Südrande von Pozières, dem Foureauxwalde, Longueval, dem Delvillewalde und dem Westrande von Guillemont vorzudringen. Im Norden von Orvillers kamen sie zunächst überhaupt nicht weiter.

Demgegenüber hatten deutscherseits auch mehr Truppen in den Kampf geworfen werden müssen, als anfänglich beabsichtigt war. Die Schlacht konnte nicht mehr von einer Stelle aus geleitet werden. Der Kommandobereich des Generals von Below wurde daher auf die nördlich der Somme fechtenden Truppen beschränkt, südlich des Flusses übernahm General von Gallwitz den Befehl über die neugebildete 1. Armee und führte ihn zugleich über die Heeresgruppe, zu der beide Armeen zusammengefaßt wurden.

Im übrigen hatten die Angreifer längst die Hoffnung, durchbrechen zu können, aufgegeben. Sie hofften die deutschen Kräfte „abzunutzen" und die deutschen Stellungen „abzubröckeln". So wurde denn der Kampf mit höchster Erbitterung auf der ganzen Linie weitergeführt, das Artilleriefeuer riß überhaupt nicht ab, und nur einzelne Schlachten heben sich als „Großkampftage" aus den einzelnen Kämpfen hervor. Trotz solcher gelang es den Angreifern während des ganzen Monats August nur in verschwindendem Maße vorwärtszukommen. Am 2. August wurde das Gehöft Monacu von den Deutschen geräumt, am 12. einzelne Waldstücke nordöstlich

Hem, am 17. und 18. verschiedene Grabenstücke bei Martinpuich und Maurepas; das war alles, was die Deutschen während dieser Zeit verloren, trotzdem die Tage vom 13. zum 18. und vom 25. bis 31. August als Höhepunkte der Schlacht, als „Großkampftage" bezeichnet werden können.

Am 1. September hielten die Deutschen trotz der gewaltigen Übermacht und aller Anstrengungen ihrer Feinde noch immer die Linie Thiepval—Courcelette—Martinpuich—Flers—Ginchy—Guillemont—Maurepas auf dem nördlichen, Biaches—Barleux—Belloy—Berny—Deniécourt—Soyecourt auf dem südlichen Sommeufer fest. Dagegen rühmten sich die Feinde, einen gewaltigen Einfluß sowohl auf die Offensive Brussilows wie auf die Haltung Italiens und Rumäniens ausgeübt zu haben, und es ist auch wahrscheinlich, daß das der Fall gewesen ist.

Italien, Rumänien, Mazedonien und der Wechsel des deutschen Generalstabschefs.

In Italien hatten die Ereignisse des Sommers 1916 einen tiefen Eindruck gemacht. Das Scheitern der österreichischen Offensive in Tirol, die eine nicht unerhebliche Schwächung der Isonzofront zur Folge gehabt hatte, verbunden mit der Offensive Brussilows, die alle irgend verfügbaren Truppen Österreichs in Anspruch nahm, und die Vereinbarungen, die man mit den Bundesgenossen getroffen hatte, forderten geradezu zu einer neuen Offensive am Isonzo auf. Die Erfolge, die die Westmächte an der Somme errangen, und der Umstand, daß der deutsche Angriff bei Verdun ins Stocken geraten war, wirkten in dem gleichen Sinne. Schon im Juni war daher die 6. Isonzoschlacht geschlagen worden, im Juli wurde die 7. unternommen und führte Anfang August endlich einen nennenswerten Vorteil gegen die wesentlich geschwächte österreichische Armee herbei. Der Brückenkopf von Görz und ein Teil des Plateaus von Doberdo mußten am 8. August 1916 aufgegeben werden, eine Tatsache, die große Begeisterung und viel zu weit gehende Hoffnungen in Italien hervorrief. Die österreichische Front mußte in die Linie Jamiano—Opachiasella—Vertoiba—Tivoli zurückverlegt werden. Weiter kamen die Italiener zunächst nicht vor, aber das genügte, um sie zu überschwenglichen Hoffnungen hinzureißen und ihre Kriegslust neu zu beleben; Deutschland wurde am 27. August der Krieg erklärt. Ähnliche Gedankengänge gelangten auch in Rumänien zur Geltung.

Dort war der alte König Carol, der treu am Dreibunde gehangen hatte, schon am 10. Oktober 1914 gestorben, und sein Nachfolger neigte unter dem Einfluß der Königin zu den Dreiverbandstaaten. Als jetzt die Russen unter Brussilow bedeutende Erfolge namentlich in Galizien und an der rumänischen Grenze erfochten, und die Wehrkraft der Deutschen gebrochen zu werden schien, gewann auch hier der Geist des Chauvinismus die Oberhand, und trotz aller Bemühungen der Dreibundstaaten, die Entschließungen Rumäniens wenigstens zu verzögern, war dieses zum Kriege entschlossen. Vergebens wurde dem rumänischen Militärattaché deut-

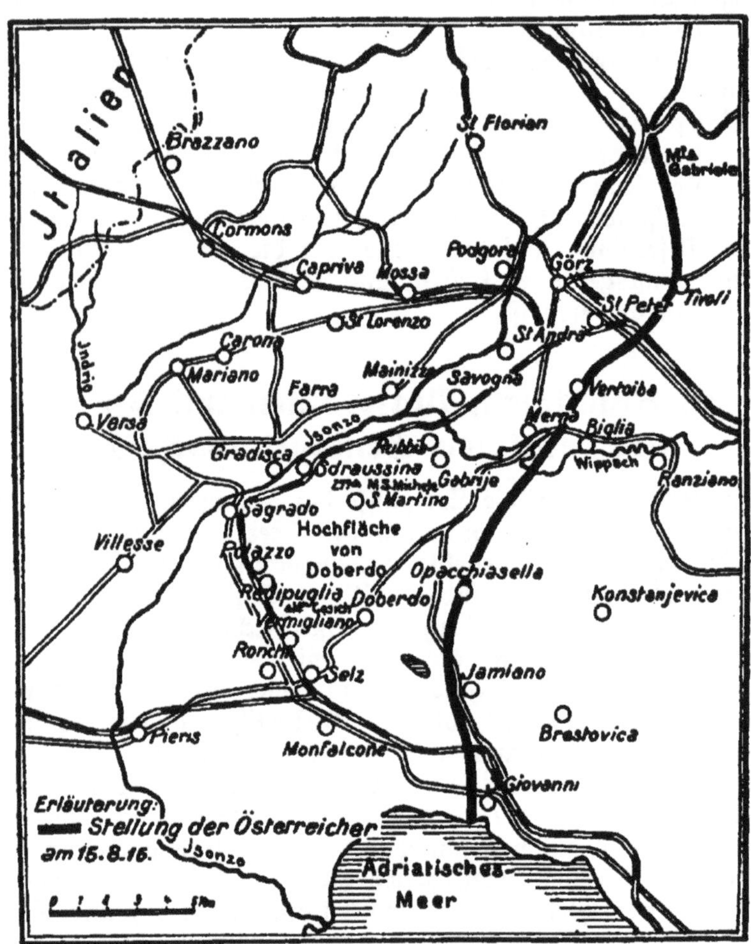

Karte 54. Nach der 7. Isonzoschlacht.

scherseits bewiesen, daß Deutschland sehr wohl in der Lage sei, genügend Truppen gegen Rumänien abzuzweigen, und daß man deutscherseits Österreich keinesfalls im Stich lassen werde; zwar hatte der König von Rumänien als Kronprinz am 23. September 1914 geäußert, er betrachte einen Verrat an den Mittelmächten als die größte Infamie, bei deren Begehung er sich als gemeiner Kerl vorkommen würde —, aber das rollende Schicksalsrad war nicht mehr aufzuhalten, und am 27. August erklärte Italien an Deutschland, Rumänien aber an Österreich den Krieg. Es stand unter dem Druck eines Ultimatums, das die Entente gestellt hatte, und überschätzte in hohem Grade die Erfolge der Brussilow-Offensive. Es sah zudem Deutschland vor dem Sommesturm zurückweichen und glaubte, daß die Donaumonarchie nach dem Verlust von Görz völlig zusammenbrechen werde. So glaubte man einen reichen Gewinn ohne viele Mühe einheimsen zu können.

Auch auf ein Vorgehen der Orient-Armee in Saloniki glaubte man rechnen zu können, deren Offensive man schon lange erwartete.

Um einer solchen zuvorzukommen, hatte schon vor dem 15. August die deutsche Heeresverwaltung mit der bulgarischen gewisse Vereinbarungen getroffen, die einen Angriff auf Saloniki zum Gegenstand hatten. Auf beiden Flügeln sollte die bulgarische Armee angreifen. Am linken, wo die Mittelmächte bereits Ende Mai Fort Rupel an den Strumaengen besetzt hatten, drangen sie allerdings siegreich nach Überschreitung der Mesta bis an die Struma vor und nahmen dabei ein von seiner Heimat abgeschnittenes griechisches Armeekorps mit voller Ausrüstung gefangen, ohne daß es Widerstand geleistet hätte. Es wurde in Görlitz interniert. Auf dem rechten Flügel aber drang der Angriff in der Richtung auf Vodena nicht durch. Die Bulgaren, die anfangs siegreich gewesen waren und Florina besetzten, wurden schließlich von serbischen Divisionen zurückgeworfen, deren sechs bei der Orient-Armee neuformiert worden waren und jetzt mit Vorliebe eingesetzt wurden. Die deutsche Heeresleitung wurde dadurch vor die Frage gestellt, ob sie die Bulgaren in ihrem Kampf gegen die Saloniki-Armee unterstützen oder ihre Truppen zu einem Druck auf Rumänien zurückbehalten wollte. Jetzt wurde sie durch die Kriegserklärung dieses Staates aller Zweifel enthoben. An eine Bekämpfung der Saloniki-Armee konnte zur Zeit nicht gedacht werden. Die Kämpfe gegen sie dauerten entscheidungslos fort. Im übrigen machte die italienische Kriegserklärung wenig Eindruck, da der Kriegszustand in Wirklichkeit schon lange bestand; der Entschluß Rumäniens aber war von weitgehendster Bedeutung, da damit eine Armee von etwa 750 000 Mann den Gegnern Deutschlands zufloß, die an sich schon überlegen genug waren. Die Kriegserklärung Rumäniens an Österreich beantwortete Deutschland dadurch, daß es seinerseits schon am nächsten Tage Rumänien ebenfalls den Krieg ansagte, und diesem Schritte schlossen sich die Türkei am 30. August, Bulgarien am 1. September an. Die Ereignisse jedoch, die diese Schritte zur Folge hatten, führten auch in Deutschland selbst zu weitgehenden inneren Veränderungen.

Die Gefahr der Lage war nicht zu verkennen. Wenn man die Weltlage einerseits, die inneren Verhältnisse Deutschlands auf der andern Seite betrachtete, kam man unweigerlich zu der Überzeugung, daß man sich einem Ende mit Schrecken näherte, wenn nicht energische Maßregeln ergriffen würden, um es abzuwenden. Die Männer, die den Krieg und den Staat leiteten, waren allem Anschein nach ihrer Aufgabe nicht gewachsen. Sie hatten politisch die halbe Welt gegen Deutschland in Waffen gebracht und hatten militärisch den Staat trotz aller Siege, die seine Truppen erfochten, an einen Abgrund geführt, der über ihm zusammenzuschlagen drohte.

In dieser Notlage wurde der bisherige Chef des Generalstabes, der Verdun und die Nichtvernichtung der russischen Armee auf dem Gewissen hatte, entlassen und der Feldmarschall von Hindenburg, der Sieger von Tannenberg und der Masurenschlachten, an seine Stelle ernannt. Er sollte Rettung bringen, nachdem alles geschehen war, um die Lage unseres Vaterlandes auf die Dauer unhaltbar zu machen.

Man kann nur bedauern, daß auch diesmal nur halbe Arbeit gemacht, daß nur der Generalstabschef entlassen wurde, und nicht zugleich der Leiter der Politik, der es verschuldet hatte, daß Deutschland vereinzelt war, und nirgends etwas Ganzes geschah, um dem hereinbrechenden Unglück Halt zu gebieten.

An halben Maßregeln ist Deutschland zugrunde gegangen; aber diese halben Maßregeln gingen nicht von der Obersten Heeresleitung aus, seitdem Hindenburg an ihrer Spitze stand. Sie tat vielmehr — wie wir sehen werden — alles, was in Menschenkräften stand, um die Lage zurechtzurücken und zu retten — leider vergeblich.

Zunächst wurde eine einheitliche Kriegsleitung geschaffen, an deren Spitze der deutsche Kaiser stand. Die Anregung dazu war schon von Hindenburgs Vorgänger ausgegangen, und der Feldmarschall brauchte sie nur zur Tat werden zu lassen. Sie war aber unbedingt nötig, denn wenn sie auch nicht überall handelnd eingreifen konnte, so konnte sie doch manches Unheil verhindern und Einheitlichkeit in die Gesamthandlung bringen. Sie hat sich in diesem Sinne segensreich fühlbar und den Feldmarschall zum eigentlichen Leiter des Weltkrieges gemacht. Sie geschaffen zu haben, gehört jedoch eigentlich noch zur Tätigkeit Falkenhayns. Welche kritischen Zustände im übrigen der Feldmarschall vorfand, wird der folgende Abschnitt zeigen.

Viertes Buch.

Feldmarschall von Hindenburg als oberster Feldherr.

Die Weltlage Anfang September 1916.

Die Verhältnisse, wie sie sich im Sommer 1916 gebildet hatten, als Feldmarschall von Hindenburg das Kommando übernahm, waren für Deutschland höchst ungünstig; aus dem Grunde hauptsächlich, weil Falkenhayn sich nicht zu dem Gedanken hatte durchringen können, daß man im Westen defensiv bleiben müsse, während alle Kräfte auf die Niederwerfung unseres östlichen Gegners vereint werden müßten. Es hatte den Operationen der große leitende Gedanke gefehlt. Immer war bloß nach augenblicklichen Zweckmäßigkeitsgründen gehandelt worden, und der Ausgang des Krieges war daher ernstlich in Frage gestellt. Es bedurfte einer starken Hand, um die Lage einigermaßen wiederherzustellen, und das Unglück wollte, daß Hindenburg nur in rein militärischer Hinsicht völlig frei, im übrigen aber an die Mitwirkung der Zivilbehörden und des Reichstages gebunden war, in einem Augenblick, in dem nur die höchste Einheitlichkeit aller Gewalten Rettung bringen konnte, oder der souveräne Wille einer großen Persönlichkeit, die alle Einzelbestrebungen zur Erringung eines gemeinsamen Zweckes zusammenfaßte.

Hindenburg wollte den Sieg und tat alles, um ihn zu ermöglichen. Die Zivilbehörden aber begriffen den Ernst der Lage nicht und hielten unter dem Einfluß eines unfähigen Reichstages einen annehmbaren Frieden für möglich. Für einen solchen arbeiteten sie und waren außerdem von sozialistischen Ideen beeinflußt. An diesem inneren Gegensatz, der überall im Handeln zutage trat, sind wir schließlich zugrunde gegangen. Für den Augenblick aber schien es, als ob unser Widerstand auch militärisch zusammenbrechen sollte.

Der Angriff auf Verdun war völlig gescheitert. An eine Einnahme dieses sachlich und moralisch entscheidenden Platzes war überhaupt nicht mehr zu denken. Engländer und Franzosen hatten an der Somme zwar bisher nicht durchbrechen können, sie lasteten aber alle Tage mit größerem Nachdruck auf unseren Entschließungen und bereiteten uns schwere Verluste, die zu ersetzen uns nicht mehr leicht fiel. Der Kampf hier war äußerst verderblich, und die Oberste Heeresleitung war selbst schuld daran, daß er so schlimme Erfolge auslösen konnte, weil, wie seinerzeit in der Herbstschlacht in der Champagne, viel zu spät entscheidende Hilfsmaßregeln ergriffen wurden, und man nicht an die Gefahr hatte glauben wollen. Auch jetzt scheint General von Falkenhayn die Gefahr nicht für unmittelbar bevorstehend gehalten oder die Augen dagegen verschlossen zu haben; denn für die Abwehr des rumänischen Angriffs auf Ungarn war gar nichts geschehen. Die Vereinbarungen mit Bulgarien waren durchaus unzureichend. Es kam darauf an, die nötigen Truppen wirklich bereitzustellen, und dafür war in keiner Weise gesorgt worden, als der Krieg ausbrach. Auch im Westen stand alles auf des Messers Schneide. Auch die zahlreichen Neuformationen, die die Lage nötig machte, die hauptsächlich durch den Sommesturm und die Brussilow-Offensive bedingt waren, sind nicht aus der Initiative des Armeeoberkommandos hervorgegangen, sondern wurden auf Anregungen aus der 4. Armee angeordnet. Sie waren angesichts der feindlichen Übermacht durchaus erforderlich, und es wurde daher auch die Bildung neuer Divisionen befohlen, deren Zahl bis Ende Oktober 1916, als Hindenburg das Kommando übernommen hatte, auf 37 anwuchs[1]).

Die Franzosen hatten zwar ihre Divisionen zu drei Regimentern und ihre Bataillone zu drei Kompagnien formieren müssen, weil es ihnen an Ersatz fehlte; dafür aber waren bereits 1400000 Engländer[2]) in Frankreich, und die Kriegsindustrie der ganzen Welt war gegen uns aufgeboten. Amerika lieferte ungezählte Munition und Waffen. Schon im März war Portugal mit dem Deutschen Reiche in den Kriegszustand getreten und hatte 60000 Mann nach Frankreich geschickt, wo sie in die englische Front eingeschoben wurden. In Griechenland hatte der deutschfreundliche König Konstantin am 12. Juni 1916 abgedankt. Am 29. war sein Sohn, König Alexander, gezwungen worden, zur Entente überzutreten. Er machte das griechische Heer allmählich mobil, um damit die Orient-Armee in Saloniki zu verstärken. Auch Rußland, das wir leider nur zurückgedrängt hatten, hatte seine Armee einigermaßen wiederhergestellt und war von neuem zur Offensive übergegangen. Zwar war es am Narotschsee wie überall im Norden blutig zurückgewiesen worden, dafür aber war es südlich der Pripjetsümpfe siegreich vorgedrungen und hatte die Österreicher unter schweren Verlusten zurückgeworfen. Ein großer Teil Galiziens war wieder in russischer Hand. Der

---

1) An Divisionen wurden in der Zeit vom 1. Juni bis 31. Oktober 1916 neu aufgestellt: die 91., 92., 93., 183., 185., 187., 192., 195., 197., 199., 200., 201. bis 224., die 14. bayerische und die 9. bayerische Reservedivision; ferner: die 5. Ersatzdivision, die 19., 20. und 23. Landwehrdivision, endlich die 47.

2) Im September 1916 standen in Frankreich 47 englische, drei kanadische, vier australische, eine neuseeländische und eine Drittel südafrikanische Infanteriedivision, drei englische Kavalleriedivisionen und eine kanadische Kavalleriebrigade. Sie wurden im Frühjahr 1917 noch verstärkt durch sechs englische, eine australische Infanteriedivision und zwei englische Kavalleriedivisionen auf 1600000 Mann. Auf dieser Höhe hat sich allem Anschein nach die englische Streitmacht in Frankreich bis zum Schluß des Krieges gehalten.

Kampf dort wie der an der Somme ging unentwegt weiter und fraß am deutschen Mark. Österreich war auf die Verteidigung zurückgeworfen, und es war sehr die Frage, ob es nach dem Verlust von Görz noch weiterhin sich erfolgreich an der Südwestgrenze und überhaupt werde verteidigen können. Die rechte Flanke der Ostfront stand jetzt, nachdem Rumänien den Krieg erklärt hatte, von der Walachei und Moldau aus dem Angriff des Feindes offen. Österreich-Ungarn hatte weder vor noch im Kriege etwas zum Schutz der rumänischen Grenze getan. Truppen zur Verteidigung Siebenbürgens waren nicht vorhanden, als Rumänien unmittelbar nach der Kriegserklärung den Feldzug begann. Nur vier schwache Divisionen konnten zunächst an die Grenze geschickt werden. Bei Turn-Severin stand ein Seitendetachement von einigen Bataillonen. Außerdem wurden, wie es scheint, in aller Eile Arbeiterbataillone und dergleichen zum Schutz des Landes gebildet. Diese wenigen Truppen konnten keine wirkliche Verteidigung durchführen. Arz von Straußenburg führte den Befehl über sie, die zunächst als 1. Armee bezeichnet wurden. Der Schwerpunkt lag auf dem rechten Flügel.

Kronstadt und Petroseny wurden schon am 29. August vom Feinde besetzt, in Hermannstadt, das die Österreicher lange behaupteten, erschienen rumänische Patrouillen, Orsowa wurde vom Gegner besetzt. Wenn die Rumänen einfach im Vormarsch blieben, waren die Mittelmächte zweifellos besiegt. Die Deutschen, die früher meistens in stürmender Offensive gefochten hatten, waren auf allen Fronten auf die Verteidigung zurückgeworfen. Dabei lag der beste Teil der deutschen Armee unter dem grünen Rasen. Sie focht mit 6 Millionen Mann gegen mindestens 10 Millionen und war durch die allem Völkerrecht hohnsprechende Gewalttätigkeit ihrer Feinde von allem Verkehr mit der Außenwelt abgeschnitten, deren gesamte Industrie gegen sie tätig war. Bulgarien, Dänemark und Holland waren unsichere Größen in unserer Rechnung.

Auf die Bulgaren insbesondere war wenig Verlaß. Sie verstanden nicht, daß die Entscheidung woanders fallen könnte, als an der von ihnen beanspruchten bulgarischen Grenze. Sie traten mit immer neuen Forderungen an Deutschland heran und bedurften dauernder Unterstützung und Beaufsichtigung durch deutsche Truppen. Ebenso mußte mit Griechenland gerechnet werden. Niemand konnte wissen, wann General Sarrail von Saloniki aus die Offensive ergreifen würde. Er drückte aber fortwährend auf die deutschen Entschließungen.

Auch in Asien war die Lage einigermaßen kritisch. Im Frühjahr 1916 waren die Russen mit mehreren Kolonnen in Armenien vorgedrungen und hatten am 16. Februar Erzerum, Anfang März Musch und Bitlis, am 17. April Trapezunt, am 30. Ersingjan erreicht; weiter zwar hatten sie dem entschlossenen Widerstand der Türken gegenüber nicht vorzudringen vermocht, doch war anderseits Baratow im Januar 1916 in Persien bis Hamadan—Sultanabad vorgedrungen, hatte Ispahan besetzt und war mit der rechten Flügelgruppe der armenischen Armee am Urmiasee in Verbindung getreten. Er war dann in zwei Gruppen auf Bagdad und Mosul vorgedrungen. Mit der ersten war er über Kermanschah und den Zagrospaß bis Chanikin gelangt, mit der zweiten traf er bei Rewandus auf entschlossenen Widerstand der Türken. Am 26. April 1916 hatte dann Kut-el-Amara, bald nach dem am 19. Juni erfolgten Tode von Goltz Pascha, mit 13300 Mann, unter denen sich 5 Generale und 551 sonstige Offiziere befanden, kapituliert, und die Türken hatten diesen Erfolg benutzt, um Hamadan wieder zu nehmen und die Russen bis Teheran zurückzuwerfen. Doch hatten die Engländer, um die Gefangennahme von General Townshand zu rächen, den General Aymler, der zunächst mit dem Entsatz von Kut-el-Amara betraut worden war, wesentlich verstärkt und hatten den Oberbefehl dem General Maude übertragen. Vor ihm hatten die Türken eine feste Stellung bei Felahieh bezogen, die sie Anfang September 1916 noch innehatten. So war auch hier Grund zur Sorge genug vorhanden. Die Engländer konnten in Mesopotamien jeden Augenblick die Offensive ergreifen, und diese war um so bedrohlicher, als ein Vorstoß der Türken längs der Mittelländischen Meeresküste bei El Katieh gescheitert war. Ein Wunder war es auch, daß die türkischen Divisionen in Arabien sich behaupteten und die heiligen Stätten hielten. Es war hier nur zu unbedeutenden Gefechten gekommen. Der ganze Zustand war aber um so bedrohlicher, als Falkenhayn während seiner ganzen Amtsdauer nichts für den Ausbau der Bagdadbahn getan hatte, die türkischen Armeen im Süden also ohne jede gesicherte Verbindung geblieben waren. Obgleich England der Feind war, den es vor allem zu bekämpfen galt, hatte der Chef des deutschen Generalstabs die Wichtigkeit des asiatischen Kriegsschauplatzes niemals zugeben und niemals einsehen wollen, daß es im eigensten deutschen Interesse lag, die Bagdadbahn fertig zu bauen, besonders, da es nur Geld, nicht aber Truppen kostete, den Türken in dieser Richtung zu helfen.

Auch in Ostafrika, der letzten uns noch gebliebenen Kolonie, hatte der Krieg eine für uns ungünstige Wendung genommen, dank der geradezu erdrückenden Überlegenheit unserer Feinde, die über alle Hilfsmittel des modernen Krieges verfügten, während die deutsche schwache Schutztruppe von allem entblößt war und besonders so gut wie gar keine Artillerie besaß. Die fehlenden Machtmittel mußte sie durch Heldenmut ersetzen, und das taten in reichem Maße nicht nur die Deutschen, sondern auch die schwarzen Soldaten.

Angesichts ihrer kläglichen Mißerfolge im Jahre 1915 hatten die Engländer zu Beginn des Jahres 1916 eine gewaltige Übermacht von etwa 100000 Mann versammelt, die der Burengeneral Smuts befehligte. Sie sollte von den verschiedensten Richtungen her in das

Land einfallen, die Deutschen im Südosten der Kolonie einkesseln und zur Übergabe zwingen.

Im Norden hatte die englische Ugandatruppe zu beiden Seiten des Kilimandjaro auf Kondoa—Irangi—Tanga sowie vom Viktoriasee auf Tabora vorzugehen; von Nordwesten her zwischen Viktoria-, Kiwu- und Tanganjikasee die Belgier ebenfalls auf Tabora; von Südwesten zwischen Tanganjika- und Njassasee die südafrikanische Gruppe auf Dodoma. Im Süden sollten die Portugiesen den Rowuma sperren; bei Kilwa und Lindi landeten britisch-indische Truppen, ohne jedoch zunächst weiter vorrücken zu können. Bedeutende Reserven folgten später allen diesen Armeen. Im März hatte der Angriff begonnen. Schon im Laufe dieses Monats war der Kilimandjaro vom Feinde besetzt worden, nachdem die Deutschen nach ebenso glänzender wie siegreicher Verteidigung des Ruatapasses, bei der sie in dem Verhältnis von 1:10 gefochten, den Berg vor einer nördlichen Umfassung geräumt hatten und an den Oberlauf des Ruwu zurückgegangen waren. Die Engländer hatten dann eine Umgehung von ihrem rechten Flügel aus angesetzt und waren nach Kondoa-Irangi vorgerückt. Demgegenüber war der Kommandeur der Schutztruppe mit der Hauptmacht mitten in der Regenzeit unter gewaltigen Anstrengungen über Kimamba und Dodoma, um wenigstens auf letzterer Strecke die Eisenbahn benutzen zu können, gegen Kondoa-Irangi abmarschiert und hatte den Major Kraut mit etwa 3000 Gewehren im Osten zurückgelassen. Es waren die schlechtest ausgerüsteten Truppen, die vorhanden waren. Über 1500 dieser Gewehre konnte der Major frei verfügen. Die übrigen 1500 waren in allerlei notwendigen Aufgaben festgelegt. Langsam wich er in südlicher Richtung zurück, bis es ihm gelang, in einer Stellung bei Kanga den Feind aufzuhalten und wochenlang zu fesseln.

Es war gegen alle Vermutung die Hauptabteilung der Engländer, die sich gegen ihn gewandt hatte, während gegen Kondoa-Irangi nur eine Nebenkolonne vorgegangen war. Das erkannte der Kommandeur der Schutztruppe, Oberst von Lettow, auch bald, verließ den linken Flügel am 22. Juni 1916 mit elf Kompanien und übernahm Anfang Juli wieder das Kommando der Haupttruppe. Noch gelang es den Gegner längere Zeit zu fesseln. Demnächst aber konnten die nunmehr verstärkten Engländer von Kondoa aus in drei Abteilungen gegen die Mittellandbahn vorgehen, sie siegreich in der Gegend von Dodoma erreichen und dann linksschwenkend gegen die Rubehoberge und Kilossa vorstoßen. Als sie die Bahn erreichten, war auch für die englische Hauptabteilung die Gelegenheit gegeben, ihrerseits gegen die Kangastellung vorzugehen, deren linker Flügel sehr zur Unzeit geschwächt worden war, um den rechten zu verstärken, gegen den ein Angriff befürchtet wurde. Jetzt griff der Feind gerade die geschwächte Linke an, warf sie zurück, bevor die von rechts herbeorderte Unterstützung heran sein konnte, und machte dadurch die ganze Kangastellung unhaltbar. Sie mußte geräumt werden, und die Deutschen gingen unter fortwährenden Gefechten auf Morogoro zurück, das der Sitz des Oberkommandos und des Gouverneurs war. Am 15. August war das entscheidende Gefecht, sowohl in den Rubehobergen als bei der Hauptabteilung am Wamifluß in der Gegend von Djerkawa. Die Deutschen waren trotz der großen englischen

Karte 55. Der Feldzug in Ostafrika (nach v. Lettow-Vorbeck).

Überlegenheit auf beiden Seiten siegreich, mußten aber dann vor feindlichen Umgehungen zurückgehen. Ebenso war es am 19. August. Noch einmal fochten sie siegreich am Wani, dann wurden sie umgangen und mußten wieder zurückgehen. Morogoro, wohin Frauen und Kinder der Kolonie geflüchtet waren, mußte am 24. August 1916 geräumt werden, und am 29. traf der Kommandeur in Kissaki ein, wohin die ganze Abteilung zurückging. Daressalam mußte am 3. September verlassen werden.

Währenddem war auch im Westen der Kolonie heftig gekämpft worden.

Die Westtruppen befehligte seit Januar 1915 Generalmajor z. D. Wahle, der sich bei Ausbruch des Krieges auf Urlaub in Ostafrika befunden und zur Verfügung gestellt hatte. Doch handelten die Führer auf den einzelnen Kriegsschauplätzen zunächst vielfach selbständig, da die Entfernungen zu groß waren, um es dem Führer des Ganzen zu ermöglichen, direkt einzugreifen. Besonders gilt das für den Südwestbezirk, der nicht einmal telegraphische Verbindung besaß.

Während der Jahre 1914 und 1915 war es trotzdem gelungen, das Schutzgebiet im allgemeinen vom Feinde frei zu halten und sogar eine Zeitlang die Herrschaft auf dem Kiwu- und Tanganjikasee zu behaupten, während die Engländer von Hause aus den Viktoriasee mit ihrer starken Kreuzerflotte beherrschten. Gefechte waren zwar vielfach vorgekommen, immer aber hatten die Deutschen gesiegt, und erst zu Beginn des Jahres 1916 fing die Lage an kritisch zu werden. Muansa wurde am 14. Juni, Bukoba am 18. Juni geräumt. Die Mannschaft des dortigen Bezirks wurde nach heftigem Gefecht völlig zersprengt. Nur elf Europäer, 191 Gewehre und 2 Maschinengewehre vermochten den Anschluß an das Kommando der Westtruppen wieder zu erreichen. Auch der Nordwestbezirk und Ruanda mußten verlassen werden; am 19. Mai wurde Kissenji geräumt. Auch die Seeherrschaft auf dem Tanganjikasee ging verloren. Die Schiffe, die sie dort aufrecht erhalten hatten, mußten versenkt werden. Die Übermacht der Belgier wurde allzu bedeutend, nachdem sie die Eisenbahn nach Albertville am Lukuya bis an den See vorgetrieben hatten. Bald mußte auch der See selbst aufgegeben werden, und die schwachen Abteilungen, die an seinen Ufern standen, wichen zurück. Alle drei Abteilungen — vom Viktoria-, Kiwu- und Tanganjikasee — gingen langsam und konzentrisch auf Tabora zurück. Nur die Truppen, die die Landschaften am Njassasee innehatten, gingen südlich der Mittellandbahn, nachdem sie leider zu spät durch die Besatzung des Kreuzers „Königsberg" verstärkt worden waren, auf den Ulangafluß zurück.

So war auch hier alles im Rückzug begriffen, als Hindenburg das Kommando übernahm. Tabora wurde zwar noch gehalten, aber schon war ersichtlich, daß es gegen die erdrückende feindliche Übermacht nicht mehr lange werde behauptet werden können. Die Mittellandbahn war verloren, und wenn auch Oberst von Lettow sich der vom Feinde geplanten Umklammerung siegreich entzogen und unendlichen Ruhm erworben hatte, so war er doch nach dem Süden der Kolonie zurückgeworfen und die Verbindung mit der Westtruppe zeitweise unterbrochen. Das übte allerdings keinen Einfluß auf den europäischen Krieg aus, war aber an und für sich, ebenso wie der Verlust aller übrigen Kolonien, niederdrückend genug.

Auch in Amerika wurde die Stimmung mit der Zeit immer deutschfeindlicher. Die englische Lügenpropaganda, die mit allen nur erdenklichen Mitteln arbeitete, tat ihre Wirkung. Amerikas Eintritt in den Krieg war schon damals mit einer gewissen Sicherheit vorauszusehen, besonders da ein solcher bedeutende Geldgewinne für die maßgebenden Kreise voraussehen ließ.

Am schlimmsten aber war, daß man sich auch jetzt zur Ankündigung des unbeschränkten U-Boot-Krieges nicht entschließen konnte. Bethmann Hollweg, den Hindenburg damals wohl noch nicht in seiner ganzen Entschlußlosigkeit erkannt zu haben scheint, machte jetzt geltend, daß möglicherweise Holland und Dänemark den Krieg erklären würden, wenn man in rücksichtsloser Weise vorginge, und dieses Risiko wollte der Feldmarschall in dem Augenblick nicht auf sich nehmen, in dem der Krieg mit Rumänien vor der Türe stand, und Deutschland überhaupt mit seinen Kräften zu Ende zu sein schien. Jedenfalls war nichts an der Grenze beider Staaten — Hollands und Dänemarks — für die Abwehr eines etwaigen Angriffs geschehen, und ein solcher war von dorther immerhin möglich. Die Flotte selbst war durch die Macht der Verhältnisse zur Untätigkeit gezwungen. Vergebens hatte sie im August den Feind zu neuer Schlacht herauszufordern gesucht. Der Engländer hütete sich wohl, eine solche anzunehmen. Sein Weizen blühte ohnedem mit der Hilfe Amerikas.

So war die Lage im Äußeren durchaus kritisch, und wurde noch dadurch verschlimmert, daß die Stärkung der Wehrkraft in arger Weise vernachlässigt worden war. Weder für die Vermehrung der Artillerie und der Munition war das Nötige geschehen, noch war in taktischer Beziehung den Verhältnissen des modernen Krieges Rechnung getragen worden. Die Oberste Heeresleitung war der Weltlage offenbar nicht gewachsen gewesen, und es bedurfte der ganzen Tatkraft eines Hindenburg und Ludendorff, um die Sachlage wieder einigermaßen ins Geleise zu bringen. Aber auch im Inneren Deutschlands war so gut wie nichts geschehen, um einen solchen Krieg siegreich zu beenden oder überhaupt nur auszuhalten.

Es ist klar, daß nur die äußerste Kraftanspannung die Mittelmächte und vor allem Deutschland in den Stand setzen konnte, ihren vielen Feinden erfolgreich Widerstand zu leisten. Diese äußerste Kraftanspannung des ganzen Volkes war aber bisher nicht erfolgt. Zahlreiche Arbeitskräfte lagen noch immer brach, die der Armee hätten dienstbar gemacht werden können; das deutsche Volk als Ganzes sah die Gefahr der Lage nicht ein, begriff nicht, daß es sich um sein politisches Dasein handelte, und dachte nur daran, reichlich Geld zu verdienen und die Not des Vaterlandes im Parteiinteresse auszubeuten. Der Reichstag unterstützte dieses Streben, und die Regierung hatte weder den Mut, gegen gefährliche Auswüchse Front zu machen, noch sah sie die Notwendigkeit dazu ein. „In der Lage, die der Generalfeldmarschall und ich vorfanden," schreibt General Ludendorff, „hielten wir es nach unseren ganzen Auffassungen über das Wesen des Krieges und den Vernichtungswillen des Feindes für geboten, die physischen, wirtschaftlichen und sittlichen Kräfte des Vaterlandes zu höchster Entfaltung zu bringen. Die Oberste Heeresleitung stellte ihre Forderungen an die Reichsregierung nach Menschen, Kriegsmaterial und sittlicher Kraft." Leider war sie dabei an die Zivilbehörden und das Volk selbst gebunden, und diese brachten in arger Verblendung ihre eifrigsten Bemühungen zum Scheitern. Doch das sollte sich erst im Verlaufe der Dinge zeigen. Vorerst handelte es sich darum, die militärische Krisis des Augenblicks zu beschwören. Das allein forderte eine ganze Manneskraft. Es war die mühevolle Aufgabe der Obersten Heeresleitung, die „Fronten im Westen und Osten gegen alle feindlichen Angriffe zu halten, dabei die Heeresgruppe Erzherzog Karl zu festigen und gegen Rumänien zu einem Aufmarsch zu gelangen, der die Verteidigung gewährleistete und den Übergang zum Angriff gestattete". So Ludendorff. Alles andere trat zunächst hinter dieser Aufgabe zurück. Der Angriff auf Verdun mußte daher sofort aufgegeben werden, wie das der Kronprinz schon lange befürwortet hatte, um die Fronten im Westen halten zu können, dann aber wandte sich die Tätigkeit der neuen Obersten Heeresleitung vor allem den Verhältnissen im Osten zu, die für den Augenblick die drängendsten waren.

Der Feldzug gegen Rumänien.

Zwischen der deutschen und der bulgarischen Heeresleitung waren schon im Juli 1916 gewisse Vereinbarungen für den Fall getroffen worden, daß Rumänien den Mittelmächten den Krieg erklären sollte. Dem Wesen nach war vereinbart worden, daß sofort nach der Kriegserklärung Feldmarschall Mackensen, der den Oberbefehl führen sollte, mit den Hauptkräften die Donau bei Nikopoli überschreiten sollte, um auf Bukarest vorzugehen, bulgarische Kräfte aber zugleich zum Schutz der rechten Flanke Tutrakan und Silistria bestürmen und deutsch-österreichische Truppen zur Fesselung feindlicher Streitkräfte von Norden her demonstrativ vorgehen sollten. Von der Durchführung dieser Absichten konnte unter den obwaltenden Umständen natürlich nicht die Rede sein. Die über die Donau gegangenen Truppen wären — um nur das eine zu erwähnen — von den weit überlegenen Rumänen sofort geschlagen worden, davon ganz zu schweigen, daß es der deutschen Heeresleitung natürlich darauf ankommen mußte, den Feind völlig zu vernichten, um wenigstens auf einer Seite die Hände völlig frei zu bekommen. Das war auf diesem Wege keinesfalls zu erreichen. Dahingegen war es durchaus sachgemäß, von Süden her in der Dobrudscha sofort anzugreifen und auf diese Weise vielleicht Kräfte von Siebenbürgen abzuziehen, wohin sich die Hauptmacht der Rumänen in unverhohlener Ländergier wandte.

Feldmarschall Mackensen sollte demnach mit der ihm unterstellten Armee, die aus bulgarischen und türkischen Divisionen sowie einer deutschen Abteilung unter Oberst Bode bestand, und der die 217. deutsche Division folgte, sofort in der Dobrudscha einfallen; währenddem aber sollte sich in Ungarn der Aufmarsch vollziehen. Man war entschlossen, die eingedrungenen Rumänen im Gegenstoß wieder aus dem Lande hinauszuwerfen, denn die Aufgabe, die vorlag, konnte nur offensiv gelöst werden. Jeder Versuch, in der Defensive zu verharren, mußte den Rumänen, wie die geographische Lage war, die Vorteile der inneren Linie in die Hand geben. Der Aufmarsch aber war mit großen Schwierigkeiten verbunden, weil die gegen Rumänien bestimmten Divisionen immer wieder nach Galizien abgedreht werden mußten, wo Ende August mit der Kriegserklärung Rumäniens ein neuer Angriffssturm losgebrochen war, wie wir später sehen werden. So mußten noch drei Divisionen zur Stütze der Österreicher abgegeben werden; schließlich aber gelang es doch, die galizische Front einigermaßen zu festigen, und man konnte ohne allzugroße Sorgen darangehen, die Truppen gegen Rumänien zu versammeln.

Glücklicherweise ging die feindliche Armee derart langsam vor, daß sie diese Versammlung trotz aller Erschwerung, die auch in der geringen Leistungsfähigkeit der ungarischen Bahnen lag, dennoch ermöglichte. Statt in Verbindung mit den Rumänen von der Moldau aus in die deutsche offene Flanke und von rückwärts her gegen den Tatarenpaß vorzugehen, erschöpften sich die Russen in frontalen Angriffen, und die Absicht Rußlands und Rumäniens schien dahin zu gehen, von den Karpathen gemeinsam in zusammenhängender Linie in die ungarische Tiefebene herunterzusteigen. Das durch diesen Fehler bedingte langsame Vorgehen ermöglichte den Aufmarsch.

Im Norden, anschließend an die der Hauptsache nach österreichischen Karpathenverteidiger, stand die neugebildete 1. österreichische Armee unter dem General Arz von Straußenburg. Sie reichte im Süden bis Fogaras, nachdem weiter westlich die 9. Armee gebildet worden war. Unter ihm stand der preußische General von Morgen mit drei österreichischen Divisionen[1]) und einer Landsturm-Husarenbrigade in enger Fühlung mit dem siegestrunkenen Gegner. Hinter seinen vorderen Truppen wurden zwei weitere Divisionen[2]) ausgeladen. Westlich Fogaras standen zunächst unter dem Befehl des Kommandeurs der 3. Kavalleriedivision, Generals Grafen von

[1]) Es waren dies die 61. und 39. Honved- und die 71. Infanterietruppendivision.

[2]) Die 89. Infanterie- und die 72. Infanterietruppendivision.

Schmettow, eine preußische und eine österreichische Kavallerie- und eine österreichische Infanteriedivision [1]); noch weiter westlich die durch die k. u. k. 144. Landsturm-Infanteriebrigade verstärkte 187. Division unter General Staabs, während den rechten Flügel die Mehadiagruppe hinter der Cerna bildete, die aus der 45. österreichischen Infanteriebrigade, 8¼ Bataillonen und 6 bis 7 Batterien bestand, und die 5 Kompanien starke Donaugruppe; beide unter dem Befehl des österreichischen Obersten von Szivo. Die 51. Infanterietruppendivision

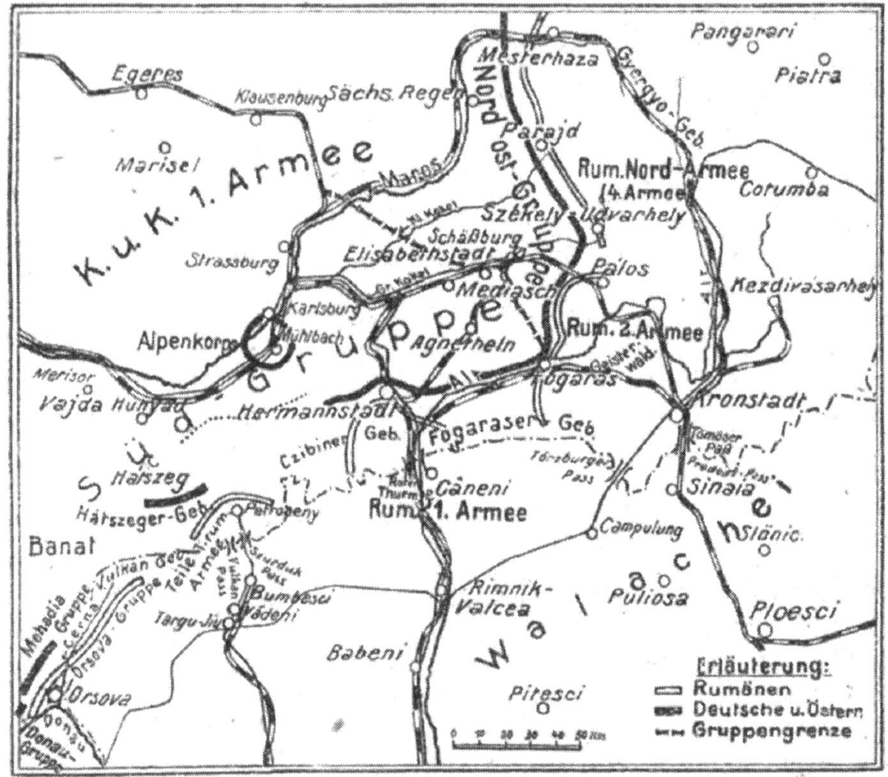

Karte 56. Der Aufmarsch gegen Rumänien (nach W. Vogel).

stand mit 3 Bataillonen der 187. Division dicht nördlich Hermannstadt. Das Alpenkorps, das 3 Bataillone an die 187. Division abgegeben hatte, stand in Mühlbach, die 76. Division war im Anrollen. Dies waren westlich Fogaras die Truppen, die die 9. Armee bildeten, über die General von Falkenhayn am 19. September das Kommando übernahm, und die sofort zur entscheidenden Offensive gegen Rumänien eingesetzt wurden. Sie mochten zusammen etwa 60 000 Mann stark

[1]) Es waren dies die 1. Kavallerietruppendivision zu vier Regimentern und die 5. Kavalleriedivision mit drei Regimentern, sowie die 51. Honved-Infanteriedivision.

sein. Es schien eine Tollkühnheit, mit ihnen die starke rumänische Armee angreifen zu wollen; aber sie genügten dennoch, um Siebenbürgen zu befreien.

Demgegenüber war das rumänische Heer in drei Armeen aufmarschiert und in Siebenbürgen eingebrochen.

Die 4. Armee, etwa fünf Divisionen[1]) und eine Kavalleriebrigade stark, reichte in Anlehnung an die russische Karpathenfront etwa bis Szekely—Udvarhely. Sie wurde vom General Presan befehligt. Die 2. Armee unter General Grainiceanu, etwa vier Divisionen und vier Kavalleriebrigaden stark, stand links anschließend bis und über Fogaras; die 1. Armee, unter dem Befehl des Generals Culcer, drei Infanteriedivisionen und drei Kavalleriebrigaden stark, war mit einer zwei Divisionen starken Westgruppe durch den Roten-Turm-Paß auf Hermannstadt, mit einer schwächeren eine Division starken Westgruppe über das Vulkangebirge auf Petroseny angesetzt, dessen reiche Kohlengruben von den Rumänen in Beschlag genommen worden waren. Den linken Flügel sicherte etwa eine verstärkte Division von der Donau an nach Norden, die sogenannte Orsovagruppe, gegen einen etwaigen Angriff aus dem Banat.

In der Dobrudscha stand die 3. Armee. Mitte Oktober war sie vier rumänische, drei russische und eine serbische Division, eine russische Kavalleriedivision und eine rumänische Kavalleriebrigade stark. Aber schon in den ersten Septembertagen wurde sie von der 3. bulgarischen Armee unter General Toscheff energisch angefallen. Den Bulgaren folgte, wie gesagt, die 217. deutsche Division. Auch wurden sie später durch türkische Divisionen verstärkt. Sie gingen in zwei Gruppen vor, gegen Dobric, wo man nach Wegnahme der Stadt zunächst defensiv blieb, und längs der Donau, deren Ufer durch schwache Postierungen gesichert waren. Schon am 6. September nahmen sie die Befestigungsgruppe von Tutrakan, wobei ihnen über 21000 Gefangene und über 100 Geschütze in die Hände fielen. Am 9. fiel Silistria, während sich die Rumänen bei Dobric in ergebnislosen Angriffen erschöpften. Von Mackensen in ihrer rechten Flanke umfaßt, sahen sie sich gezwungen, in die vorbereitete Kampfstellung Rasova—Cobadinu—Copraisar—Tuzla südlich des Trajanswalles zurückzugehen. Diese erreichten sie nur nach zahlreichen höchst verlustreichen Gefechten und nachdem sie — einer deutschen Hoffnung entsprechend — nicht unbedeutende Verstärkungen aus Siebenbürgen herangezogen hatten. Hier entschloß sich Mackensen, sie anzugreifen.

Mittlerweile war auch Falkenhayn in Ungarn zu rücksichtsloser Offensive geschritten.

Es kam darauf an, die weit überlegenen Rumänen — den etwa 45000 Rumänen standen am Roten-Turm-Paß etwa 20000 Deutsche

---

[1]) Das aus zwei Divisionen bestehende rumänische Armeekorps war zusammengesetzt aus 40 Bataillonen, 10 Eskadronen und 30 Batterien mit 120 Geschützen.

gegenüber — mit den geringen Kräften, die bisher hatten verfügbar gemacht werden können, aus Siebenbürgen hinauszuwerfen und womöglich zu vernichten. Falkenhayn entschloß sich, im Einverständnis mit der Obersten Heeresleitung, sich zuerst gegen den Gegner am Roten-Turm-Paß zu wenden, den Feind dort zu erledigen und sich dann gegen die 2. rumänische Armee zu wenden, die durch das Gebirge von der 1. getrennt war.

Um das erste Ziel zu erreichen, sollten die Kavalleriedivisionen des linken Flügels der 9. Armee das Alttal nördlich des Fogaraser

Karte 57. Die Eroberung der Dobrudscha 1916.

Gebirges absperren, so daß die 2. Armee der 1. nicht zu Hilfe kommen könnte, die Gruppe Staabs sollte den Szurduk- und Vulkanpaß besetzen und dann die Masse ihrer Truppen zum Angriff gegen Hermannstadt entsenden, das Alpenkorps endlich sollte den Roten-Turm-Paß westlich umfassen und dem Gegner den Rückzug auf dieser Paßstraße verwehren; so hoffte man die 1. rumänische Armee, abgesehen von deren Westgruppe, völlig zu vernichten. Der gewagte und großzügige Plan gelang.

Die Gruppe Staabs erstürmte am 22. September die genannten

beiden Pässe und ließ zu ihrer Behauptung nur die 144. Landsturmbrigade, je ein Bataillon des Alpenkorps und der 187. Division sowie zwei Batterien der letzteren zurück, mit dem Rest wandte sie sich nach Orlat, um an dem Angriff gegen den Roten-Turm-Paß teilzunehmen. Den 26. September sollte dieser erfolgen. Zwar gingen die östlichen Pässe bald wieder verloren, und schon am 25. mußten sich die schwachen dortigen Truppen bis nördlich Petroseny zurückziehen; zwar griffen die Rumänen schon in der Nacht vom 21. zum 22. zu beiden Seiten von Hermannstadt von Kakova bis östlich der genannten Stadt vergeblich an und wiederholten den Angriff am 24., zwar behauptete sich die 1. österreichische Armee, teils im Angriff, teils in der Verteidigung, nur mühsam gegen die vordringende 4. rumänische Armee, und die 2. ging gegen den linken Flügel des Kavalleriekorps Schmettow energisch vor und drängte ihn allmählich zurück: Falkenhayn ließ sich dadurch nicht beirren. Auch versuchten die Rumänen zwischen der 1. österreichischen und der 9. deutschen Armee mit mehreren Divisionen durchzubrechen und konnten nur durch einen entschlossenen Flankenangriff der 89. Division, die nach Henndorf vorgezogen worden war, zurückgeworfen werden; auch mußte die Armeereserve — das 8. Landwehr-Infanterieregiment und eine leichte Haubitzenabteilung — der Kavallerie nach Leschkirch und Agnethlen im Kraftwagen zugeführt werden: aber unentwegt hielt General von Falkenhayn an dem Vernichtungswillen fest. Der Plan gegen den Roten-Turm-Paß wurde durchgeführt. Am 26. September wurde allerseits angegriffen.

Das Alpenkorps, das durch das Czibiner Gebirge zwischen der Ost- und Westgruppe der 1. Armee durchstieß, sperrte ihn im Süden, nahm Caneni und Verestorony und behauptete sich gegen starke Kräfte, die von Süden her zum Entsatz herangeführt wurden. Die beiden genannten Orte mußten zwar wieder geräumt werden, der Paß selbst aber blieb gesperrt. Die Kavallerie besetzte am 28. den Berg Cetate und verhinderte dadurch ein Entweichen des Feindes nach Nordosten; und so von allen Seiten umstellt, vollzog sich am 29. September das Schicksal der 1. rumänischen Armee, die völlig zerrieben wurde. Sie verlor zahlreiche Gefangene, Tote und viele Geschütze; etwa 40 Bataillone und 16 Batterien wurden zersprengt. Die allein beim Alpenkorps gemachten Gefangenen gehörten dreizehn verschiedenen Regimentern, einem Jäger- und einem Grenzwachtbataillon an. Die 9. Armee aber konnte sich anderen Aufgaben zuwenden, denn schon schob sich die 2. rumänische Armee drohend nach Westen und Nordwesten vor.

General von Falkenhayn entschloß sich, mit seinen Hauptkräften in entscheidender Richtung südlich des Alt vorzustoßen, um dem Feinde, wenn möglich, die Rückzugsstraßen nach Bukarest zu verlegen. Hierhin wurde auch die 8. österreichische Gebirgsbrigade verwiesen, nachdem sie am 5. Oktober in Hermannstadt eingetroffen war. Das bedingte einen neuen Aufmarsch im Alttale, während das Alpenkorps unter schweren Gefechten nach Süden sicherte und das Kavalleriekorps den linken Flügel bildete. Die 89. Division wurde nach Jakobsdorf—Henndorf vorgezogen, die 71. österreichische Division in der Linie Steinberg—westlich Meschendorff—Arkeden festgehalten. Am 29. griff die 89. Division auf Hundertbüchlen und Retisdorf an, wurde aber von der 71. österreichischen Division im Stich gelassen und mußte vor einer drohenden Umfassung ihres linken Flügels nach schweren Verlusten in ihre Ausgangsstellung zurückgehen. Auch die österreichische Kavalleriedivision wurde bis in

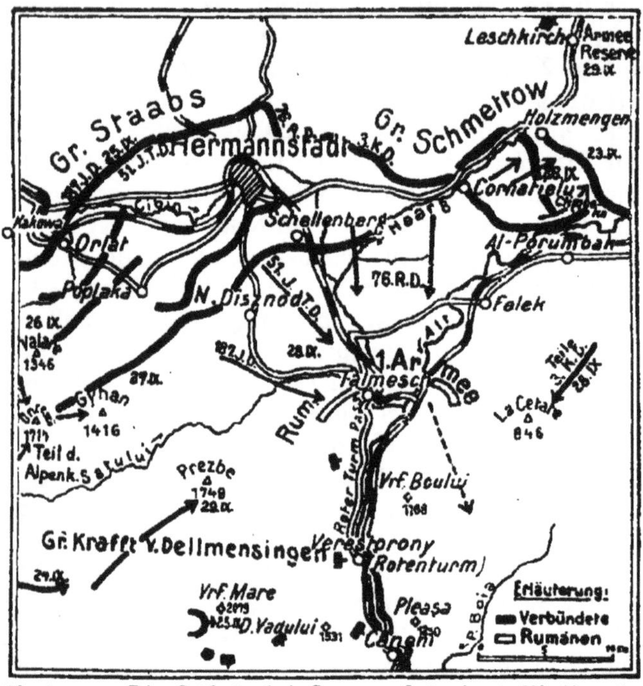

Karte 58. Die Schlacht bei Hermannstadt (nach W. Vogel).

die Linie Eulenbach—südlich Agnethlen zurückgedrängt. Ein weiteres Vorgehen des Feindes konnte leicht eine Katastrophe herbeiführen. Indessen trat ein solches nicht ein. Der Feind vergrößerte im Gegenteil seinen Abstand von den deutsch-österreichischen Vorposten, und auch bei Petroseny, wo die 2. österreichische Gebirgsbrigade eintraf, nahmen die Verhältnisse eine glückliche Wendung. Das weitere Vorgehen aber mußte des unglaublich schlechten Wetters wegen auf den 2. Oktober verschoben werden.

An diesem Tage sollte die 9. Armee mit den Hauptkräften südlich des Alt den Vormarsch trotz der schlechten Wege antreten. Das Kavalleriekorps sollte sich dem Vormarsch anschließen; die 89. und 71. Division, die General von Morgen kommandierte, sollten links gestaffelt mit dem rechten Flügel Bekokten angreifen. Hier wurden sie noch am 2. Oktober von überlegenen Kräften geschlagen, dennoch ging der Feind, der offenbar für seinen linken Flügel und seine Verbindungen mit der Walachei besorgt war, auf der ganzen Linie zurück und setzte auch seine Angriffe auf dem rechten Flügel gegen die 1. österreichische Armee nicht fort. Der Vormarsch wurde infolgedessen fortgesetzt; am 4. Oktober wurde das Korps Morgen, das an der geplanten Schlacht teilnehmen sollte, der 9. Armee überwiesen und außerdem, um die Einheitlichkeit der Operationen zu gewährleisten, die ganze 1. österreichische Armee in operativer Hinsicht dem General von Falkenhayn unterstellt. Am 5. stieß dieser mit den Divisionen des rechten Flügels südlich des Alt und westlich Persany auf eine starke feindliche Stellung am Eingang des Geisterwaldes und griff sie unverweilt an. Der Feind wurde geschlagen und büßte außer einigen Hundert Gefangenen 43 Geschütze ein. Sein Rückzug, dem die Deutschen unmittelbar folgten, ging durch den Geisterwald auf Kronstadt.

Nach der Schlacht gelangte die 76. Reservedivision, die den Auftrag hatte, um die rechte Flanke der Rumänen herum die Eisenbahn nach Sinaia möglichst zu unterbrechen, unter vielfachen Gefechten nach Almas Mezö, die 51. Honved- und die 87. Infanteriedivision nach Vledeny, die 89. Infanterie- und die 71. Infanterietruppendivision mit den Hauptkräften, wobei die 71. Division bei Reps auf hartnäckigen Widerstand gestoßen war, nach Hewis und Homorod, während das Kavalleriekorps, das am 5. Oktober hinter der Infanterie fort auf Mehburg und Palos gezogen worden war, die Verbindung mit der 1. österreichischen Armee zu halten hatte. Aus dieser Aufstellung griff die 76. Division den südlich gelegenen Muscelalui an, die 51. Honved- und die 87. Infanteriedivision gingen weiter durch den Geisterwald auf Kronstadt vor, und die 89. Infanterie- und die 71. Infanterietruppendivision, die ihren Gegner bei Reps geschlagen und nur mit schwachen Kräften bis Matefalva verfolgt hatte, rückten im Alttale gegen dieselbe Stadt heran, die 89. Division an der Spitze; Flanke und Rücken beider aber waren durch das Kavalleriekorps gesichert. Am 8. Oktober folgte dann die Schlacht bei Kronstadt.

Schon am ganzen 7. Oktober hatte die 76. Reservedivision zwischen Rozsnyo und Zernesti gegen einen überlegenen Feind in vortrefflicher Stellung gerungen. Am Abend dieses Tages war die Vorhut der 187. Division in Kronstadt eingedrungen; eine von der Division nach links abgezweigte Abteilung von Weitershausen hatte am Weidenbach Stellung genommen, da sie von Szentpeter und Szaßhermany angegriffen wurde. Am 8. gingen gegen sie zwei neue rumänische Divisionen vor, die während der Nacht scheinbar von der Nord-Armee oder aus der Dobrudscha eingetroffen waren. Ihr Ansturm dauerte fast den ganzen Tag über, da erst am 9. Oktober früh die 89. Infanteriedivision gegen die rechte Flanke der Rumänen einzugreifen vermochte; dann aber war die Schlacht gewonnen, die Kraft der Rumänen erschöpft. Auch auf ihrem linken Flügel am Muscelalni

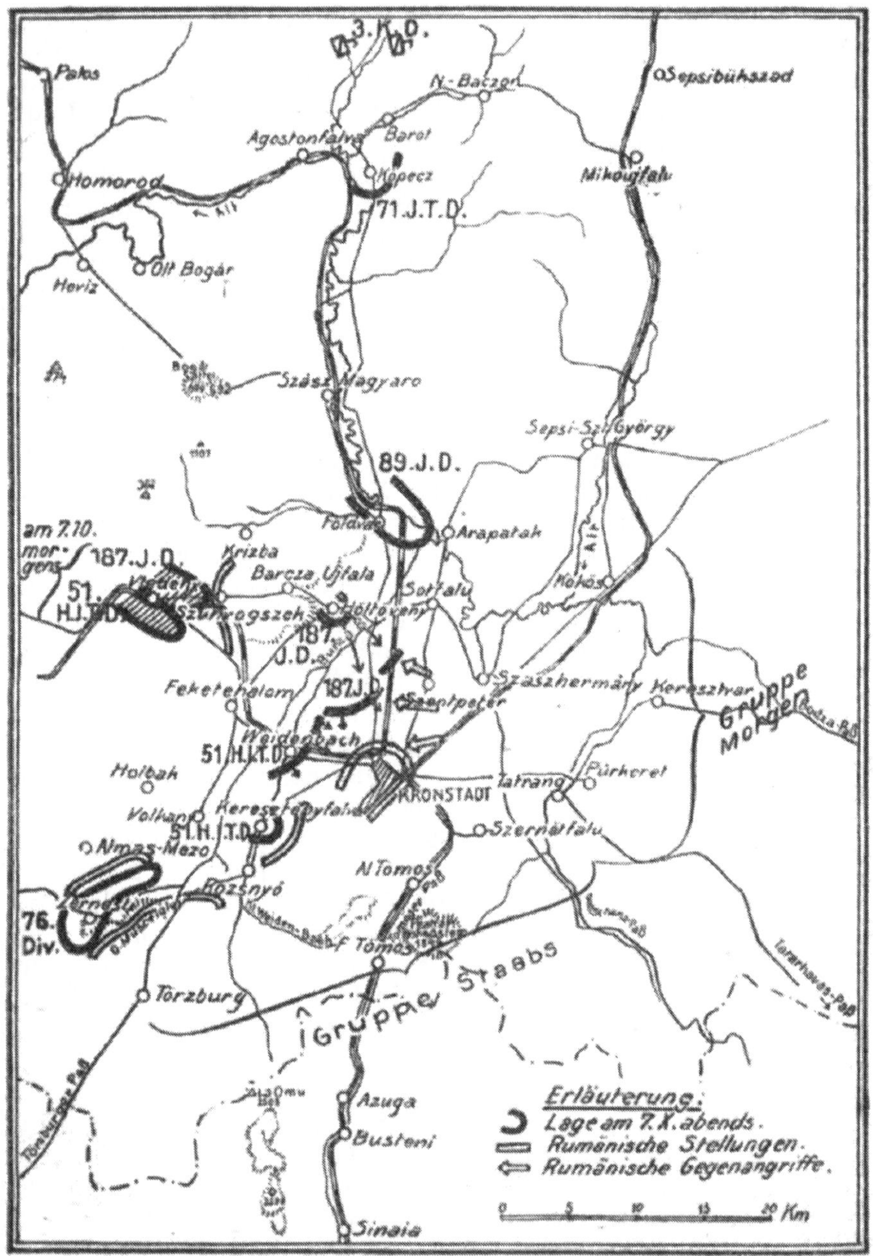

Karte 59. Schlacht bei Kronstadt 1916 (nach W. Vogel).

wurden sie geworfen. Sie wichen auf die Gebirgspässe zurück, die in die Ebene der Walachei hinunterführten. Vor der 187. Division waren 20 Geschütze liegengeblieben; in der Stadt selbst wurden etwa 25 erbeutet und 1200 Gefangene gemacht. Sehr groß war die Beute an Lebensmitteln und Heeresgerät. Nichts aber konnte die Angreifer aufhalten. Noch am Abend des 8. Oktober hatte die 76. Reservedivision sich mit der Wegnahme des Muscelalui nicht begnügt, sondern war weiter vorgedrungen und hatte mit zwei Bataillonen und Artillerie Tömös besetzt, um den Tömöser Paß zu sperren. Noch am gleichen Abend fielen Törzburg und die Höhen zu beiden Seiten des Ortes in die Hand der Deutschen. Auf allen Straßen drängten sie nach und suchten mit dem fliehenden Feinde zugleich die Ebene zu erreichen. Gegen den Törzburger-, Tömöser-, Altschanz-, Tatarhavas- und Bodzapaß versuchten die Sieger vorwärtszukommen, und so weit wirkte der Schrecken dieser Niederlage, daß auch die 4. rumänische Armee vor der 1. österreichischen, die sie bisher zurückgedrängt hatte, gegen die Grenze zurückwich.

Falkenhayn hatte, den Weisungen der Obersten Heeresleitung folgend, zwei Armeen geschlagen, von denen jede einzelne stärker war als seine Gesamtmacht; er hatte indirekt auch die rumänische Nord-Armee zum Rückzug gegen die Grenze gezwungen. Seine Kräfte aber langten nicht zu, um die durch permanente Befestigungen und frische Truppen versperrten Pässe zu nehmen. Auch mußte man damit rechnen, daß aus der Dobrudscha noch weitere Kräfte herankommen würden, denn dort waren die Rumänen durch russische Truppen abgelöst worden, die bei Constanza gelandet waren. Die Oberste Heeresleitung, die zuerst die Hoffnung gehabt hatte, südlich Kronstadt durchzudringen, die geglaubt hatte, sämtliche noch in der Walachei befindlichen Truppen von der Moldau und Rußland abschneiden zu können, und die dementsprechende Anordnungen getroffen hatte, sah sich nun gezwungen, auf diesen, einen vollen Erfolg versprechenden Plan zu verzichten, und eine andere Durchbruchstelle zu suchen. Auf Vorschlag Falkenhayns wurde der Szurdukpaß gewählt, weil er auf dem kürzesten Wege durch das Gebirge führte und man hier den geringsten feindlichen Widerstand zu finden hoffte. Eile war des in Bälde drohenden Winters wegen geboten. Der 23. Oktober wurde daher als Tag des Durchbruchs bestimmt. Früher konnte die Paßstraße nicht hergerichtet werden. Auf allen anderen Straßen aber mußte lebhaft vorgedrängt werden, um den Feind über die wahren Absichten zu täuschen. Die linke Flanke des Heeres wurde durch das Kavalleriekorps und die 71. österreichische Division gesichert, die nördlich des Putnatales auf Ocna vorzugehen hatten, und denen zugleich die Aufgabe zufiel, die Verbindung mit der 1. österreichischen Armee zu halten. Bei der Lösung dieser Aufgaben hatten diese Truppen vielfache Gefechte zu bestehen, die eine ausführlichere Darstellung nötig machen würden, auf die ich verzichten muß.

Zur Ausführung des entscheidenden Angriffs waren vier neue

deutsche Divisionen neben starker Kavallerie im Anrollen[1]). Hiervon wurden die 11. bayerische Division sowie die 6. und 7. Kavalleriedivision zu je drei Brigaden, endlich die Radfahrbataillone 4 und 5 für den Durchbruch bestimmt und wurden dementsprechend bereitgestellt. Generalleutnant von Kneußl, Kommandeur der 11. bayerischen Division, sollte die Durchbruchgruppe befehligen.

Inzwischen aber gingen die Kämpfe auf der ganzen übrigen Linie weiter. Schon vom 30. September an hatte sich das Alpenkorps gegen ergebnislose feindliche Angriffe von Süden her zu wehren. Die Westgruppe der 1. rumänischen Armee war vor der durch die 2. österreichische Gebirgsbrigade verstärkten Gruppe Hatßeg bis auf die Grenzstellungen zurückgewichen. Am 13. und 14. Oktober griff der Feind mit starken Kräften westlich des Vulkanpasses an, wurde aber blutig bis an die Grenze wieder zurückgeworfen. Drei rumänische Divisionen scheinen an dem Kampfe beteiligt gewesen zu sein. Auch die Gruppe Krafft von Delmensingen — das Alpenkorps —, die mittlerweile durch die 2. und die neu bei Hermannstadt angekommene 10. österreichische Gebirgsbrigade verstärkt worden war, hatte schwere Kämpfe zu bestehen und näherte sich im mühevollen Ringen der rumänischen Ebene. Ebenso waren der Gruppe Morgen, die mit der 76. Reservedivision und der 8. österreichischen Gebirgsbrigade auf Campulung vorzugehen hatte, bedeutende Erfolge zugefallen. Sie war so weit vorgedrungen, daß man glauben konnte, sie werde den Ausgang aus dem Gebirge erstreiten, und es war ihr daher die 12. bayerische Division zur Verfügung gestellt worden. Die übrigen Truppen der 9. Armee kämpften ohne Entscheidung an den verschiedenen Pässen. Die 71. Infanterietruppendivision mußte sogar nach siegreichem Gefecht vor russischen Verstärkungen auf die Grenzhöhen zurückgenommen werden, und die 3. Kavalleriedivision ging als Reserve nach Kronstadt. Die 10. und die Masse der 8. bayerischen Reservedivision hatten zur 1. österreichischen Armee abgedreht werden müssen, die angesichts erheblicher russischer Verstärkungen wieder der Unterstützung bedurfte. Nur Teile der 8. bayerischen Reservedivision konnten dem Alpenkorps zur Verfügung gestellt werden. Im übrigen hielt General von Falkenhayn an der Absicht fest, am Szurdukpaß durchzubrechen, und diese Auffassung wurde auch von dem Heeresgruppenkommando geteilt, das mittlerweile eingerichtet worden war und am 13. Oktober den Befehl übernahm.

Die ganze Ostfront bis an die Karpathen wurde demnach vom Prinzen Leopold von Bayern befehligt. Von da an südlich standen die 7. und 1. österreichische Armee sowie die 9. deutsche unter dem österreichischen Thronfolger. Dafür, daß dieser nichts verderben

---

[1]) Es waren dies die 10., 11. und 12. bayerische Infanterie- und die 8. bayerische Reservedivision, sowie die 6. und 7. Kavalleriedivision.

konnte, war durch seinen preußischen Generalstabschef, General von Seeckt, und die Oberste deutsche Heeresleitung genügend gesorgt. Die Rumänen ihrerseits hatten die Masse ihrer Truppen gegen Kronstadt verschoben, und der Durchbruchstruppe standen daher nach Ansicht des deutschen Armeekommandos nur geringere Kräfte gegenüber. Dennoch mißlang das Unternehmen.

Es setzte schauderhaftes Wetter ein. Die tapferen Truppen, die übrigens, soweit man heute urteilen kann, zu schwach waren, fanden nirgends Schutz gegen seine Unbilden. Die Rumänen aber konnten dank ihres guten Straßen- und Eisenbahnnetzes bedeutende Verstärkungen rechtzeitig heranziehen; mindestens zwei Divisionen traten gegen die deutsche Durchbruchstruppe auf. Umsonst wurden die 7. Kavalleriedivision und ein württembergisches Gebirgsbataillon herangezogen, und am 30. Oktober stand die stark mitgenommene Truppe mit dem Zentrum südlich Plesa, mit den zurückgebogenen Flügeln östlich etwa 5 km südlich des Vrf. Negrului und im Süden des D. Arcanului, westlich bei Moldovisul und am Vrf. Mandra. Besonders gelitten hatte die 6. Kavalleriedivision, die sogar einen Teil ihrer Geschütze sprengen mußte, weil sie sie nicht mehr fortschaffen konnte. Immerhin blieb bis Plesa der Szurdukpaß in der Hand der Angreifer, und so entschloß sich die deutsche Armeeleitung, den Durchbruch an der gleichen Stelle zu wiederholen.

Die neu anrollende 41. und 109. Infanteriedivision wurden für das Unternehmen in Aussicht genommen, mit dessen Führung Generalleutnant von Kühne betraut wurde, der der Armee als kommandierender General zur besonderen Verwendung angehörte. Die Erfahrungen des soeben mißglückten Vorstoßes machte man sich im weitesten Maße zunutze. Am 11. November sollte der Vormarsch beginnen.

Mittlerweile war die Gruppe Krafft von Delmensingen trotz schwierigster Witterungsverhältnisse siegreich vorgegangen und hatte am 7. November die Linie Mte. Chozia und Mte. Fruntu erreicht. Auch westlich des Alt war sie entsprechend vorgedrungen und hatte dabei den heldenhaften Prinzen Heinrich von Bayern verloren, Bataillonskommandeur im bayerischen Leibregiment. Auch die Gruppe Morgen und die Truppen östlich von ihr kämpften während dieser Zeit ununterbrochen, aber vergeblich um den Austritt in die Ebene. Die 3. Kavalleriedivision war dabei zunächst zwischen der Gruppe Morgen und dem 39. Reservekorps eingeschoben, dann aber mit dem Schutze des linken Flügels der 9. Armee betraut worden, nachdem die bisher hier fechtende 1. Kavallerietruppendivision am 29. Oktober zu der gegen russische Verstärkungen schwer ringenden Armee Arz übergetreten war; die neu angekommene 216. Division war dem General Krafft zur Verfügung gestellt worden. Eine Radfahrerbrigade, die die Oberste Heeresleitung noch zur Verfügung stellte, wurde dem Obersten von Szivo zugeführt. 151 Offiziere, 9920 Mann waren von der 9. Armee vom 9. bis 31. Oktober gefangengenommen, 37 Geschütze und 47 Maschinengewehre waren in der gleichen Zeit erbeutet worden, aber eine Entscheidung war nicht erkämpft. Jetzt sollte sie endlich erzwungen werden.

Oberst von Szivo sollte auf Orsova vorgehen, alle übrigen Kolonnen sollten vorwärts drücken. Nur der äußerste linke Flügel sollte den Feind festhalten. Die Entscheidung sollte am Szurdukpaß fallen. Hier war noch die 301. Division zugeführt worden. Westlich von diesem Passe sollte die Kavallerie, als Korps aus der 6. und 7. Kavalleriedivision gebildet, unter General von Schmettow in die rumänische Ebene einbrechen. Die 6. Kavalleriedivision war verstärkt durch das österreichische Landsturmregiment Nr. 9, das württembergische Gebirgsbataillon war der 41., die 301. Division der 109. unterstellt. Letztere sollte östlich, die 41. westlich des Jiuflusses vorgehen. Bei fortschreitendem Angriff waren die 11. bayerische hinter der 41., die 301. hinter dem linken Flügel der 109. Division nachzuziehen.

In dieser Truppenverteilung erfolgte der Angriff in der befohlenen Weise, nachdem am 10. November westlich des Passes starke feindliche Angriffe zurückgewiesen waren. Er führte zur Schlacht von Targu Jiu, in der der Gegner, diesen Ort vor der Front, rechts an den Gilort-, links an den Jiuabschnitt angelehnt, starke Verstärkungen fortdauernd an sich zog. Sie wurde am 17. November gewonnen. Das Kavalleriekorps umfaßte den Feind in dessen linken Flanke, und dieser strömte gegen den Alt zurück, nachdem er 70 Offiziere und 7000 Mann als Gefangene, ungezählte Tote, mehrere Geschütze und ein umfangreiches Armeematerial verloren hatte. Truppen in Stärke von etwa zwei Divisionen waren zu den ursprünglichen Verteidigern im Laufe des Kampfes hinzugekommen.

Die Verfolgung wurde sofort aufgenommen und rastlos fortgesetzt. Schon am Abend des 21. November wurde die Linie Crajowa—Oteteliſu erreicht; hier mußte den Truppen, die fast Übermenschliches geleistet hatten, ein Ruhetag gewährt werden. Nur die Kavallerie ging weiter vor; es gelang ihr schon am 23. die Brücke über den Alt bei Caracul zu besetzen und am 26. nach heftigen Gefechten den Vedeabschnitt zu erreichen. Den übrigen Divisionen gelang es dagegen nicht, auf der Linie Slatina—Dragasani, wo der Feind in starker Stellung stand, den Alt zu überschreiten. Die 109. und 11. bayerische Division wurden daher auf den Übergang bei Caracul in Marsch gesetzt.

Die Truppen, die dem Oberst von Szivo gegenüber standen, waren durch diese Bewegungen gänzlich von den Ihrigen abgeschnitten. Von der Mehadiagruppe energisch angegriffen, die zeitweise von anderen Truppen unterstützt wurde, gingen sie im Rücken der nach Osten vordringenden deutschen Armee einem ungewissen Schicksal entgegen und mußten, wie schon hier vorgreifend bemerkt

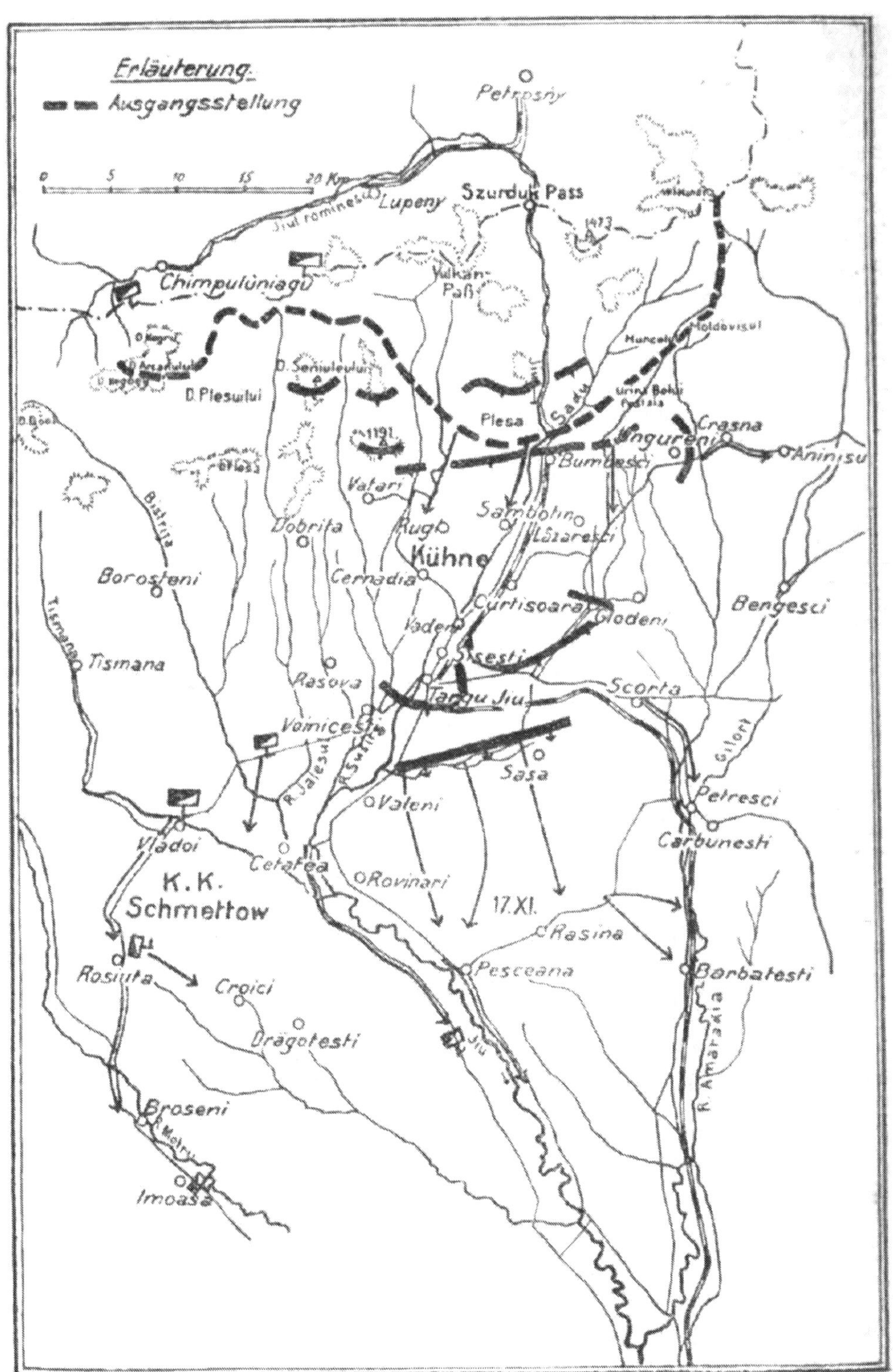

Karte 60. Schlacht von Targu Jiu (nach W. Vogel).

sei, dem deutschen Heeresbericht vom 8. Dezember zufolge, am 6. Dezember, 8000 Mann stark mit 26 Geschützen die Waffen strecken. Die neu angekommene 115. Division folgte als Armeereserve und gelangte am 26. November in die Gegend von Crajowa. Da jedoch beim weiteren Vorgehen über den Alt die 9. Armee mit einer Heeresgruppe zusammenwirkte, die bei Sistov von Süden her über die Donau gegangen war, müssen wir uns zunächst diesen Verhältnissen zuwenden.

Schon am 2. Oktober hatten die Rumänen versucht, die Linie Rasova—Tuzla durch eine Diversion in den Rücken dieser Front zu entlasten. Sie waren bei Rjahowo mit etwa einer Division über die Donau gesetzt und — wie das nicht anders zu erwarten war — völlig vernichtet worden. Die Angriffsarmee in der Dobrudscha war infolgedessen in ihrem Rücken vollständig unbehelligt geblieben. Am 19. Oktober hatte dann Mackensen die rumänisch-russische Armee in der Linie Rasova—Cobadinu—Topraisar—Tuzla angegriffen und nach mehrtägigem Gefecht, dessen Schwerpunkt sich gegen Topraisar wendete, wo eine deutsche Division focht, den Feind völlig geschlagen. Konstanza fiel am 22. Oktober in die Gewalt der Sieger, bald darauf Medzidie und Cernavoda, dessen gewaltige Eisenbahnbrücke von den Rumänen gesprengt wurde. Zwei sibirische Schützendivisionen, die gerade ankamen, wurden in das Verhängnis mit hineingerissen. Die Verfolgung wurde bis an die engste Stelle zwischen Meer und Donau rastlos fortgesetzt und hier in der Höhe des Lac Tasaul eine befestigte Stellung angelegt, an der alle vom 13. November an einsetzenden wütenden Angriffe des Feindes zerschellten. Gehalten wurde sie von nur vier Divisionen — zwei türkischen und zwei bulgarischen — unter dem General Neresoff, angegriffen aber von einer rumänischen und sechs russischen Infanteriedivisionen und einer russischen Kavalleriedivision[1]). Unterdessen aber gelang es Mackensen, eine Armee von vier Infanterie- und einer zusammengesetzten Kavalleriedivision Goltz[2]) ganz überraschend an der Donau zu versammeln und unbemerkt vom Feinde auf Übersetzkähnen, die schon längst vom Feinde auf ihrem Liegeplatz hätten zusammengeschossen werden können, in der Nacht vom 24. zum 25. November bei Sistov nach Zimmnica über den Strom zu setzen. Sie führte den Namen Donau-Armee und wurde von General Kosch befehligt.

Es ist behauptet worden, daß, wenn die Donau-Armee weiter stromabwärts übergesetzt worden wäre, es hätte gelingen müssen, die Rumänen zu vernichten. Ich teile diese Ansicht nicht. Zunächst war die Donau-Armee zu schwach, um als selbständiger Machtfaktor aufzutreten; dann aber hätte man den Rumänen bei solcher Hand-

[1]) Siehe Skizze 57.

[2]) Die Donau-Armee bestand aus der 12. und 1. bulgarischen der 26. türkischen, der 217. deutschen Infanteriedivision und der zusammengesetzten Landsturmkavalleriedivision v. d. Golz.

lungsweise alle Vorteile der inneren Linie preisgegeben und den rechten Flügel der 9. Armee völlig entblößt.

Der Übergang erfolgte übrigens völlig überraschend, zu einem Zeitpunkt, als der Südflügel der 9. Armee den unteren Alt bei Slatina überschritt, also gerade im richtigen Augenblick, um mit dieser zusammenwirken zu können. Er wurde dadurch wesentlich unterstützt, daß längs der ganzen Donaufront in den letzten Wochen zahlreiche Unternehmungen deutscher und bulgarischer Truppen unter Benutzung der österreichischen Motorbootflottille stattgefunden hatten, mit dem Zweck, die rumänischen Grenzschutztruppen über Ort und Zeit eines Donauüberganges möglichst lange im ungewissen zu lassen. Auch der Übergang der Bulgaren von Rustschuk nach Georgiu am 27. November trug wesentlich dazu bei, den Feind über die operativen Absichten zu täuschen. Der Hauptübergang selbst gelang über Erwarten. Er konnte fast ohne Verluste durchgeführt werden und hatte ein rasches Vorgehen der Donau-Armee auf Bukarest um so mehr zur Folge, als mittlerweile, wie wir sahen, auch die Gruppe Kühne der 9. Armee nach mehrfachen Gefechten den Alt überschritten hatte.

Auch der linke Flügel der 9. Armee war fechtend im Vorgehen, und nur die Gruppe Staabs und die 89. Division wurden noch von überlegenen Kräften festgehalten.

Das Heereskommando hatte die projektierte Bahn Crajowa—Bukarest als Grenze zwischen der 9. und der Donau-Armee festgesetzt, und erstere hatte am 29. November die Linie Campulung—Pitesci—Cotesci, das erst am 30. von der 301. Division gestürmt wurde, Mirosi—Zambreasca—Rosi di Vede, letzteres mit dem Kavalleriekorps Schmettow, erreicht, während der übrige linke Flügel noch im Gebirge zurückhing, und ging, zum Teil am Fuß des Gebirges, konzentrisch auf Bukarest vor. Ihr voraus war die Donau-Armee, die zu derselben Zeit schon gegen den Argesch vordrang, und deren linke Flanke durch die Kavalleriedivision Goltz gesichert wurde.

Demgegenüber faßten die Rumänen den Plan, sich mit der Masse ihrer Armee umfassend auf den linken Flügel der Donau-Armee zu werfen und im Norden die 9. Armee nur möglichst lange aufzuhalten, um dann dieser letzteren in die offene rechte Flanke zu fallen. So wollten sie die Freiheit des Handelns wiedererlangen. Dieser Plan führte zu der dreitägigen Schlacht am Argesch.

Es gelang den Rumänen auch, den linken Flügel der Donau-Armee, der durch die Kavallerie Goltz und die schwache auf Mihalesci am Argesch angesetzte 217. Division gebildet wurde, zurückzuwerfen und am 2. Dezember durch Umfassung des linken Flügels in eine verzweifelte Lage zu bringen. Sie war schon am 28. November bei Prunaru auf den Feind gestoßen, der sie nicht hatte hindern können, bis Mihalesci unter andauernden Gefechten vorzustoßen; dann aber war sie in der linken Flanke von weit überlegenen

Kräften angefallen und zurückgedrückt worden. Die Kavalleriedivision Goltz, die die linke Flanke decken und die Verbindung mit der 9. Armee hatte aufnehmen sollen, war ebenfalls zurückgedrängt worden, und auch die 26. türkische Division, die zur Unterstützung über Nowoalexandria folgte, hatte nicht durchdringen können. Schließlich waren die 217. Division und die Kavalleriedivision in zwei Gruppen zusammengedrängt und von allen Seiten angegriffen worden. Die eine stand bei Stilpu und Banesci, die andere bei Naipu und Pingalesti. Die Munition war fast ganz ausgegangen; die Verluste steigerten sich; es war eine schier verzweifelte Lage. Auch gegen die

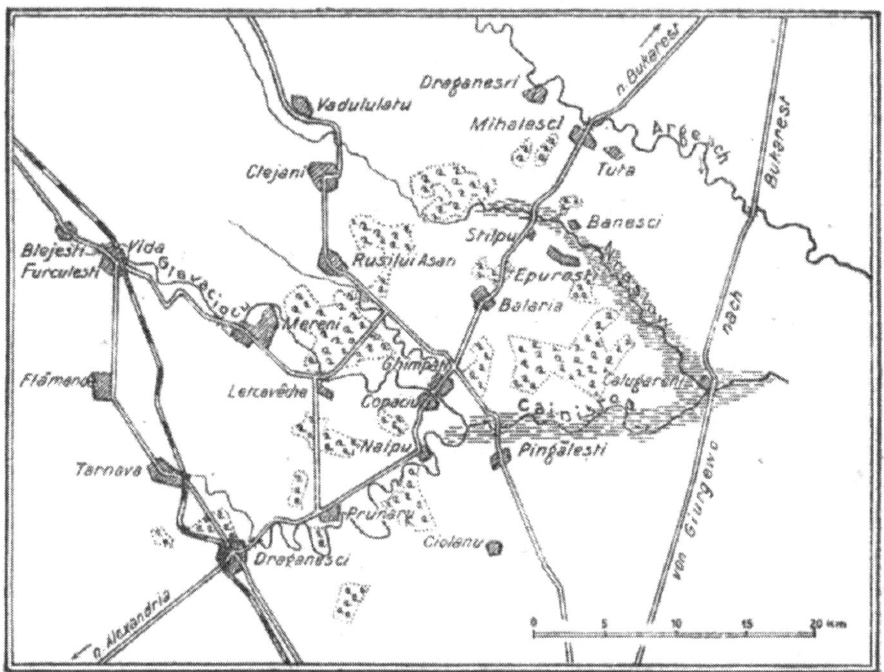

Karte 61. Die Kämpfe der 217. Infanteriedivision vom 27. November bis 5. Dezember 1916 (nach W. Vogel).

Front der Donau-Armee stürmten die Rumänen, von Russen unterstützt, mit aller Macht an. Aber schon waren sie durch die 9. Armee selbst umfaßt.

Diese war im Vormarsch geblieben und schickte nur die 11. bayerische Division zur unmittelbaren Unterstützung der 217. ab. Von ihr am 3. Dezember im Rücken und in der rechten Flanke gefaßt, strömten die Rumänen ebenso sinnlos zurück, wie sie vorgegangen waren. Tausende von Toten bedeckten das Feld; zu Tausenden gaben sie sich gefangen, und da auch in der Front der Donau-Armee alle Angriffe vergeblich waren, überließen sie Bukarest, das mittlerweile seines

Charakters als Festung entkleidet und geräumt worden war, den Siegern.

Indessen war auch die 9. Armee siegreich vorgerückt. Unter heftigen Kämpfen wurde der Gegner auf die Linie Ploesci—Tiganesci zurückgeworfen, während die 109. Division und das Kavalleriekorps Schmettow gegen Bukarest deckten und schon am 6. Dezember, also an demselben Tage, an dem die linke Flügelgruppe der Rumänen

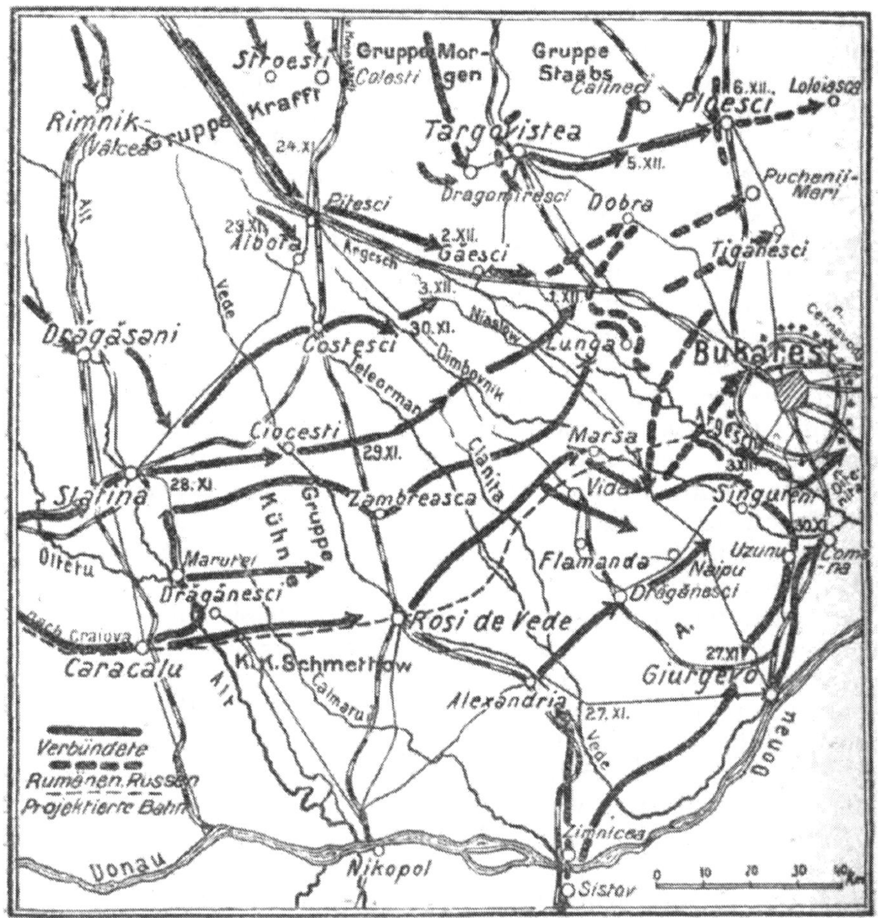

Karte 62. Die Schlacht bei Bukarest (nach W. Vogel).

vor dem Obersten von Szivo die Waffen streckte, öffnete Bukarest seine Tore.

60 000 Mann, 85 Geschütze und 115 Maschinengewehre blieben in der Hand der Sieger. Im ganzen aber wurden, soviel ich habe ermitteln können, bis zum 10. Dezember 1916 145 000 Mann, die sich bald um 14 000 Mann vermehrten, darunter 1600 Offiziere, 422 Feldgeschütze, 364 Maschinengewehre, 200 000 Gewehre, 137

Lokomotiven, 4000 Eisenbahnwagen und ungeheure Mengen Getreide, Bodenfrüchte, Petroleum und rumänische Arsenalbestände erbeutet. Außerdem aber standen den Deutschen fortan mehrere Eisenbahnlinien und die gewaltige Wasserader der Donau für den Nachschub und die Versorgung des Ostens zur Verfügung. Die Niederwerfung Rumäniens wurde von der Entente als ein entscheidendes Unglück empfunden. Bis auf etwa drei Divisionen, die weiter nördlich verwendet wurden, und die Truppen in der Dobrudscha hatte das gesamte rumänische Heer, verstärkt durch je zwei russische Infanterie- und Kavalleriedivisionen in der Schlacht am Argesch gefochten. Es wurde völlig geschlagen. Die deutsche Armeereserve war herangekommen, und die Verfolgung wurde sofort im Sinne von Hindenburgs Weisungen aufgenommen.

Mittlerweile war der alte Kaiser Franz Joseph von Österreich am 21. November gestorben, und Erzherzog Karl Franz Joseph hatte unter dem Namen eines Kaisers Karl die Regierung angetreten. Seit dem 23. hatte Erzherzog Joseph dessen Heeresgruppe übernommen. Die 9. Armee aber war der Heeresgruppe Mackensen zugeteilt worden, während die im Oitoztal vorgehenden Kräfte der 1. österreichischen Armee unterstellt wurden. Diese Veränderung der Kräfteverteilung aber hielt die Verfolgung keinen Augenblick auf. Die 9. Armee richtete ihren Marsch auf Buzau, Rimnicul-Sarat und Focsani, die Donau-Armee, die von Silistria abwärts von den Truppen des rechten Donauufers unterstützt wurde, auf Braila und die Serethlinie unterhalb Fundeni.

Der Vormarsch wurde durch das schlechte Wetter sowie dadurch besonders erschwert, daß die weichenden Rumänen überall Brücken und Straßen zerstörten. Auch mußte man fortan im allgemeinen frontal kämpfen, denn wenn auch die im Gebirge vorgehenden Kräfte, wenn irgendmöglich, umfassend wirkten, so stellten sich die Feinde ihnen doch an Schluchten und Hängen vielfach entgegen und machten eine flankierende Einwirkung unmöglich. Auch die Donau-Armee ging gestaffelt mit vorgenommenem linken Flügel vor. Zudem wuchs der Widerstand fortwährend, da die Russen, die für ihre eigene Flanke fürchteten, jetzt ausgiebiger Unterstützung leisteten. Es kam daher noch zu sehr hartnäckigen Kämpfen, deren Ergebnis zwar offen zutage liegt, die aber in ihren Einzelheiten nicht dargestellt werden können, da einigermaßen zusammenhängende Quellen fehlen. Sie waren durchaus erfolgreich. Das I. Reservekorps allein, das damals aus vier Divisionen und dem Alpenkorps bestand und auf dem linken Flügel vorging, machte bis Anfang Januar 1917 600 Offiziere und 53000 Mann zu Gefangenen und erbeutete 58 Geschütze und 176 Maschinengewehre.

Auch in der Dobrudscha, wo sich die Russen geschwächt hatten, um westlich der Donau möglichst stark zu sein, gingen diese allmählich zurück. Die 1. österreichische Armee aber kämpfte nördlich der

9. Armee, ohne zunächst große Fortschritte machen zu können. Sie sollte nördlich der Putna die Trotus-Linie erreichen, um hier im Anschluß an die Stellungen in den Karpathen den Feldzug zu beendigen, dem der mit starkem Frost einsetzende Winter frühzeitig ein Ziel setzte. Sie kam aber nur langsam vorwärts, weil der starke Gegner alle örtlichen und operativen Vorteile für sich hatte.

Der Jalomitaabschnitt wurde von den Deutschen verhältnismäßig leicht überschritten, da bulgarische Kavallerie, höheren Weisungen entsprechend, bei Silistria, Cernawoda und Korsova die Donau überschritt und den Feind in der Flanke faßte. Dagegen verteidigten die vereinten Russen und Rumänen hartnäckig die Linie Vizirul—Filipesti—Buzau, gestützt auf die Abschnitte des Komatujul und des Buzaul. Erst am 23. Dezember wurde diese Stellung durchbrochen und infolgedessen aufgegeben. Am 31. Dezember erschien die Donau-Armee vor Braila und bemächtigte sich am 4. Januar 1917 dieser Stadt. Das hatte zur Folge, daß die in beständigen Kämpfen schon starkbedrängten Verteidiger sich ganz über die Donau zurückzogen und sich in der Linie Kilia—Reni zur Verteidigung und für den Winter einrichteten. Um den Serethabschnitt beiderseits des unteren Rimnicul wurde ebenfalls erbittert gestritten. Die Verteidiger stießen am 4. und 5. Dezember 1916 bei Fundeni vor und wurden bis zum 7. Januar 1917 wieder zurückgeworfen. Den 8. Januar nahmen die Truppen des Generalleutnants Kühne Focsani, General von Morgen Odobesti. Am 15. Januar 1917 gingen die Russen nochmals mit starken Kräften beiderseits Fundeni zu einem großangelegten Vorstoß vor. An einzelnen Punkten gelang es ihnen, auf Nahkampfentfernung heranzukommen. Am 19. aber wurde der Brückenkopf von Nanesti von deutschen Truppen im Nachstoß genommen, und damit wurden die Russen endgültig über den Sereth zurückgeworfen. Zwar fielen noch mehrfach Kämpfe an dieser Front vor; dann aber ging der Feldzug angesichts des einbrechenden Winters allmählich zu Ende.

Die 1. österreichische Armee hatte die Trotus-Linie nicht erreichen können. Sie mußte vorher haltmachen. Doch hatten die Russen und Rumänen ihrerseits auch nicht in Ungarn einbrechen können. Auf der ganzen Linie entwickelte sich ein hartnäckiger Stellungskrieg, besonders an der österreichischen Front. Die Deutschen aber konnten einen Teil ihrer Truppen anderweitig verwenden. Eine gewisse Zahl von Divisionen mußte allerdings in Rumänien zurückbleiben, da es leider nicht gelungen war, das rumänische Heer zu vernichten. Das zu bekritteln ist leicht. Natürlich wäre es vorteilhafter gewesen, die ganze rumänische Armee in der Walachei einzuschließen, indem man den Entscheidungsstoß weiter östlich in den Rücken dieser Armee führte und zugleich aus der Dobrudscha gegen sie vorging. Auch wurde dieser Gesichtspunkt von Hindenburg fortwährend festgehalten. Doch hat, glaube ich, die Darstellung bewiesen, daß seine Durchführung unmöglich war. Zunächst und vor allem war ein Durchkommen durch die östlichen Gebirgspässe mit Rücksicht auf den hereinbrechenden Winter nicht durchführbar, und auf der anderen Seite war es unmöglich, das nötige Übersetzmaterial über den gewaltigen Strom auf der Donau herabzuschaffen, solange noch der Feind das Fahrwasser mit seinen Kanonen beherrschte. Dennoch hat Hindenburg den Gedanken, den Feind wenigstens bei Bukarest abzuschnüren, bis zuletzt festgehalten, wie seine Anordnungen beweisen, und hat ihn nur vor der Unmöglichkeit der Durchführung aufgegeben.

Es ist auch behauptet worden, daß die in Rumänien versammelten Truppen hätten verwendet werden können, um die feindliche Saloniki-Armee zu bekämpfen, und daß nur die Politik das verhindert hätte. Nun teile ich zwar die Ansicht, daß Bethmann Hollweg gewiß alles getan haben würde, um sich einem solchen Angriff zu widersetzen; doch halte ich auch vom militärischen Standpunkt aus eine solche Kritik an der Obersten Heeresleitung mindestens für sehr gewagt. Wir können die Verhältnisse nicht entfernt genug übersehen, um sie zutreffend beurteilen zu können: das Ruhebedürfnis und die notwendige Stärke der Truppen, den Stand der rückwärtigen Verbindungen und die sonstigen Erfordernisse der Gesamtlage. Wir müssen uns daher der Entscheidung, die damals getroffen worden ist, bedingungslos fügen und annehmen, daß, wenn das Wünschenswerte nicht geschah, seine Durchführung tatsächlich unmöglich war.

Die Verteidigung der Mittelmächte auf allen Fronten.

Wir haben gesehen, daß in dem Augenblick, da Hindenburg die Leitung des Weltkrieges übernahm, Deutschland eine gewaltige Krisis durchmachte, und daß es in erster Linie darauf ankam, Rumänien niederzuringen, das in einem Zeitpunkt, da Deutschland im Osten und Westen aufs schwerste bedrängt war und Österreich in Italien wichtige Punkte verloren hatte, im Begriff stand, in das unverteidigte Ungarland einzubrechen und womöglich den Bulgaren bei Saloniki in den Rücken zu fallen, während es mit russischer Hilfe sein eigenes Land gegen Bulgarien zu verteidigen gedachte.

Die Lösung dieser Aufgabe war gelungen, und es ist erstaunlich, welche Truppenmassen Deutschland für diesen Zweck verfügbar machte.

Die ganze Größe dieses Unternehmens und die gewaltige Leistung, die es darstellt, vermag man aber nur dann zu würdigen, wenn man sich klar macht, daß Deutschland zur selben Zeit, da es an der Donau gegen vielfache Übermacht die herrlichsten Lorbeeren im Bewegungskrieg pflückte, sich an der Somme und bei Verdun gegen Englands und Frankreichs Volksheere behaupten, und auf der Ostfront, hier wie im Westen, durch Truppenabgaben geschwächt, den

Feind aufhalten und den wankenden Bundesgenossen überall stützen mußte; daß es ferner auch die bulgarische Armee bei Saloniki belehrte und zusammenhielt und außerdem eine Anzahl seiner besten Offiziere, viele tüchtige Krieger und zahlloses Armeematerial nach der Türkei geschickt hat; wenn man außerdem bedenkt, daß auch Österreich nicht nur an der Ostfront gebunden war, sondern auch seine Süd- und Südwestgrenze gegen die italienische Gesamtmacht verteidigen mußte. Erst wenn man sich klar macht, daß das alles gleichzeitig geleistet werden mußte, wird es offenbar, welche Summe von Charakter und Heldenmut dazu gehörten, um einer solchen Lage ruhigen Sinnes entgegenzusehen, und daß es auch nur sehr allmählich möglich war, die nötigen Verstärkungen nach Rumänien zu schicken. Es war das nur in dem Verhältnisse angängig, als sich auf den übrigen Kriegsschauplätzen die Dinge klärten und vereinfachten; als infolgedessen Truppen zur Not wenigstens frei gemacht werden konnten, die man in Rumänien einsetzte, um dort den Sieg vollkommen zu machen und sich so wenigstens eine gewisse Freiheit des Handelns zu erkämpfen.

A. Mazedonien und Italien.

Am nächsten dem rumänischen Kriegsschauplatz stand die Orient-Armee. Sie hatte es demnach an und für sich am leichtesten, entlastend für Rumänien einzugreifen. Doch waren ihr die Bulgaren zuvorgekommen, wie wir sahen, und hatten sich der Gegend von Florina bemächtigt, während ihr Hauptangriff gescheitert war. Die deutsche Oberste Heeresleitung hatte geholfen, so viel sie konnte. Etwa eine deutsche Division stand schon in Mazedonien, außerdem Artillerie, Maschinengewehr-, Fernsprech- und Fliegertruppen. Auch ein türkisches Armeekorps löste die Bulgaren östlich der Struma ab, und das deutsche Oberkommando, das unter den Befehlen der bulgarischen Heeresleitung für die ganze mazedonische Front geschaffen war, ging vom Wardar nach der westlichen Verteidigungsfront, um dem Schauplatz der Ereignisse näher zu sein, während deutsche Kräfte die rückwärtigen Verbindungen der Armee einigermaßen zu ordnen suchten. Frühzeitig leiteten die Deutschen auch den Bau einer rückwärtigen Stellung nördlich von Monastir ein, was bald von großer Bedeutung wurde, da es, wie vorauszusehen, nicht gelang, diese Stadt, die für die Bulgaren eine politische und moralische Bedeutung hatte, auf die Dauer zu halten.

Mitte September unternahm die Orient-Armee — wie mit Rücksicht auf den rumänischen Krieg unter allen Umständen zu erwarten gewesen war — einen Gegenstoß, bemächtigte sich Florinas, überschritt die Cerna Mitte Oktober bei Brod und nahm am 18. November Monastir ein. Drei bis vier deutsche Jägerbataillone, die nach Rumänien bestimmt waren, mußten zur Unterstützung geschickt werden. Weiter drang denn auch die Orient-Armee nicht vor.

Zwar setzten noch im Zusammenhange mit dem deutschen Vormarsch in die Walachei Ende November und Anfang Dezember 1916 gewaltige feindliche Angriffe ein; sie wurden aber sämtlich zurückgewiesen, und die Bulgaren behaupteten ihre Stellungen, wenn auch mit der Unterstützung deutscher Truppen, deren Fehlen in Rumänien

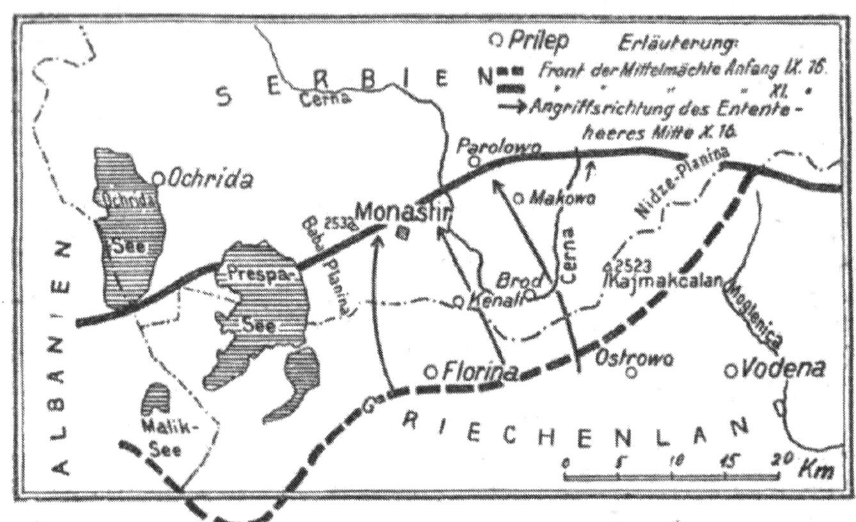

Karte 63. Der Angriff der Entente in Mazedonien 1916.

schmerzlich empfunden wurde. Auch die rückwärtigen Verbindungen besserten sich mit der Zeit, während auf feindlicher Seite zwischen Florina und Valona am Adriatischen Meer allmählich eine zusammenhängende Linie entstand.

Immerhin war die Gefahr, die für Rumänien von der Orient-Armee drohte, siegreich zurückgewiesen. Auch die in zweiter Linie zunächstliegende wurde überwunden.

Wenn es den Italienern gelang, durch Angriffe von Görz aus österreichische Kräfte von der Ostfront abzuziehen, war ein großer Erfolg zu erwarten. Für die Italiener war daher gerade in diesem Augenblick der weitere Angriff geboten. Sie taten daher auch ihr Bestes, um den Erfolg, den sie gehabt hatten, zu vervollständigen. Das aber blieb ihnen versagt. In drei weiteren Angriffsschlachten — der siebenten bis neunten Isonzo-Offensive — vom 14. bis 17. September, vom 9. bis 13. Oktober und am 31. Oktober arbeiteten sie sich mühsam und verlustreich in der Richtung auf Triest in die Front Brestovica—Biglia heran; der entscheidende Ort Kostanjevica blieb aber in österreichischem Besitz, und soviel bekannt, wurde nicht ein Mann von der rumänischen Front zugunsten der italienischen fortgezogen.

B. Verdun und der Sommesturm.

Der Angriff auf Verdun[1]) hatte, wie wir sahen, aufgegeben werden müssen, weil er die deutsche Kraft zu sehr in Anspruch nahm. Die Hoffnung, daß auch der Gegner mit dem Einstellen unseres Angriffes zum reinen Stellungskrieg übergehen werde, erfüllte sich leider nicht. Je mehr an der Somme der Angriffsgeist der Franzosen und Engländer abflaute, desto mehr lebte er vor Verdun wieder auf. Ende Oktober brachen die Franzosen in einem großangelegten und kühn durchgeführten Gegenstoß vor. Auf eine lange Artillerievorbereitung hatten sie verzichtet. Aber sie steigerten für kurze Zeit ihr Artillerie- und Minenwerferfeuer bis zur äußersten Leistungsfähigkeit und griffen dann mit gewaltigem Schwunge die körperlich und seelisch niedergedrückten Verteidiger überraschend an. Sie überrannten einfach unsere Linien. Am 24. Oktober mußte Fort Douaumont, dieses Wahrzeichen deutschen Heldenmutes, aufgegeben werden. Am 1. November folgte die Räumung von Fort Vaux. Am 15. Dezember gelang den Franzosen ein weiterer Angriff, der sie in den Besitz des Geländes nördlich der Orte Bras und von Dorf Douaumont setzte; allmählich aber gelang es den Deutschen, sich in einer Linie Côte de Talou—Höhen nördlich Louvemont—Les Chambrettes—Bezonvaux—Damloup festzusetzen. Die Kämpfe dauerten noch bis in den Dezember hinein, und es wurde damit ein Gelände endgültig preisgegeben, das mit Strömen von Heldenblut erkauft worden war, das aber mit der Zeit zu behaupten äußerst schwierig und gefahrvoll wurde, so daß es zuletzt für die Soldaten zum Schrecken geworden war. Die Verteidigung der Festung hatte den Franzosen allerdings besonders am Anfang sehr viel mehr Menschen gekostet als den Deutschen der Angriff; je mehr man sich aber der Festung näherte, desto leichter wurden für die Verteidiger, desto schwieriger für die Deutschen die rückwärtigen Verbindungen, bis zuletzt Führer und Truppen das Aufgeben des Angriffs dieses mehr durch die Natur als nur durch die Kunst geschützten Platzes mit Freuden begrüßten und den Franzosen den zweifellosen Erfolg beließen, der sich in der Wiedereroberung der allerdings in Trümmer geschossenen Forts Douaumont und Vaux aussprach.

Während dieser ganzen Zeit aber ging der Kampf an der Somme[2]) weiter. Hier war es den Franzosen und Engländern, trotz ihrer gewaltigen Überzahl an Menschen, Artillerie und sonstigem Kriegsmaterial bisher nicht gelungen, die deutschen Linien zu durchbrechen. Die Schlacht, die zuerst darauf angelegt gewesen war, einen Durchbruch zu erzwingen, war längst zu einer Zermürbungs- und Materialschlacht geworden, in der es darauf abgesehen war, die feindlichen Kräfte allmählich zu verbrauchen und den Gegner hier-

---

[1]) Siehe Karte 48.
[2]) Siehe Karte 53.

durch zum Aufgeben seiner zusammenhängenden Stellungen zu veranlassen oder zu zwingen. Als solche hatte sie sich immer tiefer in die deutschen Linien hineingearbeitet. Da die Entente aber nicht fortwährend mit ganzer Kraft angreifen konnte und es sich mit der Zeit oft nur um den Gewinn örtlicher Vorteile handelte, bildeten sich, wie wir sahen, sogenannte Großkampftage heraus, an denen es sich im weitesten Maße um große zusammenhängende, die Gesamtlage beeinflussende Erfolge handelte.

Im September, als die rumänische Kriegserklärung erfolgt war, setzten die Angriffe an der Somme mit verdoppelter Kraft ein. Man hoffte offenbar, Kräfte vom rumänischen Kriegsschauplatz abzuziehen, und es gehörten gute Nerven dazu, um trotz allem die Absicht festzuhalten, Rumänien offensiv niederzuwerfen und die hierzu nötigen Kampfmittel bereitzustellen. Wie ein Wunder erscheint es, daß die Durchführung dieser Absicht trotz aller feindlichen Gegenwirkung gelang. Nur Führer und Truppen, wie es die deutschen waren, vermochten etwas Ähnliches zu leisten.

Südlich der Somme griffen die Franzosen am 5. September in einer Breite von 20 km an und nahmen den Ort Chilly im äußersten Süden, am 7. Vermandovillers und am 17. Berny und Deniécourt. Im übrigen drehten sich im September die Kämpfe um La Maisonnette, die nördlich davon gelegene Höhe 97 und das Dorf Biaches, die den Deutschen verlorengingen.

Auch nördlich der Somme und der Ancre wurde in dieser Zeit auf das heftigste gefochten. Während die Engländer nördlich der Straße Bapaume—Albert vorzugehen versuchten und einiges Gelände bei der Ferme Mouquet nahmen, das von den Deutschen zum Teil wieder zurückerobert wurde, machten diese letzteren die Schwabenschanze am Wege Thiepval—Grandcourt zum Mittelpunkt ihres Widerstandes. Weiter südlich aber nahmen die Franzosen das Dorf Cléry an der Somme, besetzten Guillemont und Le Forest, die ihnen von den Deutschen überlassen wurden, und nahmen am 12. September das Dorf Guinchy, das Gehölz von Marrières und das Dorf Bouchavesnes, am 14. Rancourt und das Gehöft Le Priez, während es um die gleiche Zeit den Engländern gelang, Courcelette, Martinpuich und Flers zu erobern. Am 25. September — einem Großkampftag — rafften sich Engländer und Franzosen zu einem großen gemeinsamen Angriff auf, der im Süden und Norden zwar scheiterte, in der Mitte aber durchdrang und die Ortschaften Geudicourt, Les Boeufs, Morval und Frégicourt endgültig in den Besitz der Angreifer brachte. Jetzt endlich mußte auch Combles, das längst von allen Seiten umzingelt war, von der unbesiegten Besatzung geräumt werden. Sie zog nach Sailly ab. Alle diese Angriffe wurden von den Ententeheeren unter einem gewaltigen Einsatz von Artillerie und Truppen ausgeführt, denen die Deutschen nichts Ähnliches entgegenzusetzen hatten. Dennoch verstärkte sich der deutsche Widerstand von nun an sehr erheblich. Ein Durchbruch war den Angreifern nicht entfernt gelungen, und alle ferneren auch noch so gewaltigen Angriffe scheiterten. Es scheint, daß sich der Einfluß Hindenburgs und seines Gehilfen Ludendorff geltend machte.

In den Oktoberschlachten versuchten die Engländer mit großer Gewalt, aber im allgemeinen erfolglos, nördlich Thiepval und bis Gommécourt vorzudringen; die Franzosen kämpften hauptsächlich um das Waldstück St. Pierre Vaast, die Höhen östlich Bouchavesnes und das Dorf Sailly-Saillisel, das teilweise, niemals aber ganz in ihre Hand fiel, während sie andererseits nur imstande waren, den Westrand des genannten Waldes zu nehmen. Dabei waren der 13., 18. und 23. Oktober Großkampftage schwerster Art. Südlich der Somme gingen zwar am 10. Oktober die Gehöfte Génermont und Bovent an die Franzosen verloren und später auch das Dorf Ablaincourt, dafür aber nahmen die Deutschen in siegreichem Gegenstoß La Maisonnette zurück, um es des ferneren zu behaupten.

Im November fand zunächst am 5. ein 20 km breiter Vorstoß auf der Linie Le Sars—Bouchavesnes statt, der unter schwersten Verlusten für den Angreifer vollständig scheiterte. Örtliche Kämpfe schlossen sich an, die den Franzosen keinen Fortschritt brachten. Am 13. November gelang es den Engländern nach stärkster Artillerievorbereitung, mit neun Divisionen Beaumont und Beaucourt zu nehmen. Große englische Reitermassen, die für den Fall eines Durchbruchs bereitgestellt waren, wurden bei dieser Gelegenheit zusammengeschossen, ohne daß ihnen irgendein Erfolg beschieden gewesen wäre. Im äußersten Süden ging schließlich noch das Dorf Pressoire den Deutschen verloren. Dann aber hörten die Sommekämpfe allmählich auf, einerseits weil der Winter einsetzte, hauptsächlich aber, weil die Angriffskräfte der Ententetruppen versagten. Haben doch diese Kämpfe den Engländern und Franzosen, ihrem eigenen Eingeständnis nach, einen Verlust von 750 000 Mann, wahrscheinlich aber mehr, gebracht; die Engländer allein verloren 400 000 Mann. 53 englische und 51 französische Divisionen waren zum Teil drei- bis viermal eingesetzt worden. Sie haben an keiner Stelle mehr wie 15 km vorwärts kommen können, und haben es nicht vermocht, der verhältnismäßig schwachen Kräfte Herr zu werden, die ihnen gegenüberstanden und an Artillerie und technischen Hilfsmitteln ihnen weit unterlegen waren.

C. Der Ausgang der Brussilow-Offensive.

Es ist unmöglich, die Kämpfe an der Ostfront im einzelnen zu beschreiben oder auch nur zu nennen, weil überall die Quellen fehlen. Fast an allen Stellen der Angriffsfront versuchten die Russen vorwärts zu kommen. Unmittelbar südlich der Pripjetsümpfe drehte sich der Kampf hauptsächlich um die Stochod-Linie, und es war den Russen schon vor dem Wechsel des deutschen Generalstabschefs gelungen, sich an mehreren Stellen des westlichen Ufers festzusetzen — bei Zaredsche und Toboly—; im Süden war vor allem der Karpathenkamm und der Tartarenpaß das Ziel der russischen Angriffe, besonders seit über die Haltung Rumäniens kein Zweifel mehr bestand und dieses endlich den Krieg erklärte. Ende August und Anfang September lebten infolgedessen die Kämpfe in vollem Umfange wieder auf. Im Norden gelang es den Deutschen, den Brückenkopf bei Zaredsche wieder zu nehmen und mehr als 2000 Gefangene zu machen, wobei Oberstleutnant Bruchmüller die Artillerie führte und sich besonders auszeichnete. Dagegen scheiterten alle Stürme auf das Russennest bei Toboly, und im Süden mußte die Süd-Armee des Grafen Bothmer, dessen Divisionen dringend der Ablösung bedurften, bis hinter die Narajowka zurückgenommen werden. Auch am Karparthenkamm und am Tartarenpaß wurden die Österreicher wankend und drohten entscheidende Stellungen zu verlieren. Es blieb nichts anderes übrig, als sie durch deutsche Divisionen zu stützen, die eigentlich nach Rumänien bestimmt waren. Soviel man sehen kann, und wie bereits erzählt worden ist, wurden ihrer drei dorthin gesandt, denen es allmählich gelang, die Front zu festigen. Glücklicherweise gingen die Rumänen, wie wir sahen, nur äußerst langsam vorwärts, und auch die Russen handelten unzweckmäßig, indem sie, anstatt durch die Moldau in unsere offene Flanke vorzurücken und so den Tartarenpaß von rückwärts her zu öffnen, es vorzogen, frontal und vergeblich gegen ihn anzurennen. Auch alle anderen Angriffe der Russen blieben ergebnislos; alle noch so erbitterten und mit höchstem Menscheneinsatz geführten Angriffe „westlich Luzk gegen die Linie Saturzy—Pustomity, gegen den Graberkaabschnitt westlich Brody und die Höhen von Sborow sowie gegen Brzezany und die Stellungen an der Narajowka blieben immer wieder erfolglos. Auch bei den Kämpfen in den Karpathen um den Tartarenpaß und den Kamm südostwärts bis Kirlibaba hatten die Russen dank der hervorragenden Haltung der deutschen Truppen keine nennenswerten Gewinne mehr aufzuweisen". Trotzdem war ihre Angriffskraft keineswegs erschöpft. Ihre Massenstürme erfolgten mit dem gleichen Mut wie früher, und der Wille, den Sieg zu erringen, war immer noch vorhanden. Mitte Oktober fand noch ein gewaltiger Angriff in der Front Pustomity—Saturzy statt. Er blieb ergebnislos. An der Narajowka wurde noch bis in den November hinein gekämpft, ohne daß eine Entscheidung gefallen wäre. Dagegen fand nördlich der Pripjetsümpfe am 9. November ein siegreicher Angriff der Heeresgruppe Woyrsch statt, der ganz nach westlichem Muster eingerichtet war. Im Süden an der rumänischen Grenze setzten die Russen im engen Anschluß an die Kämpfe in Rumänien ihre Angriffe sogar bis in den Dezember hinfort und bedrängten vor allem die 1. österreichische Armee, bis bayerische Truppen auch hier die Widerstandskraft hoben und die Lage festigten. Als dann der rumänische Feldzug am Sereth und an der ostsiebenbürgischen Grenze trotz aller Massenstürme der Russen zu Ende ging, fand auch die Brussilow-Offensive ihren Abschluß, weil auch die Angriffskräfte des gewaltigen Slawenreichs erschöpft waren. Ebenso bedurfte aber auch das deutsche Heer dringend der Ruhe und neuer Erstarkung für den gewaltigen Kampf, der noch bevorstand.

Vorbereitung zum weiteren Kriege im Winter 1916/17.

Aus gewaltiger Krisis hatte Hindenburg den Staat gerettet. Den Angriff auf Verdun hatte man allerdings aufgeben müssen, aber Rumänien hatte man niedergeworfen und die reichen Hilfsquellen dieses Landes sich dienstbar gemacht; an der Somme hatte man den übermächtigen Feind zum Stehen gebracht, und ebenso war an der Ostfront der Feldzug zum Vorteil der Mittelmächte beendet worden. Nördlich der Pripjetsümpfe waren alle Angriffe des Feindes abgewiesen worden, und im Süden hatten zwar die Österreicher viele Gefangene und Überläufer sowie wertvolles Gelände verloren, deutschen Hilfstruppen aber war es gelungen, den Feind zum Stehen zu bringen, bevor er in Galizien ausschlaggebende Vorteile erzielen oder über die Karpathen in Ungarn einbrechen konnte. In allen diesen Kämpfen aber hatte sich die Widerstandskraft Deutschlands doch verringert. Bedeutende Verluste waren eingetreten, die gar nicht oder nicht vollwertig ersetzt werden konnten, und in Rumänien mußten auch Truppen belassen werden, wenn man das Land — was notwendig war — überhaupt behalten wollte. Der Ausgang des Krieges war bei dieser Lage durchaus ungewiß, um so mehr, als die Kriegserklärung der Vereinigten Staaten zu erwarten war. So bestand jetzt die doppelte Pflicht: einmal den Versuch zu machen, zu einem annehmbaren Frieden zu gelangen, dann aber auch den weiteren Krieg um Sein oder Nichtsein Deutschlands vorzubereiten, wenn dieser Versuch, wie vorauszusehen war, scheitern sollte.

Am 12. Dezember 1916 wurde daher, als Rumänien niedergeworfen war und Deutschland sich in scheinbar glänzender militärischer Lage befand, der Präsident der Vereinigten Staaten Wilson um die Vermittelung eines gerechten Friedens gebeten. Er war auf Grund seiner offen zur Schau getragenen Friedensliebe am 7. November 1916 auf vier weitere Jahre zum Präsidenten gewählt worden. Ein ähnlicher Schritt geschah auf Anregung Österreichs. Mit Hohn wies die Entente jede solche Friedensidee zurück. Wer die Beweggründe zu würdigen wußte, die den Weltkrieg bedingten, hätte dieses Ergebnis voraussehen können. Besonders England, wo am 9. Dezember 1916 Lloyd George Minister geworden, und mit ihm die entschlossenste Richtung ans Ruder gekommen war, wies jeden Friedensgedanken weit von sich. Deutschland sollte vernichtet werden, um einerseits die gefährliche Nebenbuhlerschaft mit Frankreich auf dem europäischen Festlande endgültig aus der Welt zu schaffen, andererseits um Englands Alleinherrschaft im Welthandel zu begründen und Rußland den Weg nach Konstantinopel zu öffnen. Mit letzterem freilich hätte man — wie es scheint — zu einem Sonderfrieden gelangen können. Ein solcher ist damals, soviel sich übersehen läßt, durch Herrn Scheidemann verhindert worden, der im Frühjahr 1917 zu Verhandlungen nach Stockholm geschickt wurde. So mußten denn auch ferner die Waffen entscheiden.

Auf diesem Gebiete aber fehlte so gut wie alles. Der Krieg war bisher geführt worden, ohne daß das deutsche Volk, und leider auch seine Staatsmänner, sich ein Bild von seiner Tragweite gemacht hätten. Außergewöhnliche Maßregeln waren daher nirgends ergriffen worden. Hindenburg und sein Ratgeber begriffen jedoch sehr bald, daß die Nation als solche ihre ganze Kraft, ihr alles einsetzen mußte, wenn sie den Krieg auch jetzt noch gewinnen wollte. Die Antwort, die die Entente dem Friedensangebot hatte zuteil werden lassen, hatte es völlig klar gemacht, daß die Lage Deutschlands und seiner Verbündeten vom Feinde erkannt sei, daß die Gegnerstaaten eine völlige Vernichtung der Mittelstaaten als möglich ins Auge gefaßt hatten und mit der Gewißheit des Erfolges an diesem Vernichtungsgedanken festhielten. Diesem Vernichtungswillen galt es jetzt entgegenzutreten, ein Erfolg aber war nur zu erhoffen, wenn alle Kräfte des Volkes in die Wagschale geworfen wurden. Das war es denn auch, was die Oberste Heeresleitung anstrebte. Aus diesem Gesichtspunkte heraus wurde das „Hindenburgprogramm" aufgestellt; von ihm aus wurde der Rückzug in die Siegfriedstellung beschlossen; und auch sonst wurden rückwärtige Stellungen geschaffen; von ihm aus wurde auch der Gedanke der allgemeinen Dienstpflicht aller Staatsbürger gefaßt und der Versuch gemacht, alle lebendigen Kräfte der Nation in den Dienst dieses wahrhaft nationalen Krieges zu stellen.

Soweit es sich um rein militärische Dinge handelte, drang der Feldmarschall auch durch. Die Erzeugung von Waffen, Pulver und Munition sowie von Geschützen aller Kaliber, von Maschinengewehren, Gas- und Nebelgeschossen, Lastkraftwagen und Flugzeugen wurde systematisch erhöht; leichte Maschinengewehre, von denen jede Kompanie erst vier, dann sechs erhalten sollte, wurden eingeführt. Im Kriegsministerium wurde als Zentralbehörde das Kriegsamt eingerichtet, in dem die Ersatz- und Arbeitsfrage, die Rohstoffbeschaffung und die Waffen- und Munitionserzeugung in besonderen Abteilungen bearbeitet wurden. So gelang es allmählich, das „Hindenburgprogramm" zu verwirklichen, wenn auch anfangs, wie das nur natürlich ist, manche Fehler gemacht wurden. Für die Beschaffung von Kohle und Eisen, die die Grundlage jeder Industrie bilden, für die Heranziehung des rumänischen Öls für den Kraftwagenverkehr, wie für die Behebung der Verkehrsnot wurde in systematischer Weise gesorgt. Auch Arbeiter aus den besetzten feindlichen Gebieten wurden nach Möglichkeit herangezogen. Dennoch blieben die Deutschen in allen diesen Richtungen den Gegnern, die die ganze Welt zu ihrer Verfügung hatten, stets unterlegen. Unter dem Drucke der Hungerblockade wurde auch die Verpflegung des Volkes und zeitweise auch der Armee dauernd schlechter, obgleich auch ein Kriegsernährungsamt eingerichtet wurde, das für die gleichmäßige Verteilung und Erfassung der Lebensmittel zu sorgen hatte. Leider nahm hiermit auch der Schleichhandel einen immer größeren Umfang an. Immerhin hatte die Oberste Heeresleitung in den genannten Richtungen zweifellose Erfolge. Vollständig aber versagte das Land bei der Einführung des Hilfsdienstgesetzes; hier hatten der Reichskanzler und der Reichstag mitzureden, beide aber verdarben alles, weil sie die Größe des Hindenburgschen Gedankens nicht zu fassen vermochten und niemand da war, der ihnen ungeschminkt und öffentlich die Wahrheit gesagt hätte.

Hindenburg wollte, daß das deutsche Volk, wie es alle Wehrfähigen zur Armee schickte, so auch alle Arbeitsfähigen unter den g l e i c h e n Bedingungen dem Vaterlande zur Verfügung stellen sollte. Auch die Frauen sollten in gewissem Grade herangezogen werden. In diesem Gesetze sollte sich der Wille der ganzen Nation aussprechen, nicht nur Blut und Leben, sondern auch alle anderen Kräfte des Volkes für das Vaterland und seine Ehre einzusetzen. Es sollte ein Opfer des ganzen Volkes werden. Reichskanzler und Reichstag dagegen machten, indem sie den Hilfsdienstpflichtigen hohe Löhne bewilligten, gerade dieses Gesetz, das aus dem höchsten Idealismus entspringen sollte, zu einer Quelle des unlauteren Wettbewerbs. Während die Soldaten, die täglich ihr Leben in die Schanze schlugen, sich mit der kärglichsten Löhnung begnügen mußten und ihre Familien in keiner Weise unterstützen konnten, bezogen die Hilfsdienstpflichtigen hohe Löhne, ohne jemals in persönliche Gefahr zu geraten; es wurde zwischen dem Heer, das am Feinde stand, und der Heimat eine Kluft gegraben, die sich immer mehr vertiefen sollte. Der Unfug der Reklamierten und die Drückebergerei nahmen zudem dauernd zu, und gewissenlose Arbeiter fielen der opfermutigen Armee durch Streiks und unverständige Lohnforderungen in den Rücken; das Leben in der Heimat wurde infolgedessen von Tag zu Tag teurer; immer mehr suchte der einzelne die Not des Vaterlandes in persönlichem Interesse und in dem der Partei auszunützen. Es entstand das widerliche Gezücht der Kriegsgewinnler, und die ideellen Versuche der Obersten Heeresleitung scheiterten an der Gewinnsucht, die sich überall in den Vordergrund drängte. Die Regierung aber unterstützte gewissermaßen diese Richtung, indem sie sich in sträflicher Weise scheute, Gewaltmaßregeln anzuwenden, wo ihr Wille auf andere Weise nicht durchzusetzen war.

Auch die Presse arbeitete an der Zersetzung der öffentlichen Meinung, und es gelang der Obersten Heeresleitung trotz aller Bemühungen nicht, sie einheitlich dem Vaterlande dienstbar zu machen. Der Reichskanzler lehnte, wahrscheinlich in Rücksicht auf die Linksparteien, die Forderung ab, eine Stelle für ihre einheitliche Führung zu schaffen. Auch fehlte das Verständnis für ihre Bedeutung, und so arbeitete sie nach wie vor im zersetzenden Einfluß der Parteien und verbreitete im Volk unklare Ideen über die Segnungen eines Verständigungsfriedens und einer dem Namen nach freisinnigeren Verfassung. Sie gab dem Auslande ein zutreffendes Bild von der inneren Zerfahrenheit und der politischen Unreife des deutschen Volkes. Auch die Zensur vermochte diese Zustände nicht zu ändern; die Regierung aber sah in haltloser Schwäche zu und wagte es nicht, energisch einzuschreiten. So wurde das Gift der falschen und unklaren Meinungen im Interesse der vaterlandslosen Parteien immer weiter verbreitet. Es war eine wahre Sisyphusarbeit, die die Oberste Heeresleitung politisch zu leisten hatte. Sie sah das Notwendige ein, stieß aber überall nur auf Schwäche, Tatenlosigkeit und unendlichen Formelkram, der in Zeiten, in denen es um das Dasein und die Ehre des deutschen Volkes ging, unendlich ernst genommen wurde, um jede Tat zu vermeiden. Die Sozialdemokratie arbeitete ganz offen an dem Niedergange Deutschlands. Schon im Jahre 1915 bekannte der sozialdemokratische Landtagsabgeordnete Ströbel, daß ein voller Sieg des Reiches den sozialdemokratischen Interessen nicht entsprechen würde. Wenn man dazu die ungeheure Tätigkeit der feindlichen Propaganda nimmt, die mit allen Mitteln arbeitete und in Deutschland, das einer nachhaltigen Begeisterung unfähig zu sein scheint, den Boden wohlvorbereitet fand, dann versteht man, daß Hindenburg in seinen vaterländischen Bestrebungen immer wieder scheiterte und nur in der Armee Wertvolles und Bleibendes erreichte. Zwar war diese durch die vielen Verluste ihrer Besten tief erschüttert, aber noch war der Geist des Heeres gut, wenn es auch aus der Heimat keinen Zuwachs an moralischer Kraft erhielt. Es gelang denn auch im Laufe des Winters, ihm die taktische Kraft der vergangenen Zeit wenigstens zum Teil wiederzugeben und Außerordentliches auf diesem Gebiete zu leisten.

Zunächst wurden 13 Divisionen, allerdings auf Kosten der Bataillonstärken, neugebildet. Es wurden ferner zahlreiche Neuformationen an Feld- und schwerer Artillerie aufgestellt; eine eigene Heeresfeldartillerie wurde geschaffen, die an den verschiedenen Kampffronten eingesetzt werden konnte. Die Luftstreitkräfte und besonders die Fliegerwaffe wurden sehr erheblich ausgebaut; Oberst Thomsen machte sich besonders darum verdient. Die Fliegerabwehr wurde verbessert. Aus einem großen Teile der Kavallerie wurden Kavallerieschützenregimenter in Bataillonsstärke gebildet. Kolonnen und Trains wurden bodenständig gemacht, weil ihr häufiger Transport auf der Eisenbahn zuviel Kräfte in Anspruch nahm. Der Stellungsbau wurde in jeder Weise gefördert und dem taktischen Verhalten der Infanterie angepaßt. Dieses wurde allmählich vollständig geändert, und es ist nicht zu leugnen, daß dazu ein großes Vertrauen in die selbständige Tüchtigkeit dieser Waffe erforderlich war, das übrigens gerechtfertigt worden ist.

Während bisher die Infanterie in starren Linien an ihre Stellung gebunden war und dementsprechend die vordersten Gräben stark besetzt wurden, wurde nunmehr eine bewegliche Verteidigung eingeführt. Die vordersten Linien wurden nur schwach besetzt und durften im Notfall aufgegeben werden. Dann aber war die Stellung im Gegenstoß wiederzunehmen. So wurde auch die Verteidigung immer mehr auf die Offensive eingestellt, die für die deutsche Armee charakteristisch war, und die Zahl derer wurde herabgemindert, die in der vordersten Linie gefangen werden konnten. Auch die Schießkunst wurde verbessert; überall wurden Kurse für Offiziere aller Grade und Unteroffiziere zur Verbesserung der Ausbildung eingeführt. Auch Minenwerferformationen, Pionier- und Nachrichtentruppen erhielten besondere Schul- und Übungsplätze. Die Ausbildung der Armee für die Abwehr war demnach eine ungeheuer umfangreiche Arbeit. Zugleich aber galt es, die Kräfte nach Möglichkeit zu verstärken. Daß die Heimat in diesem Sinne ausgebeutet wurde, versteht sich von selbst. Ebenso nahe aber lag der Gedanke, Polen zur Gewinnung von Truppen auszunutzen.

Hier hatten sowohl der deutsche Reichskanzler als auch der Leiter der österreichischen Politik den Gedanken gefaßt, ein selbständiges Königreich Polen zu schaffen. Der Gedanke war so unglücklich wie nur irgend möglich, denn ganz abgesehen davon, daß dadurch jeder Sonderfriede mit Rußland unmöglich wurde, war auch vorauszusehen, daß ein solcher Staat niemals für die Mittelmächte Partei ergreifen, sondern stets seine eigenen verräterischen Wege gehen würde. Die politische Leitung war aber unbegreiflicherweise auf diesen Gedanken fest eingeschworen. Die Oberste Heeresleitung mußte daher versuchen, wenigstens für die Armee aus dieser politischen Ungeheuerlichkeit Nutzen zu ziehen, um so mehr, da der Generalgouverneur von Beseler vier bis fünf Divisionen und später noch mehr in Aussicht stellte. So wurde denn am 5. November 1916 das Königreich Polen proklamiert und jeder Sonderfrieden mit Rußland dadurch in Frage gestellt. Sehr bald stellte sich dann auch heraus, daß eine polnische Armee, die eine Erweiterung der schon bestehenden Polenlegion sein sollte, unmöglich war. Man mußte auf sie trotz der Ansicht des Generalgouverneurs verzichten. Auch dieser kam von seinem Gedanken sehr bald zurück und mußte seinen allerdings unbegreiflichen Irrtum bekennen. Wenn es mithin nicht gelang, polnische Truppen zur Verstärkung der Armee aufzustellen, so konnten doch andererseits Ersparnisse an Truppen gemacht werden, wenn die Verteidigungslinien im Westen verkürzt wurden. Standen doch nur 154 schwache Divisionen gegen 190 feindliche an der französischen Front. Das aber konnte nur dadurch erreicht werden, daß man die Front geradelegte, was zunächst in der Gegend der Somme möglich war, wo man sowieso einen neuen Angriff erwartete. Es war damit der weitere Vorteil verbunden, daß man damit einer feindlichen Umfassung wenigstens einigermaßen vorbeugte und den Kampf in ein für die Verteidigung günstiges Gelände verlegte. Auch konnte man in dem geräumten Gelände alle Mittel der Unterkunft und der Kriegführung zerstören und so dem Gegner den Angriff an dieser Stelle sehr wesentlich erschweren. Es wurde demgemäß beschlossen, die Gegend vorwärts von St. Laurent bei Arras über St. Quentin bis Vailly an der Aisne zu räumen, dort eine neue Stellung — die Siegfriedstellung — zu bauen, sobald diese fertig wäre dorthin zurückzugehen, und dabei die Gegend bis dahin völlig zu zerstören. Mit dem Ausbau der neuen Stellung sollte sofort begonnen, die Arbeiter sollten, soweit angängig, aus der Heimat entnommen werden. Auch die Michelstellung, die den bedeutenden Bogen bei St. Mihiel abschneiden sollte, wurde für den Fall eines etwaigen Rückzuges vorbereitet[1]).

Das alles waren jedoch nur Abwehrmaßregeln, denn es war von vornherein klar, daß man sich auch im kommenden Jahre in Frankreich vollkommen in der Defensive halte müßte. Leider mußte das auch in Rußland der Fall sein. Man konnte auf diesem Kriegsschauplatz unmöglich angriffsweise verfahren, weil man immer fürchten mußte, ins Uferlose zu geraten. Der Krieg von 1812 war ein warnendes Beispiel. So schien man völlig auf die Verteidigung angewiesen und sah auf dem Festlande zunächst keinerlei Mittel, zu einem Abschluß des unheilvollen Krieges zu gelangen. Ein solches bot sich aber auf der See.

Der Chef des Admiralstabs versicherte immer wieder, daß man imstande sei, England innerhalb gewisser Zeit durch den unbeschränkten U-Boot-Krieg zum Nachgeben zu zwingen. Auch zeigte sich sehr bald, daß weder Holland noch Dänemark gewillt seien, des U-Boot-Krieges wegen zu den Waffen zu greifen. Der Reichskanzler hatte sich auch in diesem Punkte wie gewöhnlich geirrt. So schlug denn die Oberste Heeresleitung, als einziges Mittel, den Krieg doch noch siegreich zu beenden, den uneingeschränkten U-Boot-Krieg vor, während man sich auf dem Ost- und Westkriegsschauplatz defensiv verhalten wollte und mußte. Jetzt endlich gab auch der Reichskanzler nach. Schon am 12. Februar 1916 hatte der damalige Chef des Admiralstabs, Admiral von Holtzendorff, eine Denkschrift aus dem verflossenen Jahre eingereicht, in der der militärisch zwingende Beweis geführt wurde, daß der uneingeschränkte U-Boot-Krieg, wenn er sofort eröffnet

---

[1]) Siehe Karte 17.

würde und 600 000 Tonnen jeden Monat versenkt würden, England binnen sechs Monaten zum Frieden zwingen werde, wohlgemerkt aber nur dann, wenn er sofort begönne. Die Denkschrift beruhte nämlich auf Berechnungen, die für den Dezember 1915 gültig waren. Seitdem war nun aber über ein Jahr verstrichen, und die Verhältnisse hatten sich vollständig geändert. England hatte alle Zeit gehabt, sich auf den U-Boot-Krieg vorzubereiten. Es hatte soeben aus Amerika 550 U-Boots-Zerstörer bezogen. Es hatte alle Handelsschiffe bewaffnet, seine Verpflegungsreserve im Inlande wesentlich erhöht, und das Fahren der Schiffe in Geleitzügen angeordnet. Der Neubau von Schiffen in Amerika und England war mit aller Kraft gefördert worden, und auch sonst waren alle nur denkbaren Maßregeln zur Abwehr von U-Booten getroffen. Es war selbstverständlich, daß man im Frühjahr 1917 nicht mehr mit den gleichen Ergebnissen rechnen konnte wie im Winter 1915 auf 1916, trotzdem die Zahl der vorhandenen U-Boote wesentlich erhöht worden war. In sechs Monaten konnte England jetzt nicht mehr niedergeworfen werden. Immerhin war ein Niederkämpfen dieses Staates in absehbarer Frist wahrscheinlich, und auch nur mit diesem Faktor rechnete der Generalstab. Es gab aber, soweit Menschen urteilen konnten, kein anderes Mittel mehr, den Krieg trotz der gewaltigen Übermacht der Feinde siegreich zu beenden. Daß Amerika daraufhin den Krieg erklären würde, war freilich sicher. Man hoffte jedoch, mit dem Feinde in Europa durch den U-Boot-Krieg früher fertig zu werden, als Amerika in der Lage wäre, die Feindseligkeiten zu eröffnen; war doch dieser Staat weder zu Lande noch zur See auf einen Krieg vorbereitet. Es mußte längere Zeit dauern, eine kriegsbrauchbare Armee zu schaffen und nach Europa hinüberzubringen. Man konnte hoffen, durch den U-Boot-Krieg so viel Schiffsraum zu vernichten, daß ein solcher Transport unmöglich werden würde. So hieß denn die Parole für den nächsten Feldzug: Defensive auf beiden Landfronten, Offensive zur See.

Demgegenüber glaubte die Entente ihres Sieges im Jahre 1917 sicher zu sein. Sie verließ sich ganz auf ihre überwältigende Überlegenheit an Menschen und Material. Sie glaubte auch der moralischen Überlegenheit ihrer Truppen über das deutsche Heer auf Grund der Erfahrungen bei Verdun und an der Somme sicher zu sein. Die Führung und die Werte, die diese zu schaffen vermochte, zog sie wenig in Betracht. Es lag darin eine gewaltige Überschätzung der Maschine gegenüber den geistigen und seelischen Kräften, die eine Truppe unüberwindlich machen können. Zur See aber war sie an die schwächliche Haltung der deutschen Regierung gewöhnt, und glaubte an keinerlei Energie. Im übrigen hatte sie alles irgend mögliche getan, um die Wirkung der U-Boote zu paralysieren.

Die Alberichbewegung, die russische Revolution und die Kriegserklärung Amerikas.

Deutschland war, wie wir wissen, in Frankreich auf reine Abwehr gestellt und wollte den Rückzug zu beiden Seiten der Somme antreten, sobald die Siegfriedstellung ausgebaut sein würde, was Mitte März der Fall war. Der Bewegung war der Deckname der

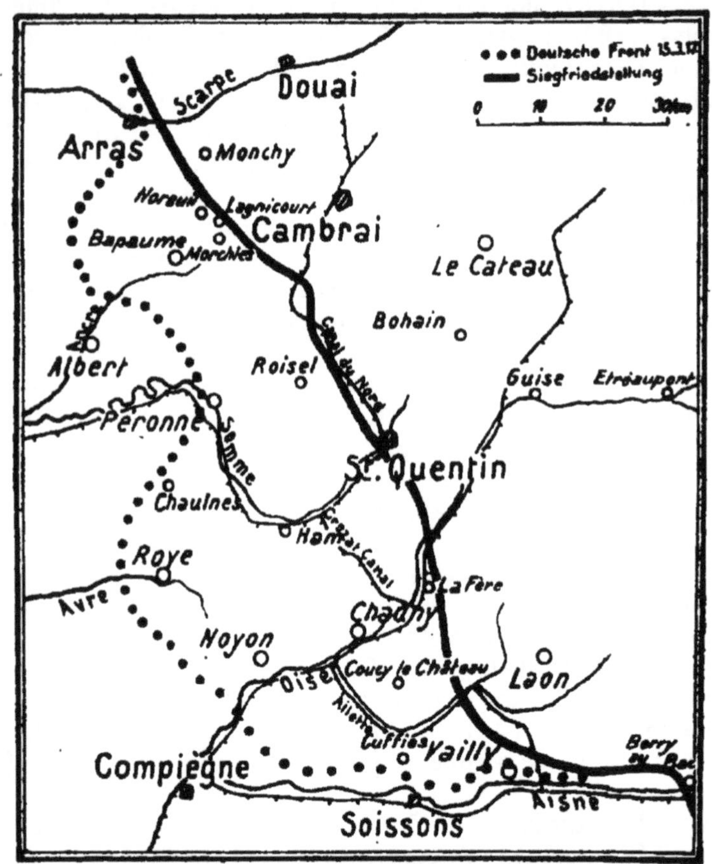

Karte 64. Der Rückzug in die Siegfriedstellung (Alberichbewegung).

Alberichbewegung gegeben worden. Sie sollte am 16. März beginnen. Doch gehörten gute Nerven dazu, den Termin innezuhalten, denn sowohl nördlich der Somme als auch südlich Roye machten sich deutliche Anzeichen bemerkbar, daß sich der Feind anschickte, die Schlacht wieder zu eröffnen. Auch mußten im Norden schon am 11., im Süden schon am 13. März 1917 geringere Frontveränderungen vorgenommen werden, um einem Angriff auszuweichen. Dennoch gelang es, die Hauptbewegung bis zum bestimmten Termin zurückzuhalten; dann aber wurde sie in wenigen großen Sprüngen ausgeführt, ohne daß es zu einem entscheidenden Gefecht gekommen wäre, da die deutsche Heeresleitung darauf verzichten zu müssen glaubte, um die eigene Schwäche zu bemänteln, einen Gegenangriff im großen Stil anzulegen. Nur bei Coucy le Chateau zu beiden Seiten der Ailette, an der Oise westlich La Fère, sowie östlich des Crozatkanals bei St. Quentin kam es mit den Franzosen, bei Morchies—Lagnicourt und Noreuil mit den Engländern zu Gefechten, die für die Ententetruppen sehr verlustreich ausfielen. Im übrigen hat die Siegfriedstellung die in sie gesetzten Erwartungen in vollem Maße erfüllt. Die Deutschen standen geschlossener und gefestigter als vorher, das preisgegebene und verwüstete Gelände eignete sich nicht mehr für einen Angriff, die Pläne des Angreifers wurden durchkreuzt, und die eigenen Linien konnten durch Herausziehen von Divisionen verkürzt werden. Auch das Kommando der 1. Armee, General Fritz von Below, konnte man nun wegnehmen. Es wurde zwischen der 3. und 7. Armee eingesetzt.

Es griff überhaupt eine Neuregelung der Kommandoverhältnisse Platz; die Heeresgruppe Kronprinz Rupprecht umfaßte die 4., 6. und 2. Armee zwischen dem Meer und La Fère; die Heeresgruppe Deutscher Kronprinz die 7., 1., 3. und 5. Armee von La Fère bis etwa zur Orne östlich Verdun; und die Heeresgruppe Herzog Albrecht von Württemberg, der die 4. Armee an General Sixt von Armin abgegeben hatte, die Armeeabteilungen C, A und B. Durch seine Übernahme des gemeinschaftlichen Kommandos waren die Verhältnisse an der elsaß-lothringischen Front sehr erheblich gesundet.

So war alles auf den Empfang des Feindes eingerichtet. Rußland hatte, trotz kleinerer Angriffe auf allen Frontteilen, im allgemeinen Ruhe gehalten. Nur Ende Januar und Anfang Februar war die Lage an der Ostfront kritisch geworden, als die Russen von Riga aus über den gefrorenen Tirulsumpf auf Kaluzem über die Aa vorgebrochen waren. Nur mit Mühe war es gelungen, sie wieder zurückzuwerfen und den alten Zustand wiederherzustellen. Seitdem hatten sie sich ruhig verhalten. Im Westen aber wurden Angriffe erwartet, die alles bisher Dagewesene übertreffen sollten, denn die Entente, die die Verhältnisse in Rußland jedenfalls besser kennen konnte als die Deutschen und wußte, was dort bevorstand, mußte alles daransetzen, um noch im Sommer 1917 einen entscheidenden Sieg zu erringen. Auch wußte sie wohl, daß der uneingeschränkte U-Boot-Krieg eintreten sollte, sowie daß Amerika noch geraume Zeit brauchte, um kriegsbereit zu sein. Sie mußte auch aus diesem Grunde eine Beschleunigung der Entscheidung wünschen, da man nicht wissen konnte, wann das der Fall sein würde. Da trat ein Ereignis ein, auf das die Deutschen jedenfalls nicht vorbereitet waren: die Revolution in Rußland.

Die Verhältnisse dort waren schon längst für eine Staatsumwälzung reif, denn auch die bürgerlichen Parteien hatten sich bei der allgemeinen Unzufriedenheit den Umstürzlern angeschlossen. Die furchtbare Mißwirtschaft, die Verschleuderung der Staatsgelder, der unglückliche Verlauf des Krieges und die Haltlosigkeit des Zaren den verschiedensten Einflüssen gegenüber, die sich geltend machten, kamen in der Duma zur Sprache, und als diese infolgedessen aufgelöst wurde, beschloß sie am 11. April, weiterzutagen und löste damit einen gewaltigen Aufstand unter den Truppen und Arbeitern von St. Petersburg aus, der von einer gefährlichen Empörung der Kriegsflotte in Kronstadt, Reval und Helsingfors begleitet war. Schon am 15. März war Kaiser Nikolaus zur Abdankung gezwungen und später ermordet worden. Es folgte eine bürgerlich-demokratische Regierung erst unter dem Fürsten Lwow, dann unter Miljukow; beide konnten sich nicht behaupten, und es folgte ihnen im Juni 1917 eine revolutionär-demokratische Regierung unter dem Diktator Kerenski. Die Entente aber unterstützte in jeder Weise die Staatsveränderung in Rußland und tat alles, um diesen Staat trotz allem beim Bündnis festzuhalten. Welche Gründe dabei maßgebend waren, läßt sich heute noch nicht übersehen, für Deutschland aber bedeutete das Ereignis zweifellos eine gewaltige Entlastung. Ob es überhaupt imstande gewesen wäre, den Anstürmen im Westen Trotz zu bieten, wenn diese Entlastung nicht eingetreten wäre, läßt sich heute nicht sagen; aber auch damals war nicht zu beurteilen, wieweit eine Entspannung der kriegerischen Verhältnisse eintreten würde, und auf Angriffe im Osten mußte immer noch gerechnet werden; eine bedeutende Minderung der russischen Kriegsfähigkeit war aber zweifellos. Truppen und Munition konnten im Osten gespart werden, und der Austausch im Westen abgekämpfter Divisionen mit besseren aus dem Osten konnte im weiten Umfange vorgenommen werden. Nun konnte man wieder hoffnungsvoller in die Zukunft sehen, und wenn der U-Boot-Krieg das hielt, was der Admiralstab früher versprochen hatte, durfte man hoffen, den Krieg siegreich zu beenden, bevor Amerika mit ausreichenden kriegstüchtigen Kräften auf dem Schauplatz erscheinen konnte.

Daß dieses Land den Krieg erklären werde, wenn die Entente den Krieg zu verlieren in Gefahr kam, stand von vornherein fest; und ebenso sicher war es, daß der unbeschränkte U-Boot-Krieg diese Entwicklung beschleunigen werde. England und Frankreich schuldeten Amerika, d. h. den amerikanischen Geldleuten, ungeheure Summen, die nicht mehr sicher waren, wenn sie den Krieg verloren. Auch war der Hauptgeldmarkt von London nach Neuyork gewandert, und die Vereinigten Staaten hofften auch in bezug auf den Handel die erste Macht der Welt zu werden, wenn ihre Verbündeten mit *ihrer* Hilfe siegten. Daß eine völlige Niederwerfung Deutschlands den zukünftigen und bleibenden Interessen Amerikas nicht entsprechen konnte, wurde über den augenblicklichen Geldinteressen übersehen.

Diese vor allem bestimmten die amerikanischen Politiker, und so erklärten denn die Vereinigten Staaten dem Deutschen Reiche am 6. April den Krieg, nachdem schon Anfang Februar die diplomatischen Beziehungen abgebrochen worden waren, ein Verfahren, dem sich die meisten amerikanischen Staaten anschlossen. Zwischen dem 7. April und dem 9. Oktober brachen Kuba, Panama, Brasilien, Bolivia, Honduras, Nikaragua, Guatemala, Haiti, Kostarika, Peru und Ekuador die Beziehungen zu Deutschland ab. Nur Chile, Argentinien, Mexiko, San Salvador, Kolumbia, Venezuela und Paraguay blieben neutral. Vergiftet wurde die Stimmung in Amerika noch dadurch, daß ein Brief, den der Staatssekretär Zimmermann an den deutschen Gesandten in Mexiko gerichtet hatte, und in dem diesem Staate die namhaftesten Vorteile versprochen wurden, falls er sich eintretendenfalls gegen die Vereinigten Staaten wenden wolle, von den Amerikanern aufgefangen und veröffentlicht worden war. Alle Verbündeten Deutschlands wurden in die Kriegserklärung mit eingeschlossen, mit Ausnahme Bulgariens. Der amerikanische Gesandte blieb in Sofia und damit imstande, nach Amerika zu berichten und im Sinne der Ententestaaten weiter zu wühlen. Der Zusammenbruch Rußlands gewann andererseits jetzt erst seine eigentliche Bedeutung. In den Reihen der Ententestaaten wurde es durch das für Deutschland unangreifbare Amerika ersetzt, das aber erst in einiger Zeit kriegsbereit sein und mit seinen Armeen herüberkommen konnte, wenn Schiffsraum genügend vorhanden war. Diese Frist war dem Deutschen Reiche gegeben. Innerhalb dieser Frist mußte es siegen oder zugrunde gehen. Sein Schicksal war mehr als je zu einer Existenzfrage geworden.

Die Schlachten bei Arras und die Doppelschlacht an der Aisne und in der Champagne.

Der Plan der Franzosen und Engländer ging, wie schon früher, offenbar dahin, von Arras aus in der Richtung auf Douai, von der Aisne und der Champagne aus etwa in der Richtung auf Mezières durchzubrechen, die ganze zwischenliegende Front strategisch abzuschnüren und so zurückzuwerfen. Die Engländer sollten im Norden den Angriff eröffnen und möglichst viele Kräfte auf sich ziehen; dann sollte der Angriff der Franzosen folgen. So muß man wenigstens den Plan der Feinde annehmen, wenn man sich an deren Stelle versetzt. Deutscherseits war man auf den Angriff vorbereitet. Die Heeresgruppe Kronprinz Rupprecht und Deutscher Kronprinz waren durch Divisionen und Artillerie verstärkt worden; auch waren die Eingreifdivisionen näher an die Front herangezogen worden, aber leider nicht nahe genug, um rechtzeitig eingreifen zu können. So traf der Angriff, als er am 9. April nach langer und furchtbarer Artillerievorbereitung einsetzte, auf eine doch nicht ganz auf einen Angriff gefaßte Front. Um einen Begriff von der Gewalt dieser Artillerievorbereitung zu geben, sei nur erwähnt, daß an einer Stelle auf nur 5 km Front 456 Feldgeschütze, 250 schwere und schwerste Geschütze und 268 Minenwerfer in Wirksamkeit waren. Außerdem wurde er durch Tanks in einer Breite von 30 km vorgetragen, und es gelang den Engländern schon in den Vormittagsstunden in die deutsche Artilleriestellung einzudringen und bedeutendes Kriegsmaterial zu er-

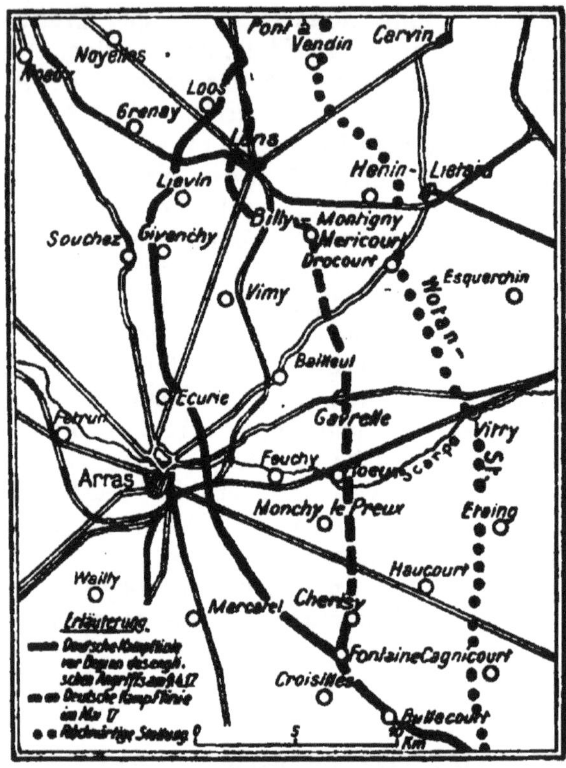

Karte 65. Die Schlacht bei Arras.

beuten. Sie wollen 11 000 Gefangene gemacht und 110 Kanonen erobert haben. Einige deutsche Divisionen, die für gut gegolten hatten, ließen sich überrennen; andere erlitten äußerst schwere Verluste. Glücklicherweise aber hatten auch die Engländer so stark gelitten, daß sie sich am 9. April mit den gemachten Fortschritten — sie waren bis zu 6 km in die deutsche Stellung eingedrungen — begnügen mußten. Erst am 10. April setzten sie den Angriff in großem Maßstabe fort. Da aber die Verteidigung wieder geordnet war, kamen sie nicht recht vorwärts. Den 11. April wurde allerdings Monchy von den Angreifern genommen, auch Givenchy mußte preisgegeben werden, und in der Nacht zum 12. wurden die wichtigen Vimyhöhen von den Deutschen geräumt; weiter aber vermochten die Gegner im allgemeinen nicht vorzudringen. Täglich wurde örtlich gerungen. Beide Gegner erzielten da und dort kleinere Gewinne oder erlitten entsprechende Verluste; der 23. und 28. April sowie der 3. Mai waren gewaltige Großkampfstage. Am 23. April scheiterten englische Angriffe südlich der Scarpe, die mit Tanks vorgetragen worden waren; am 28. April desgleichen an der Straße Arras—Cambrai. Ähnlich war der Erfolg am 3. Mai. Im allgemeinen konnten die Deutschen ihre Kampflinie halten, die im Mai von Lens, das behauptet wurde, über Mericourt—Gavrelle—Roeux—nach Chérisy und Fontaine führte; ein weiterer Rückzug in die Wotanstellung, die hinter der von der Armee gehaltenen Linie von Quéant im Süden westlich an Henin Liétard vorbei nach La Bassée führte, war nicht mehr nötig. Die Truppen konnten sich in der genannten Stellung einrichten; der Durchbruch war verhindert; der Kampf aber dauerte fort. Der Feind hatte eine Linie gewonnen, die weiten Ausblick gewährte, und zwang dadurch die Deutschen, fortdauernd starke Reserven und zahlreiches Kriegsgerät bereitzuhalten. So wurde wenigstens einer der Zwecke erreicht, die der Angreifer verfolgt hatte. Als aber dann die Franzosen glaubten, daß die Engländer genügend Truppen auf sich gezogen hatten, setzten sie ihre großangelegten Angriffe an der Aisne und in der Champagne an.

Mittlerweile war der General Joffre durch den General Nivelle

Karte 66. Die Schlacht an der Aisne.

ersetzt worden, der durch seine Angriffe bei Verdun bekannt geworden war, und dieser griff nach tagelanger gewaltiger Artillerievorbereitung am 16. April entscheidend an. Er glaubte zunächst westlich von Reims einen raschen Durchbruch erzielen zu können. Auch hatte er anfangs gewisse Erfolge. Die Deutschen mußten den bei Vailly vorspringenden Stellungsbogen räumen und sich zwischen Laffaux und Cerny unter erheblichen Verlusten an Gefangenen und Gerät auf den Damenweg zurückziehen. Der Winterberg bei Craonne wurde gehalten; weiter östlich aber drangen die Angreifer mit Tanks bis gegen Juvincourt vor, wo eine Eingreifdivision ihren Fortschritten ein Ende machte; östlich der Aisne wurden die Stellungen gehalten. Ein Einbruch, der in der Nähe des Brimont erfolgte, wurde durch eine Division zweiter Linie wieder ausgeglichen. Angriffe, die am 17. und 18. April stattfanden, brachten keine weiteren Erfolge.

Inzwischen hatten auch östlich Reims die Angriffe begonnen. Sie richteten sich gegen die Linie St. Hilaire—Prosnes—Prunay, und

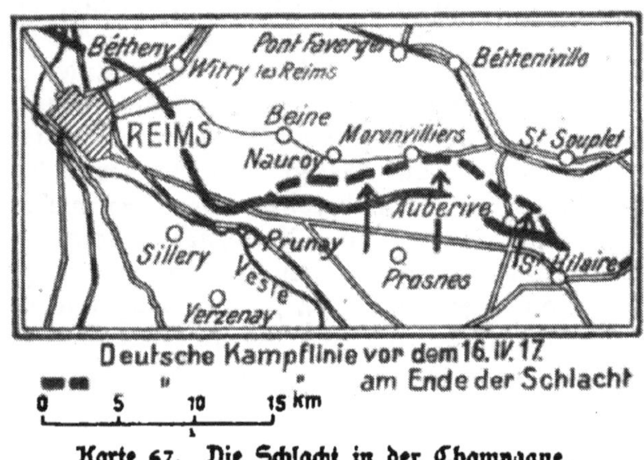

Karte 67. Die Schlacht in der Champagne.

da eine deutsche Division versagte, gelang es den Franzosen, sich der Höhen von Moronvilliers zu bemächtigen, die einen weiten Überblick über das nördlich vorgelagerte Gelände gewährten. Am 19. suchte ein deutscher Gegenstoß sich dieser Höhen wieder zu bemächtigen. Er scheiterte aber, da er übereilt angesetzt war. Man mußte sich mit dem Verlust der genannten Berge abfinden. Weitere Fortschritte vermochten die Franzosen aber nicht zu machen. Als sie zur Fortsetzung des Angriffes den nördlichen Höhenrand hinabsteigen wollten, gerieten sie in das deutsche Artilleriefeuer und mußten die Vorwärtsbewegung einstellen. Auch die weiteren Kämpfe führten zu keinem Ergebnis. Am 7. Mai versuchte Nivelle an der Aisne, am 9. auch in der Champagne noch einmal das Glück der Waffen; jedesmal war das Ergebnis ein negatives, dann flaute der Angriff auf der ganzen Linie ab, um am 20. Mai in der Champagne noch einmal sich zu voller Stärke zu entfalten. Die französische Offensive brach überall blutig zusammen, ja die Verluste waren so ungeheure, daß in der französischen Armee sich Meutereien geltend machten, die allerdings mit großer Energie unterdrückt wurden, die aber doch zu der Auffassung führten, der auch der Kriegsminister Ausdruck verlieh, daß solche Verluste nicht mehr vorkommen dürften. Nivelle, der überall in dicken Massen angegriffen hatte, mußte den Platz räumen und wurde durch den General Pétain ersetzt, der sich durch die erfolgreiche Verteidigung von Verdun einen Namen gemacht hatte. Die Deutschen aber hatten einen Abwehrsieg erfochten, der auch durch den geringen Geländeverlust, den sie dabei erlitten hatten, nicht beeinträchtigt werden konnte. Die Franzosen andererseits hatten ihre Angriffskraft vorerst eingebüßt; denn wenn es in der angegriffenen Front in den kommenden Monaten auch noch vielfach zu örtlichen Kämpfen kam, und auch vor Verdun gefochten wurde, so konnte doch in der nächsten Zeit wenigstens nichts Entscheidendes von ihnen unternommen werden.

Der Verlust des Wytschaetebogens und andere örtliche Kämpfe.

Durch die gewaltigen Schlachten bei Arras, an der Aisne und in der Champagne war es den Westmächten nicht gelungen, die Deutschen niederzuringen und aus Frankreich zu vertreiben. Eine Aussicht, dieses Ziel jetzt noch zu erreichen, war nicht vorhanden, dagegen errang der U-Boot-Krieg Erfolge, auf die man nicht gefaßt gewesen war. Es kam daher für die Entente vor allem darauf an, die Basis zu zerstören, von der die U-Boote ausgingen, um wenigstens das Herüberkommen der Amerikaner sicherzustellen, auf die man seit dem Zusammenbruch Rußlands die meisten Hoffnungen setzte. Die Franzosen und Engländer hielten es daher für nötig, den Schwerpunkt ihrer Angriffe fortan nach Flandern und an die Meeresküste zu verlegen. Ein solcher Angriff aber war nur möglich, wenn es gelang, den sogenannten Wytschaetebogen, d. h. das südlich Ypern vorspringende Geländestück, das von den Deutschen in heißen Kämpfen erobert worden war, vorher wegzunehmen, weil von ihm aus jeder weiter nördlich unternommene Angriff flankiert werden konnte. Abgesehen aber davon kam es darauf an, die Aufmerksamkeit der Deutschen von Flandern abzulenken und an den verschiedensten Stellen anzugreifen, ohne eine Entscheidung ins Auge zu fassen. Dementsprechend sollte gehandelt werden.

Den ersten Zweck glaubte man jedoch durch reine Waffengewalt nicht erreichen zu können und nahm daher zu ausgedehnten Minenwirkungen seine Zuflucht, die in dieser Gegend schon mehrfach angewendet worden waren. Deutscherseits merkte man aus bisher noch unaufgeklärten Gründen nichts von der unterirdischen Arbeit der

Engländer, und so traf der Schlag ganz überraschend. Am 7. Juni gingen auf einer Strecke von 6 km 20 Minen hoch, die einen großen Teil der deutschen Besatzung verschütteten; es setzte dann von allen Seiten ein furchtbares Artilleriefeuer ein, das es den deutschen Eingreifdivisionen unmöglich machte, das verlorene Gelände wiederzunehmen. Auch war der moralische Eindruck der Sprengung ein ungeheurer, und die englische Infanterie, die unmittelbar nach dem Hochgehen der Minen zum Sturm schritt, fand wenig Widerstand.

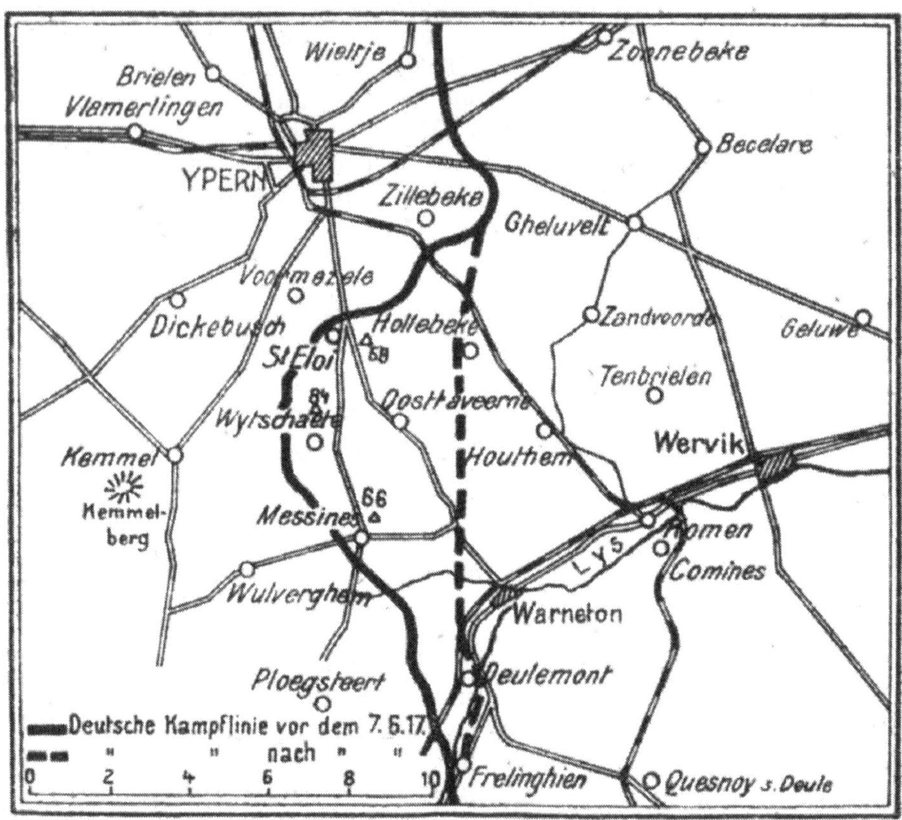

Karte 68. Der Verlust des Wytschaetebogens (nach Ludendorff).

Eine ungeheure Menge Artillerie, Kriegsgerät und Munition sowie die Orte St. Eloi, Wytschaete und Messines mit den Höhen 58, 84 und 66 gingen verloren; die Deutschen verloren 9000 Gefangene und zogen sich auf die Sehne des Wytschaetebogens zurück, die durch die Orte Warneton und Hollebeke bestimmt wird. Der Weg zu weiteren Angriffen war freigelegt; aber die Deutschen waren alarmiert, und es kam daher darauf an, ihre Aufmerksamkeit wieder von Flandern abzuziehen. Teilweise waren es aber auch die Deutschen selbst, die angriffsweise vorgingen, um örtliche Stellungsvorteile zu erzielen.

Dem ersteren Zweck dienten vor allem die Kämpfe, die die Engländer auf dem alten Schlachtfelde von Arras erneuerten, ohne sie allerdings zu der Bedeutung zu steigern, die sie ehemals gehabt hatten; auch zwischen La Bassée und Lens griffen sie an. Sie konnten zwar irgendwelche Vorteile nicht erreichen, aber die Kämpfe wirkten doch immerhin zermürbend auf die deutsche Truppe und nahmen deren Aufmerksamkeit in Anspruch.

Dem Zwecke der Stellungsverbesserung dienten vor allem die Kämpfe der Deutschen am Damenweg und bei Verdun. Die Stellung, die sie beim Abschluß der Frühjahrsschlacht auf den Höhen des Damenweges innehatten, war vielfach ungünstig. Sie ganz dem Feinde zu überlassen, war schon aus moralischen Gründen unmöglich: es hätte der Truppe das Gefühl einer verlorenen Schlacht gegeben. So blieb als Aushilfsmittel nur übrig, durch eine Reihe örtlicher Angriffe die Stellung zu verbessern. Das wurde denn auch mit großer Umsicht ausgeführt; die Stellung wurde verbessert und der Geist der Truppe gehoben. Das alte Gefühl der Überlegenheit über den Feind wurde wiederhergestellt. Auch in der Westchampagne wurde von Ende Juni bis Mitte Juli dauernd gekämpft, da die Franzosen immer von neuem versuchten, an einzelnen Stellen Gelände zu gewinnen, und daher ihre Angriffe erneuerten. Doch blieben die Kämpfe hier ergebnislos. Auch ein Angriff, der am 14. Juli bei Nauroy und Moronvilliers erfolgte, teilte dieses Schicksal.

Ähnlich war die Lage vor Verdun, nur daß sie nicht immer so glücklich gestaltet wurde.

General von Gallwitz, der die 5. Armee kommandierte, seit der deutsche Kronprinz das Heeresgruppenkommando übernommen hatte, hegte den Wunsch, auf dem westlichen Maasufer eine Stellungsverbesserung vorzunehmen. Die Angriffe am 18. und 19. Juni hatten Erfolg; durch einen Gegenstoß aber brachten die Franzosen einen großen Teil des Gewinnes wieder an sich. Am 29. Juni eroberten dann abermals die Deutschen eine französische Grabenstellung in einer Breite von 2 km und 500 m Tiefe bei der Höhe 304 am Wege Esnes—Malancourt, aber auch dieses Mal entrissen ihnen die Franzosen im Gegenstoß einen Teil des Geländes. Erst ein neuer Angriff der Deutschen am 13. Juli brachte einen Ausgleich. Dafür ging am 17. Juli ein Streifen von 5 km Breite im Walde von Avocourt nach tagelangen Kämpfen verloren. So schwankte der Erfolg bei Verdun ohne Entscheidung hin und her. Diese ganze Zeit aber benützten die Ententemächte, um den Angriff in Flandern auf die deutsche U-Boot-Basis vorzubereiten. Er sollte von der englisch-belgischen Armee ausgeführt werden; zur Unterstützung sollten auch französische Truppen, die immer noch die leistungsfähigsten waren, herangezogen werden. Daran änderte auch nichts, daß es den Deutschen am 10. Juli gelang, den Brückenkopf bei Lombartzyde und das Gelände am Meer bis zur Yser zu erobern. Marineinfanterie führte den Sturm aus. Die Yser verhinderte den Gegenstoß. Der Erfolg blieb ohne Folgen.

Italien, Saloniki, Asien und unser Seekrieg. Wahlrechtsfrage und Niedergang der Kriegsstimmung.

Den Deutschen war es gelungen, im Westen dem ersten Ansturm der Entente Halt zu gebieten. Auf allen dortigen Fronten war der Feind, trotz der örtlichen Erfolge, die er errungen hatte, im ganzen geschlagen worden. Rußland, von der Revolution auf das tiefste erschüttert, war als Angriffsgegner bisher ausgeschieden. Auch an den anderen europäischen Fronten waren die Mittelmächte bisher siegreich gewesen. Die Österreicher hatten auch in der 10. Isonzoschlacht vom 12. bis 17. Mai 1917 bis auf sehr geringfügige Verluste ihre Grenze zu wahren gewußt. Der beherrschende Ort Kostanjevica war in ihren Händen geblieben. Die Russen waren zunächst nicht in der Lage gewesen, auf die österreichische Armee zu drücken, während andererseits österreichische Gegenangriffe mehrfach Erfolg gehabt hatten.

Auch gegen die Orient-Armee hatte man sich behauptet. Eine großangelegte feindliche Offensive war vor den bulgarischen Linien zusammengebrochen. Man hatte zudem eine Änderung in den Befehlsverhältnissen vornehmen müssen. Der Generalgouverneur von Belgien, Generaloberst von Bissing, war gestorben, und Generaloberst von Falkenhausen, der bisher die 6. Armee kommandiert hatte, war an seine Stelle getreten. Für ihn hatte General Otto von Below am 18. November 1917 den Befehl über die 6. Armee übernommen und General Scholtz die Armee gegenüber Saloniki. Er führte den Befehl in der bisherigen Weise weiter. Nur in der Türkei waren die Dinge nicht überall nach Wunsch gegangen.

Die türkische Armee bestand Anfang 1917 aus sechs Armeen. Die 2. und 3. Armee waren zusammen sechs Divisionen stark und gegen Armenien vorgeschoben; die 6. Armee deckte mit dem aus drei Divisionen bestehenden XVIII. Korps Bagdad, mit dem XIII., zwei Divisionen starken Korps operierte sie in Persien und hielt mit der 4. Division Mosul besetzt; die 4. Armee stand mit acht Infanteriedivisionen und einer Kavalleriedivision in Syrien und Palästina; die 5. Armee, die von dem deutschen General Liman von Sanders, dem Verteidiger der Dardanellen, befehligt wurde, sicherte mit fünf Divisionen die Dardanellen und Kleinasien; endlich war noch die 1. Armee Essad Paschas vorhanden, die zunächst aus zwei, dann aus nur einer Division bestand. Außerdem fochten auf europäischen Kriegsschauplätzen das XV. Armeekorps mit zwei Divisionen bei der Süd-Armee in Galizien, das VI. Armeekorps mit drei Divisionen in Rumänien, und zwei Divisionen standen gegenüber Saloniki. Zwei Divisionen standen im Jemen, eine in Assyr, und waren, soviel ich ermitteln konnte, keiner Armee zugeteilt; im übrigen gab es noch einzelne Detachements und Truppenteile, die nicht besonders aufgeführt werden. Doch waren alle diese Formationen an Zahl und Ausbildung sehr minderwertig. Die Kampfkraft der Türkei war wesentlich zurückgegangen, und dem gefährlichsten Feinde — den Engländern, die auf Bagdad vordrangen — stand nur ein einziges Armeekorps — das XVIII. — gegenüber. Zwar war die 14. Division vom III. Korps zur 6. Armee überwiesen, während die 7. Division von dem gleichen Korps von Armenien nach Konstantinopel im Anmarsch war, doch konnte besonders die erstere ihr Ziel nur verspätet erreichen.

Die Engländer ihrerseits unter General Maude hatten, nach großzügiger Regelung der rückwärtigen Verbindungen, den Marsch gegen Bagdad wieder aufgenommen. Ihnen trat nur das XVIII. Armeekorps, verstärkt durch Teile der 14. Division, entgegen, das im ganzen nur 6200 Gewehre mit 80 Maschinengewehren und 55 Geschützen stark gewesen sein soll. Das XIII. Armeekorps, das angesichts der drohenden Gefahr aus Persien herangezogen worden war, kam zu spät. Es gelangte nur nach Hannikin. So mußte Bagdad, nachdem es vorher von allen Vorräten geräumt worden war, am 11. März 1917 dem Feinde überlassen werden. Auch Samarra wurde preisgegeben und das dortige Eisenbahnmaterial zerstört.

Auch von Ägypten aus waren die Engländer vorgegangen. Sie hatten eine Eisenbahn über El Katieh nach El Arisch gebaut und hatten auf dieser ihre Truppen allmählich verstärkt. Auch die Türken — geführt von dem deutschen Obersten von Kreß — waren durch etwa zwei Infanterie- und eine Kavalleriedivision verstärkt worden und hatten zwischen Gaza und Berseba in mehreren Gruppen Aufstellung genommen. Hier wurden sie von den Engländern am 26. März 1917 angegriffen; sie blieben aber siegreich und warfen den Feind nach heftigem, zwei Tage dauerndem Gefecht zurück. Die erste Schlacht von Gaza war von den Türken gewonnen. Doch ließen es die Engländer nicht dabei bewenden. Sie griffen am 19. April von neuem an, wurden aber auch dieses Mal in der zweiten Schlacht von Gaza zurückgeworfen und mußten den Türken den Sieg überlassen. Das Feuer mehrerer englischer Kriegsschiffe gegen deren rechte Flanke war ziemlich erfolglos geblieben, ihre Verluste verhältnismäßig gering, während die Engländer sehr viel verloren. Sie gaben nunmehr die Angriffe auf, bauten sich fest ein und sicherten vornehmlich ihre rechte Flanke. Die nächsten besonders heißen Monate waren dann hauptsächlich der Ruhe gewidmet; nur verstärkten sich die Engländer dauernd, um später mit weit überlegenen Kräften auftreten zu können. Nur Akaba wurde im Juni 1917 den Türken weggenommen.

Im Norden auf dem armenischen Kriegsschauplatz traten besondere Ereignisse nicht ein. Die Russen bauten ihre rückwärtigen Verbindungen aus, und die Türken, deren 2. und 3. Armee in der Heeresgruppe Izzet Pascha zusammengefaßt wurden, waren viel zu schwach, um etwas Ernstliches zu unternehmen. Hunger und Flecktyphus räumten furchtbar unter den Truppen auf; es kam nur zu kleineren belanglosen Gefechten, bis schließlich die russische Revolution allen größeren Unternehmungen ein Ende machte, wenn auch der Kriegszustand zunächst noch fortdauerte.

Während demnach in Asien die Dinge weniger günstig standen als man gehofft hatte, brachte der Seekrieg zwar unerwartete Erfolge, aber doch nicht, wie der Admiralstab sich versprochen hatte, die Entscheidung des Krieges, ja es war vorauszusehen, daß eine solche in der ausgesprochenen Weise, wie sie gedacht war, überhaupt nicht eintreten werde, denn Amerika hätte sich sicherlich nicht zum Krieg entschlossen, wenn es nicht mindestens gehofft hätte, ihn trotz des U-Boot-Krieges mit Erfolg führen zu können. Immerhin waren die Versenkungsziffern bedeutend, und im Juni wurde sogar ein Ergebnis erzielt, das zu den besten Hoffnungen berechtigte. Es waren im Februar 644000, im April 822000, im Mai 869000 und im Juni sogar 1016000 Tonnen versenkt worden. Doch hatten auch die Abwehrmittel der Feinde bedeutend zugenommen. Sie fuhren in stark gesicherten Geleitzügen, sie bewaffneten alle Handelsschiffe, stellten Unterseebootfallen auf, verseuchten ganze Meeresteile mit Minen, suchten die Schiffahrtsstraßen durch Flieger ab, die die Unterseeboote von oben her wahrnehmen konnten, und bekämpften sie aus Luftfahrzeugen. Trotzdem war bisher die Versenkungsziffer dauernd gestiegen, während bis Ende Juni nur 22 Boote verlorengingen und am 1. August die Gesamtzahl der Boote, einschließlich der 25 Schulboote, 164 betrug. Ein ausgesprochener Erfolg war, wie gesagt, nicht erzielt worden, und die Stimmung im Lande ging immer mehr herunter. Der Glaube an den Endsieg war vielen Deutschen verlorengegangen, und die russische Revolution wirkte aufregend auf viele Gemüter.

Die Sozialdemokraten und die Unabhängigen gewannen neuen Mut. Ihr Sinn war lediglich darauf gerichtet, selbst zur Macht zu gelangen. Zahlreiche Streiks ließen die erschreckliche Gleichgültigkeit der Arbeiter gegen das Schicksal der Armee erkennen. Zu der Zeit, in der die Not am größten war, in der das Heer am härtesten zu ringen hatte, fielen sie ihm durch Arbeitseinstellung in den wichtigsten Betrieben in den Rücken, und verübten, wenn auch nicht der Form, so doch der Sache nach, Landesverrat. Die Regierung aber tat nichts, aber auch rein gar nichts, um Stimmung und Siegeswillen zu heben. Im Gegenteil! Sie schwankte selbst haltlos hin und her, sah das Unglück kommen und tat nichts, um es zu beschwören. Der Kaiser hatte, wohl auf den Rat Bethmann Hollwegs, schon am 7. April einen

Erlaß ausgegeben, in dem er für Preußen das allgemeine Wahlrecht in Aussicht stellte. Er hoffte offenbar damit die Revolution zu beschwören. Der Umstand aber, daß dieser Erlaß fast unmittelbar vor Ausbruch der russischen Revolution erfolgte, ließ seinen Ursprung und seine Absicht deutlich erkennen. Er zeigte dem Auslande die ganze innere Schwäche Deutschlands und dem Inlande die Angst vor der Revolution. So entfesselte er hier nur eine leidenschaftliche Erregung und machte die Stellung des Kanzlers immer unhaltbarer. Durch fortwährendes Nachgeben gegenüber den linksstehenden Parteien glaubte dieser die Gefahr beschwören zu können und schien doch selbst an den Erfolg seiner Tätigkeit nicht zu glauben. Einen Verständigungsfrieden, wie ihn der Reichstag erstrebte, hielt er für unmöglich, glaubte vielmehr an einen „Heloten"-Frieden und tat dennoch nichts, um das Volk selbst über die Gefahr aufzuklären, in der es schwebte. Endlich, am 27. Juni, schrieb Hindenburg an den Kaiser selbst: „Die schwerste Sorge ist aber augenblicklich das Sinken der Stimmung im Volke. Sie muß gehoben werden, sonst verlieren wir den Krieg. — Dazu gilt es im Inneren die schwierigsten wirtschaftlichen und für die Zukunft bedeutsamsten Fragen zu lösen. — Es entsteht die Frage, ob der Kanzler zur Lösung dieser Fragen — und sie müssen richtig gelöst werden, sonst sind wir verloren — imstande ist." So war die Frage, vor die der Kaiser gestellt war, im wesentlichen: Hindenburg oder Bethmann Hollweg?

Die zweite Brussilow-Offensive. Der Kanzlerwechsel und die Friedensresolution.

Am 3. April 1917 hatten die Deutschen den Brückenkopf bei Toboly erobert und etwa 10 000 Gefangene gemacht. Eine mächtige Artillerie war zu diesem Zwecke unter dem Befehl des Oberstleutnants Bruchmüller zusammengezogen worden; die eigenen Verluste waren gering. Es war die letzte Stellung am linken Stochodufer, die der Gegner von der ersten Brussilow-Offensive her noch im Besitz hatte. Wieder aber war Bethmann der Ansicht, daß es den Friedensaussichten Rußlands gegenüber nur schaden könne, wenn man irgendwelchen militärischen Erfolg erziele. Derselbe Mann, der durch die Proklamierung des Königreichs Polen jeden Frieden mit Rußland unmöglich gemacht hatte, wollte jetzt mit demselben Staate Frieden erlangen, indem er jeden militärischen Erfolg zu verhindern suchte. Hindenburg aber hatte, weil er den Frieden im Osten auf keinen Fall gefährden und einen Zwiespalt mit der Reichsleitung vermeiden wollte, wenn auch ungern, nachgegeben und hatte jeden weiteren Angriff verboten. Aber der Diktator Kerenski, der im Juni in Rußland zur Macht kam, nachdem verschiedene Regierungen abgewirtschaftet hatten, dachte gar nicht an Frieden und benutzte die Untätigkeit der Deutschen nur dazu, um einen beabsichtigten Angriff in Ruhe vorzubereiten. Er war von den Ententestaaten in jeder Weise bearbeitet und beim Ehrgeiz gepackt worden. Jetzt glaubte er anscheinend, durch einen Sieg seine Herrschaft befestigen und zugleich Rußlands Machtbedürfnis befriedigen zu können. Der Plan, den er mit Brussilow vereint zur Niederwerfung der Mittelmächte ausführen wollte, war daher großzügig gedacht. Zeitlich konnte er allerdings nicht mehr mit dem Ansturm im Westen zusammenfallen, man glaubte jedoch trotzdem Großes erreichen zu können, da Deutschland durch jenen Ansturm erschöpft sein mußte und die österreichische Armee durch politische Umtriebe in ihrer Leistungsfähigkeit sehr erschüttert zu sein schien. Einen Punkt aber vor allem hatte man offenbar nicht richtig bewertet: daß nämlich die russische Armee selbst durch die Soldatenräte und andere sozialistische Einrichtungen in ihrem inneren Werte stark gelitten hatte und nicht mehr das gleiche leisten konnte wie früher. Sie sollte auf der ganzen Front gleichzeitig angreifen. Aus dem Brückenkopf bei Riga, aus Dünaburg, am Narotschsee und in der Gegend von Smorgon sollten Nebenstöße geführt werden, der Hauptangriff aber sollte staffelförmig südlich Brody derart erfolgen, daß der Gegner auf der ganzen Linie bis zu den Karpathen mit mehreren Tagen Zwischenraum angegriffen werden sollte. Den Angriff sollte eine rumänisch-russische Armee im Süden fortsetzen. Ich nehme wenigstens an, daß auch das letztere von Anfang an geplant war.

Prinz Leopold von Bayern, der von dem bevorstehenden Angriff unterrichtet war, plante einen Gegenstoß von Sborow aus, der unter Deckung in der linken Flanke die russische Angriffsarmee nach Süden aufrollen sollte. Hierzu wurden trotz der gespannten Verhältnisse an der Westfront sechs Divisionen aus dem Westen überwiesen und auf den linken Flügel der Angriffsarmee gefahren. Ehe jedoch der deutsche Aufmarsch beendet war, brach der russische Angriff los. Am 1. Juli griffen die Russen mit großem Munitionsaufwand in dichten Massen die 2. österreichische Armee zwischen Sborow und Brsheshany durch ihre rechte Flügelarmee Guter an und erzielten große Erfolge. Bei Sborow konnten sie 2 km, bei Koniuchy sogar 5 km in die Stellung der Österreicher eindringen, die sehr viel Gerät und zahlreiche Mannschaften durch Überlaufen verloren. Prinz Leopold mußte zahlreiche Reserven einsetzen, um diesen Stoß zum Stehen zu bringen. Das gelang aber schon am 2. Juli. Am 4. Juli griff dann die russische Armee Bjelowicz die Süd-Armee an der Narajowka an, wurde aber nach sehr geringen anfänglichen Erfolgen blutig abgewiesen, da diese Armee hauptsächlich aus deutschen Truppen und Türken bestand. Am 6. Juli erfolgte der Hauptstoß südlich des Dnjestrs. Hier war es die Armee Kornilow, die den Angriff ausführte. In einer Breite von 32 km drang sie beiderseits Stanislau tief in die österreichische Stellung ein, überschritt die

Bystryza, die Lukwa und zum Teil auch die Lomnica und bemächtigte sich der Stadt Kalusch. Zahlreiches Heeresgerät und viele Überläufer gingen der 3. Armee verloren. Weiter aber kamen die Russen

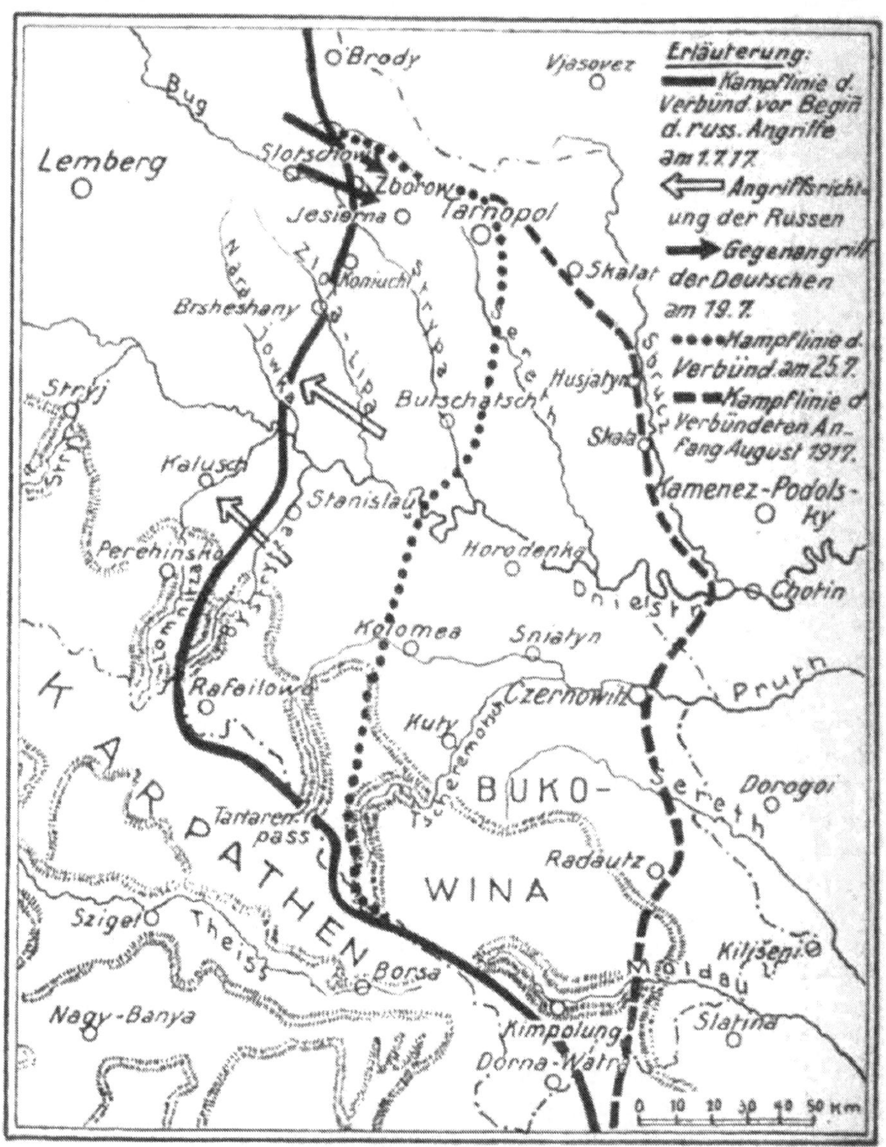

Karte 69. Zweite Brussilow-Offensive (nach Ludendorff).

nicht. Die zuerst eintreffenden deutschen Reserven brachten sie zum Stehen. Die Angriffe gegen die Karpathenfront bei Ludowa und am Tatarenpaß scheiterten ebenfalls.

Prinz Leopold hatte sich inzwischen in seiner Absicht, einen

Gegenstoß auszuführen, nicht irremachen lassen. Wenn er auch die 3. österreichische Armee vielfach durch Truppen stützen mußte, die von dem Aufmarschgebiet abgelenkt werden mußten, so wußte er doch den leitenden Gedanken festzuhalten und den Aufmarsch zum Gegenstoß zu fördern. Leider mußte der Angriff des schlechten Wetters wegen mehrere Tage aufgeschoben werden; auch die Kavallerie, die den Durchbruch ausbeuten sollte, war nicht zur Stelle, da sie zur Verhinderung des feindlichen Weiterkommens nach Kalusch hatte geschickt werden müssen; aber am 19. Juli konnte der Angriff stattfinden und hatte einen glänzenden Erfolg.

Auf einer verhältnismäßig schmalen Front von nur 6 km wurden vier Divisionen im ersten Treffen eingesetzt. Zwei weitere folgten gestaffelt hinter den Flügeln. Nur fünf von ihnen[1]) führten den eigentlichen Kampf, während ihnen in erster Linie sieben, in zweiter acht feindliche Divisionen gegenüberstanden. Trotzdem wurde schon am ersten Tage Gelände in einer Breite von 20 km und bis zu 15 km Tiefe gewonnen. Schon am 25. Juli fiel Tarnopol. Die Front der Russen weiter südlich begann sich zu lockern. Die Süd-Armee, die 3. und die 7. Armee, die besonders stark mit deutschen Truppen durchsetzt waren, traten an; bis in die Bukowina hinein geriet die ganze Ostfront in Bewegung. Die Russen wichen in Auflösung zurück, die bald eine vollständige wurde. Schon am 30. Juli wurde unter steten Kämpfen der Grenzfluß Sbrucz zwischen Husjatyn und Skala und die Linie Sinkow—Sniatyn—Dorna Watra erreicht; in der Nacht vom 2. zum 3. August wurden Czernowitz und Kimpolung besetzt. Bis zum 10. August war die Bukowina zum allergrößten Teil wieder im Besitz der Mittelmächte. Die Nebenangriffe der Russen bei Riga, Dünaburg und am Narotschsee waren mit Leichtigkeit abgewiesen worden. Nur bei Krewo südlich Smorgon waren sie am 21. Juli in die Stellung einer sehr weit auseinandergezogenen Landwehrdivision eingedrungen und wurden erst nach mehreren kritischen Tagen durch Artilleriefeuer und Reserven wieder hinausgeworfen.

Indessen hatte am 31. Juli 1917 auch die geplante russisch-rumänische Offensive eingesetzt, zu spät, um auf den damals schon gescheiterten Angriff Brussilows noch Einfluß haben zu können. Der Gedanke lag für die Deutschen sogar nahe, von der Bukowina aus den in der Moldau fechtenden Rumänen in den Rücken zu fallen und gleichzeitig vom unteren Sereth aus vorzurücken. Diese Erwägungen hatten sogar schon dazu geführt das Alpenkorps nach Rumänien zu fahren. Doch mußte ein solcher Plan für den Augenblick wieder aufgegeben werden, als der rumänisch-russische Angriff erfolgte, da sich herausstellte, daß die Kräfte zum Vorgehen aus der Bukowina nicht ausreichten, und die Eisenbahnen derart zerstört waren, daß sie vor-

[1]) Es waren dies die 1. und 2. Garde-Infanteriedivision und die 5., 6., 22. Infanteriedivision.

her wieder hätten hergestellt werden müssen. Quellen über diese Verhältnisse sind mir nicht zugänglich; ich kann daher nur ganz allgemeine Angaben machen. Danach scheint es, als ob die rumänische Armee Averescu gegen den Oitozpaß vorgegangen sei, andere Teile weiter nördlich gegen Gymes- und Tölgyespaß, um die Verbindung zwischen den Heeresgruppen Mackensen und Erzherzog Joseph zu lockern, während die 4. russische Armee gegen Focsani vorstieß. Die Truppen des Generals Rohr, der für den General Arz von Straußenburg das Kommando der 1. Armee übernommen hatte, wichen unter starken Verlusten in den oberen Tälern der Putna und der Susita, des Casinu, Oitoz und Trotus auf die Haupt-

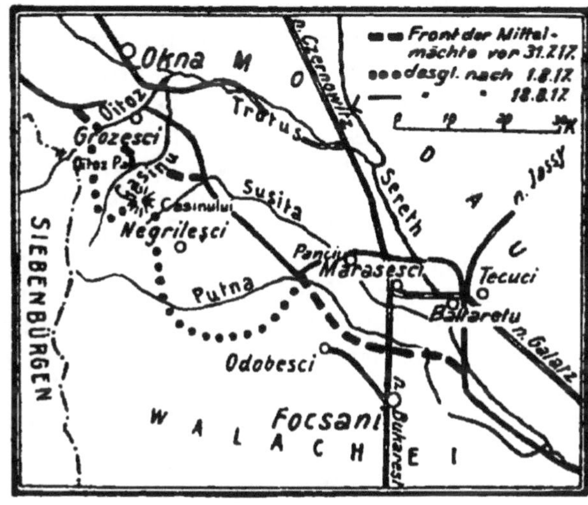

Karte 70. Die Kämpfe am Sereth.

stellungen zurück, wo sich der Kampf um die Gebirgsgruppe des Casinului zusammenzog, die von der Armee Rohr unter mancherlei Schwankungen behauptet wurde. Um diese zu entlasten, ging der linke Flügel der Armee Mackensen etwa von Focsani aus zum Gegenstoß vor, drang unter heftigen Kämpfen bis in die Linie Baltarotu, am Ostufer des Sereth,—Marasesci—Panciu vor und zwang die Rumänen, die Höhen nordwestlich Odobesci, bei Negrilesci, Seveja und am Casinului aufzugeben. Sie wurden hier in ihre alten Stellungen zurückgeworfen, vom Oitozpaß her sogar über Grozesci bis gegen Okna. Die deutschen Truppen unter General von Morgen machten allein 15000 Gefangene und nahmen 29 Geschütze und 118 Maschinengewehre. Der Feind erschöpfte sich in Gegenangriffen, die — 61 an der Zahl — alle blutig zurückgewiesen wurden; dann aber gingen die Kämpfe Ende August 1917 in örtliche Gefechte und Stellungskämpfe über, die ohne allgemeineres Interesse sind.

Während auf diese Weise im Osten gekämpft wurde, und der völlige Zusammenbruch Rußlands jedermann klar wurde, hatte man in Deutschlands maßgebenden Kreisen hauptsächliches Interesse für die inneren Fragen. Daß das Heer der moralischen und sachlichen Unterstützung des ganzen Volkes bedürfe, um siegen zu können, daran dachte niemand. Alle maßgebenden Leute erstrebten vielmehr einen Verständigungsfrieden, ohne zu bedenken, daß ein solcher überhaupt nicht zu erreichen sei. Mit ihm glaubten sie die Erweiterung der eigenen Macht zu erlangen. Der Brief Hindenburgs an den Kaiser vom 27. Juni 1917 blieb ergebnislos. Die Lage verschärfte sich sogar, als der Kanzler, obgleich er den Vernichtungswillen des Feindes damals endlich richtig beurteilte, dennoch der beabsichtigten Friedensresolution des Reichstages beistimmte und das allgemeine Wahlrecht für das preußische Abgeordnetenhaus in sichere Aussicht stellte. Am 10. Juli reichte er dann aus unbekannten Gründen, wohl weil er sich der Lage nicht gewachsen fühlte, sein Abschiedsgesuch ein. Es wurde vom Kaiser abgelehnt. Das veranlaßte dann Hindenburg und Ludendorff, auch ihrerseits um den Abschied zu bitten, und nunmehr nahm der Kaiser auf den Vortrag des Kronprinzen hin ein erneutes Abschiedsgesuch des Kanzlers an und ernannte den ganz unbekannten Dr. Michaelis zu seinem Nachfolger. Der Reichstag aber beschloß am 19. Juli eine Friedensresolution, die einen Verständigungsfrieden für ein erstrebenswertes Ziel erklärte, und gab daher aller Welt kund, daß auf eine einheitliche Kraftäußerung der Nation nicht mehr zu rechnen sei. Die Resolution wurde am 19. Juli gefaßt, am Tage, als der siegreiche und ruhmvolle Angriff des Prinzen Leopold bei Sborow seinen Anfang nahm und gleich zu Beginn die entscheidensten Vorteile erstritt. Im deutschen Reichstage aber wurde dieser Sieg der deutschen Waffen, der das ganze Heer begeisterte, als — Stimmungsmache bezeichnet. Wahrlich, dieser Reichstag hat sich mit dieser Äußerung selbst das Urteil gesprochen.

Die Lage um die Mitte 1917.

Die Ereignisse in der ersten Hälfte des Jahres 1917 hatten die Gesamtlage vollständig geändert. Der Ansturm der Franzosen und Engländer war vollkommen gescheitert, und wenn ein neuer bevorstand, so verfolgte er doch zunächst nur örtliche Zwecke. Amerika war anscheinend erst in Jahresfrist in der Lage, Truppen in genügender Zahl und Güte auf den Kriegsschauplatz zu senden, wenn es ihm überhaupt gelang, sie über den Ozean zu bringen. Rußland war völlig zusammengebrochen, wie der gänzliche Mißerfolg der zweiten Brussilow-Offensive zur Genüge bewiesen hatte. Auch Rumänien war ohne den russischen Rückhalt zur Machtlosigkeit verdammt, und die Saloniki-Armee blieb um so mehr gefesselt, als für eine Offensive ihrerseits nirgends eine Unterstützung zu erwarten war. Andererseits hatte der U-Boot-Krieg allerdings nicht das gehalten, was man irrtümlicherweise von ihm erwartet hatte, aber England war immerhin in eine ungeheure Notlage gebracht. Die Tonnage für die Saloniki-Armee mußte verringert werden. Die Lebensmittel und Rohstoffe wurden besonders in England, aber auch in Frankreich und Italien immer knapper. Die Engländer sahen die Möglichkeit, den Krieg zu verlieren, deutlich vor Augen. In Frankreich mehrten sich nach den überaus verlustreichen, aber völlig resultatlosen bisherigen Angriffen die Meutereien im Heere; das Land ging, wie französische Staatsmänner selbst aussagten, der Erschöpfung entgegen. Die Aussicht lag für Deutschland nahe, daß das vorgesteckte Ziel doch noch erreicht werden würde, bevor Amerika mit seinen ungeheuren Machtmitteln in Aktion trat und die Türkei und Österreich zusammenbrachen. Zu gleicher Zeit war in Deutschland der Kanzler von Bethmann Hollweg endlich vom Schauplatz abgetreten, und man durfte hoffen, daß die neue Reichsleitung, der Kanzler Michaelis, ein größeres Verständnis für die militärischen Notwendigkeiten an den Tag legen würde als die bisherige; man durfte vor allem hoffen, daß sie alle Hebel in Bewegung setzen würde, um den Siegeswillen im Volke zu stählen und dieses den großen Aufgaben des Krieges geneigter zu machen. Die Oberste Heeresleitung tat in dieser Hinsicht trotz allen bisherigen Mißlingens ihr möglichstes. Sie rief den vaterländischen Unterricht ins Leben, nahm sich der Fürsorge für die Kriegsbeschädigten tatkräftig an und schuf für die Verwundeten und Kranken die Ludendorffspende, die 150000000 Mark einbrachte. Aber sie fand bei den Behörden nirgends auch nur die geringste Unterstützung. Nur die „Vaterlandspartei" arbeitete in dem gleichen Sinne, verlor aber nur allzubald angesichts der allgemeinen Kriegsmüdigkeit allen Einfluß.

Während so vom militärischen Standpunkt aus die Verhältnisse durch den Zusammenbruch Rußlands sich wesentlich gebessert und die Hoffnungen der Obersten Heeresleitung neu belebt hatten, ging die Hoffnung im Volke immer mehr herunter. Die Friedensresolution vom 19. Juli bildet auch in dieser Hinsicht einen Abschnitt. Sie war das äußere Merkmal für die gänzlich veränderte Volksstimmung. Die unabhängige Sozialdemokratie arbeitete schon damals daran, die Disziplin im Heere zu unterwühlen, und wir waren so weit gekommen, „daß wir die Entfaltung nationalen Gefühls", wie Ludendorff sagt, „als ein fluchwürdiges Verbrechen ansahen", dank dem Reichstage, der im schroffsten Gegensatz zur Wirklichkeit, die nur die Wahl ließ zwischen Sieg und Vernichtung, eine Gesinnung der Sehnsucht nach Frieden zum Ausdruck brachte. Alle Vorteile, die die militärische Lage bot, wurden aufgewogen durch die Gesinnung der Heimat, wie sie sich in der unseligen Reichstagsresolution vom 19. Juli aussprach, sowie in Österreich durch die Czerninsche Denkschrift über die versiegende Kraft Österreich-Ungarns, die gerade um diese Zeit bekannt wurde.

Je mehr aber im Innern die Tendenzen die Oberhand gewannen, die da glaubten, eines Sieges nicht zu bedürfen, um ihre Zwecke zu erreichen, ja einem solchen sogar vielfach feindlich gegenüberstanden, desto mehr war es nötig, militärisch zu siegen, bevor die bewußt oder unbewußt staatsfeindlichen Elemente die Oberhand gewannen. Die Möglichkeit dazu war jetzt doch vielleicht noch gegeben. In Frankreich freilich mußte man zunächst defensiv bleiben, das war durch die Verhältnisse gegeben. Auch in Italien mußten die Dinge zunächst hingehalten werden. Dagegen konnte man hoffen, Rußland vollständig niederzuwerfen und im Osten rasch zum Frieden zu gelangen. Wenn das zu erreichen war, so war es immer noch möglich, die Gesamtkraft dann nach dem Westen zu werfen und hier die Feinde niederzuringen. Was der U-Boot-Krieg, auf den man sich zunächst verlassen hatte, nicht fertiggebracht, konnte jetzt vielleicht durch einen Landsieg erreicht werden.

Diesem Gedankengange folgend wird es bei der folgenden Darstellung der Verhältnisse darauf ankommen, einerseits den Verteidigungskrieg im Westen ins Auge zu fassen, andererseits sich nach dem Osten und nach Italien zu wenden und zu sehen, wie weit es gelang, hier zu einem Abschluß zu gelangen. Dabei ist jedoch zu bedenken, daß die eigenen sittlichen und wirtschaftlichen Kräfte immer geringer wurden und die Zahl der vorhandenen Mannschaften abnahm. Dennoch mußten wie bisher Divisionen von Ost nach West und umgekehrt, bald auch nach Italien gefahren werden, und eine falsche Maßnahme in dieser Hinsicht konnte mehr wie je die verderblichsten Folgen haben. Ungeheuer war die Spannung, die damit der Obersten Heeresleitung auferlegt wurde. Auch mußte auf manche Operation verzichtet werden, die an sich durchaus wünschenswert gewesen wäre. So mußte, wie wir gesehen haben, der Angriff durch die Moldau aufgegeben werden, weil dazu Kräfte und Zeit nicht reichten. Nur mit Mühe konnte die Oberste Heeresleitung den vorgesetzten Zweck erreichen: nämlich die Hände frei zu bekommen für den entscheidenden Angriff im Westen. Ihr Bemühen wurde aber noch dadurch erschwert, daß Staatsleitung und Diplomatie völlig versagten und sich außerstande zeigten, im Osten rechtzeitig dauernde Verhältnisse zu schaffen.

Die Flandernschlachten bis Ende August und die entsprechenden Entlastungskämpfe.

Die Engländer hatten, da sie unserer U-Boote selbst zur See nicht Herr werden konnten, indem sie den Ypernbogen in Besitz nahmen, ihre Angriffe weiter nördlich gegen unsere U-Boot-Basis in Flandern vorbereitet. Sie wollten über Staden und Roulers gegen Gent und Brügge durchbrechen und sich zunächst des Höhengeländes bemächtigen, das zwischen Ypern und Roulers—Menin liegt, nach beiden Seiten hin einen weiten Überblick gewährt und den Deutschen gute Beobachtungsstellen nach Westen und einen gewissen Schutz gegen feindliche Einsicht bot. Diese hielten Ende Juli 1917 die Linie Dixmuiden—Bixschote—Pilkem—St. Julien—Schloß Hooge—Hollebeke dicht oberhalb Warneton und verschlossen damit den Engländern den Zugang zu jenen Höhen und damit auch zu ihren ferneren Zielen. Diese Linie mußte durchbrochen werden. Das führte zu einer Reihe blutiger Schlachten, die besonders im Monat August zu einer gewaltigen Spannung führten und den Angriff auf Riga, der bereits beschlossen war, immer wieder hinauszögerten.

Die Engländer, die auf ihrem linken Flügel von einigen französischen Divisionen und der belgischen Armee unterstützt wurden, hatten eine gewaltige Artillerie zusammengeführt und eine noch nicht dagewesene Masse von Munition bereitgestellt. Nach einer mehrtägigen, alle bisherigen Begriffe übersteigenden Artilleriebeschießung griffen sie am 31. Juli in einer Breite von 22 km mit vierzehn Divisionen im ersten und sieben im zweiten Treffen an. Außerdem waren Kavalleriemassen zum Nachhauen bereitgestellt. Zu einem solchen kam es nun freilich nicht, sondern die Kavallerie wurde, wie anderwärts, zusammengeschossen, ohne daß sie irgendwelchen Nutzen gebracht hätte. An vielen Stellen aber brachen die Engländer ein, nahmen die Ortschaften Bixschote, Langemarck, St. Julien, Pilkem, Frezenberg, Schloß Hooge und Hollebeke und verursachten uns einen sehr bedeutenden Verlust an Gefangenen und Kriegsgerät. Im Gegenstoß wurden zwar die Trümmerstätte von Langemark, der Übergang über den Steenbeek bei St. Julien und der Westrand des Herenthagewaldes wiedergenommen und zahlreiche Tanks von der Artillerie zusammengeschossen, das Endergebnis war aber dennoch ein Geländeverlust von durchschnittlich 2 km Tiefe, der an der tiefsten Einbruchstelle 4½ km betrug, und ein starker Kräfteverbrauch auch an Reserven.

Es folgten eine Reihe kleinerer ergebnisloser Kämpfe, bis sich die Engländer am 10. August zu einem neuen großangelegten Angriff entschlossen, der zu beiden Seiten der Eisenbahn Ypern—Roulers bei Veldhoek—Frezenberg und St. Julien durchzustoßen versuchte; er wurde am 10. und 11. vollständig zurückgewiesen. Dagegen errangen die Engländer am 16. August und in den folgenden Tagen wieder namhafte Vorteile. Nach verschiedenen unbedeutenderen Kämpfen und einem ausgiebigen Trommelfeuer, das in der Nacht vom 15. zum 16. einsetzte, griffen sie auf einer Front von 18 km, die sich bald auf 30 km erweiterte, an und nahmen, nachdem sie die deutschen Vortruppen bei Drie Grachten und Bixschote überrannt hatten, Langemark und Poelkapelle. Im Gegenstoß wurden beide Orte wiedergenommen; allein schon am 17. setzte sich ein neuer englischer Angriff wieder in Besitz von Langemarck, das jetzt endgültig den Engländern verblieb, während ein Angriff mit Tanks, die in künstlichen Nebel gehüllt waren, am 19. August nicht nach Poelkapelle gelangte. Am 22. war dann wieder Großkampftag, und auch am 25. konnten die Angreifer gegen den Wald von Herrenthage nur geringe Vorteile erzielen. Dann schlief die Gefechtstätigkeit in

Karte 71. Die Flandernschlacht 1917 (nach Ludendorff).

Flandern allmählich ein und gab die Möglichkeit zu anderen Unternehmungen, die auch sofort benutzt wurde.

Die Flandernschlachten waren nicht geschlagen worden, ohne daß an anderen Stellen versucht worden wäre, die Angriffe dort zu entlasten und damit die Nerven der deutschen Heeresleitung auf das höchste zu spannen.

Schon am 9. August hatte bei Arras zu beiden Seiten der Scarpe ein Vorstoß stattgefunden, der gescheitert war. Am 15. August waren dann mehrere englische Divisionen in die deutsche Stellung nördlich Lens eingebrochen und hatten den Deutschen die wichtige Höhe 70 entrissen. Diese Angriffe wiederholten sich am 21. und 22. August. Auch bei St. Quentin wurde die Siegfriedstellung von den Franzosen vergeblich angegriffen, und auch gegen die Höhen des Damenweges fanden französische Entlastungsvorstöße statt. Sie blieben erfolglos. Anders bei Verdun, wo die französische Armee mit neuerstandener Kraft vorging. Am 20. August gingen die Franzosen nach stärkstem Trommelfeuer auf einer Breite von 25 km vom Walde von Avocourt bis zum Caurièreswalde zu rücksichtslosen Angriffen vor[1]). Die Deutschen, die auf den Stoß vorbereitet waren, hatten für einen solchen Fall auf dem linken Maasufer die Räumung der Höhen 304 und des Toten Mannes, auf dem rechten Ufer die des Talourückens und der Höhen von Louvemont angeordnet. Die Franzosen stießen in dieser vordersten Linie nur auf sehr schwache Kräfte und fanden ernstlichen Widerstand erst in der dahinterliegenden Hauptstellung. Dennoch drangen sie auch in diese ein. Sie eroberten auf dem linken Maasufer den Rabenwald, den Gänserücken und das Dorf Regnéville, auf dem rechten die Orte Champ, Champneuville und Samogneux sowie die Höhe 344 und Teile des Fosses- und des Caurièreswaldes. Auf dem linken Ufer der Maas hatte eine Division versagt. Die Kämpfe setzten sich in den nächsten Tagen bis zum 27. August fort. Die Franzosen eroberten am 26. Beaumont, verloren es aber wieder bei einem Gegenangriff der Deutschen, die es auch am 27. behaupten konnten. Damit schliefen auch vor Verdun die größeren Kämpfe ein, und den Deutschen wurde die Möglichkeit gegeben, vor der Festung Kräfte zu sparen und sich anderen Unternehmungen zuzuwenden. Die Kämpfe aber, die auf den übrigen Teilen des weiten Kriegsschauplatzes stattfanden, waren zu weit entfernt, um auf das Handeln Frankreichs unmittelbar einwirken zu können und einen Einfluß auf die Flandernschlachten zu gewinnen.

So begann schon am 18. August die 11. Isonzoschlacht, die die Abwehrkräfte Österreichs in vollem Maße in Anspruch nahm, nachdem soeben erst in Galizien um Sein oder Nichtsein gerungen und der Staat nur durch Deutschlands Hilfe gerettet worden war.

Auch an der mazedonischen Front wurde gefochten, ohne daß die dortigen Ereignisse irgendeinen unmittelbaren Einfluß auf die Verhältnisse in Frankreich oder überhaupt gewinnen konnten. Nur die Oberste Heeresleitung, die an alles denken mußte und für den Ausgang im großen verantwortlich war, wurde durch die Gesamtheit der Dinge in unerhörter Weise belastet und durchlebte eine kritische Zeit.

Die Eroberung von Riga und Jakobstadt.

Die Eroberung von Riga hatte sich verzögert, aber sie war, trotz der starken Inanspruchnahme der Kräfte im Westen, nicht aufge-

[1]) Siehe Karte 48.

geben. Gerade von ihr hoffte man einen erheblichen Erfolg, weil sie den Feind für Petersburg besorgt machen mußte. Sie konnte natürlich nicht ohne Verstärkungen durchgeführt werden. Diese sind rechtzeitig herangeführt worden und sind zur 8. Armee gestoßen, die jetzt vom General von Hutier kommandiert wurde. Von ihr nahmen an dem Unternehmen teil die 202. und 203. Infanteriedivision und die 19. Reservedivision, denen in zweiter Linie die 1. Reservedivision folgen sollte. Sie hatte ferner die 1. Kavalleriedivision herangezogen, die bisher den Küstenschutz in Nordkurland ausgeübt hatte. Neu herangeführt wurden die Generalkommandos des VI. Armeekorps, des XIII. Reservekorps und das Generalkommando 51 z. b. V., ferner die eigens zu diesem Zwecke zusammengestellte Kavalleriedivision Nord[1]), acht Infanteriedivisionen[2]), von denen eine sich ohne Feldartillerie behelfen mußte, und zahlreiche Artillerie. Im ganzen zählte die zur Vorbereitung des Angriffs eingesetzte Artillerie: 72 F.-K.-Batterien, 49 schwere F.-H.-Batterien, 10 Mörserbatterien, eine 9-cm-Batterie, 13 10-cm-Batterien, 3 schwere 12-cm-Kanonenbatterien, 1 lange 15-cm-Kanonenbatterie, 2 schwere 15-cm-Kanonenbatterien, eine 24-cm-Schnelladekanone, 1 russische 15-cm-Küstenbatterie, 3 russische 10-cm-Batterien, 1 russische 20,3-cm-Haubitzbatterie[3]). Es wurden außerdem verwendet die leichten Minenwerfer von neun Divisionen und 3 Minenwerferkompanien der 8. Armee, 13 weitere Minenwerferkompanien, 6 schwere Minenwerferzüge und die Minenwerferschule von Ober-Ost, im ganzen 324 leichte, 136 mittlere und 85 schwere Minenwerfer.

Demgegenüber stand die russische 12. Armee unter General Klembowski mit etwa 200 000 Mann, die Schlock, den Tirulsumpf und die untere Düna bis über Jakobstadt aufwärts besetzt hielt. In dem Brückenkopf von Riga standen zehn Infanteriedivisionen und eine Kavalleriedivision. Anschließend auf dem rechten Dünaufer fünf weitere Infanteriedivisionen, abgesehen von der nötigen Artillerie.

Da man deutscherseits selbst nur einen Brückenkopf besetzen und nicht weiter in Rußland eindringen wollte, kam es darauf an, sich

[1]) Die Kavalleriedivision Nord bestand aus dem Stab der 8. Kavalleriedivision, der Leibhusaren- und der 17. Kavalleriebrigade.

[2]) Die acht zugeführten Divisionen waren: die 1. und 2. Garde-Infanteriedivision, die Garde-Ersatzdivision, die 20. und 42. Infanteriedivision, die 75. Reservedivision, die 14. bayerische Infanteriedivision und die 77. Reservedivision, letztere ohne Artillerie.

[3]) An Artillerie wurden neu zugeführt: 9 10-cm-Kanonenbatterien, 33 schwere Feldhaubitzbatterien, 2 schwere 15-cm-Kanonenbatterien, 9 Mörserbatterien, 1 schweres 24-cm-Flachfeuergeschütz. — Ferner wurde von der 8. Armee alle irgend verfügbare Fußartillerie im Angriffsraum zusammengezogen, und zwar: 1 Mörserbatterie, 10 schwere Feldhaubitzbatterien, 1 lange 15-cm-Kanonenbatterie, 4 10-cm-Kanonenbatterien. — Hierzu kamen die schon früher in den Abschnitten der 203. Infanterie- und der 1. Reservedivision eingesetzten Geschütze: 6 schwere Feldhaubitzbatterien, 1 russische 20,3-cm-Haubitzbatterie, 3 12-cm-Kanonenbatterien, 1 10-cm-Kanonenbatterie, 3 russische 10-cm-Kanonenbatterien, 1 9-cm-Kanonenbatterie.

des Unterlaufes der Düna zu bemächtigen, um möglichst nahe an der Stadt den Fluß überschreiten zu können. Das wurde zunächst angestrebt und Ende August auch erreicht. Vor dem Druck der 8. Armee gaben die Russen das Gelände nördlich Mitau sowie zwischen Dünhof und Friedrichstadt preis und ermöglichten es damit den Deutschen, den Übergang bei Üxküll vorzubereiten, wo neun Infanteriedivisionen und eine Kavalleriedivision auf drei Brücken übergehen sollten. Der artilleristische Aufmarsch und die Verteilung der Ziele lag in der Hand des Oberstleutnants Bruchmüller, der beides in vorbildlicher Weise in die Wege leitete, eine gewiß große Aufgabe, da auch die Artillerie des Korps, wie wir schon sahen, sehr wesentlich verstärkt worden war; doch hatte Bruchmüller bei dem Angriff auf die Brückenköpfe von

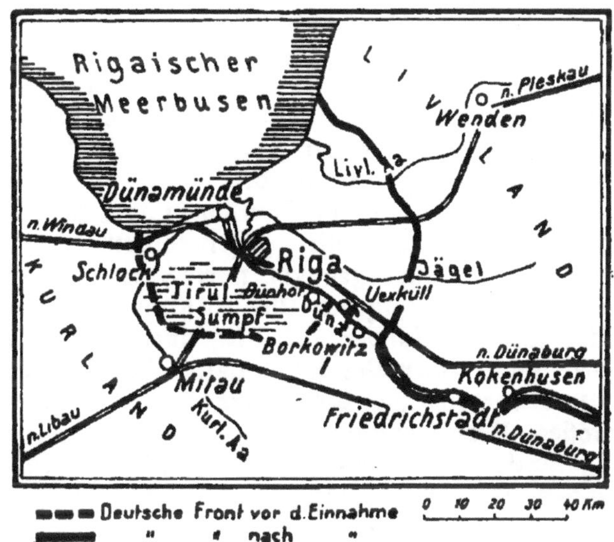

Karte 72. Die Eroberung von Riga.

Zarecze und dem von Toboly am Stochod sein System der Feuerverteilung bereits ausprobiert und konnte mit desto größerer Sicherheit zu Werke gehen. In dem von Waldstücken, Hügelketten und Dünen ausgefüllten Gelände zwischen Borkowitz und Dünhof wurde dann ein entsprechender Teil der Angriffstruppen bereitgestellt, während ein anderer Teil von Mitau aus und über Schlock vorgehen sollte.

Die Russen wurden durch den Angriff vollkommen überrascht, als am 31. August das deutsche Artillerie- und Minenfeuer einsetzte, um sich am 1. September zum Trommelfeuer zu steigern. Binnen kurzer Zeit waren die russischen Batterien vergast, die Betonbauten zerschlagen und die Besatzungen vernichtet oder vertrieben. Das Artilleriefeuer war derart überwältigend, daß es fast allein die russische

Stellung unhaltbar machte und der Angriffsinfanterie die Gasse fegte. Fast ganz ohne Verluste konnte diese auf Booten und Ruderfähren den 350 m breiten Strom überschreiten und sich am jenseitigen Ufer ausbreiten. Schon am Vormittag des Angriffstages wurden bei Üxküll drei Brücken geschlagen, und als die Russen von allen Seiten herbeieilten, um die Angreifer über den Strom zurückzuwerfen, trafen sie auf eine siegreiche Abwehr. Am 2. August stießen die Deutschen bis an den Abschnitt des Großen Jägel vor, während gleichzeitig andere Truppen von Mitau und Schlock her vorrückten. Leider ließen sie sich nunmehr verleiten, vom Großen Jägel links auf Riga abzumarschieren, anstatt mit ihren Hauptkräften in nördlicher Richtung weiter gegen die Rückzugsstraße der Russen vorzustoßen. Sie setzten sich auf diese Weise allerdings auch von Osten her in den Besitz der Stadt, gaben aber den abziehenden Russen die Rückzugstraße frei und ermöglichten es damit einem großen Teil der Besatzung, zu entkommen. Am 3. September wurde Riga nach leichtem Gefecht besetzt, und am 5. September kam auch Dünamünde, der Hafen der großen Handelsstadt, in deutsche Hand. Die Verfolgung der abziehenden Russen wurde bei Wenden eingestellt und sofort darangegangen, eine brückenkopfartige Dauerstellung herzustellen, die von Borkowitz mit der Front nach Nordosten bis zum Meere reichte. Zwei Divisionen wurden sofort nach dem Westen abgeschoben, um dort zwei andere Divisionen frei zu machen, die, wie wir sehen werden, nach Italien gehen sollten.

Die Beute, die in Riga gemacht wurde, war überaus groß. Sie betrug etwa 8900 Gefangene, 262 Geschütze, unter denen sich etwa ein Drittel schwere befanden, 150 Maschinengewehre, 45 Minenwerfer, 3 Panzerautos, einen Verpflegungszug, 200 Eisenbahnwagen mit Munition und Verpflegung, 400 Kleinbahnwagen, einen Pionierpark, ein großes Verpflegungsmagazin, zwei Pionierdepots, ein Feldlazarett, zahlreiche Feldküchen, über 10 000 Gewehre, große Munitionsmengen und Gasmasken, 5 Lastautos sowie zahlreiche Truppenfahrzeuge und anderes Kriegsgerät.

Der Sieg war ein vollständiger. Die Deutschen hatten einen neuen Stützpunkt für ihre weiteren Operationen gewonnen. Noch aber hatten die Russen außerhalb der Befestigungen von Dünaburg den Brückenkopf von Jakobstadt auf dem linken Ufer des Dünastromes inne, konnten von hier aus das Land beunruhigen und zwangen die Deutschen zu einer verlängerten Aufstellung. Auch diese feindliche Stellung mußte genommen werden, wenn man ganze Arbeit machen wollte. Es war das um so mehr geboten, als die nötige Artillerie sowieso zur Stelle war. Ein neuer Artillerieaufmarsch war allerdings nötig. Auch er wurde von Oberstleutnant Bruchmüller in die Wege geleitet. Der Angriff brachte vollen Erfolg. Eingesetzt wurden die 105. und die 14. bayerische Infanteriedivision mit je neun Bataillonen, einer Schwadron, neun Batterien und mehreren Pionierkompanien, zwei Stoßtrupps der 29. Landwehrbrigade zu je 40 Mann, ein Kavalleriestoßtrupp zu 50 Mann, zwei Radfahrerkompanien der 5. Jäger; ein Infanterieregiment, ein unberittenes Kavallerieregiment und eine Maschinengewehrscharfschützenabteilung dienten als Korpsreserve; außerdem wurden verwendet: 76 schwere und 100 mittlere Minenwerfer. An Artillerie verfügte Oberstleutnant Bruchmüller außer der Divisionsartillerie über 14 verschiedene 10-cm-Kanonen, 9 15-cm-Kanonen, 1 24-cm-Marinegeschütz, 47 schwere Feldhaubitzen verschiedenen Alters und 9 Mörser. Außerdem hatte er 24 Flugzeuge, einige Ballone und Nachrichtentruppen unter seinem Kommando. Mit diesen Streitkräften wurde am 21. September Jakobstadt erobert. Der Feind ging überall hinter die Düna zurück und ließ hier wie vor Riga eine erhebliche Beute, besonders an Artillerie, in den Händen der siegreichen Angreifer zurück. Nur Dünaburg hielt er noch dauernd besetzt. Der Erfolg war mit verhältnismäßig geringen Opfern erkauft, und so belohnte sich der Mut der Obersten Heeresleitung, die trotz der schwierigen Verhältnisse im Westen und trotzdem ihr von verschiedensten Seiten abgeraten wurde, dennoch an der Unternehmung festgehalten hatte und unentwegt den Gedanken festhielt, daß Rußland jetzt so schnell als möglich niedergeworfen werden müsse, um zu einem entscheidenden Angriff im Westen zu gelangen. Das war der Gedanke, der auch der Operation gegen Riga vorgeleuchtet hatte.

Fortgang und Ende der Flandernschlachten[1]). Der Kampf um die Laffauxecke, Preisgabe des Damenweges.

Während noch der Kampf um Riga und Jakobstadt tobte, war in Frankreich eine neue Schlacht entbrannt, die alle Kräfte in Anspruch nahm. Die Flandernkämpfe hatten wieder begonnen. Am 5., 10., 11., 16. und 19. September hatten gewaltige Artillerieschlachten stattgefunden. Am 20. früh lebte das Trommelfeuer in verstärktem Maße wieder auf, und um 6 Uhr brachen neun englische Divisionen, von Panzerwagen unterstützt, zum Angriff gegen die Linie Gheluveldt—Paschendaele vor, während Nebenangriffe bei Hollebeke, Zandvoorde, Langemarck und Bixschote stattfanden. Die Erfolge der Engländer waren nicht entscheidend, und am 21., an dem der Angriff wiederholt wurde, versagten sie ganz, obgleich sie nur noch abschnittweise vorgingen, um dem deutschen Artilleriefeuer zu entgehen, das sie bei dem bisherigen Vorstürmen gefaßt und ihnen mit dem Verlust des genommenen Geländes schwere Verluste beigebracht hatte. Die Tanks hatten keinen großen Erfolg, da sie fast aus-

[1]) Siehe Karte 71.

nahmslos zusammengeschossen wurden; das englische Artilleriefeuer aber wirkte vernichtend, da die deutsche Infanterie bei der neuen Angriffsweise der Engländer beim Gegenstoß von ihm gefaßt wurde. Die verschiedenartigsten taktischen Anordnungen wurden getroffen, um diesem Übelstande abzuhelfen, sie erwiesen sich aber in den nächsten Kämpfen als ungenügend. Der 26. September war der nächste Großkampftag, der 2. und 3. Oktober brachte schwere Artillerieschlachten, und am 4. Oktober setzten die Engländer zu einem neuen großen Angriffe an, in dem sie sich eines Streifens von etwa 1500 m Tiefe bemächtigten. Ein Teil von Poelkapelle, der Polygonwald, die Gehöftstrümmer von Zonnebeke und Broodseinde und Teile von Zandvoorde blieben in englischer, die Dörfer Gheluveldt, Paschendaele und Becelaere in deutscher Hand. Der Geländeverlust hätte verschmerzt werden können, die entscheidenden Höhen wurden gehalten; die Einbuße an Menschen und Kampfkraft war aber schwer zu tragen. Es wurde daher jetzt ein sogenanntes Vorfeld eingerichtet, d. h. ein schmaler Geländestreifen zwischen der vordersten feindlichen Linie und derjenigen, die die eigene Truppe in beweglicher Verteidigung halten sollte. Dieser Streifen wurde nur ganz schwach besetzt und im Falle eines feindlichen Angriffs geräumt, so daß die Masse der feindlichen Infanterie beim Angriff in das Feuer der deutschen Artillerie kommen mußte. Diese Anordnung hat sich dann auf die Dauer bewährt, so daß die Infanterie, als am 9. und 12. Oktober der Feind von neuem in großzügiger Weise angriff, besser standhielt als bisher und es den Angreifern nur gelang, schmale Geländestreifen bei Mangellaare und Draibank gegen den Wald von Houthulst hin zu gewinnen. Immerhin war der Kräfteverbrauch ein derartiger, daß zwei Divisionen, die im Osten bereitgestellt und bereits nach Italien unterwegs waren, wieder abgedreht und nach Flandern gefahren werden mußten. So war der Anspruch an die Nervenkraft der Obersten Heeresleitung im Oktober ein ungeheurer; denn zu derselben Zeit, in der die wütenden feindlichen Angriffe in Flandern stattfanden, mußte einerseits der Angriff bei Riga fortgesetzt, andererseits, wie wir sehen werden, der Angriff in Italien vorbereitet und eingeleitet werden. Auch die Franzosen gingen energisch vor, um Truppen, wenn möglich, aus Flandern abzuziehen, was ihnen freilich nicht gelang.

Am 22. Oktober griffen sie nach umfassender Vorbereitung durch Artillerie-, Minen- und Gasfeuer die sogenannte Laffauxecke, bei der die deutsche Front fast einen rechten Winkel von Westen nach Norden machte, entscheidend an, und es gelang ihnen, die Orte Allemant, Vaudesson, Chavignon und Fort Malmaison mit dem umliegenden Gelände zu nehmen, während der Höhenrand zwischen Damenweg und Ailette, zwischen Pargny—Filain, Courtacon—Cerny und Ailles—Vauclère unter starken Verlusten des Angreifers von den Deutschen gehalten wurde. Mehrere tausend Gefangene und eine Anzahl meist zerstörter Geschütze gingen immerhin mit den vom Feinde eroberten Gelände verloren, und da die Franzosen in den nächsten Tagen ihre Angriffe fortsetzten, gaben die Deutschen den Wald von Pinon und das Gelände von Pargny und Filain freiwillig auf, zogen sich hinter den Oise—Aisne-Kanal zurück und opferten eine Menge Gerät, das aus dem Walde nicht mehr zurückgeschafft werden konnte. Die Räumung der Höhenstellungen bei Chavignon und Pinon machte dann ihrerseits die weitere Behauptung des Damenweges unmöglich, da die Stellungen dort von Chavignon aus leicht aufgerollt werden konnten, und auch die Verbindung über den Ailettegrund hinweg gefahrvoll war. Hinter diesen Fluß gingen daher die Deutschen in

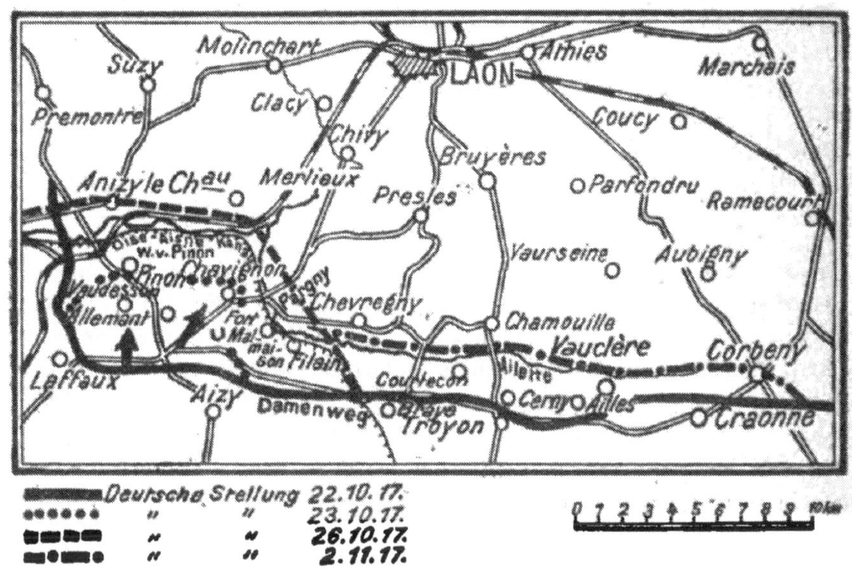

Karte 75. Der Kampf an der Ecke von Laffaux.

der Nacht zum 2. November zurück und schlossen nunmehr bei Anizy le Chateau und Corbény an die alte Stellung an. Lange und heldenhaft war der Damenweg verteidigt worden; aber er mußte, wenn auch schweren Herzens, aufgegeben werden, um weitere Verluste zu vermeiden. Spätere Angriffe der Franzosen, die im November und Dezember erfolgten, blieben, wie vorauszusehen, vergeblich.

Währenddem wurde in Flandern unermüdlich weitergefochten. Die Engländer setzten alles daran, um zu der deutschen U-Boot-Basis durchzubrechen, und wenn man einerseits ihre Zähigkeit bewundern konnte, ließ diese doch andererseits erkennen, wie verderblich der U-Boot-Krieg von ihnen empfunden wurde. Immerhin würden sie bei ihrer erdrückenden Überlegenheit doch endlich einen durchschlagenden Erfolg erzielt haben, wenn ihre Truppen auch nur einigermaßen den deutschen gewachsen gewesen wären. Was diese in der Zeit der

Flandernkämpfe geleistet haben, überschreitet eigentlich das Maß menschlicher Kräfte und bleibt ihr Ruhm für alle Zeiten. In wassergefüllten Geschoßtrichtern lagen die Leute einzeln im verschlammten Gelände und mußten sich im Kampfe Mann gegen Mann des weit überlegenen Gegners erwehren, während sie nur spärlich verpflegt werden konnten. Für unsere Feinde aber wird es eine ewige Schmach darstellen, daß sie der wenigen von allen Seiten umstellten und ausgehungerten Gegner nicht Herr werden konnten, trotzdem sie die ganze Welt hinter sich hatten und von Amerika auf das ausgiebigste mit Munition unterstützt wurden. Der 22. Oktober war ein neuer Großkampftag, derselbe Tag, an dem die Franzosen die Laffauxecke angriffen und nahmen. Die Engländer griffen das Höhengelände von Becelaere, Moorslede, östlich Paschendaele, westlich Westroosebeke sowie den Südrand des Houthulster Waldes an und brachten die Deutschen überall in kritische Lagen. Dennoch gelang es ihnen in dieser Richtung nur einen Geländestreifen zu nehmen, der bei einer Breite von ungefähr 1200 m etwa 300 m tief war, und auch hiervon wurden ihnen Teile durch deutsche Gegenstöße am 23. und 24. Oktober wieder entrissen.

Die zunehmende Verschlammung des Geländes machte den Kampf fast unmöglich. Dennoch setzten die Engländer ihre ganze nationale Zähigkeit daran, das heftig umstürmte Gelände, das ihnen den Weg zu den deutschen U-Boot-Stützpunkten öffnen sollte, doch noch zu erobern. Den 26. und 30. Oktober, sowie den 6. und 10. November griffen sie immer von neuem an und stellten die Widerstandskraft der Deutschen auf die härtesten Proben. Immer aber endeten die Angriffe damit, daß die Engländer zwar einen geringen Geländestreifen nahmen, die anfänglich eroberten Stellungen aber unter der Wirkung des deutschen Gegenstoßes und des deutschen Tiefenfeuers wieder aufgeben mußten. Dabei stand fast hinter jeder deutschen Division eine zweite in Reserve, und oft war auch noch eine dritte Linie vorhanden. So gelang es den Deutschen allmählich, die Angriffslust der Engländer zu bändigen. Der Gewinn der letzten Kampftage beschränkte sich auf die Wegnahme von Paschendaele und der Südspitze des Houthulster Waldes durch die Engländer, im ganzen aber hatten sie in mehr wie dreimonatlichen Kämpfen auf 29 km Frontbreite nur ein Gelände von 7—8 km Tiefe erstreiten können und hatten für diesen Gewinn ungeheure Menschenopfer gebracht, die durch ihn nicht aufgewogen wurden. Die Höhe der Verluste kennen wir zwar nicht, doch wissen wir, daß 93 englische Divisionen, also fast die ganze englische Armee, in Flandern gefochten und geblutet haben. Die Deutschen aber standen trotz aller Verluste siegreich auf dem verteidigten Boden. Die Engländer hatten ihren Zweck nicht erreicht und ließen nach dem 10. November ihre ergebnislosen Angriffe einschlafen, weil sie einsahen, daß solchen Truppen wie den deutschen gegenüber doch nichts zu erreichen sei.

Wegnahme der Baltischen Inseln.

Während die Abwehrkämpfe im Westen fast die ganze Kraft der deutschen Armee in Anspruch nahmen, hatte die Oberste Heeresleitung die Niederwerfung Rußlands doch niemals aus den Augen verloren. Sie hoffte auf das Zusammenbrechen Rußlands infolge der Revolution wie auf eine Erlösung aus schwerer Lage und tat alles, um dieses Ereignis zu beschleunigen. So wurde auch die Unternehmung gegen Ösel, die hauptsächlich einen Druck auf Petersburg im Sinne eines demnächstigen Friedens ausüben sollte, mit aller Tatkraft in die Wege geleitet. Die 42. Division, die zu diesem Zwecke vorübergehend aus Flandern entlehnt wurde, und eine Radfahrerbrigade bildeten die Truppe, die die Operation ausführen sollte, und man versteht, daß Hindenburg gespannt auf ihre rasche Beendigung wartete. Demzufolge hatte auch die Flotte, für die es ein Glück war, einmal wenigstens aus ihrer erzwungenen Untätigkeit herauszukommen, bedeutende Kräfte für das Unternehmen bereitgestellt. Zwei Geschwader zu je 5 Linienschiffen neuesten Modells, 9 Kleine Kreuzer, 47 Torpedoboote, 6 U-Boote, die 2. Minensuchflottille, 4 Minenräumdivisionen, eine Suchhalbflottille zu etwa 60 Motorbooten und die 72 kleinere Fahrzeuge zählende Flottille des Fregattenkapitän Rosenberg, unter Führung des auf dem Großen Kreuzer „Moltke" eingeschifften Admirals Ehrhardt Schmidt bildeten die Streitmacht zur See[1]). Dazu waren 19 Dampfer beigetrieben, die die Truppen transportieren sollten. Diese zählten 23000 Mann und 5000 Pferde mit zahlreichem Gerät. Da die beigetriebenen Schiffe die ganze Truppenmasse mit voller Bagage nicht transportieren konnten, wurde eine zweite Staffel gebildet, die in Ahrensburg landen sollte. Der Weg dahin mußte vorher frei gemacht werden. Die Linienschiffe sammelten sich in der Danziger Bucht, die Kleinen Kreuzer und die Transportflotte im Hafen von Libau. Die ganze Unternehmung rechnete mit einer Überraschung des Gegners. Die Ausschiffung sollte in der Taggabucht erfolgen, deren Eingang durch schwere Batterien gesichert war; diese sollten von den Linienschiffen rasch niedergekämpft werden. Dann kam es darauf an, die Insel rasch in Besitz zu nehmen, die Insel Moon, die nur durch einen langen Steindamm mit Ösel verbunden war, schnell zu besetzen und das Entweichen der Besatzung über das Meer nach dem Festlande zu

[1]) Das erste Geschwader bestand aus den Linienschiffen „König", „Bayern" „Großer Kurfürst", „Kronprinz", „Markgraf"; das zweite aus „Friedrich dem Gr." „König Albert", „Kaiserin", „Prinz Regent Luitpold", „Kaiser". An kleinen Kreuzern waren beteiligt: „Königsberg", „Karlsruhe", „Nürnberg", „Frankfurt", „Danzig", „Kolberg", „Straßburg", „Augsburg" und „Emden", auf der der Führer der aus 10 Booten bestehenden 2. Torpedobootsflotille eingeschifft war. Es nahmen ferner an der Unternehmung teil: die 6. Torpedobootsflotille mit 5 Booten, die 8. und 9. Torpedobootsflotille mit je 11 Booten, die 7. und 5. Torpedobootsflotille mit je 5 Booten, die U-Flotille Kurland und die im Text genannten Minenfahrzeuge.

verhindern. Die Russen hatten etwa zwei Divisionen und zahlreiche Artillerie auf der Insel.

Der Angriff war von den in Frage kommenden Land- und Seebehörden auf das sorgfältigste vorbereitet worden und wurde pro-

Karte 74. Die baltischen Inseln.

grammäßig ausgeführt. Am 11. Oktober morgens liefen sowohl die Kriegsschiffe wie die Transportflotte aus. Der Nachtmarsch nach Ösel durch ein russisches Minenfeld ging ohne Zwischenfall vor sich, obgleich die Minensuch- und -räumverbände ihre Arbeit noch nicht beendet hatten. Die Batterien bei den Kaps Hundsort und Ninnast, die den Eingang zur Taggabucht sperrten und von den Russen vorsorglicherweise angelegt worden waren, wurden, wie geplant, rasch niedergekämpft, und schon um 10 Uhr vormittags des 12. Oktober war die Ausschiffung in vollem Gange. Es wurden nun noch die Batterien auf der südlichen Halbinsel Zworbe und bei Kap Toffei auf Dagö rasch niedergekämpft, der Eingang in den Rigaischen Meerbusen wurde trotz der Minenfelder erzwungen, und während die Flotte von Süden her in den Moonsund vordrang, gingen Torpedoboote von Norden her gegen Moon vor, da das Kassar Wiek für große Schiffe nicht passierbar war. Ein russisches Geschwader, das im Moonsund gelegen hatte, wurde unter Vernichtung des Linienschiffes „Slava" nach Norden zurückgeworfen. Gegen den Panzerkreuzer „Bogatyr" und einen Transportdampfer wurden Torpedotreffer erzielt, der Zerstörer „Grom" wurde genommen, ein Kanonenboot vernichtet. Die Deutschen verloren ein Torpedoboot durch einen Minentreffer. Mehrere Boote erlitten auch sonst Havarien infolge der schlechten Vermessung der russischen Gewässer und der russischen Minen, von denen „Bayern" und der „Große Kurfürst" getroffen wurden, ohne daß sie aus der Flotte ausscheiden mußten. Im ganzen aber gelang die Operation vollkommen. Die Inseln wurden rasch umstellt, so daß nur eine geringe Zahl von Truppen über Moon entrinnen konnte. Am 15. Oktober, an welchem Tage die russische Besatzung bei Orissar die Waffen streckte, war Ösel in deutschem Besitz: am 18. wurde die Insel Moon kampflos besetzt; am 20. auch Dagö genommen, wohin ein Landungskorps von 3700 Mann, 500 Pferden und einer Batterie geschickt worden war. Es wurden im ganzen 20000 Gefangene gemacht, drei Marineflugplätze genommen und über 100 Geschütze erbeutet. Das Zusammenarbeiten der Armee und der Flotte hatte glänzende Ergebnisse gehabt; es hatte sich aber auch gezeigt, daß die russische Armee zu einem ernsten Widerstande nicht mehr befähigt war.

Der Feldzug gegen Italien.

Der rasche und mühelose Sieg auf den Baltischen Inseln ist auf die Russen zweifellos nicht ohne Einfluß geblieben. Ihre Armee löste sich unter dem Einfluß der Revolution und der wiederholten Niederlagen immer weiter auf. Dennoch scheuten die Deutschen immer noch vor dem Entschluß zurück, dem Feinde wenigstens an der Küste entlang in das grenzenlose Rußland zu folgen. Auch mußten sie sich zunächst gegen Italien wenden, um Österreich zu stützen, das andernfalls mit völligem Zusammenbruch und mit dem dadurch bedingten Austritt aus dem Bündnisse drohte. Dagegen mußte nun ein Angriff auf die Moldau und die dortige wieder erstarkte rumänische Armee schweren Herzens aufgegeben werden. Ludendorff hatte ihn geplant, um im Osten völlig reinen Tisch zu machen, bevor man sich nach dem Westen zurückwandte. Aber viele technische Schwierigkeiten stellten sich diesem Plan entgegen, und die Hauptsache war allem Anschein nach der Zustand Österreichs. Die Österreicher hatten in der 11. Isonzoschlacht die Entscheidung allerdings noch hinzuhalten

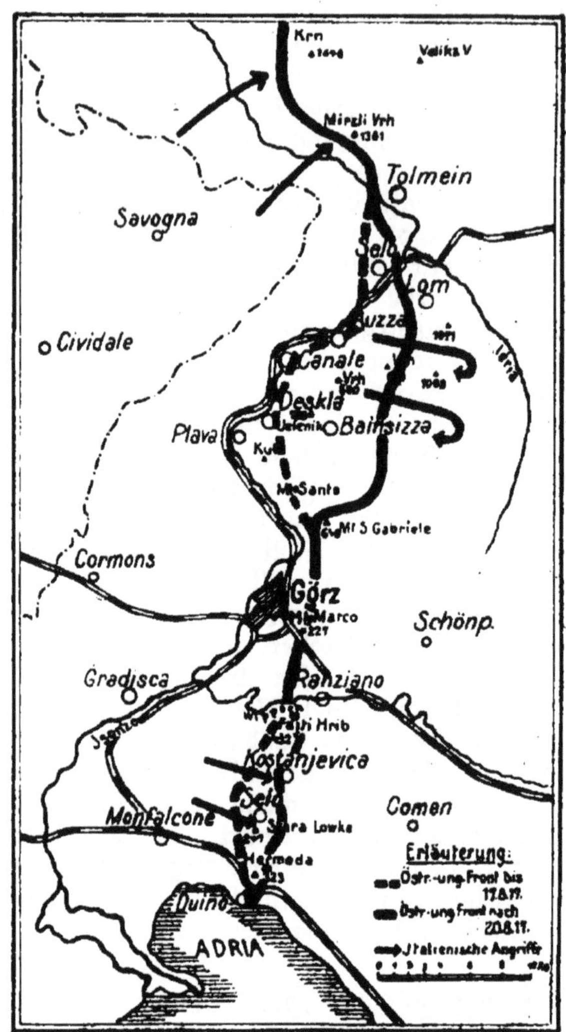

Karte 75. Die 11. Isonzoschlacht August 1917.

gewußt, sie hatten aber doch bedeutend Gelände verloren. Die Italiener, die 6800 Geschütze, darunter 1500 amerikanische, auf einer Front von etwa 70 km zusammengezogen hatten, waren in zwei Hauptrichtungen, einerseits gegen die Hermada, die Stara Lowka und den Fajti Hrb, andererseits gegen den Monte Marco, S. Gabriele, den Monte Santo, die Höhen von Jelenik und Vrh, mit einem Nebenangriff gegen den Mirzli Vrh und den Krn vorgegangen. Ihr Plan war gewesen, in der Mitte durchzubrechen, dann die österreichische Stellung nach dem Meer zu aufzurollen und so den Weg nach Triest zu öffnen. Darin waren sie allerdings gescheitert, weil die Österreicher den entscheidenden Monte S. Gabriele und den Ort Kostanjevica trotz aller Angriffe behaupteten; dennoch hatten sie in beiden Hauptrichtungen Gelände bis zu 7 km Tiefe gewonnen, nachdem die Schlacht bis zum 17. September gedauert hatte. Dann aber hatten die Österreicher erklärt, daß sie einen weiteren Ansturm nicht mehr aushalten würden und hatten dringend um deutsche Hilfe gebeten. Diese wurde gewährt, doch stand von Hause aus fest, daß ein solches Unternehmen nur in einem kurzen Offensivstoß, keinesfalls aber in einer dauernden Stärkung der österreichischen Verteidigung durch deutsche Truppen bestehen könne; auch hierfür konnten die Kräfte nur mühsam zusammengebracht werden; haben wir doch gesehen, daß zwei Ostdivisionen, die schon nach Italien unterwegs waren, noch im letzten Augenblick nach Frankreich geleitet werden mußten.

Schließlich gelang es doch, außer einer Jägerdivision von sieben Bataillonen, sechs Divisionen verfügbar zu machen, die als 14. Armee bei Tolmein am rechten Flügel der Österreicher, die am Isonzo standen, vereinigt wurden, während eine andere Gruppe unter General Alfred Kraus rechts von ihr bei Flitsch drei österreichische Divisionen zählte, denen auch die deutsche Jägerdivision zugewiesen wurde [1]. Weiter östlich schlossen an diese die 10. Armee in Kärnten und die 11. in Tirol an, die unter dem Feldmarschall Conrad von Hötzendorf zu einer Heeresgruppe vereinigt waren. Die beiden Isonzo-Armeen in der Front aber waren 20 Divisionen stark, unter dem Befehl des, wie sich überzeugend herausstellte, völlig unfähigen Generals von Boroevic.

Es wäre nun das natürlichste gewesen, die Armeen des rechten Flügels aus den Isonzo-Armeen wesentlich zu verstärken und nun etwa von Tirol und vom Isonzo her umfassend die Italiener in Venetien anzugreifen, ihnen von Tirol aus in den Rücken zu gehen, sie völlig zu vernichten und so ein entscheidendes Gewicht in die Wagschale des Krieges zu werfen. Kräfte dazu wären genügend vorhanden gewesen, wenn man den Mut gehabt hätte, die Isonzo-Armeen dem rechten Flügel zuliebe wesentlich zu schwächen, wie es auch Ludendorff vorgeschlagen hat. Es ist gar nicht abzusehen, welche weitreichenden Folgen ein Vormarsch der Deutschen gegen

[1] Die 5. Division kam aus den Stellungskämpfen am Sereth im Abschnitt Zloczow der 2. österreichischen Armee; die 12. aus der Flandernschlacht von der 4. Armee; die 26. ebenfalls; die 117. von der 1. österreichischen Armee aus den Kämpfen um die Gebirgsausgänge in der Moldau; die 200. von der 3. österreichischen Armee aus den Kämpfen an der Ostgrenze der Bukowina; das Alpenkorps von der 9. Armee aus der Durchbruchsschlacht an der Susita. Die Jägerdivision war neu gebildet.

die Grenzen Südfrankreichs nach völliger Niederwerfung und Vernichtung der italienischen Armee nach sich gezogen haben würde. Viele Einsichtsvolle halten einen Zusammenbruch Frankreichs in diesem Falle für wahrscheinlich. Zu so weitreichenden und kühnen Gedanken vermochte sich jedoch die österreichische Heeresleitung nicht aufzuschwingen, und das um so weniger, als der ganz unselbständige Kaiser Karl den Oberbefehl über das gesamte Unternehmen führte. Ludendorff glaubte sich allerdings gegen den Kaiser durch den deutschen Oberbefehlshaber der 14. Armee, General Otto von Below, und dadurch, daß die Gruppe Krauß diesem unterstellt war, genügend gesichert, der Kaiser von Österreich aber wußte dennoch seinen verderblichen Einfluß zur Geltung zu bringen, und die österreichische Oberste Heeresleitung steckte ganz in kleinlichen Anschauungen und dachte nur an eine örtliche Besserung der Lage. Sie wollte bis Cividale, höchstens an den Tagliamento vorgehen, und traf keinerlei Maßregeln zur Weiterführung der Operation. Dementsprechend war auch die Reserve von vier Divisionen mehr nach dem linken Flügel hin hinter der Mitte zurückgehalten, während sie selbstredend auf den rechten gehörte. An diesem Verhalten ist denn schließlich auch der volle kriegsentscheidende Erfolg gescheitert. Was überhaupt erreicht wurde — und das soll gewiß nicht verkleinert werden —, ist in Österreich von den Unterführern geleistet worden, die weiter dachten, als ihre hohen Vorgesetzten.

Obgleich der Tolmeiner Kessel großenteils vom Feinde eingesehen war, gelang es dennoch, acht Divisionen — fünf in erster, drei in zweiter Linie — und über 1000 leichte und schwere Geschütze vom Feinde unbemerkt aufzubauen. Noch weitere drei Divisionen konnten auf den zwei verfügbaren Straßen nachgeführt und alles zum Angriff vorbereitet werden. Dieser wurde zwar den Italienern verraten, die daraufhin ihre vordere Linie wesentlich verstärkten; den Erfolg vermochten sie aber nicht in Frage zu stellen. Statt am 22., wie zuerst geplant, fand der Angriff am 24. Oktober statt, weil die Österreicher ihre Artillerie nicht früher in Stellung hatten; dann aber ging die 14. Armee nach mehrstündigem Artillerie-, Gas- und Zerstörungsfeuer in verschiedenen Gruppen vor: das Flitscher Korps über Saga, die Deutschen über Karfreit und weiter südlich, mit dem äußersten linken Flügel über Bainsizza in der Richtung auf Canale. Sie hielten sich so weit als möglich an die Talstraßen und führten den Angriff mit unaufhaltsamer Energie und Nachhaltigkeit, trotz des beispiellos schlechten Wetters. Die auf den Bergen fechtenden Italiener wurden gefangengenommen. Der Stolrücken und der Monte Mataju wurden erobert. Auf dem ersteren ergaben sich den Österreichern ein Brigadekommandeur und 5000 Mann, auf dem Rombon 3—4000 Mann, den Deutschen etwa 10000 Mann. Die Truppen, die der 10. österreichischen Armee gegenüberstanden, wurden im Rücken bedroht und zum Rückzug gezwungen. Die Italiener wurden überhaupt in wilder Flucht zurückgeworfen; schon am 27. Oktober wurde Cividale erreicht, am 29. Fort Lanza bei Gemona, Udine und Palmanuova. Der Tagliamento führte Hochwasser und war hochangeschwollen. Er bildete für die vorstürmende Armee ein bedeutendes Hindernis. Alle Brücken nördlich von Codroipo waren zerstört. Bis hierher war der linke Flügel der 14. Armee vorgegangen und hatte damit den ihr vorgeschriebenen Gefechtsstreifen verlassen, weil die Kriegslage es erforderte. Sie wollte nunmehr links einschwenken, um in den Rücken der noch weit im Osten kämpfenden 3. italienischen Armee zu gelangen. Der österreichische Heeresgruppenkommandant Boroevic wollte sich hierzu aber nur verstehen, wenn alle in seinen Gefechtsstreifen tretenden deutschen Truppen unter sein Kommando träten. Das konnte der deutsche Führer selbstverständlich nicht zugeben, und so unterblieb die an sich äußerst zweckmäßige Maßregel. Aber das Schicksal wollte den Mittelmächten offenbar wohl und dem Kampfe eine entscheidende Wendung geben. Der rechte Flügel der 2. österreichischen Isonzo-Armee war von den Deutschen von der Hauptstraße nach Codroipo abgedrängt worden. Der österreichische Führer war daher nach Süden ausgewichen, und es war ihm gelungen, die Tagliamentobrücke bei Madrisio in noch brauchbarem Zustande in seine Hand zu bekommen. Er faßte nun den Entschluß, sich auf dem Westufer des Flusses bei den Brücken von Madrisio und Latisana der weiter östlich fechtenden 3. italienischen Armee vorzulegen und ihr so den Rückzug abzuschneiden, ähnlich wie es der deutsche Heerführer geplant hatte. Da sich der König von Italien und der Herzog von Aosta bei dieser Armee befanden, versprach eine solche Operation um so mehr eine große auch politische Wichtigkeit zu gewinnen, als sie an und für sich schon von entscheidender Bedeutung war, auch für das fernere Schicksal der deutschen Truppe. Boroevic verlangte aber auch jetzt wieder, daß der österreichische Führer, der diesen sehr richtigen Entschluß gefaßt hatte, Feldmarschalleutnant Goiginger, nach Codroipo marschiere, wo die Deutschen schon waren, und den Gefechtsstreifen, der ihm diesen Ort zuwies, gewissenhaft einhalte. So trugen die Österreicher selbst dazu bei, daß die 3. italienische Armee zum großen Teil entkam, und es nur noch gelang, ihre letzten drei Armeekorps mit etwa 60 000 Mann und mehreren hundert Geschützen an den Tagliamentobrücken zur Waffenstreckung zu zwingen.

Den Übergang über den oberen Tagliamento erzwang bei der gesprengten Eisenbahnbrücke von Canino die 55. österreichische Division von der Gruppe Krauß am 2. November; aber erst am 6. November wurde der Vormarsch vom Tagliamento aus vorgenommen, wobei die Flitscher Gruppe am Fuß des Gebirges entlang marschierte. Am 9. wurde kampflos die Livenza, am 11. die Piave mit dem rechten

Front der Verbündeten bei Beginn des Angriffs am 24.10.17.
Lage am 30/10.
xxx " " 6. 11.
Stellung am 23.11.17.

Karte 26. Der Feldzug gegen Italien Herbst 1917.

Flügel bei Vidor erreicht, nachdem schon vorher die Gruppe Krauß in das Becken von Belluno entsandt worden war, um vom Gebirge aus die italienische Stellung hinter der Piave und an der Gruppe des Monte Grappa zu erstürmen. Sie überschritt am 12. die Piave, nachdem oberhalb Feltre bei Nave eine Brücke geschlagen worden war, und erreichte Feltre am 13. November. Vorher hatten am 7. November beim Panzerwerk des Monte Simeone 17000 Italiener, am 11. bei Longarone an der oberen Piave eine abgeschnittene italienische Division die Waffen gestreckt.

Das Vorgehen der 14. Armee hatte auch die in den Karnischen Alpen stehende 10. österreichische Armee in Bewegung gebracht. Sie war zwischen dem Plöcken- und dem Rollepaß gegen die oberen Täler des Tagliamento, der Livenza und der Piave vorgebrochen, eroberte Cortina, Pieve di Cadore sowie Belluno und nahm bei Fonzano die Verbindung mit dem Flitscher Korps auf. Die 4. italienische Armee wäre verloren gewesen, wenn auch die 11. Armee Conrad von Tirol aus hätte vorgehen können. Dazu erwies sie sich aber als viel zu schwach. Deutsche Unterstützungen konnten zunächst nicht geschickt werden, und als später doch eine deutsche Division dorthin ging, kam sie dank der schlechten Eisenbahnen zu spät, um noch helfen zu können. Auch versteifte sich General von Conrad darauf, auf den Hochflächen vorzugehen, statt rasch in den Tälern vorzustoßen. Auf dem Hochlande der Sieben Gemeinden trat ihm die 1. italienische Armee entgegen, die durch französische und englische Kräfte unterstützt wurde, und ließ ihn um so weniger vorwärts kommen, als eintretender Schneefall und die Mangelhaftigkeit der rückwärtigen Verbindungen jedes Vorgehen wesentlich erschwerten. Zwar nahmen die Österreicher in vielfach wechselnden Kämpfen den Monte Spinuccia, die Fontana Secca und den Solarole, die deutschen Jäger, die übrigens noch, wie es scheint, durch einige deutsche Divisionen verstärkt wurden, den Monte Tomba; doch lief sich die Verfolgung in den Bergen sowohl wie in der Ebene allmählich fest. Weder war es möglich, die Brückenköpfe auf dem rechten Ufer der Piave zu behaupten, die im ersten Anlauf genommen worden waren, noch gelang es im Gebirge über eine gewisse Linie hinauszukommen, die vom linken Flügel an etwa durch die Höhen Mte. Tomba, Mte. Pertica, Mte. Asolone, Col del Rosso und Mte. Sisemol bezeichnet wird. Trotz der sehr wesentlichen Verkürzung der österreichischen Linien gelang es nicht, den Mte. Grappa und die anschließenden Höhen, die den linken italienischen Flügel stützten, zu erobern. Damit, wie mit dem Steckenbleiben der Tiroler Offensive wurde dem Vordringen der Mittelmächte trotz zahlreicher Kämpfe, die noch um die genannte Linie geführt wurden, ein Ziel gesetzt, über das hinauszukommen ihre Kräfte nicht mehr ausreichten.

Immerhin hatten sie gewaltige Erfolge erzielt. 250000 Italiener waren gefangengenommen, etwa 2300 Geschütze waren erobert, ein ungeheures Material jeder Art war erbeutet. 130000 Engländer und Franzosen waren zur Unterstützung herbeigeeilt und fehlten demnach auf dem westlichen Kriegsschauplatz. Endlich war, wie schon hervorgehoben, die österreichische Verteidigungslinie sehr erheblich verkürzt, und schon damit war Österreich sehr wesentlich entlastet worden. Es konnte von neuem zu Kräften und zu Atem kommen, und wenn auch die deutschen Truppen, wie von Anfang an geplant worden war, allmählich fortgezogen werden mußten, so war doch Österreich nunmehr stark genug, um sich allein seiner Haut zu wehren. Ein irgendwie die Kriegsentscheidung bedingender Sieg war nicht erfochten, die italienische Armee war nicht vernichtet, wie das bei genialerer Heerführung wohl hätte erreicht werden können, aber sie war auf lange Zeit ausgeschaltet und brauchte bedeutende Kräfte der Westmächte zu ihrer Unterstützung, um sich überhaupt behaupten zu können.

Die Tankschlacht bei Cambrai.

Die Kämpfe in Italien dauerten an der Piave und im Grappagebiet noch an, als eine neue Prüfung an die Deutschen herantrat. Sie hatten geglaubt, daß in den Flandernschlachten, die erst am 10. November ausgeklungen waren, die Angriffskraft der Engländer erschöpft sei, nachdem diese ihre Hauptkräfte zu jenem Angriff eingesetzt hatten, und hatten demgemäß ihre übrigen Fronten im Interesse des Widerstandes in Flandern wesentlich geschwächt. Besonders in der Gegend von Cambrai versahen sie sich keinerlei größeren Angriffs, wenn auch kleinere, zum Teil recht ernste Kämpfe dort fortgesetzt stattfanden. Gerade hier aber sollten sie sich getäuscht haben. Die Stadt war nicht nur als Eisenbahnknotenpunkt für die Deutschen von äußerster Wichtigkeit, sondern das feste Gelände gestattete auch, mehr als das in Flanderns versumpftem Boden der Fall gewesen war, die ausgiebige Verwendung von Tanks, denen eine hohe militärische Bedeutung von seiten der Entente zugemessen wurde. Auch gestattete der Wald von Havrincourt eine verdeckte Ansammlung der Angriffstruppen. Diese Verhältnisse aber wurden von den Engländern voll gewürdigt. Hier sollte demnach ein Durchbruch versucht werden, auf dessen Gelingen man sicher rechnete.

Es war der englischen 3. Armee unter General Byng gelungen, zwischen den Straßen von Cambrai nach Bapaume und Péronne starke Angriffsmassen, acht Infanterie-, drei Kavalleriedivisionen, 400 Tanks und über 1000 Kampfflugzeuge unbemerkt zu versammeln. Am 20. November griff sie überraschend in der allgemeinen Richtung auf Cambrai an, während Nebenangriffe rechts gegen die Linie Riencourt—Monchy[1]) gerichtet waren. Letztere scheiterten an

[1]) Außerhalb der Karte.

der deutschen Stellung; der Hauptstoß aber drang bis Fontaine-Notre-Dame, einer Vorstadt von Cambrai, durch. Havrincourt, Ribécourt und Flesquières, dann Marcoing und Graincourt wurden genommen. Bis zum Abend gelangten die Engländer in die Linie Banteux—Crèvecoeur (beide Orte ausgenommen)—Masnières—Noyelles—Cantaing—Fontaine-Notre-Dame und Gegend südlich Moeuvres. Nur die eben erst aus dem Osten eintreffende 107. Division, die bataillonsweise bei Cambrai eingesetzt wurde, verhinderte noch weiteres Vordringen.

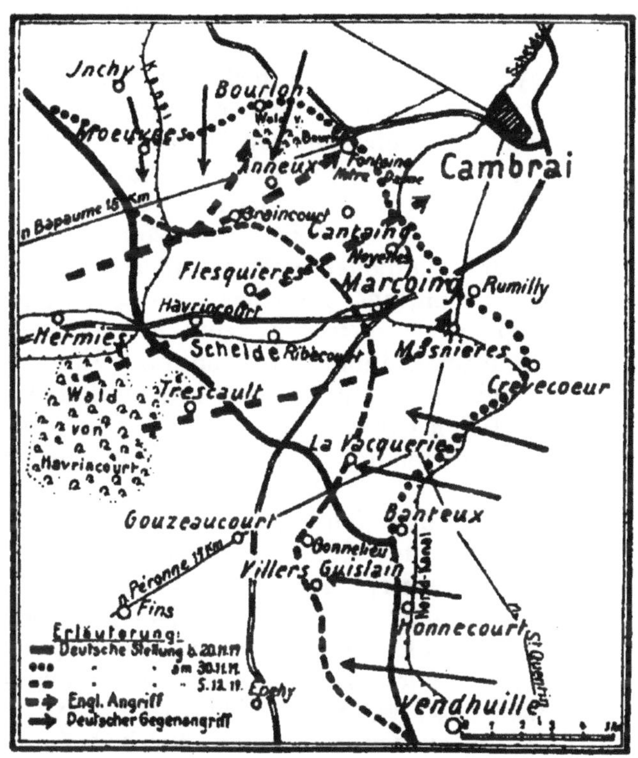

Karte 77. Die Tankschlacht bei Cambrai.

In den nächsten Tagen, in denen die deutsche Armee dauernd durch neu eintreffende Divisionen und Artillerie verstärkt wurde, versuchten die Engländer vergebens, gegen Cambrai weiter vorzustoßen. Besonders um den Bourlonwald und das Dorf Bourlon entspann sich ein wütender Kampf, der vielfach hin und her schwankte, bis schließlich die Engländer, die am 23. November in den Wald eingedrungen waren, in seinem Besitz blieben. Am 27. erfolgte dann an dieser Stelle ein neuer gewaltiger Angriff, der zweifellos den Durchbruch zum Zweck hatte und sowohl gegen den Eisenbahndamm nördlich des Waldes vorkam als auch in das Dorf Bourlon eindrang. Auch Fontaine-Notre-Dame kam in Feindeshand. Es war eine äußerst kritische Lage; abends aber wurde trotzdem der sehr überlegene Gegner wieder zurückgeworfen. Ähnlich kritische Kämpfe fanden auch an der Nordwest- und Westfront statt. Bei Noyelles erlitten sogar britische Reiterbrigaden, die zur Verfolgung vorbrachen, eine vernichtende Niederlage. So schwankte der Erfolg hin und her. Endlich aber entschloß sich die Leitung der 2. deutschen Armee zu einem entscheidenden Gegenstoß.

Schon in den ersten Tagen des feindlichen Angriffs, der die Engländer keilartig gegen Cambrai hatte Raum gewinnen lassen, war deutscherseits der Plan gefaßt worden, den Gegner an den Fußpunkten seines Einbruchs umfassend anzugreifen. Hierzu wurden alle Vorbereitungen getroffen, und es gehörte zähes Ausharren dazu, in der Verteidigung abzuwarten, bis diese vollendet waren; für den rechten Flügel war das doppelt schwer, da der Angriff zunächst auf den 28. angesagt war und erst später auf den 30. verschoben wurde, weil der linke Flügel nicht früher mit seinen Vorbereitungen — Heranschaffung und Aufstellung der Artillerie, Heranführung der Munition und ähnliches — fertig sein konnte. Der Angriff sollte auf dem rechten Flügel mit fünf Divisionen westlich, mit einer östlich des Bourlonwaldes um 12 Uhr mittags geschehen, eine Division sollte den Bourlonwald umschließen[1]), den der Feind besetzt hielt; der linke Flügel sollte mit rund zwölf Divisionen schon um 9 Uhr aus der ungefähren Linie Vendhuille—Rumilly gegen Trescault angreifen. Der Hauptstoß sollte von Osten her erfolgen, wo eine Anzahl frischer Divisionen eingesetzt werden konnte. Der Erfolg war ein durchschlagender.

Der rechte Flügel warf den Feind etwa 1 km weit, mit dem linken, der 119. Division, etwa auf Cantaing zurück, obgleich dieser zahlreiche frische Truppen eingesetzt hatte; der linke drang besonders in der Richtung auf Gouzeaucourt tief in die feindliche Stellung ein und machte reiche Beute an Gefangenen und Geschützen. Die Tanks waren in großer Zahl zusammengeschossen worden und hatten nach Gefangenenaussagen bitter enttäuscht. Die Orte La Vacquerie, Gonnelieu, Villers-Guislain wurden genommen; nur das Eingreifen starker englischer Reserven rettete den Südflügel des Feindes vor völliger Niederlage. Bis zum 3. Dezember dauerte eine gewisse Kampfpause, dann flammte die Schlacht zwischen Marcoing und Villers-Guislain von neuem auf; in der Nacht zum 5. räumten die Engländer den Bourlonwald, der andauernd unter Gas- und Brisanzfeuer gehalten worden war. Am 6. Dezember wurden dann noch Graincourt und Orival von den Deutschen besetzt; dann gingen die Kämpfe, die der englische Vorstoß ausgelöst hatte, allmählich in Stellungskämpfe über.

---

[1]) Auf dem rechten Flügel fochten die 49., 20., 21. Reserve-, 214., 221., 119. und 3. Gardedivision mit 118 schweren und 390 leichten Geschützen.

Die Schlacht von Cambrai aber war glänzend von den Deutschen gewonnen. Sie hatten nicht nur das verlorene Gelände fast ganz wiedererobert, sondern ein bedeutendes Geländestück dazu. Sie hatten der 3. englischen Armee 9000 Gefangene, 150 Geschütze, 700 Maschinengewehre abgenommen. Mehr als 100 Tanks waren verloren. Trotz ihrer bedeutenden Überlegenheit hatten die Engländer auch dieses Mal das Feld räumen müssen. Der deutschen Angriffswucht hatten sie nicht zu widerstehen vermocht. Der Feldzug 1917 war mit einem großen deutschen Siege beendet. Man kann nur bedauern, daß die im Bourlonwalde abgeschnürten Engländer nicht zur Waffenstreckung gezwungen wurden.

Weitere Kämpfe. Waffenstillstand im Osten. Der Seekrieg und der Krieg in Asien.

Während die großen Schlachten in Flandern, an der Aisne, bei Verdun und bei Cambrai geschlagen wurden, war der Kampf an den übrigen Teilen der französischen Front immer weiter gegangen. Im Artois, bei St. Quentin, in der Ostchampagne, in den Argonnen, in der Woëvre, in Lothringen, in den Vogesen und im Sundgau fanden fast täglich örtliche Kämpfe statt, die zwar nichts entschieden, aber doch hohe Anforderungen an die Leistungen der überall notgedrungen dünn gehaltenen Besatzung stellten und mit großer Hartnäckigkeit geführt wurden.

Auch wurde in der Luft während des ganzen Jahres 1917 heftig gekämpft. Es ist leider nicht möglich gewesen, die Kämpfe der Flieger alle im einzelnen zu verfolgen, ihre Bedeutung soll aber deswegen keineswegs als geringfügig betrachtet werden. Sie bildeten mit der Zeit und ihrer allmählichen Entwicklung, wie die anderen Waffen auch, einen notwendigen Teil der Truppenverbände einer modernen Armee. Als solche nahmen die Fluggeschwader als Beobachter, Bombenwerfer, Maschinengewehrschützen und Melder an allen Schlachten und Gefechten der letzten Zeit teil und trugen nicht unwesentlich zu den erzielten Erfolgen bei. Dann aber erkundeten sie auch selbständig die feindlichen Stellungen und gaben sie photographisch wieder. Die Aufnahme und Auswertung dieser Fliegerbilder hatten schließlich sogar einen hohen Grad von Vollkommenheit erlangt. Auch haben die Flieger vielfach selbständige Streifen unternommen. Die feindlichen Verbindungen, Magazine und Festungen griffen sie immer von neuem an. London sowohl und die englischen Industriegebiete wie auch Paris und die französischen Eisenbahnpunkte waren wiederholt das Ziel ihrer Unternehmungen, und oft waren sie den feindlichen Fliegern an Mut und Unternehmungslust trotz deren numerischer Überlegenheit mehr wie gewachsen. Die Entente erhielt von Amerika immer neue Lieferungen von Luftkampfmitteln und führte Vergeltungsvorstöße gegen die offenen

Städte im Rheingebiet, namentlich gegen Freiburg, Mannheim, Karlsruhe und Köln aus; Männer wie Bölke und Richthofen, der noch in der siegreichen Schlacht von Cambrai mitgefochten hat, hat sie dennoch nicht hervorgebracht. Ihr Ruhm steht einzig da in der Welt, weil ihr Mut ein einziger war. Die deutschen Flieger beherrschten das Luftmeer. Um zu zeigen, wie sehr das der Fall war, seien hier nur einige Zahlen angeführt: im April 1917 verloren die Deutschen 74 Luftfahrzeuge und 10 Fesselballone, die Gegner 362 und 29; im August die Deutschen 64 und 4, die Gegner 295 und 37; im September die Deutschen 82 und 5, die Gegner 374 und 22.

Rußland war militärisch gänzlich zusammengebrochen. Nach den Kämpfen bei Riga und Jakobstadt sowie der Eroberung der Baltischen Inseln war die Armee unter dem Einfluß sozialdemokratischer Gesinnungen und Einrichtungen immer mehr auseinandergelaufen und nicht mehr imstande, wirkliche Gefechte zu liefern. Die umstürzlerischen Anschauungen hatten immer weitere Verbreitung gefunden, und am 7. November war die gemäßigt-revolutionäre Regierung Kerenskis durch eine rein bolschewistische unter Lenin und Trotzki abgelöst worden, die keinerlei Neigung verspürten, den Kampf im Interesse der Entente fortzusetzen, sondern nur den einen Gedanken verfolgten, ganz Rußland im bolschewistischen Sinne umzugestalten und in der ganzen Welt Propaganda für ihre Ideen zu machen. Ein „Fähnrich" Krylenko, der jetzt Oberbefehlshaber an der deutschen Front war, frug demnach schon am 26. November bei der deutschen Obersten Heeresleitung an, ob Neigung zu einem Waffenstillstand vorhanden sei. Da eine bejahende Antwort erfolgte, wurden Verhandlungen eingeleitet, die zum Abschluß einer Waffenruhe führten, die vom 17. Dezember 1917 bis zum 14. Januar 1918 Geltung haben und stillschweigend weiterbestehen sollte, wenn sie nicht mit siebentägiger Frist gekündigt werde. Sie sollte für alle russischen Fronten gelten und den russisch-türkischen Kriegsschauplatz mit einschließen. Am 22. Dezember 1917 folgten dann die Friedensverhandlungen in Brest-Litowsk.

Auch in Rumänien trat Waffenruhe ein. Hier waren die Kämpfe, deren wir bereits Erwähnung taten, seit Ende August in Stellungskämpfe übergegangen, die ihrer Natur nach keinerlei Entscheidung bringen konnten, und da die Russen infolge der Revolution aus dem Kampfe ausschieden, fanden Unterhandlungen in Focsani statt und hatten am 9. Dezember 1917 einen Waffenstillstand auch auf dem rumänischen Kriegsschauplatz zum Ergebnis.

An der mazedonischen Front hatten die bulgarischen Truppen durch deutsche, aber auch durch türkische Truppen verstärkt werden müssen, um sie auch für die ferneren Kämpfe leistungsfähig zu erhalten. Zwei türkische Divisionen — die 46. und 50., soviel ich habe ermitteln können — waren an die Struma gerückt; westlich standen an verschiedenen Punkten deutsche Abteilungen. Im September 1917 lebten die Kämpfe, die während der heißen Sommermonate mehr oder weniger geruht hatten, wieder auf. Die Franzosen griffen westlich des Prespa-, Malik- und Ochridasees an, in den Gebieten der albanischen Berge, des oberen Devoli und Skumbi, und gelangten bis zur Mokra Planina, konnten aber ihre Absicht, westlich um den Ochridasee herum in die Kämpfe bei Monastir einzugreifen und die feindliche Front vom rechten Flügel her aufzurollen, angesichts des gegnerischen Widerstandes nicht durchführen. Es kam zwar zu endlosen Gefechten, diese aber schliefen gegen Ende des Jahres ein, ohne etwas zu erreichen, obgleich die Stärke der Orient-Armee durch Hinzutritt der Griechen um schließlich 200000 Mann erhöht wurde. Der General Sarrail war offenbar der Sache nicht gewachsen und wurde am 24. Dezember 1917 durch den tatkräftigen General Franchet d'Espérey ersetzt. So wirkte die Orient-Armee wie eine fortwährende Drohung auf die Lage der Deutschen, und nur wenige vollständig zuverlässige Truppen, höhere Stäbe und einzelne kleinere Truppenverbände, standen an Ort und Stelle bereit, sie zu beschwören.

Weniger günstig noch lagen die Verhältnisse zur See und auf den außereuropäischen Kampfplätzen.

Die Marine hatte die hohe Versenkungsziffer des Monats Juni nicht aufrecht erhalten können. Im Juli wurden 811000, im August 808000, im September 672000, im Oktober 674000, im November 607000 und im Dezember 1917 702000 Tonnen an Schiffsraum versenkt. An ein rasches Niederwerfen des Feindes durch das Mittel des U-Boot-Krieges war nicht mehr zu denken. Ja, durch ihn wurden nicht einmal die Amerikaner verhindert, nach Europa herüberzukommen. Schon im Juni 1917 traf die erste amerikanische Division — allerdings nur zum Zeichen kommender Ereignisse — ein, die folgenden derart, daß bei Beginn der Operationen im März 1918 bereits fünf amerikanische Divisionen mit einer Kopfstärke von 144000 Mann ohne Etappentruppen in Frankreich waren. Die Ursachen, die die Marine zu ihrer Voraussage veranlaßte, die allerdings für Ende 1915 gelten sollte, sind noch nicht aufgeklärt. Es scheint jedoch einerseits eine Unterschätzung der Welttonnage und der Neubauten in Amerika und England vorzuliegen, andererseits hatte die Entente die Abwehrmittel sehr vervollkommnet, und England war während der langen Jahre des deutschen Zauderns genügend mit Lebensmitteln und Rohstoffen versehen worden, um sich in höherem Grade wie früher von der Einfuhr unabhängig zu machen. Auch wurde von ihm die neutrale Tonnage in weit rücksichtsloserer Weise in Anspruch genommen, als man vorausgesetzt hatte. Sie wurde einfach mit Gewalt beschlagnahmt. Kurz, auf eine entscheidende Wirkung des U-Boot-Krieges war in absehbarer Zeit jedenfalls nicht mehr zu rechnen; sie würde wahrscheinlich schon viel früher eingetreten sein, wenn man den U-Boot-Krieg früher begonnen, früher alle Anstrengungen auf den Bau von U-Booten gerichtet hätte.

Auch die Hochseeflotte hatte keinerlei entscheidende Tätigkeit entfaltet. Wir haben gesehen, daß sie bei der Eroberung der Baltischen Inseln in entscheidender Weise mitwirkte und dabei ihre volle Leistungsfähigkeit an den Tag legte; da aber selbst bei der Abwesenheit der deutschen Schlachtflotte in der Ostsee die weit überlegene englische Flotte nicht dazu zu bewegen war, irgend etwas in der Nordsee zu unternehmen, war nicht darauf zu rechnen, daß sie ihren Erfolg in Zukunft anders als in der bisherigen negativen Weise anstreben würde. Die blutigen Lehren, die sie sich in der Skagerrakschlacht geholt hatte, trugen ihre Früchte.

In der Türkei und bei deren Verbündeten hatte die Eroberung Bagdads durch die Engländer einen nachhaltigen Eindruck gemacht. Diese stellten im weiteren Vorgehen bei Chanikin die Verbindung mit den über Hamadan und Kermandschah aus Persien vordringenden Russen Baratows 160 km nördlich von Bagdad her. Aber auch der Verlust von Bagdad selbst war von hoher Bedeutung. Hatte doch gerade diese Stadt als Stützpunkt in Mesopotamien nicht nur einen großen militärischen Wert, sondern auch als früherer Sitz des Kalifats eine nicht zu unterschätzende religiöse Bedeutung. Die Bedeutung des Kalifats dachte man sich gewissermaßen, allerdings in unklarer Weise, von dem Besitze Bagdads abhängig. Für Europäer aber war vor allem sein militärischer Wert von Bedeutung. Es war daher durchaus verständlich, wenn man in Konstantinopel alles daransetzen wollte, um die Stadt wiederzuerobern, und sich auch durch die Fortschritte der Engländer in Palästina um so weniger beeinflussen ließ, als diesen Fortschritten durch die beiden siegreichen Schlachten von Gaza Halt geboten worden war. Man ging sofort an die Vorbereitung dieses Unternehmens, dessen Schwierigkeiten völlig unterschätzt wurden, und gab ihm die besondere Bezeichnung „Jilderim" — der Blitz —, die aus der napoleonischen Zeit herzustammen scheint. General von Falkenhayn mit einem nach deutschem Muster organisierten Stabe sollte das hierfür bestimmte Korps führen. Auch das deutsche Kriegsministerium ging auf diesen Plan ein und beschloß im Einverständnis mit Hindenburg, das Unternehmen nachhaltig zu unterstützen, indem es ein eigenes deutsches „Asienkorps" schuf, das aus den Infanteriebataillonen 701 bis 703 zu je drei Kompanien, mehreren Batterien, drei Zügen Kavallerie mit zwei Maschinengewehren und zahlreichen anderen Formationen bestand[1]) und eine nicht unbedeutende Masse in der türkischen Armee

[1]) Das deutsche Asienkorps bestand im einzelnen, abgesehen vom Heeresgruppenkommando und seinem Stabe aus folgenden Truppenteilen: den Infanteriebataillonen 701—703 zu je drei Kompanien; drei Maschinengewehrkompanien zu je sechs Gewehren; drei Zügen Kavallerie mit zwei Maschinengewehren; drei Minenwerfertrupps mit je vier leichten Minenwerfern; einem Artillerieabteilungsstab mit zwei Batterien leichter Feldhaubitzen 16, einer Batterie Feldkanonen 16 und leichter Munitionskolonne; einem Infanteriegeschützzug mit leichter Munitionskolonne; zwei Gebirgshaubitzenzüge mit leichter Munitionskolonne; einer Flugabwehrkanonenbatterie; einer

mit ihren schwachen Beständen darstellte. Man täuschte sich deutscherseits vollkommen über die Leistungsfähigkeit der Türken und glaubte immer noch an deren mögliche Erfolge, während ihre Armee — abgesehen von ihrem schlechten Ausbildungsstande — allein 300 000 Deserteure zählte und der Sold, wenn überhaupt, so doch sehr unregelmäßig bezahlt wurde. Auch die Transportverhältnisse waren sehr mangelhaft. Bis in den November hinein trieben sich noch Teile des deutschen Asienkorps, des Abtransports harrend, in Haidar Pascha am Marmarameer herum, und ein großer Teil desselben wurde für Etappenzwecke gebraucht. Die Engländer ihrerseits erkannten sehr bald die Absichten der Türken und beschlossen, ihnen auf die wirksamste Weise, durch Offensive in Palästina entgegen zu wirken. Es war für die Türken allerdings undenkbar, auf Bagdad vorzugehen, während gleichzeitig der Gegner über Jerusalem und Palästina vordrängte. So wurde im Herbst 1917 denn stillschweigend der Schwerpunkt des Jilderim-Unternehmens nach Palästina verlegt und auch das deutsche Asienkorps dorthin in Marsch gesetzt. Auch die übrigen Truppen, die für das Unternehmen bestimmt waren, gingen im Laufe des Sommers zunächst nach Aleppo, von wo aus sie in verschiedenen Richtungen verwendbar waren. Schon im Juni begann der Abtransport des XV. Armeekorps aus Galizien und der 50. Division aus Mazedonien. Auch von den Dardanellen wurden zwei Divisionen fortgezogen. Eine 7. Armee war an der Sinaifront in der Bildung begriffen. Die Türken beabsichtigten in Palästina die Offensive zu ergreifen, trotz aller Schwierigkeiten, die die natürlichen Verhältnisse boten, und trotzdem ihr großes Reservemunitionslager am Bahnhof Haidar Pascha am 6. September 1917 in die Luft geflogen war. Doch kamen ihnen die Engländer zuvor.

Sie hatten unter General Allenby in Ägypten ein gewaltiges Heer, das auf 200 000 Mann geschätzt wurde, aus Indien, Australien und Südafrika zusammengezogen und gingen nun unter Ausbau der Bahn nach El Arisch, die bisher nur Kleinbahn gewesen war, nach Norden vor, während ein englisch-französisches Geschwader die Küste bei Jaffa beherrschte. Die Türken wichen dem übermächtigen Stoß aus und gingen langsam zurück. Am 7. November konnten die Engländer das vielumstrittene Gaza besetzen und drangen dann von Hebron—Bethlehem, vom Toten Meer und von Jaffa aus, das am 17. November besetzt worden war, auf Jerusalem vor, das von den Türken, weil es eine operative Bedeutung nicht hatte, freiwillig aufgegeben wurde. Am 9. Dezember konnten die Angreifer in

Munitionskraftwagenkolonne für leichte Minenwerfer; einer Pionierabteilung mit einem Zug Flammenwerfer und leichtem Brückengerät; einer Armeefernsprechabteilung; einer Divisionsfernsprechabteilung; drei schweren Funkerstationen; fünf leichten Funkerstationen; vier Fliegerabteilungen; einer Sanitätskompanie Nr. 300; zwei Feldlazarette Nr. 218 und 219; Kraftwagenstaffel.

Jerusalem einziehen, während die türkische Armee in eine vorbereitete Stellung zurückwich. Sie lehnte sich mit ihrem rechten Flügel an das Mittelländische Meer bei Arsut nördlich Jaffa, mit der Mitte auf die Berge von Judäa südlich von Nabulus — dem alten Sichem — und mit dem linken auf den Jordan nördlich von Jericho, während auch das östliche Flußufer und die Hedschas-

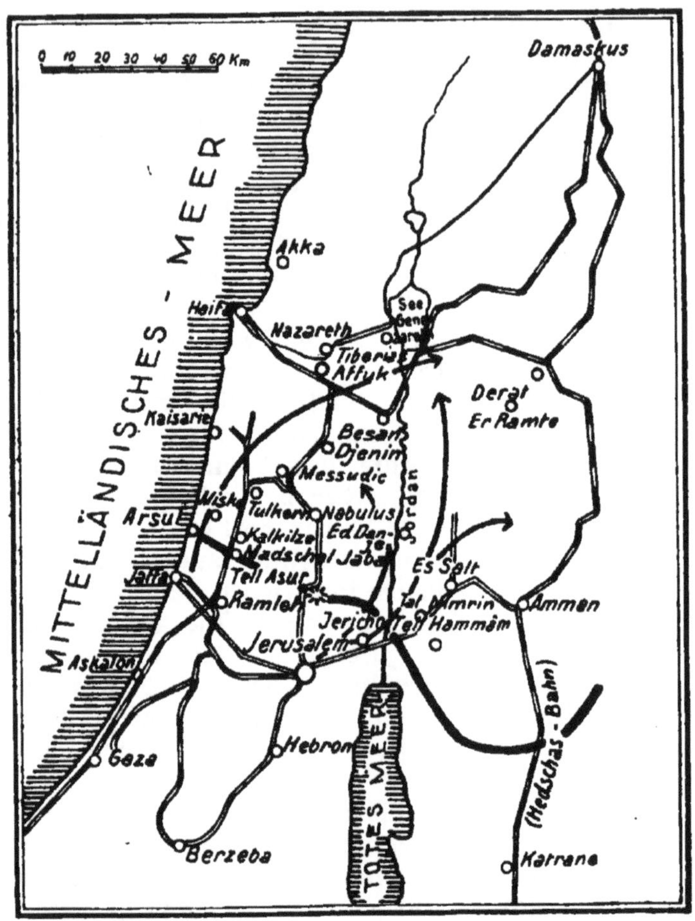

Türkische Stellung mitte September 1918
Angriffsrichtung der Engländer vom 17.9.18 ab

Karte 78. Der Krieg in Palästina.

bahn südlich Amman besetzt waren. Letztere vermittelte die Verpflegung der türkischen Armee, die sich in dieser Stellung vorläufig behaupten konnte. Die Engländer vermochten trotz ihrer gewaltigen Überlegenheit die Türken nicht weiter zurückzudrängen. Doch hatten diese mit Bagdad und Jerusalem zwei besonders in moralischer Hinsicht wichtige Orte verloren, die ihren Schatten vorauswarfen auf das Schicksal des ganzen Landes, dessen Leitung den Anforderungen in keiner Weise gewachsen war, die die Schicksalsstunde stellte.

Noch ungünstiger war die Lage in Ostafrika. Auch dort wehrte sich eine verschwindende Minderheit mit dem höchsten Heldenmut und der denkbar größten Sachkenntnis gegen weit überlegene Gegner in einer Weise, die ein ewiges Ruhmesblatt in der deutschen Geschichte bilden wird.

Der Verlust Ostafrikas.

Wir hatten Ostafrika verlassen, als Hindenburg die Leitung des Weltkrieges übernahm, der Hauptteil der Schutztruppe auf Kissaki zurückgegangen, Daressalam geräumt war und um Tabora[1]) die letzten Kämpfe geliefert wurden.

Gegen diese Stadt rückten die Feinde Ende August 1916 von allen Seiten heran und drängten unsere schwachen Truppen konzentrisch zurück. Eine starke belgische Brigade rückte von Westen her längs der Eisenbahn heran, eine andere aus mehr nördlicher Richtung. Auch die englische Muansabrigade war im Herannahen. Glücklicherweise waren sie nicht imstande, sich miteinander ins Einvernehmen zu setzen, und so fielen ihre Angriffe nicht zusammen. Zuerst griff die belgische Westbrigade an und wurde dicht vor Tabora bis zum 11. September vollkommen geschlagen, so daß sie sich am Angriff der Nordbrigade, obgleich nur wenige Kilometer entfernt, nicht mehr beteiligen konnte. Dann griff die Nordbrigade am Berge Itaga westlich der Stadt am 13. und 14. September an und erfuhr das gleiche Schicksal. Die Deutschen hatten den Mut, vor der Westbrigade nur einige Patrouillen stehen zu lassen und alle übrigen Truppen auf dem Schlachtfelde gegen die Nordbrigade zu vereinigen: eine Führertat ersten Ranges. Bei geringer eigener Einbuße und gewaltigen Verlusten des Feindes wurden zwei Geschütze mit 200 Granaten, 60 Kasten Munition mit vielem anderen Heeresgerät erbeutet. Nichtsdestoweniger mußte die Stadt vor der Überzahl der anrückenden Feinde geräumt werden. Infolgedessen trafen die Engländer vom Victoriasee erst ein, nachdem die Deutschen bereits abgezogen waren. Der Kampf war in der Stadt selbst aus Menschlichkeitsrücksichten nicht aufgenommen, diese vielmehr in der Nacht vom 18. zum 19. September geräumt worden, nachdem alles militärisch Brauchbare vorher fortgeschafft oder verbrannt worden war, um es dem Feinde nicht zu überlassen.

Der Rückzug erfolgte in drei Kolonnen und war äußerst schwierig; galt es doch mit 5—6000 Köpfen 440 km weit durch ein verpflegungsarmes Gebiet zu ziehen, während nur auf zwei Fünfteln dieses Raumes für Magazine gesorgt war, als Wege nur Negerpfade vorhanden waren und die Bevölkerung zum großen

[1]) Siehe Karte 55.

Teil feindlich gesinnt war. Auch mußte eine große Reihe von Gefechten geliefert werden, die meistenteils siegreich waren, obgleich alle Hilfsmittel der Zivilisation fehlten, während dem Feinde alles, was der Krieg und die Bequemlichkeit des Lebens nur fordern konnten, in Hülle und Fülle zu Gebote stand.

Der Rückzug ging im allgemeinen in südöstlicher Richtung, um, wenn irgend möglich, die seit lange verlorengegangene Fühlung mit der Hauptabteilung wieder zu gewinnen. Iringa wurde nicht angegriffen, sondern westlich umgangen, da man den Widerstand scheute, den man dort eventuell antreffen könnte, und es bei dem völligen Mangel an Verständigungsmitteln nicht gelang, eine genügende Streitkraft gleichzeitig vor diesem Platze zu vereinigen. Auch zwang die Lebensmittelknappheit immer wieder zur Teilung der schwergeprüften Truppe. Endlich aber am 22. November 1916 gelang doch die Vereinigung mit der Haupttruppe in der Gegend von Lupembe, und am Ulangi wurde die Verteidigung im Bunde mit dieser wieder aufgenommen. Ein Marsch war zurückgelegt, wie er selten in der Kriegsgeschichte vorkommt. Dabei waren noch zahlreiche Trophäen erbeutet worden. Wenn auch manche Geschütze, die zu schwer zu transportieren waren, hatten vernichtet werden müssen, so waren doch andererseits vier Geschütze mit Munition, sechs Maschinengewehre, viele Gewehre und Patronen, ein Lastauto und manches andere erbeutet, 50 Europäer gefangen, Zugochsen, Reit- und Tragtiere in großer Zahl dem Feinde abgenommen worden. Sehr groß waren leider auch die Verluste. Viele Leute waren den unausgesetzten Strapazen erlegen, manche waren durch sie zur Fahnenflucht getrieben worden. Infolgedessen wurden von den 720 Europäern und 3000 Askaris, die am 27. Juli noch vorhanden gewesen waren, im Tale des Ulangi nur noch 300 Deutsche und 1350 Askaris gemustert. Die Ausrüstung war ganz heruntergekommen, die Körperkraft in hohem Grade verbraucht; der Geist aber, der diese hart mitgenommene Truppe belebte, sollte noch lange und in zahlreichen Gefechten die deutsche Fahne hochhalten.

Die Engländer, bei denen der Burengeneral Smuts durch den englischen General Deventer ersetzt wurde, ließen den Deutschen zunächst über ein Vierteljahr Ruhe, um ihre Etappen einigermaßen einzurichten und die sehr schwierige Verpflegung zu regeln. Es scheint, daß auch bei ihnen eine Neuorganisation der Truppe stattfand und daß die europäischen Truppen durch Inder und eingeborene Afrikaner ersetzt wurden. Auch Belgier wurden herangezogen. Die Deutschen ihrerseits behaupteten sich zunächst noch in dem Küstengebiet südlich Daressalam und auf dem linken Ufer des Rufidji und des Ulangi.

Inzwischen hatte im März 1916 das Deutsche Reich auch an Portugal den Krieg erklärt, und dieses hatte, nachdem verschiedene Landungsversuche kläglich gescheitert waren, mit starken Kräften

Nevala nahe an der Südgrenze der deutschen Kolonie besetzt. Es zwang dadurch den Gouverneur dazu, Truppen auch an diese bisher neutrale Grenze zu entsenden. Ihnen gelang es, obgleich sie nur halb so stark und der Feind in modernster Weise verschanzt war, ihn bis zum 29. November 1916 vollständig zu schlagen und eine ungeheure Beute zu machen. Erst das Meer setzte dem Ausreißen ein Ziel; die Deutschen hatten aber fortan Ruhe vor diesem Feinde.

Wenig günstig gestaltete sich zu gleicher Zeit die Lage im Südwesten der Kolonie. Da die dort stationierten Truppen von Mahenge aus nicht mehr verpflegt werden konnten und alle Versuche, verpflegungsreiche Gegenden zu erobern, scheiterten, wandten sich starke Abteilungen unter dem Major Kraut und dem Hauptmann Wintgens nach dem Westen und Süden, auf die Gefahr hin, den Zusammenhang mit der Hauptabteilung zu verlieren. Major Kraut gelang es Mitte März 1917 südlich Songea die Verbindung mit Oberst von Lettow wieder zu gewinnen, nachdem schon vorher Major von Gravert, bei Likuju eingeschlossen, am 24. Januar 1917 die Waffen gestreckt hatte. Der Hauptmann Wintgens aber ergab sich persönlich den Engländern, weil ein schwerer Typhusanfall ihn am Fortkommen hinderte; seine Abteilung aber wurde vom Leutnant Naumann in kühnem Zuge durch die ganze Kolonie geführt und mußte sich erst — wie hier vorgreifend bemerkt sei — im Oktober 1917 120 km südwestlich Kondoa-Irangi dem Gegner ergeben, nachdem er ihm hinter der Front unendlichen Schaden zugefügt hatte. Immerhin wurden die Engländer durch die Unternehmungen des Majors Kraut und des Hauptmanns Wintgens so in Anspruch genommen, daß sie es versäumten, den gegen Gravert errungenen Erfolg auszunutzen, und es dadurch den Deutschen ermöglichten, durch eine Abteilung von vier Kompanien und einer Batterie Likuju bis Mitte Februar 1917 wieder zu besetzen und dadurch den Rücken der Truppe zu decken.

Während sich im Südwesten diese Ereignisse abspielten, hatten die Engländer ihre Reorganisation vollendet. Sie bildeten jetzt ein Völkerkartenbild von ganz Afrika und Indien. Leute aus allen Völkerschaften der deutschen Kolonie, ein Goldküstenregiment, eine Nigeriabrigade, Jamaikaneger, halbblütige Kapboys, Beludschen und Afridis, Sikhs und Gurkhas bildeten ihre Truppen. Auch in Kilwa und Lindi versammelten sie starke Massen, um der wenigen deutschen Kompanien mit vereinzelten Geschützen Herr zu werden, die das Land noch hielten. Es ist eine unendliche Schmach für die zu Unrecht so stolzen Engländer, daß sie sich von diesen wenigen, zum größten Teil schwarzen Mannschaften, die am bittersten Munitionsmangel litten und lediglich auf die vom Feinde eroberten Patronen angewiesen waren, immer wieder schlagen ließen. Sie verfügten über eine zehn- bis zwanzigfache Übermacht, über Tausende von Kraftwagen, über Kleinbahnen und alle nur möglichen Lebensmittel, und doch konnten sie der wenigen Gegner nicht Herr werden. Man begreift tatsächlich nicht diesen Grad militärischer — Unfähigkeit!

Nachdem der Kommandeur lange Zeit die aus Kilwa vorgebrochenen Engländer bei Kibata festgehalten, zu immer neuem Kräfteeinsatz in meist siegreichen Gefechten gezwungen und alle Versuche, ihm den möglichen Rückzug nach Süden abzuschnüren, in ruhmreichen Kämpfen vereitelt hatte, mußten die deutschen Truppen erst zu Beginn des Februar 1917 über den Unterlauf des Rufidji zurückgehen, nachdem die Gegenden nördlich davon gründlich ausfuragiert waren. Dann trat die Regenzeit mit großer Macht auf und machte alle militärischen Unternehmungen unmöglich. Sie deckte die Deutschen sowohl am Rufidji als auch in Mahenge und machte es sogar möglich, anfangs April drei Kompanien in das portugiesische Gebiet nahe am Njassasee zu entsenden, um hier für spätere Zeiten Erkundungen vorzunehmen und die Verpflegung zu erleichtern. Die Schwierigkeiten hatten derart zugenommen, daß nach der Räumung von Usaramo 4—6000 Träger zu den Engländer abgeschoben werden mußten, weil man sie nicht mehr ernähren konnte.

Zu Beginn des Juli glaubten die Engländer endlich mit ihren Angriffsvorbereitungen fertig zu sein, während die Deutschen langsam nach Süden zurückgewichen waren, und griffen diese den 19. Juli bei Narungonbe südlich Kilwa an. Sie wurden, trotz gewaltigster Übermacht, aufs Haupt geschlagen und verloren 2000 Mann an Toten und Verwundeten. Erst am 20. September erneuerten sie den Angriff, nachdem sie 4000 Kraftwagen zusammengezogen und eine Feldbahn vorgebaut hatten, und jetzt mußten die Deutschen weichen, weil sie unterdes zahlreiche Truppen nach der Gegend von Lindi verschoben hatten, der Feind aber sich nicht unwesentlich verstärkt hatte. Auch bei Lindi war mittlerweile gefochten worden. Nach mehreren für die Deutschen siegreichen Gefechten waren am 3. Juli die Engländer gründlich geschlagen worden, so daß sie es vorzogen, wie bei Kilwa, erst Feldbahnen zu bauen und Kraftwagen in großer Zahl heranzuziehen, bevor sie es wieder wagten, die Deutschen anzugreifen. Erst am 27. September gerieten sie wieder in Bewegung und wurden vom 16. bis 18. Oktober, nachdem der Kommandeur sich mit der gegen Lindi fechtenden Truppe vereinigt hatte, bei Mihadia wiederum vollständig geschlagen, von 1500 Gewehren, obgleich sie etwa 8000 Mann stark waren. Trotzdem wurden auch die weiter westlich kämpfenden Truppen allmählich durch die Übermacht zum Rückzug gezwungen, obgleich sie jeden Fußbreit Boden mit Heldenmut verteidigten. Am 10. Oktober gelangte der Feind in den Besitz von Mahenge; die Deutschen aber gingen vom 3. bis 5. November über den Lukegu- und den Mbarangandufluß; alle Schwachen und Kranken mußten den Engländern überlassen werden; nur 140 Europäer, 1280 Askaris, 2050 Träger und 205 Boys traten in drei Kolonnen den Marsch an den Rowuma an, den Grenzfluß des portugiesischen Afrika.

Auch die Truppen, die bei Mihadia unter Lettow-Vorbeck gefochten hatten, konnten der Übermacht gegenüber ihren Sieg nicht ausnutzen, sondern mußten sich nach Lukuledi gegen die von Kilwa heranrückenden Gegner wenden. Auch diese wurden am 21. Oktober siegreich zurückgewiesen; mit diesem Siege aber wurde nur eine kurze Frist gewonnen. Zwar wurde jeder Fußbreit deutschen Bodens bis zuletzt verteidigt, aber dennoch wurde die Truppe, die etwa noch 2400 Gewehre umfassen mochte, auf das Makondehochland zurückgedrängt, ließ alle Kranken und Schwachen in der Hand des Gegners, löste sich am 23. November vom Feinde und überschritt am 25. November 1917 gegenüber der Lugendamündung den Grenzstrom, wo sie sich bald mit den Resten der von Mahenge zurückgegangenen Truppe vereinigte.

Die Engländer hatten, um diese vom Hauptmann Tafel geführte Kolonne am Durchbruch nach dem Süden zu verhindern, Liwale und Tunduru besetzt und zwischen beiden Orten ein befestigtes Lager angelegt. Diese Sperre wurde in mehreren siegreichen Gefechten durchbrochen, und zu der befohlenen Zeit stand die Truppe am befohlenen Punkte. Der Kommandeur aber war nicht zugegen; die Verbindung mit ihm konnte nicht aufgenommen werden, Munition und Lebensmittel waren fast verbraucht. Eine unbewohnte und verpflegungslose Baumsteppe lag vor der völlig erschöpften Truppe. So blieb nichts anderes übrig, als sich dem Feinde zu ergeben. Nur 13 Deutsche und 9 Askaris mit ihren Trägern und Boys, die mit den letzten Munitions- und Lebensmittelvorräten ausgerüstet wurden, erreichten trotz allem den zum General ernannten Kommandeur von Lettow.

Die letzte deutsche Kolonie war verloren. Ein Heldenkampf sondergleichen war ausgefochten. Vorbildlich war die Treue der schwarzen Askaris gewesen. Sie tritt um so glänzender in die Erscheinung, als das deutsche Volk selbst ehrlos und treulos seinen Untergang tanzend und singend überlebte, obgleich es nicht die Hälfte von dem hat ertragen müssen, was jene schwarzen Soldaten ruhmreich bis zuletzt ertragen haben. Schuld an solchem Zusammenbruch der Gesinnung war aber in erster Linie der deutsche Reichstag, der sich in völliger Verkennung der tatsächlichen Verhältnisse mit Händen und Füßen sträubte, sobald es galt, etwas für die Kolonien zu bewilligen; in zweiter Linie die Regierung, die sich vor dem Reichstag beugte und nichts durchsetzte, wo es die Verteidigungsfähigkeit der Kolonien galt; schuld war vor allem das deutsche Volk selbst, das zwar stets bereit war, die Vorteile mitzunehmen, die die Kolonialpolitik einbrachte, aber in kurzsichtiger, nur auf den augenblicklichen Gewinn bedachter Energielosigkeit seine Vertreter gewähren ließ, die jeder staatsmännischen Einsicht bar waren.

Fünftes Buch.

Die deutsche Offensive im Westen und Deutschlands Zusammenbruch.

Kanzlerwechsel und Friedensverhandlungen. Weiterer Vormarsch im Osten. Friedensschlüsse von Brest-Litowsk und Buftea.

Die letzte deutsche Kolonie war verloren; der Seekrieg, wenn er auch den Gegner ernstlich schädigte, hatte nicht den Erfolg gebracht, den man voreilig von ihm erwartet hatte; der Widerstand der Türkei mußte, wie sich schon jetzt übersehen ließ, in absehbarer Zeit zusammenbrechen; die Vereinigten Staaten mit ihrer gewaltigen Finanzmacht und militärischen Kraft hatten schon im April 1917 den Krieg erklärt und fingen schon an, Truppen nach Frankreich zu entsenden. Im Juni 1917 waren 15000 Amerikaner über den Ozean gekommen, und im Dezember des gleichen Jahres waren bereits 80000 Mann im ganzen in Frankreich gelandet. Ungeheuer waren die Anstrengungen, die die große nordamerikanische Republik machte, um möglichst schnell ein kampffähiges Heer aufzustellen. Denn Eile tat not. Man hatte schon im Juli 1917 geplant, bis zum Juni 1918 etwa 650000 Mann nach Frankreich zu senden, von denen sechs Divisionen schon im letzten Quartal 1917, die übrigen aber bis zum 1. Juli 1918 eintreffen sollten. Demgegenüber aber hatte General Pershing, der sie kommandieren sollte, darauf bestanden, daß bis zum Mai 1918 mindestens eine Million Truppen auf dem Kriegsschauplatz sein müßte. Mit England war man dahin übereingekommen, daß sechs Divisionen auf englischen, die übrigen auf amerikanischen Schiffen transportiert werden sollten. Dennoch war die militärische Lage für Deutschland niemals so günstig gewesen, wie gegen Ende des Jahres 1917.

Die englischen Divisionen zählten im Herbst dieses Jahres noch zwölf Bataillone. Sie mußten demnächst auf neun herabgesetzt werden. Frankreich hatte seit der Aisne—Champagne-Schlacht weit über 100 Bataillone sowie Territorial- und Territorial-Reserveformationen aufgelöst. Der oberste Kriegsrat der Entente hatte zudem erklärt, daß Frankreich im Verlauf des Jahres 1918 nur zu behaupten sei, wenn die Zahl der englischen und französischen Truppen aufrecht erhalten werde und außerdem mindestens zwei amerikanische Divisionen monatlich zu Hilfe gesandt würden. Die Türkei konnte immer noch eine gewisse Zeit lang Widerstand leisten, das war schon durch die räumlichen Verhältnisse bedingt. Amerika brauchte eine gewisse Zeit, um neue Truppenteile aufzustellen und kampffähig zu machen. Italien war für lange Zeit aus der Reihe der gefährlichen Gegner ausgeschieden; es hielt sich nur noch mit starker Hilfe seiner Verbündeten. Mit dem Fortschreiten des U-Boot-Krieges mußte sich die Lage der Entente verschlechtern. Vor allem aber: Rußland war zusammengebrochen und aus der Reihe der Kämpfenden ausgeschieden. Auch Rumänien war niedergeworfen und zum Frieden gezwungen. Die gewaltigen Truppenmassen, die man gegen diese Gegner nötig gehabt hatte, konnten jetzt frei gemacht und im Westen verwendet werden. Es unterliegt nach den Depeschen, die General Pershing nach Washington sandte, und durch die er die rasche Hilfe Amerikas erbat, keinem Zweifel, daß nur die Truppen, die Amerika sandte, es den Verbündeten ermöglichten, den Krieg überhaupt noch fortzuführen, daß sie aber ohne sie schmählich unterlegen wären. Durch diese Verhältnisse war dem deutschen Reiche eine Frist gesichert, innerhalb deren es mit großer Machtentfaltung in Frankreich auftreten und den Sieg erringen konnte. Aber wohlverstanden nur eine Frist, die ziemlich enge begrenzt war. Der Kampf mußte beendet, der Endsieg erfochten werden, bevor die Truppen der Vereinigten Staaten in Massen nach Europa kommen konnten, bevor die Verbündeten versagten, die Türkei vollends zusammenbrach, die Stimmung in Deutschland noch weiter sank, als es bereits der Fall war, und das Werk der staatsfeindlichen Elemente in Armee und Marine soweit Fuß gefaßt hatte, daß es unmöglich gewesen wäre, es einzudämmen.

Manches war bereits geschehen, was in einer Zeit, in der alle Kräfte des Staates zur Niederwerfung des Feindes hätten angespannt sein müssen, verderblich wirken konnte. Am 7. April 1917 wurde die Aufhebung des Dreiklassenwahlrechts in Preußen versprochen; am 19. April wurde der letzte Rest des Jesuitengesetzes aufgehoben. Am 11. Juli wurde das Versprechen der Wahlrechtsänderung dahin erweitert, das auch in Preußen das gleiche Wahlrecht eingeführt werden und schon bei den nächsten Wahlen maßgebend sein sollte. Im Oktober meuterten zahlreiche Matrosen und fanden im Reichstag tatkräftige Unterstützung. Die weitgehendsten Versprechungen der Krone hatten keinerlei Erfolg, keinerlei Einfluß auf die Stimmungen der Masse. Sie sah nur die Schwäche der Regierung. Auch in der Armee machten sich bedenkliche Anzeichen bemerkbar.

Schon hatte in der Schlacht von Cambrai eine sonst für gut geltende Division den Erfolg dadurch beeinträchtigt, daß sie ein erobertes feindliches Verpflegungsmagazin geplündert hatte, statt zu fechten. Es war ein bedenkliches Anzeichen schwindender Disziplin und kriegerischen Sinnes.

Es war demnach militärisch von höchster Wichtigkeit, daß der Angriff im Westen bald einsetzte und entscheidende Erfolge erzielte, wenn Deutschland überhaupt noch siegreich aus dem großen Kampfe hervorgehen sollte. Der Frieden mit Rußland und Rumänien mußte **bald** erfolgen, damit die Truppen des Ostens auch wirklich für den Westen frei würden, und die Regierung mußte alles tun, was in ihren Kräften stand, um den Gedanken des Widerstandes neu zu beleben und die staatsfeindlichen Elemente niederzuhalten, die in Armee und Marine den kriegerischen Geist zu untergraben suchten. In beiden Hinsichten war die Oberste Heeresleitung auf die Mithilfe des Reichstags und der Regierung angewiesen: beide versagten.

Schon am 2. November 1917 war der Reichskanzler Michaelis zurückgetreten. Er hatte sich seiner Stellung nicht gewachsen gezeigt und hatte sich vor allem mit dem Reichstage nicht gut zu stellen gewußt. Dieser trat jetzt immer mehr in den Vordergrund. Schon der Nachfolger des zurückgetretenen Reichskanzlers, der der Zentrumspartei angehörige Graf Hertling, war im Einverständnis mit dem Reichstage ernannt worden und huldigte dessen Ansichten. Eine parlamentarische Regierung war zwar noch nicht offen an die Stelle der konstitutionellen getreten; dennoch gewann der Reichstag erhöhten Einfluß, der sich im Sinne einer durch nichts gerechtfertigten Friedenshoffnung geltend machte und den kriegerischen Geist des Volkes beeinträchtigte. Zahlreiche Reichstagsabgeordnete reisten an die Front und taten so, als ob sie von militärischen Dingen etwas wüßten. Der Reichskanzler selbst aber hatte keinerlei Verständnis für die militärischen Notwendigkeiten. Er suchte wohl im allgemeinen den Vorteil des Reiches wahrzunehmen, soweit er ihn als bisheriger Führer des Zentrums verstand, es fehlte ihm aber die Einsicht, daß die militärische Lage ein unausgesetztes Hand-in-Hand-Gehen der Politik und der Kriegführung nötig machte, daß diese letztere entscheidend war, daß es vor allem darauf ankomme, den Krieg zu gewinnen, und daß alles andere Nebensache sei. Er verstand nicht, daß es notwendig sei, diesem Gesichtspunkt auch die eigene politische Selbständigkeit unterzuordnen, und glaubte dadurch, daß er den Wünschen des Reichstags immer weiter entgegenkam, die Kriegsfähigkeit der ganzen Nation zu stärken. Er erreichte damit nur das Gegenteil. Die Linksparteien, die täglich an Einfluß gewannen, wollten in erster Linie ihre eigene Macht erweitern und die Gewalt an sich reißen; sie glaubten törichterweise an die Möglichkeit eines Verständigungsfriedens. Hindenburg wollte vor allem siegen. Erst später wollte er die inneren Verhältnisse ordnen. In diesem inneren Widerspruch bewegte sich das ganze Leben der Nation. In ihm ging die Fähigkeit zum siegreichen Endkampfe verloren. Gewiß konnte man manches im Deutschen Reiche ändern und bessern, besonders in gesellschaftlicher Hinsicht, und wenn man auch kein Anhänger der parlamentarischen Monarchie war, die immer nur notdürftig versteckte Mehrheitsherrschaft ist, konnte man doch Reformen für nötig halten; damals aber war wahrhaftig die Zeit für solche nicht gegeben. Damals kam es vor allem darauf an, den Sieg zu gewinnen, wie Hindenburg und Ludendorff es wollten. Der leidenschaftliche Wille der ganzen Nation mußte auf diesen einen Punkt gerichtet sein; mit eiserner Strenge mußten alle feindlichen Mächte niedergehalten werden, die den einen großen Zweck beeinträchtigen konnten; aber nichts dergleichen geschah. Der Ernst der inneren Lage wurde völlig verkannt. Alle die finsteren Mächte, die in Armee und Marine die Kriegsfähigkeit zu untergraben suchten, ließ man ruhig gewähren; der feindlichen Propaganda trat man nirgends kräftig entgegen, ja man unterstützte sie indirekt, indem man — offenbar bloß um dem Reichstage oder vielmehr den Linksparteien des Reichstags zu schmeicheln — alle gutgesinnten Zeitungen von der Front fernhielt und allen anderen das Feld freigab; man tat andererseits nichts Positives, um den Geist zu haben. Dem Reichskanzler fehlte bei seinem Alter die Energie, gegen die Machenschaften der Umstürzler einzuschreiten; er tat auch gar nichts, um das Volk aufzuklären und ihm die Lage begreiflich zu machen, die er wahrscheinlich selbst nicht übersah. Auch seine Diplomaten verfuhren in ähnlicher Weise; auch sie konnten oder wollten nicht begreifen, daß die Heeresleitung berechtigt war, gewisse Anforderungen zu stellen, die erfüllt werden m u ß t e n. In unverantwortlicher Weise zogen sie die Verhandlungen im Osten in die Länge.

Schon am 7. Dezember war an der ganzen Ostgrenze Waffenruhe eingetreten; am 15. war in Brest-Litowsk ein Waffenstillstand für die russische und die rumänische Front geschlossen worden. Erst am 22. Dezember fingen dann endlich in Brest-Litowsk die Friedensverhandlungen an, in denen Deutschland durch den Staatssekretär von Kühlmann, Österreich-Ungarn durch den Minister Grafen Czernin vertreten waren, und an denen auch die übrigen Verbündeten Deutschlands teilnahmen. Die Mittelmächte aber waren fortwährend von der Besorgnis beherrscht, daß ein zu energisches Auftreten die Friedensstimmung Rußlands stören könnte; auch fürchteten sie wohl das Übergewicht der Heeresleitung und kamen darüber zu keinem energischen Handeln. Sie stellten keinerlei bestimmte Forderungen, sondern begnügten sich mit allgemeinen Gesichtspunkten, über die hin und her verhandelt wurde. Die russischen Delegierten aber benutzten die hierdurch gewonnene Zeit, um Propaganda für ihre Umsturzideen zu machen, wofür sie leider in Deutschland und Österreich-Ungarn das Feld wohl vorbereitet vorfanden. Auch der deutsche Kaiser, der zwischen Hindenburg und dem Grafen Hertling stand und sich von beiden beeinflussen ließ, änderte wiederholt seine Ansicht, immer in der Hoffnung, den Reichstag gutzustimmen und mit Rußland auf die eine oder die andere Weise zu einem Abschluß zu gelangen. Daß dieser Staat nur der Gewalt weichen und die Gelegenheit zur Propaganda reichlich ausnützen werde, wie es Hindenburg annahm, wollte leider niemand einsehen.

Mittlerweile waren auch Abgeordnete der Ukraine in Brest erschienen. Sie hatte sich schon am 19. August, mit Zustimmung des damals in Rußland herrschenden Kerenski, für unabhängig erklärt, und die übrigen Randstaaten, Sibirien, Turkestan, Georgien, der Kaukasus, die Tataren am Nordrand des Schwarzen Meeres sowie endlich Finnland hatten ein Gleiches getan, oder stellten sich unter deutschen Schutz, wie Livland und Estland. Jetzt wurden auch mit den Ukrainern Verhandlungen gepflogen, und es kam schon am 20. Januar 1918 mit ihnen ein Einvernehmen zustande, unter dem Gesichtspunkt, daß dieser Staat reichlich Lebensmittel und andere Kriegsstoffe besonders an Österreich liefern sollte. Daß eine solche Lieferung nur unter militärischem Druck erfolgen würde, war von vornherein klar und wurde berücksichtigt. Rußland gegenüber aber war die Gefahr, die vom Bolschewismus ausging, fortwährend im Wachsen. Die Ukraine wurde von ihm bedrängt. Livland, Estland und Finnland wurden von ihm bedroht. Auch war mit Sicherheit anzunehmen, daß mit der Zeit England von der Murmanküste aus nach Petersburg kommen und versuchen würde, von dort aus gegen Deutschland zu wirken. Nun war es allerdings unerwünscht, weitere Truppen im Osten verwenden zu müssen; die Gefahr aber, daß der Krieg mit dem bolschewistischen Rußland mit Englands Hilfe aufleben könnte, war groß, und das mußte unter allen Umständen vermieden werden. Diese Gesichtspunkte machten allmählich ihr Schwergewicht geltend, und unter ihrem Druck kam es dann endlich auf wiederholtes ernstliches Drängen Hindenburgs zum wirklichen Handeln, und nun zeigte sich sehr bald, daß die Oberste Heeresleitung in vollem Rechte gewesen war, wenn sie nur von einer Wiedereröffnung der Feindseligkeiten Erfolg erwartet hatte. Am 9. Februar wurde mit der Ukraine Frieden geschlossen, damit die Front, die militärisch besetzt werden mußte, wesentlich verkürzt, und als Trotzki dann seinerseits erklärte, daß er überhaupt nicht Frieden schließen wolle, den Krieg aber für beendet ansähe und das russische Heer, das immer weiter zerfallen war, demobilisiere, wurde deutscherseits am 12. Februar der Waffenstillstand gekündigt. Nach sieben Tagen sollten, wie ausgemacht, die Feindseligkeiten wieder beginnen.

Zugleich bat die Ukraine Deutschland um Hilfe, da Trümmer der ehemaligen russischen Armee und Abteilungen der „Roten Garde", die von Großrußland her einbrachen, um zu plündern und den Bolschewismus zu verbreiten, das Land durchzögen. Auch zeigte sich die Bevölkerung der Lebensmittellieferung durchaus abgeneigt, und doch war diese nötig. So wurde denn der Vormarsch nördlich der Pripjetsümpfe und in der Ukraine gleichzeitig angetreten.

Im Norden standen die 10. Armee um Wilna, eine Armeeabteilung D bei Dünaburg, und die 8. Armee von Jakobstadt über Riga bis auf die Baltischen Inseln, zum Vormarsch bereit; im Süden: die Heeresgruppe Linsingen, die den Abschnitt Slonim, die Armeeabteilung Gronau, den Abschnitt Kowel, und weiter südlich die österreichische 4. Armee, die alles Land bis zum Abschnitt Lipa umfaßte. Am 18., im Norden am 19. Februar wurde er angetreten. Der Widerstand, den die Deutschen fanden, war auf beiden Seiten gering und ging nur von zusammenhanglosen Scharen aus. Schon am 21. Februar fiel Minsk. Am 23. ereichte die 10. Armee die Linie Bobruisk—Polozk. Am 18. fiel Dünaburg durch Handstreich der Armeeabteilung D kampflos in die Hände. Sie kam am 25. über Rjeschiza und Ostrow nach Pleskau am Südende des Peipussees. Die 8. Armee ging von Riga aus in breiter Front durch Livland und Estland vor, während von den Inseln Moon und Dagö aus andere Abteilungen, die erst am 20. Februar aufbrachen, über den gefrorenen Moonsund unaufhaltsam vordrangen. Schon am 4. März wurde Narwa genommen. Die Deutschen standen nur 130 km vor Petersburg. Allein der 8. Armee waren 1172 Offiziere, 16000 Mann, 1500 Geschütze, 20000 Fahrzeuge, 770 Kraftwagen und eine ungeheure Menge von Waffen, sonstigen Vorräten und Rohstoffen aller Art im Werte von mehreren hundert Millionen Mark, sowie zahlreiches Eisenbahnmaterial in die Hände gefallen. Deutsche Flieger kreisten über Petersburg und warfen Bomben in die Stadt. Schier übermenschlich aber sind die Leistungen und Heldentaten, die die deutschen Truppen zur raschen Besetzung der Ostseeprovinzen und zur Befreiung der von den Bolschewisten vergewaltigten Einwohner vollbrachten. Offiziere, Unteroffiziere und Gemeine wetteiferten in selbsttätiger Kühnheit und Opferwilligkeit, während eine strenge Disziplin, der alles sich willig fügte, für die Erfolge im großen sorgte. Es ist gar nicht zu sagen, was alles hätte erreicht werden können, wenn man kühn bis Petersburg vorgedrungen wäre, wo alle anständigen Leute auf das Erscheinen der Deutschen warteten; die Regierung Trotzki-Lenin beseitigt und mit einer nichtbolschewistischen Regierung in Rußland Frieden geschlossen hätte! Jedenfalls wäre dann der Osten in weit höherem Grade gesichert gewesen, wie es tatsächlich der Fall war, und Joffe hätte nicht als russischer Gesandter in Berlin verderbliche Propaganda treiben können.

Erschreckt durch den unerwartet raschen Vormarsch der Deutschen und die plötzliche Bedrohung Petersburgs, hatten die Russen schon am 24. Februar sich bereit erklärt, sich jedem deutschen Verlangen zu fügen und um jeden Preis Frieden zu schließen. Ein solcher kam denn auch am 3. März in Brest-Litowsk unter folgenden Bedingungen zustande: Die selbständigen Herzogtümer Kurland, Livland und Estland werden — die letzteren vorläufig — aus dem Bestand des russischen Reichs gelöst und bleiben so lange in deutscher Besetzung, bis ihre Zukunft durch freie Abstimmung gesichert ist; Litauen ordnet seine Verhältnisse nach Übereinkunft mit den Mittelmächten selbst; mit Finnland und der Ukraine ist sofort Frieden zu schließen. Diese Länder sind zu räumen; Polen wird von Rußland als selbständiger Staat anerkannt; Weißrußland mit Minsk, Bobruisk, Polozk bleibt von Deutschland besetzt, bis der Weltfriede geschlossen und die Abrüstung in Rußland vollendet ist; Rußland löst sein Verhältnis zu Rumänien, räumt das türkische Gebiet, erkennt

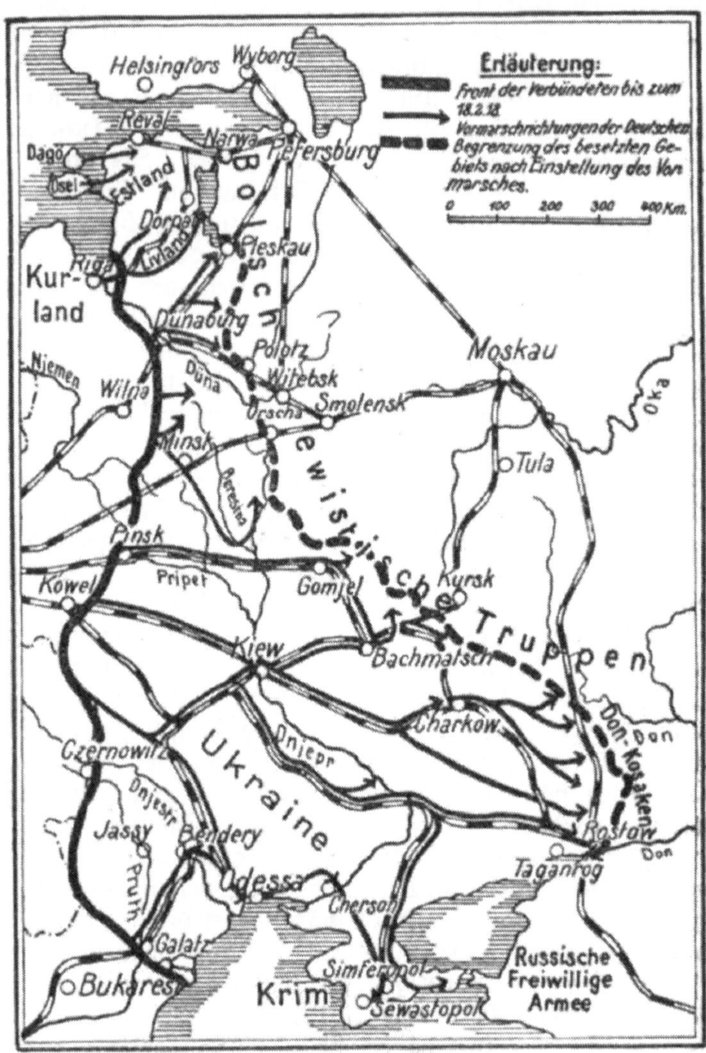

Karte 79. Der Vormarsch in Rußland Frühjahr 1918 (nach Ludendorff).

die Selbständigkeit Persiens und Afghanistans an und tritt Batum, Ardahan, Kars an die Türkei ab.

Mit Rußland war man demnach zu einem erträglichen Frieden gelangt. Die Gefahr des Bolschewismus blieb aber bestehen, und Deutschland sah sich gezwungen, diese Gefahr noch weiter zu bekämpfen und ihre Ausbreitung zu verhindern. Hierin ist auch der

Grund dafür zu suchen, daß Deutschland schon am 3. März trotz der ängstlichen Gegenwirkungen des Auswärtigen Amts eine Marinestation auf den Aalandsinseln errichtete, um von hier aus nötigenfalls die Bolschewisten zu bekämpfen und Finnland unterstützen zu können.

Auch mit diesem jetzt selbständigen Staat wurde am 7. März Frieden geschlossen. Gleichzeitig mit dem Vormarsch auf Petersburg, der nur durch den schleunigen Friedensschluß verhindert wurde, drangen, wie gesagt, die verbündeten Deutschen und Österreicher, die etwas später eingriffen, auch in der Ukraine vor, um hier — wie es von der dortigen Regierung erbeten worden war — Ordnung zu schaffen und für die Erfüllung der Friedensbedingungen zu sorgen. Auch hier ging der Vormarsch, der im wesentlichen an den Bahnen entlang führte, rasch vor sich. Die Deutschen richteten ihren Marsch mit dem Schwerpunkt auf Kiew, das bereits am 1. März erreicht, die Österreicher auf Odessa, das am 13. März besetzt wurde. Es wurden von den Deutschen bis zum 1. März 2620 Kanonen, 5900 Maschinengewehre, 8000 Eisenbahnwagen, 800 Lokomotiven erbeutet und über 64000 Gefangene gemacht. Überall wurde das Land von der „Roten Garde" — so hießen die bolschewistischen Truppen — und anderen herumziehenden Räuberbanden gesäubert. Die Kämpfe dort dauerten übrigens noch längere Zeit an, und es war gewiß traurig, aber unvermeidlich, daß verhältnismäßig starke deutsche Truppen dort verwendet werden mußten.

Ebensowenig erfreulich waren die Friedensverhandlungen mit Rumänien. Hier war die von englischen und französischen Offizieren allmählich wiederhergestellte rumänische Armee mit den revolutionären und plündernden russischen Soldaten in Streit geraten, mit denen sie eigentlich verbündet war. Sie lieferte diesen und den das Land brandschatzend durchziehenden Banden roter Garde förmliche Schlachten, ja es kam vor, daß die siegreichen Rumänen mit ihren russischen Gefangenen zu den Deutschen übergingen. Um so nötiger war ein rascher Frieden, wie ihn die Deutschen für ihre Kriegführung im Westen brauchten. Leider hatten sie es nicht nur mit dem Feinde zu tun, sondern vor allem auch mit den Österreichern, die jetzt — nachdem sie bei der Niederwerfung des Landes nur eine Nebenrolle gespielt hatten, eine eigene Politik trieben, ihren besonderen Vorteil rücksichtslos verfolgten, und die deutschen Unterhändler vollständig in den Hintergrund drängten. Sie traten sogar mit dem König von Rumänien, den Deutschland nicht mehr anerkennen konnte, in direkte Verhandlungen und brachten die Deutschen in eine höchst peinliche Lage, da diese sich naturgemäß der Partei genähert hatten, die im Gegensatz zum König stand, und seinerzeit den Anschluß an die Entente gemißbilligt hatte. Es gelang demnach auch hier nicht, rasch zum Frieden zu kommen, wie es die militärische Lage forderte, für die niemand Verständnis zeigte; ebensowenig aber auch die Wünsche der Türkei und Bulgariens in Einklang zu bringen oder die dynastische Frage zu lösen. Erst als deutscherseits am 3. März der Waffenstillstand gekündigt wurde, wurde am 6. März zu Buftea ein Vorfrieden geschlossen, der in dem am 7. Mai in Bukarest unterzeichneten im wesentlichen bestätigt wurde. Er setzte fest, daß die Deutschen vier, die Österreicher zwei Divisionen in der Walachei behalten dürften, Feldmarschall Mackensen bis zur Ratifizierung die Verwaltung der Walachei in der Hand behalten sollte, die Rumänen aber ihre Armee verkleinern und demobilisieren sollten, und nur einige Divisionen zur Besetzung von Bessarabien behalten dürften, dessen Besitz ihnen zugesprochen wurde. Die Dobrudscha sollte geteilt werden. Der Südteil sollte den Bulgaren zufallen, der Nordteil mit dem Handelsweg nach Konstanza, der den Rumänen offenblieb, von den Mittelmächten gemeinsam verwaltet werden. Zugunsten Ungarns war eine bedeutende Grenzberichtigung vorgesehen. Die Mittelmächte erhielten freie Schiffahrt auf der Donau, und außerdem wurden vertragsmäßige Lieferungen von Erdöl und Lebensmitteln für sie ausbedungen. Rumänien aber behielt die Moldau als Herrschaftsgebiet, und Jassy, der Regierungssitz des Königs, wurde, da alle feindlichen Diplomaten dort blieben, ein Mittelpunkt der Intrigen und Machenschaften gegen die Mittelmächte. Es war ein Frieden, wie ihn nur die Not erzwingen und nur deutsche Diplomaten ihn fertigbekommen konnten.

Der Frieden von Buftea und der von Brest-Litowsk haben in Deutschland vielfach eine abfällige Beurteilung gefunden und sind als Gewaltfrieden bezeichnet worden. Man kann das nur aus der in Deutschland verbreiteten Sucht nach einem Verständigungsfrieden ohne Annexionen und Geldentschädigungen erklären, denn an und für sich betrachtet, erscheinen die Bedingungen beider Friedensschlüsse — abgesehen von ihren Schwächen in Rumänien — durchaus gerechtfertigt, und was ein Gewaltfrieden ist, das haben wir später zur Genüge kennengelernt. Daß Polen ein selbständiges Königreich wurde, war allerdings ein großer Fehler, denn das machte jede Verständigung mit Rußland unmöglich und gab der Verräterei freie Bahn. Dieser Fehler aber war bereits älteren Datums und konnte jetzt der Regierung nicht vorgerückt werden. Außerdem enthält aber der Frieden nichts, was nicht in den Verhältnissen bedingt gewesen wäre. Nicht einmal große Geldopfer wurden den Russen und Rumänen auferlegt, und wenn man die Gefahr, die im Bolschewismus lag, gebührend würdigt, erscheinen die Bedingungen sogar durchaus gemäßigt. Die Gesichtspunkte, die der Bolschewismus selbst aufstellte, waren sogar berücksichtigt: das Selbstbestimmungsrecht der Völker war gewahrt; und nur dem gemeingefährlichen Verbrechertum war in außerrussischen Ländern ein eherner Riegel vorgeschoben. Über den Frieden mit Rumänien aber ist vom rumänischen Standpunkt aus kein Wort zu sagen. In mancher Hinsicht war er zweifellos unzureichend; als Gewaltfrieden kann man aber gewiß einen Vertrag nicht bezeichnen, bei dem der Unterliegende zwar einen großen Teil seines Landes verlor, dafür aber noch einen allerdings nicht ebenso großen Zuwachs an Gebiet (Bessarabien), den freien Zugang zum Meere (über Konstanza) und einen bewaffneten Teil seines Heeres behalten durfte. Nur die feindliche Propaganda, die in Deutschland selbst ihre entarteten Gehilfen gefunden hatte, hat beide Verträge zu Gewaltfrieden gestempelt; und ihr wurde in dem größeren Teil des deutschen Volkes mehr geglaubt als der eigenen Regierung, die allerdings ihr möglichstes getan hatte, um den Glauben zu erschüttern, daß sie Deutschlands Größe im Auge habe.

Der Entschluß zum Angriff und Vorbereitung des Feldzuges 1918.

Daß die Verhältnisse sich äußerlich so günstig gestaltet hatten, wie noch niemals seit der Schlacht an der Marne, ist bereits gezeigt worden. Die Hauptsache war, daß Rußland aus der Zahl der Kämpfenden ausgeschieden war. An seine Stelle war freilich der Bolschewismus getreten, und groß war die Not an Lebensmitteln. Der erstere, der Weltpropaganda trieb, zwang zur Abschnürung des Landes, um nicht eine größere Gefahr heranwachsen zu lassen, als Rußlands Teilnahme am Kriege; die Not aber zwang zur Besetzung der Ukraine, um aus ihr Getreide und andere für die Kriegführung notwendige Stoffe zu gewinnen. Immerhin war die Zahl der Divisionen, die man hierzu brauchte, geringer, als sie der Kriegszustand gefordert hätte, und legte den Gedanken nahe, jetzt die Offensive im Westen zu beginnen; in dem gleichen Sinne aber wirkten die Aussicht auf den baldigen Niederbruch der Türkei, der demnächst zu erwarten war, und vor allem auch die Teilnahme Amerikas am Kriege, dessen Armee demnächst in Frankreich zu erwarten und teilweise sogar schon eingetroffen, wenn auch nicht an entscheidender Stelle zu verwenden war. Am 11. März 1918 waren nach den Angaben des Generals Foch 300 000 Mann in Frankreich, die im Laufe des Monats um weitere 69 000 Mann verstärkt wurden.

Nach anderen Angaben, die einigermaßen zuverlässig erscheinen, sind im März 1918 84 000, im April 118 500, im Mai 246 000, im Juni 278 000 und im Juli endlich 306 000 Mann über das Meer gekommen; im ganzen aber sollen im Sommer 1918 2 Millionen Amerikaner in Frankreich gewesen sein, von denen 1 300 000 Mann unmittelbar an der Front gestanden haben. Von diesen soll der größere Teil auf englischen, der kleinere auf amerikanischen Schiffen befördert worden sein, während der Nachschub ganz von amerikanischen Schiffen bewältigt worden sein soll. Die Rücksicht auf diese Verhältnisse war zwingend und brachte die deutsche Heeresleitung, nachdem ein Weiterführen des Verteidigungskrieges als durchaus unzweckmäßig abgelehnt worden war, zu dem Entschluß, so früh wie möglich anzugreifen und die Entscheidung zu erzwingen, noch bevor die Amerikaner in Masse eingetroffen sein könnten. War diese einmal zugunsten Deutschlands gefallen, dann konnte man hoffen, daß die Teilnahme der Vereinigten Staaten wohl eine Verlängerung des Krieges, aber nicht mehr einen vollkommenen Umschwung der Verhältnisse herbeiführen werde. Auch durfte man dann darauf rechnen, daß die Stimmung in Deutschland und Österreich sich wieder heben, daß die Türkei und Bulgarien in ihrer Widerstandskraft gefestigt werden würden, und zwar um so mehr, je entscheidender der Sieg war, und je mehr er die Hoffnungen der Umstürzler zuschanden machte. Den Geist des Heeres hielt man für derartig gefestigt, daß er der Riesenaufgabe, die bevorstand, gewachsen wäre. Die Oberste Heeresleitung wenigstens sah mit Vertrauen auf ihre Truppen. Ein Mittelweg aber war nirgends gegeben. Die Entente war fest entschlossen — jetzt nach dem Beitritt der Vereinigten Staaten mehr wie je —, den Krieg bis zur Vernichtung Deutschlands fortzuführen. Sie hoffte bestimmt, durch die Macht ihrer Propaganda und durch die Not, die durch die völlige Absperrung hervorgerufen werden mußte, mehr noch als durch rein militärische Mittel den Widerstand der Mittelmächte mit der Zeit zu brechen. Sie kannte den inneren Zustand Österreichs, Bulgariens und der Türkei und wußte, daß der Vierbund nur durch die Kraft Deutschlands zusammengehalten wurde. War erst dieses an den Rand des Abgrundes gebracht, dann mußte alles zusammenstürzen. Jede andersgeartete Meinung wurde gewaltsam unterdrückt.

Deutschland mußte die Folgerungen ziehen, um so mehr, da es auf eine friedliche Rede des Grafen Hertling von neuem am 3. Januar 1918 eine schroffe Ablehnung seiner Friedenserwartungen erhalten hatte.

War der Entschluß zum Angriff aber einmal gefaßt, so mußte naturgemäß alles geschehen, um ihn siegreich durchzuführen. In diesem Sinne war denn auch die Oberste Heeresleitung tätig.

Daß sie ihr möglichstes tat, um die Regierung zu einem schnellen Abschluß des Friedens mit Rußland und Rumänien zu veranlassen, ist schon gezeigt worden. Sie war sogar entschlossen, hierfür Opfer zu bringen. Leider waren ihre Bemühungen vergeblich. Die Diplomaten erwiesen sich als vollständig unfähig, den Anforderungen des Krieges gerecht zu werden, und dem Kaiser, der zwischen zwei Anschauungen hin- und hergerissen wurde, fehlte anscheinend, wie das in so schwieriger Lage wohl verständlich ist, die Entschlußkraft, rücksichtslos und tatkräftig die Ansicht Hindenburgs zu vertreten. So war denn die Oberste Heeresleitung auf sich selbst angewiesen, und sie tat ihr möglichstes. Sie organisierte, um den Geist zu heben, zuerst im Frontheere, und dann auch in der Heimat den vaterländischen Unterricht, der den Zweck verfolgte, das deutsche Volk über die Gefahren aufzuklären, die ihm drohten, wenn der Krieg verloren würde; er war bei den Etappen- und Ersatztruppen von besonderer Wichtigkeit. Wußte man doch genau, daß gerade aus der Heimat der Geist des Aufruhrs in die Truppe eingeschleppt würde, und hatte man doch die Gewißheit, „daß die unabhängige Sozialdemokratie eine die Manneszucht im höchsten Grade schädigende Wühlarbeit im Heere betriebe". Auch die Fürsorge für die Kriegsbeschädigten fand, wie wir sahen, bei der Obersten Heeresleitung eine weitgehende Förderung. Alle diese Bestrebungen aber blieben so gut wie vergeblich, da die Heimatbehörden die Oberste Heeresleitung in keiner Weise unterstützten. Es fehlte ihnen das Verständnis für die Wichtigkeit einer solchen Aufklärung. Auch der Reichstag verhielt sich in armseliger Verständnislosigkeit völlig passiv und betrachtete diese Angelegenheiten lediglich vom Parteistandpunkt aus, der hier, wenn irgendwo überhaupt, durchaus unangebracht war. So stieß die Oberste Heeresleitung überall an eine Mauer, die Parteisinn, Gleichgültigkeit und Gewinnsucht aufgerichtet hatten, ohne für echte Vaterlandsliebe und Siegeswillen auch nur den geringsten Platz zu lassen. Desto mehr mußte in militärischer Hinsicht der Sieg sichergestellt werden, und in dieser Richtung wurde denn auch unausgesetzt gearbeitet.

War man bisher bestrebt gewesen, die Truppe für die zäheste Defensive auszubilden, so kam es jetzt vor allem darauf an, den Angriff vorzubereiten. Es liegt in diesem selbst eine befreiende Kraft, die den Soldaten mit sich fortreißt und ihn alle früheren Kümmernisse vergessen läßt. Der Angriff war demnach nicht nur eine operative Notwendigkeit, man konnte von ihm auch eine Hebung des kriegerischen Geistes erwarten.

Wenn man bisher die Infanterie erster Linie ziemlich gleichmäßig entwickelt und Reserven bereit gehalten hatte, um sie an entscheidender Stelle im Gegenstoß einzusetzen, so kam es jetzt darauf an, von vornherein einen gewissen Schwerpunkt festzustellen, hier in die feindliche Linie einzudringen und sie damit ganz zu Fall zu bringen. Das leichte Maschinengewehr mit den Patronenträgern und Schützen, die es begleiteten, mußte noch mehr als früher Hauptwaffe der Infanterie werden, um bei losen Linien die Feuerwirkung zu steigern. Fahrbare leichte Minenwerfer mit Einrichtungen für den direkten Schuß und Artillerie mußten sie unmittelbar begleiten, um einzelne feindliche Widerstandsnester, die sich der Wirkung der selbständigen Angriffsartillerie entzogen hatten, niederzukämpfen. Mittlere, beweglich gemachte Minen- und Flammenwerfer wurden außerdem den Bataillonen beigegeben. Die Infanterie wurde dadurch in den Stand gesetzt, alle nur denkbaren Hindernisse rasch zu überwinden und die gedrängte Massentaktik der Feinde zu vermeiden, die zu gewaltigen Verlusten führen mußte.

Tanks besaßen die Deutschen nur in geringer Zahl, da der Kraftwagenbau alle Kräfte in Anspruch genommen hatte. Sie waren von einer guten Infanterie aber auch wenig zu fürchten und gewannen erst bei sinkender Manneszucht und der damit verbundenen schwächeren Kampfkraft der Infanterie, sowie bei Massenverwendung und in Verbindung mit künstlichem Nebel ihren unheilvollen Einfluß auf den Gang der Ereignisse. Gute Infanterie wurde ihrer, wie bei Cambrai, immer Herr. Dagegen wurden mit großem Erfolge die Schlachtflieger in Abteilungen zusammengefaßt, die in den Kampf wie die übrigen Waffen eingriffen, sich gegen Infanterie, Artillerie und hauptsächlich auch gegen heraneilende feindliche Reserven wandten und bedeutende Erfolge erzielten.

Auch die Artillerie bedurfte einer besonderen Ausbildung. Es genügte nicht mehr, sie gedeckt auch gegen Fliegersicht dicht an die Infanterie heranzuhalten, damit sie ihre Schußweiten ausnutzen und in stundenlangem Kampfe die feindliche Stellung niederkämpfen könnte: unmittelbar vor der stürmenden Infanterie mußte eine sogenannte „Feuerwalze" im Tempo des Infanterieangriffs vorausgehen, die den Zweck hatte, den Gegner möglichst lange in seine Deckungen zu zwingen und dadurch der eigenen Infanterie das Vorgehen zu erleichtern. Je näher diese an der Feuerwalze heranzubleiben vermochte, desto leichter mußte ihr offenbar das Vorgehen werden. Für diesen Dienst wurde eine Anzahl der Geschütze bestimmt, die anfangs an der artilleristischen Vorbereitung des Angriffs teilgenommen hatten. Da diese vorgezogen wurden, wenn ihre äußersten Schußweiten erreicht waren, mußten natürlich auch die Geschütze ihre Stellung nach vorwärts ändern, die bisher die Feuerwalze gebildet hatten. Die Infanterie war also an die Schußweiten der Artillerie gebunden. Auch war es nicht leicht, das Tempo, in dem die Feuerwalze vorrücken sollte, zu bestimmen. Es richtete sich das nach der Verschiedenartigkeit des Geländes und seiner Befestigung. Vielfach wurde auch eine Doppelwalze angewendet. Die eine mit Splittermunition lief unmittelbar vor der Infanterie her, während die andere, die Gaswalze, mit Gasmunition so weit voraus wanderte, daß die Infanterie in ihrem Vordringen nicht durch die Wirkung des Gases behindert wurde. Auch war es nicht leicht, die Masse der Artillerie zu einheitlicher Wirkung zu bringen. Da nur 100—150 m Zielbreite für jede Batterie vorgesehen waren, bedurfte es der eingehendsten artilleristischen Befehle und eines großen allseitigen Verständnisses, um die Tätigkeit der zahllosen einzelnen Batterien zu regeln, und auch der Infanterie mußten eingehende Vorträge gehalten werden, um ihr das nötige Verständnis für die Tätigkeit der Artillerie und unbedingtes Vertrauen zu dieser Waffe einzuflößen. So war eine ungeheure Tätigkeit erforderlich, um das gegenseitige Verständnis der beiden Waffen zu fördern und alle die zahlreichen Aufgaben der Artillerie zu lösen. Auch das Einschießen, das geeignet war den geplanten Angriff zu verraten, wurde zuletzt ganz aufgegeben, nachdem das Verfahren des Hauptmanns Pulkowski es ermöglicht hatte, die Schießleistung jedes einzelnen Geschützes festzustellen, und eine genaue trigonometrische Vermessung die Lage der Batterien und der Ziele einwandfrei ermittelt hatte. Auch die Tageseinflüsse wurden gebührend berücksichtigt, und so gelang es, Entfernung und Seitenrichtung ohne Einschießen zu errechnen.

Zugleich mußten bei der Infanterie Hilfsmittel vorgesehen werden — Brücken und dergleichen —, die das rasche Überschreiten von Trichtern und Gräben möglich machen sollten, und auch die Verteidigung kam bei der Ausbildung und Vorbereitung zu ihrem Recht. Wenn auch auf den Angriff das Hauptgewicht gelegt wurde, so mußte andererseits doch damit gerechnet werden, daß die Truppen auf weiten Fronten in der Verteidigung würden verbleiben müssen, und es wurde daher vor allem die Tankabwehr — Abwehrgeschütze, die direkt zu feuern hatten, Tankfallen, Tankgewehre und andere örtliche Abwehrmaßnahmen — vorgesehen. Zahlreich entstanden Lehrkurse für alle Dienstgrade. Wo Divisionen noch längere Zeit in Rußland oder Rumänien bleiben mußten, wurden sie von Offizieren, die aus dem Westen kamen, besonders unterrichtet; kurz, es geschah alles Menschenmögliche, um die Armee zweckmäßig auszubilden und ihren Siegeswillen zu stählen. Für den Augenblick gelang das auch. Die Aussicht auf eine baldige Offensive hob sichtlich den Geist der Truppe. Die Ersatzlage aber blieb trotz alledem eine ernste Sorge. Tausende von Deserteuren und Drückebergern trieben sich im Auslande, ja in Deutschland selbst herum, von ihren Mitbürgern und den Behörden stillschweigend geduldet, und besonders mit dem Ersatz von 1899 strömte ein schlechter Geist in die Truppe. Es war nicht zu verkennen, daß die Wühlarbeit der Unabhängigen unentwegt und erfolgreich weiterging. Trotz alledem war es schwer, den Glauben an das deutsche Volk zu verlieren. Tief eingewurzelt war die Überzeugung von dessen Opfermut und seinem idealen vaterländischen Sinn; hatten doch selbst die Sozialdemokraten in Hingabe und Treue mit allen anderen Parteien gewetteifert. Wie sollte ein solches Volk sich selbst untreu werden? Dieser Glaube beherrschte denn auch alle leitenden Männer des Heeres, besonders auch Hindenburg selbst, und gab ihnen den Mut und die Zuversicht des Handelns, die wieder auf die Truppe zurückwirkten.

Ohne Rücksicht auf die nur schleppend vorangehenden Friedensverhandlungen wurden mehr als 40 Divisionen aus dem Osten nach dem Westen gefahren; einige, besonders die in Rumänien, hätten allerdings früher kommen sollen. An ihrem verspäteten Eintreffen waren lediglich die Diplomaten schuld. Aus Mazedonien wurden nur wenige

Jägerbataillone, eine Anzahl Batterien und Gebirgsmaschinengewehrabteilungen herausgezogen, die aus der Dobrudscha reichlich ersetzt wurden. Es blieben nur drei deutsche Bataillone und Artillerie zurück. Die im Osten zurückbleibenden Divisionen tauschten ihre jüngeren Mannschaften gegen die älteren der nach Westen fahrenden aus. Sie erhielten verminderte Stärken und gaben später, als die Verhältnisse des Ostens sich mehr und mehr befestigten, ihre jüngeren Mannschaften als Ersatz für den Westen ab. Nur das Asienkorps wurde im Frühjahr 1918 etwa verdoppelt. Es sollte zwar auch fortgezogen werden, blieb aber auf dringendes Verlangen des deutschen Kommandos in Asien, um den Widerstand der Türkei überhaupt möglich zu machen. Im übrigen wurde dem Osten entnommen, was er nur hergeben konnte. Auch in Deutschland selbst geschah das möglichste. Selbst die Frauen wurden für den leichteren Dienst herangezogen, und man erreichte es damit, daß man dem Gegner an Zahl der Divisionen überlegen war.

Bei einer Überzahl von im ganzen 25 bis 30 Divisionen wollte man mit 50 bis 60 Divisionen in einer Breite von etwa 50 km angreifen; 100 Geschütze waren auf den Kilometer gerechnet; doch war die Überlegenheit nicht eine so große, wie es diese Zahlen erwarten ließen, da die Gegner reichlicher als die Deutschen Spezialwaffen und Truppen zweiter Ordnung besaßen. Immerhin war die Überlegenheit so groß, daß sie es als berechtigt erscheinen ließ, auf den Sieg zu hoffen. Freilich waren die Truppen nicht mehr so gut wie früher. Man darf nicht vergessen, daß annähernd zwei Millionen Tote unter dem grünen Rasen lagen, daß Offizier- und Unteroffizierkorps dezimiert, und im allgemeinen gerade die Besten und Tapfersten der feindlichen Kugel erlegen waren. Doch lagen beim Gegner die gleichen Verhältnisse vor, und zwar mit dem Unterschiede, daß er an Toten sehr viel mehr verloren hatte als die Deutschen, und daß besonders bei den Engländern sehr viel weniger Verwundete wieder felddienstfähig wurden als bei jenen, die die weitaus besseren Ärzte hatten. Auch unterstützten die Österreicher mit Artillerie, die allerdings so schlecht mit Muniton ausgerüstet war, daß sie wenig Nutzen brachte. Deutschland war auf seine eigenen Kräfte angewiesen, und das Schicksal der Bundesgenossen hing auch noch von seinem Siege oder seiner Niederlage ab. Der Kaiser von Österreich war zu jedem Verrat bereit, wie er durch den Sixtusbrief genugsam bewiesen hatte[1]), die österreichische Armee hielt nur noch notdürftig zusammen, obgleich sie mit deutscher

[1]) Der Kaiser von Österreich hatte am 31. März 1917 sich brieflich durch Vermittlung des Prinzen Sixtus von Bourbon, seines Schwagers, an die französische Regierung gewendet und ihr einen Separatfrieden angeboten. Clémenceau hatte diesen Brief veröffentlicht. Der Kaiser war sich seiner Schuld dem Verbündeten gegenüber auch bewußt. Siehe „Die Ursachen unserer Niederlage" von General der Infanterie Alfred Krauß, Seite 205.

Hilfe siegreich bis an die Piave gelangt war, die bulgarische Armee war durch die lange Dauer des Krieges auf das tiefste erschüttert, und die Türkei, die von Enver Pascha, einem Phantasten, geleitet wurde und daher ihre schwachen Kräfte immer am falschen Fleck verwendete, rang schon damals um ihr politisches Dasein. Nur ein großer deutscher Sieg konnte sie alle retten und die Mittelmächte zusammenhalten. Hindenburg aber hatte das Vertrauen, daß dieser Sieg trotz allem erfochten werden würde. Er glaubte an Deutschlands Zukunft, vereinigte alle Kräfte, die im Osten irgend abkömmlich waren, zu dem entscheidenden Schlage und sah den kommenden Ereignissen mit Zuversicht entgegen.

Es ist der deutschen Heeresleitung wiederholt der Vorwurf gemacht worden, daß sie ihre Kräfte zersplittert und nicht genügende Truppen im Westen für die Entscheidung eingesetzt habe. Ich glaube, daß man nicht vorsichtig genug mit einem solchen Vorwurf sein kann. Es ist schwer anzunehmen, daß ein Mann wie Hindenburg die Wichtigkeit eines Sieges im Westen verkannt und nicht alles irgendwie mögliche getan haben sollte, um ihn zu erreichen. Wenn man die Verhältnisse unbefangen vom Standpunkt der damaligen Zeit aus und nicht von dem nachträglich bekanntgewordenen aus betrachtet, kommt man, meine ich, zu der gleichen Auffassung, der Ludendorff Worte verleiht, wenn er sagt: „Das, was im Osten verblieb, war gewiß noch immer viel. Wir hatten eben nur einen stark bewaffneten Frieden erlangt. Viele Gefahrsmomente waren dort noch vorhanden. — Die unendlichen Räume des Ostens, die mit deutschem Maße nicht zu messen sind, brauchten gewisse Truppenmengen, wenn wir unsere Aufgaben so lösen wollten, wie es Kriegs- und Kriegswirtschaftslage bedingten." Diese Aufgabe bestand eben nicht lediglich darin, den Sieg im Westen zu erfechten, sondern es mußte zugleich im Osten gehalten und der gewaltigen Gefahr des Bolschewismus entgegengetreten werden; diese letztere wird gewöhnlich unterschätzt. Sie mußte, wie man damals die Dinge übersehen konnte, örtlich begrenzt und auf ihren Herd beschränkt werden. Daß sie später unter Billigung der deutschen Regierung mit der russischen Gesandtschaft offiziell in Berlin einziehen und alle Absperrungsmaßregeln umsonst machen würde, konnte man damals nicht wissen, sonst hätte man vielleicht erhebliche Truppenmengen sparen können. Die Lebensmittel der Ukraine ferner brauchte man und konnte sie nicht einfach Österreich überlassen, das fortgesetzt gegen uns intrigierte. In Mazedonien mußte man wenigstens mit schwachen Kräften bleiben, um die bulgarische Armee überhaupt zusammenzuhalten, und das Asienkorps war unter ganz anderen Bedingungen abgeschickt worden, als sie im Frühjahr 1918 vorlagen. Es ist anzunehmen, daß die Engländer ohne dasselbe noch früher in unserem Rücken erschienen wären, als es so schon geschah.

Wenn man also einen Vorwurf erheben will, so darf man ihn

gewiß nicht gegen unsere Heeresleitung richten, die in ihrer doppelten Aufgabe in ihrem Willen und Tun außerordentlich beschränkt war, sondern er gebührt unserer Regierung, die es trotz aller Mahnungen nicht verstanden hatte, im Osten dauernde Zustände zu schaffen, und durch die Errichtung des Königreichs Polen es von vornherein unmöglich gemacht hatte, mit Rußland zu einem wirklichen Frieden zu gelangen.

Die große Schlacht.

Hindenburg war, wie wir sahen, entschlossen, die Entscheidung des Krieges im Angriff zu suchen. In diesem Sinne hatte er versucht, im Osten möglichst bald zum Frieden zu gelangen; diesem Entschluß entsprechend, wurden die Streitkräfte aus dem Osten nach dem Westen befördert. In gleichem Sinne mußte man aber auch frühzeitig bestimmen, wo der Angriff stattzufinden habe, denn wenn er gelingen sollte, mußte er auf das sorgfältigste vorbereitet werden. Die Artillerie, die Minenwerfer und ungeheure Mengen Munition mußten herangeschafft, die für den Angriff nötige Infanterie herangeführt werden; die Verwundetenfürsorge mußte geregelt, der ganze Nachschub, dessen eine gewaltige Armee bedarf, mußte ermöglicht und geordnet werden. Das Überbrücken der Gräben und Trichterfelder, der rasche Bau der Nachschubstraßen und Kleinbahnen, die Deckung gegen Fliegersicht mußten vorbereitet werden; kurz, es war unendlich viel zu tun. Auch die Batterien mußten eingefahren und versteint, die Batteriepläne hergestellt werden, und das alles mußte der Sicht und dem Gehör des Feindes entzogen werden, denn auf Überraschung durfte man nicht verzichten, wenn man einen Erfolg erzielen wollte. Die Deutschen suchten daher die Gegner über den Ort des Angriffs zu täuschen, diese andererseits suchten zu ermitteln, wo er stattfinden würde. Die Kanonen donnerten alle Tage auf der ganzen Front. Ab und zu ging auch ein Munitionsstapel in die Luft. Da das aber überall an der Front passierte, gab es keinen sicheren Anhalt für die kommenden Ereignisse. Auch wurden von den Deutschen, um den Zweck zu erreichen, an den verschiedensten Fronten Angriffsarbeiten vorgenommen, die den Gegner täuschen, eintretendenfalls aber auch späteren Angriffen wirklich dienen sollten. Auf diese Weise gelang es, dem Gegner, der natürlich wußte, daß wir angreifen wollten, den Ort des Angriffs lange Zeit zu verbergen; nur wenige Tage vor dem Beginn wurde er durch Überläufer verraten. Der Feind konnte sich daher auch nur ganz im allgemeinen vorbereiten.

Die Engländer und Franzosen standen immer noch getrennt; die ersteren, durch Belgier und Portugiesen verstärkt, von der Meeresküste bis St. Quentin, die letzteren, jetzt unter Pétain, weiter südlich. Hinter jedem der beiden Abschnitte waren einige Armeen als Sonderreserven verteilt. Bei Amiens und Soissons waren solche aufgestellt. Eine sogenannte „Manövrierarmee", die im März 30, im Juli aber 65 bis 70 Divisionen stark war, stand gruppenweise weiter rückwärts zur Verfügung.

Hindenburg hatte sich entschlossen, zwischen Croisilles und Péronne durchzustoßen. Entscheidend für diese Wahl war zunächst der Umstand, daß man hier mit Aussicht auf taktische Erfolge zu jeder Jahreszeit Krieg führen konnte, denn nur die Möglichkeit taktischer Erfolge berechtigt dazu, strategische Gedanken als maßgebend zu betrachten. Ein Angriff bei Verdun, wie er auch vorgeschlagen war, konnte zu keinem entscheidenden Ergebnis führen. In Flandern aber konnte man wegen der Versumpfung des Geländes vor Mitte April nicht angreifen, was mit Rücksicht auf die Amerikaner zu spät war, die im April weitere 94000 bis 120000 Mann nach Frankreich schickten. Abgesehen von diesem taktischen Gesichtspunkt war der leitende operative Gedanke der, die Engländer von den Franzosen zu trennen und gegen das Meer zu drängen. Lloyd George und Clémenceau mußten durch unsere Siege zu Fall gebracht werden; sonst war an einen Frieden nicht zu denken.

Dementsprechend wurde denn auch die Heereseinteilung vorgenommen. Hindenburg wollte zudem mehrere Armeen an dem Angriff beteiligen, um nicht die ganze Leitung der Schlacht einem einzigen Heeresgruppenführer überlassen zu müssen, sondern den eigenen Einfluß zu wahren. Die 4., 6. und 2. Armee gehörten zur Heresgruppe des Kronprinzen von Bayern. Zwischen der 6., die im Süden etwa bis Lens reichte, und der 2. wurde von Lens bis westlich Cambrai die 17. unter dem Befehl des Generals Otto von Below eingeschoben, der bisher die 14. in Italien kommandiert hatte. Südlich der 2. schloß sich die Heeresgruppe Deutscher Kronprinz an. Diese umfaßte die auf dem rechten Flügel neu eingeschobene 18. Armee unter General von Hutier, die etwa von Bellicourt bis La Fère reichte, dann die 7., 1. und 3. Armee, die die Argonnen mit ihrem linken Flügel umschloß. Links von ihr war aus der 5. Armee und der Heeresabteilung C eine besondere Heeresgruppe unter General von Gallwitz gebildet worden, die etwa bis Pont à Mousson reichte, so daß der deutsche Kronprinz der Sorge um Verdun enthoben war. Den linken Flügel des ganzen Heeres aber bildete die Heeresgruppe Herzog Albrecht von Württemberg. Sie umfaßte die neu eingeschobene bisherige Süd-Armee in Galizien des Grafen Bothmer als 19. Armee und die Armeeabteilungen A und B.

Den Hauptstoß sollten die 17. und die 2. Armee führen; die 18., die ihnen die linke Flanke decken sollte, gehörte einer anderen Heeresgruppe an. Die Trennungslinie zwischen Engländern und Franzosen fiel demnach ungefähr mit derjenigen der beiden deutschen Heeresgruppen zusammen, und für Hindenburg war die Freiheit der Entschließungen gewahrt. Schon im Februar wurde der 21. März als Tag des Angriffs bekanntgegeben, damit sich die Armeen mit ihren Vorbereitungen einrichten könnten; das Hauptquartier aber wurde von Kreuznach nach Spaa verlegt, um den Ereignissen näher zu sein. Seine erste Staffel, die aus Hindenburg und dessen nächstem Stabe bestand, ging am 18. März sogar nach

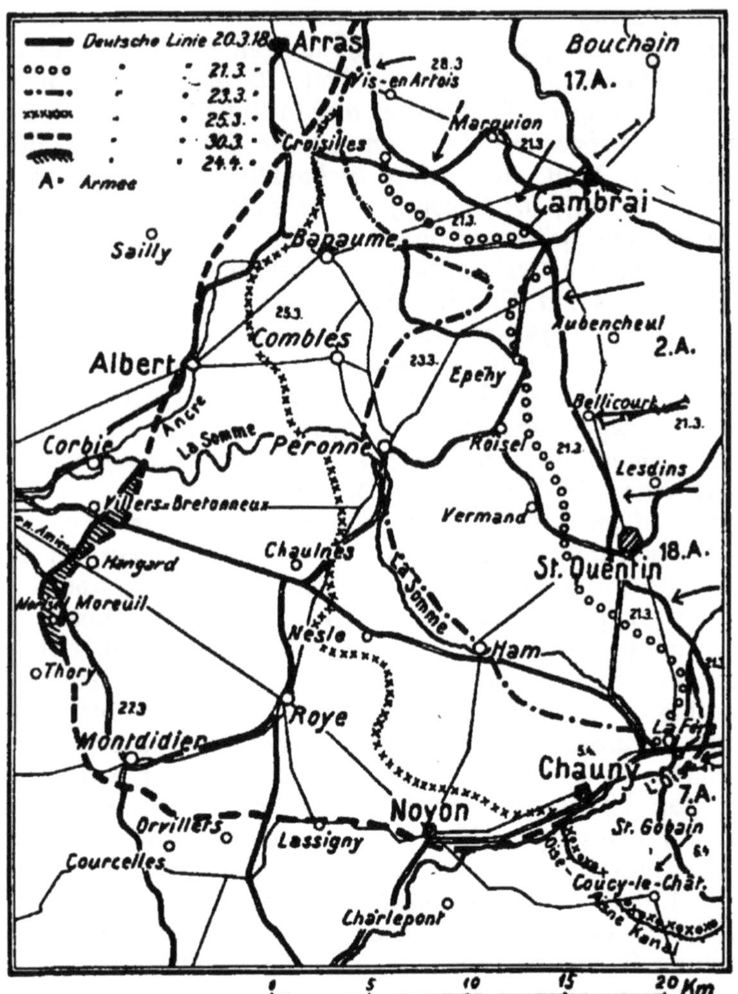

Karte 80. Die große Schlacht in Frankreich Frühjahr 1918 (nach Ludendorff).

Avesnes, um aus unmittelbarster Nähe, wenn nötig, rasch und entscheidend eingreifen zu können. So war alles aufs beste eingerichtet, und vertrauensvoll aber gespannt sah man der Zukunft entgegen, von der das Schicksal Deutschlands abhängen sollte. Alle Kämpfe, die bisher an der Westfront nach den Schlachten an der Marne und der ersten Flandernschlacht stattgefunden hatten, gingen über den Rahmen von Erkundungs-, Beunruhigungs- und Abwehrschlachten nicht hinaus. Der 21. März sollte endlich die Entscheidung bringen.

Früh um 4 Uhr begann an diesem Tage mit einem Schlage auf einer Frontbreite von etwa 70 km zwischen Croisilles und La Fère die gewaltigste Schlacht des Jahrhunderts. Sie sollte ganz andere Ergebnisse haben, als die wochenlangen Durchbruchsversuche der Franzosen und Engländer. Während jene sich als Materialschlachten darstellten, die durch die Überlegenheit materieller Mittel, durch Munition und Tanks den Gegner niederzukämpfen suchten, waren es hier geistige und sittliche Kräfte, die um die Siegespalme rangen: ein Kampf des Geistes gegen die rohe Materie. Die Erfolge aber waren ganz anders geartet, als man erwartet hatte.

Zwei Stunden blieb das Feuer der gesamten Artillerie auf der feindlichen Artilleriestellung liegen; dann wandte sich eine Anzahl Geschütze gegen die feindlichen Gräben, die nun auch von den Minenwerfern beschossen wurden, und kurz vor 9 Uhr zog sich die hierzu bestimmte Artillerie zur Feuerwalze zusammen. Um 9 Uhr brach der Infanteriesturm auf der ganzen Linie los. Er traf zunächst auf dem rechten deutschen Flügel auf 18 englische Infanteriedivisionen, die allmählich um 29 weitere verstärkt wurden. Dazu kamen noch drei englische Kavallerie- und zwei portugiesische Infanteriedivisionen, und nun zeigte sich der Unterschied gegen die gehegten Erwartungen. Die 17. Armee nahm zwar die erste feindliche Stellung, vermochte aber nicht in die zweite einzudringen. Sie hatte allerdings den stärksten Feind gegen sich, aber auch die Feuerwalze vor ihr war zu schnell vorgegangen; die Infanterie vermochte nicht ihr zu folgen und blieb daher, weil sie ohne Artillerieunterstützung fechten mußte, im Angriff stecken. Bei der 2. Armee war das Zusammenwirken von Artillerie und Infanterie besser; sie drang auch in die zweite feindliche Stellung ein. Dagegen gelang es nicht, den Feind in dem gegen Cambrai einspringenden Bogen, der absichtlich nicht mit angegriffen worden war, wie geplant, zwischen der 17. und 2. Armee abzuschnüren. Auch konnten sich beide Armeen nicht gegenseitig unterstützen, da sie zu langsam vorwärts gekommen waren. Dagegen schritt die 18. Armee planmäßig vor. Bei ihr befehligte Oberst Bruchmüller, der, wie wir wissen, schon bei der Offensive in Galizien sowie bei Riga und Jakobstadt den Artillerieangriff geleitet hatte, die gesamte Artillerie, riß alles mit sich fort und fesselte den Sieg an die deutschen Fahnen. Auch die folgenden Tage änderten diese Verhältnisse nicht wesentlich. Am 23. wurde Péronne genommen, und unter heftigen Kämpfen drangen die Deutschen weiter vor. Bapaume und Combles wurden erstürmt. Am 25. drangen die 2. und der linke Flügel der 17. Armee weit über die Linie dieser Städte vor. Dagegen war die Angriffskraft besonders des rechten Flügels der 17. Armee so gut wie völlig erschöpft, da die Armee am 21. und 22. März unverhältnismäßig viel verloren hatte; ihr rechter Flügel war überhaupt nicht weit vorgekommen und lag vor Arras fest. Auch die 2. Armee war schon stark mitgenommen. Ihrem linken Flügel hatte der Übergang über die Somme wesentlichen Aufenthalt verursacht. Sie kam über Albert nicht mehr hinaus. Der Feind konnte nördlich der Somme eine neue Front bilden, die nicht zu überwinden war. Dagegen war die 18. Armee noch voll kampfkräftig. Sie hatte am 23. Ham, am 25. Nesle genommen und näherte sich Noyon schon an diesem Tage. Bereits am 27. nahm sie Montdidier. Der ursprüngliche Schlachtgedanke mußte diesen Verhältnissen entsprechend geändert werden.

Während bisher über Croisilles und Péronne der Hauptstoß geführt werden sollte, wurde nunmehr Amiens zum Ziel genommen, das verhältnismäßig leicht zu erreichen schien, und hierauf wurden der linke Flügel der 2. und der rechte der 18. Armee angesetzt, nachdem sie entsprechend verstärkt worden waren. Moreuil wurde noch genommen und auch sonst kam man etwas vorwärts. Aber auch in dieser Richtung konnte Entscheidendes nicht erreicht werden. Der Nachschub machte größere Schwierigkeiten, als man erwartet hatte. Der Bau der Straßen und Eisenbahnen im eroberten Gelände nahm, trotz aller vorausschauenden Vorbereitungen, mehr Zeit in Anspruch, als man berechnet hatte, und der Teil des Heeres, der allerdings immer noch siegreich blieb, wollte nicht mehr recht fortschreiten.

Der Gegner, der sich dauernd verstärkte und verdichtete, ging jetzt selbst, wenn auch erfolglos, zu Angriffen über. Noyon und Lassigny waren noch genommen worden, weiter jedoch kam man nicht. Nachdem die Muniton hinreichend ergänzt worden war, griff die 18. Armee zwischen Montdidier und Noyon vergeblich an; am 4. April der linke Flügel der 2. und der rechte der 18. bei Albert und südlich der Somme in der Richtung auf Amiens; auch dieser Angriff brachte keinerlei Fortschritt. Dem Gegner war es offenbar gelungen, starke Reserven bei Amiens zusammenzufahren. Er behauptete diesen besonders für die Eisenbahnverbindungen wichtigen Ort und rettete damit seine strategische Lage. Am 6. April griff zwar der rechte Flügel der 7. Armee, die südlich an die 18. anschloß, noch einmal an, erstürmte Chauny und Coucy le Chateau und sicherte damit, indem er bis an den Oise—Aisne-Kanal vorging, den linken Flügel der 18. Armee; nichtsdestoweniger mußte die Schlacht aufgegeben werden, ohne daß es gelungen wäre, Amiens zu erobern oder auch nur unter wirksames Feuer nehmen zu können, während die Entente andererseits bei Albert und südöstlich Amiens zusammenhangslos angriff und nichts erreichte. So gelang es den Westmächten nur, wie ihre Hilferufe nach Amerika unzweifelhaft erkennen lassen, mit äußerster Mühe und unter Einsatz bedeutender Reserven Amiens zu behaupten. Nur wenig fehlte, um die völlige Niederlage der Franzosen zu vollenden. Starke französische Reserven waren in ergebnislosen Gegenangriffen verblutet. 3440 qkm Gelände waren verlorengegangen, während die Arrasschlacht 1917 nur einen Gewinn von 188 qkm gebracht hatte.

Strategisch bedeutete der Umstand, daß es nicht gelang, Amiens zu nehmen, dennoch das Scheitern der ganzen Unternehmung. Der Besitz dieser Stadt hätte es den Deutschen ermöglicht, den Zusammenhang der Engländer und Franzosen zu unterbrechen und zu einer operativen Kriegführung zu gelangen, die den Sieg bedeutete; taktisch war das Ergebnis ein ungeheures und wurde noch dadurch gesteigert, daß während der Schlacht die deutschen Bombengeschwader heftige Angriffe gegen die rückwärtigen Verbindungen des Feindes richteten, und Paris mit einem 120 km weit tragenden Geschütz aus der Gegend von Laon beschossen wurde. Schon am 24. März waren 45000 Mann gefangen und weit über 600 Geschütze erbeutet. Im ganzen wurden 90000 unverwundete Gefangene gemacht. Die blutigen Verluste des Feindes waren sehr bedeutend. Die Engländer stellten viele Zehntausende von Arbeitern aus den Kohlenbergwerken und der Kriegsindustrie in die Armee ein und vermochten es dennoch nicht, diese vollständig wiederherzustellen. Etwa zehn Divisionen verschwanden gänzlich aus der Front und tauchten erst im Herbst wieder auf. Die Verluste des Gegners müssen, hiernach zu urteilen, ungeheuer gewesen sein, während die der Deutschen zwar groß, aber immerhin erträglich waren. Auch die Beschießung von Paris verbreitete Schrecken und veranlaßte einen Teil der Bevölkerung, der auf eine Million Seelen geschätzt wurde, die Hauptstadt zu verlassen, sie vermehrte die Unruhe, die unsere Waffenerfolge in ganz Frankreich hervorriefen. Weit entfernt aber, daß der Vernichtungswille des Feindes durch all dieses Unglück erschüttert worden wäre, wurde seine Tatkraft dadurch nur gesteigert. Die Dienstpflicht in England wurde verlängert. Wilson wurde dringend um Hilfe gebeten. Aller in England selbst verfügbare Schiffsraum wurde nach Amerika geschickt, um Verstärkungen zu holen. Aus dem gleichen Grunde wurden die europäischen Neutralen von Amerika und England vergewaltigt und gezwungen, ihren Schiffsraum herzugeben. Massenweise zusammengepfercht und nur mit ihrer persönlichen Ausrüstung versehen, kamen die amerikanischen Soldaten nach Europa. Alles, was sie sonst bedurften, erhielten sie in Frankreich. Mit der höchsten Energie suchte man hier dem Unglück die Spitze zu bieten.

In Deutschland aber geschah gar nichts, um die Kriegsfähigkeit zu stärken. Trotz der Bemühungen der Obersten Heeresleitung wurde der große Sieg nicht einmal diplomatisch ausgenutzt. Dagegen hatten manche Truppenteile gezeigt, daß sie nicht mehr genug in der Hand ihrer Offiziere waren. Sie hatten sich durch Lebensmittelmagazine aufhalten lassen und den Waffenerfolg dadurch beeinträchtigt. Manchem Deutschen war der taktische Sieg sogar unangenehm, weil er seine politischen Kreise störte. War doch ein Teil der Nation, weit entfernt sein Äußerstes an den Sieg zu setzen, im Glauben an die feindliche Propaganda immer noch auf einen Verständigungsfrieden versessen, der die Macht der Linksparteien steigern mußte, und daher einem deutschen Siege abgeneigt, weil ein solcher den Frieden, wie sie meinten, gefährden mußte. Daß solche Gesinnung zugleich eine Ehrlosigkeit sei, focht diese Art Deutsche wenig an.

Die Schlacht von Armentières und die Erstürmung des Kemmel.

Die deutsche Oberste Heeresleitung hatte von Anfang an den Plan gehabt, in dem Falle, daß der erste überraschende Angriff noch nicht zu einer Operation im Sinne eines Bewegungskrieges führen sollte, an anderen Stellen anzugreifen, um durch eine Reihe von Schlägen das feindliche Heeresgebäude allmählich zu erschüttern und so den Vernichtungswillen des Feindes zu brechen. In Erwartung solcher späteren Angriffe hatte sie solche wenigstens theoretisch und zum Teil auch praktisch vorbereiten lassen. Außerdem war aber eine Erweiterung des Angriffs vom 21. März sowieso vorgesehen. Die 17. Armee sollte sich in den Besitz des Höhengeländes östlich und nördlich von Arras setzen; die 6. Armee sollte sich am darauffolgenden Tage in der Gegend von Lens anschließen und auch ihrerseits die vor ihr liegenden Höhen erstürmen.

Um die Monatswende erfolgte der Angriff der 17. Armee, führte aber trotz des großen Munitionseinsatzes zu keinem Erfolge. Die Artilleriewirkung hatte allem Anscheine nach noch immer nicht genügt. Die 6. Armee gab nunmehr auch ihrerseits den geplanten Angriff ihres Südflügels auf und entschloß sich, zwischen Armentières und La Bassée anzugreifen. Der Südflügel der 4. Armee sollte sich demnächst anschließen. Die Gegend in Flandern, die sonst besonders sumpfig war, gestattete des besonders trockenen Frühlings wegen schon um diese Zeit militärische Operationen. Auch war der Angriff bereits theoretisch vorbereitet, und nun gingen die Armeen mit solchem Eifer an die Vorbereitungen, daß schon am 9. April der Stoß erfolgen konnte. Oberst Bruchmüller prüfte Stellung und Aufgaben der Artillerie und fand alles in Ordnung. Die für den Kampf überwiesenen Divisionen aber wären nicht für den Angriff besonders ausgebildet, sondern gewöhnliche Stellungsdivisionen, die bald versagten und wenig in der Hand ihrer Offiziere waren.

Der strategische Zweck des ganzen Unternehmens wurde denn auch nicht vollständig erreicht, obgleich die Engländer sowohl wie die Portugiesen, die die Stellung besetzt hatten, vollkommen überrascht wurden.

Es war beabsichtigt, die entscheidenden Höhen südlich und westlich der angegriffenen Linie zu erobern und von ihnen aus die Lebensadern der englischen Armee zu unterbinden. Von den Höhen von Cassel aus konnte man die ganze feindliche Stellung erschüttern. Von ihnen aus konnte man nämlich Calais und Boulogne mit weittragenden Geschützen unter Feuer nehmen und damit den Nachschub der Armee in Flandern erschweren oder unmöglich machen. So konnte es gelingen, die Hauptmasse der Engländer gegen das Meer zu drängen, ihre Verbindung mit den Franzosen zu bedrohen und im Besitz der entscheidenden Höhen von Cassel und Godewaersfelde eine Stellung einzunehmen, die für den ganzen Feldzug von weitgehendster Bedeutung sein mußte. Es war eine in jeder Hinsicht entscheidende Operation.

Der erste Angriff war erfolgreich. Die vordersten Linien der Verteidigung wurden einfach überrannt.. Dann aber ging es langsamer vorwärts. Das Vorbringen der Artillerie und der Munition über das versumpfte Trichter- und Grabengelände kostete unendliche Mühe. Auch wurde es sehr erschwert durch das sehr wirksame Flankenfeuer, das von den Höhen von Hinges und Bernanchon herüberschlug. So kam es, daß der äußerste linke Flügel ganz, die rechts von ihm fechtenden Truppen vor Vieille Chapelle, Lestrem und Estaires liegen blieben, während der rechte Flügel sowohl gegen Armentières wie über die Lys vorwärts kam. Es wurden 6000 Gefangene gemacht und über 100 Geschütze erbeutet. Am 10. April schloß sich die 4. Armee dem Angriff an und erstürmte die Trümmerstätten von Messines und Hollebeke, während der äußerste linke Flügel allerdings nur wenig Gelände gewann. Immerhin wurden Vieille Chapelle und Lestrem gestürmt, und auch weiter nördlich drang man vor. Estaires wurde genommen; in der Nacht vom 11. zum 12. Merville, am 11. das tapfer verteidigte Armentières; bis gegen Niuwe Kerke (Neuve Eglise) drängten die Deutschen vor. Auch Wytschaete wurde wiedererobert. Damit war die Stoßkraft der 6. Armee zu Ende. Im Süden und Südwesten bildeten die Höhen von Hinges und Bernanchon, im Westen der große Wald von Nieppe ein unüberwindliches Hindernis. Nach Vieux-Berquin und Meteren drangen die deutschen Truppen noch vor. Auch Bailleul wurde genommen; alle Versuche aber, die Höhen zwischen Hazebrouck, Cassel und dem Kemmel zu erobern, scheiterten vollkommen. Sie blieben den Deutschen unerreichbar, und das um so mehr, als auch die Franzosen die Engländer unterstützten und Divisionen über Divisionen an die flandrische Front warfen. Der Kampf ging mehr und mehr in einen Stellungskampf über, bei dem sich die Deutschen von der 6. Armee in höchst ungünstiger Lage befanden; sie wurden von Westen und Süden her beschossen, ohne sich in dem nassen Gelände genügend eingraben zu können, und von Norden her beherrschte der Kemmel weithin die flandrische Ebene. Wenigstens dieser mußte genommen werden, um die Lage einigermaßen erträglich zu machen. Man glaubte jedoch einen Erfolg hier nur erringen zu können, wenn die Franzosen sich vor der dortigen Front wesentlich schwächten, und hoffte das dadurch zu erreichen, daß man bei Amiens energisch angriff[1]). Dieser Angriff wurde am

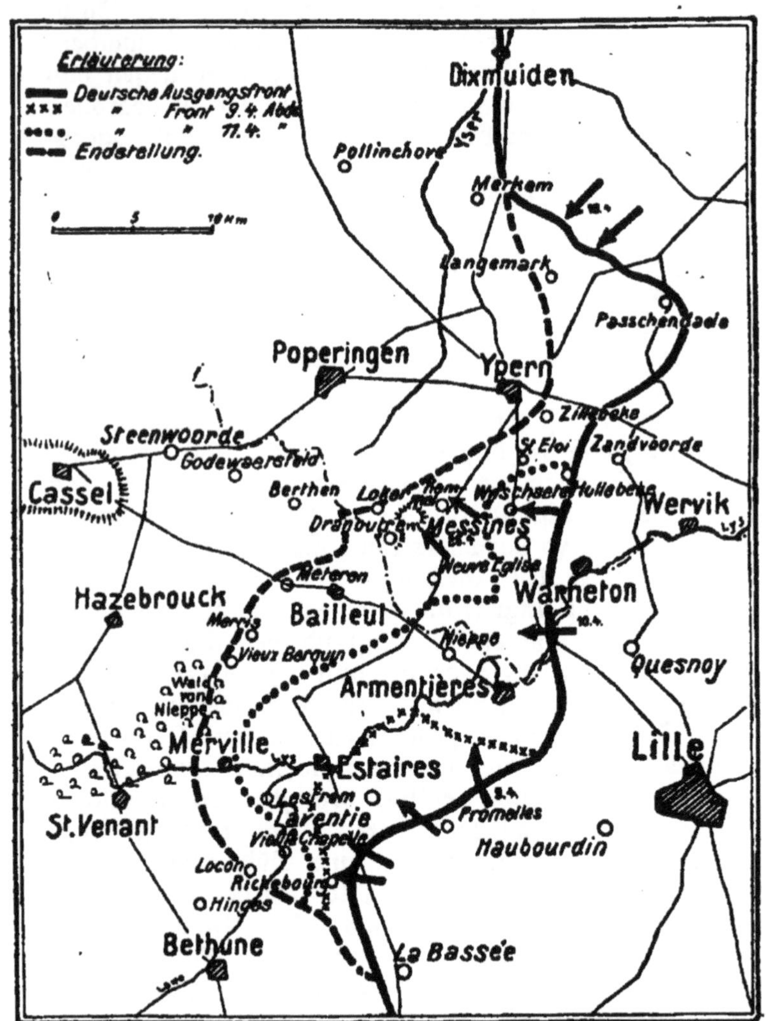

Karte 81. Die Schlacht von Armentières April 1918.

24. April gegen Villers-Bretonneux und Moreuil auch ausgeführt, hatte jedoch keinen entscheidenden Erfolg. Die Truppe kam zwar gut vorwärts, konnte aber ihren Vorteil nicht behaupten und mußte sich mit geringem Geländegewinn begnügen. Ob dieser die Fran=

[1]) Siehe Karte 80.

zosen veranlaßt hat Truppen aus Flandern wegzuziehen, mag dahingestellt bleiben. Tatsache ist jedenfalls, daß die Erstürmung des Kemmel am 25. April über Erwarten gut gelang. 7100 Gefangene und 53 Geschütze waren die Beute des Tages. Der Erfolg wäre sogar noch weiter ausgedehnt worden, wenn nicht auch jetzt die Franzosen ihren bedrängten Bundesgenossen zu Hilfe gekommen wären. Schon am 26. April setzte der Gegenangriff ein, bei dem ausgeruhte französische Divisionen sich unter die Engländer mischten, und entriß den Deutschen wieder das Gelände von Loker. Da auch auf der übrigen Front feindliche Gegenangriffe einsetzten, kam der deutsche Angriff Ende April endgültig zum Stehen. Immerhin war auch im Norden Großes erreicht worden.

Ein Gebiet von 473 qkm war in neun Tagen erobert worden, während die Engländer im Jahre 1917 fünfeinhalb Monate bedurft hatten, um einen Raum von nur 165 qkm zu besetzen. Sie hatten mit vorschreitendem deutschen Angriff immer mehr und mehr den Ypernbogen geräumt. Als der Kemmel gefallen war, behaupteten sie nur noch die Stadt Ypern und zwar mehr aus politischen als militärischen Rücksichten; im übrigen gaben sie fast kampflos das Gelände preis, das sie im Jahre 1917 mit Strömen Blutes mühsam erkämpft hatten. Die Linie Dixmuiden—Langemarck—Zillebeke—St. Eloi bis zum Kemmel bildete die nunmehrige deutsche Stellung. Nur Bixschoote blieb noch von den Engländern besetzt. Die Deutschen hatten sich im allgemeinen gut, wenn auch nicht wie früher geschlagen, die Feinde dagegen hatten alle ihre Kräfte daransetzen müssen, um sich in den entscheidenden Linien zu behaupten. Von den 59 englischen Divisionen, die unseres Wissens überhaupt vorhanden waren, wurden 53 eingesetzt, davon 25 mehrere Male. Die Franzosen hatten fast mit der Hälfte ihrer Kräfte an den Kämpfen teilnehmen müssen. Italienische Divisionen wurden nach Frankreich versetzt, während die englischen und französischen, die im Herbst 1917 nach Italien gegangen waren, dort verbleiben mußten, um der italienischen Armee Halt zu geben. Auch aus Mazedonien wurden englische Truppen herangezogen und dort durch griechische ersetzt.

Unter dem Eindruck des großen deutschen Schlachterfolges war General Foch am 3. April zum Generalissimus aller Ententeheere ernannt worden. Das stolze England hatte sich in der Not des Augenblicks dem französischen Heerbefehl untergeordnet.

Foch zog die Hauptreserve im wesentlichen bei Abbeville zusammen, um von dort aus sowohl in Flandern als auch bei Amiens eingreifen zu können, nachdem vorher die englischen Reserven vor der 17. und 2. Armee zusammengefahren worden waren, französische Divisionen aber von der Aisne—Verdun-Front sich der 18. Armee vorgelegt hatten. Im übrigen flackerten die Kämpfe, die durch die deutschen Angriffe ausgelöst waren, noch bis in den Mai fort; im Norden waren der Kemmel und Bailleul die Brennpunkte des Gefechtes, im Süden gruppierten sie sich um Amiens. Am 21. April nahmen die Deutschen bei Albert den Wald von Aveluy, am 24. Hangard, wurden aber, wie wir sahen, bei Villers-Bretonneux zurückgeworfen; Ende April eroberten sie die Höhen westlich der Avre bei Morisel und Montdidier. Mitte April traten auch zum erstenmal zwischen St. Mihiel und der Mosel amerikanische Truppen selbständig ins Gefecht, wurden aber trotz persönlicher Tapferkeit mit Leichtigkeit geschlagen.

Die amerikanischen Divisionen wurden, sobald ihr Ausbildungsstand es gestattete, zunächst an ruhigen Fronten eingesetzt. Hierfür schien die Lothringer Front besonders geeignet, schon weil sie hierher von ihren Ausschiffungspunkten — St. Nazaire und Bassens an der Girondemündung — aus auf verhältnismäßig wenig benutzten Eisenbahnlinien gelangen konnten. Auch hatten sie selbst etwa 1500 km Eisenbahnen gebaut.

Erst später wurden sie auch an anderen Fronten verwendet. Als die Deutschen am 21. März ihre Offensive eröffneten, verfügten die Amerikaner über vier Divisionen, die schon im Schützengraben gefochten hatten: die 1., 2., 26. und 42.; Ende April über weitere elf Divisionen, Ende Mai über sechzehn mit einer Kopfstärke von etwa 460 000 Mann ohne Etappen- und Ersatztruppen, im ganzen über 600 000 Mann. Wie viele davon bereits im Schützengraben gefochten hatten, entzieht sich meiner Kenntnis. Wir wissen nur, daß zwei Divisionen vom 21. Mai an in die Linie der Vogesen einrückten, und daß die 1. Division am 25. Mai in der Nähe von Montdidier eingesetzt wurde, wo sie am 28. Mai auf den Höhen von Cantigny erfolgreich focht. Weitere acht Divisionen scheinen die Engländer verstärkt, die anderen noch in Reserve oder in den hinteren Linien gestanden zu haben. Sie glichen die Überzahl aus, deren sich die Deutschen bisher erfreut hatten, um so mehr, da die amerikanischen Divisionen doppelt so stark waren wie die französischen, und ihre Zahl monatlich um zwei bis drei Divisionen zunahm, während die Kräfte der Mittelmächte mit den unvermeidlichen Verlusten und dem geringen Ersatz naturgemäß immer schwächer wurden. Um so wichtiger war es für diese, die Initiative zu behaupten, die sie an sich gerissen hatten, und den gewaltigen ersten Schlägen so bald als möglich einen weiteren folgen zu lassen.

Ein Angriff in Flandern blieb immer die entscheidende Absicht. Dort waren aber jetzt die Kräfte des Feindes zu stark, um mit Erfolg angreifen zu können. Man mußte sie zunächst von dort abziehen, und deshalb an anderer Stelle angreifen. Als Ort des Angriffs bot sich als aussichtsreich die Gegend zwischen Noyon und Reims, wo die Franzosen in unangreifbarer Stellung zu stehen schienen und sich daher besonders geschwächt hatten. Auch mehrere abgekämpfte englische Divisionen waren hier eingesetzt, und so erhielt die Heeresgruppe Kronprinz schon Ende April die Weisung, dort einen Schlag vorzubereiten. Auch die Truppen, die man hierzu verwenden wollte, mußte man jetzt schon bestimmen, um sie genügend vorbereiten zu können. Hatte sich doch die Notwendigkeit hierfür bei der 4. und 6. Armee ergeben, und hatte man es doch erleben müssen, daß die Truppen, wie bei Cambrai, sich vielfach durch Proviantmagazine aufhalten ließen, sie plünderten und den Erfolg in Frage stellten. Es waren nicht mehr die alten Soldaten, auf die man unter allen Umständen zählen konnte. Auch die Regierung, nur auf die gute Stimmung des Reichstags bedacht, hatte das Ihrige dazu beigetragen, die Widerstandsfähigkeit der Armee zu schwächen. Sie hatte alle Strafen, anstatt sie zu verschärfen, gemildert und dadurch der Indisziplin Tür und Tor geöffnet. Für ein ehrliebendes Volk wäre eine solche Maßregel vielleicht angezeigt gewesen. Damals aber, als gerade die schlechten Elemente in der Armee besonders hervortraten, als das durch den langen Krieg zermürbte Volk seiner Ehre zu vergessen schien, war sie gewiß nicht am Platze. Nur reine Theorie, die alle praktischen Gesichtspunkte verleugnete, hatte sie ermöglicht. Ihr huldigte auch die Regierung.

Zur Beschaffung des Ersatzes und zur Festigung der Manneszucht war daher viel zu tun. Vor Ende Mai als frühestem Termin konnten die Sturmdivisionen nicht fertig zum Kampf sein, und so wurde dieser Zeitpunkt denn auch für den Angriff festgehalten.

Mittlerweile war am 12. Mai der Kaiser von Österreich im Hauptquartier erschienen. Er war durch den Sixtusbrief auf das ärgste kompromittiert. Man hielt es für nötig, das deutsch-österreichische Bündnis von neuem zu befestigen, und es wurde ein militärisches und ein politisches Abkommen unterzeichnet, welch letzteres festsetzte, daß ein Sonderabkommen mit dem Feinde nur unter den zwingendsten Umständen statthaft sei. Es hat den Zusammenbruch Österreichs nicht verhindern können.

Der Seekrieg und die Kämpfe auf den anderen Kriegsschauplätzen.

Während in Frankreich um die Entscheidung gerungen wurde und deutsche Truppen immer noch Wunder der Tapferkeit verrichteten, hatte der Unterseekrieg, wie wir sahen, die auf ihn gesetzten Erwartungen nicht zu erfüllen vermocht. Das Versenkungsergebnis vom Juni 1917 hatte die Berechnungen der Marine weit überschritten, aber der erhoffte politische Erfolg war dennoch nicht eingetreten. Auf gleicher Höhe aber hatte sich die Versenkungsziffer in der Folge nicht zu halten vermocht. Bis einschließlich Mai 1918 waren im Durchschnitt monatlich 653 800 Tonnen vernichtet worden. Der Ausfall an Tonnage war erheblich, und der Gegner hatte im Sommer 1917 ungeheure Blutopfer gebracht, um sich der feindlichen U-Boot-Basis in Flandern zu bemächtigen. Sie waren vor dem tapferen Widerstande der 4. Armee vergeblich gewesen. England hatte sich genötigt gesehen, seine Lebensmittel zu rationieren, den Kohlentransport zu beschränken und mit unerhörter Rücksichtslosigkeit, die für uns Deutsche hätte vorbildlich sein sollen, den feindlichen Schiffsraum in seinen Dienst zu zwingen. So mußten beispielsweise im März 1918 Holland 640 000, Norwegen 600 000 und Schweden 200 000 Tonnen der Entente überlassen, während Japan den Amerikanern 300 000 Tonnen zur Verfügung stellte.

Auch die in Asien und Amerika beschlagnahmten deutschen Schiffe wurden sämtlich in Dienst gestellt. Daß die amerikanischen Soldaten nur in der notdürftigsten Weise und ohne alles Zubehör nach Frankreich kamen, ist schon gesagt worden. Auch waren die feindlichen Unterseeboot-Abwehrmaßregeln derart ausgebildet, daß es nur ein einziges Mal gelang, ein feindliches Truppentransportschiff zu versenken. Die deutschen U-Boote konnten, wenn auch einzelne von ihnen an der amerikanischen Küste, bei den Azoren und im Mittelländischen Meer erfolgreich auftraten, die sämtlichen Verkehrsstraßen nicht ausreichend besetzen und mußten notgedrungen in der Nähe der englischen Küste bleiben, um den vorhandenen Schiffsraum überhaupt erheblich schädigen zu können. Dennoch fühlten sich die Engländer durch die Unterseeboote schwer bedrängt. Hatten doch die Deutschen im Januar 1918 165, am 1. Mai 171 und am 1. August 180 Boote im Dienst, die die überhaupt vorhandene Schiffszahl dauernd verringerten. Die Westmächte beschlossen daher im Frühjahr 1918, wenigstens die U-Boot-Häfen in Flandern, die sie 1917 vergeblich wegzunehmen versucht hatten, auf alle Fälle zu sperren und so den Unterwasserkrieg empfindlich zu schädigen.

In der Nacht zum 23. April 1918, als der Sturm auf den Kemmel sich vorbereitete, und ein Sieg im Rücken der Deutschen gewiß großen Erfolg gehabt hätte, griffen die Engländer Ostende und Zeebrügge von der See her an. Vor Ostende endete der Versuch mit einer gänzlichen Niederlage. Die Engländer verloren 600 Mann, während die Deutschen nur 24 Mann einbüßten; die vorgesehenen Sperrschiffe, „Brilliant" und „Sirius" strandeten brennend außerhalb des Hafens. Auch in Zeebrügge, das von dem Kleinen Kreuzer „Vindictive" und dem U-Boot „C 3" angegriffen wurde, blieb der Kampf ergebnislos. Eine Landungsabteilung der Engländer wurde fast vollständig vernichtet, und die Sperrschiffe „Iphigenia", „Intrepid" und „Thetis", die vor dem Schleusentor versenkt wurden, vermochten den Hafen nicht zu sperren. Ebenso endete am Morgen des 10. Mai ein erneuter Angriff auf Ostende. Die Kleinen Kreuzer „Sappho" und „Vindictive" tauchten dicht vor dem Hafen aus künstlichem Nebel auf. Der „Vindictive" sank außerhalb der Fahrtrinne, und „Sappho" ergriff unter dem deutschen Feuer die Flucht. Eine Behinderung des U-Boot-Krieges wurde durch diese Versuche ebensowenig erreicht, wie durch die Landangriffe im Sommer 1917. Der Unterseebootkrieg fuhr fort, die Tonnage zu vermindern und England um seinen Unterhalt besorgt zu machen. Die Schlachtflotte dahinter blieb auch jetzt noch untätig, weil die Engländer einem Zusammenstoß mit der deutschen Gesamtflotte immer von neuem auswichen. Die deutschen Kreuzer und Torpedoboote entwickelten dagegen eine lebhafte Tätigkeit. Es gelang ihnen wiederholt, feindliche Geleitzüge und die sie begleitenden Kriegsschiffe zum Teil zu vernichten; so am 17. Oktober und am 12. Dezember 1917, bei welcher Gelegenheit zwei feindliche Handelsdampfer von 3000 und 5000 Tonnen versenkt wurden. Am 17. November kam es sogar zu einem siegreichen Kreuzergefecht zwischen Hornsriff und Terschelling, das dadurch entschieden wurde, daß, wie vorgesehen, schwere deutsche Kriegsschiffe auf dem Kampfplatz erschienen. Am 14. Februar 1918 gelang es endlich der 2. Torpedobootsflottille, eine englische Kanalsperre überraschend anzugreifen, zu vernichten und dadurch dem U-Boot-Kriege wesentliche Hilfe zu leisten.

Dem Unternehmen der Flotte gegen die Baltischen Inseln im Spätherbst 1917 mußte eine längere Pause in der Tätigkeit der Gesamtflotte folgen, bis die nötigen Reparaturen ausgeführt waren. Am 24. April 1918 aber entschloß sie sich, bis an die norwegische Küste vorzustoßen, um den dortigen Handelsverkehr zu stören, denn die Engländer ließen jetzt infolge der vielen vernichteten Geleitzüge diese durch Großkampfschiffe und auch sonst stark bewachen. Leider führte der Vorstoß zu keinem Ergebnis, da man mit feindlichen Seestreitkräften nicht zusammenstieß. Nur „Moltke" erlitt ohne feindliche Einwirkung schwere Havarie und konnte nur mit Mühe geborgen werden. Leider blieb diese Fahrt die letzte der Hochseeflotte. Ein tragisches Schicksal führte sie später dem Untergange zu.

Während so die Bedrohung der rechten Flanke der Deutschen zur See scheiterte und die Gesamtflotte sich vergebens bemühte, in den Gang der Ereignisse einzugreifen, war auf dem südlichen Flügel des Weltkriegsschauplatzes alles ruhig. Die Italiener waren trotz der Winterruhe noch nicht in der Lage, wieder anzugreifen, die Österreicher aber hatten ihre Armee durch einige hunderttausend aus Rußland zurückgekehrte Kriegsgefangene verstärkt und wollten Anfang Juni 1918 zum kriegsentscheidenden Angriff schreiten. Da die Deutschen Ende Mai auch ihrerseits einen neuen Angriff planten, sollte etwa zu Anfang Juni eine große gemeinsame Anstrengung gegen die Entente unternommen werden.

Auch in Mazedonien war vorläufig alles ruhig. Die Bulgaren schieden auf Deutschlands Rat größere Reserven aus ihrer Front aus und verstärkten diese allmählich durch Truppen aus der Dobrudscha. Der Geist ihrer Armee aber ward zusehends schlechter, obgleich Deutschland sie durch Lebensmittel und Bekleidung unterstützte. Wiederholt kam es zu Meutereien, und die deutschfeindlichen

Elemente Bulgariens trieben eine geschickte Propaganda, deren Mittelpunkt die amerikanische Gesandschaft in Sofia war. Fast unbemerkt verlor König Ferdinand den Boden unter den Füßen, während sich andererseits Franchet d'Espérey auch durch königlich griechische Truppen verstärkte.

Die Ukraine wurde allmählich von den Mittelmächten besetzt. Die Notwendigkeit der Lebensmittel- und Kohlenbeschaffung führte sie immer weiter. Am 8. April 1918 wurde Charkow besetzt, Ende des Monats auch die Krim, wo ein Teil der russischen Flotte beschlagnahmt wurde, während ein anderer nach Noworossijsk entkam. Selbst Rostow am Don wurde am 8. Mai genommen. Zahlreiche kleinere Kämpfe mit bolschewistischen Banden fanden statt; mit der Sowjetregierung wurde ein Grenzabkommen geschlossen, ebenso mit Österreich, dessen Gebiet umgrenzt wurde. General von Eichhorn übernahm die Heeresgruppe in Kiew; Botschafter von Mumm vertrat die Interessen der Regierung; das Aufbringen der Vorräte lag in den Händen des Reichswirtschaftsamtes. „Unklarer und vielköpfiger konnte die ganze Organisation nicht erdacht werden", urteilt mit Recht General Ludendorff. Immerhin erhielt die Armee einige Vorräte aus der Ukraine, vor allem zahlreiche Pferde, ohne die ein Kriegführen überhaupt unmöglich gewesen wäre. Schwierigkeiten entstanden vor allem mit Österreich, das in seiner Lebensmittelnot wiederholt deutsche Verpflegungsreserven angriff, und mit dem man sich nur einigen konnte, indem man ihm zu Hilfe kam; dann aber auch mit der Reichsregierung, die, selbst vollständig unfähig, überall Übergriffe des Militarismus witterte und bolschewistischen Lügen mehr Glauben schenkte als den Angaben der Militärverwaltung. Die Befolgung politischer, besonders innerer Rücksichten wurde höher bewertet als praktische Notwendigkeiten. Oft stellte sich auch der Kriegsminister auf die Seite der Regierung.

In Finnland hatte sich die Oberste Heeresleitung für ein praktisches Eingreifen entschieden. Allein konnten sich die Finnen nicht behaupten, man durfte sie aber der Sowjetregierung nicht preisgeben, ohne eine weitere Verbreitung bolschewistischer Ideen befürchten zu müssen. Da nun die Petersburger Machthaber keine Anstalten machten, dem Frieden entsprechend, die roten Truppen aus Finnland zurückzuziehen, andererseits ihre Unterstützung durch England auf der Murmanbahn immer näher rückte, wurde aus drei Jägerbataillonen, drei Kavallerieschützenregimentern und einigen Batterien unter dem General Grafen von der Goltz die sogenannte Ostseedivision gebildet und Anfang April bei Hangö gelandet, während das in Deutschland gebildete finnische Jägerbataillon den Finnen überlassen und die Besetzung der Aalandsinseln aufgegeben wurde. Im Verein mit der Flotte wurde dann am 13. April Helsingfors durch schwache Kräfte besetzt, die Hauptgruppe aber wandte sich nach Tavastehus, wo die Bolschewistenarmee der roten Garde dem finnischen General von Mannerheim gegenüberstand, der seinerseits Tammerfors besetzt hielt und sich nach beiden Seiten hin ausdehnte. Der Oberbefehlshaber Ost landete außerdem eine schwache Abteilung unter Oberst von Brandenstein bei Lovisa und Kotka östlich Helsingfors, und so gelang es, indem alle drei Abteilungen vormarschierten, die rote Garde völlig zu umschließen und nach heftigem Gefecht zur Waffenstreckung zu zwingen. Zu gleicher Zeit wurde Wiborg von den Finnen besetzt und bildete mit dem von den Deutschen besetzten Narwa zusammen eine starke Front gegen Petersburg. Auch wurde von Finnland aus die von letzterer Stadt nach Norden führende Murmanbahn ihrer ganzen Länge nach flankiert und damit ein ernstlicher Vorstoß der Engländer verhindert. Ein englisches Korps, das an der Murmanküste gelandet worden war, wurde dadurch verhindert, auf Petersburg vorzurücken, und trotzdem konnten die drei Jägerbataillone, die zur Ostseedivision gehört hatten, im August 1918 nach Deutschland zurückbefördert werden. Die Unternehmung gegen Finnland hatte sich in jeder Weise bezahlt gemacht.

Weniger günstig lagen trotz der Verstärkung durch das deutsche Asienkorps die Verhältnisse in der Türkei, hauptsächlich wegen der phantastischen Politik und der Unwahrhaftigkeit Enver Paschas. Die Türken hatten im März ihr eigenes Gebiet von den Russen gesäubert und Ende April das ihnen im Frieden von Brest-Litowsk zugesprochene Gebiet von Kars, Ardahan und Batum besetzt. Nun wollten sie die infolge der russischen Revolution entstandenen Freistaaten von Georgien mit der Hauptstadt Tiflis und Aserbeidschan in ihren Besitz bringen, das Gebiet südlich des Kaukasus erobern und aus den Rohstoffen, die der Kaukasus bot, Vorteile ziehen. Die Durchführung dieser Absichten bereiteten sie schon im Frühjahr 1918 vor. Sie vergaßen über diesen phantastischen Plänen ganz, daß ihre Kräfte trotz des deutschen Asienkorps, dessen Verstärkungen allmählich aus Mazedonien eintrafen, höchstens dazu reichten, auf *einem* Kriegsschauplatz Widerstand zu leisten, und daß ihre Hauptaufgabe war, die Engländer in Palästina zu schlagen und dann in der Richtung auf Bagdad vorzudringen, mittlerweile aber den Engländern energisch Widerstand zu leisten. Diese waren bis in die Höhe von Erbil am Tigris aufwärts vorgerückt und waren hier nur noch 85 km von Mosul entfernt. Am Euphrat waren sie bis Anah gekommen. In dieser Linie machte die Sommerhitze den Operationen ein Ende.

In Palästina, wo das deutsche Asienkorps eingesetzt war, lagen die Dinge auch wenig erfreulich. Über den Verlauf des Feldzuges bis Ende März 1918 sind wir nur mangelhaft unterrichtet. Die Front erstreckte sich in einer Breite von 75 km von der Meeresküste nördlich Jaffa über den Medschel Jaba und die Höhe Tel Azur bis an den Jordan. Am 21. Februar 1918 war auch Jericho von den

Engländern besetzt worden. Diese hatten ihre regulären Streitkräfte westlich des Toten Meeres eingesetzt, während östlich von ihm die aufständischen Araber den Krieg führten, von den Engländern durch Kraft- und Panzerwagen und andere Kriegsmittel verstärkt. Die Türken [1]) ihrerseits standen nur mit schwachen Kräften im Ostjordanlande, hatten, wie wir wissen, ihre rückwärtigen Verbindungen über Amman auf Damaskus und hielten aus religiösen Rücksichten die Hedschasbahn fest. Eine besondere Unternehmung scheint nach Tafile, südlich des Toten Meeres, gegangen zu sein, der auch ein deutsches Bataillon angegliedert war. Sonst läßt sich die Verwendung der deutschen Truppen nicht im einzelnen nachweisen. Im übrigen scheint damals die Absicht vorgelegen zu haben, die 7. Armee nach dem Ostjordanlande zu verlegen.

General von Falkenhayn, der die Armeen gegen England bisher kommandiert hatte, ging Ende Februar 1918 nach Deutschland zurück, um dort ein Kommando zu übernehmen. An seine Stelle trat General Liman von Sanders. Er beschloß, die Hauptverteidigung in das Westjordanland zu verlegen und zog alle möglichen Verstärkungen dorthin heran. Er machte von vornherein mit der türkischen Regierung aus, daß er nur das Heer in Palästina zu befehligen hätte, das aus der 7., 8. und 4. Armee bestand, so daß er auch die, soviel ich weiß, zur 4. Armee gehörige 11. Division heranziehen konnte. Manche andere im Lande zerstreute Formationen wurden zudem aufgefunden und mit ihnen die Armeen verstärkt. Doch blieben die Kopfstärken trotzdem lächerlich gering, und es ist eine unaustilgbare Schande der weitaus überlegenen Engländer, daß sie der wenigen Verteidiger nicht früher Herr geworden sind. Am 9. März gelang es den Türken, in dreitägigen äußerst blutigen Kämpfen in der Schlacht von Turnus Aya den frontalen Ansturm der Engländer gegen ihre äußerst schwachen Linien siegreich zurückzuweisen. Der Tel Azur ging allerdings verloren, die Front der Türken blieb aber gänzlich ungebrochen. Die Engländer beschlossen nun, den rechten Flügel des Gegners zu umfassen, die Bahn nach Damaskus in Besitz zu nehmen, damit die rückwärtigen Verbindungen der feindlichen Armee zu durchschneiden und so deren Rückzug zu erzwingen. Der Plan war an sich aussichtsvoll, denn im Ostjordanlande standen, solange die auf Tafile entsandte Expedition nicht zurückgekehrt war, nur sehr schwache Truppen, die von Ali Risa Pascha kommandiert wurden.

Am 26. März gingen die Engländer nördlich des Toten Meeres über den Jordan und über Es Salt auf Amman vor, wo ihnen drei dort befindliche Kompanien entgegentraten. Die deutsche Heeresleitung rief zugleich das Expeditionskorps von Tafile zurück und von Damaskus aus alle irgend verfügbaren Verstärkungen nach Amman. Zugleich wurden die englischen Verbindungen bedroht und

[1]) Siehe Karte 78.

bei Es Salt unterbrochen. Kurz, es gelang, die Engländer zurückzuwerfen. Am 31. März traten sie auf der ganzen Linie den Rückzug an und gingen hinter den Jordan zurück. Am 10. April fand ein neuer frontaler Angriff bei El Kafr und Berulin statt, der zu dreitägigen sehr erbitterten Kämpfen führte, bei denen hauptsächlich das Asienkorps beteiligt war, und der den Engländern nur sehr geringen Gewinn brachte; in der zweiten Hälfte des April suchten sie dann in mehreren Gefechten gegen den Jordan aufzuklären, und am 30. April gingen sie von neuem von Jericho aus gegen das Ostjordanland und die rückwärtigen Verbindungen der Türken vor. Hier hatte sich mittlerweile das 8. türkische Armeekorps auf den Höhen von Tel Nimrin eingegraben und leistete einen unüberwindlichen Widerstand, selbst als es sich von hinten von Kavallerie angegriffen sah, die mittlerweile Es Salt hinter dem Rücken des 8. Korps genommen hatte. Doch gelang es auch dieses Mal, rechtzeitig Verstärkungen vom rechten Jordanufer über El Damje heranzuziehen; auch über Seela bei Amman gingen einige Truppen vor. Es Salt wurde im nächtlichen Kampf zurückerobert. Die Engländer erlitten schwere Verluste, mehrere Batterien gingen verloren, auch auf dem rechten Jordanufer griffen sie vergebens an. Endlich gingen sie auf der ganzen Linie zurück und dann über den Jordan. Leider fehlte den Deutsch-Türken die Kraft, den Erfolg auszunutzen. Die Truppen waren am Ende ihrer Leistungsfähigkeit. Es folgte dann aber die heiße Jahreszeit, die eine Unterbrechung der Operationen bedingte. Immerhin hatten die deutschen Waffen, wie überall, so auch in der Türkei siegreich abgeschnitten.

Die Schlacht von Soissons und Reims.

Während im fernen Osten blutig gefochten wurde, nahmen die Vorbereitungen für den neuen Angriff, der die Masse der französischen Truppen von Flandern abziehen sollte, ihren beschleunigten Verlauf. Er sollte zunächst von der 7. Armee zwischen Vauxaillon und Sapigneul vorgetragen, dann nach Osten zu bis Reims, nach Westen zu bis zur Einmündung der Ailette in die Oise verlängert werden. Ihn gleich in dieser Breite anzusetzen verbot der Mangel an Artillerie, von der ein Teil zu Verteidigungszwecken im Norden hatte zurückgelassen werden müssen. Dem Angriff gegen den Damenweg sollte sich später ein Angriff der 18. Armee zwischen Montdidier und Noyon anschließen, zu dem die Artillerie ebenfalls wie bei der geplanten Erweiterung des ersten Angriffs aus der Gegend von Vauxaillon—Sapigneul herangezogen werden mußte. So hat der Mangel an Artillerie die Operationen der Deutschen wesentlich erschwert. Nichtsdestoweniger haben sie Hervorragendes geleistet. Die Aufstellung und das Feuer ihrer Artillerie wurden auch hier vom Obersten Bruchmüller bearbeitet, der damit den wohlverdienten Einfluß in der ganzen Artillerie gewann.

Trotz aller Schwierigkeiten, die zu überwinden waren, gelang die Überraschung vollständig, als am frühen Morgen des 27. Mai, also am Tage, vor dem der Angriff der Amerikaner bei Cantigny erfolgte, der Artillerieangriff mit gewaltigem Schlage einsetzte und dann, noch im Morgengrauen, der Sturm der Infanterie erfolgte. Man hatte geglaubt, daß es höchstens gelingen würde, bis Soissons

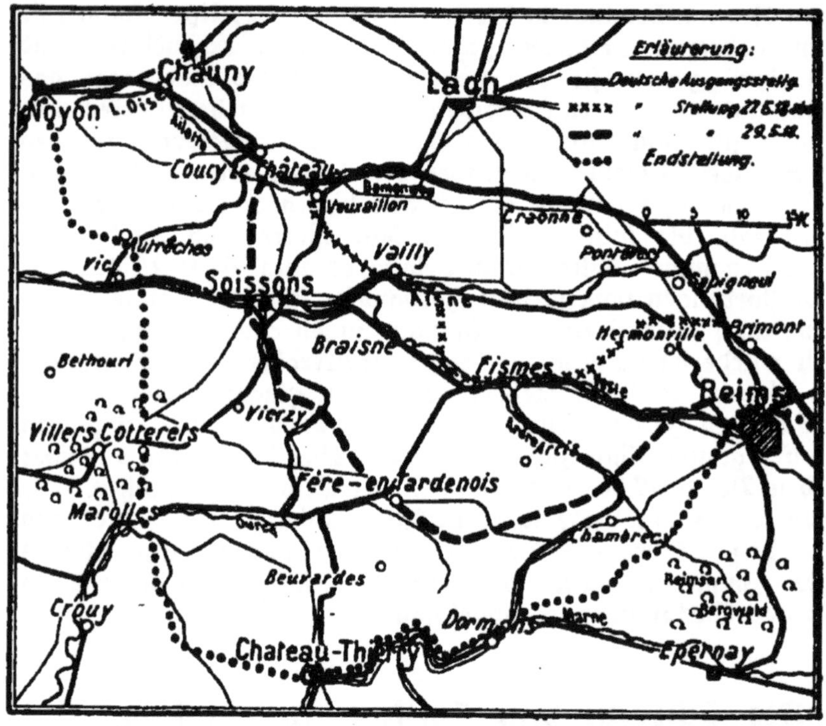

Karte 82. Über den Damenweg zur Marne. Pfingsten 1918 (nach Ludendorff).

und Fismes vorzudringen, diese Ziele waren aber schon am zweiten und dritten Angriffstage teilweise weit überschritten. Schon um die Mittagsstunde des ersten Tages wurde in glänzendem Angriff der Damenweg genommen, am Nachmittage die Aisne überschritten; am Abend stand die 7. Armee nördlich der Vesle bei Braisne und Fismes, die 1. in der Linie Pontavert—Brimont. Die englischen Divisionen hatten die französischen in der Flucht mit fortgerissen. Schon am ersten Tage waren 15000 Gefangene in den Händen der Sieger geblieben. So ging es, wenigstens in südlicher Richtung, weiter. Am 29. Mai fiel Soissons in deutsche Hand, schon am 30. Mai abends standen die Deutschen an der Marne zwischen Chateau-Thierry und Dormans in einer Breite von 23 km; sie hatten 45000 Gefangene gemacht, 55 km Tiefe gewonnen und drei Flüsse siegreich überschritten. Im Osten hatte die 1. Armee wie befohlen verlängert, war aber im Reimser Bergwalde bald auf unüberwindlichen Widerstand gestoßen; im Westen kam man über den Wald von Villers-Cotterets nicht hinaus. Auch hier war eine Verlängerung der Angriffsfront schon am 1. Juni in der befohlenen Weise vorgenommen worden. Die hierzu nötige Verschiebung der Angriffsartillerie war ohne Zwischenfall vor sich gegangen, Im Kampf hatten die Deutschen das Stellungssystem des Gegners überwunden und waren bis Autreches vorgestoßen. Es gelang jedoch nicht, hier die Aisne zu überschreiten.

Die Gegenangriffe, die General Foch sowohl in der Gegend südwestlich Reims wie gegen Soissons und später Chateau-Thierry ausführen ließ, blieben andererseits völlig erfolglos. Es scheint, daß der französische General auf einen Angriff am Damenweg überhaupt nicht gerechnet, sondern an einen solchen in Flandern geglaubt hatte. Unter diesem Gesichtspunkt scheint er seine Hauptreserven mehr nach Norden gezogen und jetzt starke Kräfte nicht zur Stelle gehabt zu haben. Auch die Amerikaner konnten ihm wenig helfen. Schon Anfang Juni, bald nach Überrumpelung des Damenweges, mußte die 2. amerikanische Division eingesetzt werden, um eine Lücke der französischen Linie nördlich der Marne zu schließen und die Straße Metz—Paris zu decken. Sie soll vom 10. bis zum 25. Juni hartnäckig gefochten und den Deutschen einige wichtige Stützpunkte entrissen haben. Leider habe ich nicht genau feststellen können, wo diese Kämpfe stattgefunden haben; sie werden wohl nicht sehr epochemachend gewesen sein. Eine andere amerikanische Division focht bei Chateau-Thierry, um den dortigen Marneübergang zu verteidigen. Die Amerikaner waren überall in dichten Massen aufgetreten, so daß sie von den dünnen Linien der Deutschen leicht zurückgeworfen worden waren.

Anfang Juni stellten diese die Angriffsbewegung ein, bis auf die Gegend zwischen der Aisne und dem Walde von Villers-Cotterets. Hier wollten sie ihre Stellung noch verbessern und den Angriff der 18. Armee unterstützen. Dieser sollte zunächst am 7. Juni beginnen. Da sich jedoch übersehen ließ, daß die Artillerieaufstellung bis zu diesem Tage nicht beendet sein könne, wurde er auf den 9. verschoben. Das verlängerte natürlich die Zeit, die dem Gegner gelassen werden mußte, um sich auf den vorauszusehenden Kampf vorzubereiten. Es ließ sich aber nicht vermeiden. Die Armee sollte in der Richtung auf Compiègne vorstoßen und diesen Ort wenn möglich erreichen. Das war jedoch nicht möglich, wenn es auch gelang, die feindlichen Linien zu durchstoßen. Der Angriff führte am rechten Flügel gegen Antheuil und Mery, am linken gegen starke Höhenstellungen hart westlich der Oise, und wurde bald durch erbitterte Gegenstöße aufgehalten, die hauptsächlich gegen den rechten

Flügel schon am 11. Juni einsetzten. Sie dauerten auch am 12. und 13. ergebnislos an; da sich jedoch übersehen ließ, daß auch die südwestlich von Soissons geführten Angriffe nicht würden durchdringen können, wurde bereits am 11. Juni der Befehl gegeben, die Angriffe überhaupt einzustellen, und es trat von Mitte Juni an eine gewisse Ruhe ein, die nur zwischen der Aisne und dem Walde von Villers-Cotterets sowie zwischen Marne und Reims zu beiden Seiten der Ardre durch einzelne Zusammenstöße unterbrochen wurde.

Großes war erreicht worden. Seit dem 21. März waren 200 000 Gefangene gemacht und 2500 Geschütze genommen worden. Unsere Armeen standen nur noch 85 km von Paris entfernt, dessen Beschießung fortgesetzt wurde. Viele Bewohner der Hauptstadt wan-

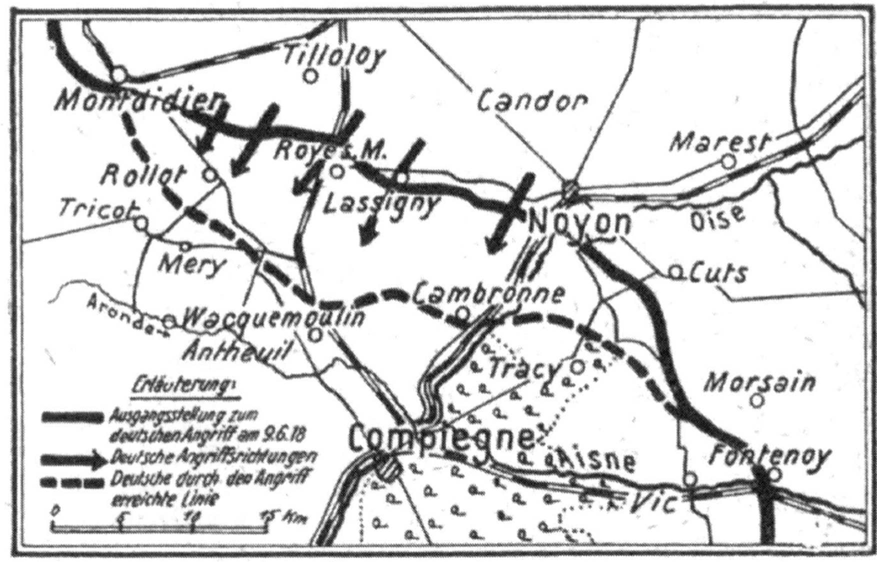

Karte 83. Die Schlacht bei Noyon Juni 1918.

derten, wie gesagt, ab; ungeheuer war die Beute, die den Deutschen sonst noch zugefallen war. Ein reiches und sehr fruchtbares Land war in ihre Hände gekommen. Überall fanden sie noch die großzügigen Vorbereitungen für den letzten französischen Angriff vor, reiche Lebensmittelbestände wurden erbeutet. Der Widerstand der Westmächte war auf das tiefste erschüttert. Nach einem Kriegsrat in Versailles wurde am 1. und 2. Juni ein Telegramm an den Präsidenten Wilson gerichtet, das erkennen läßt, wie einzig von der amerikanischen Hilfe die Rettung aus höchster Not erwartet wurde. „Die Krisis dauere", trotz der amerikanischen Truppensendungen, „noch fort", hieß es da. „General Foch habe einen Bericht vom tiefsten Ernste abgestattet. In Frankreich habe der Feind die numerische Überlegenheit, 200 Divisionen gegen 162 der Alliierten. England und Frankreich könnten die Zahl ihrer Divisionen nicht vermehren, es liege die Gefahr vor, daß der Krieg verlorengehe, wenn Amerika nicht möglichst bald ein Maximum von Infanterie und Maschinengewehren sende. Die Reserven der Alliierten würden früher erschöpft sein als die Deutschlands. Es sei unmöglich, sagte Foch, einen Sieg zu erreichen, falls Amerika nicht eine Armee sende, die den Alliierten die numerische Überlegenheit sichere: 300000 Mann monatlich, damit so bald wie möglich 100 amerikanische Divisionen auf französischem Boden seien." Clémenceau, Lloyd George und Orlando, der damalige italienische Minister, hatten dieses Telegramm unterschrieben, Pershing, Foch und Lord Milner hatten es unterstützt. Es zeigt genugsam, in welche Notlage der deutsche Angriff die Feinde gebracht hatte. Der deutsche Kaiser rechnete bestimmt darauf, daß noch im Sommer 1918 der Friede erreicht würde, trotzdem die deutschen Truppen naturgemäß nicht mehr die alten waren. Sie hatten sich überall gut geschlagen. Ihr Geist schien im allgemeinen ein vortrefflicher zu sein. Doch hatten sich wiederum verschiedene Truppenteile verleiten lassen, plündernd über die eroberten Lebensmittelmagazine herzufallen, anstatt ihren Offizieren zu folgen. Auch machten die rückwärtigen Verbindungen große Schwierigkeiten, da nicht genügend Vollbahnen vorhanden waren, und deren Anschluß an das bestehende Bahnsystem zudem erst bewirkt werden mußte. Infolgedessen wurden die Kraftwagen und sonstigen Wagenkolonnen sehr in Anspruch genommen, und der Betriebsstoff mehr verbraucht, als es bei der Spärlichkeit der deutschen Mittel angezeigt erschien.

Trotz der großen taktischen Erfolge war aber der Gegner in seinem Vernichtungswillen nicht gebrochen. Alle Niederlagen, deren Größe er sich nicht verschließen konnte, hatten ihn nur bestärkt in der leidenschaftlichen Absicht, trotz allem zu siegen. Clémenceau und Lloyd George verstanden es, den Geist ihrer Völker aufrecht zu erhalten. Sie rechneten mit der allmählichen Erschöpfung Deutschlands, die über kurz oder lang eintreten mußte, während sie selbst über die Schätze der Welt und in ihren Kolonien über ein unerschöpfliches Menschenmaterial verfügten; sie rechneten mit den zweifellosen Erfolgen ihrer Propaganda, die ihnen bekannt waren; sie rechneten vor allem mit dem Niedergang des deutschen Geistes. Das deutsche Volk, durch den Hunger und den Mangel an Rohstoffen zermürbt, verlor, wie ihnen durch ihre Agenten in Feindesland, ja durch viele deutsche Verräter selbst bekannt war, immer mehr den Willen zum Kriege. Es sehnte sich nach einem Verständigungsfrieden, den es für möglich hielt, und rief das mit lauter Stimme in alle Welt hinaus. Da außerdem die Vereinigten Staaten offen für die Entente eingetreten waren, sich am Kriege beteiligten und ein gewaltiges Heer nach Frankreich geschickt hatten, glaubten sie den Sieg sicher in der Hand zu haben und boten allen Niederlagen mannhaft um so mehr Trotz, als es den Deutschen trotz aller taktischen Siege nicht gelungen war, das feindliche Stellungssystem zu zerreißen und zu einer Operation zu gelangen, die die einen fürchteten, die anderen ersehnten.

Demgegenüber hielt auch die Oberste Heeresleitung der Deutschen einen Sieg immer noch für möglich. Sie glaubte ihn sicher zu haben, wenn sie nur noch 200 000 Mann aufbringen könne. Diese glaubte sie in Österreich, das sieben Divisionen aufbringen sollte, in der Türkei, durch Rückkehr von Verwundeten und durch weiteres Auskämmen der Heimat aufbringen zu können. So ward denn die Fortsetzung der Offensive deutscherseits beschlossen.

Österreichs verfehlter Angriff in Italien und der Niedergang des deutschen Geistes.

In Italien, das wir zuerst ins Auge fassen, war die Zeit seit den großen Erfolgen Deutschlands und Österreichs im Herbste 1917 unter ergebnislosen Stellungskämpfen hingegangen. Sie dauerten bis Ende Mai 1918. Erst am 23. dieses Monats griffen die Italiener, durch Engländer und Franzosen verstärkt, am Tonalepaß, am Adamello und an der Piavemündung an, konnten aber trotz namhafter Beute, die sie gemacht haben wollen, nichts Entscheidendes erreichen. Mittlerweile hatten, wie wir bereits wissen, die deutsche und die österreichische Heeresleitung einen Doppelangriff in Frankreich und Italien gegen die Entente geplant, der etwa zu gleicher Zeit stattfinden sollte. Deutschland hatte sein Versprechen durch den siegreichen Angriff am Damenweg eingelöst. Österreich sollte am 10. oder 11. Juni vorgehen, doch wurde der Angriff in Rücksicht auf den Stand der Vorbereitungen auf den 15. Juni verschoben. Nachdem ein solcher auf die Adamellogruppe stattgefunden hatte, der den Zweck verfolgte, den Gegner irrezuleiten, brach der Hauptangriff an diesem Tage durch die Gruppe Conrad auf dem Plateau der Sieben Gemeinden, durch die Gruppe Erzherzog Joseph am Monte Grappa und am Montello, durch die Gruppe Boroevic an der unteren Piave los. Zunächst war er erfolgreich und brachte nach österreichischen Angaben 40 000 Gefangene und eine große Anzahl von Geschützen. Dann aber trat unter dem Druck von Gegenangriffen, die von englischen, französischen und italienischen Reserven geführt wurden, ein Rückschlag ein. Auch Regengüsse in den Alpen, die die Piave zum reißenden Strom anschwellen ließen, behinderten den Verkehr über den Fluß, und am 23. Juni sahen sich die Österreicher gezwungen, in ihre Ausgangsstellungen zurückzugehen. Teilweise war Kaiser Karl selbst an dem Mißerfolg schuld, weil er die tüchtigsten Generale willkürlich absetzte und keinen Zusammenhang in die Operationen zu bringen verstand.

Der Angriff war ohne jeden Schwerpunkt geführt worden. General von Arz, der an Conrads Stelle getreten war, und die Oberste Heeresleitung hatten es nicht verstanden, ihren Willen für einen einheitlichen Durchbruch durchzusetzen; demnach hatte man beschlossen, an vier verschiedenen Stellen Stoßtrupps zu bilden, und hatte die Reserven an Mannschaften und Munition an der ganzen Front verteilt. So konnte man zwar anfangs siegreich vordringen; dann aber fehlten die Reserven, um den Durchbruch zu vollenden. Die österreichische Armee soll 170 000 Mann verloren haben. Auch

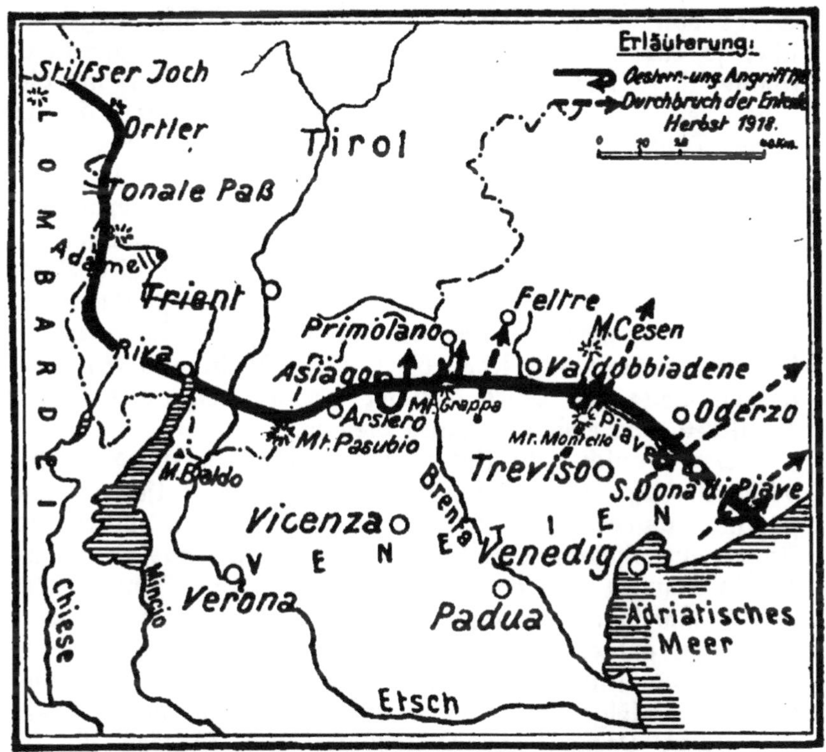

Karte 84. Der österreichische Angriff in Italien 1918.

mußten 100 Waggons mit kostbarem Mehl dem Feinde überlassen werden und waren nicht mehr zu ersetzen. Österreich mußte sich, um Lebensmittel durch deutsche Vermittlung zu erlangen, verpflichten, ihre Aufbringung in der Ukraine ganz den Deutschen zu überlassen und sechs Divisionen nach dem Westen zu stellen. Doch hatte der abgeschlagene Angriff zunächst keine unmittelbaren militärischen Folgen, weil ein feindlicher Gegenstoß nicht stattfand. Um so nachteiliger war sein Einfluß in der österreichischen Heimat und im Deutschen Reiche. Besonders die Besprechung im ungarischen Reichstag wirkte erbitternd, und diese Stimmung pflanzte sich auf die Heere fort, teils durch die aus der Heimat zurückkehrenden Urlauber, teils durch den Ersatz. Sie wirkte auch auf das deutsche Volk. Dieses, durch die lange Dauer des Krieges und durch die Not entmutigt, hatte Tatkraft und Stolz verloren und dachte nur noch an den Frieden. Es glaubte, wie schon gesagt, an die Möglichkeit eines Verständigungsfriedens, weil es der feindlichen Propaganda glaubte, die um so dreister auftrat, als sie, wie gesagt, auch in Deutschland selbst unterstützt wurde.

Daß sich hier ein Fürst Lichnowsky fand, der — obgleich früher deutscher Botschafter in England — die Schamlosigkeit hatte, die Schuld am Kriege Deutschland zuzuschieben und das öffentlich schreiben durfte, ohne sich einer exemplarischen Strafe auszusetzen, wurde von der feindlichen Propaganda weidlich ausgebeutet; daß aber so etwas wie diese Broschüre überhaupt geschrieben werden konnte, ist zugleich ein Zeichen dafür, welchen Tiefstand die öffentliche Meinung in Deutschland bereits erreicht hatte. Es gab zahlreiche Deutsche, die solches Zeug glaubten. Aber auch sonst tat die feindliche Propaganda ihr möglichstes, um alle Autorität zu vernichten, und berührte sich hier mit den deutschen Parteien der Linksbürgerlichen, der Sozialdemokraten und der Unabhängigen, die alle die Not des Vaterlandes benutzen wollten, um alle Autorität zu untergraben und ihre Parteisuppe an dem entstandenen Feuer zu kochen. Mag man die Not, die der Krieg mit sich brachte, noch so hoch einschätzen: daß jedes Gefühl für Recht und Ehre bei einem großen Teile des Volks darüber verlorenging, das wird für die Deutschen eine ewige Schmach bleiben.

Der Wunsch, jede Autorität zu vernichten, wurde noch dadurch verstärkt, daß Berlin selbst zu einem Sitz der bolschewistischen Propaganda wurde. Man ließ deutscherseits den russischen Gesandten Joffe, ein eifriges Mitglied des Bolschewismus, nicht nur nach Berlin kommen und gab ihm dort völlig freie Hand, sondern man brachte ihm sogar trotz aller Warnungen der Obersten Heeresleitung Vertrauen entgegen, so daß die russische Gesandtschaft in Berlin der Sitz und Mittelpunkt aller staatsumstürzlerischen Umtriebe wurde. Viel zweckmäßiger wäre es offenbar gewesen, durch einen kurzen energischen Vorstoß auf Petersburg und Moskau die damalige russische Regierung zu stürzen und ein für allemal Ruhe zu schaffen, anstatt mit ihr Hand in Hand zu gehen und durch sie den Osten beherrschen zu wollen. Der Erfolg war sicher, und mehr Truppen hätte man dazu auch nicht gebraucht, als nötig waren, um die Grenzen und zugleich die Ukraine zu bewachen. Zu einem energischen Schritt aber war unsere Regierung nicht zu bewegen. Sie ließ auch die Unabhängigen und die Sozialdemokraten gewähren. Ihr Führer — namens Vater — hat selbst in Magdeburg bekundet, daß seit dem 25. Januar 1918 der Umsturz systematisch vorbereitet worden sei. „Wir haben", sagt er, unsere Leute, die zur Front gingen, zur

Fahnenflucht veranlaßt. Die Fahnenflüchtigen haben wir organisiert, mit falschen Papieren ausgerüstet, mit Geld und unterschriftslosen Flugblättern versehen. Wir haben diese Leute nach allen Himmelsrichtungen, hauptsächlich wieder an die Front, geschickt, damit sie die Frontsoldaten bearbeiten und die Front zermürben sollten. Diese haben die Soldaten bestimmt überzulaufen, und so hat sich der Zerfall allmählich, aber sicher vollzogen."

In der schamlosesten Weise wurde zugleich gegen die Offiziere gehetzt. Vor allem wurde immer wieder lügenhafterweise behauptet, daß sie viel besser lebten als die Mannschaften, daß sie die Kantinengelder zu ihrem Vorteil ausnutzten, daß sie sich von den Leuten abschlössen, und was dergleichen ungereimtes Zeug mehr ist. Als ob überhaupt eine Armee möglich wäre, in der die Autorität nicht gewahrt würde, in der diese nicht auf gesellschaftlichen Unterschieden beruhte, und in der das Offizierkorps, das übrigens genau so lebte wie die Leute, nicht hoch über der Masse stände und nur durch die Bande der Kameradschaft mit ihr verbunden wäre, wie das in unserem alten deutschen Offizierskorps der Fall war. Was dieses vielgeschmähte Offizierkorps in Wirklichkeit geleistet hat, dürfte wohl am ersten aus den Verlusten hervorgehen. Von 100 Offizieren sind nur fünf lebend und unverwundet aus dem Kriege zurückgekommen. Gefallen aber sind 39,2%, während von den Mannschaften nur 19% geblieben sind. Das spricht von einem Opfermut, wie er gewiß nur selten vorkommt und den Undank des Vaterlandes gewiß nicht verdient.

Der Reichstag arbeitete übrigens genau in demselben Geist der Zerstörung, wie die Unabhängigen. Seit der Friedensresolution vom 19. Juli 1917 war von ihm keinerlei Stärkung des Kriegsgedankens mehr zu erwarten. Auch er wirkte lediglich darauf hin, die Autorität der Regierung zu untergraben und den Willen der Obersten Heeresleitung zu brechen, in dem törichten Wahn, daß ein Frieden, wie er ihn wünschte, überhaupt noch möglich sei. Und nun die Regierung! Sie litt nicht nur Herrn Joffe in Berlin, sie unterstützte auch sonst die Oberste Heeresleitung in keiner Weise. Sie teilte die Ansichten des Reichstages und handelte entsprechend. Selbst beim Kriegsministerium fand die Oberste Heeresleitung nicht die nötige Unterstützung, und Staatssekretär von Kühlmann sprach sich ganz unverhohlen dahin aus, daß der Krieg durch rein militärische Entscheidung allein kaum beendet werden könne. Er gab zwar Anfang Juli sein Amt auf und wurde durch den Staatssekretär von Hintze ersetzt, dieser aber teilte die bolschewistische Politik seines Vorgängers, duldete in Berlin Herrn Joffe und seine revolutionierende Tätigkeit und tat nichts für die Stärkung der öffentlichen Meinung.

So stand die Oberste Heeresleitung ganz allein mit ihrer einzig richtigen Ansicht, daß der Krieg **nur** durch Waffengewalt zu gewinnen sei, daß daher alles darauf ankäme, die Kampffähigkeit der

Truppen möglichst zu erhalten und alle schädigenden Einflüsse von ihnen fernzuhalten. Das war aber nur möglich, wenn die Regierung mit ganzer Energie dafür eintrat, unter keinen Umständen umstürzlerische Beeinflussung der Truppe duldete und allen Anregungen der Obersten Heeresleitung tatkräftig nachkam, denn die Armee von damals hatte ihren Charakter gegen früher vollständig geändert.

Sie hatte sich, wie erwähnt, überall gut geschlagen und hatte sich auch in der Minderzahl allen Gegnern überlegen gezeigt. 1917 hatte sie noch gut überstanden und ihre innere Kraft gewahrt, aber sie nahm nichtsdestoweniger immer mehr einen milizartigen Charakter an. Etwa 90% der alten Offiziere waren tot oder schwer verwundet. Die neuernannten hatten keinerlei Erfahrung. Es fehlte ihnen vielfach das Verständnis, mit den Leuten umzugehen; sie hatten wenig Einfluß auf die Truppe, ja vielfach einen schädlichen. Oft hatte sich das auch im Gefecht gezeigt, wo es feindliche Lebensmittelvorräte zu plündern gab, und die Soldaten ihnen nicht gehorchten. Auch das alte zuverlässige Unteroffizierkorps lag zum großen Teil unter dem grünen Rasen. So war die Armee ohne nennenswertes Gegengewicht allen Einflüsterungen von außen preisgegeben, und an solchen fehlte es nicht. Zunächst wirkte die feindliche Propaganda wie in der Heimat so auch direkt auf das Heer. Alle Gegenmaßregeln der Obersten Heeresleitung mußten versagen, da sie von der Regierung nicht unterstützt wurden. Dann brachten die Urlauber das Gift aus der Heimat mit und verbreiteten es unter der Truppe. In dem gleichen Sinne wirkten vielfach die aus Rußland heimkehrenden Kriegsgefangenen, die in großer Menge von bolschewistischen Ideen angekränkelt waren. Der Ersatz wurde immer schlechter und trug immer mehr die aufrührerischen Ideen ins Heer. Er war das eigentlichste Feld der aufrührerischen Minierarbeit. Was aber die Unabhängige Sozialdemokratie in dieser Hinsicht leistete, ist bereits erwähnt worden. Früh schwand bei den Regimentern, die sich aus rein sozialistischen Gegenden ergänzten, der Einfluß der Offiziere. So war das Heer in manchem seiner Glieder ein getreues Abbild des deutschen Volkes: zu den höchsten Leistungen befähigt, wenn es gut geführt wurde, wie es das auf unzähligen Schlachtfeldern auch gegen ungeheure Übermacht bewiesen hatte, daneben aber allen Einflüsterungen preisgegeben und völlig willenlos; der idealsten Regungen, aber zugleich der ehrlosesten Willenslosigkeit fähig, wenn ihm niemand das Banner voraustrug, um das sich alle scharen konnten. Das fehlte.

Was hier über die Armee gesagt ist, traf übrigens nur auf einen Teil der Truppen zu, der sich den Einwirkungen der Umstürzler besonders zugänglich erwies; die große Masse der im Felde stehenden Soldaten war immer noch besserer Regungen fähig. Das hatten die bisherigen siegreichen Kämpfe zur Genüge bewiesen. Die Gewohnheit der Disziplin, der angeborene Heldenmut und das Selbstbewußtsein, das durch jahrelange siegreiche Kämpfe großgezogen war, bildeten ein starkes Gegengewicht gegen die verderblichen Einflüsse der Unabhängigen. So war die Armee als Ganzes immer noch weit besser als die Heere der Engländer und Franzosen. Bei diesen war die taktische Leistungsfähigkeit durch die ungeheuren Verluste, die sie erlitten hatten, sehr wesentlich zurückgegangen, und die Amerikaner waren vollkommen kriegsunerfahren und daher wenig brauchbar. Nur ungeheure Übermacht konnte ihnen zum Siege verhelfen.

Die Oberste Heeresleitung tat alles, was in ihren Kräften stand, um den Geist des Volkes und des Heeres hochzuhalten; die Regierung tat nichts in dem gleichen Sinne, ja sie untergrub, wo sie nur konnte, den Geist des Widerstandes. Sie glaubte selbst nicht mehr an die Möglichkeit des Sieges und tat daher nichts, um ihn möglich zu machen, sondern bekämpfte sogar die Oberste Heeresleitung, die ihn für möglich hielt. Sie kam hin und her schwankend zu keinem einheitlichen und folgerichtigen Handeln. Mittlerweile aber hatten die Umsturzparteien mit fester Hand das Steuer ergriffen. Sie gaben dem deutschen Volke das, was es brauchte: Führung. Der bessere Teil stand freilich abseits, weil er die Ansichten, die hier gepredigt wurden, durchaus nicht teilen konnte; aber er blieb völlig willens- und teilnahmslos, weil die Regierung als Führerin versagte; weil der Glaube an den Sieg verschwunden war, und weil tiefe Enttäuschung alle Seelen ergriffen hatte, nachdem der U-Boot-Krieg nicht das geleistet, was man erhofft hatte, und drei große siegreiche Schlachten eine Entscheidung nicht hatten bringen können. Der andere Teil aber folgte blindlings seinen gewissenlosen Führern und glaubte mit dem Verrat am Vaterlande ein besseres Los zu erringen, als es die Gegenwart bot.

Unter solchen Umständen scheint eine Gesundung der Lage damals nur noch unter einer Bedingung möglich gewesen zu sein: wenn eine machtvolle Persönlichkeit sich an die Spitze des gesunden Teiles unseres Volkes stellte, alle Umsturzideen mit eiserner Hand zermalmte, um erst nach erfochtenem Siege die bessernde Hand an die Verhältnisse zu legen, und alle Kräfte der Nation für den Sieg zusammenfaßte. Siegen oder mit dem Degen in der Hand ehrenvoll untergehen, mußte die Parole auch der Heimat sein. Nur eine solche konnte allem Anschein nach auch jetzt noch den Krieg zu erfolgreichem Ende führen und das deutsche Volk vor der völligen Niederlage bewahren; sonst mußte es zum Helotentum herabsinken. Eine solche Persönlichkeit hätte, wie die Verhältnisse lagen, nur der Kaiser oder der Feldherr sein können. Der Kaiser, indem er alle Gegensätze im Volke niederzwang und die Nation einheitlich führte; der Feldherr, wenn er sich zugleich der Regierung bemächtigt und seinen Siegeswillen überall durchgesetzt hätte. Der passive Widerstand auch des besseren Teiles unseres tatenüberdrüssigen Volkes hätte dabei freilich überwunden werden müssen.

Die Frage nun, ob trotz der Siege von 1918 die Lage überhaupt noch zu retten, und ob der hier angegebene Weg der richtige gewesen wäre, um diesen Zweck zu erreichen, soll hier nicht näher erörtert werden. Zunächst setzt sie eine Kenntnis der Verhältnisse voraus, die mir nicht zu Gebote steht, und zweitens psychologische Zustände und Probleme als gelöst, die sich heute noch einer gerechten Beurteilung entziehen und wohl noch lange entziehen werden.

In Wirklichkeit wurde der Weg gewählt, durch fortgesetzte taktische Siege den politischen Erfolg zu suchen. Solange man siegte, war zu hoffen, daß die Nation als Ganzes zusammenhalten und daß der Feind doch vielleicht unter dem Einfluß wiederholter taktischer Niederlagen seinen Vernichtungswillen aufgeben würde. Auch der U-Boot-Krieg mußte zweifellos des Feindes Lage verschlimmern. Er wirkte weiter, hauptsächlich gegen Englands Ernährung. So war doch vielleicht noch, wenn auch kein entscheidender Sieg — ein solcher war seit Amerikas Teilnahme ausgeschlossen —, so doch ein ehrenvoller Frieden zu erreichen. Die Amerikaner konnten zwar noch nicht alle an entscheidenden Angriffsfronten mitwirken, sie konnten aber an ruhigen Fronten als Stellungsdivisionen eingesetzt werden und entsprechende englische und französische Divisionen für den Angriff frei machen. So stellten sie eine beträchtliche Verstärkung des feindlichen Heeres dar und wirkten vorläufig wenigstens dahin, den Krieg in die Länge zu ziehen. Ein baldiger entscheidender deutscher Erfolg war daher um so mehr nötig. Ein einigermaßen ehrenvoller Friede hätte auf alle Fälle Deutschland fortbestehen lassen und wäre die Stufe zu neuer Größe geworden. So dachten offenbar auch der Kaiser und Hindenburg, als sie sich zu neuen Waffentaten entschlossen. Der deutsche Soldat schien ihnen immer noch unüberwindlich. Aber gerade diese Hoffnung sollte versagen.

Die Schlacht bei Reims.

Die Entscheidung sollte deutscherseits nach wie vor in Flandern gesucht werden. Dort standen starke Reserven hinter der Front, die nicht für andere Zwecke in Anspruch genommen werden sollten, und alle Vorbereitungen waren im Gange. Der Angriff sollte von der 4. und 6. Armee ausgeführt werden, war als Fortsetzung der Ende April zum Stehen gekommenen Schlacht von Armentières gedacht und sollte sich in den Besitz des Höhengeländes von Hazebrouck, Cassel und Poperinghe setzen. Vorher aber sollte noch ein weiterer Ablenkungsangriff stattfinden, der womöglich Truppen aus Flandern abziehen sollte. Ob das zweckmäßig war, vermag ich nicht zu beurteilen. Jedenfalls wurden dabei Kräfte verbraucht, die man vielleicht an anderer Stelle besser verwenden konnte, besonders wenn der geplante Angriff nicht den gewünschten Erfolg hatte: eine Möglichkeit, die immerhin ins Auge gefaßt werden mußte. Doch sei dem, wie ihm wolle; jedenfalls hielt die Oberste Heeresleitung, die die Verhältnisse besser übersehen konnte als wir es heute vermögen, einen solchen Angriff für nötig. Auch kam es darauf an, bei Reims klare Verhältnisse zu schaffen. Der erfolgreiche Angriff der 7. und 1. Armee hatte unnatürliche Verhältnisse und eine wenig für Dauer berechnete Lage gezeitigt. Besondere Schwierigkeiten verursachte die Versorgung der 7. Armee, für die nur eine Bahnlinie zur Verfügung stand. Um sie zu beheben, mußte man sich der Stadt Reims bemächtigen. Hierdurch wären überhaupt natürlichere Verhältnisse angebahnt worden. Sie direkt anzugreifen, erschien jedoch schwierig und verlustreich. Es sollte daher östlich Reims von der 1. Armee angegriffen, südlich von der 7. Armee gegen den Reimser Bergwald vorgegangen, die Straße Reims—Epernay

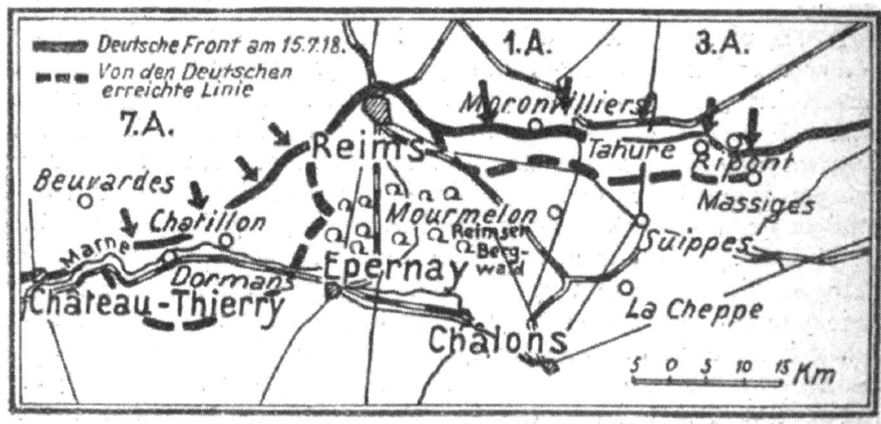

Karte 85. Der Angriff an der Marne und in der Champagne Juli 1918.

in Besitz genommen und so die Stadt selbst abgekniffen und zur Übergabe gezwungen werden. Im wesentlichen kam es darauf an, das Hügelland östlich und südöstlich der Stadt in Besitz zu nehmen und diese selbst damit zu Fall zu bringen. Das würde, meinte man, einen großen moralischen Eindruck hervorbringen, die allgemeine Lage verbessern und jedenfalls Truppen vom Norden abziehen, was von entscheidender Wichtigkeit war.

Um den Angriff auf das südöstliche Gelände von Reims zu erleichtern, sollte westlich davon bei Dormans die Marne überschritten werden. Andererseits sollte auch die 3. Armee an dem Angriff teilnehmen und ihn bis Massiges ausdehnen. Man hoffte, bis Chalons vorstoßen zu können, das als allgemeiner Richtungspunkt bestimmt war, während die bei Dormans übergegangenen Truppen marneaufwärts auf Epernay vorgehen sollten. So war ein konzentrischer Angriff in der Richtung auf Chalons geplant, der zu großen Ergebnissen führen konnte. Doch bleibt zu bedenken, daß allein für den Angriff an der Marne und in der Champagne 2800 Batterien nötig waren. Man hatte, um sie aufstellen zu können, auf die Gerätereserve in der Heimat zurückgreifen müssen. Zahlreiche Batterien hatten von dort unbespannt herangezogen werden müssen und waren als fünfte und sechste Geschütze auf die vorhandenen Batterien verteilt. Als Bedienungsmannschaften waren hauptsächlich Offiziere, Unteroffiziere und Mannschaften aus den Bagagen und Kolonnen ausgebildet worden, und es war doch sehr fraglich, ob sie dasselbe leisten würden wie die aktiven Mannschaften. Dennoch war nach Ansicht der Obersten Heeresleitung der Angriff möglich und erfolgversprechend, wenn die gegen Villers-Cotterets gerichtete Flanke standhielt. Daß von dem dortigen Walde aus ein Gegenangriff stattfinden würde, war der Obersten Heeresleitung klar. Die Ansammlung französischer Reserven hinter dem Walde war bekannt. Auch hatte man deutscherseits mit einem solchen Gegenstoß gerechnet. Zwischen der 7. und der 18. Armee war die aus Rumänien kommende 9. eingeschoben worden. An der bedrohten Flanke standen außerdem eine Reihe guter Divisionen, mehrere in Reserve dahinter. Die 9. Armee und der rechte Flügel der 7. waren auf einen Angriff vorbereitet. Man glaubte sich daher in der rechten, gegen Westen gerichteten Flanke genügend geschützt. Am 15. Juli sollte demnach der geplante Angriff vor sich gehen, in dessen Breite man an und für sich eine gewisse Gewähr des Erfolges sah. Geführt sollte er werden von Divisionen, die bereits an dem großen Angriff über den Damenweg teilgenommen hatten. Die für den Flandernangriff bestimmten sollten nicht herangezogen werden. Oberst Bruchmüller war wieder die Leitung der Artillerie übertragen. Leider aber war der bevorstehende Angriff, wie auch der Pershingsche Bericht bestätigt, dem Feinde verraten worden, und er, der bisher so üble Erfahrungen mit der deutschen Angriffskraft gemacht hatte, war nicht geneigt, sich ihr noch einmal auszusetzen. Der Übergang über die Marne mußte allerdings verteidigt und das Hügelland des Reimser Berglandes gehalten werden: vor der 1. und 3. Armee aber wurde die Hauptmasse der Verteidigungsarmee in die zweite Stellung und die Masse der Artillerie weit hinter diese zurückgezogen, so daß sie außer Reichweite der deutschen stand. In der bisherigen Stellung waren nur einzelne Arbeitsgeschütze und eine Scheinbesetzung von Infanterie zurückgeblieben. Auch fochten 50000 Amerikaner auf seiten der Westmächte. Ihre 42. Division war bei Suippes eingesetzt; die 3. Division und eine Brigade der 28. standen westlich Jaulgonne an der Marne.

Als daher zu der bestimmten Stunde am 15. Juli 1918 die Deutschen angriffen, wurde es der 1. und 2. Armee leicht, die erste feindliche Stellung zu nehmen und zahlreiche Gefangene zu machen; dann aber gerieten sie in das vernichtende Feuer der unversehrten feindlichen Artillerie und kamen nicht mehr vorwärts. Ihre ganze Artilleriemunition war in das Leere verschossen worden; sie hatten keine Möglichkeit mehr, den Feind niederzukämpfen. Schon am 16. Juli mittags erfolgte daher der Befehl der Obersten Heeresleitung, den Angriff einzustellen und sich mit dem Besitz der ersten feindlichen Stellung zu begnügen, die von der Infanterie genommen worden war. Zugleich begann der Abtransport der für Flandern bestimmten Artillerie und Minenwerfer; denn an dem Angriff in Flandern, der nun unmittelbar folgen sollte, wurde immer noch festgehalten.

Inzwischen war die 7. Armee östlich Jaulgonne über die Marne gegangen. Es war eine glänzende Waffentat, da der Gegner vorbereitet gewesen war. Man gewann Raum gegen Condé-en-Brie und Epernay. Bis zu 8 km drang der Angriff auch in südlicher Richtung vor, dann stieß er aber auf so starke Reserven, daß er nicht mehr vorwärts kam. Amerikanische Truppen erlitten dabei schwere Verluste. Sie wurden beispielsweise bei Montreuil-aux-Lions eingesetzt, ohne den Widerstand der Deutschen brechen zu können. Sie hatten jetzt nach Pershings Angabe eine Heeresmacht von 1200000 Mann in Frankreich und konnten dennoch der Deutschen nicht Heer werden. Auch im Reimser Bergwalde ging der Angriff unter heftigen Kämpfen vorwärts. Hier waren es besonders Italiener, die schwere Einbuße erlitten. Auch am 16. kam es südlich der Marne in der Richtung auf Epernay noch zu einigen Fortschritten: 18000 Gefangene waren von den Angreifern bis zum 17. Juli gemacht worden. Nun aber mußte der Befehl zum Rückzuge über die Marne gegeben werden, weil die Truppen nicht mehr vorwärts kamen, und ihr Rückzug gefährdet war. Die wenigen Marnebrücken, die vorhanden waren, lagen unter schwerem Artillerie- und Fliegerfeuer des Feindes. Da der Rückzug erst vorbereitet werden mußte, sollte er erst in der Nacht vom 20. zum 21. stattfinden. Nur im Reimser Bergwalde sollte noch weiter angegriffen werden, denn hier war der Angriff bisher immer noch vorwärts gegangen, und alle Angriffe, die General Foch am 17. und später auch am 18. in der Champagne, im Reimser Bergwalde zwischen Ardre und Marne sowie südlich des letzteren Flusses angesetzt hatte, blieben völlig ergebnislos. Vielleicht gelang es doch noch, Reims zu nehmen, obgleich die Vorarbeiten auch für diesen rein örtlichen Angriff einige Zeit in Anspruch nehmen mußten. Im übrigen schien die Lage durchaus gesichert, und Ludendorff begab sich in der Nacht vom 17. zum 18. Juli in das Hauptquartier des Kronprinzen Rupprecht, um den Angriff in Flandern noch einmal unter dem Gesichtspunkt der neuesten Erfahrungen zu besprechen.

Als er am Morgen des 18. Juli hierüber mit den Generalen der Heeresgruppe Rücksprache nahm, erhielt er die Nachricht, daß der Feind die rechte Flanke der Armee aus dem Walde von Villers-

Cotterets überraschend angegriffen habe und südwestlich von Soissons in die deutsche Stellung eingebrochen sei. Zugleich meldete die Heeresgruppe Kronprinz, daß sie die 20. Division mit Kraftwagen an die bedrohte Stelle und auch sonst noch einige Divisionen, die zum Angriff die Ardre aufwärts bestimmt gewesen seien, dorthin geschickt habe. Ludendorff gab sofort Befehl, daß die 5. Division, die in der Nähe von St. Quentin lag, mit der Eisenbahn in die Gegend von Soissons gefahren würde, hielt seine Besprechung zu Ende und eilte dann ins Hauptquartier Avesnes zurück, um dort die weiteren etwa nötig werdenden Anordnungen zu treffen.

Die Gegenoffensive des Generals Foch und der Umschwung der Lage.

General Foch hatte fast alle seine Reserven, nach deutscher Schätzung etwa 30 bis 40 Divisionen, bei Amiens und Villers-Cotterets vereinigt. Ihre Stärke konnte von den Deutschen nicht genau berechnet werden, doch steht fest, daß Foch für den geplanten Gegenangriff auch über neun amerikanische Divisionen verfügte, was damals deutscherseits nicht übersehen werden konnte. Es waren rund 225 000 Mann. Die 1., 2., 4. und 26. Division standen schon am Angriffsmorgen zur Verfügung; später gelangten noch die 3., 28., 32., 42. und 77. Division zur Verwendung.

Der französische Generalissimus hatte außerdem die schon lange zum Gegenstoß ausersehene Linie durch planmäßige fast tägliche Angriffe zu erschüttern gesucht. Das Gelände zwischen Soissons und und Chateau-Thierry war zwischen dem 6. Juni und dem 13. Juli rund 40 mal an verschiedenen Stellen angegriffen worden. Die 7. Armee hatte auch ernste Bedenken erhoben, ob sie imstande sein werde, ihre Front im Falle eines feindlichen Großangriffes zu halten. Die Oberste Heeresleitung hatte geglaubt, mit gutem Grunde und mit Rücksicht auf ihren höheren Zweck, über solche Bedenken hinwegsehen zu können. Jetzt aber brach General Foch ganz überraschend am 18. Juli mit starken Kräften gegen den rechten Flügel der 7. und den linken der 9. Armee aus dem Walde von Villers-Cotterets vor. Er hatte auf eine lange Artilleriebeschießung verzichtet, hatte sich mit einer kurzen und kräftigen Feuervorbereitung begnügt, seinem Angriff unter künstlicher Vernebelung zahlreiche Tanks vorausgehen lassen und war, durch das hohe Getreide gedeckt, in die deutsche Linie eingebrochen, da eine sonst für gut gehaltene Division versagt hatte. Auch Tanks, die Mannschaften und Maschinengewehre hinter den durchfahrenen deutschen Linien absetzten, begleiteten den Angriff, der das einmal gerissene Loch in der Richtung auf Hartennes dauernd erweiterte, ohne allerdings entscheidende Erfolge erzielen zu können. In der entscheidenden Richtung zwischen Aisne und Ourcq nahmen die 1. und 2. amerikanische Division, die mit der marokkanischen zusammen das 20. französische Korps bildeten, hervorragenden Anteil am Kampfe.

Die Anfangserfolge der Einbruchsarmee waren immerhin groß. Die ganze deutsche Front zwischen Aisne und Glignonbach wurde erschüttert. Nördlich der Aisne aber und südlich des Ourcq wurden alle Angriffe abgewiesen, doch wurde südlich dieses Flusses ein gewisser Geländestreifen mit Rücksicht auf die Lage nördlich freiwillig geräumt. Auch wurden die Befehle zum Rückzug für die Truppen südlich der Marne nicht geändert. Die Gegend nördlich Chateau-

Karte 86. Der französische Angriff zwischen Soissons und Reims Juli 1918 (nach Ludendorff).

Thierry wurde nur entsprechend länger gehalten. Auch gelang es, die Höhen südwestlich Soissons, westlich Parcy-Tigny und am Savièresgrunde zu behaupten und die Truppen einigermaßen zu ordnen. Auch alle französischen Angriffe, die schon am 17. und dann wieder am 18. Juli an der Ardre stattfanden, brachen restlos zusammen. So konnte man mit einer gewissen Ruhe den kommenden Ereignissen entgegensehen. Dennoch war auch der 19. noch ein kritischer Tag. Aber alle Angriffe südlich der Marne sowie zwischen diesem Flusse und der Ardre brachen zusammen, und der Gegner, der in der Richtung des Durchbruches über die Straße Hartennes—Soissons vorgekommen war, wurde abends von der 20. Division im einheitlichen Vorstoß wieder zurückgeworfen; am 20. aber konnte die 5. Division südwestlich Soissons und andere Divisionen am Ourcq zur Stelle sein. Auch wurde der linke Flügel der 9. Armee südlich der Aisne der 7. Armee unterstellt, da eine einheitliche Führung zwischen Aisne und Marne nötig war. So gelang es sowohl am 20. wie 21. Juli, starke feindliche Massenangriffe im allgemeinen erfolgreich abzuwehren.

Auch der Abzug der Truppen, die sich bisher heldenhaft südlich der Marne behauptet hatten, ging um so besser vonstatten, als die Franzosen hier am 20. nicht angriffen. Er wurde musterhaft durchgeführt, und der Feind stieß am 21. auf geräumte Linien. Am 22. trat dann eine Kampfpause ein, die von den Deutschen dazu benutzt wurde, die Stellungen zwischen der Marne einerseits und der Ardre und dem Ourcq andererseits zu verbessern. Die Kampfentscheidung war zu ihren Gunsten ausgefallen. Die Verluste waren allerdings groß, aber die der Feinde gewiß nicht geringer. Die Folgen des Kampfes zwangen also keinesfalls an und für sich zu einem Rückzuge. Die rückwärtigen Verbindungen aber waren durch den Geländeverlust immer unhaltbarer geworden. Die vorhandenen Eisenbahnen konnten die Versorgung der Truppen mit allem Nötigen — Lebensmitteln und Munition —, vor allem aber deren häufige Ablösung, wie sie ein dauernder Zustand forderte, nicht leisten, und Kraftwagen mit den nötigen Betriebsstoffen waren nicht vorhanden. Auch waren die Folgen der Überraschung und des Mißerfolges vom 18. Juli 1918 in der Truppe noch nicht verwunden. Alles das trug zu dem Entschlusse der Heeresleitung bei, allmählich hinter die Aisne und Vesle zurückzugehen.

Zunächst sollte in der Nacht vom 26. auf den 27. bis in die Linie Fère en Tardenois—Ville en Tardenois ausgewichen werden, dann Anfang August hinter die Vesle, die die gerade Verbindung zwischen Reims und Soissons darstellte. Auch mußte jetzt die 18. Armee und der rechte Flügel der 9. verstärkt werden, die beide bloß mit Rücksicht auf den Angriff und die mit ihm bewirkte Bedrohung von Paris zeitweilig geschwächt worden waren. Das konnte nur aus den Reserven der Heeresgruppe in Flandern geschehen, weil anderweitig keine Reserven vorhanden waren. Das aber hatte wieder eine weitere Erwägung allgemeiner Natur zur Folge. Es fragte sich nämlich, ob dann der Angriff in Flandern noch von durchschlagendem Erfolge sein konnte. Nach den neuesten Ermittelungen war der Gegner dort auf einen Angriff vorbereitet; der Angriff gegen die Marne hatte es nicht vermocht, Truppen von dort nach den angegriffenen Fronten abzuziehen. Die große Zahl der Amerikaner hatte das offenbar unnötig gemacht. Es erschien zweifellos, daß man mit der durch Abgaben geschwächten Armee rasche und entscheidende Vorteile nicht würde erzielen können; auch war es nicht gelungen, vor Ankunft der Amerikaner eine Entscheidung zu erzwingen. 1145000 Mann waren am 1. August bereits in Frankreich gelandet. In großer Menge hatten sie schon an den letzten Schlachten teilgenommen. Sie warfen selbst als Reserven ein ungeheures Gewicht in die Wagschale. Hinzu kam der zweifellose Mißerfolg des letzten Angriffs. Alle diese Gründe führten dazu, die Offensive zur Zeit aufzugeben und die Armee ganz auf Abwehr einzustellen. Es war das ein ungemein folgenschwerer Entschluß. Man verzichtete darauf — wenigstens zeitweise — die Entscheidung durch Waffengewalt zu erzwingen, denn niemand konnte zur Zeit übersehen, ob die Ersatzlage und die sonstigen Verhältnisse es gestatten würden, wieder zum Angriff überzugehen. War das aber nicht der Fall, dann konnte man ein einigermaßen siegreiches Ende des Krieges nur von dem U-Boot-Krieg, der bisher den Erwartungen in seinen Folgen nicht entsprochen hatte, oder von der Erschöpfung der Gegner erwarten, die die ganze Welt mit ihrem Menschenmaterial und ihrer Industrie hinter sich hatten. An einen vollen Sieg konnte jedenfalls nicht mehr gedacht werden. Nur eines war noch zu erhoffen. Wenn das ganze Volk sich einmütig erhob, um für sein Dasein und seine Ehre zu kämpfen; wenn es entschlossen war, alles an alles zu setzen und entweder sein politisches Dasein zu retten oder mit dem Degen in der Faust unterzugehen; wenn es wie einst der Alte Fritz den Gifttrank bei sich trug und entschlossen war, ihn eher zu leeren, als die eigene Schande zu unterschreiben, dann konnte noch ein ehrenvolles Dasein erkämpft werden.

Das hofften auch Hindenburg und Ludendorff, und daher stellten sie rasch entschlossen das Heer auf die Abwehr ein. Zeit wurde jedenfalls auf diese Weise gewonnen; und die Zeit konnte einen Umschwung der Verhältnisse bringen.

So wurden denn die Befehle gegeben, um die Heeresgruppe Kronprinz Rupprecht auf Abwehr zu stellen und die Verstärkungen für die 18., 9., und die stark mitgenommene 7. Armee aus Flandern heranzuziehen.

Den 23. erfolgte wieder ein gewaltiger Angriff gegen die neue Stellung der angegriffenen Armee, der im allgemeinen zurückgewiesen wurde. In den nächsten Tagen fanden nur örtliche Kämpfe statt, und in der Nacht vom 26. zum 27. ging die Armee in die vorgesehene Linie La Fère en Tardenois—Ville en Tardenois, in der Nacht vom 1. zum 2. August hinter die Vesle zurück. Der überall gegen den Fluß vordrängende Gegner wurde blutig zurückgewiesen. Die 18. und 9. Armee wurden verstärkt. Überall richtete man sich zur Verteidigung ein. Etwa 10 Divisionen wurden aufgelöst, weil sie so schwer verloren hatten, daß es nicht möglich war, Ersatz für sie zu beschaffen. Aber auch der Feind hatte schwer gelitten. Sechs amerikanische Divisionen, die an der Schlacht teilgenommen, hatten besonders große Verluste, und die Franzosen sahen sich gezwungen, in erhöhtem Maße Marokkaner und Senegalneger zu verwenden, um ihre eigenen

Landeskinder zu schonen. Hindenburg hoffte zuversichtlich, daß die nächsten Angriffe siegreich abgewiesen werden würden. Er glaubte noch immer an die deutsche Kraft und an seine Soldaten. Wer möchte ihn dieses Glaubens wegen tadeln? Hatten doch die Truppen sich bis dahin immer gut geschlagen!

Es ist ihm wiederholt zum Vorwurf gemacht worden, daß er es überhaupt auf einen nachteiligen Kampf habe ankommen lassen; daß er den Feind unterschätzt, von den eigenen Truppen aber zu viel erwartet habe. Er habe sich infolgedessen am 18. Juli überraschen lassen. Über diesen Vorwurf komme keine unparteiische Darstellung hinweg. Ich halte ihn trotzdem für gänzlich unbegründet.

Hindenburg wollte in Flandern angreifen, siegen und den Krieg mit einem großen Waffenerfolge beenden. Dieser Vorsatz war eines hohen Einsatzes wert. Um ihn durchzuführen, mußte er die anderen Fronten schwächen, und nur so viel Truppen an ihnen belassen, als er gerade für ausreichend hielt, um dem Feinde jeden Erfolg zu versagen. Diesem Grundsatze entsprechend hat er gehandelt. Er wußte, daß starke französische Reserven hinter dem Walde von Villers-Cotterets standen, und beließ ihnen gegenüber so starke Kräfte, daß sie menschlichem Ermessen nach ausreichten, um dem Feinde in der Verteidigung gewachsen zu sein. Natürlich hätten diese Kräfte stärker sein können, wenn es sich nur um die Verteidigung gehandelt hätte. Da es aber darauf ankam, Truppen zu sparen, um im Angriff möglichst stark zu sein, ist er eher zu loben als zu tadeln, daß er die Kräfte so schwach als möglich machte. Der größere Zweck rechtfertigte das größere Wagnis. Daß eine für gut gehaltene Division versagen würde, konnte er zudem nicht wissen. Hätte sie gehalten, dann wäre die Offensive Fochs gescheitert, und der Sieg Deutschlands wäre die wahrscheinliche Folge gewesen. Wissen wir doch aus glaubwürdiger Quelle, daß Franzosen und Engländer am Ende ihrer Kräfte waren und die Amerikaner händeringend um Hilfe anflehten. Würde Hindenburg gesiegt haben, so würde man ihn der Wagnisse wegen loben, derentwegen er jetzt getadelt wird. Er hat den Gedanken an die Offensive, an den entscheidenden Schlachtensieg so lange als möglich aufrecht gehalten und dementsprechend gehandelt. Das muß man ihm hoch anrechnen. Friedrich der Große hat in ähnlicher Lage ähnlich gehandelt, hat oft Rückschläge erlebt, und hat doch endlich gesiegt.

Kämpfe auf den übrigen Kriegsschauplätzen und der Seekrieg.

Während im Westen mit dem Beginn der Fochschen Gegenoffensive sich ein Umschwung vollzog, der in dem Übergang der Deutschen vom fortgesetzten Angriff zur Verteidigung gipfelte und die ganze

Westfront mit Kämpfen erschütterte, hatten auch im Osten und auf den übrigen Kriegsschauplätzen die Verhältnisse sich weiter entwickelt.

In Italien hatte, wie bereits erzählt, am 15. Juni ein vergeblicher Angriff der Österreicher stattgefunden, sie konnten aber, trotzdem die Feinde erfolglos nachstießen, nur zwei Divisionen statt sieben, wie man deutscherseits gehofft hatte, an Deutschland abgeben, die etwa Mitte Juli eintrafen und in Frankreich verwendet wurden, ohne bei ihrer geringen Munitionsausrüstung viel nützen zu können. Der pazifistisch gesinnte Kaiser von Österreich gab sie ungern und nur deshalb ab, weil er, wie schon erzählt, dringend benötigte Lebensmittel als Ersatz erhielt. Ohne diese wäre Wien verhungert.

Auch in Albanien und der Orient-Armee gegenüber war dauernd gefochten worden, wenn es auch zu keinen entscheidenden Ereignissen gekommen war. Erst um die Jahreswende 1917 auf 1918 hatten die Kämpfe an der mazedonischen Front allmählich aufgehört. Am 10. Juni 1918 aber begannen die Italiener und Franzosen zusammen einen neuen und groß angelegten Angriff gegen die Österreicher in Albanien, um österreichische Kräfte vom italienischen und französischen Kriegsschauplatz abzuziehen. Das gelang ihnen auch. Indem sie die allgemeine Richtung auf Elbassan einschlugen, eroberten sie Fieri und Berat und drangen in den Bergen des oberen Devoli und Skumbi westlich des Ochridasees vor. Die Österreicher sahen sich dadurch veranlaßt, starke Kräfte nach Albanien zu schicken, um die Westflanke der Orient-Armee zu decken. Unter Pflanzer-Baltin schritten sie zum Gegenangriff und nahmen einen Teil des verlorenen Geländes wieder. Die Flanke der bulgarischen Armee wurde geschützt, aber ihr Geist war nicht wieder aufzurichten. Sie war des langen Krieges müde und von Bestechungsgeldern der Entente, die durch die Hand der amerikanischen Gesandtschaft in Sofia gingen, durch und durch verdorben. Die Partei, die von jeher gegen ein Zusammengehen mit den Mittelmächten gewesen war, gewann jetzt die Oberhand, da deren Aussichten auf Sieg sich entscheidend zu verschlechtern schienen. Die ganze Unzuverlässigkeit des Slawentums trat jetzt hervor, nachdem die Begeisterung der letzten Jahre längst verflogen war. Immerhin wirkten diese verderblichen Kräfte im verborgenen, und das deutsche Oberkommando merkte nicht, in welchem Grade sich der Geist verschlechtert hatte.

In der südlichen Türkei verhinderte die Hitze im Sommer 1918 nach wie vor jede Operation; dagegen zwang das Verhalten der Türken dazu, zur selben Zeit eine verstärkte deutsche Division auf dem Seewege nach Georgien zu schicken, um die Beschaffung der für die deutsche Kriegführung notwendigen Rohstoffe sicherzustellen, die man nicht einfach den Türken überlassen konnte. Die Deutschen hatten dort nicht nur gegen bolschewistische Banden zu kämpfen, sondern auch gegen antibolschewistische Aufgebote, die Georgien von Nordkaukasien aus dem reaktionären Rußland zu unterwerfen suchten. Am 15. Juli wurde Tiflis von den Deutschen besetzt. Da mittlerweile die Engländer das ganze, von den Russen geräumte Persien besetzt hatten, drang auch die türkische Kaukasus-Armee über Eriwan und nach Täbris vor. Am 15. August aber griff sie Baku an, das von den Engländern, die zur See herangekommen waren, besetzt worden war, und zwang die Eindringlinge, sich wieder einzuschiffen, so daß die dortigen reichen Ölquellen den Türken verblieben.

Unterdessen war Sultan Mohammed V. am 3. Juli gestorben. Wahid Eddin war ihm gefolgt. Er verfolgte zunächst die Politik seines Vorgängers; doch gewann die Entente mit dem Niedergang der deutschen Kriegsfähigkeit zusehends Einfluß in Konstantinopel.

Ebenso verworren lagen die Verhältnisse in Rußland. Die verschiedensten politischen Richtungen bekämpften sich, ohne daß sich die eine oder die andere zum Herren der Lage gemacht hätte. Südöstlich des Asowschen Meeres stand die russische Freiwilligenarmee unter Alexejew der russischen Regierung feindlich gegenüber; weiter nördlich die Donkosaken, die ebenfalls eine durchaus unklare Rolle spielten; einige Ordnung schaffte nur die deutsche und österreichische Besatzung, deren Gebiete gegeneinander abgegrenzt waren. So vernichteten die Deutschen am 14. Juni eine große Schar Bolschewisten — soviel ich feststellen konnte, etwa 10 000 Mann — bei Taganrog am Asowschen Meer. Nichtsdestoweniger stützte sich die deutsche Regierung nach wie vor auf die Sowjetregierung in Petersburg. Sie glaubte ihre Ziele am besten durch Anlehnung an das offizielle Rußland zu erreichen, und ließ sich in dieser Auffassung auch nicht stören, als am 6. Juli der deutsche Gesandte Graf Mirbach in Moskau ermordet und Staatssekretär des Auswärtigen von Kühlmann, der der deutschen Sache nur geschadet hatte, zurücktrat und durch Admiral von Hintze ersetzt wurde. Am 30. Juli wurde dann auch Generaloberst von Eichhorn durch einen Abgesandten der Bolschewistenpartei, der aus Moskau eigens dazu hingekommen war, in Kiew ermordet. Damit wurde einer der tüchtigsten Männer beseitigt, der den Verhältnissen gewachsen war und dem Deutschen Reiche noch viel hätte nützen können.

Auch der Chef des Admiralstabes von Holtzendorff nahm krankheitshalber seinen Abschied und wurde am 31. August durch Admiral Scheer ersetzt, der die Schlacht am Skagerrak gewonnen und seither die Flotte kommandiert hatte. Er war gewiß der rechte Mann am rechten Platze, aber er kam zu spät an die entscheidende Stelle.

Obgleich die Zahl der U-Boote dauernd um ein geringes stieg, nahmen doch die Versenkungsziffern sehr wesentlich ab. Im Juni 1918 betrugen sie nur noch 521 000 Tonnen, im Juli 550 000; und wenn es auch noch bisweilen gelang, einen großen Schlag zu führen, wie die am 20. Juli erfolgte Versenkung des englischen Riesendampfers

„Justicia“; wenn auch die deutschen Hilfskreuzer Unglaubliches leisteten, den englischen Handel schwer schädigten und den Feind an verwegener Kühnheit vielfach überboten, — wie seinerzeit die „Möve“, so der jetzt nach 15 monatiger Kreuzerfahrt heimgekehrte Hilfskreuzer „Wolf“ und der „Seeadler“ des Grafen Luckner, der am 21. Dezember 1916 ausgelaufen war, und, obgleich Segelschiff, zahlreiche Prisen zur Strecke brachte und schließlich im Stillen Ozean infolge eines unterseeischen Vulkanausbruchs scheiterte, — so waren doch die feindlichen Abwehrmaßregeln zum Schutze gegen die U-Boote und zu deren Bekämpfung so bedeutend gewachsen, daß man in absehbarer Zeit auf einen Erfolg des U-Boot-Krieges nicht mehr mit Bestimmtheit rechnen konnte, wenn die bisherigen Verhältnisse bestehen blieben. Das sah auch Admiral Scheer vollkommen ein. Während der Admiralstab bisher nur eine Behörde gewesen war, die dem Kaiser als dem obersten Befehlshaber der Flotte beratend zur Seite stand, schuf er ihn jetzt zu einer obersten Kommandobehörde, der Seekriegsleitung, um, der alle Teile der Flotte wirklich unterstanden, und verlegte seinen Sitz dauernd in das Große Hauptquartier, um mit Hindenburg in fortgesetztem persönlichen Verkehr bleiben zu können. In Gemeinschaft mit diesem wurde festgestellt, daß nunmehr die einzige Hoffnung, den Krieg siegreich zu beenden, durch den U-Boot-Krieg gegeben sei. Zu Lande habe man sich auf völlige Abwehr einstellen müssen; um so mehr sei es geboten, zur See die Offensive aufrechtzuerhalten, die — da die englische Flotte einem Kampfe geflissentlich auswich — lediglich durch den U-Boot-Krieg zu ermöglichen sei. Dazu aber müsse die Zahl der U-Boote wesentlich erhöht, die ganze Industrie auf den Bau von U-Booten eingestellt, jeder andere Bau von Kriegsschiffen unterlassen werden. Zu diesem Zwecke wurden denn auch alle nötigen Schritte getan. Der Staatssekretär des Marineamts, Admiral von Capelle, trat zurück und wurde durch den Vizeadmiral von Mann-Tiechler ersetzt, der bisher das U-Boot-Amt innegehabt hatte. Admiral Hipper wurde zum Flottenchef ernannt. Die Oberste Heeresleitung stellte die nötigen Facharbeiter, obgleich sie selbst mit der Ersatzgestellung schwer zu kämpfen hatte. So geschah jetzt endlich das, was schon lange hätte geschehen müssen, weil ein Mann die Zügel ergriffen hatte, der die Verhältnisse ebenso klar übersah wie Hindenburg, und danach handelte. Leider war es, wie gesagt, zu spät. Wie in die Armee der Geist der heimatlichen Massen eingedrungen war und deren Widerstandsfähigkeit vielfach untergraben hatte, so hatte sich auch in der Schlachtflotte die Stimmung sehr wesentlich verschlechtert. Das Gift der öffentlichen Meinung war in ihre Reihen gedrungen. Allerdings ist dabei zu bedenken, daß die besten Elemente für den U-Boot-Krieg herausgezogen waren, und der Geist der Heimat demoralisierend auf die Mannschaften wirkte, wenn sie oft monatelang tatenlos im Hafen lagen; das ändert aber nichts an der Tatsache, daß es zunächst die Flottenmannschaften waren, die den Dienst des Vaterlandes verweigerten, während die Besatzungen der U-Boote, der Torpedoboote und der Kleinen Kreuzer ihren Ehrenschild rein erhielten.

Der 8. August und seine Folgen.

So war denn alles geschehen, um dem Kriege eine veränderte Wendung zu geben und ihn womöglich doch noch zu einem befriedigenden Ende zu führen. Zur See wurden die umfangreichsten Vorarbeiten für den Ausbau der U-Boot-Offensive in die Wege geleitet, und auf dem französischen Festlande geschah alles, um die Verteidigung zu festigen. Alles hing hier von dem Ausbau der Stellungen und der Widerstandsfähigkeit der Truppen ab. Sie hatten bisher mit wenigen Ausnahmen überall heldenmütig ausgehalten und sich auch vielfacher Übermacht nicht nur gewachsen, sondern auch überlegen gezeigt. Wunder der Tapferkeit hatten sie verrichtet und verdienten anscheinend das größte Vertrauen. Mittlerweile aber war starker Ersatz aus der Heimat in die Truppen gelangt und hatte, wo ihm nicht ernstlich Widerstand geleistet wurde, wo die Soldaten selbst aus einer sozialistisch verseuchten Gegend stammten, den Geist der Hingebung und der Treue um so mehr untergraben können, als, wie schon gesagt, die Blüte des Offizier- und Unteroffizierkorps gefallen war. So hatten manche Truppen die alte Zuverlässigkeit verloren. Auch der Stellungsbau wurde nicht überall in genügender Weise betrieben. Man dachte trotz allem mehr an die Fortsetzung der Offensive als an den Übergang zur Verteidigung. So kam es, daß der nächste feindliche Angriff ein Bild entrollte, auf das die deutsche Führung, die fest an die Zuverlässigkeit der Truppe glaubte, in keiner Weise vorbereitet war, ein Bild, wie es bisher noch nirgends in die Erscheinung getreten war.

Am 3. und 4. August wurden die Brückenköpfe westlich der Ancre, der Avre und des Don auf Befehl geräumt, um die Stellung zu verkürzen und zu verbessern. Am 8. August griffen dann die Engländer, durch Franzosen verstärkt, mit der 4. Armee, Rawlinson, unter starker Vernebelung auf der Linie Albert—Moreuil überraschend nach kurzer schlagartiger Artilleriewirkung an. Starke Tankgeschwader gingen der Infanterielinie voraus. Nördlich der Somme wurde der Angriff abgewiesen, aber zwischen der Somme und dem Lucebach drang er tief in die deutschen Linien ein. Die Truppe, die diese Strecke verteidigen sollte, ließ sich völlig überraschen, und zwar so, daß Divisionsstäbe in ihren Quartieren überfallen wurden. Die noch bei Moreuil tapfer sich wehrenden Truppen wurden aufgerollt. Zwei Divisionen, die wenige Tage vorher wegen Übermüdung abgelöst worden und in Reserve gegangen waren, wurden jetzt sofort gegen die rasch sich erweiternde Einbruchsstelle in Marsch gesetzt und schlugen sich vortrefflich; alle irgend verfügbaren Truppen führte das Armeeoberkommando heran; die Heeresgruppe schickte Reserven mit der Eisenbahn; auch die 18. Armee griff von Südosten her ein und schickte Truppen in die Gegend nordwestlich Roye. Selbst die 9. Armee, obgleich selbst gefährdet, mußte Truppen abgeben. So gelang es allmählich, den Angriff der Verbündeten westlich Bray, Lihons und Arvillers zum Stehen zu bringen. Immerhin waren sie bis zu 14 km tief in die deutsche Stellung ein-

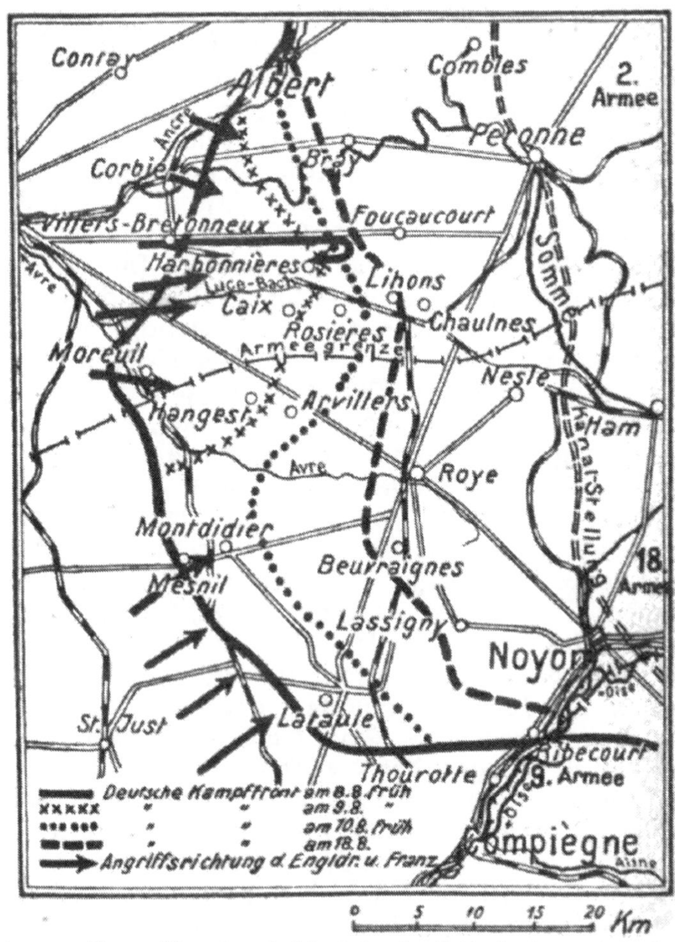

Karte 87. Der 8. August und die folgende Schlacht (nach Ludendorff).

gebrochen. An der Straße nach Peronne waren sie sogar noch erheblich weiter gekommen, wurden aber durch einen energischen Gegenstoß tapferer deutscher Truppen wieder zurückgeworfen.

Am 9. griffen die Engländer von neuem an und konnten noch einiges Gelände gewinnen. Auch nördlich der Somme mußte die deutsche Front etwas, wenn auch nur wenig, zurückverlegt werden. Südlich des bisherigen Kampffeldes wurde den Anschauungen und

Befehlen des Generals Foch entsprechend der Angriff staffelförmig fortgesetzt. Die französische Armee Debeney griff etwa in der Richtung über Montdidier an, und die Deutschen mußten sich entschließen, auch ihren linken Flügel nördlich der Oise zurückzunehmen. In der Nacht vom 9. zum 10. August sollte diese Bewegung ausgeführt werden, von der es abhing, ob sich die Deutschen fernerhin würden behaupten können. Die Bewegung gelang, und als die französische Armee Humbert am 10. früh den befohlenen Staffelangriff nördlich der Oise fortsetzte, stieß sie auf verlassene Stellungen, die nun auch von den Nachhuten planmäßig geräumt wurden. Im übrigen wurde zwischen Albert und der Avre am 10. und 11. hartnäckig und ergebnislos für die verbündeten Westmächte gekämpft, während zwischen Avre und Oise die Franzosen scharf drängten. Die deutsche Front hatte sich durch das Heranführen von Reserven wesentlich befestigt und setzte dem Feinde erfolgreichen Widerstand entgegen; in den nächsten Tagen fanden auf der ganzen Schlachtfront nur örtliche Gefechte statt. Immerhin waren die Verluste der Deutschen sehr erheblich gewesen. Die Engländer allein meldeten für den 8. und 9. August 24000 Mann an Gefangenen sowie 300 Geschütze, und bei dem Rückzuge des linken Flügels ging den Deutschen wieder eine Menge Kriegsgerät verloren. Die deutsche Heeresleitung mußte sich abermals entschließen, mehrere Divisionen aufzulösen, um sie als Ersatz zu gewinnen. Die Mannschaften hatten sich, wie Ludendorff erzählt, vielfach einzelnen Reitern, geschlossene Abteilungen Tanks gefangengegeben, und einer tapfer angreifenden Division war von feige zurückgehenden Truppen „Streikbrecher" und „Kriegsverlängerer" zugerufen worden. Die Offiziere hatten vielfach die Macht über die Leute verloren und ließen sich mitreißen. Wenn auch manche Taten glänzender Tapferkeit zu berichten waren, so zeigten sich doch vielfach deutliche Anzeichen moralischen Verfalls.

Der Eindruck, den die Niederlage machte, war denn auch ein ganz gewaltiger. Die Feinde verkündeten jubelnd, daß der Geist der deutschen Truppen gebrochen sei. Auch die Bundesgenossen Deutschlands mußten sich überzeugen, daß die Wahrscheinlichkeit eines deutschen Sieges immer mehr schwand; das stärkte naturgemäß die deutschfeindlichen Elemente, besonders in der bulgarischen Armee; auch in Österreich wurde man schwankend. Das schlimmste aber war, daß man in der deutschen Obersten Heeresleitung selbst das Vertrauen zu der eigenen Truppe, das bisher unerschütterlich gewesen war, verlor. Hindenburg, der die Sachlage nicht so schwarz ansah wie Ludendorff, war doch der Ansicht, daß der Krieg jetzt nicht mehr zu gewinnen sei, wenn er auch noch immer an einen ehrenvollen Ausgang glaubte, und befürwortete daher auch seinerseits, daß Schritte getan würden, um zum Frieden zu gelangen. Er begab sich nach Spaa in das Kaiserliche Hauptquartier, wo auch der Reichskanzler und der neue Staatssekretär des Auswärtigen hinkamen, um eine der Lage entsprechende Entscheidung zu treffen. Hier wurde dann am 14. August in einer Sitzung, in der der Kaiser den Vorsitz führte, beschlossen, daß alle zur Herbeiführung des Friedens nötigen Schritte getan würden. Der Kampf wurde aber deswegen nicht aufgegeben. Noch immer glaubte man an die Möglichkeit eines ehrenvollen Friedens, und eine solche war auch tatsächlich vorhanden. Frankreich und England waren am Ende ihrer Kräfte und würden bald auf einigermaßen glimpfliche Bedingungen eingegangen sein, wenn nicht die augenfällige und offenbare Schwäche des deutschen Volkes sie zur Anspannung ihrer letzten Kräfte veranlaßt hätte. Der baldige Zusammenbruch der Mittelmächte war aus dem ganzen Verhalten des Volkes und aus den Kundgebungen, deren sich auch deutsche und österreichische sogenannte Staatsmänner schuldig gemacht hatten, deutlich zu erkennen. Die inneren Verhältnisse der Mittelstaaten waren der Entente vollkommen bekannt, während diese selbst die törichtsten Hoffnungen hegten, und gaben ihr den Mut und die Kraft zum Durchhalten. Da die ganze Welt hinter ihnen stand, hielten sie an ihrem Vernichtungswillen fest. Demgegenüber mußten alle militärischen Anstrengungen der Mittelmächte versagen, da ihren Regierungen der Siegeswillen fehlte und ihren Völkern die sittliche Kraft, die allen Gefahren zu trotzen vermag. An diesem Fehlen sittlicher Kraft ist Deutschland zugrunde gegangen.

Was wollte es demgegenüber sagen, daß am 12. Mai der Kaiser von Österreich, der eben noch seinen Bundesgenossen verraten hatte, nach Spaa gekommen war und mehrere Divisionen für die Westfront zu stellen versprochen hatte! Wie sehr man in diesen Kreisen den Ernst der Lage unterschätzte, zeigt am besten der Umstand, daß man sich zwischen Deutschland und Österreich über die polnische Frage nicht zu einigen vermochte und Österreich an der sogenannten austropolnischen Lösung festhielt, nach der ein österreichischer Erzherzog den polnischen Thron besteigen sollte. Als ob es sich in diesem Augenblick noch um solche Nebenfragen gehandelt hätte und nicht um das politische Dasein der Mittelstaaten überhaupt!

Der Rückzug in die Siegfriedstellung.

Für die nächsten Tage sind die Quellen sehr mangelhaft und lassen nur eine ganz allgemeine Darstellung der Ereignisse zu.

Gleich nach dem 8. August übernahm General von Boehn eine aus der 2., 18. und 9. Armee neu gebildete Heeresgruppe, und an der Lys wurden die Truppen um einige Kilometer zurückgenommen, weil die Lage dort in der Tat unhaltbar und nur als Verbereitungsstellung für einen Angriff zu rechtfertigen war. Eine weitere Zurückverlegung unter Preisgabe des Kemmel wurde vorbereitet. Die 17. Armee erhielt den Auftrag, sich nicht in ihrer vordersten Linie, sondern 3—4 km weiter rückwärts zu schlagen. Zwischen Somme und Oise dauerten die Kämpfe fortgesetzt an, und die Deutschen mußten, soviel ich habe feststellen können, bis zum 18. August allmählich in die Linie Albert—westlich Bray nördlich der Somme, Lihons—westlich Roye—westlich Beuvraignes und Lassigny—nördlich Ribécourt zurückgehen. Hinter den deutschen Linien aber befanden sich mehrere mehr oder weniger ausgebaute Stellungen, in die man, wenn nötig, zurückgehen konnte: die Wotanstellung, westlich Lille—Douai, die sich als Kanalstellung über die Gegend dicht östlich Bapaume und Combles—Peronne—bis dicht nördlich Noyon fortsetzte; die Siegfriedstellung, östlich Arras—westlich Cambrai—St. Quentin—La Fère—nordwestlich Reims; die Hermannstellung, von Tournai bis Valenciennes, dann südlich Le Cateau—westlich Guise mit ihrer südöstlichen Fortsetzung, die als Hunding-Brunhildstellung über Sisonne—Rethel—Vouziers—Grandpré an die Maas nördlich Verdun führte; die Lys- und die Gent-Hermannstellung in Belgien, die sich nördlich Tournai teilte und dann in zwei Armen längs der Schelde bzw. der Lys zur niederländischen Grenze führte; endlich die Antwerpen-Maasstellung, die sich westlich Antwerpen—westlich Brüssel—Charleroi—die Maas aufwärts bis nördlich Verdun hinzog. Südlich Verdun war die Michelstellung vorgesehen, die den Bogen, der beim Camp des Romains in die französische Linie hineinragte, abschneiden sollte[1]). In diese Linien sollte, selbstverständlich nur wenn nötig, allmählich kämpfend zurückgegangen werden, denn man sah deutscherseits bei der traurigen Ersatzlage, der vielfachen Übermacht des Feindes und dem an manchen Stellen zurückgegangenen Kampfwert der deutschen Truppen sehr wohl ein, daß es nicht möglich sein würde, sich in den vorderen Linien dauernd zu behaupten.

Diesen deutschen Vorkehrungen gegenüber scheint es die Absicht der Verbündeten gewesen zu sein, den ihnen gegenüberstehenden Feind zwischen Aisne und Scarpe umfassend anzugreifen und so zu zermalmen. Im Norden sollte die englische Armee Horne beiderseits der Scarpe entscheidend auf Douai und Cambrai vorgehen, im Süden die französische Armee Mangin zwischen Aisne und Oise auf Laon und La Fère vorstoßen; in der Mitte sollten die englische Armee Byng nördlich Albert auf Bapaume, die Armee Rawlinson südlich davon auf Peronne vorgehen, während die französische Armee Debeney ihren Angriff nördlich der Avre auf die Linie Nesle—Ham, die Armee Humbert südlich dieses Flusses gegen Noyon richten sollten. Besondere Unternehmungen sollten in Flandern gegen die Linie Kemmel—La Bassée, und in Lothringen gegen den Bogen bei St. Mihiel stattfinden, während auf allen übrigen Fronten starkes Artilleriefeuer einsetzen und die Deutschen am Verschieben ihrer Verbände hindern sollte.

[1]) Siehe Übersichtskarte I am Schluß des Werkes.

Am 20. August fing der eigentliche Angriff nach kurzer Gefechtspause im Süden an, nachdem schon am 17. die deutschen Gefechtsvorposten aus dem Vorfeld in die Hauptwiderstandslinie zurückgeworfen worden waren. Die 9. Armee, der sämtliche Abgaben ersetzt worden waren, und die mit allem gut ausgestattet worden war, hielt aber leider nicht stand. Die Eingreifdivisionen, die bei Cuts und Nouvron bereitgestellt waren, kamen nicht zum richtigen Eingreifen, und schon am ersten Kampftage entstand eine bedeutende Ausbuchtung der vorderen Linie. Sie würde noch größer geworden

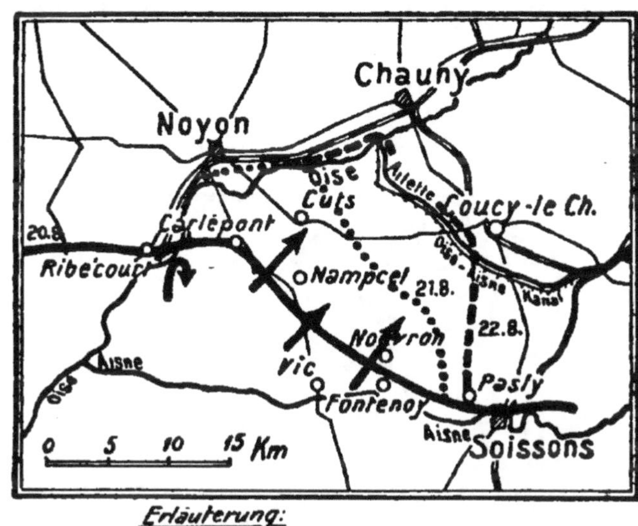

Erläuterung:
Deutsche Kampflinie am 20.8 früh vor Beginn des französischen Angriffs.
Angriffsrichtungen der Franzosen am 20.8.
Deutsche Kampflinie am 21.8. früh
" " " 22.8. "

Karte 88. Der Angriff auf die 9. Armee am 20. August 1918.

sein, wenn nicht eine gute deutsche Jägerdivision den Feind bei Nouvron teilweise zurückgeworfen hätte. Dennoch wurde die Stellung eine sehr unbequeme, und man mußte sich entschließen, schon in der Nacht zum 21. mit dem rechten Flügel hinter die Oise, und in der Nacht zum 22. unter Festhaltung des Geländes nordwestlich Soissons mit der Mitte hinter die Ailette zurückzugehen. Es war ein unheilvoller Tag für die deutschen Waffen.

Im Norden griffen die Engländer erst am 21. zwischen Boisleux und Albert an. Doch war die 17. Armee rechtzeitig in der befohlenen Weise ausgewichen, und der Ansturm brach vor der neuen Stellung zusammen. Am 22. machte die 17. Armee sogar einen großangelegten Gegenstoß, der vollen Erfolg brachte. Doch dehnte der Engländer seinen Angriff nach Süden zu beiden Seiten der Somme mit dem

Schwerpunkt zwischen Albert und Bray aus. Auch hier fochten australische Divisionen ohne Erfolg. In den nächsten Tagen aber gewannen die Angreifer doch Raum gegen Bapaume, und da wieder eine Division an der Ancre versagte, wurde die Lage am 25. August äußerst gespannt.

Südlich der Somme war es nur zu Teilvorstößen gekommen; die 18. Armee hatte sich glänzend behauptet, nur ihr linker Flügel war in Übereinstimmung mit den Ereignissen südlich der Oise näher an Noyon herangenommen worden; sie hatte den Befehl über die Truppen an der Oise mitübernommen. Der Feind drängte scharf gegen die Linie Soissons—Chauny vor; in ihr kam es zu wechselvollen schweren Kämpfen. Jedenfalls war der linke Flügel der 18. Armee bedroht. Da zugleich die Verhältnisse östlich Albert sich ungünstig gestaltet hatten, erhielten die Heeresgruppen Kronprinz Rupprecht und Boehn den Befehl, in den letzten Augusttagen in die vorher erkundete Kanalstellung zurückzugehen. Die Bewegung wurde in der Nacht vom 26. zum 27. August erfolgreich durchgeführt; nur

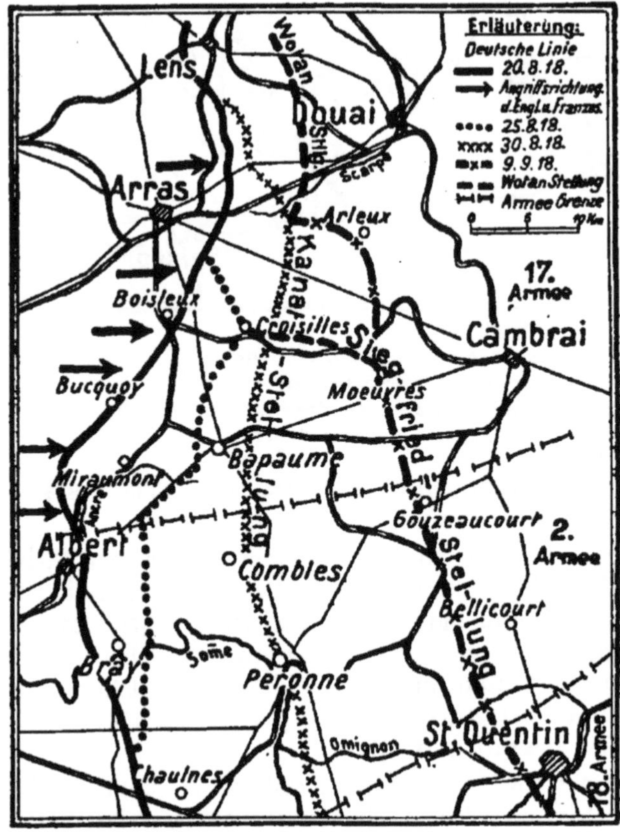

Karte 89. Der Rückzug in die Siegfriedstellung 1918.

bei der 2. Armee versagten wieder einige Divisionen, so daß die neue Front bei Peronne keinen festen Halt gewann.

Inzwischen hatte auch an der Straße Arras—Cambrai der Engländer am 26. August angegriffen. Auch hier war die 17. Armee zuerst planmäßig ausgewichen und hatte die ersten Kämpfe günstig gestaltet. Dann aber überrannte am 2. September 1918 ein starker Tankangriff südlich der Scarpe die Wotanstellung und bahnte seiner Infanterie den Weg. Da es nicht vorteilhaft erschien, vorwärts der Linie Arleux—Moeuvres noch weiter stehenzubleiben, wurde die 17. Armee unter Beibehalten ihrer Stellung nördlich der Scarpe hinter Arleux—Moeuvres in die Siegfriedstellung zurückgeführt. Auch die 2. und die 18. Armee folgten dieser Bewegung, und es schlossen sich ihr die 9. Armee und der rechte Flügel der 7. Armee an, während deren linker Flügel nordöstlich Fismes noch an der Vesle festhielt. Die 9. Armee hatte währenddem heftige Kämpfe zu bestehen gehabt, aber sie war siegreich aus ihnen hervorgegangen; jetzt mußte sie trotz allem zurückgehen. In der Nacht zum 3. September sollte die 17. Armee ihre Rückzugsbewegung ausführen, die übrigen Armeen sollten in einem Zuge nach näheren Weisungen der Heeresgruppen zurückgehen, und schon am 7. September stand die ganze Heeresgruppe in der Siegfriedstellung. Gleichzeitig wurde auch die schon lange vorbereitete Räumung des Lysbogens und des Kemmel von der 4. und 6. Armee durchgeführt; die Oberste Heeresleitung wurde von Avesnes nach Spaa zurückverlegt, und es begann eine große Abschubbewegung nach Deutschland. Alles, was das Heer nicht unmittelbar brauchte, wurde nach Deutschland gebracht; die Zufuhr wurde auf das Notwendigste beschränkt; die Festungen in Lothringen wurden instand gesetzt, und die rückwärtigen Stellungen, in welche die Armeen im Notfall zurückgehen sollten, nach Kräften ausgebaut. Auch der Bogen von St. Mihiel sollte geräumt werden. Am 8. September erfolgte der Befehl dazu; bevor aber die Räumungsarbeiten zu Ende geführt waren, griffen die Amerikaner, die im August 335000 Mann nach Frankreich geführt hatten, unter General Pershing an.

Der Plan des amerikanischen Generals ging dahin, den Vorsprung der deutschen Stellung bei St. Mihiel an seinem Fußpunkt abzukneifen. Es standen ihm hierzu zwölf amerikanische und vier französische Divisionen mit 2900 Geschützen aller Kaliber zur Verfügung, denen nur acht deutsche und österreichische Divisionen gegenüberstanden; doch ist dabei zu bemerken, daß, wie wir wissen, die amerikanische Division mindestens doppelt so stark war wie die deutsche. Die Übermacht war also erdrückend und hatte alle strategischen Vorteile für sich. Der Hauptangriff sollte von Süden her aus der Linie Xivray—Fey en Haye—Priesterwald erfolgen und vom I. und IV. amerikanischen Korps ausgeführt werden; ein Nebenangriff von Norden her durch das V. amerikanische Korps aus der Linie

Mareilly—Trésauvaux. Bei Vigneulles sollten sich beide Abteilungen die Hand reichen. Gegen St. Mihiel selbst sollte das II. französische Kolonialkorps demonstrieren. Am 12. September setzte zunächst ein vierstündiges Artilleriefeuer ein; dann ging die Infanterie des Angreifers vor und drang an beiden Angriffsstellen durch, da eine preußische Division sich durchbrechen ließ und auch die Österreicher, die hier eingesetzt waren, sich nicht zum besten schlugen. Die Amerikaner blieben Sieger, machten 15 000 Gefangene und wollen 343 Geschütze erbeutet haben. Da sie aber nicht energisch genug nachstießen, konn-

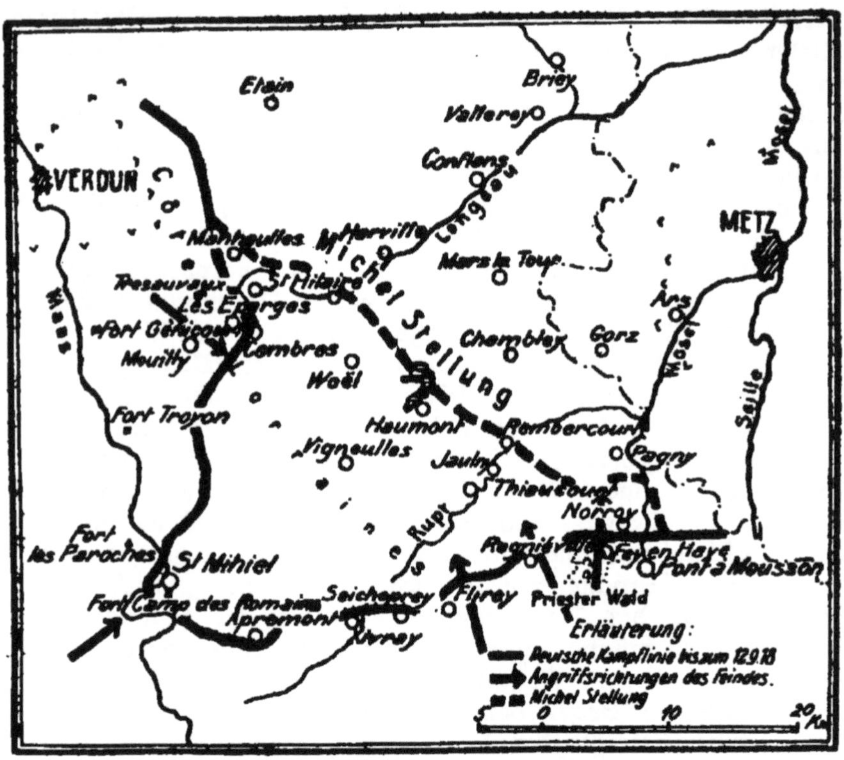

Karte 90. Der Rückzug in die Michelstellung 1918.

ten sie weder die planmäßige Räumung der Stellung, noch die Verteidiger hindern, die Michelstellung zu beziehen, in der sie sich bis zum 16. September festsetzten und die Ententetruppen trotz ihrer gewaltigen Übermacht sie nicht anzugreifen wagten. Schon am 13. September waren die feindlichen Angriffe abgeflaut.

Die Deutschen standen jetzt in einer gesicherten Stellung, unmittelbar nach den großen Angriffen der Engländer, Franzosen und Amerikaner; immerhin waren die Verhältnisse äußerst gespannt, vor allem, weil die Quellen des Ersatzes versiegten, so daß die Bataillone von vier auf drei schwache Kompanien herabgesetzt werden mußten.

Auch wurde der Ersatz, der aus der Heimat kam, immer schlechter. Er war mehr wie je in hohem Maße von dem Geiste der feindlichen Propaganda beherrscht, die dem deutschen Volke unendliche Segnungen von einem Frieden versprach, da nur seine jetzigen Regierungen, die den Krieg künstlich aufrecht erhielten, an allem Elend schuld seien. Die Entente wußte genau, wo die deutsche Schwäche zu suchen sei, und handelte dementsprechend. Hindenburg andererseits hielt noch immer eine einigermaßen günstige Beendigung des Krieges für möglich. Größere Angriffe hielt er zwar im Augenblick nicht für angängig, aber er glaubte sich da, wo er stand, behaupten zu können. Das war wenigstens seine Absicht. Tanks könnten freilich nur im geringen Umfange gebaut werden, Artillerie und Munition aber sowie Ausrüstung seien genug vorhanden, und auch die Verpflegung, die den Kampfwert der Truppen beeinflusse, werde besser werden. Die Ukraine allerdings müsse besetzt bleiben, da sie mit ihren Lebensmitteln und Pferden für die Erhaltung der Armee notwendig sei, und der Zustand der österreichischen Armee sei schlecht. Dagegen sei mit einer italienischen Offensive zunächst nicht zu rechnen; die Kampfkraft der bulgarischen Armee bessere sich, nur eine halbe deutsche Division stände in Mazedonien, und mit einem großen Angriff der Saloniki-Armee sei zur Zeit auch nicht zu rechnen. So berichtete er am 8. September an den Reichskanzler, und so glaubte er den vielen Gegnern noch lange widerstehen zu können.

Der Zusammenbruch Bulgariens und der Türkei.

Die Deutschen hatten bedeutende Verluste gehabt; ihre Truppen waren nicht mehr die alten, sondern vielfach politisch verseucht. Dennoch hielten sie die Front und wehrten sich erfolgreich gegen ihre übermächtigen Gegner, gegen fast die halbe Welt, die in Waffen gegen sie stand. Hatten doch auch China und Brasilien ihnen schon im August und Mai 1917 den Krieg erklärt. Da traf sie ein Schlag, von dem sie sich nicht mehr erholen sollten: der Abfall Bulgariens, und bald hernach der Zusammenbruch der Türkei.

Die Bulgaren waren schon durch die Friedensresolution des deutschen Reichstages vom 19. Juli 1917 in ihrer Treue wankend geworden. Jetzt waren sie erbittert, daß man ihnen den nördlichen Teil der Dobrudscha vorenthielt, und daß die Türken eine neue Grenzberichtigung an der Maritza forderten. Auch waren sie des Krieges gründlich müde. Als daher am 15. September, nachdem das Geld der Entente genügend vorgearbeitet hatte, Franchet d'Espérey mit drei französischen, drei serbischen und einer südslawischen Division über die Nidze Planina, die Wardarengen bei Demir Kapu und Krivolac angriff, um hier die bulgarische Armee zu durchbrechen und sie der einzigen Bahnlinie zu berauben, die sie für ihre rückwärtigen Verbindungen zur Verfügung hatte, drang er siegreich durch. Nebenangriffe richteten Engländer und Griechen gegen die Struma bei Seres, den Doiransee und zu beiden Seiten des Wardar; Italiener im Cernabogen; Franzosen und Italiener über Monastir. Die Flügelangriffe scheiterten; die in der Mitte stehenden bulgarischen Truppen aber — die 2. und 3. Division — hielten nicht stand, sondern fochten anscheinend überhaupt nicht. General von Scholtz, der nur über das Divisionskommando z. b. V. 302 und einige vereinzelte Abteilungen an deutschen Truppen verfügte, wollte sie in einer zweiten Stellung mit rechtzeitig vorgezogenen Reserven zum Stehen bringen:

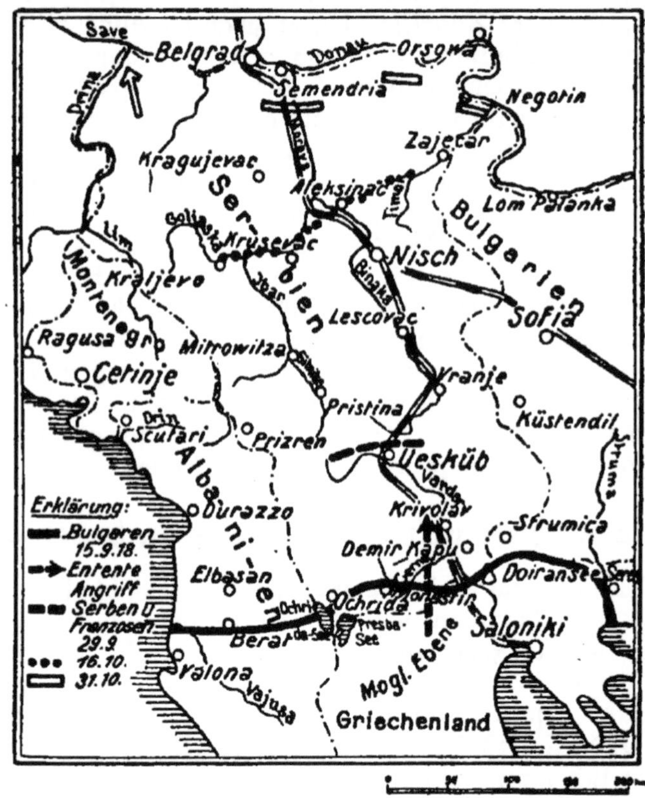

Karte 91. Der Angriff der Orientarmee nach dem Rückzug der Mittelmächte.

es war unmöglich. Die 2. und 3. bulgarische Division gingen ganz planmäßig, die eine hinter die Cerna, die andere hinter den Wardar zurück, die bulgarischen Reserven — in der Stärke von drei deutschen Divisionen — fochten, wie die Divisionen der Mitte, überhaupt nicht, die Deutschen aber waren allein viel zu schwach, um die entstandene Lücke zu schließen. Sie waren zwar, wie es scheint, durch einige aus Rumänien herangezogene Bataillone verstärkt worden, diese aber trafen erst ein, als die Entscheidung des Krieges gefallen war. So scheiterten alle Versuche der deutschen Führer, einen Widerstand zu organisieren. Die Bulgaren gingen einfach nach Hause. Welche Rolle die Deutschen bei diesen Vorgängen gespielt haben, und aus welchen Truppen sie bestanden, habe ich leider nicht ermittelt; einige bulgarische Truppenteile, die unter unmittelbarem deutschen Kommando standen, zeigten anfangs eine etwas bessere Haltung; das rettete die Lage aber nicht. General Lukow, der an der Struma befehligte, telegraphierte schon am 16. oder 17. September an den Zaren Ferdinand, er müsse so bald als möglich Waffenstillstand schließen. Das war der Geist, der überall herrschte und dem deutschen Oberkommando verborgen geblieben war.

Da man deutscherseits die Verhältnisse in Bulgarien zunächst noch nicht übersehen konnte, und es scheinbar darauf ankam, den Zaren in Sofia gegen die Revolutionäre zu halten, wurde eine gemischte deutsche Brigade, die nach Transkaukasien bestimmt war, nach Sofia gefahren. Der österreichische Generalstab setzte eine Division aus der Ukraine durch Rumänien nach Serbien in Marsch. Ebendorthin wurden zwei deutsche Ostdivisionen geleitet[1]), die für den Westen verfügbar gemacht worden waren und sich teilweise schon auf der Fahrt dorthin befanden, ebenso zwei österreichische Divisionen aus Italien, die General von Arz für den Westen zur Verfügung gestellt hatte, endlich aus dem Westen selbst, der so schwer zu ringen hatte, das Alpenkorps, das soeben erst aus der Schlacht gezogen war. Diese Truppen wurden bei Nisch zusammengezogen, und dorthin auch die anfangs auf Sofia gesandte Truppe, die mittlerweile, wie ich annehme, auf eine Division verstärkt worden war, heranbeordert, da es sehr bald klar wurde, daß von Bulgarien nichts mehr zu erwarten sei. Es gab die ungeheuren Vorräte preis, die in Gradsko aufgespeichert waren, und schon am 2. Oktober schloß es mit der Entente einen Waffenstillstand. Am 3. Oktober dankte Zar Ferdinand, der schon vordem mit der Entente verhandelt haben soll, zugunsten seines Sohnes ab und verließ das Land. Die Waffenstillstandsbedingungen aber waren vernichtend und lieferten Bulgarien vollständig seinen Feinden aus. Sofortige Abrüstung des bulgarischen Heeres; Gefangennahme der noch westlich von Üsküb stehenden Teile der Bulgaren in Stärke von etwa 65000 Mann; Beschlagnahme der bulgarischen Waffen und Munitionsbestände durch das Orientheer; Ausweisung der deutschen und österreich-ungarischen Staatsangehörigen aus Bulgarien binnen vier Wochen; Übergabe der bulgarischen Eisenbahnen und Häfen an die Entente; Räumung der seit 1915 durch Bulgarien besetzten Gebiete; Regelung der mazedonischen Frage im Friedenskongreß, wobei schon jetzt die Unverletzlichkeit Altbulgariens gewährleistet wurde: das waren die Dinge, die gefordert wurden. Damit war die Balkan-

---

[1]) Es waren dies die 217. und 219. Infanteriedivision und der Stab der 6. Reservedivision.

front der Mittelmächte zerrissen und auch die Türkei den Feinden preisgegeben. Bis dahin hatten die bulgarischen Truppen an der Struma Konstantinopel gedeckt; jetzt war den Ententeheeren die Möglichkeit gegeben, über die Maritza gegen die türkische Hauptstadt vorzumarschieren. Einige Bataillone, die aus der Ukraine hinbefördert wurden, konnten nicht schwer ins Gewicht fallen; ein großer Transport von Truppen über das Schwarze Meer war wegen Mangels an Schiffen nicht möglich. Man mußte daher damit rechnen, daß Konstantinopel über kurz oder lang von den verbündeten Westmächten besetzt werden würde.

Die deutschen Truppen aber, die im Verbande der bulgarischen Armee gefochten hatten, gingen in vollster Ordnung zurück; anfangs auf Mitrovica und Sofia, später gegen Donau, Save und Drina. Alles kam darauf an, in Serbien und Rumänien eine neue Flankendeckung für Österreich-Ungarn zu bilden, die zugleich den Rücken der deutschen Westfront decken mußte, und die Öllieferungen Rumäniens zu erhalten. Auch hier war die Lage eine höchst gespannte geworden, denn die Oberste Heeresleitung konnte nur wenige Truppen hinschaffen. Nur die, die bisher in Kaukasien gefochten hatten, wurden dorthin befördert, da es klar war, daß Rumänien mit der Zeit kriegerisch gegen die Deutschen auftreten würde.

Mittlerweile blieb die feindliche Orient-Armee — wie aus den Ludendorffschen Erinnerungen ersichtlich ist — fortwährend im Vorrücken. Schon am 29. September besetzte sie Üsküb, am 16. Oktober die Linie Kraljewo—Krusevac—Alexinac und die Gegend nordöstlich davon, und am 31. Oktober stand sie an der Donau, an der Save und Drina; die Deutschen aber zogen sich entsprechend zurück und besetzten die Front, die durch diese Ströme gebildet wird; sie deckten in ihr, zugleich mit österreichischen Truppen, die österreichische Grenze, in Verbindung mit den Truppen in Rumänien, deren Abzug aus Rumänien übrigens durch das Vorgehen der Orient-Armee gefährdet war. Weiter westlich schlossen sich die Truppen des Donaustaats dieser Rückzugsbewegung an. Die Italiener konnten am 4. Oktober Durazzo und Anfang November Montenegro besetzen. Der Erfolg heldenmütigster Kämpfe mußte auf diese Weise preisgegeben werden.

Auch in der Türkei ging der Widerstand zu Ende, obgleich Enver Pascha noch immer Eroberungspläne im Kaukasus verfolgte. Die Engländer hatten, wie wir sahen, unter Aufbietung eines gewaltigen Heeres die Türken in eine Stellung nördlich des Toten Meeres zurückgedrängt, deren rechter Flügel sich bei Arsut an das Mittelländische Meer lehnte, während der linke nördlich Jericho am Jordan stand und das Ostjordanland von verhältnismäßig schwachen Kräften verteidigt wurde, die die Hedschasbahn südlich von Damaskus festhielten. Der heiße Sommer hatte den Operationen ein Ende gemacht.

Während diesem hatte die englische Armee unter General Allenby sich weiter verstärkt. Englische Truppen waren durch indische ersetzt worden, die eine größere Kopfstärke hatten, und waren nach Frankreich geschickt worden, von wo eine indische Kavalleriedivision zur Palästina-Armee gestoßen war. Auch Neuformationen waren aus überschießenden Mannschaften gebildet worden. Die indischen Verbände waren von englischen durchsetzt; die Offiziere waren meistens Engländer.

Demgegenüber riß bei der türkischen Armee die Desertion immer mehr ein, vornehmlich weil die Verpflegung äußerst mangelhaft und knapp war. Auch übte der Feldzug in Kaukasien einen außerordentlich nachteiligen Einfluß auf die Palästina-Armee aus, da viele Offiziere bei ihr abgingen, um im Kaukasus einzutreten, wo ihnen bei geringer Aussicht auf Gefechtstätigkeit höhere Bezüge und Beförderungsvorteile geboten wurden: eine Maßregel, die gewiß einzig dasteht in der Kriegsgeschichte. Auch die Kohlen wurden bei den doch so notwendigen Transporten an die Palästina- und Bagdadfront gespart, um Truppen und Armeebedarf an die Kaukasusfront bringen zu können. Dem deutschen Kommandierenden in Palästina wurden außerdem die größten Schwierigkeiten gemacht, so daß er endlich seine Abberufung beantragte und nur durch einen direkten Befehl des Kaisers in seiner Stellung erhalten wurde. Unter solchen Umständen war es klar, daß der Widerstand der türkischen Armeen nicht mehr allzu lange dauern konnte, und daß das Ende abzusehen war. Nichtsdestoweniger schlugen sich die türkischen Armeen wenigstens anfangs, die deutschen Truppen, die übrigens teilweise in den entscheidenden Tagen der Palästina-Armee entzogen und abtransportiert wurden, bis zuletzt ausgezeichnet.

Mehrere Erkundungsvorstöße der Engländer, die im Juni erfolgten, wurden abgewiesen. Am 9. desselben Monats wurde ein Angriff starker feindlicher Infanterie westlich des Weges Hattarbrücke—Miske[1]) in erbitterten Bajonettkämpfen zurückgeworfen; ebenso ein solcher, der unmittelbar an der Küste bei Arsut und Schar el Muntar erfolgte. Am 14. Juli fand ein verfehlter deutsch-türkischer Angriff auf den Hügel Massallabe unweit des Jordan statt, bei dem die deutschen Truppen sich hervorragend schlugen, aber von den Türken im Stich gelassen wurden. Auch im Ostjordanland wurde dauernd gefochten. Hier kämpften auf englischer Seite meist arabische Truppen, die sich ständig vermehrten. So wurden Menzil, Anese und Wadi el Schar mit wechselndem Erfolge von ihnen angegriffen; am 21. Juli erfolgte ein größerer Angrif auf Maan, der erfolglos blieb, und ebenso wurde ein Angriff starker arabischer Truppen, die durch Beduinen verstärkt waren, auf die Station Djardun am 21. und 22. Juli blutig zurückgewiesen.

---

[1]) Siehe Karte 78.

Auch der August und der Anfang des September gingen ohne entscheidende Gefechte hin. Die Überlegenheit der Engländer und die Zerrüttung der türkischen Armee wuchsen von Tag zu Tag. Besonders die englischen Flieger waren in großen Mengen vorhanden, während auf türkischer Seite Mitte September nur fünf Flugzeuge kriegsleistungsfähig waren. Auch von der Propaganda, die wie in Deutschland mit Lügen und Übertreibungen arbeitete, machten die Engländer den ausgiebigsten Gebrauch, während ihre Spione bis weit in den Rücken der türkischen Armee ihre unheilbringende Arbeit verrichteten. Die Araber und Syrer standen überall, wenn auch nicht immer offen, auf seiten der Angreifer. Das englische Geld beherrschte die Lage, während die Türken, wie die Rede

Karte 92. Der englische Angriff in Palästina am 19. Sept. 1918 (nach Liman von Sanders).

ging, höchstens bis zum Ende des Beirams aushalten, dann aber nicht mehr kämpfen wollten.

Der letzte Tag des Beirams fiel auf den 18. September, und am 19. schritten die Engländer mit einer ungeheuren Übermacht zum entscheidenden Angriff, der sich zunächst auf das Westufer des Jordans beschränkte. Er umfaßte hier den rechten Flügel der türkischen Aufstellung, an dem die türkischen Divisionen überhaupt keinen Widerstand leisteten, sondern sich einfach auflösten, und drängte dann die Verteidiger, sie immer von neuem rechts umfassend, weiter nach Norden zurück. Früh am 20. wurde Nazareth, wo sich das deutsche Hauptquartier der türkischen Armee befand, von englischer Kavallerie überfallen, aber unbegreiflicherweise wieder geräumt, obgleich es nur von einigen hundert Mann verteidigt wurde; unterdessen wurde der Rückzug fortgesetzt, der sich besonders durch die englischen Flieger zu einem sehr verlustreichen gestaltete. Am See Genezareth bis nördlich zum Hulesee und östlich am Jormuk entlang bis Deraa an der Hedschasbahn wurde eine neue Stellung eingenommen und auch die östlich des Jordans stehende 4. Armee zurückgeführt. Auch hier setzten nun Angriffe der von den Engländern verstärkten Araber und Beduinen ein, und als Samach, das den Scheitelpunkt der neuen Stellung bildete, am 24. September, und am gleichen Tage auch Tiberias, beide nach tapferer Gegenwehr, verlorengingen, mußte die Armee in eine neue Stellung zurückgenommen werden, die etwa

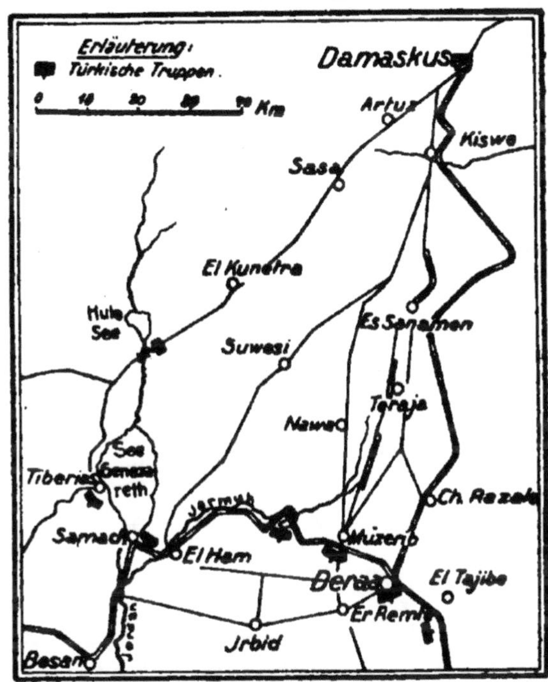

Karte 93. Die Tiberias- und Damaskusfront (nach Liman von Sanders).

50 km südwestlich von Damaskus mit dem linken Flügel an der Hedschasbahn, mit dem rechten südwestlich von Rajak an der Meißner-Pascha-Straße lag, um hier eine Umfassung durch die starke englische Kavallerie zu verhindern. In diese Stellung ging auch der linke Flügel der Armee zurück. Am 26. morgens traf Oberst von Oppen mit dem Asienkorps in Deraa ein und begann sofort mit der Verladung seiner Truppen nach der Rajakfront. Sie hatten noch 70 % ihrer Gefechtsstärke vom 19. September behalten und befanden sich in voller Ordnung und Disziplin. In gleicher Verfassung war auch das 146. Regiment, das am Morgen des 26. September Er Remte etwa 10 km südwestlich Deraa erreichte. Die Deutschen und Österreicher aber, die sich von Haifa aus längs der

Küste zurückgezogen hatten, erreichten am 26. Beirut und sollten sich unter Zurücklassung einer Nachhut bei Ain Sofar auf Rajak heranziehen. So hoffte man unter Festhaltung von Damaskus der Umfassungsbewegung der Engländer begegnen zu können. Der große Stab war bereits nach Aleppo abgeschoben; die 2. Armee, die die Küste besetzt hielt, war der Heeresgruppe Liman unterstellt worden. Liman selbst nahm in Baalbek nördlich Rajak Quartier. Mittlerweile hatte sich aber im Osten und Südosten von Damaskus die Zahl der bewaffneten Araber in gefahrdrohender Weise vermehrt;

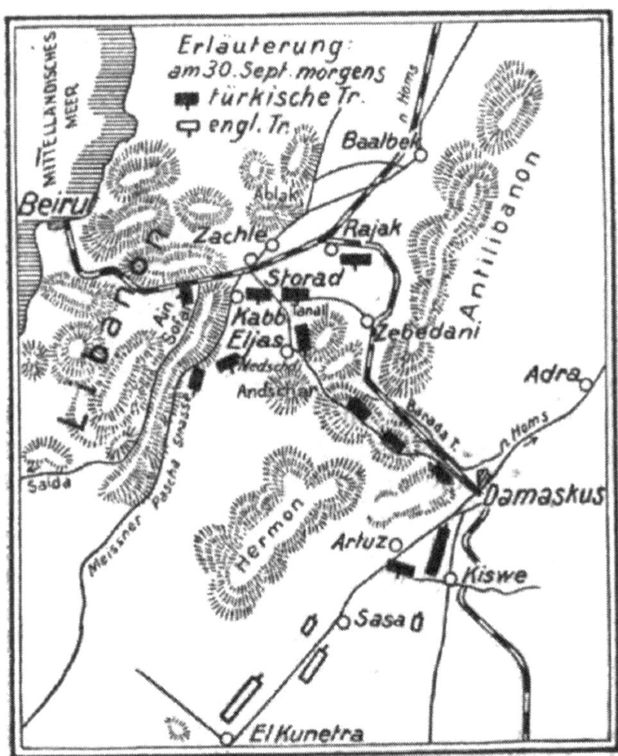

Karte 94. Die Kämpfe am Libanon Herbst 1918 (nach Liman von Sanders).

die Truppen bei Kiswe lösten sich immer mehr auf, und als englische Kavallerie über Sasa vorging, blieb nichts anderes übrig, als Damaskus so rasch als möglich zu räumen, in dem Unruhen und Unsicherheit immer weitere Fortschritte gemacht hatten. Das Asienkorps stand bereits in der Linie Kabb Eljas—Medschd el Andschar—Zebedani, das Regiment 146, das noch südlich Damaskus den Angriff feindlicher Kavallerie abwies, bildete auf der Straße über Adra nach Homs die Nachhut und hatte hier auch noch feindliche Angriffe abzuweisen. Am 1. Oktober wurde die Stadt verlassen und am gleichen Tage Beirut von den Engländern besetzt, die auch in Damaskus eine erhebliche Beute machten. Türkischerseits wurde der weitere Rückzug am Nachmittage des 2. Oktober angetreten, da der Zustand der türkischen Armee ein weiteres Verbleiben in der Rajakstellung unmöglich machte.

Der Rückzug in diese war furchtbar gewesen. Überall fehlte es an Wasser. Das Gepäck ging allmählich ganz verloren. Die zahllosen englischen Flieger bedrängten überall die Fliehenden. Furchtbar war die immerwährende Hitze. Bis zum 26. September sollen etwa 50000 Türken die Waffen gestreckt haben; später bis zum 2. Oktober noch weitere 17000 Mann. Doch sind diese Zahlen wahrscheinlich zu hoch gegriffen. Immerhin waren die Verluste sehr bedeutend, und bald nach dem Fall von Damaskus wurden in Konstantinopel der Kriegsminister Enver Pascha und der Großwesir Talaat gestürzt.

Da die Engländer zunächst nicht folgten, gelang es während des Rückzuges, der zuerst auf Homs, dann auf Aleppo ging, die türkischen Scharen wieder einigermaßen zu ordnen, so daß sie alle späteren Angriffe und die Landungsversuche der Engländer bei Alexandrette siegreich zurückwiesen. Das Asienkorps befand sich bereits in jener Gegend unter dem Befehl der 2. Armee. Jetzt wurde auch das Regiment 146 dorthin herangezogen.

Die Engländer folgten langsam der türkischen Nachhut, die von Homs auf Aleppo zurückwich. Hier aber wiederholte sich dasselbe Spiel wie in Damaskus: Die Zahl der streitbaren Araber nahm von Tag zu Tag zu, und als die türkische Nachhut heran war, mußte die Stadt am 25. Oktober geräumt werden, nachdem ein großer Angriff von Engländern und Arabern siegreich zurückgeschlagen worden war, da sie selbst im höchsten Grade unsicher geworden war. Das Hauptquartier der Heeresgruppe war bereits nach Adana gegangen. Von der 6. Armee, mit der von Aleppo aus dauernd Verbindung gehalten worden war, wußte man, daß sie südlich Mosul in der Fetiehstellung angegriffen worden war und am 24. Oktober hatte zurückgehen müssen. Auch auf die von Aleppo zurückweichende Armee erfolgten Angriffe, die stets zurückgewiesen wurden; dann wurde am 30. Oktober General Liman von Sanders seines Kommandos enthoben und nach Konstantinopel zurückgerufen; zwischen der Türkei und der Entente aber wurde ein Waffenstillstand geschlossen, der diesen Staat aus dem Bunde mit den Mittelmächten löste und ihn in ein durchaus verändertes politisches Dasein führte.

Die hauptsächlichsten Bedingungen dieses Waffenstillstandes aber waren: Sofortige Öffnung der Dardanellen und des Bosporus für die Ententemächte. Rückgabe der Gefangenen und Internierten an die Entente, während die gefangenen Türken, Deutschen usw. in der Hand der Entente bleiben. Sämtliche Häfen und Eisenbahnen der Türkei stehen zur Verfügung der Entente, Konstantinopel nicht ausgenommen. Zurückziehung des türkischen Heeres nach Westen hinter den Taurus; sofortige Abrüstung des ganzen Heeres und Herausgabe aller Kriegsschiffe. Alsbaldige Räumung von Persien und Kaukasien seitens der Türken. Übergabe der Häfen von Batum und Baku an die Entente. Waffenstreckung der in Arabien, Syrien, Mesopotamien und bei Mosul stehenden türkischen Truppen. Auslieferung der in Tripolitanien befindlichen türkischen Offiziere an Italien und Übergabe der dortigen Häfen. Abbruch aller Beziehungen zu den Mittelmächten, Entlassung der deutschen Instrukteure und Beamten.

Für die deutschen Truppen in Asien war ausgemacht worden, daß sie unbelästigt nach Deutschland zurückkehren dürften. Doch dauerte es noch Monate, bevor sie alle zum Abtransport kamen. Teils über die Ukraine, teils über das Mittelländische Meer gingen sie allmählich nach Deutschland zurück, um ein geknechtetes Vaterland vorzufinden.

Rückzug der Deutschen in die Lys-Hermann- und Hunding-Brunhild-Stellung.

Während diese Dinge sich im fernen Orient abspielten, wurde auch im Westen ununterbrochen gekämpft. Engländer und Franzosen, deren Kampflust dauernd abnahm, hatten wohl den Eindruck, daß, wenn sie den Deutschen Zeit zur Erholung ließen, diese sehr bald wieder voll kampfkräftig werden würden. Sie griffen daher fortgesetzt an und suchten ihre Minderwertigkeit als Truppe durch massenweises Kriegsmaterial und zahllose Flieger zu ersetzen. Sie brachten Tanks und Geschütze in ungezählter Menge ins Feuer und suchten durch sogenannte Materialschlachten den immer schwächer werdenden Gegner niederzuringen. Sie folgten dichtauf gegen die neuen Stellungen und griffen zunächst zwischen Moeuvres und Holnon nördlich St. Quentin den linken Flügel der 17., die 2. und den rechten Flügel der 18. Armee an, während sie zwischen Ailette und Aisne gegen den linken Flügel der 9. und den äußersten rechten der 7. Armee vorgingen.

Besonders schwer war der Kampf an der Front Moeuvres—Holnon am 18. und 19. September. Hier mußte der linke Flügel der 2. Armee einige Kilometer zurückgenommen werden, und der rechte der 18. mußte dieser Bewegung folgen. Im übrigen wurde die Front gehalten und bis zum 26. erbittert weitergekämpft. Dasselbe war bei der 9. und dem rechten Flügel der 7. der Fall, ohne daß irgendeine Entscheidung eingetreten wäre. Die Hauptangriffspunkte lagen hier zu beiden Seiten von Reims und seit dem 22. September auch östlich und westlich der Argonnen.

Die Alliierten verfolgten einen gewaltigen Plan. Sie wollten anscheinend die deutsche Mitte in der Richtung auf Maubeuge—Charleroi und Namur durchbrechen und zugleich die beiden Flügel der nördlich Metz stehenden Armee umfassen. Der Plan ging, wie es scheint, dahin, die Deutschen vom Rhein abzuschneiden und in dem Raume Brüssel—Namur—Lüttich zu vernichten. Zu diesem Zweck sollten sie im Norden von der Küste abgedrängt und auf Brüssel getrieben, im Süden zunächst auf die Linie Hirson—Mezières—Longwy gedrückt werden. Den Stoß in der Mitte sollten

Karte 95. Der Rückzug der Deutschen (nach Immanuel).

die englischen Armeen Horne, Byng, Rawlinson und die französische Armee Debeney unter dem Marschall Haig führen; im Norden sollten unter dem König der Belgier die englische Armee Plumer auf Lille, die Belgier auf Gent vorgehen; im Süden unter Pétain die Heeresgruppe Mangin auf Laon, Berthelot auf Rethel, Gouraud auf Vouziers, Ligget und Pershing in den Argonnen und auf Sedan.

Die Armeen des rechten Flügels bestanden aus Amerikanern. Ihr rechter Flügel — III. Korps — erstreckte sich von der Maas bis Malancourt, die Mitte — V. Korps — von Malancourt bis Vauquois, der linke Flügel von dort bis La Harazée. Sie waren im ganzen neun Divisionen stark, von denen nur drei ernstliche Gefechte mitgemacht hatten, vier eine Zeitlang im Schützengraben und zwei überhaupt noch nicht im Feuer gewesen waren. Dafür verfügten sie außer den kleinkalibrigen Grabengeschützen über 2400 Geschütze, so daß auf 10 m Front je ein Geschütz kam, 381 Sturmwagen und 780 Flugzeuge. Dem gegenüber standen fünf deutsche Heeresgruppen: Kronprinz Rupprecht von der Küste bis zur Scarpe, General von Boehn von der Scarpe bis zur Oise, Kronprinz Wilhelm von der Oise bis in die Argonnen, General von Gallwitz von den Argonnen bis zur Mosel, und Herzog Albrecht von Württemberg von der Mosel bis zur Schweiz. Ihre Aufgabe war es, allmählich vor der andrängenden feindlichen Übermacht möglichst langsam auf die rückwärtigen Stellungen zurückzugehen und sich nicht durchbrechen oder umfassen zu lassen.

Der Angriff der Ententetruppen begann im Süden am 26. September. Auf dem Westufer der Maas gingen Amerikaner in ungeheurer Übermacht vor, östlich des Flusses anscheinend Franzosen. Ob diese überhaupt vorwärts gekommen sind, entzieht sich zur Zeit meiner Kenntnis; die Amerikaner aber, als am 26. September der Angriff mit einem gewaltigen dreistündigen Artilleriefeuer einsetzte, erfochten gewisse Vorteile, die sie lediglich dem Umstand verdankten, daß eine deutsche Reservedivision versagte und sie an anderer Stelle auf eine sonst gute, aber abgekämpfte Division stießen. Am 27. und 28. fochten die Deutschen großenteils siegreich. Doch wollen die Amerikaner auch nach dem 26. die ganze erste und zweite Stellung der Deutschen nebst verschiedenen Orten genommen und während dieser Zeit 9000 Gefangene gemacht, sowie über 100 Geschütze erobert haben. Schon am 30. September aber kam ihr Angriff nicht weiter vorwärts, nachdem die Deutschen einige Verstärkungen herangezogen hatten, und am 4. Oktober wurden sie, nachdem sie Romagne am Westufer erreicht hatten, bei Dun auf beiden Ufern der Maas zum Stehen gebracht.

Auf dem linken Flügel — im Norden — griffen die Engländer und Belgier in der Nacht zum 28. September die Linie Dixmuiden—Wulverghem an und zwangen die deutschen Truppen, allmählich unter Festhaltung von Lombardzyde und Armentières in eine rückwärtige Stellung, an einzelnen Stellen bis hinter die Artillerieschutzstellung zurückzuweichen. Am 14. Oktober erneuerte der Feind seinen Angriff und gewann über Roulers hinaus Gelände. Auch Kortemarck ging verloren. Dagegen vermochte er in der Richtung auf Menin nur wenig vorwärts zu kommen und wurde bei Wervicq abgeschlagen. Die deutsche Armee ging darauf in die Linie Dixmuiden—Thourout—

Ingelmunster—Kortrijk zurück. Indessen waren die Verhältnisse doch so unsicher geworden, daß die flandrischen U-Boot-Stützpunkte geräumt werden mußten. 11 große und 13 kleine Torpedoboote sowie die U-Boote kehrten über die Nordsee nach Wilhelmshaven zurück. Vier weitere Torpedoboote, an denen noch einige Arbeiten zu machen waren, folgten. Vier nicht überführungsfähige U-Boote und zwei große Torpedoboote mußten gesprengt werden. Drei große Torpedoboote, die auf der Werft lagen, sollten nach Antwerpen transportiert werden, um dort gesprengt oder in Holland interniert zu werden. Die schnellen Motor-Torpedoboote waren nach Antwerpen gegangen und von dort nach Kiel verfrachtet worden. Die Seeflugzeuge hatten sich auf dem Luftwege nach Deutschland begeben. Von den Küstenbatterien konnten 10 28-cm-Eisenbahngeschütze abbefördert werden. Die übrigen wurden rechtzeitig zerstört. Die Werft wurde gerettet. Der Rücken der Armee war somit frei, und diese erhielt nunmehr den Befehl, in die Lysstellung zurückzugehen.

Die 6. Armee, die feindliche Angriffe überall siegreich zurückgewiesen hatte, erhielt nun auch den Befehl, sich dem Rückzuge der 4. Armee anzuschließen und abschnittweise auf Tournai und die Hermannstellung zurückzugehen. In der Nacht zum 18. wurde die Stadt Lille geräumt, ohne daß der Feind irgend gedrängt hätte oder dazu in der Lage gewesen wäre. Dieser Bewegung schlossen sich der linke Flügel der Armee und der rechte der 17., später die ganze 17. Armee an. Die Truppen gingen langsam in die Hermannstellung zurück. Hierbei schied die Heeresgruppe des Generals von Boehn aus, weil der Raum für eine besondere Heeresgruppe zu eng wurde. Die Heeresgruppe Kronprinz Rupprecht übernahm die 2. Armee, die Heeresgruppe Kronprinz Wilhelm die 18. Die 9. Armee wurde von der 7. übernommen. General von Carlowitz übernahm die 2., General von der Marwitz die 5. Armee. Für General von Gallwitz wurde eine besondere Heeresgruppe gebildet.

Bei der 17. Armee war am 27. September der Feind durchgebrochen und hatte in der Richtung auf Cambrai in einem scharfen Vorstoß Gelände gewonnen, während weiter südlich die Stellungen gehalten wurden. An der Durchbruchstelle aber wurde der Gegner aufgehalten. Es kam bis zum 8. Oktober zu sehr wechselvollen Kämpfen beiderseits der Stadt, die gehalten wurde. Die 17. Armee behauptete sich lange zähe bei Douai, Arleux und Cambrai, um erst allmählich in die Hermannstellung Condé—Valenciennes—Solesmes—Le Cateau zurückzugehen. Gegen die 2. Armee hatte sich am 26., 27. und 29. die ganze Wucht des feindlichen Durchbruchversuches gewendet. Am 29. September gelang es den Ententetruppen, die Siegfriedstellung bei Bellicourt und Belleeglise nördlich von St. Quentin zu durchbrechen, doch wurde der Angriff bei Le Catelet abgeriegelt. Dennoch sah sich die Oberste Heeresleitung veranlaßt, die 2. Armee am 9. Oktober in die Hermannstellung zurückzunehmen, eine Bewegung, der der linke Flügel und die Mitte der 17. Armee zunächst bis halbwegs Cambrai—Valenciennes folgen mußte; auch die 18. Armee, die St. Quentin am 2. Oktober räumte, mußte mit ihrem rechten Flügel in die Hermannstellung zurückgehen, während sie sich mit ihrem linken noch lange bei La Fère behaupten konnte, und diese Stadt sowie Laon erst am 16. Oktober aufgab, als auch die linke Nachbararmee zurückging.

Die Heeresgruppe Kronprinz Wilhelm hatte schon Ende September die Laffauxecke aufgegeben, weil sie zu viel Kräfte in Anspruch nahm, und war hinter den Oise—Aisne-Kanal zurückgegangen. Am 2. Oktober wichen auch der linke Flügel der 7. und der rechte der 1. Armee planmäßig zurück. Sie gingen in die Ausgangsstellung des Angriffs vom 27. Mai 1918. Leider gab bei Fismes wieder eine Division nach; aber dennoch hielt die Mitte der 7. Armee den Damenweg fest und wies feindliche Angriffe zurück, die hier einsetzten. Auch in der Champagne hatte die Abwehrschlacht günstigen Verlauf genommen, obgleich hier die Übermacht des Feindes besonders groß war. Wir haben gesehen, daß auch beiderseits der Maas der Feind schon am 4. Oktober zum Stehen gekommen war und die Amerikaner trotz ihrer gewaltigen Zahl irgend nennenswerte Erfolge nicht mehr zu erreichen vermochten, nachdem es ihnen gelungen war, die Deutschen auf die Michelstellung zurückzuwerfen. Trotzdem ließen die ununterbrochenen Angriffe der Ententetruppen gegen seine nunmehrige Stellung den deutschen Kronprinzen in den ersten Oktobertagen den Entschluß fassen, mit seiner ganzen Heeresgruppe in die Hunding-Brunhild-Stellung zurückzugehen. Zunächst wurden die Truppen vor Reims hinter die Suippe zurückgenommen, dann wurde in der Nacht vom 10. zum 11. die ganze Front vom Damenweg an bis in die Argonnen aufgegeben, nachdem noch vorher von der 3. Armee starke feindliche Angriffe abgewiesen waren. Am 13. Oktober früh standen die 3., 1. und 7. Armee in der gut ausgebauten neuen Stellung bereit. Der Feind drängte zwischen Oise und Aisne scharf nach, und es kam hier sehr bald zu erbitterten Kämpfen um die neue Stellung; auch um das Aisneknie zwischen Vouziers und Grandpré wurde lebhaft, aber für die Entente zunächst erfolglos gestritten. Vom 17. bis zum 21. rückte die ganze Armee in die Hunding-Brunhild-Stellung. Da, wie wir sahen, auch die Amerikaner östlich der Maas keinerlei Fortschritte machten und die Michelstellung sowie weiter südlich nirgends angegriffen wurde, konnte der große Plan des Generals Foch als gescheitert betrachtet werden. Nirgends war es gelungen, die deutschen Linien zu durchbrechen oder zu umfassen. Die Deutschen waren zwar langsam zurückgewichen, hatten aber ihre Front gewahrt. Hinter den Linien vermehrten sich allerdings die kugelscheuen und politisch verseuchten Elemente; heldenhaft aber schlugen sich alle die, die überhaupt noch in der Front standen und oft gegen vielfache Übermacht die Stellungen hielten. Besonders die Offiziere, die diese Heldentruppe führten, zeichneten sich durch vorbildliche Tapferkeit aus.

Demgegenüber verfügte Marschall Foch Mitte September, einer überschläglichen Berechnung nach, in Frankreich über zweieinhalb Millionen Franzosen, anderthalb Millionen Engländer, eindreiviertel Millionen Amerikaner und etwa eine halbe Million Belgier und Italiener, im ganzen über etwa sechseinviertel Millionen Mann, eine Zahl, der die Deutschen, einschließlich der Österreicher, von denen noch zwei weitere Divisionen im September nach Frankreich gekommen waren, nur etwa zweidreiviertel bis drei Millionen, die offiziell in Frankreich waren, entgegenzustellen hatten. Von ihnen konnte aber nur ein Teil als wirklich widerstandswillig gerechnet werden. Daß unter solchen Umständen die Ententetruppen nicht raschere Fortschritte machten und ihre Gegner nirgends zu schlagen vermochten, sondern nur durch ihre überwältigende Überlegenheit an Tanks, Artillerie und sonstigem Kriegsmaterial überhaupt vorwärts kamen, obgleich einzelne deutsche Divisionen immer wieder versagten, so ist das nur dadurch zu erklären, daß auch sie — wenigstens Franzosen und Engländer — am Ende ihrer Kräfte, und die Amerikaner, die allerdings, wie General Foch berechnet, im Oktober 1700000 Mann stark waren, völlig kriegsunerfahren waren. Sie hatten lange nicht so viel zu leiden gehabt wie die von allen Hilfsmitteln abgeschnittenen Deutschen; sie hatten allerdings sehr viel größere Verluste gehabt als ihre Gegner, dafür aber gewaltige Volksreserven hinter sich und, wie nicht oft genug wiederholt werden kann, die Industrie der ganzen Welt zu ihrer Verfügung. An ihrer Spitze aber standen ein Clémenceau und Lloyd George, deren eiserne Willenskraft das Volk in blinder Abhängigkeit und den Geist des Widerstandes wach erhielt, während auf deutscher Seite ein abgelebter Greis an der Spitze der Regierung stand, und die öffentliche Meinung dem verderblichen Einfluß der verlogenen feindlichen Propaganda und der Parteisucht der eigenen Volksgenossen preisgab, Menschen, die nur daran dachten, das Unglück des Vaterlandes zum eigenen Vorteil auszunutzen und bei der Kriegsmüdigkeit des ganzen Volkes damit Glauben und Anhänger gewannen.

Das Deutsche Waffenstillstandsangebot.

Schon am 28. September war Hindenburg zu der Ansicht gekommen, daß der Krieg nicht mehr zu gewinnen sei, daß daher nun endlich der Frieden angebahnt werden müßte. Schon lange hatte er auf die Regierung in diesem Sinne eingewirkt. An eine Preisgabe des Ostens dachte er dabei nicht und war der Ansicht, daß ein Waffenstillstand die Ehre Deutschlands intakt lassen und die Wiederaufnahme der Feindseligkeiten möglich machen müsse. Das glaubte er auch angesichts der Haltung seiner tapferen Armee erreichen zu können. Wenn aber ein solcher Waffenstillstand nicht zu erhalten wäre, wenn die Feinde auf ihrem Vernichtungswillen beständen, dann müßte seiner Ansicht nach das ganze Volk zum Widerstande aufgefordert werden. Von einem solchen allgemeinen Volksaufstande erwartete er die Wiederbelebung der Kampffähigkeit und einen erfolgreichen Widerstand. Auch der Unterseebootkrieg durfte seiner Ansicht nach während eines Waffenstillstandes nicht aufgegeben werden, oder nur gegen eine entsprechende Lieferung von Lebensmitteln. Die Regierung aber hatte bisher nichts zur Erlangung eines solchen getan, obgleich ihr über die Kriegslage schon lange reiner Wein eingeschenkt worden war.

Inzwischen aber hatte sich in Deutschland und vor allem im Reichstage die Stimmung im Sinne der feindlichen Propaganda verschlechtert. Man fürchtete sogar eine Revolution, und der Staatssekretär des Äußeren, der am 29. September mit Hindenburg und Ludendorff zusammenkam, um endgültige Entschließungen zu fassen, glaubte daher um so mehr, daß eine Heranziehung weiterer Volkskreise zur Beschlußfassung, und daher die Einsetzung einer parlamentarischen Regierung nötig sei. Eine solche konnte Hertling seiner ganzen Vergangenheit nach niemals bewilligen, und die Stellung des Reichskanzlers war daher ernstlich erschüttert. Der Kaiser fügte sich den Vorschlägen des Staatssekretärs, und am 30. wurde der Graf Hertling entlassen. An seiner Stelle wurde im Einverständnis mit dem Reichstage Prinz Max von Baden zum Reichskanzler ernannt, dem eine parlamentarische Regierung zur Seite trat. Es lag offenbar eine große Gefahr darin, in diesem Augenblicke und mit diesem Reichstage eine parlamentarische Regierung einzurichten, denn in diesem wie in der Masse des Volkes führten die Parteien die Herrschaft, die nach Macht strebten, der feindlichen Propaganda glaubten und einen Rechts- und Verständigungsfrieden für möglich hielten. Der Aufruf zu einer Volkserhebung war von solchen Leuten schwerlich zu erwarten, und nur ein solcher konnte in der Lage helfen, in der sich Deutschland befand. Ich bin der Überzeugung, daß damals ein energisches Auftreten noch möglich und erfolgreich gewesen wäre. Wenn man dem deutschen Volke die volle Wahrheit gesagt und gegen die ehrlosen Elemente rücksichtslos vorgegangen wäre, um erst *nach* überwundener Krisis die notwendigen Reformen einzuführen, wären zahllose Deutsche bereit gewesen, ihr alles an die Verteidigung der Ehre und des politischen Daseins ihres Vaterlandes zu setzen, denn noch stand die Armee im großen und ganzen unerschüttert da, und noch war das Prinzip der Autorität im größten Teil des Volkes lebendig; dieser wäre bereit gewesen, sich auf den Ruf seines Kaisers zu erheben.

Die Regierungsmänner dachten anders; sie hielten die Einführung des parlamentarischen Systems, das stets die Herrschaft der jeweiligen Gewalthaber bedeutet, für unerläßlich, und Hindenburg war viel zu königstreu und loyal, um gegen den Willen des Herrschers und seiner Regierung Front zu machen. Diese trifft daher eine um so schwerere Verantwortung. Bezüglich des nunmehr notwendigen Schrittes zur Anbahnung des Friedens hielt man es regierungsseitig für das beste, sich an Wilson zu wenden, der die Grundsätze eines immerhin annehmbaren Friedens kundgetan hatte. Es ging daher, nachdem die neue Regierung zusammengesetzt war, an den Präsidenten der amerikanischen Republik durch Vermittlung des Schweizer Gesandten am 5. Oktober eine Note, die offiziell um die Herbeiführung eines Waffenstillstandes bat, und die 14 Punkte, die Wilson in seiner Botschaft vom 8. Januar 1918 als sein Programm aufgestellt hatte, ausdrücklich als Grundlage der Verhandlungen annahm. Diese 14 Punkte aber lauteten: 1. Öffentlichkeit aller Friedensverträge. 2. Freiheit der Schiffahrt. 3. Beseitigung aller wirtschaftlichen Schranken zwischen den Völkern. 4. Herabsetzung der Rüstungen. 5. Weitherzige Schlichtung der kolonialen Ansprüche. 6. Räumung und Wiederaufrichtung Rußlands. 7. Räumung, Wiederaufrichtung und Wahrung der Souveränität Belgiens. 8. Befreiung und Wiederherstellung der besetzten Gebiete Frankreichs sowie Wiedergutmachung des Unrechts, das Frankreich vor nahezu 50 Jahren durch Preußen hinsichtlich Elsaß-Lothringens zugefügt worden ist. 9. Berichtigung der italienischen Grenzen nach nationalem Besitzstande. 10. Autonome Entwicklung der Völker Österreich-Ungarns. 11. Räumung Rumäniens, Serbiens, Montenegros und Wiedererstattung der besetzten Gebiete. 12. Selbständigkeit der türkischen Teile des Osmanischen Reiches und Sicherstellung der Lebensbedingungen der unter türkischer Herrschaft stehenden anderen Nationalitäten. 13. Schaffung eines selbständigen polnischen Staates unter Einschluß aller von unzweifelhaft polnischer Bevölkerung bewohnten Gebiete und Gewährung eines freien Zugangs zur See. 14. Bildung eines Völkerbundes. Die Ziele dieses letzteren hatte Wilson in einer Rede vom 27. September dahin festgelegt, daß durch ihn allen Völkern Ruhe und Sicherheit gewährt, und die Wiederholung eines Krieges wie des jetzigen für alle Zeit verhütet werden sollte.

Diese Forderungen gingen, wie man sieht, in vielen Punkten weit über das hinaus, was Hindenburg im Sinn gehabt hatte, als er einen Waffenstillstand für notwendig erklärte. Das war aber noch mehr der Fall, als auf eine Rückfrage Wilsons, ob Deutschland bereit wäre, seine Truppen aus den besetzten Gebieten zurückzuziehen, und ob der Reichskanzler für die Gewalten spräche, die bisher den Krieg geführt hätten, geantwortet wurde, daß die deutsche Regierung mit der Räumung einverstanden sei, und daß sie im Namen der großen Mehrheit des Reichstages und des deutschen Volkes spräche. Die Worte, die der neue Reichskanzler bei der Eröffnung des Reichstages am 5. Oktober sprach, hatten zwar auf ein mannhaftes Auftreten gegenüber den Wilsonschen Anmaßungen hoffen lassen, davon aber war in dieser Antwort nichts zu spüren. „Ich weiß," hatten diese Worte gelautet, „daß das Ergebnis des Friedensangebotes Deutschland fest entschlossen und einig finden wird sowohl zu einem redlichen Frieden, der jede eigensüchtige Verletzung fremder Rechte von sich weist, als auch zu dem Endkampfe auf Leben und Tod, zu dem unser Volk ohne eignes Verschulden gezwungen würde, wenn die Antwort der mit uns im Kriege stehenden Mächte auf unser Angebot von dem Willen, uns zu vernichten, diktiert sein sollte." Die Antwort an Wilson bewies, daß es sich hierbei eben nur um Worte handelte, hinter denen die Taten fehlten. Das wurde noch besonders klar, als am 14. Oktober die Antwort Wilsons auf das deutsche Waffenstillstandsangebot, die sogenannte zweite Wilsonnote, einlief, die betonte, daß die Räumung des besetzten Gebietes, die Preisgabe des U-Boot-Krieges und entscheidende Verfassungsänderungen — womit Wilson die Beseitigung des Kaisers meinte — allen Waffenstillstandsverhandlungen vorausgehen müßten.

Hatte schon die Beantwortung der Wilsonschen Anfragen eine Unterwerfung unter dessen Willen bezüglich der Räumungsfrage bedeutet und jenem das Recht zugestanden, sich in die inneren Verhältnisse des Reiches zu mischen, so handelte es sich jetzt um weit mehr. Die Bewilligung der Wilsonschen Forderungen kam einer völligen Waffenstreckung gleich und lieferte Deutschland dem Haß seiner schlimmsten Feinde aus. Deutschland stand vor der Frage, ob es sich auf Gnade oder Ungnade der Entente ausliefern oder das Volk zum letzten Verzweiflungskampf aufrufen sollte. Ehre und Überlegung forderten zweifellos das letztere.

Am 17. Oktober fand diesbezüglich eine Sitzung der Regierung statt, an der von militärischer Seite General Ludendorff, Oberst Heye und General Hoffmann teilnahmen. Hier wurde die Antwort auf die Wilsonnote und deshalb auch die militärische Möglichkeit weiteren Widerstandes besprochen. Es wurde nachgewiesen, daß im Osten nur 26 Divisionen ständen, die man im Westen nicht verwenden könne, im Westen dagegen auch nur 186 mit Bataillonsstärken von nur 540 Mann, die, an sich schwach, nur dadurch erreicht worden sei, daß man 22 Divisionen, gleich 66 Infanterieregimentern, aufgelöst habe; daß die Gefahr des Bolschewismus dauernd wachse, zumal der russische Gesandte Joffe nach wie vor ungestört seine revolutionäre Propaganda in Berlin selbst treiben könne, daß aber ein Widerstand besonders zur See immer noch möglich sei. Es wurde von militärischer Seite hervorgehoben, daß wir Wilson gegenüber noch völlig freie Hand hätten, daß es jetzt aber Pflicht sei, durchzuhalten, und daß der U-Boot-Krieg als unsere einzige offensive Waffe unter keinen Umständen aufgegeben werden dürfe. Mehrere Staatssekretäre sprachen sich in dem gleichen Sinne aus, und so konnten die Vertreter der

Obersten Heeresleitung voller Hoffnung die Sitzung verlassen und sich wieder zur Armee begeben. Ein Beschluß wurde leider nicht gefaßt. Auch hielt die mutige Stimmung in Berlin nicht an, und die Antwortnote an Wilson fiel demnach auch ganz anders aus, als die Oberste Heeresleitung erwartet hatte.

Am 20. Oktober ging sie von Berlin ohne weitere Rückfrage bei Hindenburg ab und gab in allen Punkten dem Willen des Präsidenten nach. Zwar wurde nochmals betont, daß nichts geschehen dürfe, was mit der Ehre Deutschlands und einem Frieden der Gerechtigkeit im Widerspruch stehe, doch wurde der U-Boot-Krieg preisgegeben und die gewünschten Verfassungsänderungen in Aussicht gestellt. Mit dieser Antwort wurde der letzte Schritt getan, um Deutschland wehrlos seinen Feinden auszuliefern. Daran vermochte es nichts zu ändern, daß Prinz Max am 22. Oktober im Reichstage ausführte: „Wer sich ehrlich auf den Boden des Rechtsfriedens stellt, der hat zugleich die Pflicht übernommen, sich nicht kampflos dem Gewaltfrieden zu beugen. Eine Regierung, die hierfür keine Empfindung hat, wäre der Verachtung des kämpfenden und arbeitenden Volks preisgegeben." Auf Taten mußte man gefaßt sein, aber der Wille zur Tat war versiegt, und Ludendorff hat ganz recht, wenn er schreibt: „Prinz Max hat sich und seinen Mitarbeitern" mit solchen Worten „das Urteil gesprochen". Es gibt allerdings kaum etwas Verächtlicheres als diese Leute der großen Worte und der erbärmlichen Taten.

Nichts war natürlicher, als daß mit der Nachgiebigkeit und Schwäche der deutschen Antworten sich die rücksichtslosen Forderungen der Ententestaaten immer mehr steigerten. Sie erkannten die ehrlose Schwäche der deutschen Regierung und verlangten daher eine volle Kapitulation, wie das nach solchen Beweisen der Kampfunfähigkeit des Volkes auch kaum anders möglich war.

Wilsons Antwortnote, die am 23. Oktober eintraf, trug denn auch den Stempel solcher Erwägungen. Sie sprach es in dürren Worten aus, daß nur dann ein Waffenstillstand gewährt werden könne, wenn durch seine Bedingungen Deutschland die Wiederaufnahme der Feindseligkeiten unmöglich gemacht würde. Der Präsident habe daher die Bevollmächtigten der verbündeten Mächte aufgefordert, solche Waffenstillstandsbedingungen auszuarbeiten, die die Interessen der betreffenden Staaten wahren und die Sicherung des Friedens gewährleisten könnten. Durch die Annahme dieser Bedingungen würde Deutschland am besten beweisen, daß es die Forderungen und Grundsätze des zukünftigen Friedens annähme.

Ein solcher Vorschlag kam einer Kapitulation gleich, und Hindenburg entwarf daher, in der festen Überzeugung, daß die Regierung gar nicht anders könne, als nunmehr den Widerstand aufs äußerste zu organisieren, folgenden Befehl an die Truppen:

„Zur Bekanntgabe an alle Truppen.

Wilson sagt in seiner Antwort, er wolle seinen Bundesgenossen vorschlagen, in Waffenstillstandsverhandlungen einzutreten. Der Waffenstillstand müsse aber Deutschland so wehrlos machen, daß es die Waffen nicht mehr aufnehmen könne. Über einen Frieden würde er mit Deutschland nur verhandeln, wenn dieses sich den Forderungen der Verbündeten in bezug auf seine innere Gestaltung völlig füge; andernfalls gäbe es nur die bedingungslose Unterwerfung.

Die Antwort Wilsons fordert die militärische Kapitulation. Sie ist deshalb für uns Soldaten unannehmbar. Sie ist der Beweis, daß der Vernichtungswille, der 1914 den Krieg entfesselte, unvermindert fortbesteht. Sie ist ferner der Beweis, daß unsere Feinde das Wort ‚Rechtsfrieden' nur im Munde führen, um uns zu täuschen und unsere Widerstandskraft zu brechen. Wilsons Antwort kann daher für uns Soldaten nur die Aufforderung sein, den Widerstand mit äußersten Kräften fortzusetzen. Wenn die Feinde erkennen werden, daß die deutsche Front mit allen Opfern nicht zu durchbrechen ist, werden sie zu einem Frieden bereit sein, der Deutschlands Zukunft gerade für die breiten Schichten des Volkes sichert.

Im Felde, den 24. Oktober, abends 10 Uhr.

gez. von Hindenburg."

Anders aber dachten die Regierung und der Reichstag. Obgleich der Befehl, nachdem bekanntgeworden war, daß er den Ansichten und Entschließungen der Regierung nicht entspreche, zurückgezogen war, ergoß sich im Reichstage eine wahre Sturmflut der Entrüstung über die Oberste Heeresleitung, die nur ausgesprochen hatte, was jeder ehrliebende Deutsche empfand. Die Regierung rührte keinen Finger zu ihrer Verteidigung; ja, Prinz Max stellte sogar die Kabinettsfrage für den Fall, daß Ludendorff im Amte bliebe. Gegen diesen wendete sich aller Haß der Gegner, weil man sich an den Feldmarschall selbst nicht heranwagte, und in jenem das treibende Element jeden Widerstandes sah. Ludendorff nahm am 26. Oktober seinen Abschied. Auch der Kaiser ließ ihn fallen. General Groener trat an seine Stelle. In der Note vom 27. Oktober aber bekannten sich die Deutschen, wie Ludendorff mit Recht schreibt, zur Kapitulation. Deutschland war nicht mehr zu retten. Seine eigene Regierung hatte ihm hinterrücks den Todesstoß versetzt. Der U-Boot-Krieg wurde preisgegeben. Schon am 20. Oktober wurde befohlen, daß Passagierschiffe nicht mehr torpediert werden dürften, ein Befehl, der der Einstellung des U-Boot-Krieges gleichkam, obgleich damals 379 U-Boote auf den Werften lagen. Umsonst hatte Hindenburg an die Tage nach der Schlacht von Kunersdorf erinnert, in denen einst Friedrich der Große, obgleich am Ende seiner Hilfsmittel, dennoch nicht verzweifelt war, eine eherne Stirn dem Unglück entgegensetzte und den Staat vom Untergange rettete. Jetzt war der Mann gefallen, der, nur Deutschlands Zukunft im Sinne, vier Jahre lang wie ein Held gefochten und zuletzt neben dem Feldmarschall die Hauptlast des Krieges getragen hatte.

Sein Fall war ein Zeichen dafür, daß Deutschland fortan der Ehrlosigkeit und dem Helotentum verfallen sollte, dasselbe Deutschland, daß viereinhalb schwere Jahre lang mit unvergleichlichem Heldenmut einer Welt in Waffen widerstanden hatte.

Letzte Kämpfe der Mittelmächte.

Während über das Schicksal des deutschen Volkes die Würfel rollten, wurde an der Westfront dauernd gefochten. Die 4. Armee führte ihren Rückzug in die Lysstellung unter andauernden Kämpfen mit dem scharf nachdrängenden Gegner aus. Brügge, Thielt und Kortrijk wurden am 19. Oktober aufgegeben; am 20. wurde an der Lys gekämpft, und der Gegner gewann bei Deinze das östliche Ufer. Er drängte zwischen Lys und Schelde, gegen Gent und Oudenaarde vor. Die Kämpfe nahmen am 25. Oktober einen ernsten Charakter an und erweiterten sich zur Schlacht, die auch auf die 6. Armee übergriff. Diese war auf die Linie Avelghem—Tournai—Valenciennes zurückgewichen. Am 20. näherte sich der Feind diesen Städten. Weiter südlich lagen die 17., 2. und 18. Armee in schweren Kämpfen. Besonders in der Gegend von Le Cateau bis zur Oise griff der Feind am 17. und 18. Oktober mit Ungestüm an und zwang die Deutschen, hinter den Sambre-Oise-Kanal und aus der Gegend südwestlich Landrecies bis zur Oise zurückzugehen. Guise wurde gehalten. Die 18. Armee hatte alle Versuche, die Oise aufwärts von La Fère zu überschreiten, zurückgewiesen und hatte erst am 20. Oktober die Hunding-Brunhild-Stellung zwischen Oise und Serre eingenommen. Hier entwickelten sich, wie schon gesagt, heftige feindliche Angriffe. Die 7. und 1. Armee wurden ebenso zwischen Serre und Aisne angegriffen und behaupteten im allgemeinen ihre Stellungen. Am 25. wiesen sie einen großangelegten feindlichen Ansturm siegreich zurück. Auch an der Aisne bei Vouziers und Grandpré, im Airetal und auf den Höhen des linken Maasufers griffen die Feinde wiederholt an, ohne eine Entscheidung herbeiführen zu können. Erst sehr allmählich gingen die deutschen Truppen, die sich zum großen Teil heldenhaft schlugen, auf Guise—Vervins und Poix zurück. Die Lage hier blieb zunächst unverändert, während weiter südlich bis zur Schweizer Grenze überhaupt nichts Entscheidendes vorfiel. Auch die Amerikaner fochten zunächst ohne Entscheidung.

Sie waren jetzt in zwei Armeen formiert, von denen die erste — soviel man sehen kann — von östlich Vouziers bis Verdun reichte, während die zweite von Frêsne en Woëvre bis Port sur Seille am rechten Moselufer aufgestellt war. Erst am 1. November waren sie zum Angriff bereit.

In Italien dagegen fiel jetzt die Entscheidung.

Die Völker Österreich-Ungarns waren des Krieges und der Mißwirtschaft der Regierung müde. Sie strebten auseinander; sie wollten sich selbständig entwickeln. Ein Friedensschritt, den die österreichische Regierung trotz deutscher Abmahnung unternahm, wurde von Wilson, an den er gerichtet war, ausweichend behandelt, und rief heftige Mißbilligung in Deutschland hervor. Am 17. Oktober hatte darauf Kaiser Karl eine Kundmachung erlassen, wonach Österreich in einen Bundesstaat verwandelt und von Ungarn völlig getrennt werden sollte. Auch das war umsonst. Wilson beantwortete die Kundmachung damit, daß er die Tschecho-Slowaken als kriegführende Macht anerkannte, und den Südslawen — Kroaten, Slowenen, Serben, Slawoniern — das Recht staatlicher Selbstbestimmung verlieh. Mit diesem Schlage vernichtete er die staatliche und militärische Einheit Österreichs, und in diesem kritischen Augenblick setzte der lange vorbereitete englisch-italienische Angriff ein. Er begann am 23. Oktober mit einer machtvollen Artillerievorbereitung und wendete sich zunächst gegen die Gebirgsfront. Hier gingen bis zum Abend des 25. alle Vorhöhen des Grappagebietes in die Hände der Italiener über. Nacheinander wurden von ihnen der Monte Asolone, Pertica, Solarolo, Tomba, Spinuccia und Fontana Secca genommen; gleichzeitig bemächtigten sie sich auf dem westlichen Brentaufer der österreichischen Hauptstützpunkte, des Monte Sisemol und des Col del Rosso. Erst am 26. griff die englisch-italienische Armee die untere Piave an und eroberte, trotz aller Gegenstöße treugebliebener deutscher Truppen, bis zum 30. mittags alle beherrschenden Höhen auf dem Ostufer der Piave. Die vorderste Linie wehrte sich mannhaft. Überhaupt kam bei den kämpfenden Truppen keine Gehorsamsverweigerung vor; aber die Reserven versagten. Die Italiener wagten erst spät, an ihren Sieg zu glauben. Sie gingen nur sehr vorsichtig vor. Den eigentlichen Durchbruch führten zwei englische Divisionen aus, die dabei schwere Verluste erlitten. Dann aber brach das Unheil herein.

Erst am 29. Oktober gab die österreichisch-ungarische Heeresleitung den Befehl zum Rückzuge, und als nun noch ein Erlaß des bereits seiner Macht entsetzten Kaisers Karl auflösend wirkte und mangelhafte Vorbereitung des Rückzuges — Nichtfreihaltung der Rückzugsstraßen und fehlerhafte Ausnutzung der Eisenbahnen — sich geltend machte, da riß überall Unordnung ein, und unter ihrem Einfluß löste sich das Heer auf, das der General Boroevic, dem trotz seiner bekannten Unfähigkeit das Oberkommando der Armee anvertraut worden war, nicht mehr zusammenzuhalten vermochte. Der Zusammenbruch war schlimmer, als er seinerzeit bei der russischen Armee beobachtet worden war. Die Italiener wollen 7000 Geschütze erbeutet und 450 000 Mann zu Gefangenen gemacht haben. Schon am 4. November wurde zwischen der Entente und den Trümmern des österreichischen Staates Waffenstillstand geschlossen. Die Italiener besetzten alle wichtigen Küstenpunkte; Triest und Fiume, Pola, Zara und Cattaro fielen in ihre Hand, sie machten sich völlig zu Herren des Landes. Deutschland aber schob Truppen, die später wieder zurückgezogen wurden, bis an den Brenner vor, da es einen Einfall in Süddeutschland befürchtete.

Die U-Boot-Stützpunkte Cattaro und Pola waren schon vorher von den Deutschen geräumt worden. Am 28. Oktober hatten 16 U-Boote den Rückmarsch nach der Heimat angetreten. 10 hatten gesprengt werden müssen, da sie nicht mehr fertiggestellt werden konnten. Der Kreuzer „Goeben" mußte der Türkei überlassen werden. „Breslau" war schon vorher zugrunde gegangen. So wurde das Mittelländische Meer geräumt. Auf dem französischen Kriegsschauplatz aber gab die Oberste Heeresleitung schon am 4. November den Befehl zum Rückzug in die Maas—Antwerpen-Stellung, der unter steten Kämpfen ausgeführt wurde.

Die amerikanische 1. Armee, die am 1. November zum Angriff übergegangen war, überschritt am 5. November die Maas, nahm nach heftigem Kampfe die Maashöhen südlich Stenay und machte sich bereit, gegen die Linie Montmedy—Longuyon—Spincourt—Etain in der allgemeinen Richtung auf Longwy vorzugehen[1]). Auch die 2. amerikanische Armee sollte in der allgemeinen Richtung auf Briey vorgehen, während sechs weitere amerikanische Divisionen der 2. französischen Armee zugeteilt wurden, die über Chateau-Salins vorbrechen sollte.

Langsam gingen die Deutschen zurück. Guise und Maubeuge wurden erst am 8. November geräumt. Leider fehlen die Quellen, die die Kämpfe dieses Rückzuges betreffen; nur Allgemeines läßt sich darüber sagen. Die Armee bewahrte trotz allen Unglückes, das sie verfolgte, ihre Ordnung und ihren inneren Zusammenhalt. Sie mußte aber zurückgehen, weil die allgemeinen Verhältnisse es erforderten, und die Überlegenheit des Gegners mit jedem Tage wuchs; aber sie hielt den Feind in respektvoller Entfernung. Er wagte es im allgemeinen nur mit Kavallerie und leichten Panzerwagen zu folgen. Zu einer eigentlichen Verfolgung kam es überhaupt nicht: das Gefühl der Überlegenheit hat — bis auf wenige Ausnahmen — die deutschen Soldaten niemals verlassen. Den allgemeinen Verhältnissen des Krieges aber mußten sie Rechnung tragen. So wurde Kaukasien schon im Oktober geräumt, so begann schon im gleichen Monat die Räumung von Finnland und der Ukraine. Im November begann der deutsche Rückzug aus Polen und Wolhynien; der Rückzug aus der Ukraine wurde fortgesetzt, die besetzten Gebiete wurden allmählich geräumt. Da feindliche Truppen nicht besonders drängten, wenn solche überhaupt

[1]) Siehe Karte 8.

vorhanden waren, bietet dieser Rückzug keinerlei militärisches Interesse und braucht daher nicht näher geschildert zu werden. Es genügt zu wissen, daß die Deutschen alle die Länder aufgeben mußten, die sie mit Strömen Blutes erobert hatten. Sie mußten jetzt die eigenen Grenzen schützen, was im Süden und Osten immerhin notwendig werden konnte. Unterdessen aber ging im Westen die Armee auf die Maas—Antwerpen-Stellung zurück. Sie hatte alle minderen Elemente ausgeschieden, sich innerlich gefestigt und an Gefechtskraft zugenommen. Getrosten Mutes erwartete sie den Feind, hätte noch lange in verkürzter Linie gegen die Übermacht aushalten und im Notfall auf eine vorbereitete Grenzstellung zurückgehen können. Der Ausbruch der Revolution vernichtete alle ihre Hoffnungen.

Der Ausbruch der Revolution, der Waffenstillstand und der Zusammenbruch.

Es ist schon an anderer Stelle dargelegt worden, weshalb gerade die Hochseeflotte den verderblichen Einflüssen aus der Heimat besonders ausgesetzt war. So hatte sich in ihr ein Geist der Widersetzlichkeit entwickelt, der schon mehrfach aufgelodert und unterdrückt worden war, jetzt aber nur der Gelegenheit harrte, um von neuem aufzuflammen.

So lagen die Verhältnisse, als die Seekriegsleitung zu der Ansicht kam, daß jetzt der Augenblick gekommen sei, die Flotte zur Unterstützung des Landheeres einzusetzen; Admiral Scheer glaubte mit Recht, daß ein Seesieg oder eine schwere Schädigung der feindlichen Flotte einen großen moralischen Einfluß ausüben und die Friedensverhandlungen unterstützen würde. Auch lagen die Verhältnisse insofern besonders günstig, als der Unterseehandelskrieg eingestellt und die U-Boote daher in großer Zahl verfügbar waren, um an der Unternehmung teilzunehmen.

Die Mannschaften aber glaubten, oder ließen sich weismachen, daß die Flotte sinnlos geopfert werden sollte. So weit hatte der Krankheitsstoff sie bereits verseucht, und dieser Gedanke griff um so mehr um sich, als das Zusammenziehen der Seestreitkräfte die Ansteckungsmöglichkeit erweiterte. Die Flotte wurde zu der geplanten Unternehmung auf der Wilhelmshavener Außenreede versammelt. „Der Vorstoß war so angelegt," schreibt Korvettenkapitän Hintzmann, „daß das Auslaufen der Flotte im Dunkel einer langen Nacht, der Angriff auf die flandrische Küste und die Themsemündung durch Torpedoboote und Kleine Kreuzer bei Hellwerden erfolgt wäre. Genügend weit zurückstehend sollte die Flotte diese ‚Stoßtruppe' bei ihrer Rückkehr aufnehmen, und zwischen dem An- und Rückmarsche unserer Flotte und den Hauptliegehäfen der Engländer standen unsere U-Boote, sollten dichte Minensperren gelegt werden. So mußte die englische Schlachtflotte, wenn sie kam, lange ehe sie mit unserer Flotte in Fühlung kommen konnte, schwere Verluste durch Minen und Torpedotreffer erleiden." Als aber am 29. Oktober die Anker gelichtet werden sollten, um zu der besagten Unternehmung auszulaufen, brach, zunächst auf einzelnen Linienschiffen und Großen Kreuzern, die Meuterei aus, während die Mannschaften der U-Boote, der Torpedoboote, der Minensuchboote und der Kleinen Kreuzer die Treue bewahrten. Sie verbreitete sich schnell in einer Weise, daß der Flottenchef nicht glaubte, zu einer kriegerischen Unternehmung auslaufen zu können. Er detachierte daher das I. Geschwader nach der Elbe, das IV. nach der Jahde und das III. nach Kiel. In Wilhelmshaven schien damit die Ruhe wiederhergestellt zu sein; das III. Geschwader aber trug die Unordnungen nach Kiel, wo sie am 1. November ausbrachen und am 3. größeren Umfang annahmen, weil ihnen kein entschiedener Widerstand entgegengesetzt wurde. Auch Abgeordnete, die von der Regierung geschickt wurden, vermochten die Ruhe nicht herzustellen, und ebensowenig ein Erlaß des Kaisers, der seine volle Übereinstimmung mit der Regierung bekunden sollte. Truppen, die das Kriegsministerium aufbot, versagten vollständig. Am 5. November konnte die Meuterei nicht mehr unterdrückt werden und wurde zum Anlaß der Revolution in ganz Deutschland. Die Regierung des Prinzen Max aber fand weder die Kraft, noch den Entschluß, die anfangs nur örtliche Bewegung mit Gewalt zu unterdrücken. Vornehmlich war die Charakterschwäche des Prinzen daran schuld; dann aber waren auch in der Regierung selbst revolutionäre Elemente, die gegen eine solche Bewegung nicht mit Machtmitteln vorgehen mochten. Man fürchtete sich, offen gegen die Sozialisten aufzutreten. Die Unabhängige Sozialistische Partei hatte ganze Arbeit gemacht. Unter ihrem Einflusse war Liebknecht aus dem Zuchthaus entlassen, und Joffe war erst Ende Oktober aus Berlin entfernt worden, nachdem er den Unabhängigen reiche Geldmittel zu revolutionären Zwecken in die Hand gespielt hatte. Zudem waren die Mehrheitssozialisten dem Umsturz geneigt, die übrigen Parteien lau und unentschlossen; die Stimmung in Deutschland der Regierung wenig geneigt; man sehnte sich nach Frieden, glaubte der feindlichen Propaganda und war wenig gewillt, für die bestehenden Zustände einzutreten. Der Wahrheit der Dinge wollte niemand ins Auge sehen; in unbestimmter Weise hoffte man Gutes von der Zukunft. So kam es, daß die revolutionären Elemente die Oberhand gewannen und das Volk sich halb unbewußt von ihnen vergewaltigen ließ, ohne zu bedenken, daß jenen ganz allein Vorteile aus dem Umsturz erwuchsen.

Am 8. November erhoben sich in München die Mannschaften der Ersatztruppen, riefen die Republik aus und erklärten den König für abgesetzt. Auch in Berlin fanden am 9. vormittags Unruhen statt. Hier hatten die Unabhängigen unter Joffes Einfluß besonders viele

Anhänger gewonnen. Die Berliner Truppen schlossen sich daher fast durchweg der Bewegung an. Jägerbataillone, die zur Hilfe herbeigezogen wurden, zeigten wenig Kampflust und legten die Waffen ab. General Scheüch, der damalige Kriegsminister, verbot, wenn ich richtig unterrichtet bin, den Waffengebrauch für die wenigen, treugebliebenen Elemente und machte sich damit zum Mithelfer der Revolution. Die Krone aber setzte allem der Prinz Max auf, indem er die Abdankung des Kaisers um die Mittagsstunde des 9. November bekanntgab, noch ehe sie erfolgt war. Zu allen anderen Zeiten wäre er dieserhalb wegen Hochverrats vor Gericht gestellt worden; jetzt trägt er für alle Zeiten den Makel dieser Handlung an der Stirn. So ging Berlin verloren. Noch am Nachmittage dieses Tages ging der Kaiser in das neutrale Holland, wohin ihm der Kronprinz folgte. Arbeiter- und Soldatenräte begannen nach russischem Muster das Werk der Zerstörung alles Bestehenden. Die Bundesfürsten traten in den nächsten Tagen ab. Die Regierung des Prinzen Max verschwand verdientermaßen. Sie hatte niemals bestimmt gewußt, was sie wollte und erstrebte. Der Rat der Volksbeauftragten trat an ihre Stelle. Ebert, Scheidemann, Haase und Genossen erklärten aus eigener Machtvollkommenheit mit vorläufig diktatorischer Gewalt Deutschland für einen Freistaat. Das ganze Volk unterwarf sich schweigend. Auch das ungeschlagene Heer mußte sich dem Willen der Machthaber fügen. Da die Regierung, an deren Spitze damals noch Prinz Max von Baden stand, die letzte Wilsonsche Note angenommen hatte, war schon am 8. November eine deutsche Waffenstillstandskommission auf der Straße von Fumay nach Givet bei den französischen Vorposten eingetroffen, um die Waffenstillstandsbedingungen der Entente entgegenzunehmen, für deren Annahme oder Ablehnung der 11. November 12 Uhr mittags als Termin festgesetzt war. Die hauptsächlichsten Bedingungen aber waren in ihren Hauptzügen folgende:

„1. Einstellung der Feindseligkeiten sechs Stunden nach Unterzeichnung des betreffenden Vertrages. 2. Sofortige Räumung der besetzten Gebiete — Belgien, Frankreich, Elsaß-Lothringen, Luxemburg — binnen 14 Tagen und nach besonderer Übereinkunft betreffs der Räumungszeiten seitens der Deutschen und der Besetzung durch die Entente. 3. Deutsche Truppen, die die erwähnten Gebiete in dem festgesetzten Zeitraum noch nicht geräumt haben, werden kriegsgefangen. 4. Die Deutschen geben in gutem Zustande ab: 5000 Kanonen, zunächst schwere, 30 000 Maschinengewehre, 3000 Minenwerfer, 2000 Flugzeuge. 5. Räumung des linken Rheinufers durch die Deutschen, das durch die örtlichen Behörden unter Aufsicht der Besatzungstruppen der Entente verwaltet wird. Besetzung je eines Brückenkopfes bei Mainz, Koblenz, Köln von 30 km Durchmesser auf dem rechten Rheinufer. Schaffung einer neutralen Zone, deren Westgrenze 10 km vom Strome bzw. von der Grenze der Brückenkopflinien entfernt ist. Beendigung der Räumung binnen 30 Tagen. 6. Militärische Einrichtungen jeder Art sind unversehrt auszuliefern, ebenso alle militärischen Vorräte usw., die innerhalb des für die Räumung festgesetzten Zeitraumes nicht fortgeschafft werden konnten. Alle Lebensmittelvorräte für die Zivilbevölkerung bleiben, industrielle Anlagen sind nicht zu beschädigen. 7. Abgabe von 5000 gebrauchsfertigen Lokomotiven, 150 000 Eisenbahnwagen, 5000 Lastkraftwagen, sämtlich in benutzbarem Zustande nebst Zubehör, innerhalb des für die Räumung von Belgien-Luxemburg festgelegten Zeitraumes. Auslieferung der elsaß-lothringischen Eisenbahnen, Belassung des zum Betriebe erforderlichen Eisenbahnmaterials auf dem linken Rheinufer. 8. Beitreibungsrecht der Entente in den von ihr besetzten Gebieten. Unterhalt der Besatzungstruppen der rheinischen Gebiete — mit Ausnahme Elsaß-Lothringens — auf Kosten der deutschen Regierung. 10. Rückgabe aller Kriegsgefangenen seitens Deutschlands ohne Gegenseitigkeit. Heimsendung der deutschen Gefangenen erst nach Abschluß der Vorfriedensverhandlungen. 12. Österreich-Ungarn, Rumänien, Türkei sind sofort von den Deutschen zu räumen; die vor dem Kriege zu Rußland gehörigen Gebiete, sobald die Alliierten unter Berücksichtigung der inneren Lage dieser Gebiete den Augenblick für gekommen erachten. 13. Sofortige Einleitung der Abbeförderung der deutschen Truppen und Rückberufung der deutschen Instrukteure aus den bis Kriegsbeginn russischen Gebieten. 15. Verzicht auf die Friedensverträge von Brest-Litowsk und Bukarest. 16. Freier Zugang für die Entente zu den geräumten Ostgebieten zur Versorgung und zur Aufrechterhaltung der Ordnung über Danzig und die Weichsel. 17. Räumung Ostafrikas von deutschen Kräften binnen Monatsfrist. 19. Finanzielle Bestimmungen: Ansprüche und Forderungen der Entente vorbehalten, Wiederherstellung aller Beschädigungen, Rückerstattung des Bestandes der belgischen Bank, sowie des von Rußland und Rumänien an Deutschland gezahlten Goldes zu Händen der Entente bis zur Unterzeichnung des Friedens. 22. Auslieferung von 160 Unterseebooten innerhalb 14 Tagen. 23. Internierung von 6 Schlachtkreuzern, 10 Geschwaderpanzerschiffen, 8 leichten Kreuzern — davon zwei Minenlegern —, 50 Zerstörern neuester Art in Ententehäfen innerhalb 7 Tagen. Abrüstung aller übrigen Kriegs- und Hilfsschiffe in bestimmten deutschen Häfen. 26. Fortdauer der Blockade der deutschen Küste und Beschlagnahmerecht gegen deutsche Schiffe (nachträglich dahin gemildert, daß sich die Entente mit der Frage zu beschäftigen versprach, wie Deutschland während des Waffenstillstandes mit Lebensmitteln versorgt werden solle). 29. Räumung sämtlicher Häfen des Schwarzen Meeres und Rückgabe der russischen Kriegsschiffe. Freigabe aller deutscherseits beschlagnahmten Handelsschiffe. 34. Dauer des Waffenstillstandes 35 Tage mit der Möglichkeit der Verlängerung. Innerhalb dieser Zeit Kündigung mit 48stündiger

Frist, falls die Klauseln nicht gehalten werden. Einsetzung einer internationalen Waffenstillstandskommission. 35. Frist von 72 Stunden zur Annahme oder Ablehnung des Waffenstillstandes durch Deutschland [1])."

Die deutsche Armee war mittlerweile auf die Antwerpen—Maas-Stellung zurückgegangen. Von Stenay an der Maas stand sie quer herüber zur Mosel oberhalb Metz und von da ab in der alten Stellung, die sie schon vier Jahre lang gehalten hatte, während nur an der Maas noch gefochten wurde. Hier trafen sie die Waffenstillstandsbedingungen, die sie entehrten und das deutsche Volk in die Sklaverei verkauften. Sie hätte noch lange Widerstand leisten können.

Die Verbündeten wollen allerdings nach französischen, also wahrscheinlich übertriebenen Angaben 360 000 Gefangene gemacht, 500 Feldbatterien und 515 schwere Batterien genommen haben; eine Anzahl deutscher Divisionen war aufgelöst worden, und die Kopfstärke der Kompanien war wesentlich zurückgegangen: dennoch aber bestand die sichere Aussicht, daß die Deutschen in der viel kürzeren und geradlinigen Aufstellung, die sie jetzt einnahmen, erfolgreich Widerstand würden leisten können. Ihr innerer Halt hatte sich wieder gefestigt. Ihre Widerstandskraft war immer noch eine gewaltige; das kann niemand besser bezeugen als ich, der ich diesen Rückzug mitgemacht habe. Die Führung war ausgezeichnet. Selbst der Feind gibt zu, daß sich die Truppe hervorragend geschlagen und erbittert Widerstand geleistet habe. Oft sei sie zu Gegenstößen übergegangen, und noch am 17. Oktober stellte der Kriegsminister 600 000 Mann Ersatz in Aussicht. Auch der Ansturm der Amerikaner gegen die Höhen östlich der französischen Maas war abgewiesen worden. Marschall Foch soll zugegeben haben, daß er schon bei seinen letzten Angriffen „va banque" gespielt und sie ohne Reserven unternommen habe. Der Feind fürchtete sich jedenfalls vor einem nochmaligen Winterfeldzug. Die Angriffskraft der Franzosen und Engländer war allem Anschein nach völlig erschöpft. Was die Engländer anbetrifft, kann ich das selbst bezeugen. Sie wagten trotz ihrer großen zahlenmäßigen Überlegenheit überhaupt keinen Angriff mehr und wichen überall schleunigst zurück, wo sie ernstlich angefaßt wurden. Die Amerikaner andererseits waren völlig erfahrungslose Soldaten, wenn sie auch im allgemeinen als persönlich tapfer bezeichnet werden müssen, und benahmen sich dementsprechend. Dafür waren sie auch zum großen Teil Deutsche. Eine Siegesstimmung war jedenfalls bei den Q Ententetruppen nicht vorhanden, für die Deutschen dagegen die sichere Aussicht, noch lange siegreichen Widerstand gegen die demoralisierten Verbündeten leisten zu können. Unter diesen Umständen hätte auch der für

[1]) Die Waffenstillstandsbedingungen sind dem Buche des Obersten Friedrich Immanuel „Der Weltkrieg 1914—1918" entnommen.

den 13. oder 14. November geplante Angriff der Entente westlich Metz in der Richtung auf die mittlere Saar, der nicht mehr zur Ausführung kommen sollte, aller Wahrscheinlichkeit nach wenig

Karte 96. Der deutsche Rückzug über den Rhein 1918.

Erfolg gehabt, auch bezüglich der strategischen Folgen, die von ihm erwartet wurden.

Trotzdem nahm eine Regierung, die keine rechtliche Grundlage und für die moralischen Werte keinerlei Verständnis hatte, die

Waffenstillstandsbedingungen an und opferte damit ihrem Parteiinteresse zuliebe, um nur das eine anzuführen, neben Deutschlands Selbständigkeit viel mehr Menschenleben, als ein verlängerter militärischer Widerstand gekostet hätte. Die verschärfte Hungerblockade, der Rückgang der Geburten und die Kindersterblichkeit forderten unendliche Opfer. Der Abgang an Menschenleben und Gesundheit wird in dieser Zeit auf die Summe von täglich 800 geschätzt. Selbst vor dem Hunger wußte diese Regierung das deutsche Volk nicht zu schützen, denn selbst eine Fortsetzung des Krieges konnte schlimmere Zustände nicht hervorrufen, als der Waffenstillstandswinter sie infolge der verschärften Hungerblockade hervorgerufen hat. Dagegen hätten die Feinde, wenn die Deutschen nur noch wenige Wochen ausgehalten hätten — ihrem eigenen Eingeständnis nach —, wegen Mangel an Subsistenzmitteln die Waffen strecken müssen.

Hindenburg, der in selbstloser Aufopferung der Armee auch in diesem Augenblick treu blieb, führte sie hinter den Rhein zurück, wo sie in voller Ordnung und Geschlossenheit ankam und demobilisierte. Nur in der Etappe, die den Einflüssen der Heimat besonders ausgesetzt war und die zweifelhaftesten Elemente enthielt, rissen Unordnung und Fahnenflucht ein. Jeder suchte die Heimat so schnell als möglich zu erreichen. Es war schwierig, trotzdem die Verpflegung der Armee sicherzustellen. Zwar wurde die Räumungsfrist von 14 auf 17 Tage verlängert, sonst aber wurden die Räumungsbedingungen von der Entente während des Rückzuges noch verschärft. Beim Heimat- und Etappenheer ging der innere Halt verloren. Die Arbeiter- und Soldatenräte, die immer mehr um sich griffen, trugen das Ihrige dazu bei.

Auch in Ostafrika, wo allein in der Welt noch Deutsche fochten, zwang der Waffenstillstand die Schutztruppe dazu, den Widerstand aufzugeben.

Lettow-Vorbeck war, wie wir sahen, am 25. November 1917 mit 278 Deutschen, 1722 Askaris und annähernd 4000 Trägern über den Rovuma gegangen und auf portugiesisches Gebiet übergetreten. Hier erfuhr er bald, daß die Abteilung des Hauptmanns Tafel, die von Mahenge kam, am 28. November die Waffen gestreckt habe, vereinigte sich mit deren Trümmern, überfiel aber noch am Tage des Überganges eine feindliche Abteilung, verschaffte sich auf diese Weise Munition und Lebensmittel und zog dann nach Süden weiter. Zehn Monate lang hat er sich dann auf portugiesischem Gebiet aufgehalten und die ganze Kolonie von Norden nach Süden durchzogen. Wiederholt war er durch Verpflegungsschwierigkeiten gezwungen seine Abteilung zu teilen, und lieferte dem Feinde unzählige Gefechte, in denen er und seine Unterführer meistens siegreich waren; denn auch die schwarzen Askaris verstand er mit dem deutschen Geiste zu erfüllen, während die Gegner eben nur Engländer und die noch schlechteren Portugiesen waren. Niemals gelang es dem Feinde, ihn zu umstellen und zur Waffenstreckung zu zwingen. Er hob zahlreiche portugiesische Stationen auf und versorgte sich mit feindlichen Lebensmitteln und feindlicher Munition, die ihm niemals ausging. Am 3. Juli 1918 gelang es ihm sogar, bei Kokosani unweit Quelimane

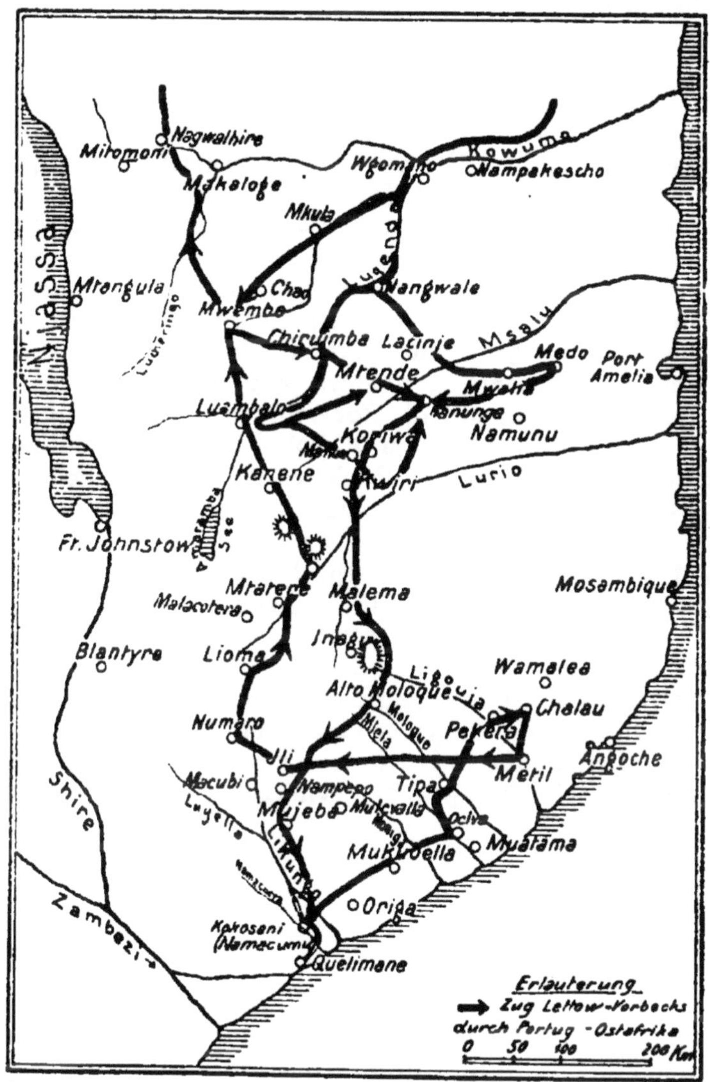

Karte 97. Der Zug v. Lettow-Vorbecks durch Portugiesisch-Ostafrika (nach v. Lettow-Vorbeck).

am Namacurrufluß im äußersten Süden der portugiesischen Kolonie einen großen Stapelplatz des Feindes wegzunehmen und seine ganze Truppe neu auszustatten. Von hier kehrte er in vielen Widergängen nach Norden zurück und durchzog die ganze feindliche Kolonie abermals in nördlicher Richtung. Vielfach täuschte er den Feind über die Richtung des deutschen Marsches. Am 18. September trat er wieder auf deutsches Gebiet zurück, nachdem er 2600 km auf portugiesischem zurückgelegt hatte, ohne jemals eine feste Basis und eine rückwärtige Verbindung zu haben, einem Feinde gegenüber, der über eine unberechenbare Überlegenheit und ungezählte Kraftwagen verfügte. Es ist eine Freude, den Bericht über diesen Heldenzug zu lesen, der den deutschen Namen für alle Zeiten in die Tafeln der afrikanischen Geschichte eingegraben hat.

Am 28. September wurde südlich Songea die deutsche Grenze überschritten und dann westlich Songea vorbeimarschiert. Vergebens versuchte der Feind dieses Vorbeigehen mit Waffengewalt zu verhindern. In raschen Märschen wurde vielmehr Deutschafrika durchquert, um dem Feinde, der Truppen auf dem Njassasee vorschieben und sich auf der Grenze zwischen Tanganjika und Njassa den Deutschen vorlegen konnte, womöglich zuvorkommen. Das gelang. Bei Fife vorbei, dessen Magazine angesteckt wurden, weil der Ort nicht genommen werden konnte, ging die Truppe am 2. November über die englische Grenze[1]) und rückte in Britisch-Rhodesien ein. Nachdem hier noch Kasama genommen und mit der Vorhut der Sambesi erreicht war, traf am 13. November von den verfolgenden Engländern die Nachricht von dem Abschluß des Waffenstillstandes ein und zwang die Deutschen zum Einstellen der Feindseligkeiten, der bald weitere Abmachungen im Sinne des unnötigerweise geschlossenen Abkommens folgten, Vereinbarungen, die übrigens von den Engländern nicht gehalten wurden. Unbesiegt und ungeschlagen mußte die heldenmütige Schar, die Ostafrika verteidigt hatte, die Waffen niederlegen. Es waren noch 30 deutsche Offiziere, 125 deutsche Unteroffiziere und Mannschaften, 1168 Askaris und 1522 Träger. Sie hatten bis zuletzt die Ehre des deutschen Namens hochgehalten, die die deutsche Regierung für nichts geachtet hatte.

Mit der Waffenabgabe in Afrika war der Krieg beendet, und es begann eine neue Zeit: die Zeit der deutschen Sklaverei und Entrechtung.

---

[1]) Siehe Karte 55.

Zusammenfassendes Schlußwort.

Ich habe in den vorstehenden Blättern eine Geschichte des Weltkrieges und seiner inneren Zusammenhänge zu geben versucht, soweit Deutsche in ihm gestritten haben und soweit es die Verhältnisse gestatteten. Ob und wieweit es mir gelungen ist, mag dahingestellt bleiben.

Wie ich schon anfangs darauf hingewiesen habe, sollte dem deutschen Volke gezeigt werden, was es zu leisten imstande gewesen ist und auch wirklich geleistet hat. Überall, auch im Angriff, hat sein Heer dauernd gegen Überlegenheiten gefochten, die gleich von Hause aus erdrückend waren. Rußland und Frankreich verfügten zu Beginn des Krieges, ohne die asiatischen Truppen, über 7940000 Mann, wovon 4800000 Mann Feldtruppen waren. Hierzu kamen 180000 Belgier, 285000 Serben und 160000 Mann des englischen Expeditionskorps, so daß die Entente gleich von Anfang an über fünfeinhalb Millionen Streiter verfügte, denen die Mittelmächte nur 2060000 Deutsche und 1100000 Österreicher entgegenzusetzen hatten. Der Zuwachs, der den Mittelmächten aus der allmählichen Vermehrung ihrer Streitkräfte sowie aus dem Beitritt Bulgariens und der Türkei zufiel, hat einen Ausgleich nicht herbeizuführen vermocht. Die Aufstellung der englischen Millionenheere, die Vermehrung der französischen Streitmacht durch Aufstellung zahlreicher Verbände von Farbigen, und das unerwartet rasche Herankommen der asiatischen Truppen nach dem europäischen Kriegsschauplatz haben die an sich schon gewaltige Überlegenheit zu einer dauernden gemacht. Hierzu aber kamen noch der Beitritt Italiens, Rumäniens und Amerikas zur Entente, die sämtlich niedergerungen werden mußten; kurz, die Überlegenheit der Entente war eine erdrückende. Ebenso zur See, wo England allein Deutschland um mehr als das Doppelte überlegen war und es ganz von der Außenwelt abzusperren vermochte.

Trotzdem hat dieses mit fast übermenschlicher Kraft Frankreich und England niedergerungen und ist nur infolge einer ganzen Reihe von Mißverständnissen und falschen Maßnahmen, taktisch unbesiegt, von der Marne auf die Aisne zurückgewichen. Dann hat es in jahrelanger hartnäckiger Abwehr der französisch-englischen gewaltigen Überlegenheit siegreich getrotzt. Beide Gegner mußten einsehen, daß sie trotz Aufbietung aller ihrer Kraft nicht imstande waren, Deutschland militärisch niederzukämpfen, weil ihre Krieger den deutschen Soldaten nicht gewachsen und ihre Führung im Vergleich zu der deutschen minderwertig war. Fast alle Völker der Erde wurden von ihnen gegen uns aufgeboten, die Industrie der ganzen Welt stand zu ihrer Verfügung, und ihre Überlegenheit in materieller Beziehung war noch größer als in personeller; dennoch ist ihnen ein Durchbruch durch die deutschen Linien während vier Jahren überhaupt nicht gelungen. Nur selten und wenig haben sie die deutschen Truppen zurückzudrängen vermocht, ohne sie jemals zu besiegen. Ja sogar Verdun, der Schlüsselpunkt der französischen Aufstellung, wäre beinahe in deutsche Hand gefallen. Während aber die deutschen Armeen dieser einzig in der Weltgeschichte dastehenden Leistung fähig waren und trotzdem den Geist der Offensive in ihren Reihen wach erhielten, haben sie Rußland und den Orient niedergekämpft. In den glänzenden Schlachten von Tannenberg und an den Masurischen Seen; in der Winterschlacht, wo die Natur selbst sich mit dem Gegner verbündet zu haben schien; bei Lods und Gorlice—Tarnow, bei Lemberg, am Narew und in Kurland; in den zahlreichen Schlachten, die die siegreich fechtenden Deutschen über das bezwungene Brest-Litowsk nach Pinsk und an die Düna führten, wurde die Macht der Russen wenigstens vorläufig gebrochen. Die Österreicher beteiligten sich allerdings an diesen Kämpfen, die Hauptlast des Krieges aber trug das deutsche Heer, ohne das ein Sieg überhaupt undenkbar gewesen wäre, und das die Möglichkeit schuf, auch Serbien im Herbst 1915 niederzuwerfen und siegreich in Mazedonien vorzudringen. Als dann im Jahre 1916 die russische Armee zu neuen Taten sich aufraffte, da waren es wiederum die Deutschen, die trotz der Kämpfe bei Verdun und an der Somme im Norden den vielfach überlegenen Angriff zurückwiesen, dann im Süden des östlichen Kriegsschauplatzes den Ansturm des Feindes zum Halten brachten und die Rumänen derart aufs Haupt schlugen, daß sie fast ganz aus dem Kriege ausschieden. Es war das einer der glänzendsten Feldzüge, der fast allein von den Deutschen ausgefochten wurde. Als dann die Revolution in Rußland infolge der fortgesetzten Niederlagen des Heeres ausbrach, wurden auch die Heere der Republik Rußland völlig geschlagen, Riga genommen, die Baltischen Inseln erobert und Rußland zum Frieden gezwungen. Die ganze Ukraine wurde besetzt, um deren Kornvorräte für die hungernden Mittelmächte, und deren Pferde für die Armeen Deutschlands und Österreichs frei zu machen; Finnland wurde erobert, um dem Umsichgreifen des Bolschewismus Schranken zu setzen; endlich wurde auch in Italien ein Siegesmarsch sondergleichen gegen die Piave und das nördlich anstoßende Gebirge durchgeführt, der Frankreich und England dazu zwang, die wankende italienische Front zu decken. Während alledem aber wurde auch die Türkei in jeder Weise unterstützt. Von deutschen Offizieren wurden die Türken geführt, die den Hellespont verteidigten: mit deutscher Artillerie und Munition wurde der Kampf an den Dardanellen geführt. Ein deutscher General befehligte die Türken in Mesopotamien; deutsche Truppen fochten heldenmütig in Palästina, wo ebenfalls ein deutscher General den Befehl führte, um den Weg nach Konstantinopel zu sichern; deutsche Truppen kämpften in Kaukasien, um die Rohstoffe des Kaukasus für die deutsche Armee verfügbar zu machen. Zugleich wurde in den Kolonien ein Heldenkampf sondergleichen geführt, der für alle Zeiten eine Schmach für England bleiben wird. Als endlich die Deutschen die Offensive in Frankreich ermöglichten, erfochten sie die herrlichsten Siege und mußten nur zurückweichen, weil einerseits ihr Angriff verraten war, andererseits die Amerikaner in großen Scharen über den Ozean gekommen waren und in immer steigender Zahl gegen die deutschen Armeen auftraten, die allerdings vor der Übermacht langsam zurückwichen, aber nirgends geschlagen wurden. Nur an einigen Stellen hatten sie zeitweise nachgegeben.

Es ist unglaublich, was Deutschland an geistiger und materieller Kraft während dieses Heldenkampfes um seine Existenz ausgegeben hat! Kein anderes Volk hätte auch nur annähernd Ähnliches leisten können. Der ganzen zivilisierten Welt hatten wir widerstanden; herrliche Siege hatten wir überall erfochten, und mit vollberechtigtem Stolz durften wir auf alle die besiegten Nationen, vor allem auf Engländer und Franzosen herabsehen; dennoch ist unser Reich und unser Volk jammervoll zusammengebrochen, als es den Siegespreis fast schon in der Hand hielt.

Dieses herzzerreißende Ergebnis legt die Notwendigkeit nahe, den Krieg noch einmal im ganzen zu überschauen, um aus der Fülle der Ergebnisse das zu erkennen, was an unserem Unglücke schuld war, und dem deutschen Volke die Gründe unseres Zusammenbruchs aufzuweisen, der alle Volksschichten ohne Ausnahme aufs tiefste geschädigt hat — mehr als man im Augenblicke übersehen kann —, damit es in Zukunft — falls ihm, wie wir glauben, eine solche noch beschieden ist — vermeiden kann, in die gleichen Fehler zu verfallen.

Wenn wir von diesem Gesichtspunkt aus die Ergebnisse der Kriegsjahre überschauen, wird es uns sehr bald klar, daß kein einzelnes Ergebnis unseren Sturz verschuldet, sondern das Zusammentreffen einer ganzen Reihe ungünstiger Verhältnisse das zuwege gebracht hat, wozu keine feindliche Heeresmacht die deutschen Armeen zu zwingen vermocht hätte, daß aber eines vor allem Deutschlands Heldensöhne gezwungen hat, die ehrenvoll geführten Waffen niederzulegen: der Verrat des deutschen Volkes selbst, das seinem eigenen Heere heimtückisch den Dolch in den Rücken gestoßen hat.

Zunächst entsteht die Frage, ob wir etwa der militärischen Fehler wegen den Krieg verloren haben? Daß solche gemacht worden sind, habe ich nirgends verschwiegen. Ich will hier nur die hauptsächlichsten erwähnen, damit der Leser die Dinge im Zusammenhange übersehen kann. Das Nähere kann im Text des vorstehenden Buches nachgelesen werden.

Ein Fehler war es schon, daß Bulgarien und die Türkei sich nicht von Anfang an beteiligten, wie das wohl zu erreichen gewesen wäre, wenn man nur einige Voraussicht gehabt und sich nicht von dem Kriege hätte überraschen lassen. Dann erfolgte die vollständig überflüssige Kriegserklärung an Rußland und Frankreich, die Italien den erwünschten Vorwand gab, neutral zu bleiben. Dann folgte der Aufmarsch. Er war an sich verfehlt, weil er den Schlieffenschen Gedanken, durch Belgien vorzumarschieren, zwar festhielt, aber ihn nicht bis zu Ende dachte und dann danach handelte. Man überschätzte die Wirkung einer deutschen Offensive auf dem linken Flügel, den man nicht preisgeben mochte, und überschätzte die Schwierigkeiten, die ein Abtransport von Truppen von dem linken auf den entscheidenden rechten Flügel verursachen mußte. So mußte man dazu kommen, indem man den linken Flügel stark machen und dennoch auf dem rechten die Entscheidung suchen wollte, sich — wie man gemeinhin sagt — zwischen zwei Stühle zu setzen und keinen der erstrebten Zwecke zu erreichen. Als dann die Operationen begonnen waren und mit gewohnter Energie geführt wurden, ergab sich die Möglichkeit, im Sambre- und Maaswinkel die 5. französische Armee zu vernichten. Sie wurde nicht benutzt, ja vom Generaloberſten von Bülow, der auf Grund der ihm zugegangenen Meldungen die Dinge in anderem Lichte ansah, nicht einmal angestrebt. Dagegen sollte in völlig unzeitgemäßer Weise die Ost-Armee vom rechten Flügel der West-Armee, also vom Entscheidungsflügel aus, unterstützt werden. Der deutsche Generalstabschef, der seinen eignen Worten nach nicht unter dem Eindruck stand, daß die Franzosen viel entscheidender geschlagen waren, als sie es in der Tat waren, hat das selbst als einen Fehler bezeichnet. Die Verstärkungstruppen waren noch nicht einmal auf dem Eisenbahntransport, als bei Tannenberg die Entscheidung fiel. Im Lauf der Operationen verlor dann die Oberste Heeresleitung die Zügel vollständig aus der Hand. Man lebte in dem Wahn, daß die Armeen sich im Sinne der allgemeinen Operation untereinander verständigen würden, und verzichtete darauf, sie im einzelnen gemeinsam zu führen. Die Armeeführer aber, sich selbst überlassen, in der Meinung, daß die Führung im großen Sache der Obersten Heeresleitung sei, drängten entweder ungestüm dem Feinde nach, ohne auf den Zusammenhang des Ganzen die nötige Rücksicht zu nehmen, oder blieben hinter dem Möglichen zurück. Ihre Truppen wurden, wie das die Verhältnisse bedingten, immer mehr geschwächt, während gleichzeitig eine völlig falsche Beurteilung des Gegners Platz griff und die Oberste Heeresleitung viel zu weit von der Front entfernt war, um ausgleichend wirken zu können. Sie litt zudem unter dem Krankheitszustand des Generalstabschefs, der schließlich völlig zusammenbrach. Die Armeefestung Paris wurde in ihrer strategischen Bedeutung völlig unterschätzt. Man glaubte bei ihr vorbeimarschieren zu können und war infolge des fehlerhaften Aufmarsches viel zu schwach, die Franzosen weiter zu umfassen. Man wollte sie jetzt südöstlich von Paris einkesseln, während Graf Schlieffen diese Stadt mit hatte umgehen wollen. Gleich darauf kam man wieder auf die Notwendigkeit zurück, sich ausgiebig gegen Paris zu schützen. Man unterschätzte die Widerstandsfähigkeit der Troué de Charmes, die man mit der modernen Artillerie glaubte bezwingen zu können, und zugleich, wie schon beim Aufmarsch, die Möglichkeit, Truppen vom linken auf den rechten Flügel zu ziehen; man verlor über dem allen — zum mindesten strategisch — die Schlacht an der Marne. Auch muß es als Fehler bezeichnet werden, daß man nach der Schlacht noch den Versuch machte, mit dem geschwächten linken Flügel des Angriffsheeres von neuem offensiv zu werden, während man mit dem rechten zurückging, und daß man später nicht alles daransetzte, den Bewegungskrieg aufrecht zu erhalten, statt an der Aisne und nördlich davon zum Stellungskrieg überzugehen.

Als dann mit unleugbarem Geschick der neue Generalstabschef, sich immer von neuem dem Feinde vorlegend, das Meer erreicht und den Gegnern den Einbruch in die rechte Flanke der deutschen Armee verwehrt hatte, wurde die Offensive in Flandern mit viel zu schwachen Kräften unternommen und blieb dementsprechend stecken. Man hätte hier gleich von vornherein bedeutend, mindestens aber um zwei Armeekorps stärker sein können, wenn man den Mut gehabt hätte, bei Nebenaufgaben dem Schicksal mehr zu überlassen.

Als diese Offensive gescheitert war, mußte man sich darüber klar werden, daß es nunmehr darauf ankäme, den Gesetzen der inneren Linie entsprechend, Rußland offensiv niederzuwerfen und sich gleichzeitig in Frankreich, zu Lande wenigstens, defensiv zu verhalten. Der erste Feldzugsplan, der es sich zum Zweck gesetzt hatte, Frankreich und England in kurzer Zeit niederzukämpfen, um sich dann nach Rußland zurückzuwenden, war mißlungen. Der Begriff der inneren Linie aber war geblieben; nur waren die Verhältnisse gerade in ihr Gegenteil verkehrt. Rußland und der Osten mußten zunächst niedergeworfen werden, um sich dann mit gesammelter Kraft gegen den Westen zurückwenden zu können.

Anfangs schien es, als wolle man folgerichtig verfahren: ein großer Teil der russischen Armee wurde bei Gorlice—Tarnow und in den darauf folgenden Operationen niedergeworfen und ganz Galizien, das mittlerweile verloren worden war, wurde wiedererobert, dann aber hörte der entscheidungsuchende Wagemut auf. Falkenhayn hatte die Notwendigkeit, zunächst Rußland völlig niederzuwerfen, anscheinend nicht begriffen; seinen Zwecken genügte es, die Russen in die denkbar kürzeste Widerstandslinie zurückzudrücken. Statt auf Hindenburgs Rat die russische Armee im Rücken zu fassen und so größtenteils zu vernichten, begnügte man sich damit, sie frontal zurückzudrängen, eine Operation, die mit dem Durchbruch am Narew begann und dem Gegner beträchtliche Verluste beibrachte, ihn aber nirgends wirklich vernichtete und ihn so aus dem Spiel ausschied. Im Frühjahr 1916 konnte er von neuem waffenstark auftreten. Ebenso fehlerhaft verfuhr man im Herbst 1915 gegen Serbien. Als man dieses Land niedergeworfen hatte, blieb man abermals in einer halben Maßregel stecken und machte vor der Orient-Armee halt, statt sie niederzuwerfen und damit dem Kriege im Osten eine neue Wendung zu geben. Eine Reihe von Scheingründen sollte diese Maßregel rechtfertigen. Man bereitete damit bloß dem künftigen Zusammenbruch den Weg. Die Diplomatie scheint hier in verderblicher Weise eingegriffen und die feindliche Orient-Armee gerettet zu haben.

Auch unsere Flotte wußte die anfängliche Gunst der Umstände nicht zu benutzen. Unentschlossene Ratgeber verurteilten sie zur Untätigkeit, während sie nach englischem Zeugnis England hätte niederwerfen können. So war denn der Feind auf keiner Seite, weder im Osten, geschweige denn im Westen, endgültig geschlagen; vielmehr stand man auf beiden Seiten einem erbitterten und leistungsfähigen Gegner gegenüber. Ihm hatte sich Italien zugesellt, das Österreich auf der Südwestseite mit starken Kräften gefährdete.

Während also Rußlands Armeen sich von neuem erhoben, Rumänien sich noch nicht entschlossen hatte und wie ein Damoklesschwert über den Entschließungen der Mittelmächte schwankte, während Österreich in Italien auf das schwerste bedrängt wurde, also nirgends eine Entscheidung gefallen war, entschloß man sich in Deutschland dazu, die Entscheidung auf dem westlichen Kriegsschauplatz zu suchen.

Uns Nachlebenden erscheint ein solcher Entschluß unverständlich, da er allen Gesetzen der inneren Linie widersprach. Er wird erklärlich, wenn man deutscherseits annahm, daß ein Sieg im Osten überhaupt unerreichbar wäre. Aber auch dann scheint es mir wahrscheinlich, daß ein entscheidender Kampf gegen Italien den damaligen Verhältnissen besser entsprochen hätte. Hier konnte man, wenn man in entsprechender Weise angriff, einen wirklich entscheidenden Sieg gewinnen und damit Kräfte frei bekommen, die man zur Niederwerfung eines der anderen Gegner benutzen konnte. Wie dem aber auch sei, uns erscheint der Angriff auf Verdun als ein schwerwiegender Fehler, um so mehr, als es sich bald zeigte, daß wir den Platz nicht einnehmen konnten, und andererseits der Kampf an der Somme die deutschen Kräfte bis zur äußersten Spannung in Anspruch nahm. Als daher gerade in diesem Augenblick Rumänien den Krieg erklärte und die Russen gegen Ungarn und Galizien siegreich vordrangen, war die Lage eine beinahe verzweifelte. Verschlimmert wurde sie noch dadurch, daß die Mittelmächte den Krieg nicht nach einem einheitlichen Gesichtspunkt führten, sondern sich, wie das näher ausgeführt worden ist, gegenseitig hinters Licht zu führen versuchten und ihre Sonderinteressen verfolgten. Was in dieser Hinsicht zu erwarten war, hat der Sixtusbrief zur Genüge bewiesen. Auch das muß als ein schwerer militärischer Fehler bezeichnet werden, denn es war klar, daß alle Sonderinteressen am besten gewahrt wurden, wenn ein gemeinsamer Sieg erfochten wurde, der nur bei einheitlichem Handeln erreicht werden konnte.

Hindenburg rettete die militärische Lage, und es ist nicht zu leugnen, daß Fehler wie die bisher genannten, die offen zutage liegen, unter seiner Führung schwerlich nachgewiesen werden können. Auch wagt man sich an seine Größe nicht heran, und aller Haß der Reichszerstörer wendet sich gegen seinen Vertrauten, General Ludendorff, der gemeinsam mit ihm die Verantwortung trug. Ihm werden die unsinnigsten Vorwürfe gemacht, weil man gar zu gerne die Schuld am Zusammenbruch Deutschlands auf die Heerführung abwälzen möchte. Diese Vorwürfe beweisen aber nur die völlige militärische Unfähigkeit der betreffenden Strategen oder ihre Böswilligkeit. In Wirklichkeit wird Ludendorff, trotz aller verleumderischen Darstellungen seiner Gegner, für alle Zeiten in der Geschichte dastehen als der eisenharte große Stratege, der bis zuletzt die Fahne hochgehalten hat, der er zugeschworen. Ihm können vielleicht im einzelnen Irrtümer nachgewiesen werden, wie sie allem menschlichen Tun anhaften, niemals aber wird man ihm, solange man der Wahrheit treu bleiben will, Unfähigkeit nachweisen können. Sollte er aber wirklich einmal die Nerven verloren haben, was ich bezweifle, so wäre das wohl verständlich bei der ungeheuren Größe der Verantwortung, die lange Jahre auf ihm lastete. In dem vorliegenden Falle griff er mit Hindenburg gemeinsam tatkräftig ein. Die Einheitlichkeit der Führung wurde geschaffen, indem Deutschland militärisch an die Spitze des Bundes gestellt wurde; die Bestürmung von Verdun wurde sofort aufgegeben; die Kriegsmittel wurden dem Hindenburgprogramm entsprechend in großartiger Weise vermehrt. 125000 Arbeiter, die der Armee entzogen werden mußten, wurden trotz aller Bedrängnisse neu in die Industrie eingestellt. Rumänen und Russen wurden geschlagen, und endlich wurde zur Offensive in Frankreich übergegangen. Das Wesen unserer Bundesgenossen vermochten auch Hindenburg und Ludendorff nicht zu ändern.

Österreich war ein morsches Staatsgebäude, das nur durch die Person des alten Kaisers noch zusammengehalten wurde. Seine Völker strebten auseinander; seine Verwaltung war schwerfällig und vielfach unehrlich. Seine Truppen, die schon im Frieden vernachlässigt wurden, waren zum Teil allerdings vorzüglich, zum Teil aber auch völlig unbrauchbar und unzuverlässig. Es bedürfte fortwährender militärischer und wirtschaftlicher Unterstützung und fraß an Deutschlands Kräften.

Bulgarien verfolgte lediglich seine Sonderinteressen. Seine Truppen waren außerhalb des Balkans nicht zu brauchen. Es mußte wirtschaftlich und militärisch fortwährend unterstützt werden. Dennoch war es hinter unserem Rücken dem Golde der Entente zugänglich und hatte — soweit das Volk in Betracht kam — keinerlei Verständnis für die großen Fragen des Krieges.

Endlich die Türkei! Sie war militärisch durch die vorhergegangenen Balkankriege verbraucht. Ihre Finanzen waren zerrüttet. Enver Pascha, der treu zu den Mittelmächten hielt, fehlte jedes militärische Verständnis. Er hat in dieser Richtung unzählige Fehler begangen, die schon damals als solche hätten erkannt werden können. Er versäumte es vollständig, die Bagdadbahn auszubauen und damit dem Widerstand gegen England und den Unternehmungen gegen den Suezkanal einen festeren Rückhalt zu geben. Dagegen verfolgte er phantastische Pläne in Kaukasien und Persien, opferte eine Armee seiner militärischen Unfähigkeit und vernachlässigte Heer und Finanzen in einer kaum glaublichen Weise. Deutscher Hilfe allein war die Dauer des Widerstandes zu danken. Die Erhaltung der Dardanellen war lediglich dem Umstande zuzuschreiben, daß hier ein Deutscher kommandierte und deutsche Kraft gegen die englische Übermacht eingesetzt wurde.

Es liegt auf der Hand, daß diese Dinge ungünstig auf die Waffenentscheidung einwirken mußten.

Die militärischen Fehler beeinträchtigten die Erfolge unserer Offensive und verursachten ein vermehrtes Einsetzen von Mannschaften im Osten, die man sonst zu der Entscheidung hätte verwenden können. Die geringe Kampfkraft unserer Verbündeten forderte von uns immer neue Opfer an Menschen und Material, die sonst zu dem gleichen Zweck hätten benutzt werden können. Es ist gar nicht zu sagen, was alles Deutschland in dieser Hinsicht geleistet hat, und doch waren diese Opfer notwendig, um den Widerstand unserer Verbündeten überhaupt aufrecht zu erhalten und die Massen der Feinde von einer unmittelbaren Einwirkung auf Deutschland, das Kernland alles Widerstandes, fernzuhalten.

Es kam hinzu, daß die Ukraine besetzt werden mußte, um unser Volk und unsere Armee überhaupt zu erhalten und dem Umsichgreifen des gefahrdrohenden Bolschewismus Grenzen zu setzen. Aus dem gleichen Grunde mußte Finnland erobert werden. Es waren das notwendige Verteidigungsmaßregeln, die nicht zu vermeiden waren, ebenso wie die Eroberung von Livland und Estland, die notwendig wurden, als die revolutionäre Regierung Rußlands den Frieden verweigerte. Alles das schwächte unsere Kampfkraft auf dem entscheidenden Kriegsschauplatz, aber es hätte allein nicht genügt, um uns zu dem Schmachfrieden zu zwingen, der dann tatsächlich geschlossen worden ist.

Auch der Zusammenbruch der deutschen Bundesgenossen, der noch vor dem Deutschlands erfolgte, hätte uns schwerlich niedergeworfen, wenn wir im Widerstande durchgehalten hätten. Wochen- und monatelang hätten wir unsere Grenzen noch verteidigen und uns siegreich behaupten können. „Nur wenig mehr," sagt Winston

Churchill, also ein englischer Minister, „und der Unterwasser-Seehandelskrieg hätte, anstatt Amerika auf unsere Seite zu führen, uns alle durch Hunger zu unbedingter Übergabe gezwungen.... Es war ein gleiches Wettrennen bis zum Ende, aber am Ende sind wir sicher durchgekommen, weil die ganze Nation unverwandt zusammenarbeitete.... Je mehr wir von dem Kampfe erfahren, um so mehr erkennt man, an welchen kleinen, dünnen, gefährlichen Fädchen unser Erfolg hing."

Je mehr man die Verhältnisse studiert, desto mehr überzeugt man sich, daß dieser Mann, der die Verhältnisse wohl zu beurteilen vermochte, in allen Punkten recht hatte. Die Engländer haben es überhaupt nicht verstanden, daß wir uns zum Frieden bereit finden ließen. In wenigen Wochen wären sie und die Franzosen am Ende ihrer Kraft und zufrieden gewesen, wenn sie einen Frieden erlangt hätten, der die politischen Verhältnisse im Westen unverändert ließ. Alles hätten wir freilich nicht erringen können, was wir anfangs erstrebten, als uns der Krieg von England und seinen Verbündeten aufgezwungen wurde — denn daß wir an dem Kampfe schuld seien, ist eine plumpe Lüge, die es nicht der Mühe wert ist, von neuem zu widerlegen —, aber unbesiegt und hoher Ehren voll wären wir aus dem ungleichen Weltkampfe hervorgegangen, wenn wir nur noch wenige Wochen ausgehalten hätten, und das allein schon hätte genügt, um unsere Zukunft zu sichern und dem Feinde das Schwert aus der Hand zu schlagen. Auch Friedrich der Große hat viele Fehler begangen — welcher Sterbliche wäre groß genug, um alle Fehler zu vermeiden? — Er hat, wie ich das schon in der Einleitung hervorgehoben habe, die Schlacht von Kolin verloren, wie wir die Marneschlacht; er hat den Feind nur allzuoft im eigenen Lande gesehen und hat oft genug, wie wir im Sommer 1916 und im Herbst 1918, am Rande des Abgrundes gestanden, so nach der Schlacht von Kunersdorf; aber er ist doch schließlich als Sieger aus dem ungleichen Kampfe hervorgegangen, weil er auch im Unglück standhaft blieb und lieber mit dem Degen in der Hand untergehen wollte, als einen schmählichen Frieden zu schließen — wie wir ihn geschlossen haben.

Wer wie ich in jenen Tagen an der Front war, der weiß, daß wir militärisch noch vieles hätten leisten können, und er vermag zugleich zu beurteilen, daß unsere Gegner in kurzer Zeit fertig und zu einer energischen Tat überhaupt nicht mehr fähig gewesen wären.

Wenn wir dennoch Frieden schlossen, uns freiwillig aller Waffen entäußerten und jede Schmach und Schande auf uns nahmen, so ist der Schlüssel zum Verständnis dieser Tatsache nicht in den bisher angeführten Verhältnissen, sondern in der Politik zu suchen. Die Männer haben uns gefehlt, denn diejenigen, die hier an der Spitze standen, waren keine Männer in des Wortes vollster Bedeutung. Sie konnten sich niemals zu einem ganzen Entschluß aufraffen, sondern blieben immer in halben Maßregeln stecken. Bethmann Hollweg war ein Mann des Zauderns und der Erwägungen, aber nicht der Tat. Er hat den Grund zu unserem Unglück gelegt. Michaelis war den Verhältnissen nicht gewachsen. Hertling war ehrlich und aufrecht, aber ein Bewunderer Bethmann Hollwegs, und sah die Gefahren nicht, die die Lage in sich barg. Er war ein verlebter Greis und zu einem großen gewaltigen Handeln, wie es die Lage erforderte, nicht befähigt. Der letzte Reichskanzler, Prinz Max von Baden, aber war ein Schwächling, der sich von den Verhältnissen treiben ließ, seinem eigenen Worte nicht treu blieb, und schließlich zu Dingen die Hand bot, die man unter anderen Umständen als Landesverrat bezeichnet haben würde. Zu einer Yorkschen Tat — allerdings in erweitertem Sinne —, wie sie die Lage erforderte, war keiner fähig. Der Kaiser, obgleich er stets vom besten Willen beseelt war, konnte sich leider nicht zu einem großen Entschluß durchringen und in schwieriger Stunde nicht den richtigen Ausgleich zwischen Politik und Kriegführung finden. Hindenburg aber war zu ausschließlich Soldat, um noch Entscheidendes erreichen zu können. Auch war sein Handeln, wo er Großes wollte, zu sehr von dem Leiter der Politik behindert, der fortwährend gegen ihn intrigierte und selten seinen Wünschen entsprach. Nur ein Staatsstreich im Sinne einer entschlossenen Politik hätte die Lage retten können, und dazu fehlte der Mann.

Den Charakter unserer auswärtigen Politik kennzeichnet am besten die Verwendung des U-Boot-Handelskrieges.

Als man auf dem westlichen Kriegsschauplatz in die Defensive zurückfallen mußte, um zunächst im Osten den Sieg zu gewinnen, war es klar, daß diese Maßregel auf den Seekrieg nicht angewendet werden durfte. Im Osten hatte man zur See völlig freie Hand und brauchte nur ganz geringe Seestreitkräfte dort zu belassen. Dagegen kam alles darauf an England niederzuringen. War dieses Land einmal aus dem Spiel gebracht, dann war mit Frankreich leicht fertig zu werden. Im U-Boot-Handelskriege, auf den der Gegner in keiner Weise vorbereitet war, hatte man hierzu das Mittel in der Hand. Zu seiner Anwendung war man in vollem Maße berechtigt, denn auf das Erscheinen neuer Kriegsmittel mußte natürlich auch das internationale Seerecht Rücksicht nehmen und seine Bestimmungen dem neuen Verfahren anpassen. Auch hatte England längst dieses gleiche Seerecht im eigenen Sinne vergewaltigt. Zugleich sollte Amerika verhindert werden, am Kriege auf seiten der Entente teilzunehmen, das jene mit allen Mitteln seiner Industrie unterstützte, ohne für Deutschland das gleiche zu leisten, wie man es von einem neutralen Staat hätte erwarten können. Die deutschen Häfen waren dem bestehenden Seerecht zufolge nicht blockiert. Es war daher schon damals zu erkennen, daß Amerika durch sein Bedürfnis, Geld zu verdienen und unter Vernachlässigung seines wahren Vorteils auf die Seite der Entente treten würde. Das einzige Mittel, das zu verhindern, war in der baldigen Niederkämpfung Englands gegeben, und hierzu bot der U-Boot-Handelskrieg das geeignete Mittel. Diese Ansicht wurde schon zur damaligen Zeit vertreten. Alle Mittel hätten daher angewandt werden müssen, um die Zahl der U-Boote zu vermehren und den Krieg so rücksichtslos wie möglich zu führen, denn halbe Maßregeln sind im Kriege besonders verderblich. Dennoch brach unsere politische Leitung vor den Drohungen Amerikas hoffnungslos zusammen, und man zog es vor, lieber die Bekämpfung Englands aufzugeben, als Amerika, das doch der Entente verfallen war, herauszufordern. Unter diesem Einfluß wurde der U-Boot-Krieg in einer Weise geführt, der weder England niederkämpfen, noch Amerika an der Teilnahme am Kriege verhindern konnte, dagegen den Feinden alle Zeit ließ, sich in jeder Weise gegen die U-Boote zu sichern.

Es gibt vielleicht im ganzen Weltkriege kein traurigeres Kapitel als das des U-Boot-Krieges, und mit ihm ist der Name Bethmann Hollweg in ewiger Schmach verbunden. Bei seiner Anwendung drängten sich die halben Maßregeln, und selbst als unter dem Einfluß Hindenburgs und des Admirals Scheer im Frühjahr 1917 der rücksichtslose U-Boot-Krieg beschlossen war, wurden immer noch einzelne neutrale Flaggen von der Vernichtung auf Betreiben des Auswärtigen Amts ausgenommen und damit der Erfolg des Ganzen in Frage gestellt. So wurde England nicht niedergekämpft und Nordamerika zum Kriege gebracht. Das Gegenteil konnte erreicht werden.

Aber auch abgesehen von dem U-Boot-Krieg war unsere äußere Politik im höchsten Grade minderwertig und vielfach verderblich.

Von ihr wurde die Kriegserklärung an Rußland und Frankreich ohne Zutun der Armee erlassen. Sie gab urbi et orbi die Verletzung der belgischen Neutralität, die die Gegner in Wirklichkeit längst begangen hatten, als unsere Schuld zu. Sie vermochte Italien nicht vom Kriege zurückzuhalten, zu dem es freilich trotz freiwilliger Versicherung des Gegenteils längst entschlossen war. Sie versäumte es, Rumänien zu einer uns genehmen Zeit zur Entscheidung zu zwingen. Sie verhinderte, wie es scheint, 1915 den Entscheidungskampf gegen die Orient-Armee. Sie zog die Unterhandlungen in Brest-Litowsk in kaum glaublicher Weise in die Länge, um nachher den Frieden mit Rußland sofort zu erreichen, als die Oberste Heeresleitung energisch eingriff. Ebenso verfuhr sie in Rumänien. Sie war es, die das Königreich Polen schuf, das uns sofort verraten sollte. Sie hemmte überall die Oberste Heeresleitung und suchte ihren halben und ängstlichen Maßregeln Geltung zu verschaffen. Sie organisierte die bolschewistische Wühlarbeit, indem sie den Gesandten Joffe in Berlin duldete. Sie sah ihre Hauptaufgabe in der Bekämpfung der Obersten Heeresleitung, die doch allein imstande war, einen annehmbaren Frieden herbeizuführen. Auch in die Angelegenheiten der Ukraine mischte sie sich in höchst verderblicher Weise ein. So kennzeichneten Unfähigkeit und Rechthaberei ihr gesamtes Verhalten.

Noch verderblicher aber war das Benehmen der Regierung in der inneren Politik.

Es würde mich zu weit führen und dem Zwecke dieses Buches widersprechen, wenn ich das, was in der inneren Politik verfehlt wurde, im einzelnen aufführen wollte; ich will nur das allgemeine Prinzip des Handelns aussprechen, das allmählich unter allen Umständen ins Verderben führen mußte: Man glaubte den Linksparteien immer mehr nachgeben zu müssen, je weiter die wirtschaftliche Not des Staates stieg, und gab dabei die eigentliche Macht aus den Händen. Auf der einen Seite gab man damit mittelbar zu, daß vor dem Kriege ungesunde Zustände geherrscht hätten, die man bloß deshalb nicht geändert habe, weil man die Macht besaß, sie im Interesse einer gewissen Klassenherrschaft aufrecht zu erhalten, andererseits gab man der Herrschsucht dieser Parteien immer neue Nahrung, die das Wohl des ganzen Vaterlandes vollständig aus den Augen verloren hatten und nur noch bestrebt waren, der Parteileidenschaft zu frönen und die Macht selbst zu erwerben. Die Einführung des allgemeinen Wahlrechts in Preußen und des parlamentarischen Systems im Reiche waren die Gipfelpunkte dieser Bestrebungen, die zugleich in der Zensur, in der Duldung und Förderung der linksliberalen und demokratischen, sowie in der Unterdrückung der national gesinnten Presse ihren Ausdruck fanden.

Ich bin nun keineswegs ein Feind aller Neuerungen. Ich glaube, daß manches von dem geändert werden mußte, was vor dem Kriege bestand: vor allem das überlebte Wahlsystem in Preußen und manche gesellschaftlichen Zustände; aber den Augenblick vaterländischer Not habe ich stets für ungeeignet gehalten, um Neuerungen einzuführen, um so mehr, als die Masse der Wähler im Felde oder bei den Ersatzbataillonen stand und somit nicht mitwählen durfte. Gerade das aber wurde den Linksparteien zum Ansporn. Sie hatten die Macht in Händen und wollten sie benutzen. Die Staatsbehörden dagegen, und zwar vom Reichskanzler einschließlich abwärts, glaubten einerseits an die alleinseligmachende Kraft der Neuerungen und sahen andererseits nur das Nächstliegende vor sich. Sie erledigten ihre täglichen Geschäfte nach der hergebrachten Routine und hatten keinerlei Verständnis, weder für die Größe der vorliegenden Aufgabe, noch für die Gefahren der Umstände. Umsonst blieben alle Bitten und Mahnungen Hindenburgs, das Volk wachzurufen zum Verständnis seiner ganz außergewöhnlichen Lage, es energisch darauf hinzuweisen, daß der Krieg nur gewonnen werden könne, wenn es als solches in außerordentlichen Leistungen die Armee unterstütze und eine allgemeine Volkserhebung stattfände, da außergewöhnliche Verhältnisse auch außergewöhnliche Maßregeln bedingten. England führte unter dem Druck der Verhältnisse die allgemeine Wehrpflicht ein; Frankreich bot, auch in seinen Kolonien, den letzten Mann auf, um der Lage gerecht zu werden; nur Deutschland, das viel härter bedroht war als jene, glaubte mit den gewohnten Maßregeln auskommen zu können. Es wird ein nie vergehender Ruhmestitel des Feldmarschalls Hindenburg und des Generals Ludendorff bleiben, daß sie immer von neuem versucht haben, Deutschland zum äußersten Widerstand aufzurufen, und eine ewige Schmach des damaligen Reichstages, daß er im Verein mit den Behörden alle Versuche der Obersten Heeresleitung, auf das Volk im Sinne des äußersten Widerstandes einzuwirken, zuschanden gemacht oder im Parteiinteresse ausgenutzt hat; so das Hilfsdienstgesetz, das als eine Dienstpflicht aller Wehrunfähigen unter gleichen Bedingungen mit den Soldaten gedacht war und allen die Zusammengehörigkeit von Heer und Volk begreiflich machen sollte, das er zu schnödem Gelderwerb herabwürdigte und dabei die zwischen Armee und Volk aufgesprungene Kluft immer mehr vergrößerte, statt sie zu schließen; so den vaterländischen Unterricht, den der Reichstag nur als im Parteiinteresse liegend betrachtete, ohne einsehen zu wollen, daß er lediglich ein Mittel sein sollte, um das deutsche Volk auf die großen Gefahren hinzuweisen, die ihm drohten, und es zu einmütiger Kraftanstrengung zu begeistern.

Während demnach die Oberste Heeresleitung ihr möglichstes tat, um mit Hilfe der Behörden das Volk über die wahren Zustände aufzuklären und diese wie der Reichstag sich solchem Bestreben verständnislos entgegenstellten, wühlten die Partei der Unabhängigen — ihrem eigenen Eingeständnis nach — und die Sozialdemokraten ununterbrochen, um die Unzufriedenheit zu nähren, den Krieg, der für Deutschlands Ehre und Unabhängigkeit geführt wurde, als überflüssig hinzustellen, die Bande der Disziplin in der Armee zu lockern und alles Bestehende als faul und verderblich darzustellen. Der russische Gesandte Joffe unterstützte sie ungehindert mit Geld und Ratschlägen. Zudem setzte die feindliche Propaganda mit einer bisher nie dagewesenen Stärke, Geschicklichkeit und Verlogenheit ein. Sie fand in Deutschland selbst Mitarbeiter und Helfershelfer. Der Boden für sie war durch die allgemeine Not, Folge der unbedingten Absperrung von der Außenwelt, wohl vorbereitet. Tausende von Flugblättern wurden in Deutschland verbreitet. Sie versprachen goldene Berge, wenn nur der Friede geschlossen und das jetzige Regierungssystem geändert würde. Sie fanden in Deutschland vielfachen Anklang. Deutsche selbst erhöhten ihre Wirkung.

So kam es, daß in Deutschland zwei Parteien sich bildeten.

Der einen fehlte jede Organisation. Sie war sich gar nicht bewußt, eine besondere Partei darzustellen. Sie hatte keinerlei Oberhaupt, aber sie umfaßte alle diejenigen, die den Kampf bis zum Äußersten fortsetzen wollten, die ehrlich das Wohl des Ganzen im

Auge hatten, und — wenn sie auch ihre besonderen Parteianschauungen hegten — dennoch ohne jeden Hintergedanken bereit waren, dem Wohle des Vaterlandes jedes eigene Interesse zu opfern. Sie sahen in dem Feldmarschall von Hindenburg den getreuen Eckehard der deutschen Nation. Von der Macht der entgegengesetzten Richtung wußten sie sich keinerlei Rechenschaft zu geben. Sie sahen und erfuhren zwar ihre angespannte Tätigkeit, aber sie glaubten nicht an die Möglichkeit des Vaterlandsverrats im großen Stile. Der Reichskanzler Graf Hertling gehörte zu ihnen. Aber er kämpfte fortwährend gegen eine Militärdiktatur und sah nicht ein, daß sie allein uns retten konnte. Er ging, als er sich der Auffassung der politischen Lage durch den Reichstag unmöglich mehr anschließen konnte.

Am entgegengesetzten Flügel standen die Unabhängigen: die Partei der Revolution. Sie wühlten, wie schon gesagt, von auswärtigem Gelde und auswärtigen Ideen unterstützt, mit aller Macht. Ihr Ziel war der Umsturz alles Bestehenden, um auf den Trümmern des Reiches die eigene Herrschaft zu errichten und die eigenen Lüste zu befriedigen. Sie sahen sehr wohl ein, daß es vor allem darauf ankomme, die Armee zu gewinnen, die die festeste Stütze des Bestehenden war. Sie war draußen im Kriege. Man konnte sie daher nur indirekt zu zerstören suchen. Der Versuch wurde mit allen Mitteln unternommen. Er war nur an einzelnen Stellen erfolgreich. Im Lande selbst aber waren die Ersatzbataillone. Sie bildeten fast die einzige militärische Macht, die zu bekämpfen war. Zugleich bildeten sie das beste Mittel, um auf die Armee selbst einzuwirken. Der Ersatz konnte dazu dienen, den Gedanken der Revolution in die Armee zu tragen. Auf ihn vor allem richtete sich daher die Tätigkeit der Umstürzler. Nicht ohne Erfolg. Man konnte das deutlich den Leuten anmerken, die aus der Heimat spärlich genug der Armee zuströmten. Die tatsächliche Not, die in der Heimat herrschte, und die feindliche Propaganda arbeiteten ihnen in die Hände.

Zwischen beiden Parteien, den geistig Hochstehenden und den Umstürzlern, stand die Masse des deutschen Volkes, vor allem der Adel, die Kleinbürger und die Bauern, während die Masse der Arbeiter sich mehr und mehr den Umsturzparteien zuwandte. Diese Elemente waren durch die Not und die lange Dauer des Krieges zermürbt. Viele waren gefallen. Die Jugend war infolge Fehlens aller väterlichen Zucht vollständig verwildert und urteilslos. Der feindlichen Propaganda wurde oft mehr geglaubt als den Wohlgesinnten im eigenen Lande, weil sie in völliger Gewissenlosigkeit Dinge zu versprechen schien, die den eigenen Wünschen des deutschen Volkes gerecht wurden, die sie aber niemals zu halten gedachte. Die Menge der Deutschen war vor allem völlig führerlos, und, an eine Führung gewöhnt, bereit, in ihrer Urteilslosigkeit jedem zu folgen, der sie zielbewußt ergriff und den Volkswünschen schmeichelte.

Als daher der militärische Rückschlag eintrat, als Scharen von

Amerikanern in Frankreich erschienen, als unsere Bundesgenossen zusammenbrachen und die Armee gegen die Grenze zurückweichen mußte, da trat die Masse des deutschen Volkes auf die Seite derer, die alle Segnungen des Friedens versprachen und doch nur ihre eigenen eigennützigen Pläne verfolgten. Die Revolution brach aus. Sie fand keinerlei Gegengewicht Die meisten Ersatzbataillone versagten. Die Truppen, die gegen sie aufgeboten wurden, erwiesen sich als unzuverlässig oder wurden von den Machthabern zurückgehalten. Der Kriegsminister selbst gab die Parole, nicht auf die Aufständischen zu schießen. Alles vereinte sich, um der Revolution, die, wie wir wissen, von der Flotte ausging, aber in ganz Deutschland vorbereitet war, zum Siege zu verhelfen. Die Fürsten wurden zur Abdankung gezwungen. Der letzte Reichskanzler fand wohl große Worte, aber nur verräterische Taten. Das Schicksal hat ihn hinweggespült. Das deutsche Volk aber, unter der Führung derer, die die Macht an sich reißen wollten, hat sich selbst entwaffnet. Schutz- und wehrlos hat es sich dem Haß seiner Feinde überliefert und hat in dem Glauben, einen Frieden der Gerechtigkeit zu erlangen, einen Frieden der Gewalt abgeschlossen. Den Umstürzlern hat es zur Macht verholfen. Es hat seine Ehre preisgegeben, ist sich selbst untreu geworden, seiner eigenen Armee in den Rücken gefallen, während es den Siegespreis eines wenigstens ehrenvollen Friedens bereits in greifbarer Nähe vor sich hatte, und ist heute — bis auf diejenigen, die damals die Macht in Händen hatten und nicht mehr wert sind, den Namen Deutsche zu führen — gezwungen, mit seinem großen Dichter von sich selbst zu sagen:

Nichtswürdig ist die Nation, die nicht
Ihr alles freudig setzt an ihre Ehre.

Sehr richtig kennzeichnet der englische General Maurice die Verhältnisse, wenn er sagt, die deutsche Zivilbevölkerung selbst habe die Armee hinterrücks erdolcht. Gegen Meuchelmord ist eben kein Feldherr gefeit. Diesen Schandfleck, die Revolution der Vaterlandslosen ruhig hingenommen zu haben, vermögen wir niemals von uns zu tilgen. Solange es Deutsche gibt, wird dieses Mal der Schande auf ihrer Stirn brennen, bis es durch Blut abgewaschen ist. Erst dann, wenn das geschehen ist, dürfen sie wieder vor den großen Preußenkönig treten, der lieber mit dem Degen in der Hand sterben, als seine Ehre preisgeben wollte, und gerade darum den höchsten Lorbeer errang.

Geschehenes kann nicht ungeschehen gemacht werden.

Wohl aber können wir unsere Schuld bekennen, und — eingedenk unserer gewaltigen Waffenleistungen, denen kein Volk auch nur Ähnliches an die Seite zu stellen hat, und die die vorstehenden Blätter vor unserem Auge entrollen sollten — unser Unrecht sühnen, indem wir mit Blut die deutsche Ehre zurückkaufen.

Heute sind wir noch die Sklaven der Welt, die Heloten, die dem

Sieger dienen müssen, der in den Reihen unseres eigenen Volkes zu unserer ewigen Schmach seine Verbündeten hat. Noch sind wir nicht imstande, uns wieder zu erheben, und die Schande von uns zu schütteln, die wir in frevelhaftem Tun verwirkt haben. Aber wir können immer und immer wieder der Schmach gedenken, die wir auf uns geladen haben, zornglühend gedenken aller der zahllosen Gemeinheiten und Grausamkeiten, die unsere Feinde an unseren Gefangenen und Volksgenossen, soweit sie deren habhaft werden konnten, begangen haben — Franzosen und Engländer in noch weit höherem Grade als die Russen —; wir müssen vor allem unser Nationalgefühl stärken, das immer versagt hat, so weit die Geschichte reicht, wenn schwere Prüfungen an uns herantraten; wir müssen arbeiten lernen wie noch nie; wir müssen von uns schütteln, die uns in der Stunde der Gefahr verraten haben; wir müssen den jüdischen Geist von uns werfen, der uns die Revolution und mit ihr das Verderben gebracht hat; wir müssen immer wieder uns an das Wort des Großen Kurfürsten erinnern: „Gedenke, daß du ein Deutscher bist." Dabei müssen wir in allem unserem Tun den Kampf der Zukunft im Auge behalten, damit die Stunde uns vorbereitet findet, wenn einst der Ruf, wie schon einmal, erschallen wird:

Der Freiheit eine Gasse! Wasch die Erde,
Dein deutsches Land mit deinem Blute rein.

Wir werden viel erdulden müssen, bis diese Stunde schlägt. Eine völlige Umwälzung der politischen Welt, ist — soweit Menschenaugen blicken können — ihre Voraussetzung. Kein Mensch kann sagen, wann dieser Umschwung erfolgen wird. Er kann lange Zeit auf sich warten lassen, er kann auch früher erfolgen, als wir denken. Wir müssen also bereit sein. Unsere Regierung muß den politischen Umschwung vorzubereiten suchen. Wir alle aber müssen uns in den Waffen üben und solche bereit halten. Es gibt Mittel genug, dieses Ziel zu erreichen, wenn wir nur alle einmütig wollen, wenn wir die Schande nicht mehr tragen wollen, die uns heute erdrückt.

Für die Alten aber, die das Schwert nicht mehr heben, und auch sonst, von Feinden umgeben, nur wenig für die Gesundung unseres Volkes tun können, für sie gilt des Dichters Mahnung:

So betet, daß die alte Kraft erwache,
Daß wir dastehn, das alte Volk des Siegs!
Die Märtyrer der heil'gen deutschen Sache,
O ruft sie an als Genien der Rache,
Als gute Engel des gerechten Kriegs! (Körner.)

Verzeichnis der Personen- und Ortsnamen.

Vier Jahre in russischen Ketten

Eigene Erlebnisse. Von **Helene Hörschelmann.**

Preis geheftet M. 12.—, gebunden M. 20.—.

In atemloser Spannung verfolgen wir den Weg der Verfasserin durch Moskaus Spitäler und Amtsstuben, ins Gefängnis und auf der Flucht zu den deutschen Stellungen. Durch all diese abenteuerlichen Schilderungen aber leuchtet immer die erhebende und begeisternde, alles hintansetzende Liebe der Verfasserin zu den deutschen Brüdern und der alten Heimat. Die stillen Leiden der armen deutschen Kriegsgefangenen, wie die aufopfernde Liebe der baltischen Helferinnen ergreifen jedes Herz in gleicher Weise.

Der Massenmord in der rumänischen Gefangenenhölle Sipote

Von Pfarrer **Hans Krieger.**

2. Auflage. Preis geheftet M. 2.—.

Das Erschütterndste, was bisher an Gefangenenschicksalen berichtet wurde, ist hier geschildert. Von 17000 deutschen und österreichischen Gefangenen verließen nur 4000 lebend diese Hölle, in denen ihre Kameraden unter furchtbarsten Qualen zu Tode gemartert wurden.

In französischer Gefangenschaft

Von **R. S. Waldstätter.** Preis geheftet M. 2.—.

Urteil eines Neutralen über die schmähliche Behandlung deutscher Gefangener in Frankreich.

Was kostet uns der Friede von Versailles? 2500 Milliarden!

Von **Paul Dehn.** Preis M. 3.30.

In knapper Form sind hier die erpreßten Bedingungen unserer Feinde dargestellt und erläutert; die Schrift hebt das Wichtigste hervor und ist trotz ihrer Kürze umfassend.

Die Versailler Friedensbedingungen

Ein Lichtbildervortrag mit erklärendem Text in 58 Darstell. v. **Paul Dehn.**

2. Auflage. Preis geheftet M. 3.30.

Die beste, äußerst anschauliche Darstellung der ungeheuren feindlichen Forderungen in Wort und Bild. Die Schrift eignet sich ganz außerordentlich zur Aufklärung des Volkes. Von sämtlichen Darstellungen sind Glasbilder angefertigt; diese liefern wir zu M. 300.— käuflich, leihweise zu Lichtbildervorträgen zu M. 100.—.

Generalfeldmarschall **v. Mackensen**

Von Bukarest bis Saloniki

Auf Grund eigenen Erlebens und amtlicher Quellen herausgegeben von **Max Luyken,** Hauptm. b. Stabe d. Armeeoberkommandos.

Mit einem Bildnis. Preis geheftet M. 6.—.

Ein Beitrag zur deutschen Gegenliste, der die hinterhältige Rachsucht, den kleinlichen Haß und den heimtückischen Verrat der Franzosen an unserem hochverdienten Heerführer deutlich zeigt.

J. F. Lehmanns Verlag, München, Paul Heyse-Straße 26

This book

89018016154
b89018016154a

Lightning Source UK Ltd.
Milton Keynes UK
UKHW030637010421
381372UK00007B/561